파이썬 프로젝트로 배우는

미분적분학

지은이 강효상 hyosang.kang@gmail.com

2005년 한국과학기술원(KAIST) 수학과를 졸업했고, 2011년 미국 미시간대학교에서 박사 학위를 취득했다. 고등과학원 수학부 연구원을 거쳐 2015년부터 대구경북과학기술원(DGIST) 기초학부에서 수학을 가르치고 있다. 2016년 DGIST 최우수 멘토상을 수상했고, 2021년 기초학부장을 역임했다. 현재는 Go와 Python을 이용해 양자컴퓨팅과 최적화에 대해 연구하고 있다.

항상 새로운 수학교육 방법을 고민하는 것을 즐긴다. 지금까지 게임 제작, 3D 그래픽, 물리 운동 시뮬레이션과 같은 차별화된 프로그래밍 프로젝트 활동을 수업에 적용해왔다. 또한 인근 과학고등학교 및 영재학교 학생을 대상으로 한 과학영재 창의연구(R&E) 지도와 DGIST 학부생 연구 지도를 통해 양자컴퓨팅, 프랙탈, 쌍곡기하학과 같은 다양한 수학 프로젝트를 수행하고 있다. 주요 저서로는 『Go 언어로 다시 보는 미적분학』(경문사, 2025)이 있다.

파이썬 프로젝트로 배우는 미분적분학

초판발행 2025년 7월 2일

지은이 강효상 / **펴낸이** 전태호
펴낸곳 한빛아카데미(주) / **주소** 서울시 서대문구 연희로2길 62 한빛아카데미(주) 2층
전화 02-336-7112 / **팩스** 02-336-7199
등록 2013년 1월 14일 제2017-000063호 / **ISBN** 979-11-7340-033-9 93410

총괄 · 책임편집 김은정 / **기획** 윤세은 / **편집** 조우리 / **교정** 정준영
디자인 윤혜원 / **전산편집** 백지선 / **제작** 박성우, 김정우
영업 김호철, 김태진, 김성삼, 이정훈, 임현기, 이성훈, 김주성, 심지연

이 책에 대한 의견이나 오탈자 및 잘못된 내용은 출판사 홈페이지나 아래 이메일로 알려주십시오.
파본은 구매처에서 교환하실 수 있습니다. 책값은 뒤표지에 표시되어 있습니다.

홈페이지 **www.hanbit.co.kr** / **이메일** **question@hanbit.co.kr**

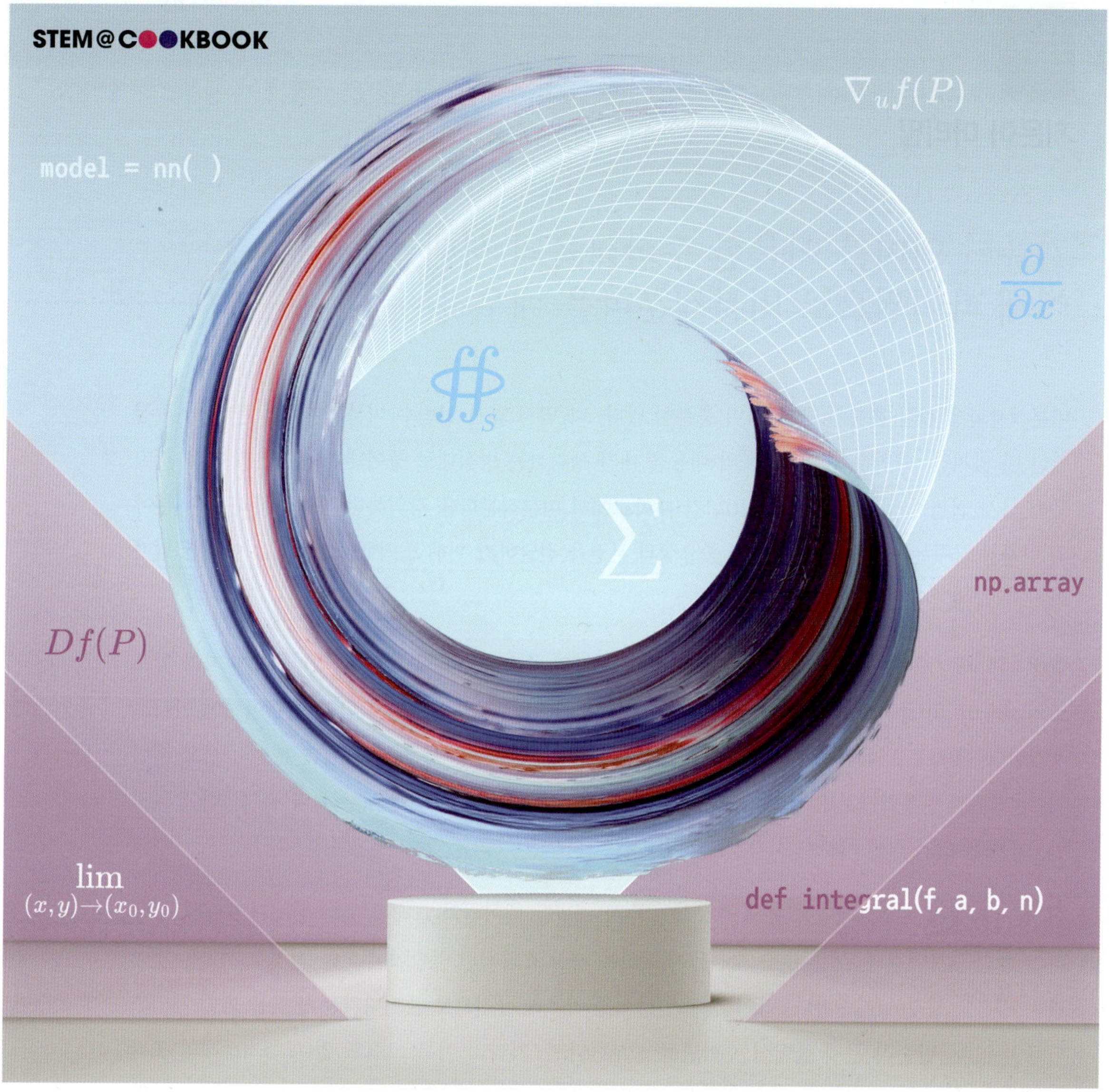

파이썬 프로젝트로 배우는

미분적분학

강효상 지음

한빛아카데미
Hanbit Academy, Inc.

지은이 머리말

컴퓨터 언어를 이용한 수학교육의 시대, 이제 파이썬으로 미분적분학을 배우자!

미분적분학에 관한 훌륭한 책은 이미 충분히 많다. 나 역시 앞서 일변수 미분적분학에 관한 책을 집필한 바 있지만, 다변수 미분적분학의 내용을 내가 생각하는 방식대로 풀어낸 미분적분학 책을 찾지 못해 다시 집필하게 되었다. 지난 10년간 대학교에서 미분적분학을 강의하며 자연과학과 공학 분야의 연구를 꿈꾸는 학생들에게 수학의 중요성과 본질을 전달하기 위해 노력했다. 이 책은 이러한 필자의 노력 끝에 얻은 통찰의 결과이다.

현대 과학과 기술을 이해하고 활용하는 데 있어 수학의 중요성은 더욱 커지고 있다. 이에 따라 앞으로의 대학교 및 중·고등학교 수학교육에서 다음 두 가지의 훈련이 반드시 함께 이루어져야 한다고 생각한다. 첫째는 컴퓨터를 활용한 수치 계산 훈련이고, 둘째는 문제 해결을 위한 분석적 사고 훈련이다. 기존의 전통적인 미분적분학 교재는 주로 손풀이 계산과 고전 수학 이론 설명에 치중하고 있지만, 이 책은 그와 다른 새로운 시각을 제시한다.

이 책은 파이썬 프로그래밍을 통해 추상적인 수학 개념을 데이터와 그래픽 등의 실체적 도구로 구현하는 방법을 보여준다. 이는 수학 개념을 이해하는 가장 효과적인 방법이 수학을 직접 느껴보는 것이라는 필자의 생각에 기반한다. 답이 정해진 문제를 기호와 규칙으로 풀어나가는 방식은 퍼즐 게임과 다르지 않다. 단순히 문제 풀이식 수학만을 공부한다면, 차라리 아무 그림도 없는 백지상태의 조각 퍼즐(인터넷에 'White Jigsaw'를 검색해보자)을 맞추는 것이 더 나은 선택일지도 모른다. 퍼즐을 맞추는 과정에서 보람을 느낄 수 있으니 말이다.

수학이 단순히 시험 문제를 풀기 위한 학문이 아니라는 것은 누구나 알고 있다. 그러나 퍼즐처럼 구성된 수학 문제 풀이에서 벗어나, 진정으로 수학의 재미와 통찰을 느끼게 하는 방법은 생각보다 많지 않다. 이를 경험하기 위해서는 보다 많은 시간과 노력이 필요하다. 물론 어린 학생들이 이해하고 흥미를 느낄 수 있는 수학 주제도 있지만, 이를 수학 전반에 대한 지속적인 관심으로 이어가게 만드는 것은 결코 쉽지 않다. 이 책은 파이썬 프로그래밍 언어를 활용해 독자가 수학 개념을 다양한 관점에서 직관적으로 이해할 수 있도록 구성했다. 또한 모든 수학 개념을 수치적 예시와 그림 자료를 통해 설명함으로써 독자의 이해를 돕는다.

미래 과학 기술의 발전은 기본적인 수학 개념을 얼마나 직관적이면서도 추상적으로 이해하느냐에 따라 결정된다고 생각한다. 예를 들어 현재 가장 주목받는 분야인 양자컴퓨팅과 인공지능은 모두 벡터와 미분과 같은 기초 수학 개념에 기반하며, 이들은 우리가 살아가는 세상의 패러다임을 완전히 바꾸고 있다.

부디 이 책에서 제안하는 수학 개념에 대한 접근 방식이 독자에게 수학을 새롭게 바라보는 시각을 제공하기를 바란다.

프로젝트에 관한 조언

수년간 수학 교과에서 프로젝트 수업(PBL; Project-Based Learning)을 운영하며 깨달은 점이 하나 있다면, 교수자가 학생들의 프로젝트에 많은 것을 요구할수록 실제 프로젝트 결과물의 질이 낮아진다는 것이다. 다시 말해 가능한 한 학생들의 프로젝트 활동에 교수자의 기대가 투영되지 않았을 때 좋은 결과를 얻을 수 있었다.

이 책은 프로젝트를 통해 수학을 공부할 수 있는 하나의 방법을 제시한다. 각 장의 연습문제 마지막에는 장별로 수록된 프로젝트를 발전시킬 수 있는 질문이 포함되어 있으나, 이는 어디까지나 나의 개인적인 생각일 뿐이다. 이 책에서 다루는 프로젝트를 참고하되, 가능하다면 완전히 새로운 프로젝트를 시작하기를 권한다. 수학의 본질은 해결할 수 없는 문제를 해결할 수 있는 문제로 바꾸는 것이다. 자신만의 프로젝트를 수행할 때 비로소 수학의 묘미를 즐길 수 있을 것이다.

지은이 **강효상**

미리보기

누구를 위한 책인가

이 책은 손풀이 계산 위주의 전통적인 수학교육에서 벗어나서 파이썬 프로그래밍을 활용해 수치 계산과 시각적 결과물을 생성하고, 미분적분학 이론을 적용하여 문제를 해결하는 과정을 경험하고자 하는 학생을 위한 책이다.

이 책을 시작하려면

이 책으로 공부하려면 먼저 고등학교 수준의 미분적분학을 이해해야 한다. 또한 수학 내용을 전개하는 과정에서 파이썬 프로그래밍을 긴밀하게 활용하므로, 수록된 코드를 직접 타이핑해보고, 실행 결과도 함께 확인해보는 것을 권한다. 이 책에 수록된 파이썬 코드는 하나의 주피터 노트북 파일에 작성한 것으로 가정했고, 아래 링크에서도 확인할 수 있다.

https://github.com/HyosangKang/calculus

이 책의 구성요소

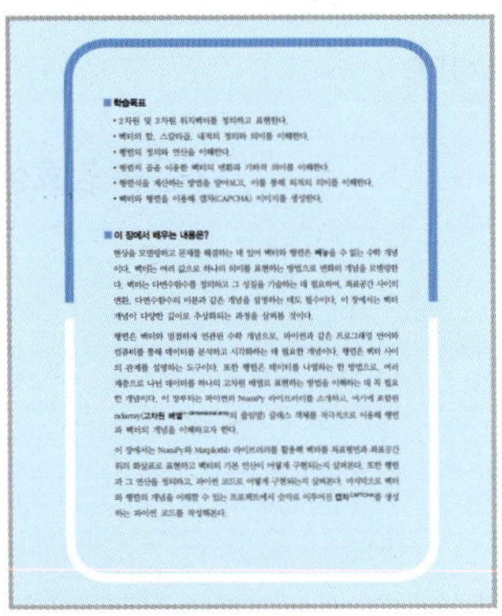

학습목표 / 도입글

학습목표에서는 해당 장을 학습하여 도달하고자 하는 수준을 제시하고, 도입글에서는 해당 장을 배워야 하는 이유를 소개한다.

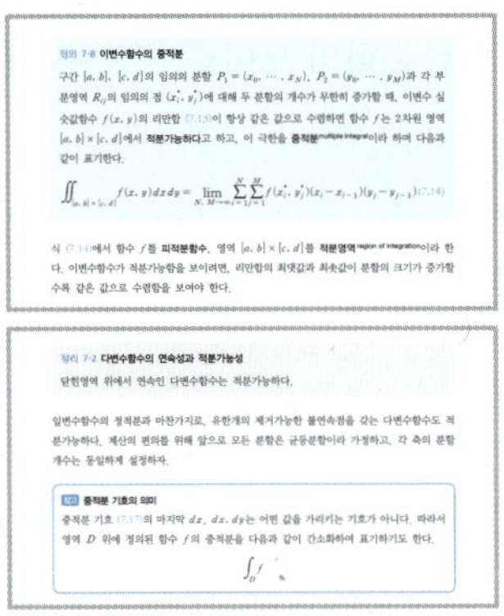

정의 / 정리 / 참고

정의에서는 중요한 핵심 개념을 소개하고, 정리에서는 해당 주제에서 기억해야 할 공식을 보여준다. 참고에서는 본문 전개에 참조할 만한 내용을 소개한다.

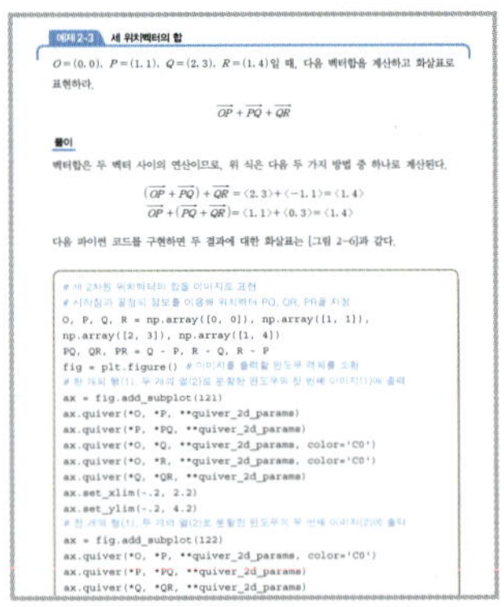

예제 / 코드

본문에서 다룬 개념을 적용한 문제와 상세한 풀이 및 파이썬 코드를 담았다. 코드는 쉽게 이해할 수 있도록 각 부분의 의미를 함께 설명한다.

이 책의 구성

❶ 수열과 급수(1장)

수열과 급수의 개념을 살펴보고, 기초 파이썬 프로그래밍을 실습한다. 수열과 급수를 이용해 기본함수를 구현하고 파이썬으로 계산기를 생성한다.

❷ 벡터와 행렬(2장)

벡터와 행렬의 성질을 살펴보고, 파이썬을 통해 벡터를 시각화하는 방법을 소개한다. 벡터의 변환을 이용해 캡차(CAPTCHA) 이미지를 생성한다.

❸ 함수와 그래프(3장)

함수의 표현과 연속성을 살펴보고, 등위선과 등위면을 그리는 파이썬 코드를 구현한다.

❹ 일변수함수와 다변수함수의 미분(4장~5장)

미분과 접벡터의 개념을 살펴본다. 또 오일러 방법을 이용해 용수철 모델을 시뮬레이션하고 열전도체 위에서의 열전달 지도를 시각화한다.

❺ 최적화(6장)

연쇄법칙, 라그랑주 승수법과 같은 미분에 관한 규칙과 명제를 살펴보고, 경사 하강법과 손글씨 이미지를 분류하는 모델을 구현한다.

❻ 정적분과 중적분(7장)

정적분 및 중적분의 개념과 수치적 계산 방법을 살펴보고, 코시-크로프튼 공식을 이용해 곡선의 길이를 계산하는 프로그램을 제작한다.

❼ 선적분과 면적분(8장)

선적분과 면적분의 개념과 계산 방법을 살펴보고, 그린 정리를 응용하여 다각형의 넓이를 계산하는 프로그램을 제작한다.

❽ 회전과 발산(9장)

벡터장의 선적분과 면적분, 그리고 회전과 발산의 의미를 스토크스 정리와 발산 정리로 살펴보고 자기쌍극자 모멘트를 시각화한다.

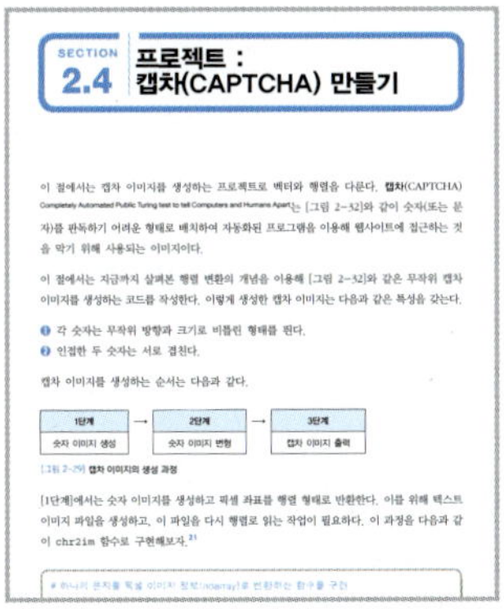
SECTION 2.4 프로젝트 : 캡차(CAPTCHA) 만들기

프로젝트

각 장의 주제에 대한 응용 분야를 살펴보고, 이를 구현하는 파이썬 프로그래밍을 실습한다.

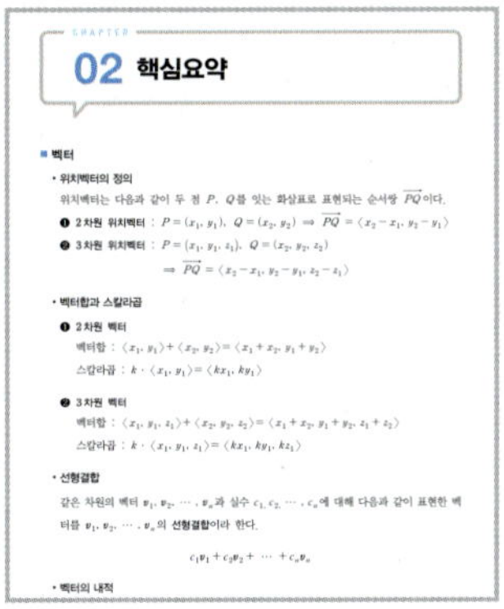
02 핵심요약

핵심요약

해당 장이 끝날 때마다 본문에서 다룬 주요 내용을 간략하게 정리한다.

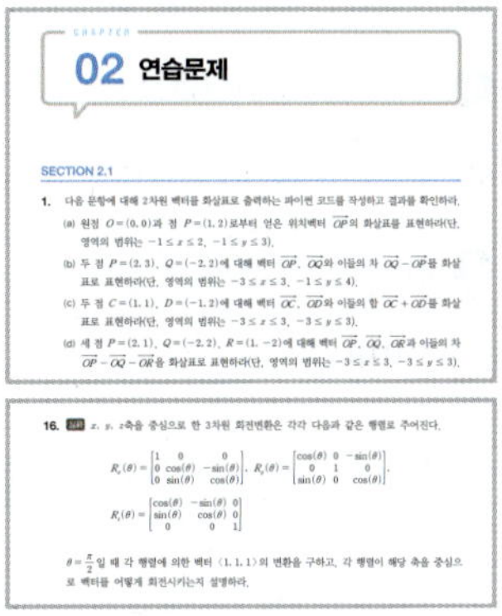
02 연습문제

연습문제

해당 장이 끝날 때마다 본문에서 익힌 내용을 문제를 통해 정리한다. 어려운 문제는 **심화** 로 구분한다.

강의 및 학습 보조자료 · 참고자료

강의 및 학습 보조자료

- **강의자용** : **강의 보조자료 다운로드**

  한빛아카데미(http://www.hanbit.co.kr/academy) 접속 →

  [교수전용공간] 클릭 → 도서명 검색

- **학습자용** : **공개용 정답 다운로드**

  한빛아카데미(http://www.hanbit.co.kr/academy) 접속 → 도서명 검색 →

  도서 상세 페이지의 [부록/예제소스] 클릭

  소스코드 다운로드

  https://github.com/HyosangKang/calculus

참고자료

❶ M. Spivak (1971). Calculus on Manifolds. CRC Press.

❷ J. R. Munkres (1997). Analysis on Manifolds. CRC Press.

❸ T. W. Gamelin (2001). Complex Analysis. Springer.

❹ S. J. Colley (2011). Vector Calculus(4th. ed.). Pearson.

❺ E. Kreyszig (2011). Advanced Engineering Mathematics(10th. ed.). Wiley.

❻ https://farside.ph.utexas.edu/teaching/jk1/Electromagnetism/Electromagnetism.html

$Df(P)$

목차

CHAPTER 04 일변수함수의 미분

CHAPTER 05 다변수함수의 미분

CHAPTER 06 최적화

CHAPTER 07 정적분과 중적분

CHAPTER 08 선적분과 면적분

CHAPTER 09 회전과 발산

CHAPTER

01

수열과 급수

Contents

■ 학습목표

- 수열을 정의하고 계산한다.
- 수열의 수렴을 정의하고, 이를 이용해 특정 수열의 수렴을 증명한다.
- 부동소수점 개념을 이용해 수열의 수렴을 직관적으로 이해한다.
- 여러 가지 수렴판정법을 이용해 급수의 수렴을 판별한다.
- 멱급수와 수렴반경의 개념을 이해한다.
- 수열과 급수를 이용해 여러 가지 기본함수를 정의하고 계산한다.
- 기본 사칙연산과 기본함수의 계산을 수행하는 계산기를 만든다.

■ 이 장에서 배우는 내용은?

수와 함수는 수학 이론을 기술하고 전개하는 데 꼭 필요한 개념이다. 수와 함수를 정의하기 위해서는 수열과 급수의 개념이 필요하다. 무리수 $\sqrt{2}$ 를 유리수 수열 1.414 … 로 근사하는 과정을 생각해보면 자연스러운 논리임을 알 수 있다.

이 장에서는 수열과 급수의 기본 개념에 대해 알아보고, 두 개념을 활용한 지수함수, 로그함수, 사인함수, 코사인함수 등의 기본함수를 정의한다. 또한 수렴의 개념을 수학적으로 엄밀히 정의함과 동시에, 그 기능과 의미를 파이썬 프로그래밍 결과를 통해 직관적으로 이해한다. 마지막 절에서는 파이썬을 이용해 앞서 정의한 여러 가지 함수를 구현하고 계산하는 프로그램을 만드는 프로젝트를 실습한다.

SECTION 1.1 수열

이 절에서는 수열의 정의와 표기법에 대해 알아보고, 가장 중요한 개념인 수열의 수렴을 소개한다. 아울러 파이썬 함수를 이용해 수열을 정의하고 계산하는 방법을 살펴본다.

수열의 정의

수열은 말 그대로 수의 나열이다. 예를 들어 다음은 무리수 $\sqrt{2}$로 수렴하는 유리수의 나열이다.

$$1,\ 1.4,\ 1.41,\ 1.414,\ 1.4142,\ \cdots \tag{1.1}$$

정의 1-1 수열

자연수의 순서에 따라 수를 나열한 것을 **수열**sequence이라 하며, 수열을 이루는 각 수를 **항**term이라 한다. 수열의 **n 번째 항**을 a_n으로 표기하며 이를 **일반항**general term이라 한다. 이때 첨자 n을 **인덱스**index[1]라 한다.

예를 들어 수열 (1.1)의 첫 번째 항은 1이고, 두 번째 항은 1.4이다.

■ 유한수열과 무한수열

수열은 크게 유한수열과 무한수열로 나뉜다. **유한수열**finite sequence은 말 그대로 유한개의 수를 나열한 것이다. 이때 항의 개수를 수열의 **길이**length라 하고, 수열의 각 항을 하나씩 나열하여 정의할 수 있다. 예를 들어 다음은 네 개의 항으로 이루어진 유한수열이다.

$$a_1 = 1,\ a_2 = \frac{1}{4},\ a_3 = \frac{1}{9},\ a_4 = \frac{1}{16} \tag{1.2}$$

1 자연수는 0부터 시작하지만 관례적으로 수열의 인덱스는 1부터 시작한다. 단, 대부분의 프로그래밍 언어의 인덱스는 0부터 시작한다는 사실을 기억하자.

무한수열infinite sequence은 수를 무한히 나열한 것이다. 참고로 1 ,1, 1, ⋯과 같이 동일한 수를 무한 번 나열한 것도 무한수열이다. 무한수열의 경우 $n \geq 1$인 모든 자연수 n에 대해 항 a_n이 항상 존재하므로, 이를 0보다 큰 자연수 집합 $\mathbf{N} = \{n \mid n \geq 1,\ n \in \mathbb{N}\}$[2]에서 실수 집합 $\mathbb{R}$로의 함수 $a : \mathbf{N} \to \mathbb{R}$로 볼 수도 있다. 예를 들어 다음은 무한수열의 일반항 a_n을 n에 관한 함수로 표현한 것이다.

$$a_n = \frac{1}{n^2},\quad n = 1,\ 2,\ \cdots \tag{1.3}$$

유한수열은 파이썬의 리스트를 이용해 정의할 수 있다(참고로 파이썬의 리스트는 숫자뿐 아니라 모든 객체를 대상으로 가질 수 있다). 식 (1.2)의 수열을 파이썬으로 구현하면 다음과 같다.

```
# 네 가지 수를 요소로 갖는 리스트(list) 변수 a를 생성
a = [1, 1/4, 1/9, 1/16]
```

파이썬 리스트의 인덱스는 항상 0부터 시작한다. 이는 대부분의 프로그래밍 언어에서 배열의 인덱스를 다루는 방식이다.[3]

```
# 리스트 변수 a에서 인덱스 0에 할당된 요소를 출력
print(a[0])
```

한편, 무한수열의 경우 파이썬 함수로 일반항을 정의할 수 있다. 식 (1.3)의 수열 $\frac{1}{n^2}$을 자연수 집합에서 실수 집합으로의 함수로 간주한 후, 파이썬 코드로 다음과 같이 구현한다.

```
# 정수형(int) 값을 입력받아 실수형(float) 값을 반환하는 함수 a를 정의
def a(n: int) -> float:
  return 1 / n**2  # n**2는 n의 거듭제곱을 의미
```

위와 같이 정의한 무한수열 a_n에 대해 a_2를 계산하고자 한다면 다음과 같이 입력할 수 있다.

```
# 함수 a에 자연수 2를 입력하고 반환된 결과를 출력
print(a(2))
```

2 자연수는 0부터 시작한다.

3 참고로 MATLAB의 경우에는 배열의 인덱스가 1부터 시작한다.

참고로 앞서 정의한 파이썬 함수는 입력과 출력 데이터의 형식을 콜론(:)과 화살표(->)를 통해 명시하고 있다. 그러나 이는 반드시 필요한 규칙은 아니다. 예를 들어 데이터의 형식을 명시하지 않고 정의한 다음의 파이썬 함수도 앞의 함수와 동일하게 작동한다.

```
# 입력값 n에 대해 1/n^2를 반환하는 함수 a를 정의
def a(n):
  return 1 / n**2
```

이 함수와 같이 출력값이 간단한 수식으로 계산되는 경우에는 다음과 같이 람다함수를 이용해 나타낼 수도 있다.

```
# 입력값 n에 대해 1/n^2를 반환하는 람다함수 a를 정의
a = lambda n: 1 / n**2
```

참고로 하나의 파이썬 **스크립트**script[4]에서 하나의 변수 이름이 여러 번 사용되면 가장 마지막에 사용된 값이 저장된다. 앞서 변수 a는 유한수열을 가리키는 리스트로도 사용되었고, 무한수열을 가리키는 함수로도 사용되었다. 이때 변수 a에는 시간 순서상 가장 마지막에 사용된 내용이 저장된다. 앞으로 특별한 언급이 없는 한 모든 수열은 무한수열이라 가정한다.

■ 수열의 표현 방법

수열을 표현하는 방법에는 항을 나열하는 방법, 문장으로 기술하는 방법, 점화식으로 정의하는 방법이 있다.

❶ 항을 나열하는 방법

첫 번째 방법은 집합의 원소나열법처럼 최초 몇 개 항을 직접 나열하고 나머지 항의 진행을 유추하는 방법이다. 예를 들어 다음과 같이 수를 나열하는 방법이다.

$$1,\ -\frac{1}{4},\ \frac{1}{9},\ -\frac{1}{16},\ \cdots \tag{1.4}$$

식 (1.4)로부터 수열의 n번째 항 a_n에 대한 규칙을 유추할 수 있다. 첫째, 인덱스 n이 홀수이면 a_n은 양수이고, n이 짝수이면 a_n은 음수이다. 둘째, a_n의 절댓값은 자연수 n의 제곱의 역수이다.

4 일련의 파이썬 명령어가 기록된 파일을 스크립트라 한다.

식 (1.4)의 수열을 파이썬 코드로 구현하면 다음과 같다.

```
# 식 (1.4)로 정의된 무한수열의 일반항 함수 a를 정의
def a(n: int) -> float:
  if n % 2 == 1: # n % 2는 n을 2로 나누었을 때의 나머지를 반환
    return 1 / n**2
  else:            # if 문의 결과가 거짓(false)일 때, else 문 실행
    return -1 / n**2
```

혹은 람다함수를 이용해 다음과 같이 구현할 수도 있다.

```
# 람다함수에도 다음과 같이 if else 문 사용 가능
a = lambda n: 1 / n**2 if n % 2 == 1 else -1 / n**2
```

예제 1-1 수열의 일반항

다음과 같이 나열된 수열의 일반항 a_n의 식을 구하고, 이 수열을 파이썬 코드로 구현하라.

$$\frac{3}{4\cdot 2},\ \frac{5\cdot 3}{6\cdot 4\cdot 2},\ \frac{7\cdot 5\cdot 3}{8\cdot 6\cdot 4\cdot 2},\ \cdots \tag{1.5}$$

풀이

식 (1.5)로부터 유추할 수 있는 일반항 a_n의 규칙은 다음과 같다. 첫째, 분수항의 분자는 3부터 $(2n+1)$까지의 홀수를 모두 곱한 것이다. 둘째, 분수항의 분모는 2부터 $(2n+2)$까지의 짝수를 모두 곱한 것이다. 따라서 일반항을 다음과 같이 표현할 수 있다.

$$a_n = \frac{(2n+1)\cdot(2n-1)\cdots 3\cdot 1}{(2n+2)\cdot(2n)\cdots 2} = \frac{(2n+2)!}{((2n+2)\cdot(2n)\cdots 2)^2} = \frac{1}{4^{n+1}}\frac{(2n+2)!}{((n+1)!)^2} \tag{1.6}$$

수열 (1.6)을 파이썬 코드로 구현하면 다음과 같다.

```
# 수열 (1.6)을 파이썬 코드로 구현
def a(n: int) -> float:
  term = 1
  for i in range(n):
    term *= (2*(n-i)+1)/(2*(n-i)+2)
  return term
```

앞의 코드에서 입력변수 n 값은 수열의 인덱스를 가리킨다. 변수 n에 원하는 자연수를 다음

코드와 같이 대입하면 해당 수열의 항을 계산할 수 있다.

```
# 식 (1.5)로 정의된 수열의 10^6번째 항을 출력
print(a(10**6))
```

참고 부동소수점

부동소수점floating point은 컴퓨터가 실수를 비트 단위의 데이터로 저장하는 방법이다. 모든 부동소수점은 부호, 지수, 가수(혹은 유효숫자)의 세 부분으로 이루어져 있다. 예를 들어 실수 27.18의 부호, 지수, 가수를 십진법으로 표현해보자.

$$27.18 = \underbrace{+}_{\text{부호}}\underbrace{2.718}_{\text{가수}} \times 10^{\overbrace{1}^{\text{지수}}}$$

[그림 1-1] 십진법으로 표현한 부동소수점의 부호, 가수, 지수

많은 프로그래밍 언어는 십진법으로 입력된 수를 이진법으로 변환한 뒤 부호, 가수, 지수의 값을 비트 단위로 저장한다. 예를 들어 하나의 부동소수점 데이터에 64비트(즉 8바이트)를 사용하는 시스템인 경우, 64개의 비트 중 1개는 부호를 저장하기 위해, 11개는 지수를 저장하기 위해, 나머지 52개는 가수를 저장하기 위해 사용된다. 이 데이터는 십진법이 아닌 이진법으로도 기록할 수 있다. 예를 들어 27.18을 다음과 같이 이진법의 소수점 자리로 분해해보자.

$$\begin{aligned} 27.18 &= 16+8+2+1+0.125+\ \cdots \\ &= 11011.001\cdots \\ &= \underbrace{+}_{\text{부호}}2^{\overbrace{4}^{\text{지수}}} \times \underbrace{1.1011001}_{\text{가수}}\cdots \end{aligned}$$

[그림 1-2] 이진법으로 표현한 부동소수점의 부호, 가수, 지수

여기서 부호는 양수(+), 지수는 4, 가수는 1.1011001 ⋯이다. 따라서 이 수를 64비트로 [표 1-1]과 같이 기록할 수 있다.

[표 1-1] 27.18의 64비트 표현

부호	지수					가수							
0	0	⋯	1	0	0	1	0	1	1	0	0	1	⋯
1개	11개					52개							

부호를 무시했을 때, 부동소수점으로 표현할 수 있는 수의 범위는 대략 다음과 같다.

$$2.225 \times 10^{-308} \leq x \leq 1.798 \times 10^{308}$$

이보다 큰 수는 부동소수점에서 계산 불가능한 수로 간주한다. 또한 이보다 작은 수는 0으로 간주한다. 부동소수점의 최댓값보다 큰 값을 부동소수점으로 저장하려다가 inf를 얻는 것을 **오버플로**overflow라 한다. 반대로 부동소수점의 최솟값보다 작은 값을 부동소수점으로 저장하려다가 0을 얻는 것을 **언더플로**underflow라 한다.

오버플로와 언더플로는 정수형 데이터를 실수형 데이터로 변환할 때 주로 발생한다. 예를 들어 수열 (1.6)의 일반항을 다음과 같이 세 수의 곱으로 계산하자.

$$a_n = \left(\frac{1}{4^{n+1}}\right) \cdot (2n+2)! \cdot \frac{1}{((n+1)!)^2} \tag{1.7}$$

수열 (1.7)을 파이썬 코드로 구현하면 다음과 같다.

```
# 수열 (1.7)의 항을 순서대로 곱하여 계산
def a(n: int) -> float:
    term = 1                 # 일반항이 저장될 변수
    for i in range(n+1):
        term /= 4            # 4로 (n+1)번 나눔
    for i in range(2*n+2):
        term *= i+1          # 1부터 (2n+2)까지의 자연수를 곱함
    for i in range(n+1):
        term /= (i+1)**2 # 1부터 (n+1)까지의 자연수를 제곱하여 나눔
    return term
```

이렇게 정의한 함수의 입력변수 n에 10 정도의 자연수를 대입하면 별다른 문제 없이 해당 자연수를 인덱스로 갖는 수열의 일반항을 계산할 수 있다. 그러나 n에 100을 대입하면 inf를 반환하기 시작한다. 왜냐하면 수열 (1.7)의 두 번째 항 $(2n+2)!$을 곱하는 과정에서 term에 저장된 값이 부동소수점의 최댓값보다 커져서 오버플로가 발생하기 때문이다. 여기서 더 나아가 n에 10,000을 대입하면 결과는 0이 된다. 왜냐하면 수열 (1.7)의 첫 번째 항 $\frac{1}{4^{n+1}}$을 계산하는 과정에서 term에 저장된 값이 부동소수점의 최솟값보다 작아져서 언더플로가 발생하기 때문이다.

```
# 함수를 이용한 수열의 일반항 계산
print(a(10))
print(a(10**2))
print(a(10**3))
print(a(10**4))
```

❷ 문장으로 기술하는 방법

수열을 표현하는 두 번째 방법은 일반항을 문장으로 기술하는 것이다. 예를 들어 식 (1.1)의 수열 1, 1.4, 1.41, 1.414, 1.4142, …는 '수열의 n번째 항 a_n은 무리수 $\sqrt{2}$를 소수점 아래 $(n-1)$번째까지 표현한 것이다'라고 기술할 수 있다. 예를 들어 수열의 최초 5개 항을 계산하는 과정은 다음과 같다.

$$\begin{array}{rcl}
1^2 < 2 < 2^2 & \Rightarrow & a_1 = 1 < \sqrt{2} < 2 \\
1.96 \approx 1.4^2 < 2 < 1.5^2 \approx 2.25 & \Rightarrow & a_2 = 1.4 < \sqrt{2} < 1.5 \\
1.9881 \approx 1.41^2 < 2 < 1.42^2 \approx 2.0164 & \Rightarrow & a_3 = 1.41 < \sqrt{2} < 1.42 \\
1.999395 \approx 1.414^2 < 2 < 1.415^2 \approx 2.00223 & \Rightarrow & a_4 = 1.414 < \sqrt{2} < 1.415 \\
1.99996 \approx 1.4142^2 < 2 < 1.4143^2 \approx 2.00024 & \Rightarrow & a_5 = 1.4142 < \sqrt{2} < 1.4143
\end{array}$$

이 과정을 파이썬 코드로 구현해보자. 우선 수열의 $(n+1)$번째 항 a_{n+1}은 n번째 항 a_n에 n번째 소수점 자리 k_n을 붙인 것이다.

$$a_{n+1} = a_n + \frac{k_n}{10^n} \tag{1.8}$$

이때 k_n은 부등식 (1.9)를 만족하는 0과 9 사이의 자연수로 결정된다.

$$\left(a_n + \frac{k_n}{10^n}\right)^2 \le 2 < \left(a_n + \frac{k_n+1}{10^n}\right)^2 \tag{1.9}$$

다시 말해 k_n은 식 (1.10)과 같다.

$$k_n = \min\left\{k = 0, 1, \cdots, 9 \,\middle|\, 2 < \left(a_n + \frac{k+1}{10^n}\right)^2\right\} \tag{1.10}$$

다음은 앞의 과정을 파이썬 코드로 구현한 것이다.

```
# 2의 제곱근을 십진법 소수점 아래 n번째 자리까지 계산
def sqrt_decimal(n: int) -> float:
    sqrt = 1                                      # 결과를 저장할 변수 선언
    for i in range(n):
        temp, inc = sqrt, 1 / 10 ** (i + 1) # 현재 값과 증분 저장
        for _ in range(10):
            if 2 < (temp + inc) ** 2:
                break        # 식 (1.10)의 부등식이 성립하는 즉시 반복문 종료
            temp += inc      # 증분을 더해가며 반복문 실행
        sqrt = temp          # 결괏값 업데이트
    return round(sqrt, n) # 결괏값을 소수점 아래 n번째 자리까지 표시
```

예제 1-2 수열의 계산

수열 a_n을 다음과 같이 문장으로 정의했을 때, 수열의 100번째 항을 구하라.

'a_n은 n번째 소수이다(단, $a_1=2$).'

풀이

n번째 소수 a_n까지 구한 뒤 $(n+1)$번째 소수 a_{n+1}을 구하려면, (a_n+1)부터 숫자를 1씩 증가시키며 앞서 구한 소수 중 어떤 수로도 나누어떨어지지 않는 수를 찾아야 한다. 수열 a_n을 파이썬 코드로 구현하면 다음과 같다.

```
# n번째 소수를 찾는 함수 정의
def nth_prime(n: int) -> float:
    prime_list = [2]              # 소수의 수열을 저장하는 리스트 선언
    for _ in range(2, n+1):
        prime = False   # 소수 여부를 판별한 결과를 저장하는 변수 선언
        p = prime_list[-1] + 1 # 마지막 소수에 1을 더한 값을 p에 저장
        while not prime:
            for i in prime_list: # 현재까지 찾은 소수 중에서
                if p % i == 0:   # p가 그중 하나로 나누어떨어지는 경우
                    p += 1       # p에 1을 더하고
                    break        # 위 과정을 반복
            else:                # 만약 if 문이 실행되지 않으면
                prime = True     # p는 새로운 소수이므로
        prime_list.append(p)     # 리스트에 추가하고
    return prime_list[-1] # 앞의 과정을 n번 반복한 뒤, 마지막 소수 반환
```

❸ 점화식으로 정의하는 방법

수열을 표현하는 세 번째 방법은 점화식으로 정의하는 것이다. **점화식**recurrence relation은 서로 인접한 2개 혹은 그 이상의 항 사이의 관계를 표현한 식이다. 다음은 점화식으로 정의된 수열의 대표적인 예인 **피보나치 수열**Fibonacci sequence이다.

$$a_{n+2} = a_{n+1} + a_n, \quad a_1 = a_2 = 1 \tag{1.11}$$

수열의 항 a_{n+2}는 이전의 두 항 a_{n+1}과 a_n의 합이다. 따라서 수열의 최초 두 항의 값은 반드시 명시되어야 한다. 이러한 규칙으로 피보나치 수열의 최초 몇 개의 항을 다음과 같이 나열할 수 있다.

$$1,\ 1,\ 2,\ 3,\ 5,\ 8,\ 13,\ 21,\ 34,\ 55,\ 89,\ 144,\ \cdots$$

식 (1.11)의 수열은 다음과 같은 파이썬 코드로 구현할 수 있다.

```
# 식 (1.11)을 이용해 피보나치 수열 구현
def fibonacci(n: int) -> int:
    a, b = 1, 1
    for i in range(n):
        a, b = b, a+b
    return a
```

참고로 이와 같은 점화식 수열은 **재귀함수**recursive function로 다음과 같이 정의할 수도 있다.

```
# 재귀함수를 이용해 피보나치 수열 구현
def fibonacci_recr(n: int) -> int:
    if n < 0: return 0
    if 0 <= n <= 1: return n
    return fibonacci_recr(n-1) + fibonacci_recr(n-2)
```

예제 1-3 점화식 수열

다음과 같이 점화식으로 정의된 수열을 파이썬 코드로 구현하고, a_4를 구하라.

$$a_{n+1} = \frac{1}{2}\left(a_n + \frac{2}{a_n}\right), \quad a_1 = 1 \tag{1.12}$$

풀이

수열 a_n을 파이썬 코드로 구현하면 다음과 같다.

```
# 점화식을 이용해 수열의 일반항을 계산
def sqrt(n: int) -> float:
    term = 1
    for _ in range(n):
        term = (term + 2/term)/2
    return term
```

이 함수의 인덱스 n에 자연수를 순차적으로 대입하면 다음 결과를 얻는다.

$$a_1 = 1.5,\ a_2 = 1.416667,\ a_3 = 1.414216,\ a_4 = 1.414213$$

수렴의 의미

수열이 **수렴**convergence한다는 것은 수열 a_n의 인덱스 n이 무한히 증가할 때 수열이 어떤 값에 한없이 가까워짐을 의미한다. 예를 들어 다음과 같이 정의된 수열을 살펴보자.

$$a_n = \left(1 + \frac{1}{n}\right)^n \tag{1.13}$$

다음은 이 수열을 파이썬 함수로 구현하고, 최초 20개 항을 리스트의 요소로 출력하는 코드이다.

```
# 수열 (1.13)을 구현하고 최초 20개 항을 출력
a = lambda n: (1 + 1/n)**n
print([f'%.3f'%a(n) for n in range(1, 21)])
```

위 코드의 출력 결과를 보면 값이 2와 3의 사이에서 조금씩 증가함을 알 수 있다. 이 결과를 조금 더 효과적으로 표현하기 위해 좌표평면의 점으로 나타내보자. 다음은 인덱스 n과 수열의 항 a_n을 좌표평면의 점 (n, a_n)으로 표현하는 코드와 그 결과인 그래프는 [그림 1-3]과 같다.

```
# 수열의 항을 점 그래프로 표현
import matplotlib.pyplot as plt  # 그래픽 표현을 위한 파이썬 코드를
                                 # 모아놓은 matplotlib 라이브러리 사용
a = lambda n: (1 + 1/n)**n       # 수열의 일반항을 함수로 정의
x = range(1, 21)                 # 1부터 20까지의 자연수를 리스트로 저장
y = [a(n) for n in x]            # 각 자연수(n)마다 수열의 항을 리스트에 저장
plt.plot(x, y, '.')              # 리스트의 요소를 x, y축에 점(.)으로 표시
```

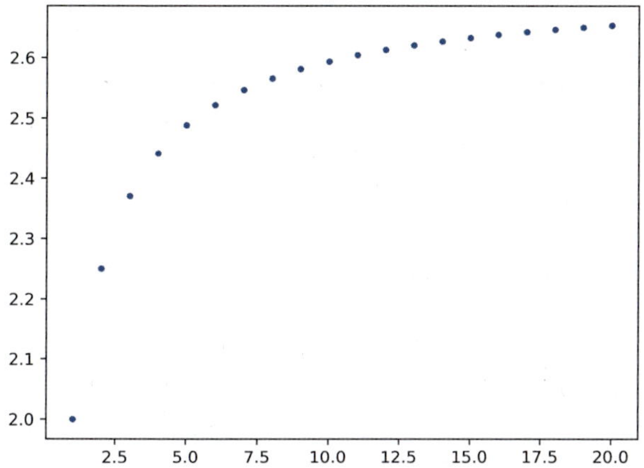

[그림 1-3] 수열의 점 그래프

[그림 1-3]을 통해 점 (n, a_n)이 수평선에 점근적으로 가까워짐을 확인할 수 있다. 수렴은 이와 같이 수열이 어떤 값에 점근적으로 가까워지는 상태를 의미한다.

참고 matplotlib 라이브러리

matplotlib은 그래픽 출력에 필요한 다양한 객체와 함수를 저장한 파이썬 라이브러리이다. pyplot은 matplotlib의 한 모듈로서 함수의 그래프를 그리는 데 필요한 객체와 함수를 저장한다. 직전의 파이썬 코드에서 import matplotlib.pyplot as plt는 pyplot 모듈을 plt라는 명칭으로 사용자의 파이썬 작업 환경에 소환했다. 이와 같이 소환된 외부 모듈의 모든 객체와 함수는 로컬 작업 환경에서 접두어 plt.를 붙여 자유롭게 사용할 수 있다. 참고로 주피터 노트북 환경에서 직전의 파이썬 코드를 실행하면 [그림 1-3]이 코드블록 아래에 출력된다.[5]

5 스크립트 파일(확장자가 py인 텍스트 파일)을 실행하여 [그림 1-3]을 출력하려면 마지막 줄에 plt.show()를 추가해야 한다. 이때 그래프는 팝업 윈도우에 출력된다.

만약 주피터 노트북 환경에서 팝업 윈도우에 그래프를 출력하고자 한다면 해당 코드블록을 실행하기 전에 다음을 입력해야 한다.

```
# 그래프를 팝업 윈도우에 출력하도록 설정
%matplotlib qt
```

위 명령어를 실행할 때 오류가 발생한다면 관련 모듈이 설치되지 않은 것이므로 다음 명령어를 통해 모듈을 설치한다.

```
# 파이썬 Qt 모듈 설치
!pip install pyqt5
```

만약 원래대로 그래프를 코드블록 사이에 출력하고 싶다면 다음 명령어를 실행한다.

```
# 그래프를 코드블록 사이에 출력하도록 설정
%matplotlib inline
```

■ 수렴과 발산

수열이 수렴한다는 것은 수열이 단 하나의 값에 가까워짐을 의미한다. 즉 인덱스 n이 무한히 증가할 때, 모든 수열의 항 a_n이 하나의 값에 한없이 가까워지는 것이다. 여기서 인덱스가 무한히 증가한다는 말은 몇몇 큰 값의 인덱스에 대한 것이 아니라, 일정 크기 이상의 모든 인덱스에 대한 것이다. 예를 들어 다음 수열을 살펴보자.

$$a_n = \begin{cases} 1, & n\text{이 짝수일 때} \\ \dfrac{1}{n}, & n\text{이 홀수일 때} \end{cases} \tag{1.14}$$

이제 이 수열을 파이썬 함수로 정의하고 인덱스와 항을 좌표점 (n, a_n)으로 표현하려고 한다. 이번에는 수열의 순서를 표시하기 위해 각 점을 순서대로 이어 선분으로 나타내보자. 다음 파이썬 코드를 구현하면 [그림 1-4]가 출력된다.

```
# 수열을 그래프로 표현
a = lambda n: 1 if n % 2 == 0 else 1/n
x = range(1, 11)
y = [a(n) for n in x]
plt.plot(x, y, 'o-')   # 좌표점을 동그라미와 선으로 연결된 모양(o-)으로 출력
```

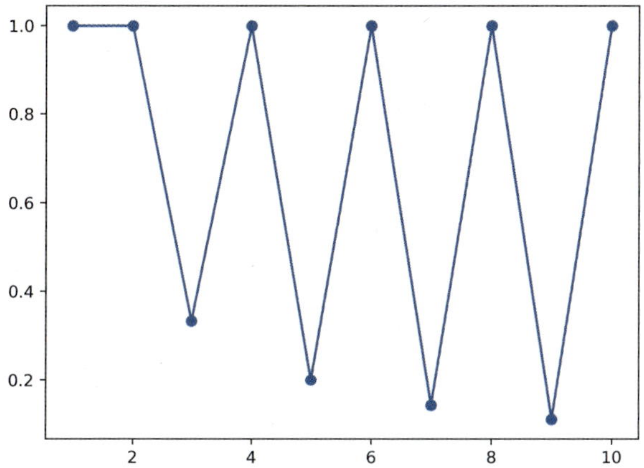

[그림 1-4] 수열의 점-선 그래프

[그림 1-4]를 통해 식 (1.14)의 수열이 0과 1 사이를 **진동**oscillation함을 확인할 수 있다. 이 경우 수열은 수렴하지 않는다. 이와 같은 수열의 상태를 **발산**divergence이라고 한다.

예제 1-4 수열의 수렴과 발산

다음 점화식 수열의 수렴 또는 발산을 판별하라.

$$a_{n+1} = \frac{2}{3}a_n + \frac{2}{3a_n^2}, \quad a_1 = 2 \tag{1.15}$$

풀이

주어진 수열을 파이썬 코드로 구현하면 다음과 같다.

```
# 식 (1.15)로 정의된 수열을 구현
def a(n: int) -> float:
    term = 2  # 일반항의 값을 저장할 변수를 설정
    for _ in range(n):
        term = 2/3*term + 2/3/term**2  # 식 (1.15)를 계산
    return term
```

다음은 수열의 최초 20개 항을 구하고, 순서쌍 (n, a_n)을 좌표평면의 점으로 표현하는 파이썬 코드이다. 코드 결과인 [그림 1-5]를 통해 주어진 수열이 수렴함을 알 수 있다.

```
# 수열 (1.15)의 최초 20개 항을 그래프로 표현
x = range(1, 21)
y = [a(n) for n in x]
plt.plot(x, y, 'o-')
```

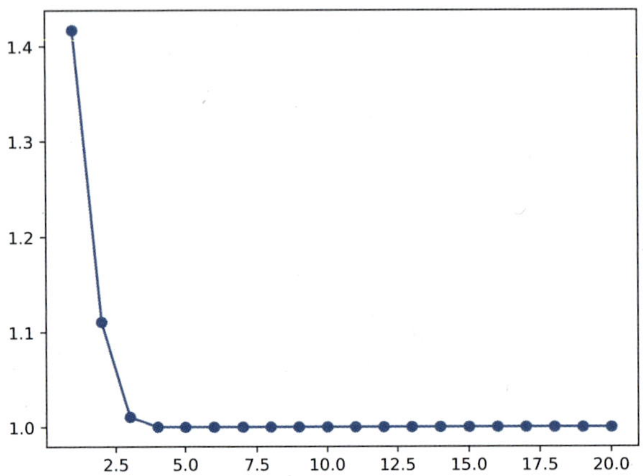

[그림 1-5] 수렴하는 수열의 그래프

■ 수열의 수렴 조건

수열의 수렴에 대한 시각적 표현은 수렴을 보장하지는 않는다. 수열의 수렴을 보장하는 조건으로는 **단조성**monotonicity과 **유계성**boundedness이 있다.

정의 1-2 수열의 단조성

모든 인덱스 n에 대해 부등식 $a_n \le a_{n+1}$을 만족하는 수열 a_n을 **단조증가수열**monotone increasing sequence이라 하고, $a_n \ge a_{n+1}$을 만족하는 수열을 **단조감소수열**monotone decreasing sequence이라 한다.

정의 1-3 수열의 유계성

모든 인덱스 n에 대해 $a_n < M$인 실수 M을 수열의 **상계**upper bound라 하며, 상계들 중 가장 작은 수를 **최소상계**least upper bound라 한다. $a_n > M$인 실수 M을 **하계**lower bound라 하고, 하계들 중 가장 큰 수를 **최대하계**greatest lower bound라 한다. 수열의 상계가 존재하는 경우 **위로 유계**bounded above라 하고, 하계가 존재하는 경우 **아래로 유계**bounded below라 한다.

수열의 단조증가와 단조감소는 의미가 직관적이고 분명하다. 이제 수열의 유계의 의미를 이해하기 위해 수열 $a_n = \dfrac{1}{n}$을 살펴보자. 모든 인덱스 n에 대해 이 수열은 다음 부등식을 항상 만족한다.

$$0 < a_n = \frac{1}{n} \tag{1.16}$$

따라서 0은 수열 a_n의 하계이다. 같은 이유로 -1, -2와 같은 모든 음수는 수열 a_n의 하계이다. 0은 하계들 중 가장 큰 수이므로 최대하계이다. 왜냐하면 0보다 큰 어떠한 양의 실수 $\varepsilon > 0$을 잡더라도 n이 충분히 크면 $\dfrac{1}{n} < \varepsilon$이 성립하므로 하계가 될 수 없기 때문이다.

예제 1-5 수열의 유계성

수열 $a_n = 1 - \dfrac{1}{n}$이 위로 유계임을 보이고, 최소상계를 구하라.

풀이

모든 인덱스 n에 대해 수열 a_n은 항상 다음 부등식을 만족한다.

$$a_n = 1 - \frac{1}{n} < 1$$

따라서 1이 수열 a_n의 상계이므로 a_n은 위로 유계이다. 사실 1보다 크거나 같은 모든 실수는 수열 a_n의 상계이다. 상계들 중 1이 가장 작은 수이므로 최소상계는 1이다.

이제 다음 정리를 통해 수열의 수렴성을 보장하는 충분조건을 살펴보자.

정리 1-1 수열의 수렴정리

단조증가수열 a_n이 위로 유계이면 a_n은 수렴한다. 이와 비슷하게 단조감소수열 a_n이 아래로 유계이면 a_n은 수렴한다.

다음은 단조증가하고 위로 유계인 수열의 예이다.

$$a_n = \left(1 + \frac{1}{n}\right)^n \tag{1.17}$$

먼저 이 수열이 단조증가함을 보이려면 모든 인덱스 n에 대해 부등식 $\frac{a_{n+1}}{a_n} \geq 1$이 성립함을 확인해야 한다. 이를 위해 $\frac{a_{n+1}}{a_n}$을 다음과 같이 정리해보자.

$$\begin{aligned}\frac{\left(1 + \frac{1}{n+1}\right)^{n+1}}{\left(1 + \frac{1}{n}\right)^n} &= \frac{n^n (n+2)^{n+1}}{(n+1)^{2n+1}} \\ &= \left(\frac{n(n+2)}{(n+1)^2}\right)^n \frac{n+2}{n+1} = \left(1 - \frac{1}{(n+1)^2}\right)^n \frac{n+2}{n+1}\end{aligned} \tag{1.18}$$

이후의 과정을 진행하기 위해 [정리 1-2]의 **베르누이 부등식**Bernoulli inequality을 먼저 살펴보자.

정리 1-2 베르누이 부등식

$\alpha \geq -1$일 때 모든 자연수 n에 대해 다음이 성립한다.

$$(1 + \alpha)^n \geq 1 + n\alpha \tag{1.19}$$

부등식 (1.19)에 $\alpha = \frac{-1}{(n+1)^2}$을 대입하면 식 (1.18)의 가장 마지막 항을 다음과 같이 정리할 수 있다.

$$\begin{aligned}\left(1 - \frac{1}{(n+1)^2}\right)^n \frac{n+2}{n+1} &\geq \left(1 - \frac{n}{(n+1)^2}\right)\frac{n+2}{n+1} \\ &= \frac{(n^2 + n + 1)(n+2)}{(n+1)^3} = \frac{(n+1)^3 + 1}{(n+1)^3} > 1\end{aligned}$$

따라서 식 (1.17)의 수열은 단조증가수열이다. 이는 [그림 1-3]에서 살펴본 수열의 경향과 일치한다.

이제 식 (1.17)의 수열 a_n이 위로 유계임을 보이자. 이를 위해 다음 **이항정리**binomial theorem를 이용한다.

정리 1-3 이항정리

$n \geq 1$인 모든 자연수 n과 임의의 실수 x, y에 대해 다음이 성립한다.

$$(x+y)^n = x^n + nx^{n-1}y + \frac{n(n-1)}{2!}x^{n-2}y^2 + \cdots + \frac{n(n-1)\cdots 1}{n!}y^n \tag{1.20}$$

수열 a_n의 일반항은 식 (1.20)에 $x=1$, $y=\dfrac{1}{n}$을 대입한 것이므로, [정리 1-3]에 의해 다음과 같이 전개할 수 있다.

$$a_n = \left(1+\frac{1}{n}\right)^n = 1 + n \cdot \frac{1}{n} + \frac{n(n-1)}{2!}\left(\frac{1}{n}\right)^2 + \cdots + \frac{n(n-1)\cdots 1}{n!}\left(\frac{1}{n}\right)^n$$

오른쪽 끝 식에서 세 번째 이후의 항은 다음을 만족한다.

$$\begin{aligned}
\frac{n(n-1)}{2!n^2} &= \frac{1}{2!}\left(\frac{n}{n}\right)\left(\frac{n-1}{n}\right) \\
\frac{n(n-1)(n-2)}{3!n^3} &= \frac{1}{3!}\left(\frac{n}{n}\right)\left(\frac{n-1}{n}\right)\left(\frac{n-2}{n}\right) \\
&\vdots \\
\frac{n(n-1)\cdots 1}{n!n^n} &= \frac{1}{n!}\left(\frac{n}{n}\right)\left(\frac{n-1}{n}\right)\cdots\left(\frac{1}{n}\right)
\end{aligned}$$

따라서 수열 a_n은 다음 부등식을 만족한다.

$$\begin{aligned}
a_n &= 1+1+\frac{1}{2!}\left(\frac{n}{n}\right)\left(\frac{n-1}{n}\right) + \cdots + \frac{1}{n!}\left(\frac{n}{n}\right)\left(\frac{n-1}{n}\right)\cdots\left(\frac{1}{n}\right) \\
&\leq 1+1+\frac{1}{2!} + \cdots + \frac{1}{n!} \\
&\leq 1+1+\frac{1}{2} + \cdots + \left(\frac{1}{2}\right)^{n-1} < 3
\end{aligned}$$

따라서 수열 a_n은 위로 유계이다. 그러므로 수열의 수렴정리에 의해 수열 a_n은 수렴한다. 수열의 수렴정리는 수열을 이용해 새로운 실수를 정의할 수 있음을 알려준다. 예를 들어 식 (1.17)의 수열이 수렴하는 값을 **자연상수**natural constant e라 하며 다음과 같이 표기한다.

$$\lim_{n\to\infty}\left(1+\frac{1}{n}\right)^n = e \tag{1.21}$$

수열의 수렴정리에서 수열의 단조와 유계는 유한개의 인덱스를 제외하고 남은 무한히 많은 인덱스에 대해 성립하기만 하면 된다. 왜냐하면 수열의 수렴은 무한히 진행되는 항에 의해 결정되기 때문이다. 만약 주어진 수열 a_n의 처음 N개의 항 $a_1, \cdots, a_N$이 나머지 항

a_{N+1}, a_{N+2}, $\cdots$의 단조성과 반대의 경향을 따른다면, 다음과 같이 새로운 수열 b_n을 정의하고 이를 수열의 수렴정리에 대입하여 수렴을 증명하면 된다.

$$b_n = a_{n+N} \tag{1.22}$$

[예제 1-6]에서는 점화식 수열의 수렴성을 보이고자 한다. 여기서 임의의 두 양수 x, y에 대해 항상 성립하는 다음의 **산술기하평균 부등식**arithmetic-geometric mean inequality이 필요하다.

$$\frac{1}{2}(x+y) \geq \sqrt{xy} \tag{1.23}$$

예제 1-6 점화식 수열의 수렴

다음 점화식 수열이 수렴함을 증명하라.

$$a_{n+1} = \frac{1}{2}\left(a_n + \frac{2}{a_n}\right), \quad a_1 = 1 \tag{1.24}$$

풀이

수열의 수렴정리를 이용해 수열의 수렴성을 증명하자. 이를 보이기 위해 수열의 다음 두 가지 성질을 증명한다.

❶ $a_n \geq \sqrt{2}$이다.

❷ $n \geq 2$일 때 $a_n \geq a_{n+1}$이다.

먼저 성질 ❶을 보이자. 초항 $a_1 = 1$이 양수이고, a_n이 양수이면 점화식 (1.24)에 의해 a_{n+1}도 양수이므로 모든 인덱스 n에 대해 수열 a_n은 양수이다. 따라서 식 (1.23)의 좌변에 $x = a_n$, $y = \frac{2}{a_n}$를 대입함으로써 점화식 (1.24)의 우변을 얻는다. 그러므로 모든 자연수 $n \geq 1$에 대해 다음 부등식이 성립한다.

$$a_{n+1} = \frac{1}{2}\left(a_n + \frac{2}{a_n}\right) \geq \sqrt{a_n \cdot \frac{2}{a_n}} = \sqrt{2}$$

다음으로 성질 ❷를 보이자. 성질 ❷는 점화식 (1.24)의 양변을 a_n으로 나누고, 성질 ❶을 적용하면 다음과 같이 쉽게 보일 수 있다.

$$\frac{a_{n+1}}{a_n} = \frac{1}{2}\left(1 + \frac{2}{a_n^2}\right) \leq \frac{1}{2}\left(1 + \frac{2}{2}\right) = 1$$

따라서 $n \geq 2$일 때 점화식 (1.24)의 수열은 [정리 1-1]의 조건을 만족하므로 수렴한다.

참고로 점화식 (1.24)의 수열 a_n의 수렴은 기하적으로 표현할 수 있다. [그림 1-6]은 두 함수 $y = x$와 $y = \frac{1}{2}\left(x + \frac{2}{x}\right)$의 그래프를 특정 영역의 좌표평면에 표현한 것이다. 두 그래프의 교점은 $(\sqrt{2}, \sqrt{2})$이다. 이 결과를 통해 점화식 (1.24)의 수열의 수렴을 시각화해보자.

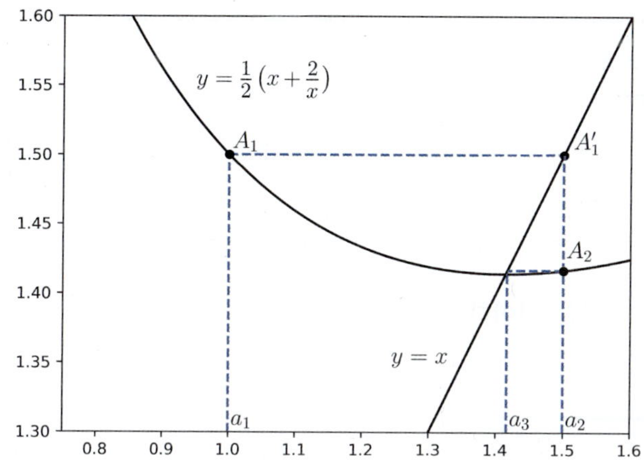

[그림 1-6] 점화식으로 주어진 수열의 기하적 표현

수열의 초항 $a_1 = 1$을 x축의 한 점 $(1, 0)$으로 표시한다. x축의 점 a_1에서 수직으로 올린 직선이 함수 $y = \frac{1}{2}\left(x + \frac{2}{x}\right)$의 그래프와 만나는 점 A_1의 좌표는 $A_1 = (a_1, a_2)$이다. 점 A_1을 지나며 x축에 평행한 직선이 함수 $y = x$의 그래프와 만나는 점 $A_1' = (a_2, a_2)$에서 x축에 내린 수선의 발은 a_2이다. 점 a_2에서 수직으로 올린 직선이 함수 $y = \frac{1}{2}\left(x + \frac{2}{x}\right)$의 그래프와 만나는 점 A_2의 좌표는 $A_2 = (a_2, a_3)$이다. 이 과정을 무한히 반복할 때 [그림 1-6]을 보면 a_2 이후로 수열의 항이 항상 단조감소하며 $\sqrt{2}$보다 큼을 알 수 있다.

수열의 극한

수열의 수렴은 수열의 항 a_n이 어떤 값 L에 한없이 가까워지는 것이다. 두 실숫값이 서로 가까워진다는 것은 어떤 의미일까? 이를 이해하기 위해 다음과 같이 실수의 개념을 유효숫자의 개념으로 재정의해보자.

> 실수 x란 임의로 주어진 개수의 유효숫자로 표현할 수 있는 수이다.

예를 들어 1보다 작은 실수를 하나 생각해보자. 이는 십진법의 소수점 자리로 근사된다. 두 실수가 서로 같다는 것은 임의의 유효숫자 범위에서 두 실수가 항상 같은 소수점 값을 가진다는 의미이다. 또한 두 실수가 서로 가깝다는 것은 두 수의 차이가 일정한 유효숫자 범위에서

0과 같음을 의미한다.

예를 들어 수열 $a_n = \left(1+\frac{1}{n}\right)^n$을 다시 살펴보자. 인덱스 n을 10의 거듭제곱 형태로 증가시키고, 다음과 같이 소수점 자리의 개수를 다르게 하여 각 수열의 항 a_n을 출력하자.

```
# 식 (1.17)의 수열의 항을 인덱스 10^2부터 10^8까지 출력
a = lambda n: (1 + 1/n)**n
for k in range(2, 9):
    y = a(10**k)
    print(f'%.8f'%y, f'%.5f'%y, f'%.3f'%y)
```

다음은 위 코드의 실행 결과를 표로 정리한 것이다.

[표 1-2] 식 (1.17)의 수열의 항

n	a_n		
10^2	2.70481383	2.70481	2.705
10^3	2.71692393	2.71692	2.717
10^4	2.71814593	2.71815	2.718
10^5	2.71826824	2.71827	2.718
10^6	2.71828047	2.71828	2.718
10^7	2.71828169	2.71828	2.718
10^8	2.71828180	2.71828	2.718

[표 1-2]를 통해 인덱스 n이 증가할수록 a_n은 어떤 값 L로 수렴하며, 이 값의 대략적인 크기는 $L = 2.71828\cdots$이라 예상할 수 있다. [표 1-2]의 세 번째, 네 번째 열을 보면 소수점 자리의 개수를 적게 했을 때, 수열의 항의 값이 어느 순간 변하지 않음을 알 수 있다.

위 결과로부터 유효숫자의 개수와 인덱스 n 사이의 연관성을 알 수 있다. 유효숫자가 4개이면 $n \geq 10^4$일 때 수열의 항 a_n의 값이 더 이상 변하지 않는다. 또한 유효숫자가 6개이면 $n \geq 10^6$일 때 수열의 항 a_n의 값이 더 이상 변하지 않는다. 수열의 수렴을 증명하려면 유효숫자의 개수가 임의로 주어지더라도 충분히 큰 인덱스에서 수열의 항의 값이 더 이상 변하지 않음을 보여야 한다.

이 관점으로부터 수열 a_n이 L로 수렴한다는 것을 다음과 같이 정의할 수 있다.

> 어떠한 자연수 m을 선택하더라도, 인덱스 n이 충분히 크면 수열의 항 a_n과 어떤 실수 L의 차이가 10^{-m}보다 작다.

[표 1-2]에서 $n=10^4$일 때 수열의 값은 대략 2.71814593[6]이지만, 이 값과 $L=2.718$의 차이는 10^{-3}보다 작다. 여기서 10^{-m}은 작은 수를 의미한다. 이와 같이 작은 수를 앞으로 ε으로 표기하고 **정밀도**precision라 하자. 통상적으로 어떤 값을 ε의 정밀도로 측정한다는 것은 실제값과 측정값의 차이가 ε보다 작음을 의미한다. '두 실수 a, b를 ε의 정밀도에서 구분할 수 없다'는 것은 두 실수의 차이 $|a-b|$가 ε보다 작다고 이해하면 된다.

■ 수렴의 형식적 정의

수열의 수렴을 데이터로 확인하는 과정을 살펴보자.

❶ 수열의 수렴을 판단하기 위한 정밀도를 정한다.
❷ 수열의 인덱스를 증가시키며 $n \geq N$일 때 수열의 항이 더 이상 변하지 않는 큰 자연수 N을 찾는다.
❸ 이와 같은 과정을 여러 정밀도 ε에 대해 수행하여 수열의 수렴을 확신한다.

만약 단계 ❶과 단계 ❷의 과정이 임의의 정밀도 ε에 대해 항상 성립함을 알 수 있다면 수렴에 대한 확신을 증명으로 바꿀 수 있다. 이 관점에서 수열의 수렴을 다음과 같이 정의할 수 있다.

정의 1-4 수렴의 정의

임의의 (충분히 작은) 양의 실수 ε에 대해 (충분히 큰) 자연수 N이 존재하여 $n \geq N$일 때 항상 $|a_n - L| < \varepsilon$이 성립하면, 수열 a_n이 어떤 실수 L로 **수렴한다**convergent고 한다. 이때 실수 L을 수열 a_n의 **극한**limit이라 하고 $\lim_{n \to \infty} a_n = L$ 또는 $a_n \to L$로 표기한다.

[정의 1-4]의 다음 문장은 수열 a_n과 실수 L에 관한 명제[7]로 **수열의 ε-δ 명제**라 한다.

임의의 양의 실수 ε에 대해 자연수 N이 존재하여 $n \geq N$일 때 $|a_n - L| < \varepsilon$이 성립한다.

6 [표 1-2]에서 회색 음영으로 별도 표기했다.
7 **명제**(proposition)는 증명을 통해 참과 거짓을 판별할 수 있는 문장을 말한다.

예를 들어 $a_n = \frac{1}{n}$로 [정의 1-4]의 의미를 살펴보자. 직관적으로 이 수열은 인덱스 n이 증가할수록 실수 0으로 수렴한다. $L=0$이라 하고, [정의 1-4]에 따라 수열 a_n이 $a_n \to 0$을 만족하는지 살펴보자.

'임의의'[8] ε이라는 것은 ε이 될 수 있는 모든 양의 실수를 고려하되 각 경우를 따로 취급한다는 의미이다. 만약 $\varepsilon = \frac{1}{10}$이고 $N=11$이면 ε-δ 명제는 다음과 같다.

> 양수 $\varepsilon = \frac{1}{10}$에 대해 자연수 $N=11$이 존재하여 $n \ge N$일 때 $|a_n - L| < \varepsilon$이 성립한다.

이 명제는 참이다. 이와 비슷하게 $\varepsilon = \frac{1}{100}$이고 $N=101$이면 ε-δ 명제는 다음과 같다.

> 양수 $\varepsilon = \frac{1}{100}$에 대해 자연수 $N=101$이 존재하여 $n \ge N$일 때 $|a_n - L| < \varepsilon$이 성립한다.

이 명제도 자명하게 참이다. 각 ε-δ 명제가 참이 되는 이유는 자연수 N을 적절히 선택했기 때문이다. 즉 수열의 수렴은 각 양의 실수 ε에 대해 ε-δ 명제가 참이 되게 하는 적절한 자연수 N이 존재함을 보이는 것이다. 수열의 수렴을 보이는 것은 ε-δ 명제를 만족하는 자연수 N을 ε에 관한 함수식으로 표현하는 것과 같다. 다음 예제를 통해 수렴의 증명 과정을 살펴보자.

예제 1-7 수열의 수렴

$\lim_{n\to\infty} \frac{1}{n} = 0$임을 증명하라.

풀이

임의의 실수 $\varepsilon > 0$에 대해 N이 $\frac{1}{\varepsilon} < N$을 만족하는 자연수라 하자. 만약 $n \ge N$이면 다음이 항상 성립한다.

$$\left|\frac{1}{n} - 0\right| = \frac{1}{n} \le \frac{1}{N} < \frac{1}{1/\varepsilon} = \varepsilon$$

[정의 1-4]의 '충분히 작은', '충분히 큰'이라는 표현은 읽는 사람마다 다르게 해석할 수 있다.

8 영어로는 'for every'이며, '모든'을 의미하는 'for all'과 다르다.

이러한 표현은 증명을 간소화할 수 있다.

예제 1-8 수열의 수렴

$\lim_{n \to \infty} \left(\frac{1}{2}\right)^n = 0$임을 증명하라.

풀이

충분히 작은 양의 실수 ε에 대해 N이 $\frac{1}{2^N} < \varepsilon$을 만족하는 충분히 큰 자연수라 하자. 이때 $n \geq N$이면 항상 다음 부등식이 성립한다.

$$\left| \left(\frac{1}{2}\right)^n - 0 \right| < \frac{1}{2^n} \leq \frac{1}{2^N} < \varepsilon$$

수열이 어떤 값으로도 수렴하지 않으면 **발산한다**divergent고 한다. 발산은 크게 두 가지 경우로 나뉜다. 하나는 $a_n = (-1)^n$과 같이 수열의 값이 일정한 간격으로 떨어진 어느 2개(혹은 그 이상)의 값 사이를 왔다 갔다 하는 경우이다. 이 경우 수열이 **진동한다**oscillate고 한다. 다른 하나는 수열의 값의 크기가 무한히 커지는 경우이다. 예를 들어 $a_n = n$ 또는 $a_n = -n$과 같이 수열의 크기가 한없이 커지는 경우에는 어떤 값으로도 수렴하지 않는다. 이 경우 수열이 **무한대로 발산한다**divergent to infinity고 하고 간단히 $a_n \to \infty$로 표기한다.[9] 물론 $a_n = (-1)^n n$과 같이 진동하면서 무한대로 발산하는 수열도 존재한다. 이 경우에도 수열은 발산한다.

참고 수열의 발산

'수열이 수렴한다'는 것은 어떤 실수 L이 존재하여 $\lim_{n \to \infty} a_n = L$을 만족함을 의미한다. 만약 이 명제가 거짓이면 수열은 발산한다고 한다. 즉 '수열이 발산한다'는 것은 임의의 실수 L에 대해 $\lim_{n \to \infty} a_n \neq L$임을 의미한다. 이는 ε-δ 명제의 **부정**negation으로 다음과 같다.

> 어떤 양의 실수 ε에 대해서는 임의의 자연수 N을 잡더라도 $n \geq N$일 때 항상 $|a_n - L| < \varepsilon$이 성립하지 않는다.

이 명제는 무한히 많은 인덱스 n에 대해 $|a_n - L| > \varepsilon$이 성립함을 의미한다.

9 무한대 기호 ∞는 숫자가 아니지만, 음의 무한대로 발산하는 경우를 구분하기 위해 편의상 $a_n \to -\infty$로 표기한다.

예를 들어 식 (1.14)에서 살펴본 다음 수열을 보자.

$$a_n = \begin{cases} 1, & n\text{이 짝수일 때} \\ \dfrac{1}{n}, & n\text{이 홀수일 때} \end{cases}$$

이 수열이 발산함을 증명해보자. 즉 모든 실수 L에 대해 $\lim_{n\to\infty} a_n \neq L$임을 보이자. $L=0$인 경우 n이 짝수이면 항상 $|a_n| = 1 > \frac{1}{2} = \varepsilon$이 성립한다. $L \neq 0$인 경우 실수 ε을 부등식 $\frac{|L|}{2} > \varepsilon > 0$을 만족하는 실수로 선택하자. $\lim_{n\to\infty} \frac{1}{n} = 0$이므로 $\frac{1}{N} < \varepsilon$을 만족하는 (충분히 큰) 자연수 N이 존재한다. 따라서 다음 부등식이 성립한다.

$$\varepsilon = 2\varepsilon - \varepsilon < |L| - \left|\frac{1}{N}\right| < |L| - \left|\frac{1}{n}\right| < \left|L - \frac{1}{n}\right|$$

따라서 인덱스 n이 $n \geq N$이고 홀수이면 항상 $\varepsilon < |L - a_n|$이므로 $\lim_{n\to\infty} a_n \neq L$이다.

다음 정리를 이용하면 극한을 쉽게 계산할 수 있다.

정리 1-4 수열의 극한

두 수열 a_n, b_n에 대해 $\lim_{n\to\infty} a_n = L$, $\lim_{n\to\infty} b_n = M$이면 다음 명제가 성립한다.

(1) 임의의 실수 k에 대해 $\lim_{n\to\infty} ka_n = kL$이다.

(2) $\lim_{n\to\infty} (a_n + b_n) = N + M$이다.

(3) $\lim_{n\to\infty} a_n b_n = LM$이다.

(4) $M \neq 0$이면 $\lim_{n\to\infty} \frac{a_n}{b_n} = \frac{L}{M}$이다.

(5) 만약 $L = M$이고 수열 c_n이 $a_n \leq c_n \leq b_n$을 만족하면 $\lim_{n\to\infty} c_n = L$이다.

[정리 1-4]의 (5)를 **샌드위치 정리**sandwich theorem라 한다.

예제 1-9 **수열의 극한 계산**

$\lim_{n\to\infty} \frac{n}{n+1}$을 구하라.

풀이

수열 $c_n = \frac{n}{n+1}$은 다음과 같이 수열 a_n과 b_n의 결합으로 표현된다.

$$c_n = 1 - \frac{1}{n+1} = a_n + (-1) \cdot b_n, \quad a_n = 1, \quad b_n = \frac{1}{n+1}$$

수열 a_n은 상수수열이므로 $\lim_{n\to\infty} a_n = 1$이다. 또한 수열 b_n은 0으로 수렴한다. 따라서 [정리 1-4]의 (1), (2)에 의해 다음과 같다.

$$\lim_{n\to\infty} c_n = \lim_{n\to\infty} a_n - \lim_{n\to\infty} b_n = 1$$

한편, 주어진 수열을 $c_n = \frac{1}{1+1/n}$로 표현하고 $a_n = 1$, $b_n = 1 + \frac{1}{n}$에 대해 $c_n = \frac{a_n}{b_n}$이라 생각하면 [정리 1-4]의 (4)에 의해 다음과 같다.

$$\lim_{n\to\infty} c_n = \frac{\lim_{n\to\infty} a_n}{\lim_{n\to\infty} b_n} = \frac{\lim_{n\to\infty} 1}{\lim_{n\to\infty}\left(1 + \frac{1}{n}\right)} = 1$$

예제 1-10 수열의 극한 계산

$\lim_{n\to\infty} \frac{n}{n^2+1}$을 구하라.

풀이

수열 $c_n = \frac{n}{n^2+1}$은 다음과 같이 두 수열 a_n과 b_n의 결합으로 표현된다.

$$c_n = \frac{a_n}{b_n}, \quad a_n = \frac{1}{n}, \quad b_n = 1 + \frac{1}{n^2}$$

여기서 $\lim_{n\to\infty} a_n = 0$, $\lim_{n\to\infty} b_n = 1$이므로, $\lim_{n\to\infty} c_n = 0$이다.

예제 1-11 수열의 극한 계산

$\lim_{n\to\infty} \frac{1}{n}\sin\left(\frac{1}{n}\right)$을 구하라.

풀이

$a_n = -\frac{1}{n}$, $b_n = \frac{1}{n}$이라 하면 다음 부등식이 성립한다.

$$a_n = \frac{-1}{n} \le \frac{1}{n}\sin\left(\frac{1}{n}\right) \le \frac{1}{n} = b_n$$

이때 $\lim_{n\to\infty} a_n = \lim_{n\to\infty} b_n = 0$이므로, 샌드위치 정리에 의해 $\lim_{n\to\infty} \frac{1}{n}\sin\left(\frac{1}{n}\right) = 0$이다.

SECTION
1.2 급수

이 절에서는 앞서 살펴본 수열 개념을 응용한 급수 개념을 다룬다. 또한 급수의 다양한 수렴판정법과 함께 멱급수를 이용한 함수의 정의와 계산 방법을 소개한다.

급수의 수렴

급수는 주어진 수열의 합으로 표현된 또 다른 수열의 일종이다. 예를 들어 유리수 $\frac{1}{3}$의 십진법 표현을 살펴보자.

$$\frac{1}{3} = 0.3333\cdots$$

이는 다음과 같이 유리수 수열 $a_n = \frac{3}{10^n}$을 무한히 더한 것으로 볼 수 있다.

$$\frac{1}{3} = \frac{3}{10} + \frac{3}{10^2} + \frac{3}{10^3} + \cdots$$

여기서 중요한 점은 급수가 수열의 항을 '순서대로' 더한 것이라는 점이다. 급수의 엄밀한 정의는 다음과 같이 부분합을 이용한다.

정의 1-5 급수

수열 a_k의 처음 n개 항을 더해 만든 수열을 **부분합** partial sum이라 하고 다음과 같이 표기하자.

$$S_n = \sum_{k=1}^{n} a_k = a_1 + a_2 + \cdots + a_n$$

이 부분합 S_n의 극한을 **급수** series[10]라 하고 다음과 같이 표기한다.

$$\sum_{n=1}^{\infty} a_n = \lim_{n \to \infty} S_n \tag{1.25}$$

급수의 수렴, 발산은 수열의 수렴, 발산과 같은 개념이다. 즉 부분합의 수렴과 발산에 따라 급수의 수렴과 발산이 정해진다. 예를 들어 다음 급수를 살펴보자.

$$\sum_{n=1}^{\infty} \frac{1}{2^n} = \frac{1}{2} + \frac{1}{2^2} + \frac{1}{2^3} + \cdots \tag{1.26}$$

한 변의 길이가 1인 정사각형의 반을 나누어 그 넓이인 $\frac{1}{2}$을 할당한다. 남은 영역의 반을 나누어 그 넓이인 $\frac{1}{4}$을 할당한다. 이 과정을 계속해서 만들어지는 각 영역에 급수 (1.26)의 항을 하나씩 할당한다. 각 영역의 넓이를 모두 더한 값은 정사각형의 전체 넓이인 1이므로 급수는 1로 수렴한다.

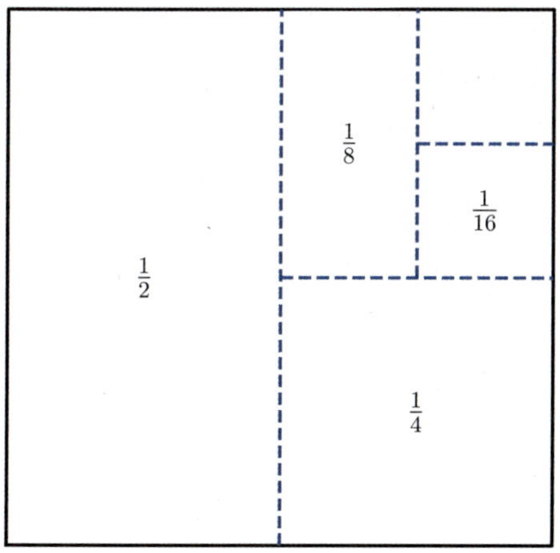

[그림 1-7] 급수의 수렴에 대한 기하적 증명

10 무한급수(infinite series)라고도 한다.

급수 (1.26)은 수열의 극한에 관한 명제를 이용해 증명할 수도 있다. $\frac{1}{2^k}$은 등비수열이므로 부분합 S_n은 다음과 같이 표현된다.

$$S_n = \frac{1}{2} + \frac{1}{2^2} + \cdots + \frac{1}{2^n} = \frac{1}{2}\frac{1-\frac{1}{2^n}}{1-\frac{1}{2}} = 1 - \frac{1}{2^n} \tag{1.27}$$

따라서 $n \to \infty$일 때 $S_n = 1 - \frac{1}{2^n} \to 1$이다.

급수의 발산을 예측하는 것은 비교적 간단하다. 그러나 앞서 살펴본 급수 (1.26)처럼 부분합이 식 (1.27)과 같이 간단한 형태로 유도되지 않는 경우, 급수의 수렴을 직관적으로 유추하기는 어렵다. 예를 들어 다음과 같이 정의된 급수[11]를 살펴보자.

$$1 + \frac{1}{2} + \frac{1}{3} + \cdots = \sum_{n=1}^{\infty} \frac{1}{n}$$

이 급수가 수렴하는지 판별하기 위해 부분합을 계산하는 파이썬 코드를 작성해보자.

```
# 조화급수의 부분합을 계산하는 함수 정의
def harmonic(n: int) -> float:
    sum = 0
    for i in range(1, n+1):
        sum += 1/i
    return sum
```

이제 함수를 이용해 초항부터 여섯 번째 항까지의 부분합을 순서대로 구하고, 다음 파이썬 코드로 그래프를 구현하면 [그림 1-8]과 같다.

```
# 조화급수의 최초 6개의 부분합을 그래프로 표현
x = range(1, 7)
y = [harmonic(n) for n in x]
plt.plot(x, y, 'o-')
```

11 이 급수를 **조화급수**(harmonic series)라 한다.

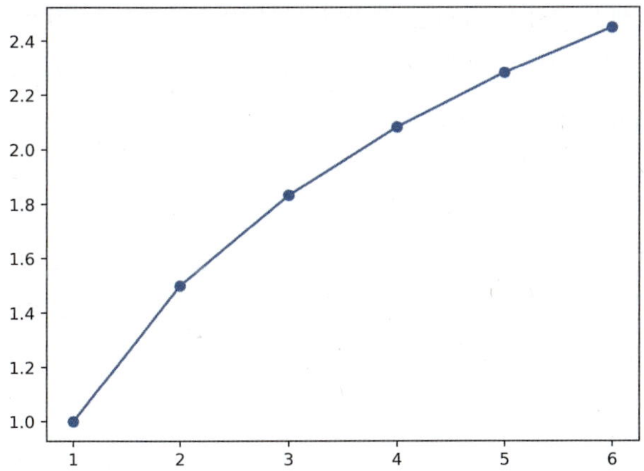

[그림 1-8] **인덱스를 산술적으로 증가시켰을 때의 조화급수의 부분합**

[그림 1-8]로 급수의 수렴을 판단하기는 어렵다. 부분합의 크기가 아직 작아서 무한대로 발산한다고 결론 내리기에 무리가 있고, 인덱스 n이 증가할수록 부분합의 증분이 점점 작아져서 어느 순간부터 부분합의 크기가 일정 이상 늘어나지 않고 수렴할 가능성도 있기 때문이다.

다음 코드와 같이 부분합의 인덱스 n을 10의 거듭제곱으로 증가시키면 결과는 [그림 1-9]와 같다.

```
# 조화급수의 부분합을 인덱스 1부터 10^5까지의 그래프로 표현
x = [10**i for i in range(6)]
y = [harmonic(n) for n in x]
plt.plot(x, y, 'o-')
```

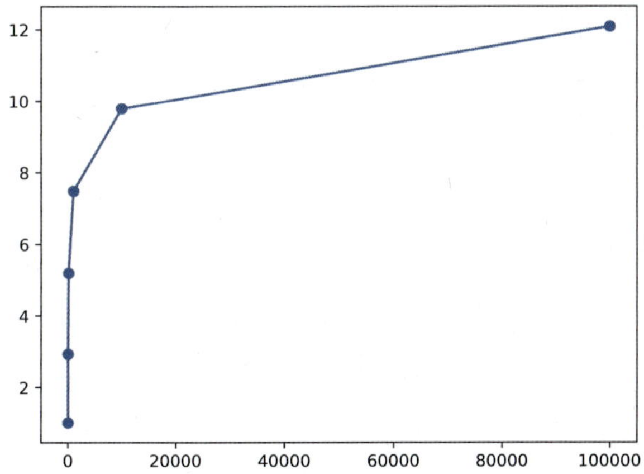

[그림 1-9] **인덱스를 지수적으로 증가시켰을 때 조화급수의 부분합**

[그림 1-9]를 보면 인덱스가 10의 거듭제곱 형태로 증가할 때마다 부분합의 크기는 일정하게 증가함을 알 수 있다. 다시 말해 인덱스를 충분히 크게 증가시키면 부분합의 크기를 임의로 크게 만들 수 있으며, 이를 통해 부분합이 발산할 것이라 예측할 수 있다. 이 사실은 다음 부등식을 통해서도 확인할 수 있다.

$$S_4 = 1 + \frac{1}{2} + \left(\frac{1}{3} + \frac{1}{4}\right) > 1 + \frac{1}{2} + 2 \cdot \frac{1}{4} = 2$$
$$S_8 = 1 + \frac{1}{2} + \left(\frac{1}{3} + \frac{1}{4}\right) + \left(\frac{1}{5} + \frac{1}{6} + \frac{1}{7} + \frac{1}{8}\right) > 1 + \frac{1}{2} + 2 \cdot \frac{1}{4} + 4 \cdot \frac{1}{8} = \frac{5}{2}$$
$$\vdots$$

부분합의 항의 개수가 2의 거듭제곱 형태로 증가할 때마다 부분합의 크기는 최소 $\frac{1}{2}$씩 산술적으로 증가한다. 즉 모든 인덱스 $n \geq 1$에 대해 다음 부등식이 성립한다.

$$S_{2^n} \geq 1 + \frac{n}{2}$$

따라서 S_n은 무한대로 발산한다.

예제 1-12 급수의 수렴과 발산

다음 급수의 수렴 및 발산을 판별하라.

$$\sum_{n=1}^{\infty} \frac{1}{n^2} = 1 + \frac{1}{2^2} + \frac{1}{3^2} + \cdots \tag{1.28}$$

풀이

다음 파이썬 코드로 인덱스의 크기를 지수적으로 증가시키며 부분합을 출력하면 결과는 [그림 1-10]과 같다.

```
# 급수 (1.28)의 부분합을 함수로 정의
def s(n: int) -> float:
    sum = 0
    for i in range(1, n+1): sum += 1/i**2
    return sum
```

```
# 급수 (1.28)의 부분합을 그래프로 표현
x = range(6)
y = [s(10**n) for n in x]  # 인덱스를 1부터 10^5까지 증가시킴
plt.plot(x, y, 'o-')
```

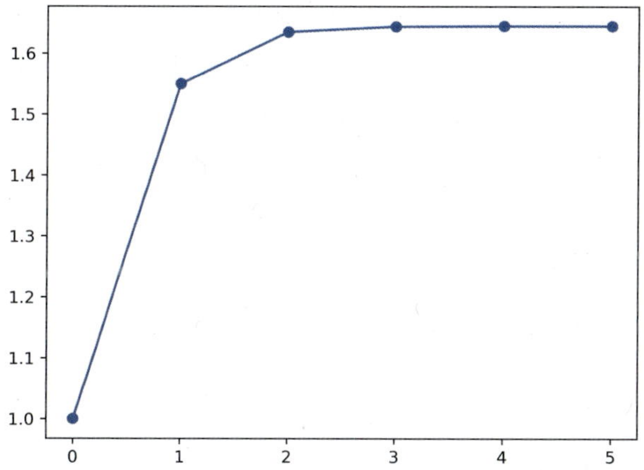

[그림 1-10] 급수 (1.28)의 부분합

[그림 1-10]을 보면 부분합은 일정한 값에 가까워지므로 급수가 수렴한다고 예측할 수 있다. 수열의 수렴정리에 따라 부분합이 단조증가하고 위로 유계임을 보이면 수렴을 증명할 수 있다. 급수의 모든 항은 양수이므로 모든 인덱스 n에 대해 $S_n \le S_{n+1}$임은 자명하다. 부분합이 위로 유계임을 보이기 위해 다음과 같은 부등식을 살펴보자.

$$\begin{aligned} S_n &= 1 + \frac{1}{2^2} + \frac{1}{3^2} + \cdots + \frac{1}{n^2} \\ &< 1 + \frac{1}{1 \cdot 2} + \frac{1}{2 \cdot 3} + \cdots + \frac{1}{(n-1) \cdot n} \\ &= 1 + \left(1 - \frac{1}{2}\right) + \left(\frac{1}{2} - \frac{1}{3}\right) + \cdots + \left(\frac{1}{n-1} - \frac{1}{n}\right) \\ &= 2 - \frac{1}{n} < 2 \end{aligned}$$

따라서 S_n은 위로 유계이다. 그러므로 [정리 1-1]에 의해 S_n은 수렴한다.[12]

급수의 수렴판정법

급수의 형태에 따라 수렴과 발산을 쉽게 보일 수 있는 몇 가지 명제가 존재한다. 이를 급수의 수렴판정법이라 한다. 급수의 수렴판정법은 추후 소개할 멱급수의 수렴반경을 구하거나 정적분의 수렴 등을 증명하는 데 꼭 필요하다.

12 급수 (1.28)은 $\frac{\pi^2}{6}$으로 수렴한다.

■ n 항판정법

정리 1-5 n 항판정법 n-th term test

$\lim_{n\to\infty} a_n \neq 0$ 이면 급수 $\sum_{n=1}^{\infty} a_n$ 은 발산한다.

[정리 1-5]의 대우명제[13]는 다음과 같다.

급수 $\sum_{n=1}^{\infty} a_n$ 이 수렴하면 $\lim_{n\to\infty} a_n = 0$ 이다.

수열 a_n 이 0으로 수렴하는 것은 급수 $\sum_{n=1}^{\infty} a_n$ 이 수렴하기 위한 충분조건은 아니다. 다시 말해 $a_n \to 0$ 이라고 해서 급수 $\sum_{n=1}^{\infty} a_n$ 이 반드시 수렴하는 것은 아니다. 수열이 0으로 수렴하지 않는다는 사실만 빠르게 판단할 수 있으면, 급수가 발산함을 쉽게 파악할 수 있다.

예제 1-13 n **항판정법**

다음 급수의 수렴 및 발산을 판별하라.

$$\sum_{n=1}^{\infty} \left(1+\frac{1}{n}\right)^{-n}$$

풀이

다음과 같이 수열의 극한이 0이 아니므로, 주어진 급수는 발산한다.

$$\lim_{n\to\infty} \frac{1}{\left(1+\frac{1}{n}\right)^n} = \frac{1}{\lim_{n\to\infty}\left(1+\frac{1}{n}\right)^n} = \frac{1}{e} \neq 0$$

■ 교대급수판정법과 절대수렴판정법

다음으로 살펴볼 수렴판정법은 교대급수에 관한 것이다. **교대급수**alternating series란 항의 부호가 한 번씩 번갈아 가며 바뀌는 급수를 말한다. 다음은 교대급수의 한 예이다.

$$1-\frac{1}{2}+\frac{1}{3}-\frac{1}{4}+\cdots = \sum_{n=1}^{\infty} (-1)^{n+1}\frac{1}{n} \tag{1.29}$$

13 'A이면 B이다'의 **대우명제**(contraposition)는 'B가 아니면 A가 아니다'이다. 원명제와 대우명제의 참과 거짓 여부는 항상 일치한다.

교대급수판정법은 이러한 교대급수의 수렴에 관한 충분조건을 명시한다.

정리 1-6 교대급수판정법 alternating series test

모든 인덱스 n에 대해 $a_n \geq 0$, $a_n \geq a_{n+1}$이고 $\lim_{n \to \infty} a_n = 0$일 때, 교대급수 $\sum_{n=1}^{\infty} (-1)^n a_n$은 수렴한다.

교대급수판정법은 수열이 0으로 수렴하는지를 확인한다는 점에서 n항판정법과 유사하지만, 급수의 수렴을 실제로 판별할 수 있다는 차별점이 있다. 교대급수 (1.29)의 부분합을 파이썬 코드로 구현하고 인덱스 1부터 9까지의 값을 그래프로 표현하면 [그림 1-11]과 같다.

```
# 급수 (1.29)의 부분합을 함수로 정의
def s(n: int) -> float:
    sum = 0
    for i in range(1, n+1):
        if i % 2:
            sum += 1 / i # 홀수항의 부호는 양수
        else:
            sum -= 1 / i # 짝수항의 부호는 음수
    return sum
```

```
# 급수 (1.29)의 최초 9개 부분합을 그래프로 표현
x = range(1, 10)
y = [s(n) for n in x]
plt.plot(x, y, 'o-')
```

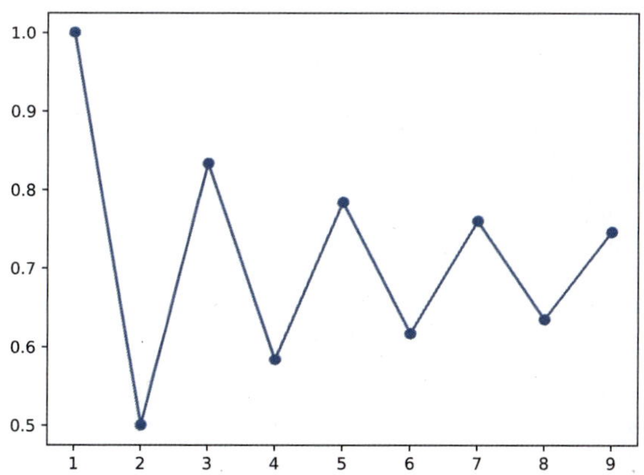

[그림 1-11] 교대급수 (1.29)의 부분합

[그림 1-11]에서 부분합이 진동하지만 진동의 폭이 점차 줄어듦을 확인할 수 있다. 각 인덱스 n마다 부분합 S_n에서 S_{n+1}로의 진폭은 $|a_{n+1}| = \dfrac{1}{n+1}$이고 이는 0으로 수렴한다. 따라서 그래프의 높이는 결국 하나의 값으로 수렴할 것이라 예측할 수 있다. 다음 코드와 같이 급수 (1.29)의 부분합을 충분히 큰 인덱스 n에 대해 계산하면 [표 1-3]의 결과를 통해 급수가 대략 0.69315로 수렴함을 알 수 있다.

```
print([f'%.5f'%s(10**n) for n in range(8)])
```

[표 1-3] 인덱스 n에서의 급수 (1.29)의 부분합 S_n

n	S_n
1	1.00000
10	0.64563
10^2	0.68817
10^3	0.69265
10^4	0.69310
10^5	0.69314
10^6	0.69315
10^7	0.69315

[그림 1-12]는 [그림 1-11]에 각 부분합을 표기하고 급수의 실제 극한인 log(2)를 점선으로 나타낸 것이다.

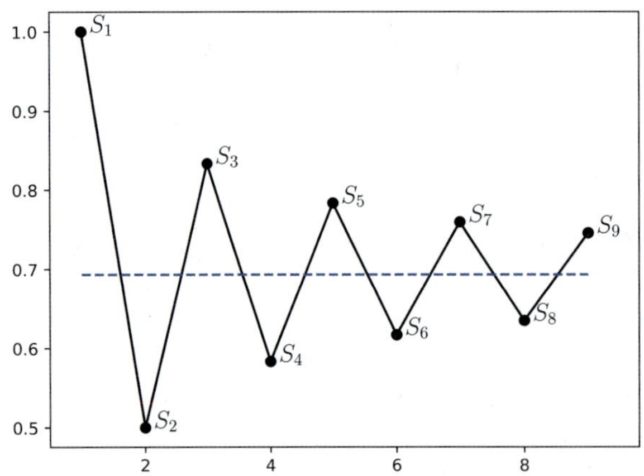

[그림 1-12] 교대급수 (1.29)의 부분합과 수렴의 시각적 표현

예제 1-14 교대급수판정법

다음 급수의 수렴 및 발산을 판별하라.

$$\sum_{n=1}^{\infty} \frac{(-1)^{n+1}}{n^2} \tag{1.30}$$

풀이

이 급수는 교대급수로, 수열 $a_n = \frac{1}{n^2}$은 단조감소하고 0으로 수렴한다. 따라서 교대급수 판정법에 의해 주어진 급수는 수렴한다. 참고로 다음 파이썬 코드를 통해 이 급수의 극한을 대략 $0.8225\cdots$로 유추할 수 있다.

```
# 교대급수 (1.30)의 부분합을 함수로 정의
def s(n: int) -> float:
    sum = 0
    for i in range(1, n+1):
        if i % 2: sum += 1 / i**2 # 홀수항의 부호는 양수
        else: sum -= 1 / i**2      # 짝수항의 부호는 음수
    return sum
```

```
# 교대급수 (1.30)의 부분합을 인덱스 10부터 10^7까지 증가시켜 출력
print([f'%.4f'%s(10**n) for n in range(1, 8)])
```

절대급수absolute series는 다음과 같이 주어진 급수 $\sum_{n=1}^{\infty} a_n$의 모든 항에 절댓값을 씌워 새롭게 만든 급수이다.

$$\sum_{n=1}^{\infty} |a_n|$$

절대수렴absolute convergence이란 주어진 급수의 절대급수가 수렴하는 경우를 말한다. 예를 들어 급수 $\sum_{n=1}^{\infty} \frac{1}{n^2}$은 절대수렴한다. 한편 절대수렴하지는 않지만 수렴하는 급수를 **조건수렴**conditional convergence한다고 한다. 이 경우 급수에 음수항이 포함되어 있으며, 이러한 음수항이 나머지 양수항의 합이 무한히 커지는 것을 방지해 급수가 발산하지 못하게 한다고 볼 수 있다.

정리 1-7 절대수렴판정법absolute convergence test

절대수렴하는 급수는 수렴한다.

절대수렴판정법은 언뜻 자명한 사실처럼 보이지만, 급수의 재배열 관점에서 살펴보면 흥미로운 사실임을 알 수 있다. 급수의 **재배열** rearrangement이란 수열의 항의 순서를 바꾸어 더하는 것이다. 예를 들어 다음은 교대급수 $\sum_{n=1}^{\infty}\frac{(-1)^{n+1}}{n}$의 재배열이다.

$$\left(1-\frac{1}{2}\right)+\left(\frac{1}{3}+\frac{1}{5}-\frac{1}{4}\right)+\left(\frac{1}{7}+\frac{1}{9}+\frac{1}{11}-\frac{1}{6}\right)+\cdots \tag{1.31}$$

식 (1.31)은 항의 개수를 1개씩 늘려가며 묶어서 계산하는 방식이다. 단, 원급수에 포함된 항은 두 번 이상 사용하지 않고, 각 묶음에 속하는 양수항은 n번째 묶음에 n개 등장하며, 음수항은 하나씩만 더한다. 다음은 식 (1.31)과 같이 재배열된 급수의 부분합을 파이썬 코드로 구현한 것이고, 그 결과는 [표 1-4]와 같다.

```
# 급수 (1.31)의 n번째 부분합을 계산하는 함수를 정의
def s(n: int) -> float:
    odd, iter, sum = 1, 1, 0   # 홀수항(odd), 묶음의 순번(iter), 부분합(sum)
    while True:
        for _ in range(iter):  # iter번째 묶음에서 양수항을 iter번 더함
            sum += 1/(odd)     # 부분합에 홀수의 역수를 더함
            odd += 2           # 다음 홀수 찾기
            n -= 1             # 앞으로 남은 항의 개수를 차감
            if n == 0:
                return sum     # 더 이상 남은 항이 없을 때 결과를 출력
        sum -= 1/(2*iter)      # 홀수항을 모두 더한 뒤 짝수항을 뺌
        n -= 1
        if n == 0:
            return sum         # 더 이상 남은 항이 없을 때 결과를 출력
        iter += 1              # 다음 묶음을 계산
```

```
# 급수 (1.31)의 부분합을 인덱스 10부터 10^6까지 증가시켜 출력
print([f'%.4f'%s(10**n) for n in range(1, 7)])
```

[표 1-4] 급수 (1.31)의 부분합

n	S_n
10	1.0385
10^2	1.6688
10^3	2.2387
10^4	2.8223
10^5	3.3978
10^6	3.9736

[표 1-4]를 통해 급수가 천천히, 그러나 꾸준히 증가함을 알 수 있다. 그렇다면 급수의 재배열을 식 (1.30)의 급수 $\sum_{n=1}^{\infty}\frac{(-1)^{n+1}}{n^2}$에 적용하면 어떻게 될까? 재배열을 통해 다음과 같이 급수를 정의해보자.

$$\left(1-\frac{1}{4}\right)+\left(\frac{1}{9}+\frac{1}{25}-\frac{1}{16}\right)+\left(\frac{1}{49}+\frac{1}{81}+\frac{1}{121}-\frac{1}{36}\right)+\cdots \tag{1.32}$$

다음은 식 (1.32)와 같이 재배열한 급수를 파이썬 코드로 구현한 후 인덱스를 지수적으로 증가시키며 부분합을 구한 것이고, 그 결과는 [표 1-5]와 같다.

```
# 급수 (1.32)의 n번째 부분합을 계산하는 함수
def s(n: int) -> float:
    odd, iter, sum = 1, 1, 0
    while True:
        for _ in range(iter):
            sum += 1 / odd**2
            odd += 2
            n -= 1
            if n == 0:
                return sum
        sum -= 1 / (2*iter)**2
        n -= 1
        if n == 0:
            return sum
        iter += 1
```

```
# 급수 (1.32)의 부분합을 인덱스 10부터 10^7까지 증가시켜 출력
print([f'%.4f'%s(10**n) for n in range(1, 8)])
```

[표 1-5] 급수 (1.32)의 부분합

n	S_n
10	0.8578
10^2	0.8396
10^3	0.8280
10^4	0.8242
10^5	0.8230
10^6	0.8226

[표 1-5]는 급수 (1.31)에 대한 결과와 다르게, 부분합이 점점 감소한다. 이는 급수 (1.32)의

각 묶음에서 양수항의 합이 음수항의 크기보다 작기 때문이다. 음수항만을 모두 더한다고 해도 $-\frac{1}{4}\sum_{n=1}^{\infty}\frac{1}{n^2}$이므로, 급수 (1.32)에서 음수항의 총합에 의해 급수가 음의 무한대로 발산하지는 않는다. 따라서 급수 (1.32)는 수렴한다. 절대수렴하는 급수의 경우 재배열해도 급수의 수렴성과 극한이 바뀌지 않는다.

■ 기하급수판정법과 p-급수판정법

기하급수판정법과 p-급수판정법은 주어진 급수가 특별한 형태일 때 적용할 수 있는 급수판정법이다.

정리 1-8 기하급수판정법 geometric series test

$a \neq 0$일 때 기하급수 $\sum_{n=1}^{\infty} ar^{n-1}$은 $|r| < 1$일 때 수렴하고, $|r| \geq 1$일 때 발산한다.

기하급수판정법은 이미 잘 알고 있는 기하급수의 부분합에 관한 공식 (1.33)으로부터 나온 것이다.

$$a + ar + \cdots + ar^n = a\frac{1-r^{n+1}}{1-r} \tag{1.33}$$

만약 $|r| < 1$이면 식 (1.33)의 우변은 항상 수렴한다. 한편, $|r| \geq 1$이면 급수의 항 ar^n이 0으로 수렴하지 않아 급수가 발산한다.

정리 1-9 p-급수판정법 p-series test

양수 p에 대해 정의된 p-급수 $\sum_{n=1}^{\infty}\frac{1}{n^p}$은 $p > 1$일 때 수렴하고, $0 < p \leq 1$일 때 발산한다.

예제 1-15 기하급수판정법과 p-급수판정법

다음 급수의 수렴 및 발산을 판별하라.

$$\sum_{n=1}^{\infty}\frac{1}{\sqrt{2^n}}, \quad \sum_{n=1}^{\infty}\frac{1}{\sqrt{2n}} \tag{1.34}$$

풀이

첫 번째 급수는 공비가 $r = \frac{1}{\sqrt{2}}$인 기하급수이다. $r < 1$이므로 기하급수판정법에 의해 수렴하고, 극한은 대략 $2.4142\cdots$이다. 다음과 같이 파이썬 코드로 구현하면 동일한 결과를 얻는다.

```python
# 식 (1.34)의 첫 번째 급수의 부분합을 함수로 구현
def s1(n: int) -> float:
    sum = 0
    for i in range(1, n+1):
        sum += (1/2)**(i/2)
    return sum
```

```python
# 식 (1.34)의 첫 번째 급수의 부분합을 인덱스 10부터 10^5까지 증가시켜 출력
print([f'%.4f'%s1(10**n) for n in range(1, 6)])
```

두 번째 급수는 $p=\frac{1}{2}$인 경우의 p-급수판정법에 의해 발산한다. 다음과 같이 파이썬 코드로 구현하면 동일한 결과를 얻는다.

```python
# 식 (1.34)의 두 번째 급수의 부분합을 함수로 구현
def s2(n: int) -> float:
    sum = 0
    for i in range(1, n+1):
        sum += (1/(2*i))**(1/2)
    return sum
```

```python
# 식 (1.34)의 두 번째 급수의 부분합을 인덱스 10부터 10^5까지 증가시켜 출력
print([f'%.4f'%s2(10**n) for n in range(1, 6)])
```

■ 비율판정법과 근판정법

다음으로 살펴볼 비율판정법은 급수에 등장하는 연속된 두 항의 크기의 비율이 감소할 때 급수의 수렴을 보장하는 정리이다.

정리 1-10 비율판정법 ratio test

모든 인덱스 n에 대해 $a_n \geq 0$인 급수 $\sum_{n=1}^{\infty} a_n$은 다음과 같이 수렴 또는 발산한다.

(1) $\lim_{n \to \infty} \left| \frac{a_{n+1}}{a_n} \right| > 1$이거나 이 극한이 무한대로 발산하면 급수 $\sum_{n=1}^{\infty} a_n$은 발산한다.

(2) $\lim_{n \to \infty} \left| \frac{a_{n+1}}{a_n} \right| < 1$이면 급수 $\sum_{n=1}^{\infty} a_n$은 수렴한다.

비율판정법은 연속된 두 항이 1보다 작은 비율로 꾸준히 수렴하면 급수가 수렴함을 의미한다. 원급수가 기하급수가 아니더라도 이와 같은 성질을 가진 급수는 마치 공비가 1보다 작은 기하급수처럼 작용한다. 예를 들어 다음 급수를 살펴보자.

$$\sum_{n=1}^{\infty} \frac{(n!)^2}{(2n)!} \tag{1.35}$$

이때 급수의 연속된 두 항의 비율은 다음과 같이 $\frac{1}{4}$로 수렴한다.

$$\lim_{n \to \infty} \frac{\frac{(n+1)!(n+1)!}{(2n+2)!}}{\frac{n!n!}{(2n)!}} = \lim_{n \to \infty} \frac{(n+1)^2}{(2n+2)(2n+1)} = \frac{1}{4}$$

급수 (1.35)의 초항은 $\frac{1}{2}$이므로 이 급수는 기하급수 $\frac{1}{2}\sum_{n=1}^{\infty}\frac{1}{4^n}$과 비슷한 속도로 증가할 것이라 예상할 수 있다. 다음과 같이 파이썬 코드로 구현하면 [그림 1-13]을 통해 결과를 확인할 수 있다.

```
# 급수 (1.35)의 부분합을 함수로 구현
def s1(n: int) -> float:
    sum = 0
    for i in range(1, n+1):
        term = 1
        for j in range(1, i+1):
            term *= j**2/(2*j)/(2*j-1)
        sum += term
    return sum
```

```
# 초항이 1/2이고 공비가 1/4인 기하급수의 부분합을 함수로 구현
def s2(n: int) -> float:
    sum = 0
    for i in range(n):
        sum += (1/4)**i
    return sum/2
```

```
# 앞서 정의한 두 함수 s1, s2에 1부터 10까지 입력한 결과를 그래프로 표현
x = range(1, 11)
y1 = [s1(n) for n in x]
y2 = [s2(n) for n in x]
plt.plot(x, y1, 'ko-', label='s1') # 그래프의 레이블(label)을 's1'로 지정
plt.plot(x, y2, 'o-', label='s2')  # 그래프의 레이블을 's2'로 지정
plt.legend()                       # 두 그래프의 범례(legend) 표시
```

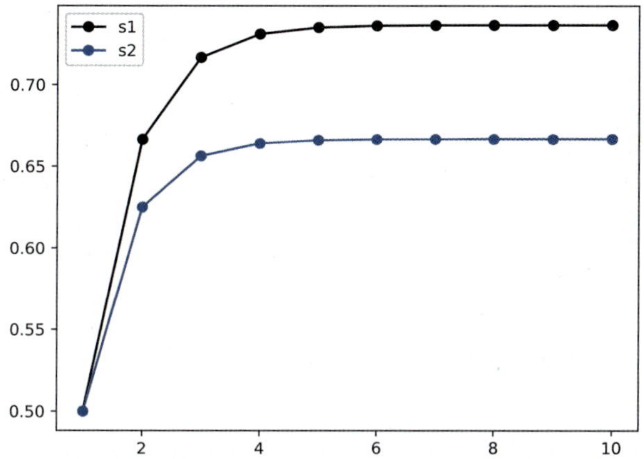

[그림 1-13] 비율판정법에 의해 수렴하는 두 급수의 부분합

비율판정법은 $\lim_{n \to \infty} \left| \frac{a_{n+1}}{a_n} \right| = 1$인 경우에 대한 급수의 수렴과 발산은 언급하지 않는다. 이 경우에는 급수가 수렴할 수도 있고 발산할 수도 있기 때문이다. 예를 들어 두 급수 $\sum_{n=1}^{\infty} \frac{1}{n}$과 $\sum_{n=1}^{\infty} \frac{1}{n^2}$은 모두 다음과 같이 비율의 극한이 1로 수렴한다.

$$\lim_{n \to \infty} \frac{\frac{1}{n+1}}{\frac{1}{n}} = \lim_{n \to \infty} \frac{n}{n+1} = 1, \qquad \lim_{n \to \infty} \frac{\frac{1}{(n+1)^2}}{\frac{1}{n^2}} = \lim_{n \to \infty} \frac{n^2}{(n+1)^2} = 1$$

그러나 급수 $\sum_{n=1}^{\infty} \frac{1}{n}$은 발산하는 반면, 급수 $\sum_{n=1}^{\infty} \frac{1}{n^2}$은 수렴한다. 이 경우에는 비율판정법이 아닌 다른 방법으로 급수의 수렴과 발산을 판별해야 한다.

예제 1-16 절대수렴판정법

다음 급수의 수렴 및 발산을 판별하라.

$$\sum_{n=1}^{\infty} \frac{(-5)^n}{4^{2n+1}(n+2)} \tag{1.36}$$

풀이

비율판정법은 급수의 항이 모두 양수인 경우에만 적용할 수 있다. 주어진 급수는 교대급수로서 비율판정법의 조건에 부합하지 않지만, 절대급수를 취해 비율판정법을 적용할 수는 있다. 즉 다음 급수를 살펴보자.

$$\sum_{n=1}^{\infty} \frac{5^n}{4^{2n+1}(n+2)} \tag{1.37}$$

연속된 두 항의 비율의 극한은 다음과 같다.

$$\lim_{n\to\infty} \frac{\dfrac{5^{n+1}}{4^{2n+3}(n+3)}}{\dfrac{5^n}{4^{2n+1}(n+2)}} = \lim_{n\to\infty} \frac{5}{16}\frac{n+2}{n+3} = \frac{5}{16} < 1$$

따라서 급수 (1.37)은 수렴한다. 그러므로 절대수렴판정법에 의해 급수 (1.36)도 수렴한다.

근판정법은 급수의 항의 거듭제곱근의 극한을 통해 급수의 수렴과 발산을 판별하는 방법이다.

정리 1-11 근판정법 root test

$a_n \geq 0$일 때 $\lim_{n\to\infty} \sqrt[n]{a_n}$의 값에 따라 급수 $\sum_{n=1}^{\infty} a_n$은 다음과 같이 수렴 또는 발산한다.

(1) $\lim_{n\to\infty} \sqrt[n]{a_n} > 1$이거나 무한대로 발산하면 급수 $\sum_{n=1}^{\infty} a_n$은 발산한다.

(2) $\lim_{n\to\infty} \sqrt[n]{a_n} < 1$이면 급수 $\sum_{n=1}^{\infty} a_n$은 수렴한다.

비율판정법과 비슷하게, 근판정법은 급수의 각 n번째 항이 일정한 실수 r에 대해 r^n의 형태로 수렴하는지를 확인해 급수의 수렴과 발산을 판별하는 방법이다. 예를 들어 다음 급수를 살펴보자.

$$\sum_{n=1}^{\infty} \left(1 + \frac{1}{n}\right)^{n^2} \tag{1.38}$$

급수 (1.38)의 n번째 항의 거듭제곱근의 극한을 구하면 다음과 같다.

$$\lim_{n\to\infty}\sqrt[n]{\left(1+\frac{1}{n}\right)^{n^2}} = \lim_{n\to\infty}\left(1+\frac{1}{n}\right)^{n} = e > 1$$

이는 급수 (1.38)의 n번째 항이 대략 e^n과 같음을 의미한다. 즉 급수 (1.38)은 기하급수 $\sum_{n=1}^{\infty} e^n$과 비슷하다. 이를 그래프로 확인하기 위해 먼저 두 급수의 부분합을 다음과 같이 파이썬 코드로 구현해보자.

```
# 급수 (1.38)의 부분합을 함수로 구현
def s1(n: int) -> float:
    sum = 0
    for i in range(1, n+1):
        sum += (1 + 1/i)**(i**2)
    return sum
```

```
# 초항과 공비가 자연상수(e)인 급수의 부분합을 함수로 구현
e = (1+1/1e10)**1e10  # 자연상수의 근삿값 계산
def s2(n: int) -> float:
    sum = 0
    for i in range(1, n+1):
        sum += e**i
    return sum
```

다음 코드를 구현해 두 급수의 부분합을 그래프로 표현하면 [그림 1-14]와 같다. 이때 y축을 로그 단위로 변환해 표시한다.

```
# 1부터 10까지의 입력값에 대한 함수 s1과 s2 값을 그래프로 표현
x = range(1, 11)
y1 = [s1(n) for n in x]
y2 = [s2(n) for n in x]
plt.plot(x, y1, 'ko-', label='s1')
plt.plot(x, y2, 'o-', label='s2')
plt.legend()
plt.yscale('log') # y축의 눈금을 로그 단위로 변환
```

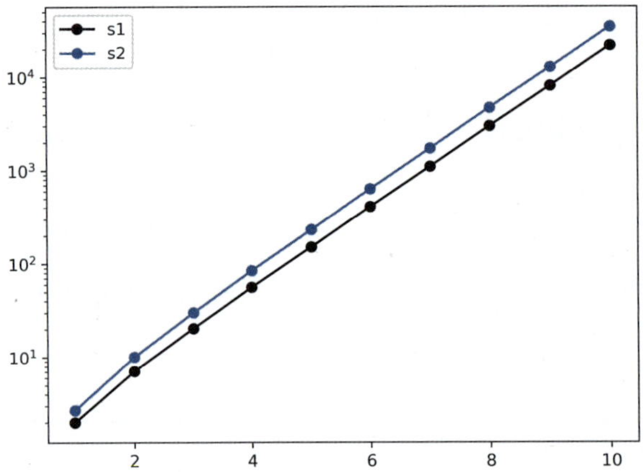

[그림 1-14] 발산하는 두 급수의 그래프

예제 1-17 근판정법

다음 급수의 수렴 및 발산을 판별하라.

$$\sum_{n=1}^{\infty}\left(\frac{n-1}{n}\right)^{n^2}$$

풀이

급수의 각 항은 양수이므로 근판정법의 기본 조건을 만족한다. 근판정법을 확인하기 위해 다음 극한을 계산하자.

$$\lim_{n\to\infty}\sqrt[n]{\left(\frac{n-1}{n}\right)^{n^2}} = \lim_{n\to\infty}\left(1+\frac{-1}{n}\right)^n \approx 0.3679\cdots < 1 \qquad (1.39)$$

식 (1.39)의 극한은 다음 파이썬 코드로 쉽게 확인할 수 있다.[14]

```
# 극한 (1.39)의 근삿값 계산
a = lambda n: (1-1/n)**n
print(a(10**6))
```

■ 극한비교판정법과 비교판정법

극한비교판정법은 수렴과 발산이 이미 알려진 급수를 이용해 주어진 급수의 수렴과 발산을 판별한다.

14 실제 극한은 $\frac{1}{e}$ 이며, 이 결과는 **지수함수**(exponential function)의 정의에 따른 것이다. 지수함수에 대해서는 1.3절에서 자세히 살펴본다.

정리 1-12 극한비교판정법 limit comparison test

$a_n \geq 0$, $b_n > 0$일 때, 다음이 성립한다.

(1) 급수 $\sum_{n=1}^{\infty} b_n$이 수렴하고 $\lim_{n \to \infty} \frac{a_n}{b_n} \geq 0$이면, $\sum_{n=1}^{\infty} a_n$은 수렴한다.

(2) 급수 $\sum_{n=1}^{\infty} b_n$이 무한대로 발산하고 $\lim_{n \to \infty} \frac{a_n}{b_n} > 0$이거나 무한대로 발산하면, $\sum_{n=1}^{\infty} a_n$은 발산한다.

극한 $\lim_{n \to \infty} \frac{a_n}{b_n}$이 존재한다는 것은 두 급수가 서로 비슷한 속도로 증가함을 의미한다. 이에 따라 둘 중 한 급수의 수렴 또는 발산 여부를 알 때, 다른 급수의 수렴 또는 발산 여부를 유추할 수 있다. 이는 급수의 항이 다항식의 분수 꼴일 때 유용할 수 있다. 예를 들어 다음 급수를 살펴보자.

$$\sum_{n=1}^{\infty} \frac{1}{n^2 - n - 1} \tag{1.40}$$

$n \geq 2$일 때 수열 $a_n = \frac{1}{n^2 - n - 1}$은 항상 양수이다. 인덱스 n의 크기가 커질수록 이 수열은 $b_n = \frac{1}{n^2}$과 거의 비슷한 값을 갖는다. 따라서 급수 (1.40)은 급수 $\sum_{n=1}^{\infty} \frac{1}{n^2}$과 같은 속도로 수렴함을 유추할 수 있다. 다음 파이썬 코드를 구현하면 [그림 1-15]를 통해 이 결과를 확인할 수 있다.

```
# 급수 (1.40)의 부분합을 함수로 구현
def s1(n: int) -> float:
    sum = 0
    for i in range(1, n+1):
        sum += 1/(i**2-i-1)
    return sum
```

```
# p-급수의 부분합을 함수로 구현
def s2(n: int) -> float:
    sum = 0
    for i in range(1, n+1):
        sum += 1/i**2
    return sum
```

```python
# 두 함수 s1, s2의 부분합을 그래프로 표현
x = range(1, 11)
y1 = [s1(n) for n in x]
y2 = [s2(n) for n in x]
plt.plot(x, y1, 'ko-', label='s1')
plt.plot(x, y2, 'o-', label='s2')
plt.legend()
```

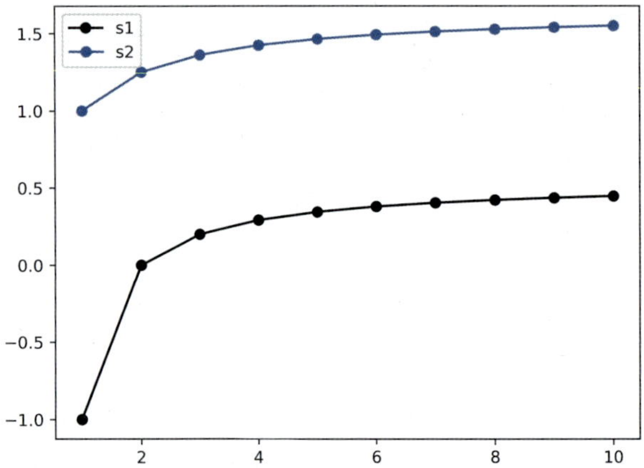

[그림 1-15] 극한비교판정법으로 수렴판정된 두 급수의 부분합

p-급수판정법에 의해 급수 $\sum_{n=1}^{\infty} b_n$은 수렴한다. 또한 두 급수 $\sum_{n=1}^{\infty} a_n$과 $\sum_{n=1}^{\infty} b_n$ 사이에 다음과 같은 극한 관계가 성립한다.

$$\lim_{n\to\infty} \frac{a_n}{b_n} = \lim_{n\to\infty} \frac{n^2}{n^2-n-1} = 1 > 0$$

따라서 극한비교판정법에 의해 급수 (1.40)은 수렴한다.

예제 1-18 극한비교판정법

다음 급수의 수렴 및 발산을 판별하라.

$$\sum_{n=1}^{\infty} \frac{n+1}{\sqrt{2n^3+2n}}$$

풀이

먼저 급수의 항이 $a_n = \dfrac{n+1}{\sqrt{2n^3+2n}} > 0$이므로 극한비교판정법의 조건을 만족한다. 인덱스 n이 충분히 크면 급수의 항은 다음과 같이 근사된다.

$$\frac{n+1}{\sqrt{2n^3+2n}} \approx \frac{n}{\sqrt{2n^3}} = \frac{1}{\sqrt{2}}\frac{1}{\sqrt{n}}$$

$b_n = \dfrac{1}{\sqrt{n}}$ 이라 하고 극한비교판정법을 적용해보자. p-급수판정법에 의해 급수 $\sum_{n=1}^{\infty} b_n$은 발산한다. 또한 다음이 성립한다.

$$\lim_{n\to\infty}\frac{a_n}{b_n} = \lim_{n\to\infty}\frac{\dfrac{n+1}{\sqrt{2n^3+2n}}}{\dfrac{1}{\sqrt{n}}} = \lim_{n\to\infty}\frac{n^{3/2}+\sqrt{n}}{\sqrt{2n^3+2n}} = \frac{1}{\sqrt{2}} > 0$$

따라서 극한비교판정법에 의해 주어진 급수는 발산한다.

마지막으로 살펴볼 비교판정법은 두 급수의 각 항의 크기 비교가 명확할 때, 급수의 수렴과 발산을 판별하는 방법이다.

정리 1-13 비교판정법 comparison test

급수 $\sum_{n=1}^{\infty} a_n$과 $\sum_{n=1}^{\infty} b_n$에 대해 다음이 성립한다.

(1) 모든 인덱스 n에 대해 $b_n \geq a_n \geq 0$이고 $\sum_{n=1}^{\infty} b_n$이 수렴하면 $\sum_{n=1}^{\infty} a_n$도 수렴한다.

(2) 모든 인덱스 n에 대해 $a_n \geq b_n \geq 0$이고 $\sum_{n=1}^{\infty} b_n$이 무한대로 발산하면 $\sum_{n=1}^{\infty} a_n$도 발산한다.

비교판정법을 사용하려면 몇 가지 준비가 필요하다. 먼저 급수 $\sum_{n=1}^{\infty} a_n$이 수렴하는지를 보일지, 아니면 발산하는지를 보일지를 결정해야 한다. 어떤 결론을 내릴지에 따라 확인해야 할 조건이 달라지기 때문이다. 다음으로 급수의 항 a_n과 크기를 비교할 또 다른 급수 $\sum_{n=1}^{\infty} b_n$을 찾아야 한다. 이때 급수 $\sum_{n=1}^{\infty} b_n$은 수렴 또는 발산 여부를 이미 아는 급수여야 한다. 예를 들어 다음 급수를 살펴보자.

$$\sum_{n=1}^{\infty}\frac{2}{3n^2-100} \tag{1.41}$$

인덱스 n이 충분히 크면 급수의 항은 $\dfrac{2}{3n^2}$와 거의 비슷하다고 볼 수 있으므로, $\dfrac{2}{3}\sum_{n=1}^{\infty}\dfrac{1}{n^2}$과 같이 수렴할 것이라 예상할 수 있다. 이제 비교판정법을 이용하기 위해 $b_n \geq a_n \geq 0$이고 수렴하는 급수 $\sum_{n=1}^{\infty} b_n$을 찾아야 한다. 예를 들어 $b_n = \frac{1}{n^2}$이면 $n \geq 10$일 때 항상 다음 부등식이 성립한다.

$$a_n = \frac{2}{3n^2 - 100} \leq \frac{1}{n^2} = b_n$$

급수 $\sum_{n=1}^{\infty} \frac{1}{n^2}$은 p-급수판정법에 의해 수렴한다. 따라서 비교판정법에 의해 급수 (1.41)은 수렴한다.

예제 1-19 비교판정법

다음 급수의 수렴 및 발산을 판별하라.

$$\sum_{n=1}^{\infty} \frac{1}{n!}$$

풀이

n의 **계승**factorial $n!$은 자연수 n이 증가할수록 매우 빠르게 증가하며, $n \geq 4$일 때 $n! \geq 2^n$이다. 따라서 $n = 1, 2, 3$인 경우를 제외한 급수의 항은 항상 $\frac{1}{2^n}$보다 작다. 만약 $b_n = \frac{1}{2^n}$이면 급수 $\sum_{n=1}^{\infty} b_n$은 기하급수판정법에 의해 수렴한다. 따라서 비교판정법에 의해 주어진 급수는 수렴한다.

멱급수

멱급수는 변수가 포함된 특수한 형태의 급수이다.

정의 1-6 멱급수

수열 a_n(단, 인덱스 n은 0부터 시작), 멱급수의 중심 c, 변수 x로 이루어진 다음과 같은 형태의 급수를 **멱급수**power series라 한다.

$$a_0 + a_1(x-c) + a_2(x-c)^2 + \cdots = \sum_{n=0}^{\infty} a_n(x-c)^n \tag{1.42}$$

이 급수는 c를 **중심으로 한 멱급수**라 한다.

멱급수는 변수 x 값에 따라 달라지는 급수이다. 예를 들어 가장 간단한 형태의 다음 멱급수를 살펴보자.

$$1+x+x^2+\cdots=\sum_{n=0}^{\infty}x^n \tag{1.43}$$

이 멱급수는 멱급수의 중심이 0이고 모든 항의 계수가 1이다. 만약 $x=r$이고 $|r|<1$이면 이 급수는 공비가 r인 기하급수로서 $\frac{1}{1-r}$로 수렴한다. 즉 멱급수 (1.43)은 $-1<x<1$일 때 함수 $\frac{1}{1-x}$과 같다.

$$\frac{1}{1-x}=\sum_{n=0}^{\infty}x^n,\quad -1<x<1$$

왜 굳이 $\frac{1}{1-x}$과 같은 간단한 함수 대신 다소 복잡해 보이는 멱급수를 써야 하는가? 멱급수를 이용하면 사인함수[15]처럼 사칙연산으로 정의되지 않는 함수의 값을 계산할 수 있기 때문이다. 예를 들어 사인함수 $\sin(x)$는 다음과 같은 멱급수로 계산된다.[16]

$$\sin(x)=x-\frac{x^3}{3!}+\frac{x^5}{5!}-\cdots=\sum_{n=0}^{\infty}\frac{(-1)^n x^{2n+1}}{(2n+1)!} \tag{1.44}$$

참고 멱급수의 의미

멱급수를 이용하면 일반적인 함수의 조합으로 표현하기 어려운 함수를 나타낼 수 있다. 예를 들어 다음 식을 살펴보자.

$$y'=\sin(x^2)$$

위 식은 함수 y의 도함수가 $\sin(x^2)$이라는 뜻이다.

$$y=\int\sin(x^2)dx$$

사인함수의 멱급수 (1.44)에 x^2을 대입하면 다음과 같다.

$$y'=\int\left(x^2-\frac{x^6}{3!}+\frac{x^{10}}{5!}-\cdots\right)dx$$

15 사인함수 $\sin(\theta)$는 양의 x축과 라디안 θ를 이루는 단위원 주위에 있는 점의 y좌표로 정의된다.

16 이 사실은 4장에서 일변수함수의 미분과 테일러 정리를 다룬 뒤에 증명한다.

다음과 같이 멱급수의 각 항을 적분하자.

$$y = \int x^2 dx - \int \frac{x^6}{3!} dx + \int \frac{x^{10}}{5!} dx - \cdots = \frac{x^3}{3} - \frac{x^7}{7 \cdot 3!} + \frac{x^{11}}{11 \cdot 5!} - \cdots$$

x가 멱급수의 중심인 0에 가까울수록 이 함수는 3차식 $y = \dfrac{x^3}{3}$과 같은 형태이다. 만약 x가 0에서 좀 더 멀어지면 함수 $y = \dfrac{x^3}{3} - \dfrac{x^7}{7 \cdot 3!}$과 같은 형태이다. 즉 멱급수는 함수의 개형까지 알 수 있는 유용한 도구이다.

멱급수 (1.42)는 $x = c$에서 a_0로 수렴한다. 멱급수가 수렴하려면 x가 멱급수의 중심으로부터 얼마나 멀어질 수 있는지를 알아야 한다. 이 개념을 수렴반경이라 한다.

정의 1-7 멱급수의 수렴반경

멱급수 $\sum_{n=1}^{\infty} a_n (x-c)^n$이 어떤 실수 $R > 0$에 대해 $|x-c| < R$일 때 수렴하고, $|x-c| > R$일 때 발산하면 R을 멱급수의 **수렴반경**radius of convergence이라 한다.

예를 들어 다음 멱급수를 살펴보자.

$$\sum_{n=0}^{\infty} \frac{(x-1)^n}{2^n} \tag{1.45}$$

멱급수 (1.45)의 멱급수의 중심을 구해보자. 기하급수판정법에 의해 급수는 $\left| \dfrac{x-1}{2} \right| < 1$일 때 수렴하고, $\left| \dfrac{x-1}{2} \right| > 1$일 때 발산한다. 다시 말해 급수는 $|x-1| < 2$일 때 수렴하고, $|x-1| > 2$일 때 발산한다. 따라서 수렴반경은 $R = 2$이다. 멱급수 (1.45)를 다음과 같이 함수 $f(x)$로 표현하면 이 함수의 정의역은 $-1 < x < 3$이다.

$$f(x) = \sum_{n=0}^{\infty} \frac{(x-1)^n}{2^n}, \quad -1 < x < 3 \tag{1.46}$$

다음은 멱급수 (1.45)의 함수를 구현하고 그래프를 그리는 파이썬 코드이고, 그 결과는 [그림 1-16]과 같다.

```
# 멱급수 (1.46)을 함수로 구현
def a(x: float) -> float:
    eps = 1e-15
    if x <= -1 or 3 <= x:     # 입력된 값이 -1과 3의 바깥에 있는 경우
```

```
        return float('nan') # 수가 아닌 데이터(nan)를 반환
    sum, term = 0, 1
    while not -eps < term < eps: # 항의 크기가 eps보다 작아질 때까지
        sum += term        # 급수의 항을 더함
        term *= (x-1)/2    # 이전 값에 공비를 곱함
    return sum
```

```
# 멱급수 (1.46)의 값을 -.95부터 2.95까지 0.05씩 증가시켜 구하고 그래프로 표현
x = [-.95 + .05*i for i in range(int(4/.05))]
y = [a(t) for t in x]
plt.plot(x, y)
```

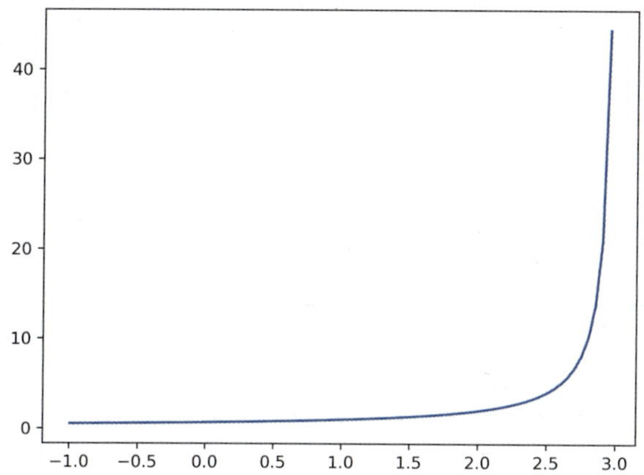

[그림 1-16] 멱급수 (1.46)의 그래프

구간 $|x-1|<2$의 왼쪽 끝점 $x=-1$에서 멱급수는 n항판정법에 의해 발산한다. 오른쪽 끝점 $x=3$에서도 마찬가지이다. 따라서 식 (1.46)은 양 끝점이 포함되지 않은 구간 $-1<x<3$에서 정의된다. 이와 같이 멱급수가 수렴하는 x의 구간을 **수렴구간** interval of convergence 이라 한다.

예제 1-20 멱급수의 수렴반경과 수렴구간

다음 멱급수의 수렴반경과 수렴구간을 구하고, 그래프로 표현하라.

$$\sum_{n=1}^{\infty} \frac{(x-1)^n}{n} \tag{1.47}$$

풀이

x가 고정된 값이라 가정하고 비율판정법을 적용해보자.

$$\lim_{n\to\infty}\left|\frac{a_{n+1}}{a_n}\right| = \lim_{n\to\infty}\frac{n|x-1|}{n+1} = |x-1|$$

따라서 멱급수의 수렴반경은 1이고 수렴구간은 $0 < x < 2$이다. 이제 양 끝점에서의 수렴 여부를 알아보자. $x = 0$이면 급수는 교대급수판정법에 의해 수렴한다. $x = 2$이면 급수는 p −급수판정법에 의해 발산한다. 따라서 수렴구간은 $0 \le x < 2$이다. 파이썬 코드를 이용해 급수를 함수로 정의해보자.

```
# 멱급수 (1.47)을 함수로 구현
def a(x: float) -> float:
    eps = 1e-10
    if not (0 <= x <= 2):
        return float('nan')
    sum, term, ind = 0, 1, 1
    while not -eps < term < eps:
        sum += term
        term *= (x-1)*ind/(ind+1)
        ind += 1
    return sum
```

위 함수를 이용해 다음 파이썬 코드로 그래프를 구현하면 [그림 1-17]과 같다.

```
# 멱급수 (1.47)의 그래프 표현
x = [0 + .05*i for i in range(1, int(2/.05))]
y = [a(t) for t in x]
plt.plot(x, y)
```

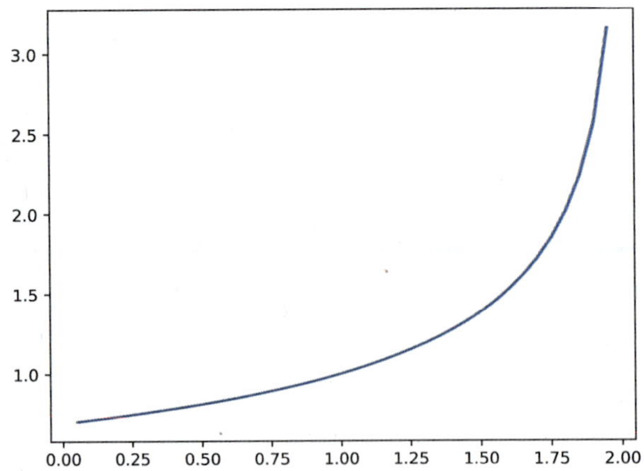

[그림 1-17] 멱급수 (1.47)의 그래프

SECTION

1.3 수열과 급수의 활용

지수함수, 로그함수, 삼각함수 등을 앞으로 **기본함수**라 하자. 이 절에서는 수열과 급수를 통해 기본함수가 어떻게 정의되는지와 그 성질에 대해 살펴본다.

지수함수와 로그함수

일반적으로 지수함수는 어떤 양의 실수 a를 **밑**base으로 갖고, 변수 x를 **지수**exponent로 갖는 a^x 형태의 함수이다. 예를 들어 $a=2$이고 x가 자연수이면 지수함수 2^x은 2를 x번 곱해 얻은 수를 말한다.

예를 들어 $x=\frac{1}{2}$이면 $2^{\frac{1}{2}}$은 $\sqrt{2}$이다. x가 조금 더 복잡한 유리수일 때도 2^x을 계산할 수 있다. 예를 들어 $x=1.4$이면 $2^{1.4}=\sqrt[5]{2^7}=\sqrt[5]{128}$이므로, 2를 7번 곱하고 그것의 5제곱근을 구함으로써 어렵지 않게 계산할 수 있다. 이를 일반화하면 (0이 아닌) 두 자연수 p, q에 대해 $2^{p/q}$을 다음과 같이 정의할 수 있다.

$$2^{p/q}=\sqrt[q]{2^p}$$

예를 들어 $x=\sqrt{2}$인 경우를 생각해보자. 무리수 $\sqrt{2}$는 유리수 수열 $1, 1.4, 1.41, 1.414, \cdots$의 극한이므로, $2^{\sqrt{2}}$을 다음과 같은 수열의 극한이라 생각할 수 있다.

$$\begin{aligned} 2^1 &= 1 \\ 2^{1.4} &= \sqrt[5]{2^7} \\ 2^{1.41} &= \sqrt[100]{2^{141}} \\ 2^{1.414} &= \sqrt[500]{2^{707}} \\ 2^{1.4142} &= \sqrt[5000]{2^{7071}} \\ &\vdots \end{aligned} \tag{1.48}$$

그러나 위와 같은 방법으로는 계산이 불가능하다. 예를 들어 식 (1.48)의 마지막 항은 2^{7071}의 5,000제곱근을 구하는 것인데, 이미 2^{7071}은 부동소수점의 범위를 벗어난다.[17]

---

17 참고로 3.0 버전의 파이썬은 2^{7071}을 정수형 자료로 저장할 수는 있다. 다만 이 숫자 하나를 저장하는 데에만 대략 7,000비트, 즉 900바이트가 필요하므로 연산을 비효율적으로 만든다.

$2^{\sqrt{2}}$을 계산하려면 지수함수 $\exp(x)$가 필요하다.

정의 1-8 지수함수

임의의 실수 x에 대해 다음과 같은 함수 $\exp(x)$를 **지수함수**exponential function라 한다.[18]

$$\exp(x) = \lim_{n\to\infty}\left(1+\frac{x}{n}\right)^n \tag{1.49}$$

수열 $a_n = \left(1+\frac{x}{n}\right)^n$을 **지수함수수열**이라 하자. 1.1절에서는 $x=1$일 때 이 수열이 수렴함을 살펴봤다. 수열의 수렴정리를 이용하면 $x \neq 1$인 경우에도 수열의 극한이 존재함을 보일 수 있다.

지수함수수열의 n번째 항은 다음과 같이 계산할 수 있다.

```
# 지수함수의 계산
def exp(x: float) -> float:
    for _ in range(30): x /= 2  # x/2^30을 계산
    x += 1                      # x에 1 + x/2^30을 대입
    for _ in range(30): x *= x  # x^(2^30)을 계산
    return x                    # 결과를 출력
```

다음 파이썬 코드로 지수함수 $y=\exp(x)$의 그래프를 $-1<x<1$에서 구현하면 [그림 1-18]과 같다.

```
# 지수함수의 그래프 출력
x = [-1 + .05*i for i in range(int(2/.05)+1)]
y = [exp(t) for t in x]
plt.plot(x, y)
```

18 지수함수 $\exp(x)$는 통상적으로 e^x으로 표기되는 함수와 같다. 그러나 이 책에서는 기호 e^x의 표현을 지양한다. 왜냐하면 e^x은 마치 자연상수 e를 x번 곱한 것이라는 느낌을 주어 올바른 직관을 방해하기 때문이다.

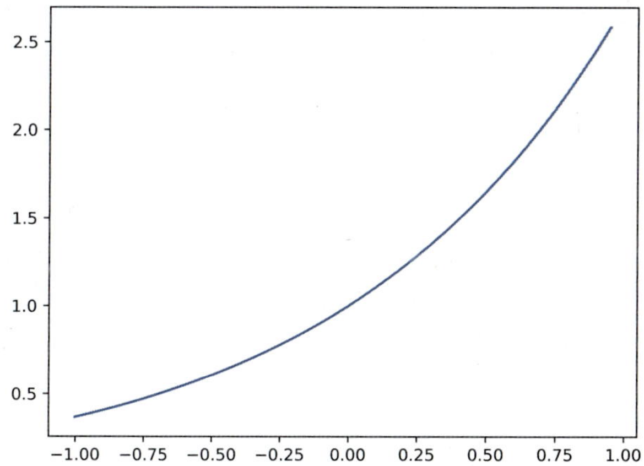

[그림 1-18] 지수함수 $\exp(x)$의 그래프

이 결과를 통해 유추할 수 있는 지수함수의 성질은 다음과 같다. 첫 번째, 지수함수는 단조증가한다. 즉 임의의 두 실수 $x < y$에 대해 $\exp(x) < \exp(y)$이다. 두 번째, x가 음의 무한대로 한없이 작아질 때 $\exp(x)$는 0에 한없이 가까워지고, x가 양의 무한대로 한없이 커질 때 $\exp(x)$는 무한대로 커진다. 세 번째, 지수함수는 **전단사함수**bijective이다. 즉 지수함수는 모든 양의 실수 y에 대해 적절한 실수 x가 존재하여 $y = \exp(x)$임을 만족하는 **전사함수**surjection의 성질과 임의의 두 실수 x, y에 대해 $\exp(x) = \exp(y)$이면 $x = y$라는 **단사함수**injection의 성질을 모두 만족한다.

이제 지수함수의 특별한 성질 하나를 소개한다.

정리 1-14 지수함수의 곱셈정리

모든 실수 x_1, x_2에 대해 다음 등식이 성립한다.

$$\exp(x_1 + x_2) = \exp(x_1)\exp(x_2)$$

참고 지수함수의 또 다른 정의

지수함수를 다음과 같이 소개하는 경우도 있다.[19]

$$\exp(x) = 1 + x + \frac{x^2}{2!} + \cdots = \sum_{n=0}^{\infty} \frac{x^n}{n!} \quad (1.50)$$

사실 식 (1.49)와 (1.50)의 정의는 서로 동치이다. 식 (1.50)은 실수 전체 집합 $\mathbb{R}$에서 잘

19 이 결과는 4장에서 소개할 테일러 급수로부터 유도된다.

정의된다. 이는 비율판정법으로 다음과 같이 증명할 수 있다.

$$\lim_{n\to\infty}\left|\frac{\dfrac{x^{n+1}}{(n+1)!}}{\dfrac{x^n}{n!}}\right| = \lim_{n\to\infty}\frac{x}{n+1} = 0 < 1$$

어떤 함수가 일대일대응이라는 것은 그 함수의 **역함수**inverse function가 존재함을 의미한다. 지수함수의 역함수를 로그함수라 한다.

정의 1-9 로그함수

로그함수logarithmic function $\log : \mathbb{R}_+ \to \mathbb{R}$은 지수함수 $\exp : \mathbb{R} \to \mathbb{R}_+$의 역함수이다.

참고로 로그함수 $\log(x)$는 $\ln(x)$로 표기하기도 한다. 이 책에서는 $\log(x)$만을 사용한다. 역함수 관계인 두 함수의 그래프는 $y = x$에 대해 대칭이므로, 지수함수 $y = \exp(x)$와 로그함수 $y = \log(x)$의 그래프는 서로 $y = x$에 대해 대칭이다. 따라서 x, y축의 역할을 바꾸기만 하면 로그함수와 지수함수의 그래프 형태는 동일하다. 다음과 같이 파이썬 코드로 로그함수의 그래프를 구현하면 [그림 1-19]와 같다.

```
# 지수함수의 값을 이용한 로그함수의 그래프 출력
x = [-1 + .05*i for i in range(int(2/.05)+1)]
y = [exp(t) for t in x]
plt.plot(y, x)
```

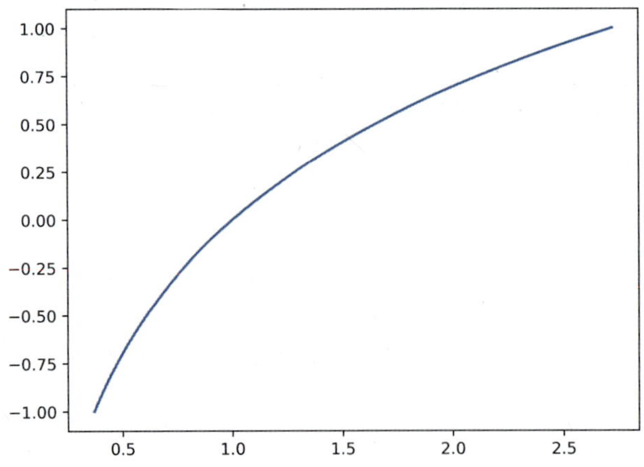

[그림 1-19] 로그함수의 그래프

$y_0 = \log(x_0)$는 관계식 $x_0 = \exp(y_0)$를 만족하는 실수이다. 예를 들어 $\log(2)$는 지수함수 $y = \exp(x)$의 그래프와 수평선 $y = 2$가 만나는 점의 x좌표이다. 이를 파이썬 코드로 구현하면 [그림 1-20]과 같다.

```
# 지수함수의 그래프와 y=2를 지나는 수평선 출력
x = [-1 + .05*i for i in range(int(2/.05)+1)]
y = [exp(t) for t in x]
plt.plot(x, y)
plt.plot([-1., 1.], [2., 2.], 'k--')
```

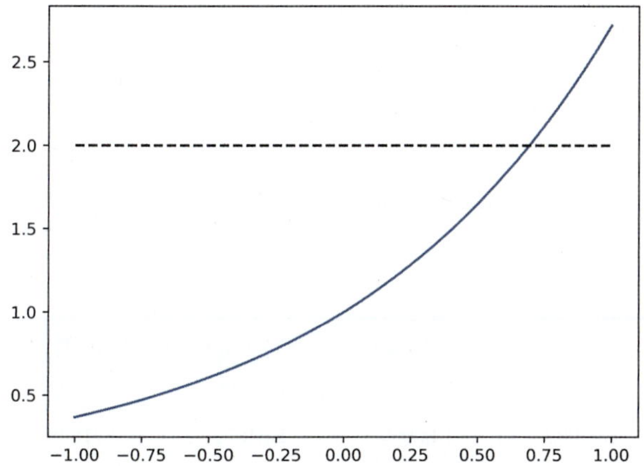

[그림 1-20] $\log(2)$를 표현하는 지수함수와 수평선의 교점

[그림 1-20]으로부터 $x = \log(2)$가 대략 $0.5 < x < 0.75$에 위치함을 알 수 있다. 이 값을 정확히 근사하는 한 가지 방법은 **이분법** bisection method이다. 이분법은 어떤 값이 위치한 구간을 매 단계마다 절반씩 분할하여 그 범위를 축소하는 방법이다. 이를 이용해 $\log(2)$ 값을 구해보자. 먼저 구간 $-1 < x < 1$의 양 끝점에서 지수함수의 값을 구하면 다음과 같다.

$$0.3679 \approx \exp(-1) \le 2 \le \exp(1) \approx 2.7183$$

따라서 $\log(2)$는 -1과 1 사이에 위치함을 알 수 있다. 이제 $a_1 = -1$, $b_1 = 1$이라 하고, 구간 $a_1 < x < b_1$의 중심 $c_1 = 0$에서 이 구간을 두 부분구간으로 분할하자. $x = \log(2)$일 때 부등식 $a_1 < x < c_1$과 $c_1 < x < b_1$ 중 무엇이 참인지를 판별하기 위해 $\exp(c_1)$과 2의 크기를 비교하면 다음과 같다.

$$\exp(c_1) = 1 < 2$$

따라서 $\log(2)$는 구간 $c_1 < x < b_1$에 위치함을 알 수 있다. 이제 $a_2 = c_1$, $b_2 = b_1$이라 하

고, 구간 $a_2 < x < b_2$에서 이 과정을 다시 반복한다. 그러면 [그림 1-21]과 같이 점점 구간의 범위가 축소됨을 알 수 있다.

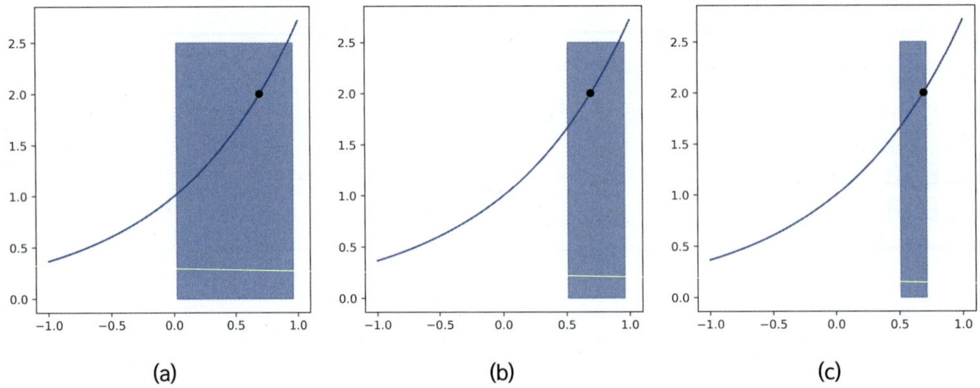

[그림 1-21] 이분법을 이용한 log(2)의 계산

[표 1-6]은 이 과정을 최초 구간으로부터 10번 반복한 결과이다.

[표 1-6] 이분법으로 구한 log(2)를 포함하는 구간의 끝점

n	a_n	c_n	b_n	$\exp(a_n)$	$\exp(c_n)$	$\exp(b_n)$
1	−1.00000	0.00000	1.00000	0.36788	1.00000	2.71828
2	0.00000	0.50000	1.00000	1.00000	1.64872	2.71828
3	0.50000	0.75000	1.00000	1.64872	2.11700	2.71828
4	0.50000	0.62500	0.75000	1.64872	1.86825	2.11700
5	0.62500	0.68750	0.75000	1.86825	1.98874	2.11700
6	0.68750	0.71875	0.75000	1.98874	2.05187	2.11700
7	0.68750	0.70312	0.71875	1.98874	2.02006	2.05187
8	0.68750	0.69531	0.70312	1.98874	2.00434	2.02006
9	0.68750	0.69141	0.69531	1.98874	1.99652	2.00434
10	0.69141	0.69336	0.69531	1.99652	2.00042	2.00434
11	0.69141	0.69238	0.69336	1.99652	1.99945	2.00042

[표 1-6]을 통해 log(2)는 대략 구간 $0.69141 < x < 0.69336$에 위치함을 알 수 있다. 또한 대략적인 값은 중점인 0.69238임을 유추할 수 있다.[20]

20 실제 log(2) 값은 0.6931 ⋯이다.

이분법을 이용해 일반적인 로그함수의 값 $\log(x)$를 구하는 과정을 정리하면 다음과 같다.

(1) 부등식 $\exp(-k) < x < \exp(k)$를 만족하는 자연수 k를 찾는다.

(2) $a_1 = -k$, $b_1 = k$로 두고 부분구간의 길이 $|a_n - b_n|$이 충분히 짧아질 때까지 다음 과정을 반복한다.

(2-1) 각 n마다 $c_n = \dfrac{a_n + b_n}{2}$을 계산한다.

(2-2) $x < \exp(c_n)$이면 $a_{n+1} = a_n$, $b_{n+1} = c_n$으로 정한다.

(2-3) $\exp(c_n) < x$이면 $a_{n+1} = c_n$, $b_{n+1} = b_n$으로 정한다.

(3) 마지막으로 구한 c_n을 $\log(x)$의 근삿값으로 출력한다.

다음은 이 과정을 구현한 파이썬 코드이다.

```python
# 이분법을 이용해 로그함수를 구현
def log(x: float) -> float:
    if x <= 0:
        return float('nan')
    n = 1
    while not (exp(-n) <= x <= exp(n)): n += 1
    a, b, c = -n, n, 0
    while not (a == c or b == c):
        if exp(c) >= x: b = c
        else:           a = c
        c = (b+a)/2
    return c
```

로그함수의 덧셈정리는 지수함수의 곱셈정리와 동치이다.

정리 1-15 로그함수의 덧셈정리

임의의 두 양의 실수 x_1, x_2에 대해 다음이 성립한다.

$$\log(ab) = \log(a) + \log(b)$$

$$\log\left(\frac{a}{b}\right) = \log(a) - \log(b)$$

참고 로그함수의 계산

지수함수와 비슷하게 로그함수도 다음과 같이 멱급수로 계산할 수 있다.

$$\log(x) = (x-1) - \frac{(x-1)^2}{2} + \frac{(x-1)^3}{3} - \cdots \tag{1.51}$$

비율판정법을 이용하면 멱급수 (1.51)의 수렴반경이 $R=1$임을 확인할 수 있다.

$$\lim_{n\to\infty}\left|\frac{\frac{(x-1)^{n+1}}{n+1}}{\frac{(x-1)^n}{n}}\right| = \lim_{n\to\infty}\frac{n}{n+1}|x-1| = |x-1|$$

이는 멱급수 (1.51)로 구간 $0<x<2$에서만 $\log(x)$ 값을 구할 수 있음을 보여준다. 한편 $t=\frac{x-1}{x+1}$이라 하고, 로그함수의 덧셈정리를 이용해 $\log(x)$를 다음과 같이 계산할 수 있다.

$$\log(x) = \log\left(\frac{1+t}{1-t}\right) = \log(1+t) - \log(1-t)$$

$\log(1+t)$와 $\log(1-t)$는 각각 멱급수 (1.51)에 $x=t$와 $x=-t$를 대입해 다음과 같이 계산한다.

$$\log(1+t) = t - \frac{t^2}{2} + \frac{t^3}{3} - \cdots$$
$$\log(1-t) = -t - \frac{t^2}{2} - \frac{t^3}{3} - \cdots$$

지수함수 $\exp(x)$와 로그함수 $\log(x)$를 이용하면 양의 실수 a를 밑으로 갖는 지수함수 a^x을 정의할 수 있다.

정의 1-10 밑이 a인 지수함수

양수 a에 대해 **지수함수**exponential function a^x은 다음과 같이 정의한다.

$$a^x = \exp(x\log(a))$$

양의 함수 a에 대해 **멱함수**power function x^a은 다음과 같이 정의한다.

$$x^a = \exp(a\log(x))$$

지수함수 a^x의 역함수를 $\log_a(x)$라 한다.

예제 1-21 멱함수의 정의

[정의 1-10]의 멱함수 공식을 이용해 다음 등식이 성립함을 보여라.

(a) $x^a \cdot y^a = (x \cdot y)^a$　　　　(b) $x^{a+b} = x^a \cdot x^b$

풀이

(a) $x^a \cdot y^a = \exp(a\log(x))\exp(a\log(y))$

$= \exp(a\log(x) + a\log(y))$

$= \exp(a(\log(x) + \log(y)))$

$= \exp(a\log(xy)) = (xy)^a$

(b) $x^{a+b} = \exp((a+b)\log(x)) = \exp(a\log(x) + b\log(x))$

$= \exp(a\log(x))\exp(b\log(x)) = x^a \cdot x^b$

삼각함수

삼각함수는 코사인함수, 사인함수와 같이 각도로 특정된 좌표평면 위의 점의 위치를 가리키는 함수이다.

정의 1-11 코사인함수와 사인함수

임의의 실수 θ에 대해 **코사인함수** cosine function $\cos(\theta)$와 **사인함수** sine function $\sin(\theta)$는 양의 x축과 반시계방향으로 각 θ를 이루는 점의 x, y좌표이다.

다음과 같이 멱급수를 이용하면 코사인함수와 사인함수를 계산할 수 있다.

$$\begin{aligned} \cos(x) &= 1 - \frac{x^2}{2!} + \frac{x^4}{4!} - \cdots = \sum_{n=1}^{\infty}(-1)^{n+1}\frac{x^{2n-2}}{(2n-2)!} \\ \sin(x) &= x - \frac{x^3}{3!} + \frac{x^5}{5!} - \cdots = \sum_{n=1}^{\infty}(-1)^{n+1}\frac{x^{2n-1}}{(2n-1)!} \end{aligned} \tag{1.52}$$

위 등식이 성립하는 이유는 4장에서 소개할 테일러 정리를 살펴본 이후에 다루기로 하자. 한편 코사인함수와 사인함수는 구간 $-\pi < x < \pi$에서의 값이 주기적으로 반복된다. 따라서 임의의 실수 x에 대해 $\cos(x)$와 $\sin(x)$를 계산하려면 x를 2π의 정수배만큼 더하거나 빼서 그 값이 구간 $-\pi < x < \pi$에 놓이도록 한 뒤, 멱급수 (1.52)에 대입하는 것이 효율적이다.

다음은 이 과정을 구현한 파이썬 코드이다.

```
# 멱급수를 이용해 코사인함수를 파이썬 코드로 구현
pi = 3.141592653589793

def cos(x):
    while x <= -pi: # 입력된 값이 -pi보다 커질 때까지 2pi를 더함
        x += 2*pi
    while x >= pi:  # 입력된 값이 pi보다 작아질 때까지 2pi를 뺌
        x -= 2*pi
    sum, term, i = 1, 1, 1
    while term != 0:                # 급수의 항이 0과 같아질 때까지 반복
        term *= x*x/(2*i)/(2*i-1) # 급수의 n번째 항의 크기를 계산
        if i%2 == 0: sum += term  # 인덱스가 짝수이면 더함
        else:        sum -= term  # 인덱스가 홀수이면 뺌
        i += 1
    return sum
```

```
# 멱급수를 이용해 사인함수를 파이썬 코드로 구현
def sin(x):
    while x <= -pi:
        x += 2*pi
    while x >= pi:
        x -= 2*pi
    sum, term, i = x, x, 1
    while term != 0:
        term *= x*x/(2*i+1)/(2*i)
        if i%2 == 0: sum += term
        else:        sum -= term
        i += 1
    return sum
```

다음은 코사인함수와 사인함수의 그래프를 출력하는 파이썬 코드이고, 그 결과는 [그림 1-22]와 같다.

```
# 코사인함수와 사인함수의 그래프 출력
fig, ax = plt.subplots(1, 2, figsize=(15, 5))
x = [-pi + .05*i for i in range(int(2*pi/.05)+1)]
y1 = [cos(t) for t in x]
y2 = [sin(t) for t in x]
ax[0].plot(x, y1)
ax[1].plot(x, y2)
```

```
ax[0].set_title('cos(x)')
ax[1].set_title('sin(x)')
ax[0].axis('equal')
ax[1].axis('equal')
```

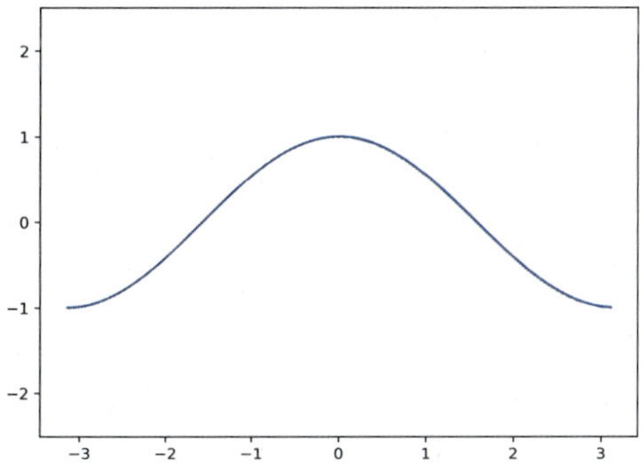

(a) 코사인함수

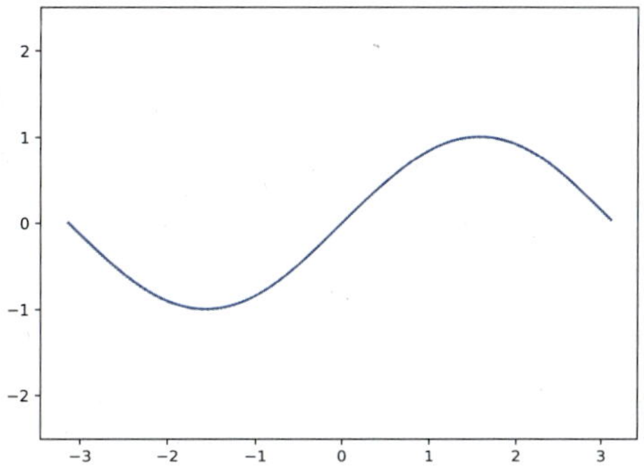

(b) 사인함수

[그림 1-22] 삼각함수의 그래프

코사인함수와 사인함수의 성질 하나를 소개한다.

정리 1-16 삼각함수의 덧셈정리

모든 실수 x, y에 대해 다음 등식이 성립한다.

$$\cos(x+y)=\cos(x)\cos(y)-\sin(x)\sin(y)$$
$$\sin(x+y)=\cos(x)\sin(y)+\cos(y)\sin(x)$$

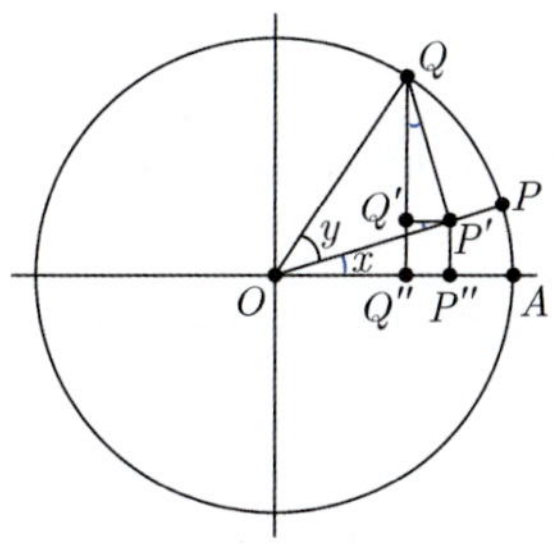

[그림 1-23] 삼각함수의 덧셈정리의 기하적 표현

$0<x,\ y,\ x+y<\frac{\pi}{2}$일 때, [정리 1-16]이 성립하는 이유를 생각해보자. [그림 1-23]은 $\angle AOP=x$, $\angle POQ=y$인 단위원 위의 두 점 P, Q를 나타낸 것이다. 점 P'은 점 Q에서 선분 $\overline{OP}$에 내린 수선의 발이다. 점 Q'', P''은 각각 점 Q, P에서 x축에 내린 수선의 발이다. 점 Q'은 점 P'에서 선분 $\overline{QQ''}$에 내린 수선의 발이다. 이때 세 각 $\angle POQ''$, $\angle Q'P'O$, $\angle Q'QP'$은 모두 x이다. 이제 [정리 1-16]의 첫 번째 등식을 살펴보자. 좌변은 $\overline{OQ''}$이고, 이는 $\overline{OP''}$에서 $\overline{Q''P''}$을 뺀 것이다. $\overline{OP''}$은 $\overline{OP'}\cos(x)$이므로 $\cos(y)\cos(x)$와 같다. 또한 $\overline{Q''P''}=\overline{Q'P'}$이고, 이는 $\overline{QP'}\sin(x)$이므로 $\sin(x)\sin(y)$와 같다. 따라서 [정리 1-16]의 첫 번째 등식이 성립한다. 사인함수의 덧셈정리도 비슷한 방법으로 증명할 수 있다.

SECTION 1.4 프로젝트 : 계산기 만들기

이 절에서는 사칙연산과 기본함수의 계산을 수행하는 계산기를 만드는 프로젝트를 진행한다. 이때 계산기의 기능을 수행하는 간단한 사용자 인터페이스를 구현한다. 지금까지 파이썬 코드로 구현한 제곱근함수, 지수함수, 로그함수, 삼각함수를 탑재한 텍스트 기반의 입출력 프로그램을 만들어보자. 다음은 이 계산기의 작동 예시이다.

```
> 1
1.0
> exp
2.718281808182473
> -2
-2.0
> sin
-0.9092974268256817
> +
> 2
1.0907025731743183
> exit
```

계산기로 구현할 함수는 $\sqrt{\ }$, exp, log, cos, sin 등의 기본함수이다. 이들은 앞서 파이썬 코드로 구현한 함수로서 각각 sqrt, exp, log, cos, sin의 이름을 갖는다. 이와 같이 정의된 함수를 **딕셔너리**dictionary 타입으로 정의한다.

```
# 기본함수를 하나의 딕셔너리에 정의
basic_func = {      # 딕셔너리 타입으로 정의
    'sqrt': sqrt, # 키(key)의 값(value)을 함수로 할당
    'exp': exp,
    'log': log,
    'sin': sin,
    'cos': cos,
}
```

다음으로 구현할 함수는 사칙연산 +, −, ×, ÷이다. 사칙연산은 일반적으로 +, -, *, / 의 문자열로 표현된다. 그러나 이러한 특수기호를 파이썬 함수의 이름으로 사용할 수는 없으므로, 다음과 같이 사칙연산을 새로운 함수로 정의하고 딕셔너리 타입으로 정의하자.

```
# 사칙연산을 함수로 정의
add = lambda x, y: x + y
subs = lambda x, y: x - y
mul = lambda x, y: x * y
div = lambda x, y: x / y
```

```
# 사칙연산을 하나의 딕셔너리에 정의
arithmetic = {
    '+': add,
    '-': subs,
    '*': mul,
    '/': div,
}
```

계산기는 다음과 같은 순서도를 따라 작동한다.

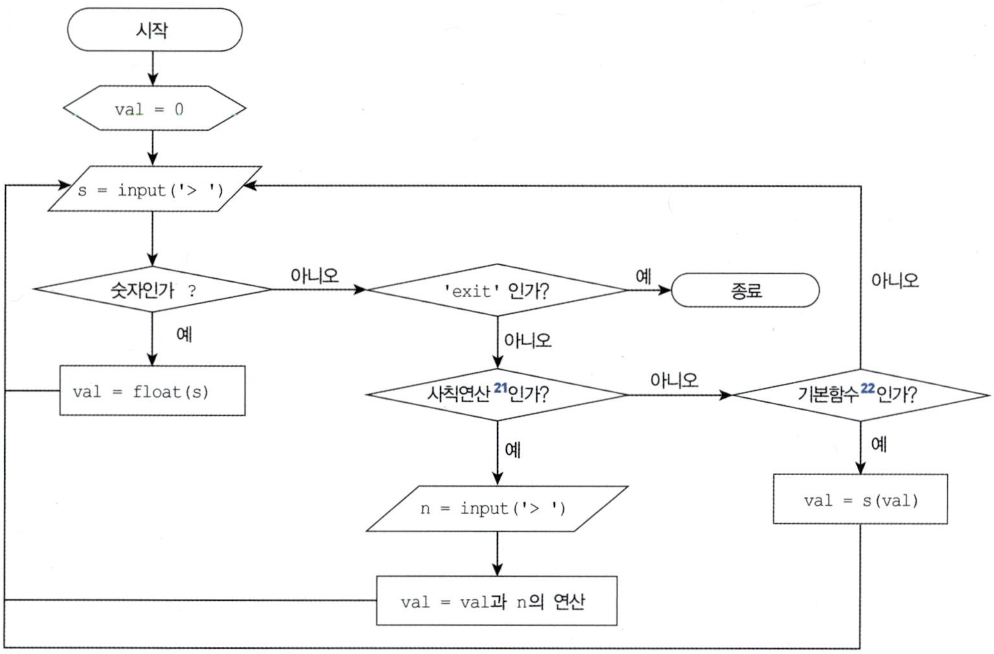

[그림 1-24] 계산기 작동 순서도

21 +(더하기), -(빼기), *(곱하기), /(나누기) 등의 문자열과 비교 판단한다.

22 sqrt(제곱근), exp(지수함수), log(로그함수), sin(사인함수), cos(코사인함수) 등의 문자열과 비교 판단한다.

[그림 1-24]의 순서도는 다음과 같이 파이썬 코드로 구현할 수 있다.

```
# 계산기 프로그램 구현
val = 0.0

while 1:
    expr = input("> ")        # 프롬프트(prompt) 출력
    try:                      # 문자열을 입력받은 뒤
        val = float(expr)     # 문자열을 실수형 자료로 변환
    except ValueError:        # 만약 변환이 실패하면 문자열이라는 의미
        if expr == 'exit':    # 입력된 문자열이 'exit'이면
            break             # 프로그램 종료
        for name, func in basic_func.items(): # 기본함수의 이름 중
            if expr == name:                  # 입력된 문자가 일치하면
                val = func(val)               # 함숫값을 계산
        for name, func in arithmetic.items(): # 사칙연산 기호 중
            if expr == name:                  # 입력된 문자가 일치하면
                new = input("> ")             # 다음 입력값을 기다린 뒤
                try:                          # 두 수에 대해
                    val = func(val, float(new)) # 해당 연산을 수행
                except ValueError: # 두 번째 입력값이 숫자가 아니면
                    pass           # 연산을 무시
    print(val)
```

CHAPTER

01 핵심요약

■ 수열

• 수열의 정의와 표현 방법

수열은 수를 순서대로 나열한 것이다. 수열을 기술하는 방법에는 다음 3가지가 있다.

❶ 항을 직접 나열하는 방법

❷ n번째 항의 값을 문장 또는 수식으로 기술하는 방법

❸ 점화식으로 정의하는 방법

• 수열의 수렴정리

❶ 단조증가하고 위로 유계인 수열은 수렴한다.

❷ 단조감소하고 아래로 유계인 수열은 수렴한다.

• 수렴의 정의

수열 a_n이 L로 수렴할 때, $\lim_{n \to \infty} a_n = L$ 또는 $a_n \to L$로 표기한다.

• 부분합과 급수

수열 a_n을 순서대로 더해서 만든 수열을 **부분합**이라 하고, 다음과 같은 부분합의 극한을 **급수**라 한다.

$$a_1 + a_2 + \cdots = \sum_{n=1}^{\infty} a_n$$

■ 급수

• 급수의 수렴판정법

판정법	급수 형태	조건	확인할 내용	성립 여부	결과
n항판정법	$\sum_{n=1}^{\infty} a_n$	–	$\lim_{n \to \infty} a_n \neq 0$	○	발산
				×	알 수 없음
교대급수판정법	$\sum_{n=1}^{\infty} (-1)^n a_n$	$a_n \geq 0$, $a_n \geq a_{n+1}$	$\lim_{n \to \infty} a_n = 0$	○	수렴
				×	발산

판정법	급수 형태	조건	확인할 내용	성립 여부	결과
절대수렴판정법	$\sum_{n=1}^{\infty} a_n$	$-$	$\sum_{n=1}^{\infty} \lvert a_n \rvert$의 수렴	○	수렴
				×	알 수 없음
기하급수판정법	$\sum_{n=1}^{\infty} ar^{n-1}$	$a \neq 0$	$\lvert r \rvert < 1$	○	수렴
				×	발산
p-급수판정법	$\sum_{n=1}^{\infty} \frac{1}{n^p}$	$p>0$	$p>1$	○	수렴
				×	발산
비율판정법	$\sum_{n=1}^{\infty} a_n$	$-$	$c = \lim_{n \to \infty} \left\lvert \frac{a_{n+1}}{a_n} \right\rvert$	$c>1$	발산
				$c=1$	알 수 없음
				$c<1$	수렴
근판정법	$\sum_{n=1}^{\infty} a_n$	$a_n \geq 0$	$r = \lim_{n \to \infty} \sqrt[n]{a_n}$	$r>1$	발산
				$r=1$	알 수 없음
				$r<1$	수렴
극한비교판정법	$\sum_{n=1}^{\infty} a_n$	$a_n \geq 0$, $b_n > 0$	$\lim_{n \to \infty} \frac{a_n}{b_n} \geq 0$, $\sum_{n=1}^{\infty} b_n$ 수렴	○	수렴
			$\lim_{n \to \infty} \frac{a_n}{b_n} > 0$, $\sum_{n=1}^{\infty} b_n$ 발산	○	발산
비교판정법	$\sum_{n=1}^{\infty} a_n$	$a_n, b_n \geq 0$	$b_n \geq a_n \geq 0$, $\sum_{n=1}^{\infty} b_n$ 수렴	○	수렴
			$a_n \geq b_n \geq 0$, $\sum_{n=1}^{\infty} b_n$ 발산	○	발산

• **멱급수**

다음과 같은 형태의 급수를 c를 중심으로 한 **멱급수**라 한다.

$$a_0 + a_1(x-c) + a_2(x-c)^2 + \cdots = \sum_{n=0}^{\infty} a_n (x-c)^n$$

멱급수가 $\lvert x-c \rvert < R$일 때 수렴하고, $\lvert x-c \rvert > R$일 때 발산하면 R을 멱급수의 **수렴 반경**이라 한다.

■ 수열과 급수의 활용

• **기본함수의 멱급수 표현**

❶ $\exp(x) = 1 + x + \dfrac{x^2}{2!} + \cdots = \displaystyle\sum_{n=0}^{\infty} \dfrac{x^n}{n!}$

❷ $\cos(x) = 1 - \dfrac{x^2}{2!} + \dfrac{x^4}{4!} - \cdots = \displaystyle\sum_{n=1}^{\infty} (-1)^{n+1} \dfrac{x^{2n-2}}{(2n-2)!}$

❸ $\sin(x) = x - \dfrac{x^3}{3!} + \dfrac{x^5}{5!} - \cdots = \displaystyle\sum_{n=1}^{\infty} (-1)^{n+1} \dfrac{x^{2n-1}}{(2n-1)!}$

❹ $\log(1+x) = x - \dfrac{x^2}{2} + \dfrac{x^3}{3} - \cdots, \ |x| < 1$

• **지수함수와 멱함수**

양의 실수 a에 대한 **지수함수** a^x과 임의의 실수 b에 대한 **멱함수** x^b은 다음과 같다.

$$a^x = \exp(x \log(a)), \quad x^b = \exp(b \log(x))$$

CHAPTER

01 연습문제

SECTION 1.1

1. 다음 유한수열을 파이썬의 리스트로 정의하고, 명시된 수열의 항을 출력하는 코드를 작성하라(모든 수열의 인덱스는 1부터 시작한다).

(a) 수열 2, 5, 8, 11, 14의 항 a_3

(b) 수열 1, 3, 6, 10, 15의 항 a_5

2. 다음 무한수열의 일반항을 파이썬 코드로 구현하고, 최초 5개 항을 출력하는 코드를 작성하라(모든 수열의 인덱스는 1부터 시작한다).

(a) $a_n = \dfrac{n^2-1}{2^n}$

(b) $a_n = \dfrac{2^n+3^n}{n^2}$

(c) $a_n = (-1)^{n+1} \cdot \dfrac{n!}{(2n)!}$

(d) $a_n = \dfrac{n^3-n}{n^3+n^2}$

3. 다음과 같이 최초 몇 개 항이 나열된 무한수열의 규칙을 찾아 일반항을 파이썬 코드로 구현하고, 명시된 수열의 항을 출력하는 코드를 작성하라(모든 수열의 인덱스는 1부터 시작한다).

(a) 수열 5, 10, 17, 26, 37, ⋯의 항 a_{15}부터 a_{18}까지

(b) 수열 2, 6, 12, 20, 30, ⋯의 항 a_{19}부터 a_{23}까지

(c) 수열 $1, -\dfrac{1}{4}, \dfrac{1}{9}, -\dfrac{1}{16}, \dfrac{1}{25}, \cdots$의 항 a_{11}부터 a_{20}까지

(d) 수열 $\dfrac{1}{2}, -\dfrac{3}{4}, \dfrac{5}{6}, -\dfrac{7}{8}, \dfrac{9}{10}, \cdots$의 항 a_{22}부터 a_{29}까지

4. 다음과 같이 문장으로 기술된 무한수열의 일반항을 파이썬 코드로 구현하고, 명시된 수열의 50번째 항을 출력하는 코드를 작성하라(모든 수열의 인덱스는 1부터 시작한다).

(a) $a_1 = 1$이고, $n \geq 1$인 모든 인덱스 n에 대해 a_{n+1}은 n에 a_n의 역수를 더한 것이다.

(b) a_n은 n번째 소수이다.

(c) a_n은 1을 포함한 자연수 n의 인수 개수이다(예를 들어 $a_1 = 1$, $a_2 = 2$이다).

(d) a_n은 n번째 **소수**prime p를 $p-1$의 1을 포함한 서로 다른 인수 개수로 나눈 값이다(예를 들어 첫 번째 소수는 2이므로 $a_1 = \dfrac{2}{1} = 2$이다).

5. 다음 점화식 수열의 일반항을 파이썬 코드로 구현하고, 최초 10개 항을 출력하는 코드를 작성하라.

(a) $a_{n+2} = \frac{1}{2}(a_{n+1} + a_n)$, $a_1 = 1$, $a_2 = 2$

(b) $a_{n+1} = \frac{a_n}{2} + \frac{3}{a_n}$, $a_1 = 1$

(c) $a_{n+1} = \frac{a_n^2 + 1}{2}$, $a_1 = 0$

(d) $a_{n+2} = 3a_{n+1} - 2a_n$, $a_1 = 1$, $a_2 = 2$

6. 다음 수열의 최초 10개 항을 그래프로 구현하는 파이썬 코드를 작성하고, 이 결과를 토대로 수열이 단조증가 혹은 단조감소하는지 판별하라.

(a) $a_n = \left(1 - \frac{1}{n}\right)^n$

(b) $a_n = \left(1 - \frac{1}{n}\right)^{n^2}$

(c) $a_n = \left(1 + \frac{1}{n}\right)^{n^2}$

(d) $a_n = \frac{(2n+2)(2n+1)}{(n+1)^2}$

7. 다음 수열이 위로 유계 혹은 아래로 유계인지 판별하고, 최소상계 또는 최대하계를 구하라.

(a) $a_n = \frac{n^2}{2n^2 + n + 1}$

(b) $a_{n+2} = \frac{1}{2}(a_{n+1} + a_n)$, $a_1 = 1$, $a_2 = 2$

(c) $t_{n+3} = t_{n+2} + t_{n+1} + t_n$, $t_1 = 1$, $t_2 = 1$, $t_3 = 2$일 때, 수열 $a_n = \frac{t_{n+1}}{t_n}$

8. 수열의 극한에 관한 다음 명제를 증명하라.

(a) $\lim_{n \to \infty} \left(-\frac{1}{2}\right)^n = 0$

(b) $\lim_{n \to \infty} n$은 발산한다.

(c) $\lim_{n \to \infty} n \sin(n)$은 발산한다.

9. 수열의 극한에 관한 정리를 이용해 다음을 구하라.

(a) $\lim_{n \to \infty} 3\left(\frac{1}{2}\right)^n$

(b) $\lim_{n \to \infty} \frac{\sqrt{n^2+1}}{n+1}$

(c) $\lim_{n \to \infty} \frac{n^2 + n}{2n^2 + 1}$

(d) $\lim_{n \to \infty} \frac{n + \sin(n)}{n + \cos(n)}$

10. 파이썬을 이용해 다음 급수의 부분합을 계산하고 $n=1,\ 10,\ 10^2,\ \cdots,\ 10^4$에서 부분합 S_n의 그래프를 그린 뒤, 이를 통해 급수의 수렴과 발산을 판별하라.

(a) $1+\dfrac{1}{\sqrt{2}}+\dfrac{1}{\sqrt{3}}+\dfrac{1}{\sqrt{4}}+\cdots$

(b) $1+\dfrac{1}{2^{3/2}}+\dfrac{1}{3^{3/2}}+\dfrac{1}{4^{3/2}}+\cdots$

(c) $1-\dfrac{1}{\sqrt{2}}+\dfrac{1}{\sqrt{3}}+\dfrac{1}{\sqrt{5}}-\dfrac{1}{\sqrt{4}}+\dfrac{1}{\sqrt{7}}+\dfrac{1}{\sqrt{9}}+\dfrac{1}{\sqrt{11}}+\dfrac{1}{\sqrt{13}}-\dfrac{1}{\sqrt{6}}+\cdots$

11. 파이썬을 이용해 다음 급수의 부분합을 계산하고 $1\le n\le 10$에서 부분합 S_n의 그래프를 그린 뒤, 이를 통해 급수의 수렴과 발산을 판별하라. 또 이 결과와 n항판정법을 이용한 결과를 비교하라.

(a) $\displaystyle\sum_{n=1}^{\infty}(-1)^n$

(b) $\displaystyle\sum_{n=0}^{\infty}\sqrt{n}$

(c) $\displaystyle\sum_{n=1}^{\infty}\left(1+\frac{1}{n}\right)^n$

(d) $\displaystyle\sum_{n=1}^{\infty}\left(\frac{n^2}{n^2+1}\right)^n$

12. 파이썬을 이용해 다음 교대급수의 부분합을 계산하고 $1\le n\le 10$에서 부분합 S_n의 그래프를 그린 뒤, 이를 통해 급수의 수렴과 발산을 판별하라. 또 이 결과와 교대급수판정법을 이용한 결과를 비교하라.

(a) $\displaystyle\sum_{n=1}^{\infty}\frac{7^n}{(-2)^n(n+1)}$

(b) $\displaystyle\sum_{n=1}^{\infty}(-1)^n\left(1+\frac{1}{n^2}\right)^n$

(c) $\displaystyle\sum_{n=1}^{\infty}\frac{(-1)^n n^2}{n^2+3}$

(d) $\displaystyle\sum_{n=1}^{\infty}(-1)^n\left(\sqrt{n^{2+\sqrt{n}}}-n\right)$

(e) $\displaystyle\sum_{n=1}^{\infty}(-1)^n\frac{(n!)^2 3^n}{(2n+1)!}$

(f) $\displaystyle\sum_{n=1}^{\infty}(-1)^{n+1}\frac{\sqrt{n}+1}{n+1}$

13. 비율판정법을 이용해 다음 급수의 수렴과 발산을 판별하라. 수렴하는 경우에는 부분합을 파이썬 코드로 구현하여 극한의 근삿값을 구하라.

(a) $\displaystyle\sum_{n=1}^{\infty}\frac{n^2}{3^n}$

(b) $\displaystyle\sum_{n=1}^{\infty}\frac{n^{\sqrt{2}}}{2^n}$

(c) $\displaystyle\sum_{n=1}^{\infty}\frac{n^2}{\exp(n)}$

(d) $\displaystyle\sum_{n=1}^{\infty}\frac{(n+1)(n+3)}{n!}$

14. 근판정법을 이용해 다음 급수의 수렴과 발산을 판별하라. 수렴하는 경우에는 부분합을 파이썬 코드로 구현하여 극한의 근삿값을 구하라.

(a) $\displaystyle\sum_{n=1}^{\infty}\left(\frac{2n+3}{3n+5}\right)^n$　　(b) $\displaystyle\sum_{n=1}^{\infty}\frac{n^n}{3^{2n+1}}$

(c) $\displaystyle\sum_{n=1}^{\infty}\frac{n}{\log(n)^{n/2}}$　　(d) $\displaystyle\sum_{n=1}^{\infty}\frac{n}{\log(n)^n}$

15. 극한비교판정법을 이용해 다음 급수의 수렴과 발산을 판별하라. 수렴하는 경우에는 부분합을 파이썬 코드로 구현하여 극한의 근삿값을 구하라.

(a) $\displaystyle\sum_{n=1}^{\infty}\frac{2^n}{3^n+1}$　　(b) $\displaystyle\sum_{n=1}^{\infty}\frac{\log(n)^2}{n^3}$

(c) $\displaystyle\sum_{n=1}^{\infty}\frac{1}{\sqrt{n}\log(n)}$　　(d) $\displaystyle\sum_{n=1}^{\infty}\frac{1}{1+\log(n)}$

16. 비교판정법을 이용해 다음 급수의 수렴과 발산을 판별하라.

(a) $\displaystyle\sum_{n=1}^{\infty}\frac{1}{n^2+5}$　　(b) $\displaystyle\sum_{n=1}^{\infty}\frac{\sqrt{n}}{n+\log(n)}$

(c) $\displaystyle\sum_{n=1}^{\infty}\frac{1+\cos(n)}{n^2}$　　(d) $\displaystyle\sum_{n=2}^{\infty}\frac{1}{\log(\log(n))}$

17. 다음 급수가 절대수렴 혹은 조건수렴하는지 판별하라. 만약 조건수렴한다면 0으로 수렴하도록 급수를 재배열하는 파이썬 코드를 작성하고, 부분합의 그래프를 그리는 코드를 작성하여 이 결과를 확인하라.

(a) $\displaystyle\sum_{n=1}^{\infty}\frac{(-1)^n}{n^4}$　　(b) $\displaystyle\sum_{n=1}^{\infty}\frac{(-1)^{n+1}}{n}$

(c) $\displaystyle\sum_{n=1}^{\infty}(-1)^n\frac{\log(n)}{n}$　　(d) $\displaystyle\sum_{n=1}^{\infty}\frac{(-1)^n}{n\log(n)}$

18. 다음 멱급수에 대해 $x=\dfrac{1}{2}$일 때 급수의 수렴과 발산을 판별하고, 수렴반경을 구하라. 또한 수렴구간의 양 끝점에서의 수렴 여부를 판별하라.

(a) $\displaystyle\sum_{n=1}^{\infty}(-1)^n n x^n$　　(b) $\displaystyle\sum_{n=1}^{\infty}\frac{x^n}{2n-1}$

(c) $\displaystyle\sum_{n=1}^{\infty}\frac{x^n}{n!}$　　(d) $\displaystyle\sum_{n=1}^{\infty}\frac{(x-2)^n}{n^2+1}$

19. 심화 멱급수의 수렴반경은 멱급수의 수렴구간을 (끝점에서의 수렴 여부를 제외하고) 완전히 결정한다. 이처럼 멱급수의 수렴이 멱급수의 중심으로부터 항상 대칭적으로 일어나는 이유는 무엇인지 논의하라.

20. 심화 1.2절에서 소개하지 않은 급수의 수렴판정법 중 하나는 적분판정법이다. 이 판정법은 이상적분 개념을 이용해 다음과 같이 기술된다.

> 모든 항이 양수인 수열 a_n에 대해 함숫값이 항상 양수인 함수 $f(x)$가 존재하여 $f(n)=a_n$을 만족하고, 구간 $x \geq 1$[23]에서의 이상적분 $\int_1^\infty f(x)\,dx$가 존재하면 급수 $\sum_{n=1}^{\infty} a_n$은 수렴한다.

여기서 이상적분 $\int_1^\infty f(x)dx$는 다음과 같이 정의된다.

$$\int_1^\infty f(x)\,dx = \lim_{b\to\infty}\int_1^b f(x)\,dx$$

즉 이상적분이 존재한다는 것은 적절한 유한구간 $1 \leq x \leq b$에서의 (정)적분이 구간의 최댓값을 무한히 증가시켰을 때 일정한 값으로 수렴함을 의미한다. 적분판정법을 이용해 p-급수판정법을 증명하라.

21. 심화 조건수렴하는 급수는 재배열을 통해 임의의 실수 L로 수렴하도록 할 수 있다. 예를 들어 다음은 교대급수 $\sum_{n=1}^{\infty}\frac{(-1)^{n+1}}{n}$을 재배열하여 2로 수렴하게 만든 최초 몇 개 항을 나열한 것이다.

$$\left(1+\frac{1}{3}+\cdots+\frac{1}{15}\right)-\frac{1}{2}+\left(\frac{1}{17}+\cdots+\frac{1}{41}\right)-\frac{1}{3}+\cdots$$

파이썬을 이용해 위 수열의 이후의 항을 구하라.

SECTION 1.3

22. 다음 멱급수를 이용해 지수함수 $\exp(x)$를 계산하는 파이썬 코드로 작성하라. 그리고 작성한 코드를 바탕으로 오버플로와 언더플로가 발생하지 않는 입력값의 대략적인 범위를 찾으라.

$$\exp(x) = 1 + x + \frac{x^2}{2!} + \cdots = \sum_{n=0}^{\infty}\frac{x^n}{n!}$$

23 적당한 자연수 N에 대해 $x \geq N$인 구간을 잡아도 무방하다.

23. 다음 멱급수를 이용해 로그함수 $\log(x)$를 계산하는 파이썬 코드로 작성하라.

$$\log(x) = \log(1+t) - \log(1-t),\ t = \frac{x-1}{x+1}$$
$$\log(t) = (t-1) - \frac{(t-1)^2}{2} + \frac{(t-1)^3}{3} - \cdots$$

24. 이분법을 이용해 로그함수의 값 $\log(x)$를 구하는 것은 $\exp(t) = x$의 해 t를 구하는 것과 같다. 이 관점에서 이분법을 이용해 다음 방정식의 해를 구하는 파이썬 코드를 작성하고 해의 근삿값을 구하라.

(a) $x^2 - 3 = 0$의 해

(b) $\cos(x^2) - x = 0$의 해

25. 이분법을 이용해 다음 삼각함수의 역함수를 파이썬 코드로 구현하고, 정의역 구간 $-10 \le x \le 10$에서 그래프를 그려라.

(a) 구간 $-1 \le x \le 1$에서의 $\sin^{-1}(x)$ ($\sin(x)$의 역함수이고, 치역은 $-\frac{\pi}{2} \le y \le \frac{\pi}{2}$)

(b) 구간 $-1 \le x \le 1$에서의 $\cos^{-1}(x)$ ($\cos(x)$의 역함수이고, 치역은 $0 \le y \le \pi$)

(c) 실수 전체 구간에서의 $\tan^{-1}(x)$ ($\tan(x)$의 역함수이고, 치역은 $-1 \le y \le 1$)

26. 다음과 같이 정의된 쌍곡삼각함수의 역함수를 파이썬 코드로 구현하고, 주어진 구간에서 각 함수의 그래프를 그려라.

$$\cosh(x) = \frac{\exp(x) + \exp(-x)}{2}, \quad \sinh(x) = \frac{\exp(x) - \exp(-x)}{2}$$

(a) 구간 $1 \le x \le 5$에서의 $\cosh^{-1}(x)$의 그래프

(b) 구간 $-5 \le x \le 5$에서의 $\sinh^{-1}(x)$의 그래프

27. 지수함수의 정의를 이용해 다음 함수를 파이썬 코드로 구현하고 그래프를 그려라.

(a) 2^x

(b) $x^{\sqrt{2}}$

(c) $\log_2(x)$

(d) $x^{1/5}$

28. 다음 그림을 이용해 $0 < x,\ y,\ x+y < \dfrac{\pi}{2}$ 일 때, 사인함수의 덧셈정리를 증명하라.

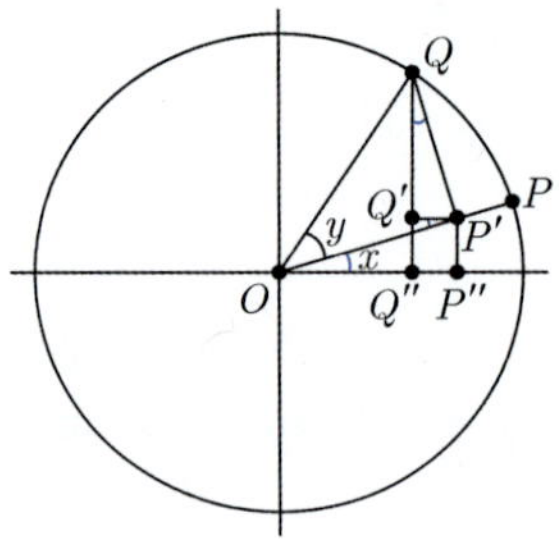

힌트 $\overline{QP'}\cos(x) = \overline{QQ'}$ 이고 $\overline{OP'}\sin(x) = \overline{P'P''}$ 이다.

SECTION 1.4

29. **심화** 1.4절 프로젝트에서 소개한 계산기는 매우 단순한 형태의 계산기이다. 계산기란 일련의 수식을 입력받아 정해진 값을 도출하는 장치이다. 수식의 입력 형태는 다양할 수 있다. 파이썬의 기본함수인 `eval`은 간단한 사칙연산을 표현하는 문자열, 예를 들어 `4 + 3 * 2`와 같은 문자열을 입력받아 그 결과를 반환한다. 이처럼 사칙연산을 가리키는 문자열을 입력받아 그 값을 계산하는 계산기를 만든다고 할 때, 계산을 처리하는 과정에 어떤 알고리즘이 필요한가? 순서도 혹은 **유사코드**pseudo-code[24]의 형태로 이를 구현하라.

24 실제 작동하는 코드가 아닌 자연 언어로 코드의 동작을 설명하는 방식을 말한다.

CHAPTER

02

벡터와 행렬

Contents

학습목표

- 2차원 및 3차원 위치벡터를 정의하고 표현한다.
- 벡터의 합, 스칼라곱, 내적의 정의와 의미를 이해한다.
- 행렬의 정의와 연산을 이해한다.
- 행렬의 곱을 이용한 벡터의 변환과 기하적 의미를 이해한다.
- 행렬식을 계산하는 방법을 알아보고, 이를 통해 외적의 의미를 이해한다.
- 벡터와 행렬을 이용해 캡차(CAPTCHA) 이미지를 생성한다.

이 장에서 배우는 내용은?

현상을 모델링하고 문제를 해결하는 데 있어 벡터와 행렬은 빼놓을 수 없는 수학 개념이다. 벡터는 여러 값으로 하나의 의미를 표현하는 방법으로 변화의 개념을 모델링한다. 벡터는 다변수함수를 정의하고 그 성질을 기술하는 데 필요하며, 좌표공간 사이의 변환, 다변수함수의 미분과 같은 개념을 설명하는 데도 필수이다. 이 장에서는 벡터 개념이 다양한 깊이로 추상화되는 과정을 살펴볼 것이다.

행렬은 벡터와 밀접하게 연관된 수학 개념으로, 파이썬과 같은 프로그래밍 언어와 컴퓨터를 통해 데이터를 분석하고 시각화하는 데 필요한 개념이다. 행렬은 벡터 사이의 관계를 설명하는 도구이다. 또한 행렬은 데이터를 나열하는 한 방법으로, 여러 계층으로 나뉜 데이터를 하나의 고차원 배열로 표현하는 방법을 이해하는 데 꼭 필요한 개념이다. 이 장부터는 파이썬의 NumPy 라이브러리를 소개하고, 여기에 포함된 ndarray(**고차원 배열**$^{n\text{-dimensional array}}$의 줄임말) 클래스 객체를 적극적으로 이용해 행렬과 벡터의 개념을 이해하고자 한다.

이 장에서는 NumPy와 Matplotlib 라이브러리를 활용해 벡터를 좌표평면과 좌표공간 위의 화살표로 표현하고 벡터의 기본 연산이 어떻게 구현되는지 살펴본다. 또한 행렬과 그 연산을 정의하고, 파이썬 코드로 어떻게 구현되는지 살펴본다. 마지막으로 벡터와 행렬의 개념을 이해할 수 있는 프로젝트에서 숫자로 이루어진 **캡차**^{CAPTCHA}를 생성하는 파이썬 코드를 작성해본다.

SECTION 2.1 벡터

이 절에서는 위치벡터의 개념으로부터 벡터의 합, 스칼라곱과 같은 기본 연산을 알아보고, 이를 통해 좌표평면과 좌표공간 위의 두 점 사이의 위치 관계를 수식으로 표현하는 방법을 살펴본다. 또한 벡터의 내적을 통해 '방향'이라는 개념이 어떻게 설명되는지 알아보고, 위치벡터의 개념이 추상적 벡터의 개념으로 어떻게 확장되는지 살펴본다.

위치벡터

벡터 vector 란 크기와 방향을 가진 수학적 대상이다. 여기서 말하는 크기와 방향은 두 점 사이의 위치 관계를 통해 직관적으로 이해할 수 있다. **크기** magnitude 란 두 점 사이의 거리를 말하고, **방향** direction 이란 한 점으로부터 다른 점이 놓인 상대적 위치를 말한다. 이를 통해 **위치벡터** position vector 를 다음과 같이 정의할 수 있다.

정의 2-1 2차원 및 3차원 위치벡터

좌표평면 위의 두 점 $P=(x_1,\ y_1)$, $Q=(x_2,\ y_2)$에 대해 다음과 같이 정의된 순서쌍을 **2차원 위치벡터**라 한다.

$$\overrightarrow{PQ}=\langle x_2-x_1,\ y_2-y_1\rangle$$

이때 순서쌍을 이루는 실수를 순서대로 x성분, y성분이라 하고, 점 P와 Q를 각각 위치벡터 $\overrightarrow{PQ}$의 시작점과 끝점이라 한다. 이와 비슷하게 좌표공간 위의 두 점 $P=(x_1,\ y_1,\ z_1)$, $Q=(x_2,\ y_2,\ z_2)$에 대해 다음과 같이 정의된 순서쌍을 **3차원 위치벡터**라 한다.

$$\overrightarrow{PQ}=\langle x_2-x_1,\ y_2-y_1,\ z_2-z_1\rangle$$

참고로 위치벡터의 순서쌍은 좌표점의 성분의 순서쌍과 구분하기 위해 꺾은 괄호 ⟨ ⟩로 표기한다.

예를 들어 좌표평면 위의 두 점 $P=(1,\ 1)$과 $Q=(3,\ 4)$의 위치벡터 $\overrightarrow{PQ}$는 다음과 같다.

$$\overrightarrow{PQ}=\langle 3-1,\ 4-1\rangle=\langle 2,\ 3\rangle \tag{2.1}$$

또한 좌표공간 위의 두 점 $P=(1,\ 1,\ 2)$, $Q=(2,\ 3,\ 4)$의 위치벡터 $\overrightarrow{PQ}$는 다음과 같다.

$$\overrightarrow{PQ}=\langle 2-1,\ 3-1,\ 4-2\rangle=\langle 1,\ 2,\ 2\rangle \tag{2.2}$$

화살표는 위치벡터를 시각화하는 방법이다. 먼저 식 (2.1)의 2차원 위치벡터 $\overrightarrow{PQ}=\langle 2,\ 3\rangle$을 시각화해보자. 이 벡터는 시작점 $P=(1,\ 1)$에서 출발하는 화살표로서, 다음 파이썬 코드를 구현하면 [그림 2-1]을 얻는다.

```
# 2차원 벡터를 이미지로 표현
# pyplot의 quiver 함수를 이용해 벡터를 표현
# 각도 지정 방법(angles), 크기 지정 방법(scale_units), 크기(scale), 두께(width)를 설정
plt.quiver(1, 1, 2, 3, angles='xy', scale_units='xy', scale=1,
width=.01)
plt.xlim(0, 4)                    # x축 범위를 [0, 4]로 설정
plt.ylim(0, 5)                    # y축 범위를 [0, 5]로 설정
plt.gca().set_aspect('equal')  # x축과 y축의 축척을 동일하게 설정
```

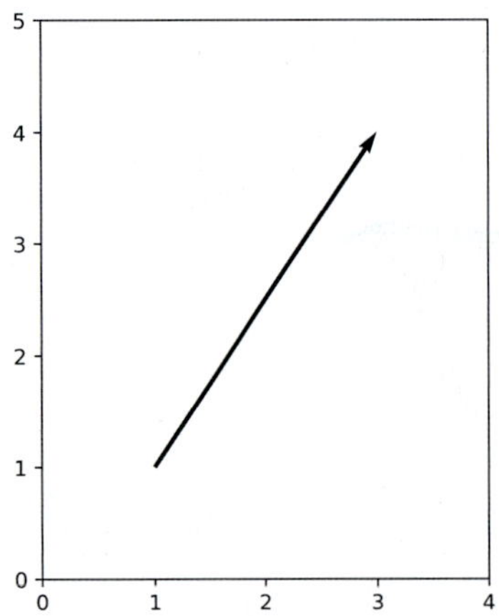

[그림 2-1] **2차원 벡터의 시각적 표현**

다음으로 식 (2.2)의 3차원 위치벡터 $\overrightarrow{PQ}=\langle 2,\ 3,\ 4\rangle$를 다음 파이썬 코드로 시각화하면 [그림 2-2]와 같다(여기서 시작점은 $P=(1,\ 1,\ 2)$이다).

```
# 3차원 벡터를 이미지로 표현
ax = plt.subplot(projection='3d')   # 3차원 이미지를 표현하도록 설정
```

```
# quiver 메소드(method)를 이용해 3차원 벡터를 표현
# 화살촉 크기비(arrow_length_ratio), 두께(lw), 색(color)을 설정
ax.quiver(1, 1, 2, 2, 3, 4, arrow_length_ratio=0.1, lw=3,
color='k')
ax.set_xlim([0, 4])        # x축 범위를 [0, 4]로 설정
ax.set_ylim([0, 5])        # y축 범위를 [0, 5]로 설정
ax.set_zlim([0, 6])        # z축 범위를 [0, 6]으로 설정
ax.set_aspect('equal')     # 각 축의 축척을 동일하게 설정
```

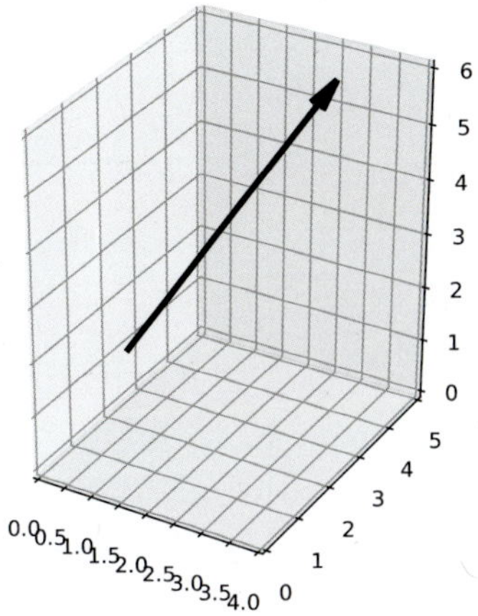

[그림 2-2] **3차원 벡터의 시각적 표현**

위치벡터는 실수의 순서쌍이다. 이때 같은 성분을 갖는 두 위치벡터는 서로 같은 것으로 간주한다. 예를 들어 두 점 $P=(1,\ 1)$, $Q=(2,\ 3)$의 위치벡터 $\overrightarrow{PQ}$와 두 점 $O=(0,\ 0)$, $R=(1,\ 2)$의 위치벡터 $\overrightarrow{OR}$의 성분은 다음과 같이 서로 같으므로 둘은 같은 위치벡터이다.

$$\overrightarrow{PQ} = \langle 2-1,\ 3-1 \rangle = \langle 1,\ 2 \rangle,\ \ \overrightarrow{OR} = \langle 1-0,\ 2-0 \rangle = \langle 1,\ 2 \rangle \tag{2.3}$$

이와 같이 서로 같은 두 위치벡터를 **평행**parallel하다고 한다. 식 (2.3)의 위치벡터를 다음 파이썬 코드로 시각화하면 [그림 2-3]과 같다.

```
# 2개 이상의 2차원 벡터를 이미지로 표현
# quiver 함수의 옵션을 딕셔너리 값(dict)으로 저장
quiver_2d_params = dict(angles='xy', scale_units='xy', scale=1,
width=.01)

# quiver 함수에 두 벡터의 시작점의 x, y좌표와 각 축 방향으로의 크기를 입력
plt.quiver([1, 0], [1, 0], [1, 1], [2, 2], **quiver_2d_params)
# 두 벡터의 시작점과 끝점을 검은색 동그라미(ko)로 표시
plt.plot([1, 0, 2, 1], [1, 0, 3, 2], 'ko')
```

```
# text 함수를 이용해 각 점 주변에 점의 이름을 문자로 출력
plt.text(1.1, 1, 'P', fontsize=15, va='center', ha='left')
plt.text(0.1, 0, 'O', fontsize=15, va='center', ha='left')
plt.text(2.1, 3, 'Q', fontsize=15, va='center', ha='left')
plt.text(1.1, 2, 'R', fontsize=15, va='center', ha='left')
plt.xlim(-1, 3)
plt.ylim(-1, 4)
plt.gca().set_aspect('equal')
```

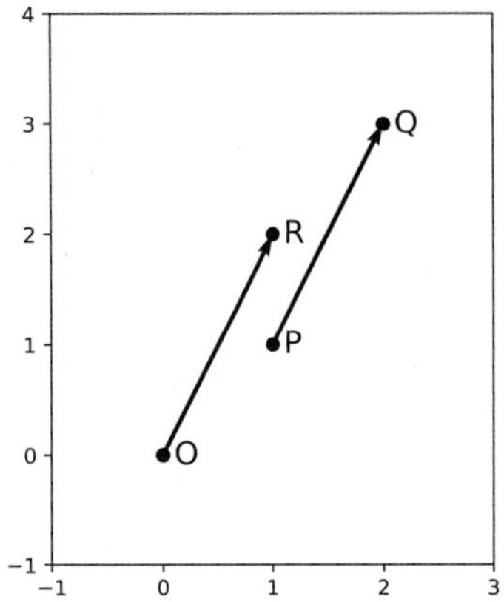

[그림 2-3] 두 2차원 벡터의 시각적 표현

예제 2-1 위치벡터의 합

두 점 $P=(1, 2, 2)$와 $Q=(0, 1, -1)$을 각각 시작점으로 갖는 두 (3차원) 위치벡터 $\overrightarrow{PR}$, $\overrightarrow{QS}$가 서로 같고 그 성분이 $\langle -1, 2, 1 \rangle$일 때, 끝점 R, S의 좌표를 구하라.

풀이

점 R, S의 좌표는 점 P, Q의 좌표에 위치벡터의 성분을 각각 더한 것이므로 다음과 같다.

$$R=(1+(-1), 2+2, 2+1)=(0, 4, 3)$$
$$S=(0+(-1), 1+2, -1+1)=(-1, 3, 0)$$

참고 ndarray 객체를 이용한 위치벡터의 표현

파이썬의 NumPy 라이브러리는 벡터(및 행렬)에 관한 다양한 객체와 함수를 제공한다. 그중 ndarray 클래스는 점과 벡터(및 행렬)를 정의하는 데 사용된다. 이는 실수(또는 자연수)의 리스트로부터 정의되며, 각 성분의 값은 리스트와 같은 방식으로 접근할 수 있다. 예를 들어 식 (2.1)의 2차원 위치벡터의 화살표는 다음과 같은 ndarray 객체로 시각화할 수 있다.

```
# ndarray 객체를 이용해 위치벡터를 표현
p = [1, 1]                # 위치벡터의 시작점을 저장
pq = np.array([2, 3])  # 위치벡터의 좌푯값을 ndarray 값으로 저장
plt.quiver(p[0], p[1], pq[0], pq[1], **quiver_2d_params)
plt.xlim(0, 4)
plt.ylim(0, 5)
plt.gca().set_aspect('equal')
```

포인터pointer란 데이터가 저장된 컴퓨터의 메모리 주소를 가리키는 데이터 형식을 말한다. 이 개념을 이용하면 다음과 같이 ndarray 객체로 선언된 변수의 각 요소를 하나씩 접근하지 않고도 같은 결과를 얻을 수 있다.

```
# ndarray 객체의 포인터를 이용해 위치벡터를 표현
p = [1, 1]
pq = np.array([2, 3])
plt.quiver(*p, *pq, **quiver_2d_params) # 값 대신 포인터를 입력
plt.xlim(0, 4)
plt.ylim(0, 5)
plt.gca().set_aspect('equal')
```

이는 여러 개의 화살표를 표현하는 경우에도 마찬가지이다. 각 화살표의 시작점의 x, y 좌표와 벡터의 x, y성분을 이용해 이중 리스트의 변수를 정의하고 이 변수의 포인터를 이용하면 식 (2.3)의 두 2차원 위치벡터의 화살표를 다음 파이썬 코드로 생성할 수 있다.

```
# ndarray 객체를 이용해 2개 이상의 위치벡터를 이미지로 표현
xy = [[1, 0], [1, 0]]  # 두 위치벡터의 시작점 (1, 1), (0, 0)을 저장
uv = [[1, 1], [2, 2]]  # 두 위치벡터의 좌푯값 (1, 2), (1, 2)를 저장
plt.quiver(*xy, *uv, **quiver_2d_params)
plt.xlim(-1, 3)
plt.ylim(-1, 4)
```

참고로 파이썬의 리스트와 ndarray와 같은 배열 변수의 인덱스는 항상 0부터 시작한다. 인덱스를 0부터 시작하면 횟수가 중요한 반복문을 직관적으로 기술할 수 있다. 예를 들어 `range(10)`은 0부터 시작하는 10개의 자연수로 이루어진 리스트를 반환한다. 앞으로 행렬의 인덱스가 아닌 파이썬 배열의 인덱스를 참조할 때는 0부터 시작하는 자연수의 번호를 사용한다.

벡터의 연산

2차원 좌표점 (x, y)와 2차원 위치벡터 $\langle x, y \rangle$는 둘 다 실수의 순서쌍이지만, 위치벡터는 좌표점과 달리 벡터합과 스칼라곱이라는 연산이 정의된다.

■ 벡터합

정의 2-2 위치벡터의 벡터합

두 2차원 위치벡터 $\overrightarrow{P_1Q_1} = \langle x_1, y_1 \rangle$, $\overrightarrow{P_2Q_2} = \langle x_2, y_2 \rangle$의 **벡터합** vector addition[1]은 다음과 같이 정의된 2차원 벡터이다.

$$\overrightarrow{P_1Q_1} + \overrightarrow{P_2Q_2} = \langle x_1 + x_2, y_1 + y_2 \rangle$$

두 3차원 위치벡터 $\overrightarrow{P_1Q_1} = \langle x_1, y_1, z_1 \rangle$, $\overrightarrow{P_2Q_2} = \langle x_2, y_2, z_2 \rangle$의 **벡터합**은 다음과 같이 정의된 3차원 벡터이다.

$$\overrightarrow{P_1Q_1} + \overrightarrow{P_2Q_2} = \langle x_1 + x_2, y_1 + y_2, z_1 + z_2 \rangle$$

예를 들어 $O = (0, 0)$, $P = (1, 1)$, $Q = (2, 3)$일 때, 벡터합 $\overrightarrow{OP} + \overrightarrow{PQ}$는 다음과 같다.

$$\overrightarrow{OP} + \overrightarrow{PQ} = \langle 1, 1 \rangle + \langle 1, 2 \rangle = \langle 2, 3 \rangle \tag{2.4}$$

이는 벡터 $\overrightarrow{OQ}$와 같다. 한편 $R = (1, 2)$에 대해 위치벡터 $\overrightarrow{OR}$, $\overrightarrow{RQ}$는 각각 $\overrightarrow{PQ}$, $\overrightarrow{OP}$를 평행이동한 것이다. 따라서 벡터합 (2.4)는 다음과 같이 나타낼 수도 있다.

$$\overrightarrow{PQ} + \overrightarrow{OP} = \overrightarrow{OR} + \overrightarrow{RQ} = \langle 1, 2 \rangle + \langle 1, 1 \rangle = \langle 2, 3 \rangle$$

앞에서 살펴본 벡터 $\overrightarrow{OP}$, $\overrightarrow{PQ}$, $\overrightarrow{OR}$, $\overrightarrow{RQ}$, $\overrightarrow{OQ}$를 화살표로 표현해보자. 여기서 필요한 정보는 [표 2-1]과 같다.

1 벡터합은 간단히 합이라고도 한다.

[표 2-1] 시각화에 필요한 2차원 위치벡터의 정보

시작점	위치벡터의 좌푯값
$O=(0, 0)$	$\overrightarrow{OP}=\langle 1, 1\rangle$
$P=(1, 1)$	$\overrightarrow{PQ}=\langle 1, 2\rangle$
$O=(0, 0)$	$\overrightarrow{OR}=\langle 1, 2\rangle$
$R=(1, 2)$	$\overrightarrow{RQ}=\langle 1, 1\rangle$
$O=(0, 0)$	$\overrightarrow{OQ}=\langle 2, 3\rangle$

[표 1-2]의 정보와 함께 4개의 점 O, P, Q, R의 이름을 표시해 파이썬 코드로 구현하면 [그림 2-4]를 얻는다.

```
# 5개의 2차원 위치벡터와 이름을 이미지로 표현
xy = [[0, 1, 0, 1, 0], [0, 1, 0, 2, 0]]
uv = np.array([[1, 1, 1, 1, 2], [1, 2, 2, 1, 3]])
colors = ['k', 'k', 'k', 'k', 'C0']
plt.quiver(*xy, *uv, color=colors, **quiver_2d_params)
xy = [[0, 1, 2, 1], [0, 1, 3, 2]] # 레이블을 표시할 점의 위치를 저장
label = ['O', 'P', 'Q', 'R'] # 레이블의 값(문자)을 순서대로 저장
plt.plot(*xy, 'ko')              # plot 함수에 포인터 정보를 전달하여 점을 표시
# text 함수의 옵션을 딕셔너리 값으로 저장
text_params = dict(fontsize=15, va='center', ha='left')
# 각 점의 순서대로 x축 값에서 0.1만큼 떨어진 곳에 레이블을 표시
for i in range(4):
    plt.text(xy[0][i]+.1, xy[1][i], label[i], **text_params)
plt.gca().set_aspect('equal')
```

[그림 2-4]로부터 끝점과 시작점이 동일한 두 위치벡터의 합은 최초 시작점과 최종 끝점을 잇는 위치벡터와 같음을 알 수 있다.

$$\overrightarrow{OP}+\overrightarrow{PQ}=\overrightarrow{OQ} \tag{2.5}$$

이때 $\overrightarrow{OQ}$를 가리키는 화살표는 두 위치벡터 $\overrightarrow{OP}$와 $\overrightarrow{PQ}$를 가리키는 화살표가 만드는 평행사변형의 대각선과 같다. 이 사실은 3차원 위치벡터에도 동일하게 적용된다.

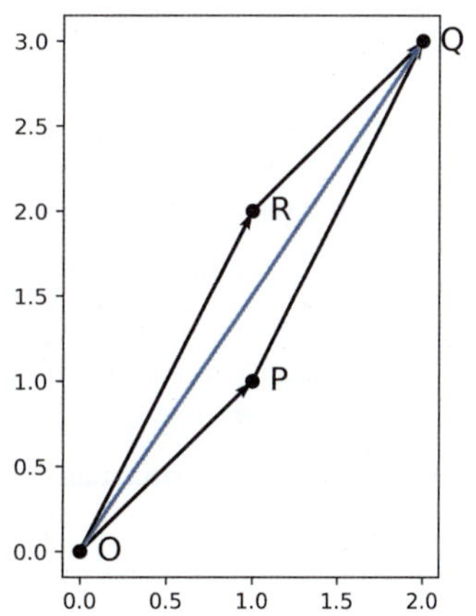

[그림 2-4] 2차원 벡터의 합의 시각적 표현

예제 2-2 3차원 벡터의 합

3차원 좌표점 $O=(0, 0, 0)$, $P=(3, 1, 2)$, $Q=(4, 3, 4)$, $R=(1, 2, 2)$에 대해 다음 등식이 성립함을 보이고 이 결과를 3차원 화살표로 표현하라.

$$\overrightarrow{OP}+\overrightarrow{PQ}=\overrightarrow{OQ}$$
$$\overrightarrow{OR}+\overrightarrow{RQ}=\overrightarrow{OQ}$$

풀이

각 3차원 위치벡터의 성분을 계산하고 주어진 식에 대입하면 다음과 같다.

$$\overrightarrow{OP}+\overrightarrow{PQ}=\langle 3, 1, 2\rangle+\langle 1, 2, 2\rangle=\langle 4, 3, 4\rangle=\overrightarrow{OQ}$$
$$\overrightarrow{OR}+\overrightarrow{RQ}=\langle 1, 2, 2\rangle+\langle 3, 1, 2\rangle=\langle 4, 3, 4\rangle=\overrightarrow{OQ}$$

이를 3차원 화살표로 표현하자. 그려야 할 벡터는 다음과 같이 총 5개이다.

[표 2-2] 시각화에 필요한 3차원 위치벡터의 정보

시작점	위치벡터의 좌푯값
$O=(0, 0, 0)$	$\overrightarrow{OP}=\langle 3, 1, 2\rangle$
$P=(3, 1, 2)$	$\overrightarrow{PQ}=\langle 1, 2, 2\rangle$
$O=(0, 0, 0)$	$\overrightarrow{OR}=\langle 1, 2, 2\rangle$
$R=(1, 2, 2)$	$\overrightarrow{RQ}=\langle 3, 1, 2\rangle$
$O=(0, 0, 0)$	$\overrightarrow{OQ}=\langle 4, 3, 4\rangle$

다음 파이썬 코드를 구현하면 [그림 2-5]의 결과를 쉽게 확인할 수 있다.

```
# 3차원 위치벡터의 합을 이미지로 표현
ax =plt.figure().add_subplot(projection='3d')
xyz =[[0, 3, 4, 1], [0, 1, 3, 2], [0, 2, 4, 2]]
label =['O', 'P', 'Q', 'R']
ax.plot(*xyz, 'ko')  # 포인터를 이용해 좌표점을 표시
# 각 점에 레이블을 표시
for i in range(4):
    ax.text(xyz[0][i], xyz[1][i], xyz[2][i]+.5, label[i],
**text_params)
# 포인터를 이용해 5개의 3차원 위치벡터를 표시
quiver_3d_params =dict(arrow_length_ratio=0.1, lw=1)
xyz =[[0, 3, 0, 1, 0], [0, 1, 0, 2, 0], [0, 2, 0, 2, 0]]
uvw =np.array([[3, 1, 1, 3, 4], [1, 2, 2, 1, 3], [2, 2, 2,
2, 4]])
ax.quiver(*xyz, *uvw, color=colors, **quiver_3d_params)
```

```
ax.set_aspect('equal')
ax.set_xlabel('x')
ax.set_ylabel('y')
```

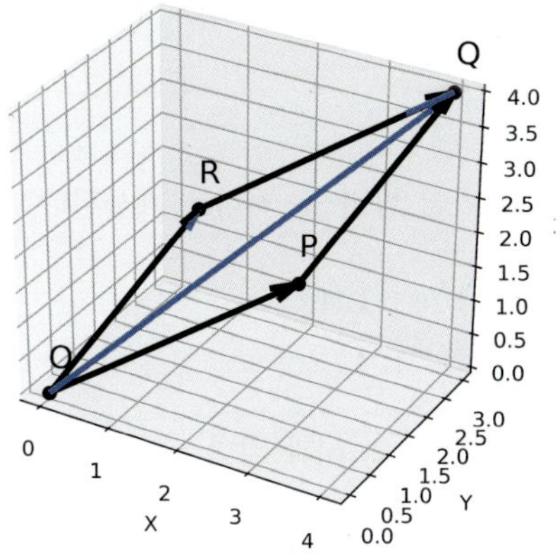

[그림 2-5] 3차원 위치벡터의 합의 시각적 표현

좌표점 P의 각 x, y(및 z)좌표는 위치벡터 $\overrightarrow{OP}$의 각 x, y(및 z)성분과 일치한다. 따라서 식 (2.5)로부터 임의의 벡터 $\overrightarrow{PQ}$는 다음과 같이 두 벡터의 차로 표현할 수 있다.

$$\overrightarrow{PQ} = \overrightarrow{OQ} - \overrightarrow{OP}$$

참고 ndarray 객체의 합과 차를 이용한 벡터의 연산

ndarray 객체의 연산은 위치벡터의 합을 계산하는 데 유용하다. 예를 들어 식 (2.5)의 벡터합 $\overrightarrow{OP} + \overrightarrow{PQ} = \overrightarrow{OQ}$는 다음과 같은 파이썬 코드로 계산할 수 있다.

```
# ndarray 객체의 연산을 이용해 벡터의 합과 차를 계산
O = np.array([0, 0, 0]) # 원점 O를 영벡터 OO로 저장
P = np.array([3, 1, 2]) # 점 P를 위치벡터 OP로 저장
Q = np.array([4, 3, 4]) # 점 Q를 위치벡터 OQ로 저장
OP, PQ = P - O, Q - P   # 위치벡터 OP, PQ를 저장
u = OP+PQ               # 벡터합 OP+PQ를 계산
print(u)                # 변수 u 값을 출력
print(type(u))          # 변수 u의 타입이 ndarray임을 확인
```

예제 2-3 세 위치벡터의 합

$O=(0, 0)$, $P=(1, 1)$, $Q=(2, 3)$, $R=(1, 4)$일 때, 다음 벡터합을 계산하고 화살표로 표현하라.

$$\overrightarrow{OP}+\overrightarrow{PQ}+\overrightarrow{QR}$$

풀이

벡터합은 두 벡터 사이의 연산이므로, 위 식은 다음 두 가지 방법 중 하나로 계산된다.

$$(\overrightarrow{OP}+\overrightarrow{PQ})+\overrightarrow{QR}=\langle 2, 3\rangle+\langle -1, 1\rangle=\langle 1, 4\rangle$$
$$\overrightarrow{OP}+(\overrightarrow{PQ}+\overrightarrow{QR})=\langle 1, 1\rangle+\langle 0, 3\rangle=\langle 1, 4\rangle$$

다음 파이썬 코드를 구현하면 두 결과에 대한 화살표는 [그림 2-6]과 같다.

```
# 세 2차원 위치벡터의 합을 이미지로 표현
# 시작점과 끝점의 정보를 이용해 위치벡터 PQ, QR, PR을 저장
O, P, Q, R = np.array([0, 0]), np.array([1, 1]),
np.array([2, 3]), np.array([1, 4])
PQ, QR, PR = Q - P, R - Q, R - P
fig = plt.figure() # 이미지를 출력할 윈도우 객체를 소환
# 한 개의 행(1), 두 개의 열(2)로 분할한 윈도우의 첫 번째 이미지(1)에 출력
ax = fig.add_subplot(121)
ax.quiver(*O, *P, **quiver_2d_params)
ax.quiver(*P, *PQ, **quiver_2d_params)
ax.quiver(*O, *Q, **quiver_2d_params, color='C0')
ax.quiver(*O, *R, **quiver_2d_params, color='C0')
ax.quiver(*Q, *QR, **quiver_2d_params)
ax.set_xlim(-.2, 2.2)
ax.set_ylim(-.2, 4.2)
# 한 개의 행(1), 두 개의 열(2)로 분할한 윈도우의 두 번째 이미지(2)에 출력
ax = fig.add_subplot(122)
ax.quiver(*O, *P, **quiver_2d_params, color='C0')
ax.quiver(*P, *PQ, **quiver_2d_params)
ax.quiver(*Q, *QR, **quiver_2d_params)
ax.quiver(*P, *PR, **quiver_2d_params, color='C0')
ax.quiver(*O, *R, **quiver_2d_params, color='C0')
ax.set_xlim(-.2, 2.2)
ax.set_ylim(-.2, 4.2)
```

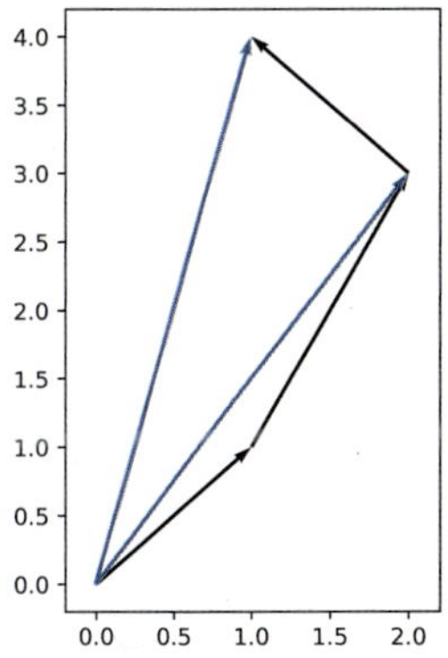

(a) $(\overrightarrow{OP}+\overrightarrow{PQ})+\overrightarrow{QR}$

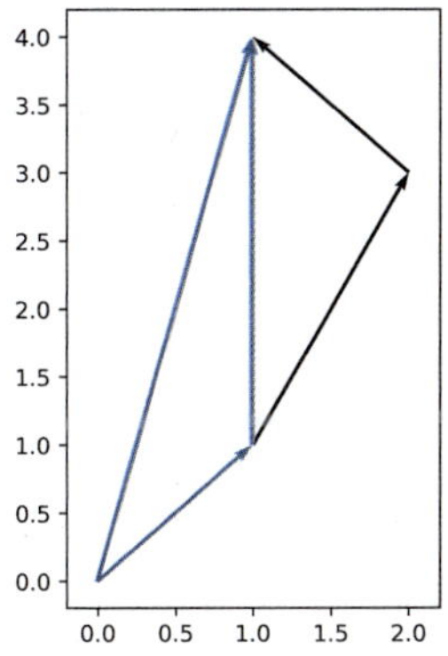

(b) $\overrightarrow{OP}+(\overrightarrow{PQ}+\overrightarrow{QR})$

[그림 2-6] 세 2차원 위치벡터의 합의 시각적 표현

예제 2-4 **세 3차원 위치벡터의 합**

$O=(0, 0, 0)$, $P=(1, 2, 1)$, $Q=(2, 3, -1)$, $R=(-1, -2, 1)$일 때, 파이썬 코드를 이용해 다음 벡터합을 계산하고 화살표로 표현하라.

$$\overrightarrow{OP}+\overrightarrow{PQ}+\overrightarrow{QR}$$

풀이

```
# 세 3차원 위치벡터의 합을 계산하고 이미지로 표현
O = np.zeros(3)
P = np.array([1, 2, 1])
Q = np.array([2, 3, -1])
R = np.array([-1, -2, 1])
print((P-O) + (Q-P) + (R-Q)) # 3차원 벡터의 합을 출력
ax = plt.figure().add_subplot(projection='3d')
ax.quiver(*O, *P, **quiver_3d_params)
ax.quiver(*P, *(Q-P), **quiver_3d_params)
ax.quiver(*Q, *(R-Q), **quiver_3d_params)
ax.plot(*O, 'ko')
ax.plot(*P, 'ko')
ax.plot(*Q, 'ko')
ax.plot(*R, 'ko')
```

앞의 파이썬 코드를 구현해 주어진 벡터합을 화살표로 표현하면 [그림 2-7]과 같다.

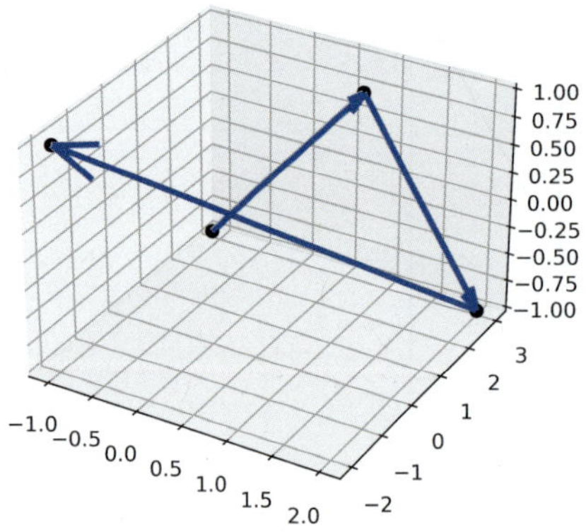

[그림 2-7] 세 3차원 위치벡터의 합의 시각적 표현

■ 스칼라곱

위치벡터의 각 성분에 동일한 실수를 곱하여 새로운 벡터를 생성하는 것을 스칼라곱이라 한다.[2]

정의 2-3 위치벡터의 스칼라곱

2차원 위치벡터 $\overrightarrow{PQ} = \langle x, y \rangle$와 실수 k의 **스칼라곱** scalar multiplication 은 점 P가 시작점이고 각 성분이 다음과 같은 위치벡터이다.[3]

$$k \cdot \overrightarrow{PQ} = \langle kx, ky \rangle$$

3차원 위치벡터 $\overrightarrow{PQ} = \langle x, y, z \rangle$와 실수 k의 **스칼라곱**은 점 P가 시작점이고 각 성분이 다음과 같은 위치벡터이다.

$$k \cdot \overrightarrow{PQ} = \langle kx, ky, kz \rangle$$

예를 들어 두 점 $P = (1, 1)$과 $Q = (2, 3)$의 위치벡터 $\overrightarrow{PQ}$의 스칼라곱 $-3\overrightarrow{PQ}$와 $2\overrightarrow{PQ}$는 각각 다음과 같다.

$$\begin{aligned} -3\overrightarrow{PQ} &= -3\langle 1, 2 \rangle = \langle -3, -6 \rangle \\ 2\overrightarrow{PQ} &= 2\langle 1, 2 \rangle = \langle 2, 4 \rangle \end{aligned} \tag{2.6}$$

2 **스칼라**(scalar)는 실수와 같이 덧셈과 곱셈의 대수적 성질을 만족하는 숫자를 말한다.

3 스칼라곱의 기호(·)는 경우에 따라 생략하기도 한다.

식 (2.6)은 $R=(-2,\ -5)$, $S=(3,\ 5)$에 대해 위치벡터 $\overrightarrow{PR}$, $\overrightarrow{PS}$와 같다.

$$-3\overrightarrow{PQ}=\langle -3,\ -6\rangle=\overrightarrow{PR}$$
$$2\overrightarrow{PQ}=\langle 2,\ 4\rangle=\overrightarrow{PS}$$

다음 파이썬 코드로 식 (2.6)을 화살표로 표현하면 [그림 2-8]과 같다.[4]

```
# 2차원 벡터의 스칼라곱을 이미지로 표현
P, Q = np.array([1, 1]), np.array([2, 3])
PQ = Q - P              # 위치벡터 PQ를 정의
kPQ = [2*PQ, -3*PQ] # 스칼라곱 2PQ, -3PQ를 정의
fig, ax = plt.subplots(1, 2)
quiver_2d_params = dict(angles='xy', scale_units='xy', scale=1)
for i in range(2):
    ax[i].quiver(*P, *PQ, **quiver_2d_params, color='C0', width=.03)
    ax[i].quiver(*P, *kPQ[i], **quiver_2d_params)
    # 위치벡터 PQ의 레이블을 이미지에 표시
    ax[i].text(.5, 2, '$\overrightarrow{PQ}$', fontsize=15)
    ax[i].set_xlim(-2.2, 3.2)
    ax[i].set_ylim(-5.2, 5.2)
    ax[i].set_aspect('equal')
```

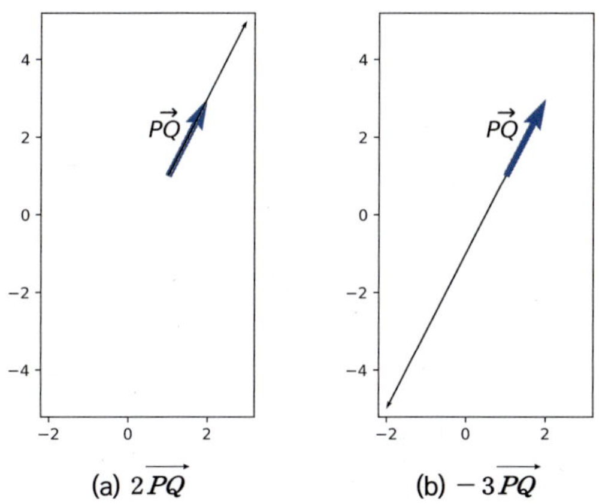

[그림 2-8] 2차원 위치벡터의 스칼라곱의 시각적 표현

[그림 2-8]에서 $-3\overrightarrow{PQ}$와 $2\overrightarrow{PQ}$의 화살표 길이는 $\overrightarrow{PQ}$의 화살표 길이에 각각 3, 2를 곱한 것이다. 또한 $2\overrightarrow{PQ}$는 $\overrightarrow{PQ}$와 같은 방향을, $-3\overrightarrow{PQ}$는 $\overrightarrow{PQ}$와 반대 방향을 향하고 있음을 볼

4 text 함수에서 $ 기호로 둘러싸인 부분은 수식으로 표현된다. LaTex이 설치되어 있다면 usetex=True 옵션을 통해 깔끔한 수식 표현이 가능하다. 앞으로 등장할 코드가 주어지지 않는 그림의 모든 수식은 이 옵션을 통해 생성된 것이다.

수 있다. 즉 스칼라곱 $k \cdot \overrightarrow{PQ}$의 화살표는 위치벡터 $\overrightarrow{PQ}$의 화살표 길이의 $|k|$배이고, $k<0$일 때 그 방향은 원래 벡터의 반대가 된다. 일반적으로 두 위치벡터가 서로 **평행**하다는 것은 두 벡터가 서로 스칼라곱의 관계에 있는 경우를 말한다.

예제 2-5 3차원 위치벡터의 스칼라곱

3차원 좌표점 $P=(1, 1, 1)$, $Q=(1, 2, 3)$의 위치벡터 $\overrightarrow{PQ}$에 대해 두 스칼라곱 $-\overrightarrow{PQ}$, $2\overrightarrow{PQ}$를 계산하고 각각 화살표로 표현하라.

풀이

위치벡터 $\overrightarrow{PQ}=\langle 0, 1, 2\rangle$의 스칼라곱은 각각 다음과 같다.

$$-\overrightarrow{PQ}=\langle 0, -1, -2\rangle,\ 2\overrightarrow{PQ}=\langle 0, 2, 4\rangle$$

파이썬 코드를 이용해 위 식의 스칼라곱을 좌표공간 위의 화살표로 표현하면 [그림 2-9]와 같다.

```
# 3차원 위치벡터의 스칼라곱을 표시
P = np.array([1, 1, 1])
Q = np.array([2, 4, 3])
# 윈도우를 2개로 분할하여 3차원 공간을 각각 표시
_, ax = plt.subplots(1, 2, subplot_kw={'projection': '3d'})
for i in range(2):
    ax[i].set_xlim([-5, 5])
    ax[i].set_ylim([-5, 5])
    ax[i].set_zlim([-5, 5])
    ax[i].set_aspect('equal')
ax[0].quiver(*P, *(-(P-Q)), **quiver_3d_params)
ax[1].quiver(*P, *(2*(P-Q)), **quiver_3d_params)
```

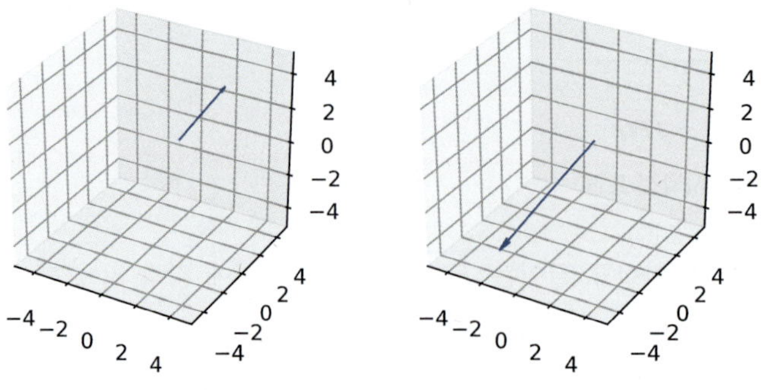

(a) $-\overrightarrow{PQ}$ (b) $2\overrightarrow{PQ}$

[그림 2-9] 3차원 위치벡터의 스칼라곱의 시각적 표현

■ 위치벡터를 이용한 직선 표현

위치벡터의 실체는 순서쌍이다. 위치벡터는 한 기준점에 대한 다른 점의 상대적 위치를 알려준다. 이 특징은 좌표평면과 좌표공간 위의 직선을 표현하는 데 사용된다. 예를 들어 두 점 $P=(1, 1)$, $Q=(2, 3)$을 지나는 좌표평면 위의 직선 l을 생각해보자. 한 점 X가 직선 l 위에 있다는 것은 벡터 $\overrightarrow{PX}$와 $\overrightarrow{PQ}$가 서로 평행하다는 의미이다. 즉 두 벡터가 다음과 같이 서로 스칼라곱 관계에 있음을 말한다.

$$\overrightarrow{PX}=t\cdot\overrightarrow{PQ}$$

점 X의 좌표는 위치벡터 $\overrightarrow{OX}$의 성분과 같으며, 식 (2.5)에 따라 다음과 같이 표현할 수 있다.

$$\overrightarrow{OX}=\overrightarrow{OP}+\overrightarrow{PX}=\overrightarrow{OP}+t\cdot\overrightarrow{PQ}=\langle 1, 1\rangle+t\cdot\langle 1, 2\rangle=\langle 1+t, 1+2t\rangle$$

위 식에 따라 점 X의 좌표 x, y를 다음과 같이 표현할 수 있다.

$$\begin{aligned} x&=1+t \\ y&=1+2t \end{aligned}$$

위 식을 직선 l의 **매개변수 방정식**parametric equations이라 하고 변수 t를 **매개변수**parameter라 한다. 일반적으로 점 $P=(x_0, y_0)$를 지나고 위치벡터 $\overrightarrow{PQ}=\langle a, b\rangle$에 평행한 좌표평면 위의 직선 l의 매개변수 방정식은 다음과 같다.

$$\begin{aligned} x&=x_0+at \\ y&=y_0+bt \end{aligned} \tag{2.7}$$

이 표현은 좌표공간 위의 직선 l을 표현하는 데도 동일하게 적용할 수 있다. 점 $P=(x_0, y_0, z_0)$를 지나고 위치벡터 $\overrightarrow{PQ}=\langle a, b, c\rangle$에 평행한 좌표공간 위의 직선 l의 매개변수 방정식은 다음과 같다.

$$\begin{aligned} x&=x_0+at \\ y&=y_0+bt \\ z&=z_0+ct \end{aligned} \tag{2.8}$$

만약 모든 실수 a, b, c가 0이 아니면 식 (2.7)과 (2.8)을 다음과 같이 표현할 수 있다.

$$\frac{x-x_0}{a}=\frac{y-y_0}{b}$$
$$\frac{x-x_0}{a}=\frac{y-y_0}{b}=\frac{z-z_0}{c}$$

일반적인 벡터

방향(혹은 크기)을 가리키기 위한 위치벡터는 일반적인 벡터 개념으로 자연스럽게 확장된다.

정의 2-4 2차원 벡터, 3차원 벡터

임의의 두 2차원 벡터 $\langle x_1, y_1 \rangle$, $\langle x_2, y_2 \rangle$와 임의의 실수 k에 대해 다음 두 연산이 정의된 실수의 순서쌍 $\langle x, y \rangle$를 **2차원 벡터**라 한다.

(1) $\langle x_1, y_1 \rangle + \langle x_2, y_2 \rangle = \langle x_1 + x_2, y_1 + y_2 \rangle$ (벡터합)

(2) $k \cdot \langle x_1, y_1 \rangle = \langle kx_1, ky_1 \rangle$ (스칼라곱)

임의의 두 3차원 벡터 $\langle x_1, y_1, z_1 \rangle$, $\langle x_2, y_2, z_2 \rangle$와 임의의 실수 k에 대해 다음 두 연산이 정의된 실수의 순서쌍 $\langle x, y, z \rangle$를 **3차원 벡터**라 한다.

(3) $\langle x_1, y_1, z_1 \rangle + \langle x_2, y_2, z_2 \rangle = \langle x_1 + x_2, y_1 + y_2, z_1 + z_2 \rangle$ (벡터합)

(4) $k \cdot \langle x_1, y_1, z_1 \rangle = \langle kx_1, ky_1, kz_1 \rangle$ (스칼라곱)

실수 0과의 스칼라곱은 모든 성분이 0인 위치벡터이며, 이를 **영벡터**zero vector라 하고 $\mathbf{0}$으로 표기한다.

벡터합과 스칼라곱을 이용하면 둘 이상의 벡터 사이의 선형결합을 정의할 수 있다.

정의 2-5 벡터의 선형결합

같은 차원의 벡터 $\boldsymbol{v}_1, \boldsymbol{v}_2, \cdots, \boldsymbol{v}_n$과 실수 $c_1, c_2, \cdots, c_n$에 대해 다음과 같이 표현한 벡터를 $\boldsymbol{v}_1, \boldsymbol{v}_2, \cdots, \boldsymbol{v}_n$의 **선형결합**linear combination이라 한다.

$$c_1\boldsymbol{v}_1 + c_2\boldsymbol{v}_2 + \cdots + c_n\boldsymbol{v}_n$$

간단히 말해, 선형결합은 스칼라곱과 벡터합의 결합이다. 예를 들어 두 2차원 벡터 $\boldsymbol{v}_1 = \langle 2, 1 \rangle$과 $\boldsymbol{v}_2 = \langle 1, 2 \rangle$의 선형결합 $-2\boldsymbol{v}_1 + 3\boldsymbol{v}_2$는 다음과 같이 계산된다.

$$-2\langle 2, 1 \rangle + 3\langle 1, 2 \rangle = \langle -4+3, -2+6 \rangle = \langle -1, 4 \rangle \tag{2.9}$$

마찬가지로 세 3차원 벡터 $\boldsymbol{v}_1 = \langle 1, 1, 2 \rangle$, $\boldsymbol{v}_2 = \langle 1, 2, 2 \rangle$, $\boldsymbol{v}_3 = \langle 2, 3, 4 \rangle$의 선형결합 $2\boldsymbol{v}_1 + 3\boldsymbol{v}_2 - \boldsymbol{v}_3$는 다음과 같이 계산된다.

$$2\langle 1, 1, 2\rangle + 3\langle 1, 2, 2\rangle - \langle 2, 3, 4\rangle = \langle 2, 2, 4\rangle + \langle 3, 6, 6\rangle - \langle 2, 3, 4\rangle$$
$$= \langle 3, 5, 6\rangle \qquad (2.10)$$

이처럼 선형결합을 통해 기존 벡터로부터 새로운 벡터를 만드는 것을 벡터의 **생성**span이라 한다. 즉 식 (2.9)의 2차원 벡터 $\langle -1, 4\rangle$는 $\langle 2, 1\rangle$과 $\langle 1, 2\rangle$로 생성된 벡터이고, 식 (2.10)의 3차원 벡터 $\langle 3, 5, 6\rangle$은 $\langle 1, 1, 2\rangle$, $\langle 1, 2, 2\rangle$, $\langle 2, 3, 4\rangle$로 생성된 벡터이다. 반대로 한 벡터를 둘 이상의 (같은 차원의) 벡터의 선형결합으로 표현하는 것을 벡터의 **분해**decomposition라 한다. 즉 식 (2.9)와 (2.10)은 각각 벡터 $\langle -1, 4\rangle$와 $\langle 3, 5, 6\rangle$의 분해로 해석할 수도 있다.

예제 2-6 벡터의 선형결합

3차원 벡터 $\boldsymbol{w} = \langle 2, 1, 0\rangle$을 두 3차원 벡터 $\boldsymbol{v}_1 = \langle 1, 0, -1\rangle$과 $\boldsymbol{v}_2 = \langle 0, 1, 2\rangle$의 선형결합으로 분해하라.

풀이

목표는 다음 등식을 만족하는 두 실수 c_1, c_2를 찾는 것이다.

$$c_1\boldsymbol{v}_1 + c_2\boldsymbol{v}_2 = \boldsymbol{w}$$

벡터의 각 성분을 대입하면 다음 등식을 얻는다.

$$c_1\langle 1, 0, -1\rangle + c_2\langle 0, 1, 2\rangle = \langle 2, 1, 0\rangle$$

이때 양변의 x, y, z 성분을 비교하면 다음 연립방정식을 얻을 수 있다.

$$\begin{aligned} c_1 \qquad &= 2 \\ c_2 &= 1 \\ -c_1 + 2c_2 &= 0 \end{aligned}$$

위 식을 만족하는 해는 $c_1 = 2$, $c_2 = 1$이다. 즉 벡터 $\boldsymbol{w}$는 $\boldsymbol{v}_1$, $\boldsymbol{v}_2$로 다음과 같이 분해된다.

$$\boldsymbol{w} = 2\boldsymbol{v}_1 + \boldsymbol{v}_2$$

따라서 벡터 $\boldsymbol{w}$는 벡터 $\boldsymbol{v}_1$이 가리키는 방향으로 그 크기의 2배만큼 이동한 뒤, 다시 벡터 $\boldsymbol{v}_2$가 가리키는 방향과 크기로 이동한 것과 같다. 이 결과를 좌표공간 위의 화살표로 표현해 보자. 다음 파이썬 코드를 구현하면 [그림 2-10]을 얻을 수 있다.

```
# 두 3차원 벡터의 선형결합을 이미지로 표현
v1 = np.array([1, 0, -1])
v2 = np.array([0, 1, 2])
```

```
w = np.array([2, 1, 0])
ax = plt.figure().add_subplot(projection='3d')
# 3차원 공간에 선형결합 벡터의 끝점을 격자로 표시
for n in range(3):
    for m in range(3):
        ax.plot(*(n*v1 + m*v2), 'ko')
ax.quiver(*O, *v1, **quiver_3d_params)
ax.quiver(*O, *v2, **quiver_3d_params)
ax.quiver(*O, *w, **quiver_3d_params, color='C0')
ax.text(*(v1+np.array([0, 0, .3])), '$v_1$', **text_params)
ax.text(*(v2+np.array([0, 0, .3])), '$v_2$', **text_params)
ax.text(*(w+np.array([0, 0, .3])), '$w$', **text_params)
ax.set_aspect('equal')
```

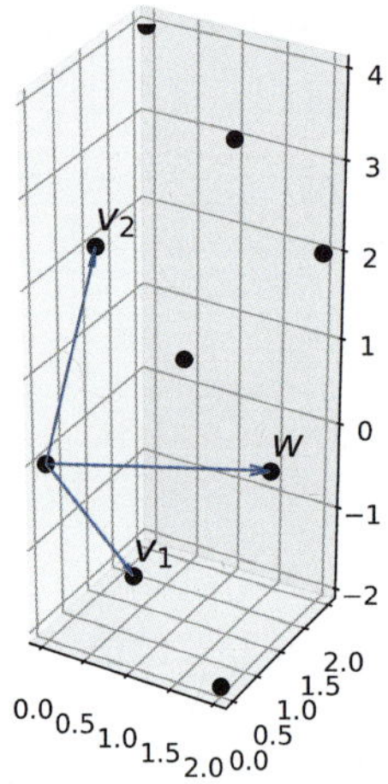

[그림 2-10] 3차원 벡터의 선형결합

■ 벡터공간

좀 더 추상적으로 접근하면, 벡터는 벡터공간의 원소를 말한다.

정의 2-6 벡터공간

다음 조건을 만족하는 집합 V를 **벡터공간**vector space이라 하고, 그 원소를 **벡터**vector라 한다.

(1) 집합 V의 임의의 두 원소 $\boldsymbol{v}$, $\boldsymbol{w}$ 사이에는 벡터합 연산이 가능하며 이를 $\boldsymbol{v}+\boldsymbol{w}$로 표기한다. $\boldsymbol{v}+\boldsymbol{w}$는 집합 V의 또 다른 원소이다.

(2) 집합 V의 임의의 원소 $\boldsymbol{v}$와 실수 k 사이에는 스칼라곱 연산이 가능하며 이를 $k \cdot \boldsymbol{v}$로 표기한다. $k \cdot \boldsymbol{v}$는 집합 V의 또 다른 원소이다.

(3) 집합 V는 임의의 원소 $\boldsymbol{v}$에 대해 다음 두 등식을 만족하는 유일한 벡터 $\mathbf{0}$을 갖는다. 이를 영벡터라 한다.

$$\boldsymbol{v} + \mathbf{0} = \boldsymbol{v}$$
$$0 \cdot \boldsymbol{v} = \mathbf{0}$$

앞서 정의한 2차원 및 3차원 벡터의 집합은 벡터공간의 정의를 만족한다. 다음과 같이 두 집합 $\mathbb{R}^2$과 $\mathbb{R}^3$을 정의해보자.[5]

$$\begin{aligned} \mathbb{R}^2 &= \{\langle x, y \rangle \mid x, y \in \mathbb{R}\} \\ \mathbb{R}^3 &= \{\langle x, y, z \rangle \mid x, y, z \in \mathbb{R}\} \end{aligned} \tag{2.11}$$

두 집합은 각각 시작점이 같은 2차원 및 3차원 위치벡터의 집합으로도 볼 수 있다. 예를 들어 시작점이 원점 $O = (0, 0)$인 모든 2차원 위치벡터의 집합은 다음과 같이 $\mathbb{R}^2$과 같다.

$$\mathbb{R}^2 = \{\overrightarrow{OP} \mid P = (x, y),\ x, y \in \mathbb{R}\}$$

식 (2.11)은 각각 모든 2차원 및 3차원 벡터의 집합이다. 서로 다른 차원의 벡터 사이에는 연산이 정의되지 않으므로 두 집합은 각 차원에서 만들 수 있는 가장 큰 벡터공간이다. 이외에도 2차원 및 3차원 벡터로 만들 수 있는 벡터공간이 존재한다. 예를 들어 다음 2차원 벡터의 집합을 살펴보자.

$$V = \{k\langle 1, 2 \rangle \mid k \in \mathbb{R}\} \tag{2.12}$$

식 (2.12)의 집합은 벡터공간의 정의를 만족한다. $\boldsymbol{v} = \langle 1, 2 \rangle$라 할 때 집합 V의 임의의 두 원소 $k_1\boldsymbol{v}$, $k_2\boldsymbol{v}$의 벡터합은 항상 V에 속한다. 즉 다음 계산을 통해 $k_1\boldsymbol{v} + k_2\boldsymbol{v}$가 $\boldsymbol{v}$의 또 다른 스칼라곱임을 알 수 있다.

$$k_1\boldsymbol{v} + k_2\boldsymbol{v} = \langle k_1, 2k_1 \rangle + \langle k_2, 2k_2 \rangle = \langle k_1 + k_2, 2(k_1 + k_2) \rangle = (k_1 + k_2)\boldsymbol{v}$$

또한 집합 V의 임의의 원소 $k_1\boldsymbol{v}$와 임의의 실수 k_2의 스칼라곱도 집합 V에 속한다. 즉 다음 계산을 통해 $k_2(k_1\boldsymbol{v})$가 $\boldsymbol{v}$의 또 다른 스칼라곱임을 알 수 있다.

$$k_2(k_1\boldsymbol{v}) = k_2\langle k_1, 2k_1 \rangle = \langle k_2k_1, 2k_2k_1 \rangle = (k_2k_1)\boldsymbol{v}$$

5 기호 $\in$은 집합과 원소의 포함관계를 나타내는 기호이다. 예를 들어 $x \in \mathbb{R}$은 원소 x가 집합 $\mathbb{R}$에 포함됨을 나타낸다. 이를 $\mathbb{R} \ni x$로 표현할 수도 있다.

마지막으로 $k=0$일 때 자명하게 $k \cdot \boldsymbol{v} = \langle 0, 0 \rangle$이므로 영벡터의 성질을 만족한다. 이처럼 벡터공간 $\mathbb{R}^n$의 부분집합이면서 또 다른 벡터공간이 되는 것을 **부분공간**subspace이라 한다.

예제 2-7 벡터공간의 예

두 3차원 벡터 $\boldsymbol{v}_1 = \langle 1, 2, 0 \rangle$, $\boldsymbol{v}_2 = \langle 0, 1, 2 \rangle$에 대해 다음과 같이 정의된 집합 V가 벡터 공간임을 보여라.

$$V = \{c_1\boldsymbol{v}_1 + c_2\boldsymbol{v}_2 \mid c_1, c_2 \in \mathbb{R}\} \tag{2.13}$$

풀이

먼저 집합 V가 벡터합에 대해 닫혀있음을 보이자. 다음과 같이 임의의 두 원소 $c_1\boldsymbol{v}_1 + c_2\boldsymbol{v}_2$, $d_1\boldsymbol{v}_1 + d_2\boldsymbol{v}_2$의 합이 항상 $\boldsymbol{v}_1$, $\boldsymbol{v}_2$의 선형결합임을 보이면 된다.

$$(c_1\boldsymbol{v}_1 + c_2\boldsymbol{v}_2) + (d_1\boldsymbol{v}_1 + d_2\boldsymbol{v}_2) = (c_1 + d_1)\boldsymbol{v}_1 + (c_2 + d_2)\boldsymbol{v}_2$$

또 다음과 같이 집합 V가 스칼라곱에 대해 닫혀있음을 보일 수 있다.

$$k(c_1\boldsymbol{v}_1 + c_2\boldsymbol{v}_2) = (kc_1)\boldsymbol{v}_1 + (kc_2)\boldsymbol{v}_2$$

마지막으로 영벡터는 식 (2.13)의 스칼라 c_1, c_2가 모두 0일 때 얻을 수 있다. 따라서 집합 V는 벡터공간이다.

부분공간은 2차원 벡터공간 $\mathbb{R}^2$과 3차원 벡터공간 $\mathbb{R}^3$뿐만 아니라 임의의 벡터공간에 대해서도 정의할 수 있다. 예를 들어 다음 집합 W는 식 (2.13)의 벡터공간 V의 부분공간이다.

$$W = \{c\boldsymbol{v}_1 \mid c \in \mathbb{R}\} \tag{2.14}$$

모든 벡터공간 V는 2개의 자명한 부분공간을 갖는다. 바로 자기 자신 V와 오직 영벡터만을 원소로 갖는 **영벡터공간** $\mathbf{0}$이다. 벡터공간 $V = \mathbb{R}^2$의 자명하지 않은 부분공간 W는 항상 식 (2.12)와 같은 형태이다.

$\boldsymbol{v}_1$ 또는 $\boldsymbol{v}_1$, $\boldsymbol{v}_2$와 같이 유한개의 벡터가 주어질 때 이들의 선형결합으로 이루어진 부분공간을 $\text{span}\{\boldsymbol{v}_1\}$ 또는 $\text{span}\{\boldsymbol{v}_1, \boldsymbol{v}_2\}$로 표기하고, 각각을 $\boldsymbol{v}_1$ 또는 $\boldsymbol{v}_1$, $\boldsymbol{v}_2$로 **생성**span되었다고 한다.

$$\begin{aligned} \text{span}\{\boldsymbol{v}_1, \boldsymbol{v}_2\} &= \{c_1\boldsymbol{v}_1 + c_2\boldsymbol{v}_2 \mid c_1, c_2 \in \mathbb{R}\} \\ \text{span}\{\boldsymbol{v}_1\} &= \{c\boldsymbol{v}_1 \mid c \in \mathbb{R}\} \end{aligned}$$

3차원 벡터공간 $\mathbb{R}^3$의 모든 부분공간은 3차원 벡터로 가리킬 수 있는 모든 방향 중 2개(또는

1개)의 방향으로만 표현되는 벡터를 모아놓은 것이다. [그림 2-11]은 이를 화살표로 표현한 것이다.

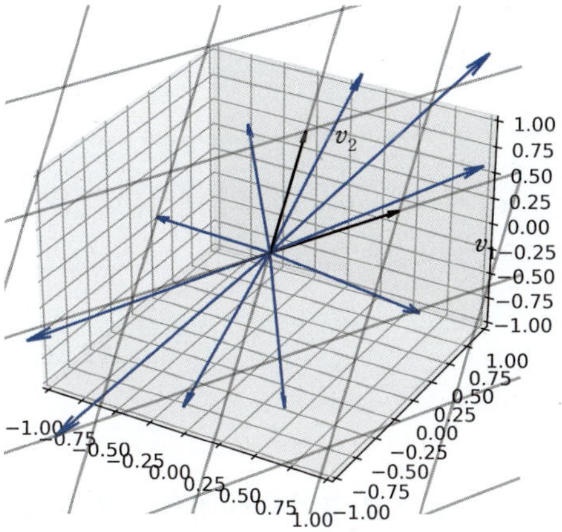

[그림 2-11] 3차원 벡터공간의 부분공간에 대한 시각적 표현

[그림 2-11]로부터 부분공간은 일정한 방향의 평면 위에 놓인 벡터의 집합임을 알 수 있다. 이 평면은 원점을 지나며 벡터 $\boldsymbol{v}_1$과 $\boldsymbol{v}_2$에 평행하다. 이 평면 위의 한 점을 X라 하면 $\overrightarrow{OX}$는 다음과 같이 $\boldsymbol{v}_1 = \langle 1,\ 2,\ 0 \rangle$과 $\boldsymbol{v}_2 = \langle 0,\ 1,\ 2 \rangle$의 선형결합으로 표현된다.

$$c_1\boldsymbol{v}_1 + c_2\boldsymbol{v}_2 = c_1\langle 1,\ 2,\ 0 \rangle + c_2\langle 0,\ 1,\ 2 \rangle = \langle c_1,\ 2c_1 + c_2,\ 2c_2 \rangle$$

따라서 점 X의 x, y, z좌표는 매개변수 c_1과 c_2에 대한 매개변수 방정식으로 다음과 같이 표현할 수 있다.

$$\begin{aligned} x &= c_1 \\ y &= 2c_1 + c_2 \\ z &= 2c_2 \end{aligned}$$

이 관점에서 벡터공간은 공간상의 점의 가능한 모든 방향과 속도를 가리키는 것으로 이해할 수 있다.

벡터의 내적

벡터의 개념은 항상 벡터가 가리키는 방향으로 설명된다. 위치벡터 $\overrightarrow{OP}$ 또는 실수의 순서쌍으로 표현된 2차원 벡터 $\langle x,\ y \rangle$ 및 3차원 벡터 $\langle x,\ y,\ z \rangle$의 경우에는 이 설명이 가능하다. 일반적으로 벡터의 방향은 두 벡터 사이의 연산인 **내적**inner product을 통해 유도된다. 먼저 2차원 및 3차원 벡터의 내적을 정의해보자.

정의 2-7 벡터의 내적

두 2차원 벡터 $\boldsymbol{v}_1 = \langle x_1, y_1 \rangle$, $\boldsymbol{v}_2 = \langle x_2, y_2 \rangle$의 내적 $\boldsymbol{v}_1 \bullet \boldsymbol{v}_2$는 다음과 같이 정의된 실수이다.

$$\boldsymbol{v}_1 \bullet \boldsymbol{v}_2 = x_1x_2 + y_1y_2 \tag{2.15}$$

이와 비슷하게 두 3차원 벡터 $\boldsymbol{v}_1 = \langle x_1, y_1, z_1 \rangle$, $\boldsymbol{v}_2 = \langle x_2, y_2, z_2 \rangle$의 내적은 다음과 같다.

$$\boldsymbol{v}_1 \bullet \boldsymbol{v}_2 = x_1x_2 + y_1y_2 + z_1z_2 \tag{2.16}$$

참고로 두 벡터 $\boldsymbol{v}_1$, $\boldsymbol{v}_2$의 내적을 기호 $\boldsymbol{v}_1 \bullet \boldsymbol{v}_2$ 대신 $\langle \boldsymbol{v}_1, \boldsymbol{v}_2 \rangle$로 표기하는 경우도 종종 있으나, 이 책에서는 벡터의 성분을 나타내는 기호와 혼동하지 않기 위해 $\boldsymbol{v}_1 \bullet \boldsymbol{v}_2$를 사용한다.

벡터의 내적은 벡터합, 스칼라곱과 다른 종류의 연산이다. 벡터합과 스칼라곱의 연산 결과는 벡터이지만, 내적의 결과는 실수이다. 예를 들어 두 2차원 벡터 $\boldsymbol{v} = \langle 1, 1 \rangle$, $\boldsymbol{w} = \langle 1, 2 \rangle$의 내적은 다음과 같다.

$$\boldsymbol{v} \bullet \boldsymbol{w} = 1 \cdot 1 + 1 \cdot 2 = 3$$

또한 두 3차원 벡터 $\boldsymbol{v} = \langle 1, 1, 2 \rangle$, $\boldsymbol{w} = \langle 2, 3, 4 \rangle$의 내적은 다음과 같다.

$$\boldsymbol{v} \bullet \boldsymbol{w} = 1 \cdot 2 + 1 \cdot 3 + 2 \cdot 4 = 13$$

벡터의 내적을 이용하면 벡터의 크기와 방향을 알 수 있다.

정의 2-8 벡터의 크기

벡터 $\boldsymbol{v}$의 **크기**magnitude [6]는 다음과 같이 정의된 실수 $\|\boldsymbol{v}\|$를 의미한다.

$$\|\boldsymbol{v}\| = \sqrt{\boldsymbol{v} \bullet \boldsymbol{v}}$$

예를 들어 2차원 및 3차원 벡터의 크기는 다음과 같다.

$$\|\langle x, y \rangle\| = \sqrt{x^2 + y^2}$$
$$\|\langle x, y, z \rangle\| = \sqrt{x^2 + y^2 + z^2}$$

6 벡터의 크기를 **노름**(norm)이라고도 한다.

앞의 식을 통해 모든 벡터의 크기는 항상 0 또는 양수이며, 크기가 0인 벡터는 영벡터가 유일함을 알 수 있다. 또한 벡터의 크기는 위치벡터의 화살표 길이와 같다. 예를 들어 $P=(1,\ 2)$의 위치벡터 $\overrightarrow{OP}=\langle 1,\ 2\rangle$의 화살표 길이는 피타고라스 정리에 의해 $\sqrt{5}$이며, 이 값은 다음과 같이 벡터의 크기와 같다.

$$\|\langle 1,\ 2\rangle\| = \sqrt{1^2+2^2} = \sqrt{5} \tag{2.17}$$

또한 $P=(1,\ 1,\ 2)$의 위치벡터 $\overrightarrow{OP}=\langle 1,\ 1,\ 2\rangle$의 화살표 길이는 $\sqrt{6}$이며, 이 값은 다음과 같이 벡터의 크기와 같다.

$$\|\langle 1,\ 1,\ 2\rangle\| = \sqrt{1^2+1^2+2^2} = \sqrt{6} \tag{2.18}$$

식 (2.17)과 (2.18)을 좌표평면 및 좌표공간 위에 나타내면 [그림 2-12]와 같다.

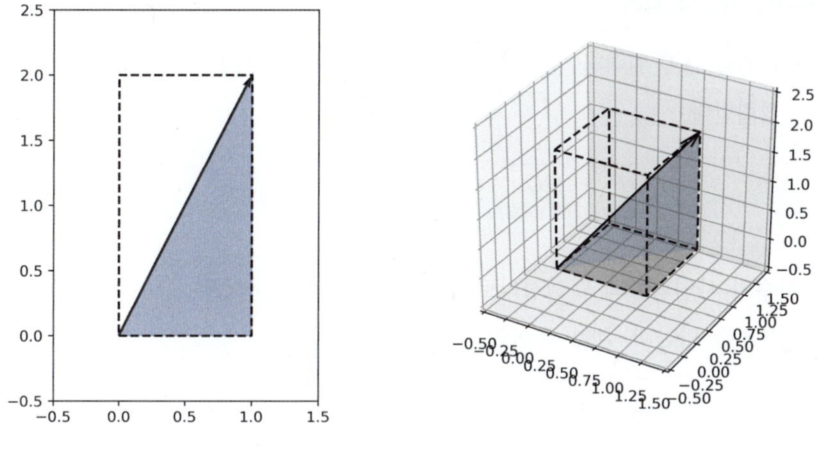

(a) $\|\langle 1,\ 2\rangle\|$ (b) $\|\langle 1,\ 1,\ 2\rangle\|$

[그림 2-12] 2차원 벡터와 3차원 벡터의 크기

■ 벡터의 방향

벡터의 내적으로 벡터의 방향을 어떻게 설명하는지 알아보자. 벡터는 크기와 방향으로 이루어진 대상이므로, 크기의 영향을 제거하면 방향에 대한 정보를 알 수 있다. 2차원(및 3차원) 벡터 $\boldsymbol{v}$의 스칼라곱 $c\cdot\boldsymbol{v}$의 크기는 다음과 같이 계산된다.

$$\|c\cdot\boldsymbol{v}\| = |c|\cdot\|\boldsymbol{v}\|$$

앞의 식에 $c=\frac{1}{\|v\|}$을 대입하면 다음이 성립한다.

$$\left\|\frac{1}{\|v\|}v\right\|=\frac{1}{\|v\|}\|v\|=1$$

이와 같이 임의의 벡터 v로부터 크기가 1인 벡터 $\frac{v}{\|v\|}$를 만드는 것을 **정규화**normalization라 하고, 크기가 1인 벡터를 **단위벡터**unit vector라 한다. 즉 정규화된 벡터는 항상 단위벡터이다. 예를 들어 2차원 벡터 $\langle 1, 2\rangle$를 정규화하면 다음과 같은 벡터를 얻는다.

$$\frac{\langle 1, 2\rangle}{\|\langle 1, 2\rangle\|}=\frac{\langle 1, 2\rangle}{\sqrt{5}}=\left\langle \frac{1}{\sqrt{5}}, \frac{2}{\sqrt{5}}\right\rangle$$

이제 내적에 관한 중요한 정리를 알아보자.

정리 2-1 단위벡터의 사잇각 정리

두 위치벡터 $\overrightarrow{OP}$, $\overrightarrow{OQ}$가 단위벡터이고, 두 벡터의 화살표가 점 O에서 이루는 사잇각이 θ일 때, 다음이 성립한다.

$$\overrightarrow{OP}\cdot\overrightarrow{OQ}=\cos(\theta) \tag{2.19}$$

이 정리는 코사인함수와 사인함수의 덧셈정리로 쉽게 증명된다. 두 점 P, Q는 단위원의 원주 위에 있으므로 좌표를 다음과 같이 표현할 수 있다.

$$P=(\cos(\theta_1), \sin(\theta_1)),\quad Q=(\cos(\theta_2), \sin(\theta_2))$$

이때 내적의 정의에 대한 식 (2.15)에 따라 $\overrightarrow{OP}\cdot\overrightarrow{OQ}$는 다음과 같다.

$$\begin{aligned}\langle\cos(\theta_1), \sin(\theta_1)\rangle\cdot\langle\cos(\theta_2), \sin(\theta_2)\rangle &= \cos(\theta_1)\cos(\theta_2)+\sin(\theta_1)\sin(\theta_2)\\ &=\cos(\theta_1-\theta_2)\\ &=\cos(\theta)\end{aligned}$$

[그림 2-13]에서 볼 수 있듯이, 코사인함수 $y=\cos(\theta)$는 θy-평면의 수직선 $\theta=\pi$를 중심으로 대칭을 이룬다. 즉 임의의 $0\le\theta_0\le\pi$에 대해 다음 등식이 항상 성립한다.

$$\cos(\theta_0)=\cos(2\pi-\theta_0) \tag{2.20}$$

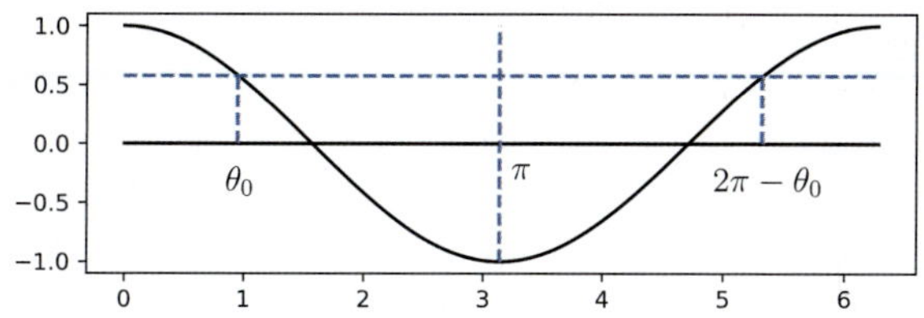

[그림 2-13] 코사인함수의 그래프와 대칭성

식 (2.20)에 따라 내적 결과인 코사인 값만 알 경우 사잇각 θ는 π보다 작은 예각일 수도 있고, (π보다 큰) θ의 여각 $2\pi-\theta$일 수도 있다. 이때 두 위치벡터의 내적은 서로의 상대적 방향을 알려준다. 예를 들어 두 벡터 $\overrightarrow{OP}$, $\overrightarrow{OQ}$의 내적이 $\lambda=\overrightarrow{OP} \bullet \overrightarrow{OQ}$일 때, 벡터 $\overrightarrow{OQ}$의 방향은 벡터 $\overrightarrow{OP}$의 방향으로부터 시계방향 혹은 반시계방향으로 $\theta=\cos^{-1}(\lambda)$만큼 떨어져 있다.

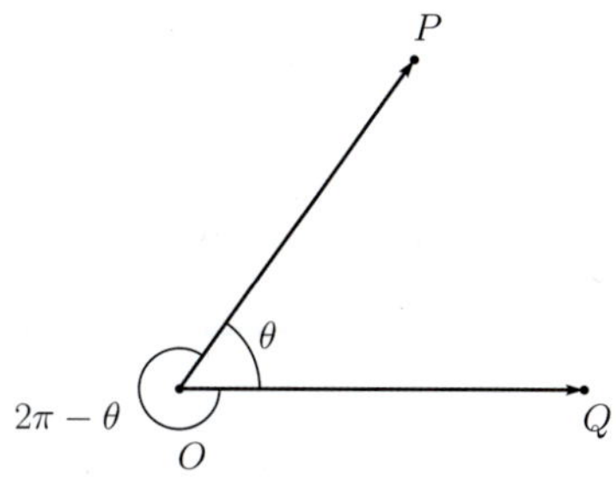

[그림 2-14] 두 2차원 벡터의 사잇각

사잇각 정리는 3차원 위치벡터에 대해서도 동일하게 성립한다. 3차원 점 P, Q의 위치벡터 $\overrightarrow{OP}$와 $\overrightarrow{OQ}$로 생성된 벡터공간 $\text{span}\{\overrightarrow{OP}, \overrightarrow{OQ}\}$의 임의의 위치벡터 $\overrightarrow{OX}$는 좌표공간 위에서 원점을 지나는 한 평면 위의 점 X에 대응된다. 이 평면을 정면에서 바라보고 두 벡터 $\overrightarrow{OP}$, $\overrightarrow{OQ}$의 사잇각을 θ라 하면 식 (2.19)는 3차원에서도 여전히 성립한다.

두 벡터 $\boldsymbol{v}$와 $\boldsymbol{w}$가 주어질 때, 둘과 성분이 동일한 두 위치벡터 $\overrightarrow{OP}$와 $\overrightarrow{OQ}$를 생각할 수 있다. 이때 벡터 $\boldsymbol{v}$와 $\boldsymbol{w}$의 사잇각을 $\overrightarrow{OP}$와 $\overrightarrow{OQ}$의 사잇각으로 정의하자. $\boldsymbol{v}$와 $\boldsymbol{w}$의 사잇각을 θ라 하면, 식 (2.19)와 비슷하게 다음 등식이 성립한다.

$$\left(\frac{\boldsymbol{v}}{\|\boldsymbol{v}\|}\right) \bullet \left(\frac{\boldsymbol{w}}{\|\boldsymbol{w}\|}\right) = \cos(\theta)$$

따라서 단위벡터의 사잇각 정리는 다음과 같이 일반적인 벡터의 사잇각 정리로 일반화된다.

정리 2-2 사잇각 정리

영벡터가 아닌 (같은 차원의) 두 벡터 $\boldsymbol{v}$, $\boldsymbol{w}$의 사잇각이 θ일 때, 다음 등식이 성립한다.

$$\boldsymbol{v} \bullet \boldsymbol{w} = \|\boldsymbol{v}\| \cdot \|\boldsymbol{w}\| \cdot \cos(\theta)$$

예제 2-8 두 3차원 벡터의 사잇각 계산

두 3차원 벡터 $v=\langle 1, 2, 0\rangle$, $w=\langle 0, 1, 2\rangle$의 사잇각을 구하라.

풀이

두 벡터의 크기와 내적은 다음과 같다.

$$\|v\|=\sqrt{1^2+2^2}=\sqrt{5}$$
$$\|w\|=\sqrt{1^2+2^2}=\sqrt{5}$$
$$v \bullet w=1\cdot 0+2\cdot 1+0\cdot 2=2$$

따라서 $\cos(\theta)=\frac{2}{5}$이며, θ는 대략 $\theta\approx 66.42°$이다.

벡터의 내적은 벡터의 상대적인 방향을 결정한다. 벡터의 방향을 결정하는 데 사용하는 대표적인 기준은 **표준단위벡터**standard unit vector이다. 2차원 표준단위벡터는 다음과 같이 표기한다.

$$e_1=\langle 1, 0\rangle,\ e_2=\langle 0, 1\rangle$$

3차원 표준단위벡터는 다음과 같이 표기한다.[7]

$$e_1=\langle 1, 0, 0\rangle,\ e_2=\langle 0, 1, 0\rangle,\ e_3=\langle 0, 0, 1\rangle$$

표준단위벡터는 주어진 벡터의 방향을 결정하는 기준이 된다. 예를 들어 단위벡터 $v=\left\langle \frac{1}{\sqrt{5}}, \frac{2}{\sqrt{5}}\right\rangle$의 방향을 결정하기 위해 e_1, e_2와의 내적을 구하면 다음과 같다.

$$v \bullet e_1=\frac{1}{\sqrt{5}}\approx 0.447$$
$$v \bullet e_2=\frac{2}{\sqrt{5}}\approx 0.894$$

사잇각 정리에 의해 v와 e_1, e_2의 사잇각 θ_1, θ_2는 각각 다음과 같다.

$$\theta_1\approx 1.11\approx 63.4°$$
$$\theta_2\approx 0.46\approx 26.6°$$

7 2차원인 경우와 기호가 동일하므로, 문맥에 따라 기호 e_1, e_2가 2차원 벡터인지 3차원 벡터인지를 결정하거나 별도로 명시해야 한다.

따라서 벡터 $\boldsymbol{v}$는 표준단위벡터 [그림 2-15]와 같이 $\boldsymbol{e}_1$으로부터 $\theta_1 = 63.4°$만큼, $\boldsymbol{e}_2$로부터 $\theta_2 = 26.6°$ 만큼 떨어진 방향을 가리키는 벡터라 할 수 있다.

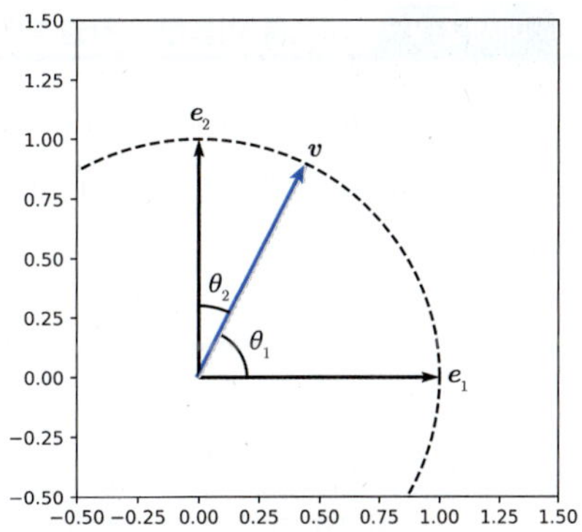

[그림 2-15] 표준단위벡터를 이용한 2차원 벡터의 방향 결정

방향을 결정하는 기준벡터가 달라지면 내적을 이용한 방향의 설명도 달라진다. 두 2차원 위치벡터 $\boldsymbol{v}_1$, $\boldsymbol{v}_2$가 서로 평행하지만 않다면 기준벡터로 선택할 수 있다. 임의의 2차원 벡터 $\boldsymbol{w}$는 이러한 기준벡터와의 내적을 통해 방향을 결정할 수 있다. 예를 들어 다음 두 2차원 벡터를 생각해보자.

$$\boldsymbol{v}_1 = \left\langle \frac{1}{\sqrt{5}}, \frac{2}{\sqrt{5}} \right\rangle, \ \boldsymbol{v}_2 = \langle 1, 0 \rangle$$

이때 임의의 2차원 단위벡터 $\boldsymbol{w}$와 $\boldsymbol{v}_1$, $\boldsymbol{v}_2$의 내적이 다음과 같다고 하자.

$$\boldsymbol{v}_1 \cdot \boldsymbol{w} = \frac{3}{\sqrt{10}}, \ \boldsymbol{v}_2 \cdot \boldsymbol{w} = \frac{1}{\sqrt{2}}$$

위 식을 통해 벡터 $\boldsymbol{w}$는 벡터 $\boldsymbol{v}_1$과 $\theta_1 \approx 18.4°$, 벡터 $\boldsymbol{v}_2$와 $\theta_2 \approx 45.6°$의 사잇각을 이룬다고 할 수 있다. 벡터 $\boldsymbol{w}$와 $\boldsymbol{v}_1$의 내적을 통해 두 벡터의 사잇각이 $\theta_1 \approx 18.4°$임을 알 수 있지만, 벡터 $\boldsymbol{w}$가 어느 방향을 향하는지 알 수 없다. 사잇각의 정보로 유추할 수 있는 벡터 $\boldsymbol{w}$의 방향은 [그림 2-16(a)]와 같이 항상 2개이다. 따라서 $\boldsymbol{w}$의 방향을 완전히 결정하려면 또 다른 (기준)벡터와의 내적이 필요하다.

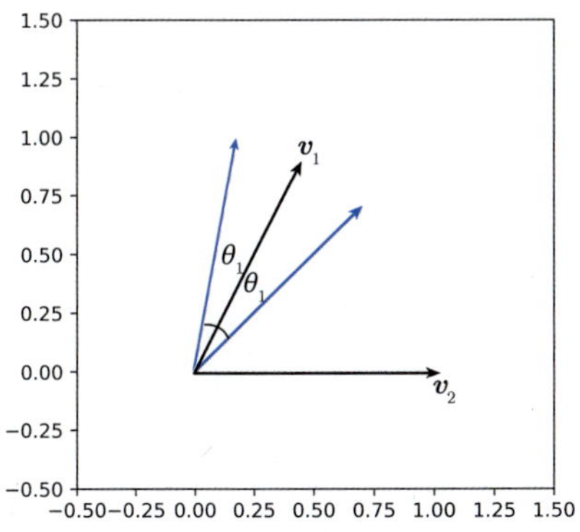

(a) v_1과의 사잇각이 θ_1인 벡터

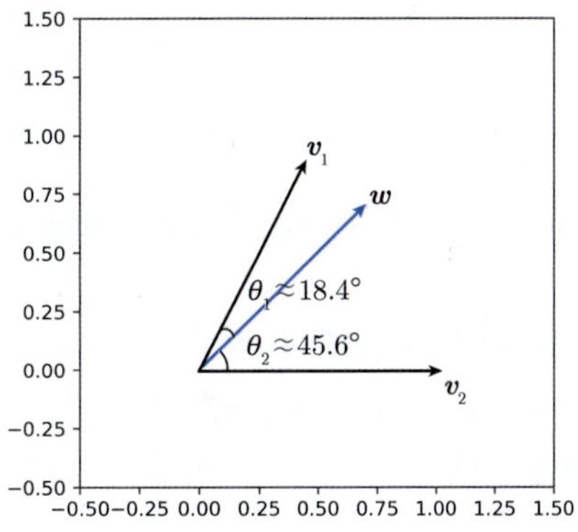

(b) v_1, v_2와의 사잇각이 θ_1, θ_2인 벡터

[그림 2-16] 두 벡터와의 사잇각을 이용한 벡터의 방향 결정

예제 2-9 내적을 이용한 3차원 벡터의 방향 결정

2차원 벡터 $\boldsymbol{w}$의 크기가 $\sqrt{5}$이고, $\boldsymbol{w}$와 두 2차원 벡터 $\boldsymbol{v}_1 = \langle 1, 1, 2 \rangle$, $\boldsymbol{v}_2 = \langle 0, 1, 3 \rangle$의 내적이 다음과 같을 때, 가능한 모든 벡터 $\boldsymbol{w}$의 방향을 설명하라.

$$\boldsymbol{w} \cdot \boldsymbol{v}_1 = 5, \quad \boldsymbol{w} \cdot \boldsymbol{v}_2 = 6 \tag{2.21}$$

풀이

내적의 결과로부터 $\boldsymbol{w}$와 $\boldsymbol{v}_1$, $\boldsymbol{v}_2$의 사잇각 θ_1, θ_2를 다음과 같이 구할 수 있다(세 벡터 $\boldsymbol{w}$, $\boldsymbol{v}_1$, $\boldsymbol{v}_2$는 정규화되지 않은 벡터이다).

$$\begin{aligned} \cos(\theta_1) &= \frac{5}{\sqrt{5} \cdot \sqrt{6}} \approx 0.913 \quad \Rightarrow \quad \theta_1 \approx 0.421 \approx 24.1° \\ \cos(\theta_2) &= \frac{6}{\sqrt{5} \cdot \sqrt{10}} \approx 0.849 \quad \Rightarrow \quad \theta_2 \approx 0.558 \approx 31.9° \end{aligned} \tag{2.22}$$

따라서 벡터 $\boldsymbol{w}$는 벡터 $\boldsymbol{v}_1$, $\boldsymbol{v}_2$와 각각 24.1°, 31.9°만큼 떨어진 방향을 향하고 있다. 정확히 말하면 [그림 2-17]과 같이 벡터 $\boldsymbol{v}_1$, $\boldsymbol{v}_2$를 축으로 갖고, 24.1°, 31.9°의 회전각을 가진 두 원뿔회전체의 교선이 벡터 $\boldsymbol{w}$가 향하는 방향이다.

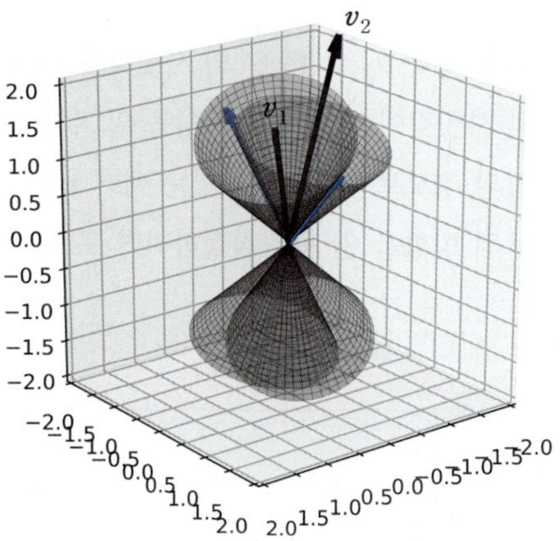

[그림 2-17] 원뿔의 교선을 이용한 벡터의 방향 결정

일반적으로 두 원뿔의 교선은 2개이므로, 식 (2.22)에서 계산한 사잇각의 조건을 만족하는 벡터 $\boldsymbol{w}$는 2개 존재한다.[8] 이 벡터의 성분을 $\boldsymbol{w} = \langle x, y, z \rangle$라 하고 직접 구해보자. 식 (2.21)로부터 x, y, z의 관계식을 다음과 같이 정리할 수 있다.

$$\begin{aligned} x + y + 2z &= 5 \\ y + 3z &= 6 \end{aligned}$$

8 두 원뿔면이 서로 접하는 경우에 교선은 유일하다.

앞의 식을 만족하는 x, y, z는 매개변수 t에 대한 식으로 다음과 같이 표현할 수 있다.

$$x = t-1$$
$$y = 6-3t$$
$$z = t$$

이를 벡터의 크기에 관한 조건 $\|\boldsymbol{w}\|^2 = x^2+y^2+z^2 = (\sqrt{5})^2$에 대입하면 다음과 같다.

$$x^2+y^2+z^2 = (t-1)^2+(6-3t)^2+t^2 = 5 \implies 11t^2-38t+32=0$$

위 식을 통해 $t=2$, $\frac{16}{11}$임을 알 수 있고, 이를 만족하는 벡터 $\boldsymbol{w}$는 다음과 같다.

$$\boldsymbol{w} = \langle 1, 0, 2\rangle, \left\langle \frac{5}{11}, \frac{18}{11}, \frac{16}{11} \right\rangle$$

■ 벡터의 사영

벡터의 사영은 선적분, 면적분 등의 개념을 기하적으로 설명하는 데 필요한 도구이다. 예를 들어 2차원 벡터 $\boldsymbol{v} = \langle 1, 2\rangle$와 $\boldsymbol{w} = \langle 2, 1\rangle$로 사영의 개념을 알아보자. 원점을 지나며 벡터 $\boldsymbol{w}$에 평행한 직선 l이 있다고 하고, 이 직선에 수직인 방향으로 빛을 비출 때 $\boldsymbol{v}$의 화살표가 만드는 그림자를 생각해보자. 만약 두 벡터 $\boldsymbol{v}$, $\boldsymbol{w}$를 모두 원점에서 시작하는 화살표로 표현하면 이 그림자에 해당하는 화살표도 원점에서 시작하며 직선 l과 평행하다. 이 화살표가 가리키는 벡터를 $\boldsymbol{v}^{\parallel}$으로 표기하면 $\boldsymbol{v}^{\parallel}$은 $\boldsymbol{w}$와 평행하므로 $k \cdot \boldsymbol{w}$의 형태여야 한다. 또한 벡터 $\boldsymbol{v}$, $\boldsymbol{w}$의 사잇각을 θ라 하면 벡터 $\boldsymbol{v}^{\parallel}$의 크기는 벡터 $\boldsymbol{v}$의 크기에 $\cos(\theta)$를 곱한 것과 같다. 사잇각 정리를 이용해 $\boldsymbol{v}^{\parallel}$을 다음과 같이 나타낼 수 있다.

$$\begin{aligned}\boldsymbol{v}^{\parallel} &= \|\boldsymbol{v}\|\left(\frac{\boldsymbol{v} \bullet \boldsymbol{w}}{\|\boldsymbol{v}\| \cdot \|\boldsymbol{w}\|}\right) \cdot \frac{\boldsymbol{w}}{\|\boldsymbol{w}\|} \\ &= \sqrt{5}\left(\frac{1 \cdot 2+2 \cdot 1}{\sqrt{5} \cdot \sqrt{5}}\right) \cdot \frac{\langle 2, 1\rangle}{\sqrt{5}} = \frac{4}{5}\langle 2, 1\rangle\end{aligned}$$

정의 2-9 사영

영벡터가 아닌 (같은 차원의) 두 벡터 $\boldsymbol{v}$, $\boldsymbol{w}$에 대해 벡터 $\boldsymbol{v}$의 $\boldsymbol{w}$ 위로의 **사영**projection은 다음과 같다.

$$\text{proj}_{\boldsymbol{w}}\, \boldsymbol{v} = \frac{\boldsymbol{v} \bullet \boldsymbol{w}}{\boldsymbol{w} \bullet \boldsymbol{w}}\boldsymbol{w} \tag{2.23}$$

예를 들어 2차원 벡터 $v = \langle 1, 2 \rangle$의 $w = \langle 2, 1 \rangle$ 위로의 사영은 다음과 같다.

$$\text{proj}_w v = \frac{v \cdot w}{w \cdot w} w = \frac{4}{5} w = \left\langle \frac{8}{5}, \frac{4}{5} \right\rangle$$

위 사영을 파이썬 코드를 이용해 [그림 2-18]과 같이 그림자의 개념으로 표현해보자.

```
# 2차원 벡터의 사영을 이미지로 표현
v = np.array([1, 2])
w = np.array([2, 1])
vp = np.array([8/5, 4/5])
O = np.zeros(2)
plt.quiver(*O, *v, **quiver_2d_params, color='k')
plt.quiver(*O, *w, **quiver_2d_params, color='k')
plt.quiver(*O, *vp, **quiver_2d_params, color='C0')
# 사영의 방향을 점선('--')으로 표시
plt.plot([8/5, 1], [4/5, 2], '--k')
# 원벡터와 사영의 사이 영역을 회색('gray')으로 표시
plt.fill([0, 1, 8/5, 0], [0, 2, 4/5, 0], 'gray', alpha=0.3)
plt.text(2, 1.1, r'$w$', **text_params)
plt.text(1, 2.1, r'$v$', **text_params)
plt.text(8/5-.1, 4/5-.3, r'$v^\parallel$', **text_params)
plt.text(.25, .3, r'$\theta$', **text_params)
plt.xlim([-.5, 2.5])
plt.ylim([-.5, 2.5])
plt.gca().set_aspect('equal')
```

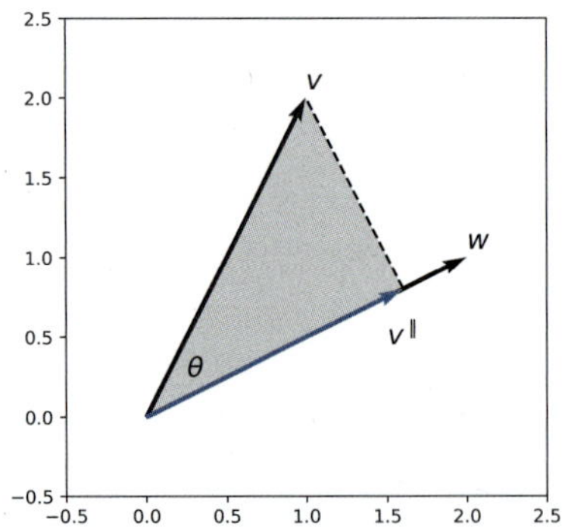

[그림 2-18] 2차원 사영벡터의 시각적 표현

사영의 정의는 3차원 벡터인 경우에도 동일하다.

예제 2-10 3차원 벡터의 사영

두 3차원 벡터 $v=\langle 1, 2, 0\rangle$, $w=\langle 0, 1, 2\rangle$에 대한 사영 $\mathrm{proj}_w v$를 구하라.

풀이

식 (2.23)에 따라 사영 $\mathrm{proj}_w v$는 다음과 같이 계산된다.

$$\mathrm{proj}_w v = \frac{w \cdot v}{w \cdot w} w = \frac{2}{5} w = \left\langle 0, \frac{2}{5}, \frac{4}{5} \right\rangle$$

벡터의 사영 $\mathrm{proj}_w v$는 벡터 w와 서로 **평행**하다. 한편, 원벡터 v와 사영 $\mathrm{proj}_w v$의 차는 벡터 w와 직교한다.

$$w \cdot (v - \mathrm{proj}_w v) = w \cdot v - w \cdot \left(\frac{w \cdot v}{w \cdot w} w \right) = w \cdot v - \left(\frac{w \cdot v}{w \cdot w} \right) w \cdot w = 0$$

즉 두 벡터 $\mathrm{proj}_w v$와 $v - \mathrm{proj}_w v$는 서로 더했을 때 원벡터 v를 이루며, 각각 벡터 w와 평행하고 직교한다. 이를 다음과 같이 두 벡터의 직교분해로 정의할 수 있다.

정의 2-10 직교분해

영벡터가 아닌 두 벡터 v, w에 대해 다음 두 조건을 만족하는 식 $v = v^{\perp} + v^{\parallel}$을 v의 w에 대한 **직교분해**orthogonal decomposition라 한다.[9]

(1) 벡터 $v^{\perp}$은 w와 직교한다.

(2) 벡터 $v^{\parallel}$은 w와 평행하다.

예를 들어 2차원 벡터 $v = \langle 1, 2\rangle$의 $w = \langle 2, 1\rangle$에 대한 직교분해는 다음과 같다.

$$v = v^{\perp} + v^{\parallel} = \left\langle -\frac{3}{5}, \frac{6}{5} \right\rangle + \left\langle \frac{8}{5}, \frac{4}{5} \right\rangle$$

예제 2-11 3차원 벡터의 직교분해

두 3차원 벡터 $v=\langle 1, 2, 0\rangle$, $w=\langle 0, 1, 2\rangle$에 대한 직교분해 $v=v^{\perp}+v^{\parallel}$을 구하라.

풀이

[예제 2-10]에서 구했듯이, $v^{\parallel}$는 $\left\langle 0, \frac{2}{5}, \frac{4}{5} \right\rangle$이다. 따라서 $v^{\perp}$은 다음과 같다.

$$v^{\perp} = \langle 1, 2, 0\rangle - \left\langle 0, \frac{2}{5}, \frac{4}{5} \right\rangle = \left\langle 1, \frac{8}{5}, -\frac{4}{5} \right\rangle$$

9 $v^{\perp}$는 '브이 수직'으로, $v^{\parallel}$는 '브이 평행'으로 읽는다.

[그림 2-19]는 [예제 2-11]에서 구한 직교분해를 3차원 벡터로 표현한 것이다.

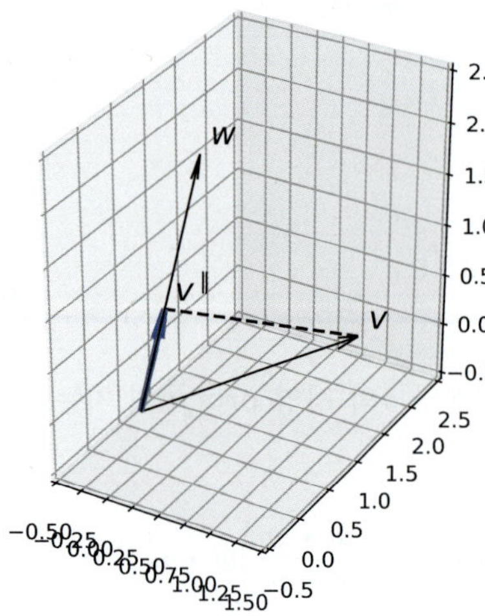

[그림 2-19] 3차원 벡터의 직교분해

SECTION 2.2 행렬

이 절에서는 행렬의 정의와 연산을 다루고, 행렬을 이용해 기하적 대상을 계산하고 구현하는 방법을 살펴본다.

행렬의 정의

행렬matrix은 문자 그대로 행과 열로 대상을 배열한 것이다. 행렬 안의 요소들은 대괄호 [ ]로 묶어서 표현한다. 다음은 행렬의 한 예이다.[10]

$$\begin{bmatrix} 2 & 0 & -2 & 3 \\ -1 & 5 & 2 & \frac{5}{2} \\ 8 & 3.5 & 1 & 3 \end{bmatrix} \tag{2.24}$$

식 (2.24)의 행렬은 총 12개의 숫자가 3개의 행과 4개의 열로 배열되어 있다. 이처럼 모든 행렬은 m개의 행과 n개의 열로 이루어져 있으며 이러한 행렬을 $m \times n$ 행렬이라 한다 (n, $m \geq 1$). 이때 각 행렬의 요소를 행렬의 **성분**component이라 하고, 각 성분의 위치를 **인덱스**index라 한다. i행 j열에 위치한 성분의 인덱스는 (i, j)로 표기한다. 이때 i를 **행 인덱스**row index, j를 **열 인덱스**column index라 한다. 참고로 모든 인덱스는 1부터 시작하는 자연수이다.

행렬은 파이썬에서 ndarray 클래스로 구현할 수 있다. 벡터를 1차원 배열로 생각하면 행렬은 2차원 배열로 생각할 수 있다. 다음 파이썬 코드를 구현하면 식 (2.24)의 3×4 행렬을 구현하고 그 성분을 확인할 수 있다.

```
# 행렬을 2차원 배열로 정의하고 성분을 출력
# 3x4 행렬 A를 정의
A = np.array([[2, 0, -2, 3], [-1, 5, 2, 5/2], [8, 3.5, 1, 3]])

print(A[0][1])     # (1, 2) 성분을 출력
```

10 행렬의 요소들을 소괄호 ( )로 묶는 경우도 종종 있으나, 이 책에서 소괄호를 좌표점 등의 순서쌍을 표현하는 데 사용하므로 행렬의 표기에 사용하지 않는다.

```
print(A[0, 1])    # (1, 2) 성분을 출력
print(A.size)     # 배열 A의 성분 개수를 출력
print(A.shape)    # 배열 A의 행의 개수와 열의 개수를 출력
```

예제 2-12 행렬의 정의와 표현

다음 4×4 행렬 A의 성분이 나열된 규칙을 설명하고, 파이썬 코드를 이용해 이와 같은 방식으로 $n\times n$ 행렬을 정의하는 함수를 구현하라.

$$A=\begin{bmatrix} 1 & -1 & 1 & -1 \\ -1 & 1 & -1 & 1 \\ 1 & -1 & 1 & -1 \\ -1 & 1 & -1 & 1 \end{bmatrix} \tag{2.25}$$

풀이

행렬의 A의 성분은 항상 1 또는 -1이다. 또한 행의 인덱스 i와 열의 인덱스 j의 합이 짝수이면 1, 홀수이면 -1임을 확인할 수 있다. 따라서 (i, j) 성분 A_{ij}는 다음과 같이 정의할 수 있다.

$$A_{ij}=(-1)^{i+j} \tag{2.26}$$

다음은 식 (2.26)의 규칙을 따르는 $n\times n$ 행렬을 정의하는 파이썬 코드이다.

```
# 식 (2.25)의 행렬을 정의
def a(n: int) -> np.ndarray:
    a = np.empty((n, n))        # nxn 크기의 빈(empty) 행렬을 정의
    for i in range(n):
        for j in range(n):
            # 행과 열의 합이 짝수이면 1을, 홀수이면 -1을 성분으로 저장
            a[i, j] = 1 if (i + j) % 2 == 0 else -1
    return a
```

행렬은 각 성분을 직접 나열하여 정의할 수도 있지만, 주어진 행렬의 성분 일부를 취하여 만들 수도 있다. 예를 들어 식 (2.24)의 3×4 행렬에서 1, 3행과 2, 4열을 취하여 만든 2×2 행렬 A'은 다음과 같다.

$$A'=\begin{bmatrix} 0 & 3 \\ 3.5 & 3 \end{bmatrix} \tag{2.27}$$

식 (2.27)은 다음 파이썬 코드를 이용해 얻을 수도 있다.

```
# 주어진 행렬에서 부분행렬을 생성
A = np.array([[2, 0, -2, 3], [-1, 5, 2, 5/2], [8, 3.5, 1, 3]])

# 행렬 A에서 0행과 2행을 취하고, 각 행(:)에서 1열과 3열의 성분을 취함
Ap = A[[0, 2]][:, [1, 3]]

print(Ap)
```

식 (2.27)과 같이 주어진 행렬의 일부 행과 열을 취하여 얻은 행렬을 **부분행렬**submatrix이라 한다. 부분행렬은 하나의 행(또는 열)을 통째로 지워서 얻은 행렬이다. 또한 행렬의 행 또는 열을 통째로 가져와서 새로운 행렬을 만드는 것도 가능하다. 예를 들어 식 (2.24)의 1, 3행을 가져와서 다음과 같이 1×4 행렬로 새로 정의할 수 있다.

$$A^1 = [2 \;\; 0 \;\; -2 \;\; 3], \quad A^3 = [8 \;\; 3.5 \;\; 1 \;\; 3]$$ [11]

마찬가지로 식 (2.24)의 2, 4열을 가져와서 다음과 같이 3×1 행렬로 정의할 수도 있다.

$$A_2 = \begin{bmatrix} 0 \\ 5 \\ 3.5 \end{bmatrix}, \quad A_4 = \begin{bmatrix} 3 \\ \frac{5}{2} \\ 3 \end{bmatrix} \tag{2.28}$$ [12]

다음은 위와 같은 부분행렬을 생성하는 파이썬 코드이다.

```
# 주어진 행렬로부터 여러 가지 부분행렬을 생성
A = np.array([[2, 0, -2, 3], [-1, 5, 2, 5/2], [8, 3.5, 1, 3]])
print(A[0])         # 0행을 1차원 배열로 출력
print(A[2, :])      # 2행을 1차원 배열로 출력
print(A[:, 1])      # 1열을 1차원 배열로 출력
print(A[:, [3]])    # 3열을 2차원 배열, 즉 3x1 행렬로 출력
```

위 코드에서 `A[:, 1]`과 `A[:, [3]]`은 각각 식 (2.28)의 행렬 A_2와 A_4를 가리킨다. `A[:, 1]`은 3개의 성분을 가진 벡터, 즉 1차원 배열이고, `A[:, [3]]`은 3개의 성분을 가진 3×1 행렬, 즉 2차원 배열이다.

11 행을 가져와서 정의한 부분행렬은 위첨자에 해당 행의 숫자를 표기해 나타낸다.

12 열을 가져와서 정의한 부분행렬은 아래첨자에 해당 열의 숫자를 표기해 나타낸다.

이처럼 하나의 행 또는 하나의 열로만 이루어진 행렬을 각각 **행벡터**row vector와 **열벡터**column vector라 한다. 사실 모든 행렬은 행벡터의 배열 또는 열벡터의 배열로 볼 수 있다. 예를 들어 식 (2.24)는 다음과 같이 3개의 행벡터를 성분으로 갖는 3×1 행렬로 볼 수 있다.

$$A = \begin{bmatrix} A^1 \\ A^2 \\ A^3 \end{bmatrix} = \begin{bmatrix} [\ 2 & 0 & -2 & 3] \\ [-1 & 5 & 2 & 2.5] \\ [\ 8 & 3.5 & 1 & 3] \end{bmatrix}$$

또한 다음과 같이 4개의 열벡터를 성분으로 갖는 1×4 행렬로도 볼 수 있다.

$$A = [A_1\ A_2\ A_3\ A_4] = \left[\begin{bmatrix} 2 \\ -1 \\ 8 \end{bmatrix} \begin{bmatrix} 0 \\ 5 \\ -3.5 \end{bmatrix} \begin{bmatrix} 1 \\ 2 \\ 1 \end{bmatrix} \begin{bmatrix} 3 \\ 2.5 \\ 3 \end{bmatrix} \right]$$

■ 행렬의 종류

행렬은 크기와 성분의 형태에 따라 여러 종류로 분류된다. 먼저 **정방행렬**square matrix은 행과 열의 개수가 같은 행렬로 다음과 같다.

$$[1], \quad \begin{bmatrix} 1 & 2 \\ 3 & 4 \end{bmatrix}, \quad \begin{bmatrix} 1 & 0 & 1 \\ 0 & 1 & 0 \\ 0 & 1 & 1 \end{bmatrix}$$

영행렬zero matrix은 모든 성분이 0인 행렬로 다음과 같다.

$$[0], \quad [0 \quad 0], \quad \begin{bmatrix} 0 & 0 & 0 \\ 0 & 0 & 0 \end{bmatrix}$$

대각행렬diagonal matrix은 대각성분을 제외한 모든 성분이 0인 행렬로 다음과 같다.[13]

$$\begin{bmatrix} 1 & 0 \\ 0 & 2 \end{bmatrix}, \quad \begin{bmatrix} 0 & 0 & 0 \\ 0 & 2 & 0 \end{bmatrix}, \quad \begin{bmatrix} 1 & 0 \\ 0 & -1 \\ 0 & 0 \\ 0 & 0 \end{bmatrix}$$

다음은 대각행렬이 아닌 예이다.

$$\begin{bmatrix} 1 & 0 & 0 \\ 0 & 0 & 1 \end{bmatrix}, \quad \begin{bmatrix} 0 & 1 & 0 \\ 0 & 0 & 1 \\ 0 & 0 & 0 \end{bmatrix}$$

13 종종 대각행렬은 정방행렬을 전제로 정의하기도 한다.

항등행렬identity matrix은 대각성분이 모두 1인 정방행렬이다. $n \times n$ 항등행렬을 간단히 I_n으로 표기하며 다음과 같다.

$$I_1 = [1], \quad I_2 = \begin{bmatrix} 1 & 0 \\ 0 & 1 \end{bmatrix}, \quad I_3 = \begin{bmatrix} 1 & 0 & 0 \\ 0 & 1 & 0 \\ 0 & 0 & 1 \end{bmatrix}$$

다음으로 **전치행렬**transposed matrix은 주어진 행렬의 행과 열의 인덱스를 뒤집어서 만든 행렬이다. 즉 $m \times n$ 행렬 A의 전치행렬은 $n \times m$ 행렬이며 A^{T}로 표기한다. 행렬 A의 (i, j) 성분을 A_{ij}라 할 때, 전치행렬 A^{T}의 (i, j) 성분은 A_{ji}이다. 예를 들어 다음 두 행렬은 서로 전치행렬 관계에 있다.

$$\begin{bmatrix} 1 & 2 & 3 \\ 4 & 5 & 6 \end{bmatrix}, \quad \begin{bmatrix} 1 & 4 \\ 2 & 5 \\ 3 & 6 \end{bmatrix}$$

행렬의 연산

이 절에서는 행렬의 연산과 그 의미를 살펴본다. 앞으로 행렬 A의 (i, j) 성분 A_{ij}에 대해 A를 $A = (A_{ij})$로 표기한다. 행렬합은 같은 크기의 두 행렬 사이에 다음과 같이 정의된다.

> **정의 2-11 행렬합**
>
> 두 $m \times n$ 행렬 $A = (A_{ij})$, $B = (B_{ij})$의 **행렬합**matrix addition $A + B$는 다음과 같이 정의되는 또 다른 $m \times n$ 행렬이다.
>
> $$A + B = (A_{ij} + B_{ij})$$

행렬합은 같은 위치의 성분을 서로 더하는 것이다. 따라서 행렬합은 벡터합과 근본적으로 같은 연산이라 할 수 있다. 다음은 두 2×2 행렬에 대한 행렬합의 예이다.

$$\begin{bmatrix} 0 & 1 \\ -1 & 1 \end{bmatrix} + \begin{bmatrix} 1 & 2 \\ -1 & -1 \end{bmatrix} = \begin{bmatrix} 1 & 3 \\ -2 & 0 \end{bmatrix}$$

행렬의 스칼라곱 또한 벡터의 스칼라곱과 비슷하게 다음과 같이 정의된다.

정의 2-12 행렬의 스칼라곱

$m \times n$ 행렬 $A = (A_{ij})$와 실수 k의 **스칼라곱** scalar multiplication은 다음과 같이 정의된 $m \times n$ 행렬이다.

$$kA = (kA_{ij})$$

다음은 스칼라곱의 한 예이다.

$$2 \cdot \begin{bmatrix} 1 & 2 \\ 0 & -1 \end{bmatrix} = \begin{bmatrix} 2 & 4 \\ 0 & -2 \end{bmatrix}$$

앞서 살펴봤듯이, 행렬의 행렬합과 스칼라곱은 벡터의 벡터합과 스칼라곱과 정확히 같다. 따라서 모든 $1 \times n$ 행벡터의 집합 $M(1, n)$은 n차원 벡터공간과 같다. 비슷하게 모든 $n \times 1$ 열벡터의 집합 $M(n, 1)$ 또한 n차원 벡터공간과 같다. 단, $1 \times n$ 행벡터와 $n \times 1$ 열벡터 사이에는 합이 정의되지 않으므로, $M(1, n)$과 $M(n, 1)$은 엄밀히 말해 서로 다른 벡터공간이다. 이 개념을 확장하면 모든 $m \times n$ 행렬의 집합 $M(m, n)$도 벡터공간임을 알 수 있다. $m \times n$ 행렬의 성분은 총 mn개이므로 벡터공간 $M(m, n)$의 차원도 mn이다.

■ 행렬곱

행렬이 벡터와 구분되는 가장 큰 차이점은 행렬에 곱 연산이 정의된다는 것이다.

정의 2-13 행렬곱

$m \times l$ 행렬 $A = (A_{ij})$와 $l \times n$ 행렬 $B = (B_{jk})$의 **행렬곱** matrix multiplication AB[14]는 각 (i, k) 성분이 다음과 같이 정의되는 $m \times n$ 행렬이다.

$$A_{i1}B_{1k} + A_{i2}B_{2k} + \cdots + A_{il}B_{lk}$$

다음과 같이 정의된 두 행렬 A, B를 살펴보자.

$$A = \begin{bmatrix} 1 & 3 \\ 0 & 2 \end{bmatrix}, \quad B = \begin{bmatrix} 1 & 2 & -1 \\ 0 & 2 & 1 \end{bmatrix}$$

---

14 행렬곱은 $A \cdot B$로 표기하기도 한다.

행렬 A, B는 각각 2×2 행렬, 2×3 행렬이다. 따라서 행렬곱 AB는 2×3 행렬이다. 행렬 AB를 결정하려면 총 $2\cdot 3=6$개의 성분을 구해야 한다. 행 인덱스 $i=1, 2$와 열 인덱스 $k=1, 2, 3$에 대해 행렬 AB의 (i, k) 성분을 계산할 때는 A의 '행'과 B의 '열'을 곱한다는 원칙 하나만 기억하면 된다. 즉 행렬곱 AB는 행렬 A, B를 순서대로 곱한 것이므로 A로부터 행벡터를, B로부터 열벡터를 취한다고 생각하면 된다. 이렇게 취한 A의 행벡터와 B의 열벡터는 서로 같은 차원의 벡터이다(행렬식의 정의에서 두 벡터는 l차원 벡터이다). 행렬곱 AB의 (i, k) 성분은 두 벡터의 내적으로 정의된다. 예를 들어 AB의 $(1, 1)$ 성분을 생각해보자. 이를 구하기 위해 먼저 A의 1행 A^1과 B의 1열 B_1을 선택하고 다음과 같이 2차원 벡터로 간주하자.

$$A^1=[1\ \ 3]\leftrightarrow\langle 1, 3\rangle,\quad B_1=\begin{bmatrix}1\\0\end{bmatrix}\leftrightarrow\langle 1, 0\rangle$$

두 벡터의 내적은 다음과 같다.

$$A^1\cdot B_1=\langle 1, 3\rangle\bullet\langle 1, 0\rangle=1\cdot 1+3\cdot 0=1$$

따라서 AB의 $(1, 1)$ 성분은 1이다. 이와 같은 방법으로 나머지 성분을 모두 계산하면 다음과 같다.

$$A\cdot B=\begin{bmatrix}1\cdot 1+3\cdot 0 & 1\cdot 2+3\cdot 2 & 1\cdot(-1)+3\cdot 1\\0\cdot 1+2\cdot 0 & 0\cdot 2+2\cdot 2 & 0\cdot(-1)+2\cdot 1\end{bmatrix}=\begin{bmatrix}1 & 8 & 2\\0 & 4 & 2\end{bmatrix}$$

다음 파이썬 코드로 구현하면 동일한 결과를 얻는다.

```
A = np.array([[1, 3], [0, 2]])
B = np.array([[1, 2, -1], [0, 2, 1]])
print(A@B)   # 행렬곱 A@B
```

이제 행렬곱의 의미를 이해하기 위해 다음 예를 살펴보자. 한 과일 가게에서 다음과 같은 세 가지 가격표에 따라 사과, 오렌지, 바나나를 판매한다.

[표 2-3] 가격표

	사과	오렌지	바나나
가격표 1	1,200원	2,000원	3,000원
가격표 2	1,500원	2,500원	2,800원
가격표 3	1,000원	2,200원	3,500원

이 가게에서 3일간 과일을 판매했고 하루에 하나의 가격표를 사용했다고 한다. 3일간 판매된 과일의 개수는 다음과 같다.

[표 2-4] 3일간 판매된 과일 개수

	첫째 날	둘째 날	셋째 날
사과	20개	23개	43개
오렌지	15개	38개	31개
바나나	49개	32개	30개

그렇다면 i번째 날에 j번째 가격표로 과일을 판매할 때 매출액은 얼마일까? 예를 들어 첫째 날에 첫 번째 가격표로 과일을 판매했다면 그날의 매출액은 다음과 같다.

$$1{,}200\text{원} \times 20\text{개} + 2{,}000\text{원} \times 15\text{개} + 3{,}000\text{원} \times 49\text{개} = 201{,}000\text{원}$$

이는 가격표의 첫 번째 행과 판매 개수의 첫 번째 열의 수를 순서대로 곱하여 더한 것이다. 이와 같은 방법으로 각 날짜에 각 가격표에 따라 과일을 판매할 때의 매출액을 계산한 결과는 다음과 같다.

[표 2-5] 일별 매출액

	첫째 날	둘째 날	셋째 날
가격표 1	201,000원	199,600원	203,600원
가격표 2	204,700원	219,100원	226,000원
가격표 3	224,500원	218,600원	216,200원

[표 2-5]는 다음과 같이 정의된 두 행렬 A, B의 곱과 같다.

$$A = \begin{bmatrix} 1200 & 2000 & 3000 \\ 1500 & 2500 & 2800 \\ 1000 & 2200 & 3500 \end{bmatrix}, \quad B = \begin{bmatrix} 20 & 23 & 43 \\ 15 & 38 & 31 \\ 49 & 32 & 30 \end{bmatrix}$$

다음 파이썬 코드를 구현하면 쉽게 행렬곱의 결과를 얻을 수 있다.

```
# 행렬곱 계산
A = np.array([[1200, 2000, 3000],
              [1500, 2500, 2800],
              [1000, 2200, 3500]])
B = np.array([[20, 23, 43],
              [15, 38, 31],
              [49, 32, 30]])
print(A.dot(B))
```

행렬곱이 일반적인 실수의 곱과 구분되는 결정적인 성질은 행렬곱이 연산 순서에 영향을 받는다는 것이다. 즉 일반적으로 두 행렬곱 AB와 BA는 서로 같지 않다. 심지어 AB가 존재하더라도 BA가 존재하지 않을 수 있다. 예를 들어 두 행렬 $A=[1\ \ 2]$, $B=\begin{bmatrix}0 & 1\\ 1 & 0\end{bmatrix}$의 곱 AB는 존재하지만 BA는 존재하지 않는다.

$$AB=[2\ \ 1],\ BA=?$$

한편, 두 행렬 $A=[1\ \ 2]$, $B=\begin{bmatrix}1\\ 0\end{bmatrix}$의 곱 AB와 BA는 모두 존재하지만 크기가 다르다.

$$AB=[1],\ BA=\begin{bmatrix}1 & 2\\ 0 & 0\end{bmatrix}$$

마지막으로 두 행렬 $A=\begin{bmatrix}0 & 1\\ 1 & 0\end{bmatrix}$, $B=\begin{bmatrix}1 & 0\\ 0 & -1\end{bmatrix}$의 곱 AB와 BA는 서로 크기는 같지만 성분이 다르다.

$$AB=\begin{bmatrix}0 & -1\\ 1 & 0\end{bmatrix},\ BA=\begin{bmatrix}0 & 1\\ -1 & 0\end{bmatrix}$$

항등행렬은 어떤 행렬과 곱하더라도 그 행렬을 바꾸지 않는다는 성질을 갖는다.[15] 예를 들어 2×3 행렬 $A=\begin{bmatrix}1 & 2 & -1\\ 0 & 1 & -1\end{bmatrix}$의 좌변과 우변에 각각 항등행렬 I_2와 I_3를 곱하면 다음과 같다.

$$\begin{bmatrix}1 & 2 & -1\\ 0 & 1 & -1\end{bmatrix}\cdot\begin{bmatrix}1 & 0 & 0\\ 0 & 1 & 0\\ 0 & 0 & 1\end{bmatrix}=\begin{bmatrix}1 & 2 & -1\\ 0 & 1 & -1\end{bmatrix}$$

$$\begin{bmatrix}1 & 0\\ 0 & 1\end{bmatrix}\cdot\begin{bmatrix}1 & 2 & -1\\ 0 & 1 & -1\end{bmatrix}=\begin{bmatrix}1 & 2 & -1\\ 0 & 1 & -1\end{bmatrix}$$

일반적인 행렬곱의 성질은 다음과 같다.

정리 2-3 행렬곱의 성질

(행렬곱이 정의되는 경우에 한해) 행렬 A, B, C와 실수 c에 대해 다음이 성립한다.

(1) $(A+B)\cdot C=A\cdot C+B\cdot C$ (분배법칙)

$A\cdot(B+C)=A\cdot B+A\cdot C$ (분배법칙)

(2) $A\cdot(c\cdot B)=(c\cdot A)\cdot B=c\cdot(A\cdot B)$

(3) $(A\cdot B)^{\mathrm{T}}=B^{\mathrm{T}}\cdot A^{\mathrm{T}}$

(4) $A\cdot(B\cdot C)=(A\cdot B)\cdot C$ (결합법칙)

15 항등행렬이라는 이름은 행렬곱 연산에 대한 항등원이라는 데서 유래했다.

예제 2-13 **행렬곱의 계산**

다음 두 행렬 A, B에 대해 AB, $B^{\mathrm{T}}A^{\mathrm{T}}$를 구하라.

$$A=\begin{bmatrix}-1 & 3\\ 1 & 2\end{bmatrix},\quad B=\begin{bmatrix}2 & 3 & -1\\ 0 & 2 & 1\end{bmatrix}$$

풀이

먼저 행렬곱 AB는 다음과 같다.

$$AB=\begin{bmatrix}-1 & 3\\ 1 & 2\end{bmatrix}\begin{bmatrix}2 & 3 & -1\\ 0 & 2 & 1\end{bmatrix}=\begin{bmatrix}-2 & 3 & 4\\ 2 & 7 & 1\end{bmatrix}$$

다음으로 $B^{\mathrm{T}}A^{\mathrm{T}}$는 다음과 같다.

$$B^{\mathrm{T}}A^{\mathrm{T}}=\begin{bmatrix}2 & 0\\ 3 & 2\\ -1 & 1\end{bmatrix}\begin{bmatrix}-1 & 1\\ 3 & 2\end{bmatrix}=\begin{bmatrix}-2 & 2\\ 3 & 7\\ 4 & 1\end{bmatrix}$$

다음 파이썬 코드를 구현하면 결과를 검증할 수 있다.

```
# 행렬곱 계산
A = np.array([[-1, 3], [1, 2]])
B = np.array([[2, 3, -1], [0, 2, 1]])
print(np.dot(A, B))
# 전치행렬은 .T 또는 ndarray 객체의 transpose 메소드로 계산
AT, BT = A.T, B.transpose()
print(BT@AT)
```

■ 행렬식

두 2차원 벡터는 평행사변형 영역을, 세 3차원 벡터는 평행육면체 영역을 정의한다. 이 벡터들을 나열하여 만든 2×2, 3×3 행렬의 행렬식은 각 해당 영역의 넓이와 부피를 가리킨다. 또한 행렬식은 행렬의 역행렬을 계산하는 데 필요한 개념이다. 여기서는 2×2 및 3×3 행렬의 행렬식을 소개한다.

정의 2-14 행렬식

정방행렬 A의 **행렬식**determinant은 다음과 같이 정의된 실수이며, $\det(A)$로 표기한다.

$$\det\begin{bmatrix} A_{11} & A_{12} \\ A_{21} & A_{22} \end{bmatrix} = A_{11}A_{22} - A_{12}A_{21}$$
$$\det\begin{bmatrix} B_{11} & B_{12} & B_{13} \\ B_{21} & B_{22} & B_{23} \\ B_{31} & B_{32} & B_{33} \end{bmatrix} = \begin{aligned} & B_{11}B_{22}B_{33} + B_{12}B_{23}B_{31} + B_{13}B_{21}B_{32} \\ & - B_{13}B_{22}B_{31} - B_{12}B_{21}B_{33} - B_{11}B_{23}B_{32} \end{aligned} \tag{2.29}$$

식 (2.29)를 대각성분과 역대각성분을 곱한 뒤 서로 더하거나 뺀 결과로 생각하면 쉽게 기억할 수 있다. 2×2 행렬의 행렬식은 다음과 같이 대각성분과 역대각성분을 각각 곱한 뒤 서로 뺀 것이다.

$$\det\begin{bmatrix} A_{11} & A_{12} \\ A_{21} & A_{22} \end{bmatrix} = A_{11}A_{22} - A_{12}A_{21} \tag{2.30}$$

3×3 행렬의 행렬식도 이와 비슷하게 생각할 수 있다. 대각선 방향의 성분 3개를 곱한 것을 차례대로 더하고, 역대각 방향의 성분 3개를 곱한 것을 차례대로 뺀다.

$$\det\begin{bmatrix} B_{11} & B_{12} & B_{13} & \vdots & B_{11} & B_{12} \\ B_{21} & B_{22} & B_{23} & \vdots & B_{21} & B_{22} \\ B_{31} & B_{32} & B_{33} & \vdots & B_{31} & B_{32} \end{bmatrix} = \begin{aligned} & B_{11}B_{22}B_{33} + B_{12}B_{23}B_{31} + B_{13}B_{21}B_{32} \\ & - B_{13}B_{22}B_{31} - B_{12}B_{21}B_{33} - B_{11}B_{23}B_{32} \end{aligned} \tag{2.31}$$

예제 2-14 행렬식의 계산

다음 행렬 A의 행렬식을 구하라.

$$A = \begin{bmatrix} 1 & 1 & -1 \\ 0 & 1 & 2 \\ 3 & -1 & 1 \end{bmatrix}$$

풀이

정의에 따라 행렬식은 다음과 같다.

$$\det(A) = 1 + 6 + 0 - (-3) - (-2) - 0 = 12$$

이제 2×2 행렬의 행렬식의 의미를 알아보자. 2×2 행렬 A를 행벡터 A^1과 A^2의 배열이라 생각하고, 각 벡터의 성분을 다음과 같이 표현해보자.

$$\begin{aligned} A^1 &= \begin{bmatrix} r_1\cos(\theta_1) & r_1\sin(\theta_1) \end{bmatrix} \\ A^2 &= \begin{bmatrix} r_2\cos(\theta_2) & r_2\sin(\theta_2) \end{bmatrix} \end{aligned} \tag{2.32}$$

여기서 r_1, r_2는 각각 벡터 A^1과 A^2의 크기이다. 이때 행렬식 $\det(A)$는 다음과 같다.

$$\begin{aligned}\det(A) &= \det\begin{bmatrix} r_1\cos(\theta_1) & r_1\sin(\theta_1) \\ r_2\cos(\theta_2) & r_2\sin(\theta_2) \end{bmatrix} \\ &= r_1 r_2(\cos(\theta_1)\sin(\theta_2) - \cos(\theta_2)\sin(\theta_1)) \\ &= r_1 r_2 \sin(\theta_2 - \theta_1)\end{aligned}$$

예를 들어 $A^1 = [1\ \ 2]$, $A^2 = [2\ \ 1]$일 때, r_1, r_2, θ_1, θ_2는 다음과 같다.

$$r_1 = r_2 = \sqrt{5}$$
$$\theta_1 = \cos^{-1}\left(\frac{1}{\sqrt{5}}\right) \approx 1.107, \quad \theta_2 = \cos^{-1}\left(\frac{2}{\sqrt{5}}\right) \approx 0.464$$

따라서 $\det(A) = 5\cos(\theta_2 - \theta_1) = -3$이다. 다음과 같이 파이썬 코드로 벡터 A^1과 A^2를 좌표평면 위의 화살표로 나타내고, 이를 변으로 갖는 평행사변형을 함께 출력하면 [그림 2-20]과 같다.

```
# 두 2차원 벡터로 이루어진 평행사변형을 이미지로 표현
A = np.array([[1, 2], [2, 1]])
O = np.zeros(2)
plt.quiver(*O, *A[:, 0], color='k', **quiver_2d_params)
plt.quiver(*O, *A[:, 1], color='k', **quiver_2d_params)
plt.quiver(*A[:, 0], *A[:, 1], color='C0', **quiver_2d_params)
plt.quiver(*A[:, 1], *A[:, 0], color='C0', **quiver_2d_params)
plt.text(.5, 1.8, r'$r_1$', **text_params)
plt.text(1.5, 0.5, r'$r_2$', **text_params)
plt.text(.5, .8, r'$\theta_2 - \theta_1$', **text_params)
t1, t2 = np.arctan(2), np.arctan(1/2)
t = np.linspace(t1, t2)
plt.plot(.5*np.cos(t), .5*np.sin(t), 'k')
plt.xlim(-.5, 3.5)
plt.ylim(-.5, 3.5)
plt.gca().set_aspect('equal')
```

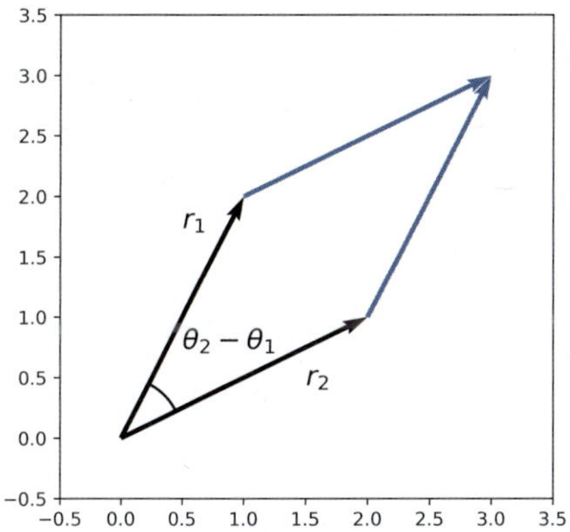

[그림 2-20] 두 2차원 벡터로 이루어진 평행사변형

[그림 2-20]을 통해 $|\det(A)|$는 두 벡터 A^1과 A^2로 만들어지는 평행사변형의 넓이와 같음을 알 수 있다. 참고로 $\det(A)$의 부호는 벡터 A^1과 A^2가 놓인 순서에 따라 달라진다. 벡터 A^1과 A^2의 성분을 식 (2.32)와 같이 표현할 때 $\theta_2 > \theta_1$이면 $\det(A)$는 양수이고, $\theta_2 \le \theta_1$이면 $\det(A)$는 음수이다. 그렇다면 $\det(A) = 0$이라는 것은 어떤 의미일까? 이는 $\theta_2 - \theta_1$이 0 또는 π인 경우이며, 벡터 A^1과 A^2가 서로 평행한 위치에 놓여있음을 의미한다. 즉 이 경우 A^1과 A^2로 만들어지는 평행사변형은 납작한 선이 되며 넓이는 0이다.

행렬식은 행렬을 분해하여 구현할 수도 있다. 먼저 2×2 행렬의 행렬식을 다음과 같이 나타내보자.

$$
\begin{aligned}
\det\begin{bmatrix} [A_{11} \; A_{12}] \\ A_{21} \;\; A_{22} \end{bmatrix} &= (+)A_{11} \cdot [A_{22}] + (-)A_{12} \cdot [A_{21}] \\
&= A_{11} \cdot [A_{22}] - A_{12} \cdot [A_{21}]
\end{aligned} \tag{2.33}
$$

식 (2.33)은 1행의 각 성분 A_{11}, A_{12}를 순서대로 나열하고, 각 성분의 인덱스에 해당하는 행과 열을 지우고 남은 1×1 부분행렬 $[A_{22}]$, $[A_{21}]$을 실수로 취급하여 곱한 뒤, 부호를 붙여 더한 것이다. 여기서 부호는 A_{1j}의 인덱스 $(1, j)$의 합 $1 + j$가 짝수이면 양수, 홀수이면 음수이다. 이 규칙은 행이 아닌 열에 적용할 수도 있다. 예를 들어 2열을 기준으로 행렬식을 다음과 같이 계산하면 식 (2.33)과 동일한 결과를 얻는다.

$$
\det\begin{bmatrix} A_{11} & \begin{bmatrix} A_{12} \\ A_{22} \end{bmatrix} \\ A_{21} & \end{bmatrix} = -A_{12} \cdot [A_{21}] + A_{22} \cdot [A_{11}]
$$

3×3 행렬의 행렬식 (2.31)은 1행을 기준으로 식 (2.34)와 같이 표현할 수 있다.

$$\det\begin{bmatrix}[B_{11}\ B_{12}\ B_{13}]\\ B_{21}\ B_{22}\ B_{23}\\ B_{31}\ B_{32}\ B_{33}\end{bmatrix} = B_{11}\cdot\det\begin{bmatrix}B_{22}\ B_{23}\\ B_{32}\ B_{33}\end{bmatrix} - B_{12}\cdot\det\begin{bmatrix}B_{21}\ B_{23}\\ B_{31}\ B_{33}\end{bmatrix} + B_{13}\cdot\det\begin{bmatrix}B_{21}\ B_{22}\\ B_{31}\ B_{32}\end{bmatrix} \tag{2.34}$$

식 (2.34)에서 각 항의 부호는 성분 B_{1j}의 인덱스의 합 $1+j$가 짝수이면 양수, 홀수이면 음수이다. 참고로 이 규칙은 다음과 같이 다른 행 또는 열을 선택해도 동일하다.

$$\det\begin{bmatrix}B_{11}\ B_{12}\ B_{13}\\ [B_{21}\ B_{22}\ B_{23}]\\ B_{31}\ B_{32}\ B_{33}\end{bmatrix} = -B_{21}\cdot\det\begin{bmatrix}B_{12}\ B_{13}\\ B_{32}\ B_{33}\end{bmatrix} + B_{22}\cdot\det\begin{bmatrix}B_{11}\ B_{13}\\ B_{31}\ B_{33}\end{bmatrix} - B_{23}\cdot\det\begin{bmatrix}B_{11}\ B_{12}\\ B_{31}\ B_{32}\end{bmatrix} \tag{2.35}$$

$$\det\begin{bmatrix}B_{11}\ B_{12}\ \begin{bmatrix}B_{13}\\ B_{23}\\ B_{33}\end{bmatrix}\\ B_{21}\ B_{22}\\ B_{31}\ B_{32}\end{bmatrix} = B_{13}\cdot\det\begin{bmatrix}B_{21}\ B_{22}\\ B_{31}\ B_{32}\end{bmatrix} - B_{23}\cdot\det\begin{bmatrix}B_{11}\ B_{12}\\ B_{31}\ B_{32}\end{bmatrix} + B_{33}\cdot\det\begin{bmatrix}B_{11}\ B_{12}\\ B_{21}\ B_{22}\end{bmatrix} \tag{2.36}$$

행렬식은 다음과 같이 파이썬 코드로 구현할 수 있다.

```
# 행렬식을 계산하는 함수를 구현
def det(a: np.array) -> float:
    # 2차원 배열이 아니거나 정방행렬이 아니면 에러를 출력
    if len(a.shape) != 2 or a.shape[0] != a.shape[1]:
        raise ValueError('The input matrix must be square')
    # 1x1 행렬인 경우 성분을 그대로 반환
    if a.shape[0] == 1:
        return a[0, 0]
    # 0행을 기준으로 행렬식을 계산
    d = 0
    # 0행 j열의 성분마다 계산을 반복 수행
    for j in range(a.shape[1]):
        # j가 짝수이면 부호(sg)를 1로, 홀수이면 -1로 설정
        sg = 1 if j % 2 == 0 else -1
        # j열을 제외한 모든 열 인덱스를 저장
        jdx = [k for k in range(a.shape[1]) if k != j]
        # 부호, 0행 j열 성분, 부분행렬의 행렬식을 곱하여 더함
        d += sg * a[0, j] * det(a[1:][:, jdx])
    return d
```

예제 2-15 행렬식의 계산

식 (2.34)에 따라 3×3 행렬 $B=\begin{bmatrix}1&2&1\\0&1&0\\2&1&0\end{bmatrix}$의 행렬식을 구하라.

풀이

1행의 성분에 순서대로 부분행렬의 행렬식을 곱한 뒤, 부호를 붙여 더하면 행렬식은 다음과 같다.

$$\det(B)=1\cdot\det\begin{bmatrix}1&0\\1&0\end{bmatrix}-2\cdot\det\begin{bmatrix}0&0\\2&0\end{bmatrix}+1\cdot\det\begin{bmatrix}0&1\\2&1\end{bmatrix}=1\cdot(-2)=-2$$

■ 역행렬

선형결합을 이용한 벡터의 생성과 분해를 행렬의 관점에서 다시 생각해보자. 예를 들어 2차원 벡터 $\boldsymbol{w}=\langle -1, 2\rangle$는 2차원 벡터 $\boldsymbol{v}_1=\langle 1, 1\rangle$과 $\boldsymbol{v}_2=\langle 0, 3\rangle$의 선형결합으로 어떻게 표현될까? 이는 방정식 $\boldsymbol{w}=c_1\boldsymbol{v}_1+c_2\boldsymbol{v}_2$를 만족하는 계수 c_1, c_2를 찾는 문제이다. 이 방정식을 행벡터 $\boldsymbol{w}$, $\boldsymbol{v}_1$, $\boldsymbol{v}_2$에 관한 식으로 표현하면 다음과 같다.

$$\begin{bmatrix}-1\\2\end{bmatrix}=c_1\cdot\begin{bmatrix}1\\1\end{bmatrix}+c_2\cdot\begin{bmatrix}0\\3\end{bmatrix}$$

위 식은 다음과 같이 행렬곱에 관한 식으로 다시 나타낼 수 있다.

$$\begin{bmatrix}-1\\2\end{bmatrix}=[\boldsymbol{v}_1\ \ \boldsymbol{v}_2]\cdot\begin{bmatrix}c_1\\c_2\end{bmatrix}=\begin{bmatrix}1&0\\1&3\end{bmatrix}\cdot\begin{bmatrix}c_1\\c_2\end{bmatrix}$$

여기서 2×2 행렬 $\begin{bmatrix}1&0\\1&3\end{bmatrix}$의 좌변에 다음과 같이 또 다른 2×2 행렬을 곱하면 항등행렬이 되게 할 수 있다.

$$\begin{bmatrix}1&0\\-\frac{1}{3}&\frac{1}{3}\end{bmatrix}\cdot\begin{bmatrix}-1\\2\end{bmatrix}=\begin{bmatrix}1&0\\-\frac{1}{3}&\frac{1}{3}\end{bmatrix}\begin{bmatrix}1&0\\1&3\end{bmatrix}\begin{bmatrix}c_1\\c_2\end{bmatrix}=\begin{bmatrix}1&0\\0&1\end{bmatrix}\begin{bmatrix}c_1\\c_2\end{bmatrix}$$

따라서 c_1, c_2는 다음과 같이 두 행렬의 곱으로 구할 수 있다.

$$\begin{bmatrix}c_1\\c_2\end{bmatrix}=\begin{bmatrix}1&0\\-\frac{1}{3}&\frac{1}{3}\end{bmatrix}\cdot\begin{bmatrix}-1\\2\end{bmatrix}=\begin{bmatrix}-1\\1\end{bmatrix}$$

이때 행렬 $\begin{bmatrix}1&0\\-\frac{1}{3}&\frac{1}{3}\end{bmatrix}$을 행렬 $\begin{bmatrix}1&0\\1&3\end{bmatrix}$의 역행렬이라 한다.

정의 2-15 역행렬

$n \times n$ (정방)행렬 A에 대해 다음 등식을 만족하는 $n \times n$ 행렬 A^{-1}를 A의 **역행렬**inverse matrix이라 한다.

$$A \cdot A^{-1} = A^{-1} \cdot A = I_n$$

정리 2-4 2×2 행렬의 역행렬

2×2 행렬 $A = (A_{ij})$의 행렬식이 $\det(A) \neq 0$을 만족하면 다음과 같은 역행렬이 존재한다.

$$A^{-1} = \frac{1}{\det(A)} \begin{bmatrix} A_{22} & -A_{12} \\ -A_{21} & A_{11} \end{bmatrix}$$

3×3 행렬 B에서 i행과 j열을 지우고 남은 2×2 부분행렬을 $B(i, j)$라 하자. 이를 통해 3×3 행렬의 행렬식을 다음과 같이 계산할 수 있다.

정리 2-5 3×3 행렬의 역행렬

3×3 행렬 $B = (B_{ij})$의 행렬식이 $\det(B) \neq 0$을 만족하면 다음과 같은 역행렬이 존재한다.

$$B^{-1} = \frac{1}{\det(B)} \begin{bmatrix} B(1, 1) & -B(2, 1) & B(3, 1) \\ -B(1, 2) & B(2, 2) & -B(3, 2) \\ B(1, 3) & -B(2, 3) & B(3, 3) \end{bmatrix}$$

예제 2-16 역행렬의 계산

다음 3×3 행렬 B의 역행렬을 구하라.

$$B = \begin{bmatrix} 2 & 3 & 1 \\ 1 & 2 & 1 \\ 1 & 1 & 1 \end{bmatrix}$$

풀이

먼저 행렬 B의 행렬식은 다음과 같다.

$$\det(B) = 2 \cdot \det\begin{bmatrix} 2 & 1 \\ 1 & 1 \end{bmatrix} - 3 \cdot \det\begin{bmatrix} 1 & 1 \\ 1 & 1 \end{bmatrix} + 1 \cdot \det\begin{bmatrix} 1 & 2 \\ 1 & 1 \end{bmatrix} = 2 \cdot 1 - 3 \cdot 0 + 1 \cdot (-1) = 1$$

따라서 행렬 B의 역행렬은 다음과 같다.

$$B^{-1} = \begin{bmatrix} 1 & -2 & 1 \\ 0 & 1 & 1 \\ -1 & 1 & 1 \end{bmatrix}$$

역행렬은 다음과 같이 파이썬 코드로 구현할 수 있다.

```
# 역행렬을 계산하는 함수를 구현
def inv(a: np.array) -> np.array:
    if len(a.shape) != 2 or a.shape[0] != a.shape[1]:
        raise ValueError('The input matrix must be square')
    # 행렬식이 0이면 오류를 출력
    d = det(a)
    if d == 0:
        raise ValueError('The input matrix is singular')
    invA = np.empty(a.shape)
    for i in range(a.shape[0]):
        for j in range(a.shape[1]):
            sg = 1 if (i + j) % 2 == 0 else -1
            idx = [k for k in range(a.shape[0]) if k != i]
            jdx = [k for k in range(a.shape[1]) if k != j]
            invA[j, i] = sg * det(a[idx][:, jdx]) / d
    return invA
```

행렬식과 역행렬은 연립(1차)방정식의 해를 구하는 데 이용된다. 두 미지수 x, y로 이루어진 일반적인 연립방정식의 형태는 다음과 같다.

$$\begin{aligned} A_{11}x + A_{12}y = c_1 \\ A_{21}x + A_{22}y = c_2 \end{aligned} \tag{2.37}$$

식 (2.37)을 행렬에 관한 식으로 표현하면 다음과 같다.

$$\begin{bmatrix} A_{11} & A_{12} \\ A_{21} & A_{22} \end{bmatrix} \cdot \begin{bmatrix} x \\ y \end{bmatrix} = \begin{bmatrix} c_1 \\ c_2 \end{bmatrix}$$

행렬 $A = (A_{ij})$의 역행렬이 존재하면, 이를 위 식의 양변에 곱해 x, y를 구할 수 있다.

$$\begin{bmatrix} x \\ y \end{bmatrix} = A^{-1} \cdot \begin{bmatrix} c_1 \\ c_2 \end{bmatrix}$$

만약 $\det(A) \neq 0$이고 역행렬이 존재하지 않는다면 연립방정식 (2.37)의 해가 존재하지 않거나 해가 유일하지 않음을 의미한다. 이는 다음과 같은 세 변수 x, y, z에 관한 연립방정식에도 적용된다.

$$\begin{aligned} B_{11}x + B_{12}y + B_{13}z &= c_1 \\ B_{21}x + B_{22}y + B_{23}z &= c_2 \\ B_{31}x + B_{32}y + B_{33}z &= c_3 \end{aligned} \quad \Rightarrow \quad \begin{bmatrix} x \\ y \\ z \end{bmatrix} = B^{-1} \cdot \begin{bmatrix} c_1 \\ c_2 \\ c_3 \end{bmatrix}$$

이번에는 (해가 유일하다는 가정하에) 역행렬을 사용하지 않고 연립방정식의 해를 구하는 방법인 **크레이머 법칙**Cramer's rule에 대해 알아보자.

정리 2-6 크레이머 법칙

두 미지수 x, y로 이루어진 다음 연립방정식을 생각해보자.

$$\begin{aligned} A_{11}x + A_{12}y &= c_1 \\ A_{21}x + A_{22}y &= c_2 \end{aligned}$$

만약 이 방정식의 해가 유일하다면 해는 다음과 같이 계산된다.

$$x = \frac{\det\begin{bmatrix} \begin{bmatrix} c_1 \\ c_2 \end{bmatrix} & \begin{matrix} A_{12} \\ A_{22} \end{matrix} \end{bmatrix}}{\det\begin{bmatrix} A_{11} & A_{12} \\ A_{21} & A_{22} \end{bmatrix}}, \quad y = \frac{\det\begin{bmatrix} \begin{matrix} A_{11} \\ A_{21} \end{matrix} & \begin{bmatrix} c_1 \\ c_2 \end{bmatrix} \end{bmatrix}}{\det\begin{bmatrix} A_{11} & A_{12} \\ A_{21} & A_{22} \end{bmatrix}}$$

이와 비슷하게 세 미지수 x, y, z로 이루어진 다음 연립방정식을 생각해보자.

$$\begin{aligned} B_{11}x + B_{12}y + B_{13}z &= c_1 \\ B_{21}x + B_{22}y + B_{23}z &= c_2 \\ B_{31}x + B_{32}y + B_{33}z &= c_3 \end{aligned}$$

이 방정식의 해가 유일하다면 해는 다음과 같이 계산된다.

$$x = \frac{\det\begin{bmatrix} \begin{bmatrix} c_1 \\ c_2 \\ c_3 \end{bmatrix} & \begin{matrix} B_{12} & B_{13} \\ B_{22} & B_{23} \\ B_{32} & B_{33} \end{matrix} \end{bmatrix}}{\det\begin{bmatrix} B_{11} & B_{12} & B_{13} \\ B_{21} & B_{22} & B_{23} \\ B_{31} & B_{32} & B_{33} \end{bmatrix}}, \quad y = \frac{\det\begin{bmatrix} \begin{matrix} B_{11} \\ B_{21} \\ B_{31} \end{matrix} & \begin{bmatrix} c_1 \\ c_2 \\ c_3 \end{bmatrix} & \begin{matrix} B_{13} \\ B_{23} \\ B_{33} \end{matrix} \end{bmatrix}}{\det\begin{bmatrix} B_{11} & B_{12} & B_{13} \\ B_{21} & B_{22} & B_{23} \\ B_{31} & B_{32} & B_{33} \end{bmatrix}}, \quad z = \frac{\det\begin{bmatrix} \begin{matrix} B_{11} & B_{12} \\ B_{21} & B_{22} \\ B_{31} & B_{32} \end{matrix} & \begin{bmatrix} c_1 \\ c_2 \\ c_3 \end{bmatrix} \end{bmatrix}}{\det\begin{bmatrix} B_{11} & B_{12} & B_{13} \\ B_{21} & B_{22} & B_{23} \\ B_{31} & B_{32} & B_{33} \end{bmatrix}}$$

예제 2-17 연립방정식의 해

역행렬과 크레이머 법칙을 각각 이용해 다음 연립방정식의 해를 구하라.

$$\begin{aligned} x+2y+\ z &= 3 \\ -x \qquad +\ z &= 1 \\ y+2z &= -1 \end{aligned}$$

풀이

먼저 주어진 식을 다음과 같이 행렬에 관한 식으로 표현하자.

$$\begin{bmatrix} 1 & 2 & 1 \\ -1 & 0 & 1 \\ 0 & 1 & 2 \end{bmatrix} \cdot \begin{bmatrix} x \\ y \\ z \end{bmatrix} = \begin{bmatrix} 3 \\ 1 \\ -1 \end{bmatrix} \tag{2.38}$$

역행렬을 이용해 미지수 x, y, z 값을 구해보자. 식 (2.38)의 3×3 행렬의 행렬식은 다음과 같다(1열을 기준으로 식 (2.36)과 같은 방식으로 계산했다).

$$\det\begin{bmatrix} 1 & 2 & 1 \\ -1 & 0 & 1 \\ 0 & 1 & 2 \end{bmatrix} = 1\cdot\det\begin{bmatrix} 0 & 1 \\ 1 & 2 \end{bmatrix} - (-1)\cdot\det\begin{bmatrix} 2 & 1 \\ 1 & 2 \end{bmatrix} = 1\cdot(-1)-(-1)\cdot 3 = 2$$

따라서 식 (2.38)의 3×3 행렬의 역행렬은 다음과 같다.

$$\begin{bmatrix} 1 & 2 & 1 \\ -1 & 0 & 1 \\ 0 & 1 & 2 \end{bmatrix}^{-1} = \begin{bmatrix} \frac{-1}{2} & \frac{-3}{2} & 1 \\ 1 & 1 & -1 \\ \frac{-1}{2} & \frac{-1}{2} & 1 \end{bmatrix}$$

그러므로 주어진 연립방정식의 해는 다음과 같다.

$$\begin{bmatrix} x \\ y \\ z \end{bmatrix} = \begin{bmatrix} \frac{-1}{2} & \frac{-3}{2} & 1 \\ 1 & 1 & -1 \\ \frac{-1}{2} & \frac{-1}{2} & 1 \end{bmatrix} \cdot \begin{bmatrix} 3 \\ 1 \\ -1 \end{bmatrix} = \begin{bmatrix} -4 \\ 5 \\ -3 \end{bmatrix} \tag{2.39}$$

이 결과는 다음 파이썬 코드를 통해 확인할 수 있다.

```
# 역행렬을 이용해 연립방정식의 해 구하기
b = np.array([[1 , 2, 1], [-1, 0, 1], [0, 1, 2]])
print(inv(b)@np.array([3, 1, -1]))
```

다음 계산을 통해 크레이머 법칙으로 구한 결과도 식 (2.39)와 같음을 알 수 있다.

$$x=\frac{\det\left[\begin{bmatrix}3\\1\\-1\end{bmatrix}\begin{matrix}2&1\\0&1\\1&2\end{matrix}\right]}{\det\begin{bmatrix}1&2&1\\-1&0&1\\0&1&2\end{bmatrix}},\ y=\frac{\det\left[\begin{matrix}1\\-1\\0\end{matrix}\begin{bmatrix}3\\1\\-1\end{bmatrix}\begin{matrix}1\\1\\2\end{matrix}\right]}{\det\begin{bmatrix}1&2&1\\-1&0&1\\0&1&2\end{bmatrix}},\ z=\frac{\det\left[\begin{matrix}1&2\\-1&0\\0&1\end{matrix}\begin{bmatrix}3\\1\\-1\end{bmatrix}\right]}{\det\begin{bmatrix}1&2&1\\-1&0&1\\0&1&2\end{bmatrix}}$$

벡터의 외적

2.1절에서 다룬 벡터에 대해 다시 살펴보자. 두 3차원 벡터의 외적은 새로운 3차원 벡터를 생성하는 연산이다.

정의 2-16 외적

두 3차원 벡터 $\boldsymbol{v}_1=\langle x_1, y_1, z_1\rangle$, $\boldsymbol{v}_2=\langle x_2, y_2, z_2\rangle$의 **외적**cross product은 다음과 같다.

$$\boldsymbol{v}_1\times\boldsymbol{v}_2=\langle y_1z_2-y_2z_1,\ x_2z_1-x_1z_2,\ x_1y_2-x_2y_1\rangle \tag{2.40}$$

외적의 정의에 대한 식 (2.40)을 쉽게 기억할 수 있는 방법을 하나 소개한다. 다음과 같이 1행을 수가 아닌 표준단위벡터 $\boldsymbol{e}_1$, $\boldsymbol{e}_2$, $\boldsymbol{e}_3$로, 나머지 두 행을 각각 벡터 $\boldsymbol{v}_1$, $\boldsymbol{v}_2$의 성분으로 갖는 3×3 행렬을 생각해보자.

$$B=\begin{bmatrix}\boldsymbol{e}_1&\boldsymbol{e}_2&\boldsymbol{e}_3\\x_1&y_1&z_1\\x_2&y_2&z_2\end{bmatrix} \tag{2.41}$$

두 벡터 $\boldsymbol{v}_1$, $\boldsymbol{v}_2$의 외적 $\boldsymbol{v}_1\times\boldsymbol{v}_2$는 행렬 B의 행렬식이다. 1행을 기준으로 한 3×3 행렬의 행렬식 (2.34)를 이용하면 다음과 같이 $\det(B)$를 표준단위벡터의 선형결합으로 표현할 수 있다.

$$\det(B)=\det\begin{bmatrix}y_1&z_1\\y_2&z_2\end{bmatrix}\cdot\boldsymbol{e}_1-\det\begin{bmatrix}x_1&z_1\\x_2&z_2\end{bmatrix}\cdot\boldsymbol{e}_2+\det\begin{bmatrix}x_1&y_1\\x_2&y_2\end{bmatrix}\cdot\boldsymbol{e}_3 \tag{2.42}$$

예제 2-18 **외적의 계산과 표현**

다음 두 벡터의 외적을 구하고, 파이썬 코드를 이용해 세 벡터 v_1, v_2, $v_1 \times v_2$를 화살표로 표현하라.

$$v_1 = \langle 1, 2, 1 \rangle, \ v_2 = \langle -2, 1, 1 \rangle$$

풀이

식 (2.42)와 같이 외적을 계산하면 다음과 같다.

$$\det\begin{bmatrix} e_1 & e_2 & e_3 \\ 1 & 2 & 1 \\ -2 & 1 & 1 \end{bmatrix} = \det\begin{bmatrix} 2 & 1 \\ 1 & 1 \end{bmatrix} e_1 - \det\begin{bmatrix} 1 & 1 \\ -2 & 1 \end{bmatrix} e_2 + \det\begin{bmatrix} 1 & 2 \\ -2 & 1 \end{bmatrix} e_3 = \langle 1, 3, 5 \rangle$$

다음 파이썬 코드로 세 벡터 v_1, v_2, $v_1 \times v_2$를 화살표로 표현하면 [그림 2-21]과 같다.

```
# 3차원 벡터의 외적을 계산하고 이미지로 표현
v = np.array([[1, 2, 1], [-2, 1, 1]])
v = np.vstack([v, np.cross(v[0], v[1])])  # 마지막 행에 외적 추가
ax = plt.figure().add_subplot(projection='3d')
O = np.zeros((3, 3))
ax.quiver(*O, *v.T, color='k', **quiver_3d_params)
ax.set_xlim([-2.5, 1.5])
ax.set_ylim([-3.5, 2.5])
ax.set_zlim([-.5, 5.5])
ax.text(*v[0]+np.array([0, 0, .2]), r'$v_1$', **text_params)
ax.text(*v[1]+np.array([0, 0, .2]), r'$v_2$', **text_params)
ax.text(*v[2]+np.array([0, 0, .2]), r'$v_1 \times v_2$',
**text_params)
ax.set_aspect('equal')
```

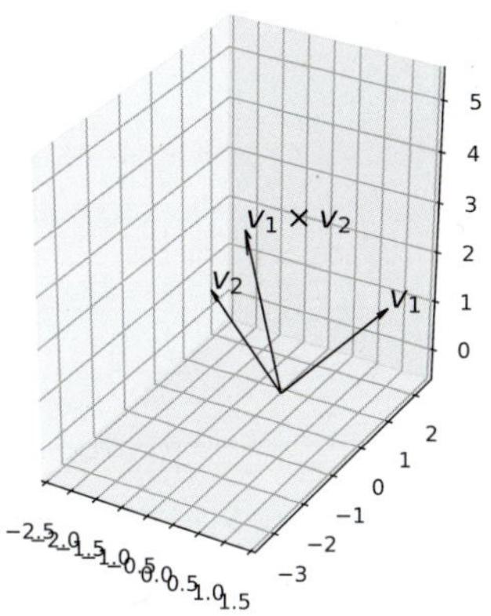

[그림 2-21] 3차원 벡터의 외적

두 3차원 벡터의 외적은 주어진 벡터와는 다른 3차원 벡터로서 다음과 같은 성질을 갖는다.

정리 2-7 외적의 성질

영벡터가 아닌 두 3차원 벡터 $\boldsymbol{v}_1$, $\boldsymbol{v}_2$에 대해 다음이 성립한다.

(1) $\boldsymbol{v}_1$과 $\boldsymbol{v}_2$가 평행하면 외적 $\boldsymbol{v}_1 \times \boldsymbol{v}_2$는 영벡터이다.

(2) $\boldsymbol{v}_1 \times \boldsymbol{v}_2$와 $\boldsymbol{v}_2 \times \boldsymbol{v}_1$은 서로 크기가 같고 평행한 반대 방향의 벡터이다.

(3) $\boldsymbol{v}_1$과 $\boldsymbol{v}_2$가 서로 평행하지 않으면 $\boldsymbol{v}_1 \times \boldsymbol{v}_2$는 $\boldsymbol{v}_1$, $\boldsymbol{v}_2$ 모두와 수직이다. 즉 다음이 성립한다.

$$\boldsymbol{v}_1 \bullet (\boldsymbol{v}_1 \times \boldsymbol{v}_2) = \boldsymbol{v}_2 \bullet (\boldsymbol{v}_1 \times \boldsymbol{v}_2) = 0$$

(4) 외적의 크기 $\|\boldsymbol{v}_1 \times \boldsymbol{v}_2\|$는 $\boldsymbol{v}_1$과 $\boldsymbol{v}_2$가 이루는 (좌표공간 위의) 평행사변형의 넓이이다.

(5) 영벡터가 아닌 또 다른 3차원 벡터 $\boldsymbol{v}_3$에 대해 $(\boldsymbol{v}_1 \times \boldsymbol{v}_2) \bullet \boldsymbol{v}_3$는 (시작점을 공유하는) 세 벡터 $\boldsymbol{v}_1$, $\boldsymbol{v}_2$, $\boldsymbol{v}_3$가 이루는 평행육면체의 부피이다.

[정리 2-7]의 (3)은 행렬식의 성질을 이용해 보일 수 있다. 식 (2.42)를 이용해 $\boldsymbol{v}_1$과 $\boldsymbol{v}_1 \times \boldsymbol{v}_2$의 내적을 계산해보자.

$$\begin{aligned} &\langle x_1, y_1, z_1 \rangle \bullet \left(\det\begin{bmatrix} y_1 & z_1 \\ y_2 & z_2 \end{bmatrix} \cdot \boldsymbol{e}_1 - \det\begin{bmatrix} x_1 & z_1 \\ x_2 & z_2 \end{bmatrix} \cdot \boldsymbol{e}_2 + \det\begin{bmatrix} x_1 & y_1 \\ x_2 & y_2 \end{bmatrix} \cdot \boldsymbol{e}_3 \right) \\ &= x_1 \cdot \det\begin{bmatrix} y_1 & z_1 \\ y_2 & z_2 \end{bmatrix} - y_1 \cdot \det\begin{bmatrix} x_1 & z_1 \\ x_2 & z_2 \end{bmatrix} + z_1 \cdot \det\begin{bmatrix} x_1 & y_1 \\ x_2 & y_2 \end{bmatrix} \end{aligned}$$

위 식은 식 (2.41)의 1행을 $[x_1 \ \ y_1 \ \ z_1]$으로 치환한 뒤, 행렬식을 계산한 것과 같다. 즉 $\boldsymbol{v}_1 \bullet (\boldsymbol{v}_1 \times \boldsymbol{v}_2)$는 다음과 같다.

$$\boldsymbol{v}_1 \bullet (\boldsymbol{v}_1 \times \boldsymbol{v}_2) = \det\begin{bmatrix} x_1 & y_1 & z_1 \\ x_1 & y_1 & z_1 \\ x_2 & y_2 & z_2 \end{bmatrix} \tag{2.43}$$

행렬식의 정의에 따라 식 (2.43)은 0임을 보일 수 있다.

참고 외적의 순서의 의미

외적 $\boldsymbol{v}_1 \times \boldsymbol{v}_2$의 방향은 두 벡터 $\boldsymbol{v}_1$, $\boldsymbol{v}_2$가 곱해진 순서에 따라 달라진다. 이 방향은 '오른손법칙'으로 쉽게 알 수 있다. 오른손법칙은 [그림 2-22]와 같이 $\boldsymbol{v}_1$이 검지손가락, $\boldsymbol{v}_2$가 중지손가락을 향할 때, 외적 $\boldsymbol{v}_1 \times \boldsymbol{v}_2$가 엄지손가락이 향하는 방향을 가리킨다는 의미이다.

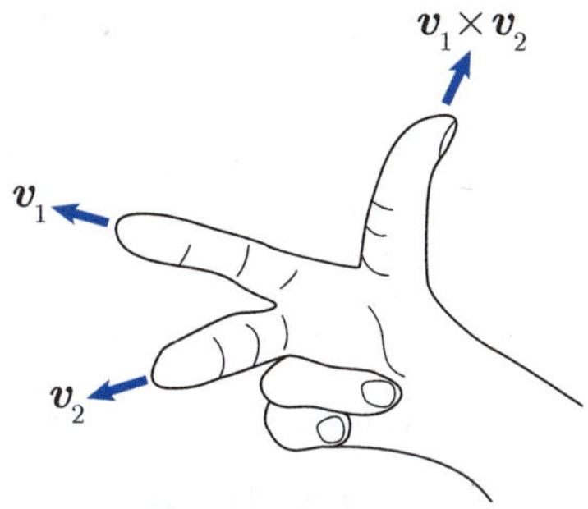

[그림 2-22] 오른손법칙

3차원 벡터의 외적은 좌표공간 위의 평면의 방정식을 구하는 데 이용된다. 예를 들어 평면 위의 세 점이 다음과 같이 주어진다고 하자.

$$P_1 = (x_1,\ y_1,\ z_1),\ \ P_2 = (x_2,\ y_2,\ z_2),\ \ P_3 = (x_3,\ y_3,\ z_3)$$

위치벡터 $\overrightarrow{P_1P_2}$, $\overrightarrow{P_1P_3}$는 평면과 평행하며, 둘의 외적은 평면과 수직인 방향을 가리킨다. 이 외적을 다음과 같이 표기한다.

$$\overrightarrow{P_1P_2} \times \overrightarrow{P_1P_3} = \langle a,\ b,\ c \rangle \tag{2.44}$$

평면 위의 임의의 한 점 X의 좌표를 $X = (x,\ y,\ z)$라 하자. 이때 위치벡터 $\overrightarrow{P_1X}$는 항상 식 (2.44)의 외적과 수직인 방향을 이룬다.

$$\langle x - x_1,\ y - y_1,\ z - z_1 \rangle \bullet \langle a,\ b,\ c \rangle = 0$$

따라서 평면의 방정식은 다음과 같다.

$$a(x - x_1) + b(y - y_1) + c(z - z_1) = 0$$

SECTION 2.3

벡터와 행렬의 활용

이 절에서는 벡터와 행렬을 이용해 이미지 데이터를 처리하는 시각적 방법을 소개한다.

벡터와 행렬 데이터

행렬은 일상생활에서 자주 접하는 수학 개념이다. 예를 들어 TV, 스마트폰, 모니터 등의 스크린은 격자 형태로 배열된 작은 광원의 집합이고, 각 광원은 이미지의 한 점을 빨강, 초록, 파랑의 조합으로 표현한다. 각 삼원색의 세기를 실수로 변환하면 디지털 이미지는 행렬과 같다.

픽셀pixel은 디지털 이미지를 표현하는 점의 최소 단위로서 하나의 색을 표현하는 광원의 역할을 한다. 하나의 픽셀은 주로 빨강, 초록, 파랑의 조합으로 색을 나타내는 RGB 색상 체계로 표현된다.[16] 예를 들어 각 색의 세기를 0과 1 사이의 실수로 표현할 때 빨강, 초록, 파랑의 세기가 각각 0.5, 0.3, 0.7인 색은 보라색이다. 다음 파이썬 코드를 구현하면 이 결과를 확인할 수 있다.

```
# 지정된 색으로 점을 표시
plt.plot(0, 0, '.', markersize=500, color=(0.5, 0.3, 0.7))
plt.axis('off')
```

이미지image는 픽셀을 성분으로 갖는 행렬이다.[17] 행렬의 크기는 이미지의 크기이며, 행렬의 각 성분은 픽셀이 가리키는 색의 정보를 담고 있다. 예를 들어 RGB 색상 체계로 표현된 이미지는 0과 1 사이의[18] 3개의 실수로 이루어진 순서쌍을 성분으로 갖는 행렬이다. 예를 들어 [그림 2-23]은 다음 파이썬 코드로 구현한 23×23 크기의 이미지의 한 예이다.

16 이외에 시안, 마젠타, 노랑, 검정의 세기로 색을 나타내는 CMYK 색상 체계도 있다.

17 이미지 파일은 그래픽 데이터를 어떻게 저장하느냐에 따라 크게 픽셀 기반과 벡터 기반으로 나뉜다. JPEG, PNG, BMP 등은 픽셀 기반 이미지의 대표적인 예이며 이러한 종류의 이미지를 래스터(raster) 이미지라 한다. 한편, 벡터 기반 이미지는 그래픽을 이루는 점, 선, 다각형 등의 요소를 위치벡터의 정보로 저장한다. SVG는 벡터 기반 이미지의 대표적인 예이다.

18 0부터 255 사이의 정수형 (8비트) 데이터로 표현하기도 한다.

```
# 이미지 파일을 읽고 출력
img = plt.imread('sample.png')
plt.imshow(img)
print(img.shape)
```

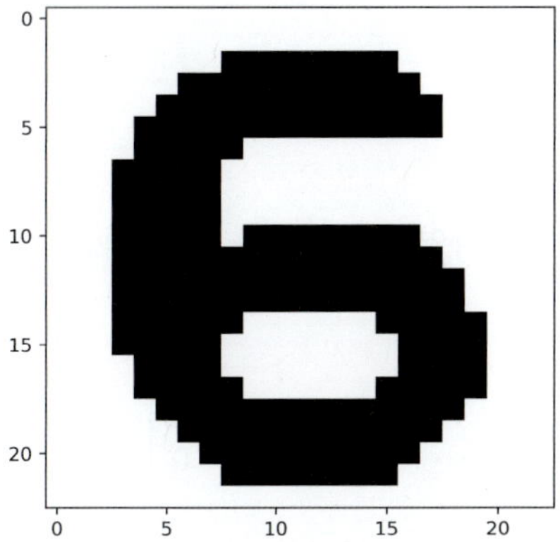

[그림 2-23] 이미지 출력의 예

[그림 2-23]의 좌표축을 통해 알 수 있듯이, 행렬의 각 성분의 행 인덱스가 위에서 아래로, 열 인덱스가 왼쪽에서 오른쪽으로 증가하는 것처럼 이미지 픽셀의 인덱스도 이와 같은 방향으로 증가한다. 참고로 [그림 2-23]과 같이 불러온 이미지의 정보는 NumPy 라이브러리의 ndarray 클래스의 타입으로 정의된다. 이 데이터의 모양을 출력하면 이미지의 가로, 세로 크기를 가리키는 두 정숫값 외에 또 다른 크기가 하나 더 있음을 확인할 수 있다. 예를 들어 [그림 2-23]의 이미지는 $23 \times 23 \times 4$ 크기의 ndarray로 저장된다. 이때 각 행렬의 (i, j) 성분은 (i, j) 픽셀의 빨강, 초록, 파랑, 투명도의 세기를 순서대로 가리킨다.

이미지 변형 등의 처리를 위해서는 이미지의 픽셀을 좌표평면 위의 점에 대응해야 한다. (i, j) 픽셀을 좌표점에 대응하는 가장 직관적인 방법은 인덱스 i, j를 좌푯값으로 사용하는 것이다. 이때 열 인덱스는 x좌표를, 행 인덱스는 y좌표를 가리킨다. 그러나 일반적으로 y좌표는 아래에서 위로 증가하는 데 반해, 행 인덱스는 위에서 아래로 증가하므로 인덱스 (i, j)를 좌표로 변환할 때 행 인덱스의 값을 음수로 반전시켜야 한다. 또한 $529 (= 23 \times 23)$개의 픽셀을 한 번에 그리기 위해서는 픽셀을 가리키는 좌표점을 일렬로 나열해야 한다. 이를 위해 2차원 격자 배열의 점을 한 번씩 지나가는 순서를 [그림 2-24]와 같이 생각해보자(괄호 안의 숫자는 행렬의 인덱스가 아닌 좌푯값을 의미한다).

1번째 (0, 22)	2번째 (1, 22)	⋯	23번째 (22, 22)
24번째 (0, 21)	25번째 (1, 21)	⋯	46번째 (22, 21)
⋮	⋮	⋱	⋮
507번째 (0, 0)	508번째 (1, 0)	⋯	529번째 (22, 0)

[그림 2-24] 픽셀의 순서를 정하는 한 가지 방법

이 순서대로 i번째 좌표점 P_i를 2차원 열벡터로 표현하고 나열하여 다음과 같은 좌표점의 행렬을 만들 수 있다.

$$M = [P_1\ P_2\ \cdots\ P_{529}] = \begin{bmatrix} 0 & 1 & \cdots & 22 & 0 & 1 & \cdots & 22 & 0 & 1 & \cdots & 22 \\ 22 & 22 & \cdots & 22 & 21 & 21 & \cdots & 21 & 0 & 0 & \cdots & 0 \end{bmatrix}$$

위 식을 다음 파이썬 코드로 구현하면 [그림 2-25]와 같은 산포도를 얻는다.

```
# 이미지의 픽셀을 점으로 표현
img = plt.imread('sample.png')
h, w, _ = img.shape
m = np.array([[k for k in range(w) for _ in range(h)],
              [h - 1 - k for _ in range(w) for k in range(h)]])
plt.scatter(*m, s=100, color=img.reshape(529, 4, order='F'))
plt.gca().set_aspect('equal')
```

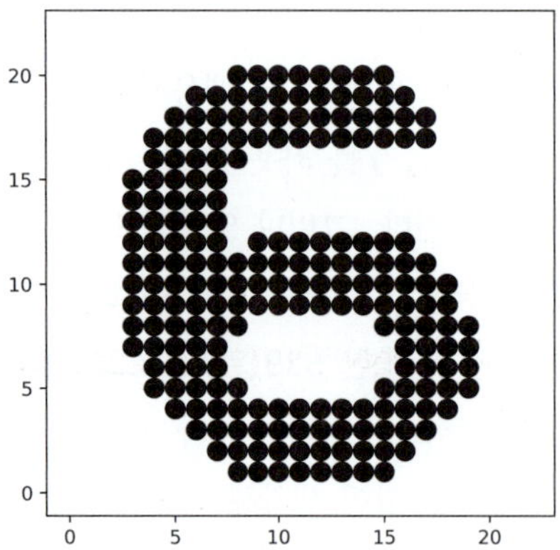

[그림 2-25] 산포도로 표현한 이미지

참고 scatter 함수의 입력값

[그림 2-24]와 [그림 2-25]는 비슷해 보이지만 y좌표의 방향에 차이가 있다. `scatter`는 좌표점의 x, y좌표의 리스트를 입력받아 점으로 표현한다. 이들은 1차원 배열, 즉 벡터의 형태여야 하며, 각 점의 색을 가리키는 `color` 인수의 값 또한 같은 길이의 벡터로 표현해야 한다. [그림 2-25]에서는 `color` 인수에 이미지의 정보인 `img` 값을 사용했다. 원래 `img`는 $23 \times 23 \times 4$ 크기의 3차원 배열이지만, 이를 529×4 크기의 2차원 배열로 변경했다. 이는 다시 529개의 RGBA[19] 값을 갖는 1차원 배열로 간주할 수 있다. 이처럼 배열의 성분을 유지한 채 모양만 바꾸기 위해 `reshape` 함수를 사용했다. 행렬을 1차원 배열(일종의 529×1 행렬)로 바꾸는 방법은 성분을 읽는 방향을 행 기준으로 할 것인지, 열 기준으로 할 것인지에 따라 달라진다. 여기서는 각 픽셀의 좌표를 행 기준으로 나열했으므로, `reshape`의 인수 `order`에 `F`를 지정했다.[20]

변환으로서의 행렬

이제 행렬의 기능에 대해 알아보자. 행렬은 벡터를 벡터로 변환하는 함수이다.

다음 예를 통해 변환으로서의 행렬의 의미를 살펴보자. 원점 O와 점 $P=(x, y)$의 위치벡터 $\overrightarrow{OP}$를 2×1 크기의 열벡터로 표현하고, 이를 다음과 같은 2×2 행렬에 곱해보자(여기서 θ는 실수이다).

$$\begin{bmatrix} \cos(\theta) & -\sin(\theta) \\ \sin(\theta) & \cos(\theta) \end{bmatrix} \cdot \begin{bmatrix} x \\ y \end{bmatrix} = \begin{bmatrix} \cos(\theta)x - \sin(\theta)y \\ \sin(\theta)x + \cos(\theta)y \end{bmatrix} \tag{2.45}$$

식 (2.45)를 통해 얻은 새로운 (2차원) 벡터 $\langle \cos(\theta)x - \sin(\theta)y, \sin(\theta)x + \cos(\theta)y \rangle$의 의미를 알아보기 위해 먼저 이 벡터를 다음과 같이 분해하자.

$$x \cdot \langle \cos(\theta), \sin(\theta) \rangle + y \cdot \langle -\sin(\theta), \cos(\theta) \rangle \tag{2.46}$$

식 (2.46)에서 $\langle \cos(\theta), \sin(\theta) \rangle$는 양의 x축으로부터 (반시계방향으로) θ만큼의 각을 이루는 단위원의 원주 위의 점을 가리킨다. 이는 단위벡터 $\langle 1, 0 \rangle$을 (반시계방향으로) θ만큼 회전한 것과 같다. 다음으로 $\langle -\sin(\theta), \cos(\theta) \rangle$는 양의 x축으로부터 (반시계방향으로) $\left(\theta + \frac{\pi}{2}\right)$만큼의 각을 이루는 단위원의 원주 위의 점을 가리킨다. 이 결과는 다음 등식으로

19 RGBA에서 마지막 'A'는 투명도(alpha)를 가리킨다.

20 F는 (프로그래밍 언어 중 하나인) 포트란(Fortran)의 스타일을 따른다는 것을 의미한다.

확인할 수 있다.

$$\left\langle \cos\left(\theta+\frac{\pi}{2}\right),\ \sin\left(\theta+\frac{\pi}{2}\right)\right\rangle = \langle -\sin(\theta),\ \cos(\theta)\rangle$$

따라서 $\langle -\sin(\theta),\ \cos(\theta)\rangle$는 단위벡터 $\langle 0,\ 1\rangle$을 반시계방향으로 θ만큼 회전한 것과 같다고 할 수 있다. 식 (2.46)은 이와 같은 단위벡터에 각각 실수 x, y를 곱하여 선형결합한 것이다. 즉 원래의 벡터 $\langle x,\ y\rangle$를 반시계방향으로 θ만큼 회전한 것이다. 이러한 의미로 식 (2.45)의 2×2 행렬을 **회전변환행렬** rotation matrix이라 하고 다음과 같이 표기한다.

$$R(\theta)=\begin{bmatrix}\cos(\theta) & -\sin(\theta)\\ \sin(\theta) & \cos(\theta)\end{bmatrix} \tag{2.47}$$

회전변환행렬을 이용하면 특정 점을 중심으로 한 좌표점의 회전변환을 계산할 수 있다. 예를 들어 점 $P=(x_1,\ y_1)$을 중심으로 점 $Q=(x_2,\ y_2)$를 (반시계방향으로) θ만큼 회전해보자. 여기서 주의할 점은 식 (2.45)의 벡터 $\langle x,\ y\rangle$가 원점을 시작점으로 하는 위치벡터로 간주된다는 것이다. 따라서 위치벡터 $\overrightarrow{PQ}$를 회전변환한 뒤, 시작점이 점 P에 오도록 평행이동해야 한다. 즉 회전변환된 점 $Q'=\langle x',\ y'\rangle$의 좌표는 다음을 만족한다.

$$\begin{bmatrix}x'\\ y'\end{bmatrix}=\overrightarrow{OQ'}=\overrightarrow{OP}+R(\theta)\cdot\overrightarrow{PQ}=\begin{bmatrix}x_1\\ y_1\end{bmatrix}+\begin{bmatrix}\cos(\theta) & -\sin(\theta)\\ \sin(\theta) & \cos(\theta)\end{bmatrix}\cdot\begin{bmatrix}x_2-x_1\\ y_2-y_1\end{bmatrix}$$

예제 2-19 벡터의 회전변환

점 $P=(-1,1)$을 중심으로 점 $Q=(2,1)$을 $\theta=60°$만큼 반시계방향으로 회전하여 얻은 점을 Q'이라 할 때 점 Q'의 좌표를 구하고, 파이썬을 이용해 점 P, Q, Q'과 위치벡터 $\overrightarrow{PQ}$, $\overrightarrow{PQ'}$을 화살표로 표현하라.

풀이

먼저 점 Q'의 좌표는 다음과 같이 구할 수 있다.

$$\begin{bmatrix}-1\\ 1\end{bmatrix}+\begin{bmatrix}\cos\left(\frac{\pi}{3}\right) & -\sin\left(\frac{\pi}{3}\right)\\ \sin\left(\frac{\pi}{3}\right) & \cos\left(\frac{\pi}{3}\right)\end{bmatrix}\cdot\begin{bmatrix}2-(-1)\\ 1-1\end{bmatrix}=\begin{bmatrix}\frac{1}{2}\\ 1+3\frac{\sqrt{3}}{2}\end{bmatrix}$$

다음 파이썬 코드를 구현해 점 P, Q, Q'과 위치벡터 $\overrightarrow{PQ}$, $\overrightarrow{PQ'}$을 화살표로 표현하면 [그림 2-26]과 같다.

```
# 시작점을 중심으로 한 벡터의 회전을 표현
p, q =np.array([1, 2]), np.array([2, 3])
r =lambda t: np.array([[np.cos(t), -np.sin(t)], [np.sin(t),
np.cos(t)]])
qp =+r(np.pi/3)@(q-p)
plt.quiver(*p, *(q-p), color='k', **quiver_2d_params)
plt.quiver(*p, *(qp-p), color='C0', **quiver_2d_params)
plt.plot(*p, 'ko')
plt.plot(*q, 'ko')
plt.plot(*qp, 'ko')
plt.text(p[0]-.2, p[1], r'$P$', fontsize=25)
plt.text(q[0], q[1]+.1, r'$Q$', fontsize=25)
plt.text(qp[0]+.1, qp[1]-.1, r'$Q^\prime$', fontsize=25)
plt.axis('equal')
```

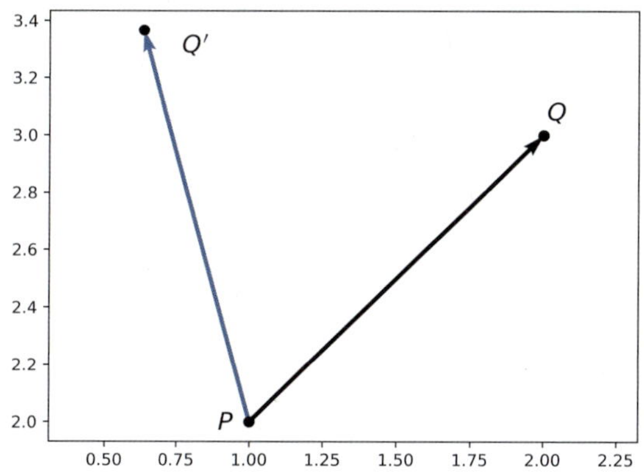

[그림 2-26] 시작점을 중심으로 한 벡터의 회전

회전변환을 이용하면 주어진 이미지를 회전시킬 수 있다. 앞서 이미지의 각 픽셀을 좌표평면 위의 한 점에 대응시키고, 각 좌표를 다음과 같이 열벡터에 대응시킨 것을 기억하자.

$$M = [P_1\ P_2\ \cdots\ P_{529}] = \begin{bmatrix} 0 & 1 & \cdots & 22 & 0 & 1 & \cdots & 22 & 0 & 1 & \cdots & 22 \\ 22 & 22 & \cdots & 22 & 21 & 21 & \cdots & 21 & 0 & 0 & \cdots & 0 \end{bmatrix} \tag{2.48}$$

각 (열)벡터 P_i에 회전변환행렬의 식 (2.47)을 곱한 것을 P_i'이라 하자.

$$P_i' = R(\theta) \cdot P_i$$

식 (2.48)의 행렬 M에 회전변환행렬을 곱하면 위 결과는 다음과 같이 한 번에 수행할 수 있다.

$$R(\theta) \cdot M = [P_1' \ \cdots \ P_{529}']$$

다음 파이썬 코드를 구현해 이 결과를 앞서 소개한 [그림 2-25]에 적용하면 [그림 2-27]을 얻는다.

```
# 회전변환행렬을 이용해 이미지를 회전
img = plt.imread('img/ch-2/spider.png')
h, w, _ = img.shape
m = np.array([[k for k in range(w) for _ in range(h)],
              [h - 1 - k for _ in range(w) for k in range(h)]])

# 회전변환행렬을 정의
r = lambda t: np.array([[np.cos(t), -np.sin(t)], [np.sin(t),
np.cos(t)]])

# pi/3만큼 반시계방향으로 회전
xy = r(np.pi/3)@m
plt.scatter(*xy, s=40, color=img.reshape(529, 4, order='F'))
plt.gca().set_aspect('equal')
```

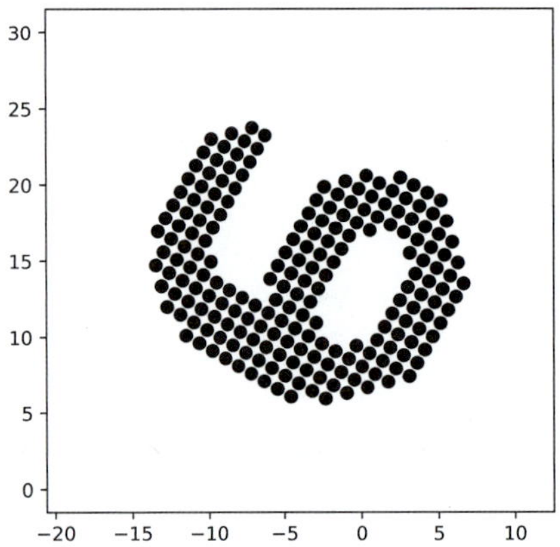

[그림 2-27] 이미지의 회전

행렬은 선분을 선분으로 변환한다. 이러한 의미로 행렬에 의한 벡터의 변환을 **선형변환** linear transformation이라고도 한다.

예제 2-20 선형변환

행렬 $A=\begin{bmatrix} 1 & 2 \\ -1 & 1 \end{bmatrix}$을 이용해 다음 좌표점으로 이루어진 사각형 $OPQR$을 변환하고, 파이썬을 이용해 원래의 사각형과 변환된 사각형을 함께 그려라.

$$O=(0, 0),\ P=(1, 0),\ Q=(1, 1),\ R=(0, 1)$$

풀이

사각형 $OPQR$의 각 꼭짓점을 위치벡터에 대응시키고 다음과 같이 변환해보자.

$$A\cdot\overrightarrow{OO}=\begin{bmatrix}1&2\\-1&1\end{bmatrix}\begin{bmatrix}0\\0\end{bmatrix}=\begin{bmatrix}0\\0\end{bmatrix},\quad A\cdot\overrightarrow{OP}=\begin{bmatrix}1&2\\-1&1\end{bmatrix}\begin{bmatrix}1\\0\end{bmatrix}=\begin{bmatrix}1\\-1\end{bmatrix}$$
$$A\cdot\overrightarrow{OQ}=\begin{bmatrix}1&2\\-1&1\end{bmatrix}\begin{bmatrix}1\\1\end{bmatrix}=\begin{bmatrix}3\\0\end{bmatrix},\quad A\cdot\overrightarrow{OR}=\begin{bmatrix}1&2\\-1&1\end{bmatrix}\begin{bmatrix}0\\1\end{bmatrix}=\begin{bmatrix}2\\1\end{bmatrix}$$

변환을 통해 얻은 새로운 꼭짓점 O', P', Q', R'의 좌표는 다음과 같다.

$$O'=(0, 0),\ P'=(1, -1),\ Q'=(3, 0),\ R'=(2, 1)$$

다음 파이썬 코드를 구현해 두 사각형 $OPQR$과 $O'P'Q'R'$을 좌표평면에 각각 나타내면 [그림 2-28]과 같다.

```
# 선형변환을 이용해 사각형을 변환
xy = np.array([[0, 1, 1, 0],
               [0, 0, 1, 1]])                  # 사각형의 꼭짓점을 정의
xy = np.insert(xy, 4, xy[:, 0], axis=1)  # 시작 좌표를 마지막에 추가
a = np.array([[1, 2], [-1, 1]])              # 선형변환을 정의
fig = plt.figure(figsize=plt.figaspect(.5))
ax = fig.add_subplot(121)
ax.plot(*xy, 'o-k')                          # 원래의 사각형을 출력
ax.set_xlim([-1, 4])
ax.set_ylim([-2, 3])
ax = fig.add_subplot(122)
xyp = a@xy                                   # 사각형의 꼭짓점을 선형변환
ax.plot(*xyp, 'o-k')                         # 변환된 사각형을 출력
ax.set_xlim([-1, 4])
ax.set_ylim([-2, 3])
```

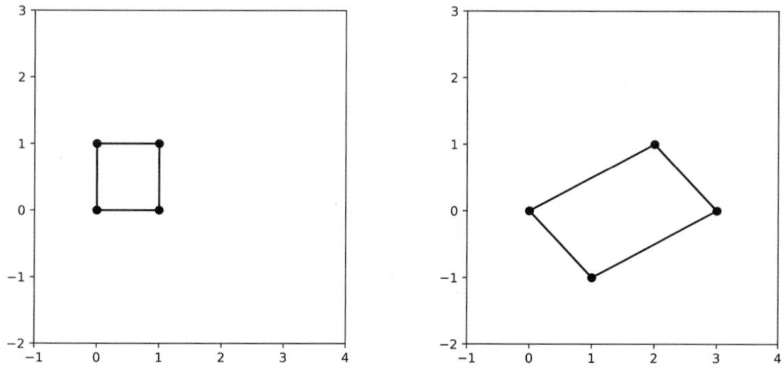

(a) 사각형 $OPQR$　　(b) 사각형 $O'P'Q'R'$

[그림 2-28] 선형변환에 의한 사각형의 변형

SECTION 2.4 프로젝트 : 캡차(CAPTCHA) 만들기

이 절에서는 캡차 이미지를 생성하는 프로젝트로 벡터와 행렬을 다룬다. **캡차**(CAPTCHA) Completely Automated Public Turing test to tell Computers and Humans Apart는 뒤에 나올 [그림 2-32]와 같이 숫자(또는 문자)를 판독하기 어려운 형태로 배치하여 자동화된 프로그램을 이용해 웹사이트에 접근하는 것을 막기 위해 사용되는 이미지이다.

이 절에서는 지금까지 살펴본 행렬 변환의 개념을 이용해 [그림 2-32]와 같은 무작위 캡차 이미지를 생성하는 코드를 작성한다. 이렇게 생성한 캡차 이미지는 다음과 같은 특성을 갖는다.

❶ 각 숫자는 무작위 방향과 크기로 비틀린 형태를 띤다.
❷ 인접한 두 숫자는 서로 겹친다.

캡차 이미지를 생성하는 순서는 다음과 같다.

1단계		2단계		3단계
숫자 이미지 생성	→	숫자 이미지 변형	→	캡차 이미지 출력

[그림 2-29] 캡차 이미지의 생성 과정

[1단계]에서는 숫자 이미지를 생성하고 픽셀 좌표를 행렬 형태로 반환한다. 이를 위해 텍스트 이미지 파일을 생성하고, 이 파일을 다시 행렬로 읽는 작업이 필요하다. 이 과정을 다음과 같이 `chr2im` 함수로 구현해보자.[21]

```
# 하나의 문자를 픽셀 이미지 정보(ndarray)로 변환하는 함수를 구현
import os

def chr2im(s) -> np.ndarray:
    plt.figure(figsize=(1, 1))
    # 문자를 윈도우에 출력
    plt.text(0, 0, s, fontsize=80, ha='center', va='center')
```

21 임시로 생성된 이미지 파일을 지우는 작업을 위해 파일 입출력에 관한 함수가 정의된 os 라이브러리를 사용한다.

```
    plt.axis('off')    # 좌표축을 제거
    plt.axis('tight') # 좌표축과의 여백을 제거
    plt.savefig('temp.png', bbox_inches='tight') # 이미지를 임시 저장
    img = plt.imread('temp.png')  # 이미지를 픽셀 정보로 읽기
    plt.clf()     # 다음 이미지 출력을 위해 이미지 윈도우의 모든 내용을 삭제
    plt.close()  # 이미지 윈도우 닫기
    os.remove('temp.png')  # 임시파일을 삭제
    return img
```

예를 들어 다음 파이썬 코드로 숫자 7을 만드는 픽셀 이미지를 생성하고 출력하면 [그림 2-30]과 같다.

```
# 숫자 7을 이미지로 출력
img = chr2im('7')
plt.imshow(img)
```

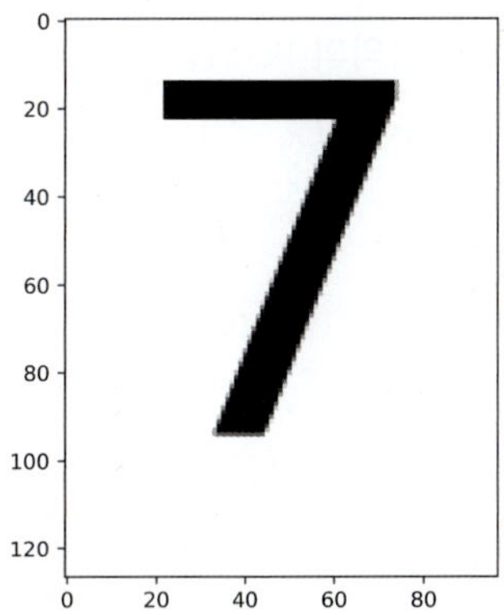

[그림 2-30] 숫자 이미지의 출력

[그림 2-30]에서 생성한 이미지는 검은색 픽셀로 이루어진 숫자 영역과 흰색 픽셀로 이루어진 배경이 합쳐진 127×97 크기의 이미지[22]이다. 이 이미지의 각 픽셀은 좌표평면 위의 영역 $0 \le x \le 97$, $0 \le y \le 127$을 가리킨다. 각 픽셀의 좌표 (i, j)를 이미지의 가로, 세로 크기 w, h로 각각 나누어 가로, 세로 길이가 모두 1이 되도록 조정하자. 픽셀 좌표를 열벡터 $\boldsymbol{x} = \begin{bmatrix} x \\ y \end{bmatrix}$라 하고 $\boldsymbol{x}$에 다음과 같이 대각행렬을 곱하면 된다.

$$\begin{bmatrix} 1/w & 0 \\ 0 & 1/h \end{bmatrix} \cdot \boldsymbol{x} = \begin{bmatrix} x/w \\ y/h \end{bmatrix}$$

22 파이썬은 컴파일 환경의 DPI(Dots Per Inches)에 따라 해상도가 결정되므로, 사용자의 그래픽 출력 환경에 따라 이와 다른 크기의 이미지를 얻을 수도 있다.

그다음 위 식의 각 좌표에서 0.5를 빼서 이미지의 중심이 원점에 오도록 한다. 마지막으로 흰색을 제외한 나머지 픽셀만을 추출한다. 이 결과를 다음과 같이 im2arr 함수로 구현해보자.

```
# 픽셀 이미지에서 흰색을 제외한 부분만 추출하는 함수를 구현
def im2arr(im) -> np.ndarray:
    h, w, l = im.shape
    m = np.array([[k for k in range(w) for _ in range(h)],
                  [h-1-k for _ in range(w) for k in range(h)]])
    # 가로, 세로 길이를 1로 맞추고 중심이 원점이 되도록 평행이동
    m=np.diag([1/w,1/h])@m-np.array([0.5,0.5])[:,np.newaxis]
    im = im.reshape(h*w, l, order='F')
    # 흰색이 아닌 픽셀의 인덱스만 추출
    black = [i for i, val in enumerate(im) if np.prod(val)<1.0]
    return m[:, black]
```

[2단계]에서는 숫자 이미지를 변형한다. 여기서는 회전과 함께 상하 또는 좌우로 늘리거나 줄이는 변형을 추가해보자. 조금 더 구체적으로 표준단위벡터 e_1, e_2의 방향으로 일정한 범위 내의 무작위 크기만큼 늘리거나 줄이는 변환을 생각해보자. 다음은 임의의 벡터를 e_1의 방향으로 λ_1만큼, e_2의 방향으로 λ_2만큼 늘리거나($\lambda_i > 1,\ i = 1, 2$), 줄이는($\lambda_i < 1,\ i = 1, 2$) 변환행렬이다.

$$\begin{bmatrix} \lambda_1 & 0 \\ 0 & \lambda_2 \end{bmatrix}$$

예를 들어 [그림 2-30]을 λ_1, λ_2가 각각 0.8, 1.2인 대각행렬을 이용해 변환하고, 이를 다시 식 (2.47)의 회전변환행렬 $R(\theta)$를 이용해 $\theta = 15°$만큼 변환해보자. 다음 파이썬 코드를 구현하면 각 단계마다 변환되는 이미지의 형태를 확인할 수 있다. [그림 2-31]을 살펴보자.

```
# 대각행렬을 이용해 이미지 변환
im =chr2im('7')
xy =im2arr(im)
fig, ax =plt.subplots(1, 3)
for i in range(3):
   ax[i].set_aspect('equal')
ax[0].scatter(*xy, s=40, color='k')
xy =np.diag([.8, 1.2]) @xy
ax[1].scatter(*xy, s=40, color='C0')
xy =r(15/180*np.pi) @xy
ax[2].scatter(*xy, s=40, color='C0')
plt.tight_layout()   # 이미지 간격 자동 조절
```

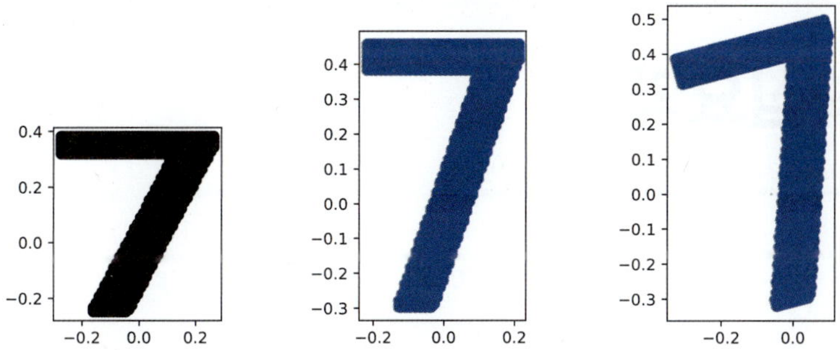

[그림 2-31] 숫자 이미지의 변환 과정

[3단계]에서는 [그림 2-31]과 같은 이미지가 서로 겹치도록 하나의 이미지에 출력한다. 지금까지 살펴본 파이썬 코드를 다음과 같이 조합하여 구현하면 [그림 2-32]의 결과를 얻는다.

```
# 숫자로 이루어진 캡차 이미지를 출력
import random
plt.gca().set_aspect('equal')
plt.axis('tight')
plt.axis('off')
text ='1234' # 출력할 문자열을 지정
off =.4        # 각 문자 사이의 간격을 지정
color =np.array([31/255, 119/255, 180/255])
for i, c in enumerate(text):
    im =chr2im(c)  # 문자를 이미지로 변환
    xy =im2arr(im) # 이미지 픽셀의 좌표 추출
    ld =.8 +.4 *np.random.rand(2) # 대각성분의 값을 무작위로 설정
    xy =np.diag(ld) @xy           # 대각행렬로 이미지를 변환
    th =-np.pi/4+np.pi/2 *random.random() # 회전각을 무작위로 설정
    xy =r(th) @xy                         # 회전변환행렬로 이미지를 변환
    plt.scatter(*xy+np.array([off*i, 0])[:, None], s=10,
color=color)
plt.xlim(-off, len(text)*off)
plt.ylim(-.5, .5)
```

[그림 2-32] 숫자 캡차 이미지 생성

CHAPTER

02 핵심요약

■ 벡터

• 위치벡터의 정의

위치벡터는 다음과 같이 두 점 P, Q를 잇는 화살표로 표현되는 순서쌍 $\overrightarrow{PQ}$이다.

❶ **2차원 위치벡터** : $P=(x_1, y_1)$, $Q=(x_2, y_2) \Rightarrow \overrightarrow{PQ}=\langle x_2-x_1, y_2-y_1 \rangle$

❷ **3차원 위치벡터** : $P=(x_1, y_1, z_1)$, $Q=(x_2, y_2, z_2)$

$$\Rightarrow \overrightarrow{PQ}=\langle x_2-x_1, y_2-y_1, z_2-z_1 \rangle$$

• 벡터합과 스칼라곱

❶ **2차원 벡터**

벡터합 : $\langle x_1, y_1 \rangle + \langle x_2, y_2 \rangle = \langle x_1+x_2, y_1+y_2 \rangle$

스칼라곱 : $k \cdot \langle x_1, y_1 \rangle = \langle kx_1, ky_1 \rangle$

❷ **3차원 벡터**

벡터합 : $\langle x_1, y_1, z_1 \rangle + \langle x_2, y_2, z_2 \rangle = \langle x_1+x_2, y_1+y_2, z_1+z_2 \rangle$

스칼라곱 : $k \cdot \langle x_1, y_1, z_1 \rangle = \langle kx_1, ky_1, kz_1 \rangle$

• 선형결합

같은 차원의 벡터 $\boldsymbol{v}_1, \boldsymbol{v}_2, \cdots, \boldsymbol{v}_n$과 실수 $c_1, c_2, \cdots, c_n$에 대해 다음과 같이 표현한 벡터를 $\boldsymbol{v}_1, \boldsymbol{v}_2, \cdots, \boldsymbol{v}_n$의 **선형결합**이라 한다.

$$c_1\boldsymbol{v}_1 + c_2\boldsymbol{v}_2 + \cdots + c_n\boldsymbol{v}_n$$

• 벡터의 내적

같은 차원의 두 벡터 $\boldsymbol{v}_1$, $\boldsymbol{v}_2$의 **내적**은 벡터의 성분으로 다음과 같이 계산된 실수 $\boldsymbol{v}_1 \bullet \boldsymbol{v}_2$이다.

❶ **2차원 벡터** : $\boldsymbol{v}_1=\langle x_1, y_1 \rangle$, $\boldsymbol{v}_2=\langle x_2, y_2 \rangle \Rightarrow \boldsymbol{v}_1 \bullet \boldsymbol{v}_2 = x_1x_2+y_1y_2$

❷ **3차원 벡터** : $\boldsymbol{v}_1=\langle x_1, y_1, z_1 \rangle$, $\boldsymbol{v}_2=\langle x_2, y_2, z_2 \rangle$

$$\Rightarrow \boldsymbol{v}_1 \bullet \boldsymbol{v}_2 = x_1x_2+y_1y_2+z_1z_2$$

- **벡터의 크기**

벡터 v의 크기는 자기 자신과의 내적 $v \cdot v$의 제곱근이다.

$$\|v\| = \sqrt{v \cdot v}$$

- **사잇각 정리**

두 위치벡터 $\overrightarrow{OP}$, $\overrightarrow{OQ}$의 사잇각이 θ일 때, 다음이 성립한다.

$$\overrightarrow{OP} \cdot \overrightarrow{OQ} = \|\overrightarrow{OP}\| \cdot \|\overrightarrow{OQ}\| \cos(\theta)$$

- **벡터의 사영**

벡터 v의 w 위로의 **사영**은 다음과 같다.

$$\text{proj}_w v = \frac{v \cdot w}{w \cdot w} w$$

■ 행렬

- **행렬의 정의**

행렬은 직사각형의 배열로 숫자를 나열한 것이고, **정방행렬**은 행과 열의 개수가 같은 행렬이다.

- **행렬식의 계산 방법**

❶ 2×2 행렬 : $\det \begin{bmatrix} A_{11} & A_{12} \\ A_{21} & A_{22} \end{bmatrix} = A_{11}A_{22} - A_{12}A_{21}$

❷ 3×3 행렬 : $\det \left[\begin{array}{ccc|cc} B_{11} & B_{12} & B_{13} & B_{11} & B_{12} \\ B_{21} & B_{22} & B_{23} & B_{21} & B_{22} \\ B_{31} & B_{32} & B_{33} & B_{31} & B_{32} \end{array}\right] = \begin{array}{l} B_{11}B_{22}B_{33} + B_{12}B_{23}B_{31} + B_{13}B_{21}B_{32} \\ - B_{13}B_{22}B_{31} - B_{12}B_{21}B_{33} - B_{11}B_{23}B_{32} \end{array}$

- **역행렬의 정의**

❶ 2×2 행렬 : $A^{-1} = \dfrac{1}{\det A} \begin{bmatrix} A_{22} & -A_{12} \\ -A_{21} & A_{11} \end{bmatrix}$

❷ 3×3 행렬 : $B^{-1} = \dfrac{1}{\det B} \begin{bmatrix} B(1,1) & -B(2,1) & B(3,1) \\ -B(1,2) & B(2,2) & -B(3,2) \\ B(1,3) & -B(2,3) & B(3,3) \end{bmatrix}$

- **크레이머 법칙**

❶ 미지수가 2개인 연립방정식 $\begin{matrix} A_{11}x + A_{12}y = c_1 \\ A_{21}x + A_{22}y = c_2 \end{matrix}$의 해가 유일하면 해는 다음과 같다.

$$x = \frac{\det\begin{bmatrix}\begin{bmatrix}c_1\\c_2\end{bmatrix} & \begin{matrix}A_{12}\\A_{22}\end{matrix}\end{bmatrix}}{\det\begin{bmatrix}A_{11} & A_{12}\\A_{21} & A_{22}\end{bmatrix}}, \quad y = \frac{\det\begin{bmatrix}\begin{matrix}A_{11}\\A_{21}\end{matrix} & \begin{bmatrix}c_1\\c_2\end{bmatrix}\end{bmatrix}}{\det\begin{bmatrix}A_{11} & A_{12}\\A_{21} & A_{22}\end{bmatrix}}$$

❷ 미지수가 3개인 연립방정식 $\begin{matrix} B_{11}x + B_{12}y + B_{13}z = c_1 \\ B_{21}x + B_{22}y + B_{23}z = c_2 \\ B_{31}x + B_{32}y + B_{33}z = c_3 \end{matrix}$의 해가 유일하면 해는 다음과 같다.

$$x = \frac{\det\begin{bmatrix}\begin{bmatrix}c_1\\c_2\\c_3\end{bmatrix} & \begin{matrix}B_{12} & B_{13}\\B_{22} & B_{23}\\B_{32} & B_{33}\end{matrix}\end{bmatrix}}{\det\begin{bmatrix}B_{11} & B_{12} & B_{13}\\B_{21} & B_{22} & B_{23}\\B_{31} & B_{32} & B_{33}\end{bmatrix}}, \quad y = \frac{\det\begin{bmatrix}\begin{matrix}B_{11}\\B_{21}\\B_{31}\end{matrix} & \begin{bmatrix}c_1\\c_2\\c_3\end{bmatrix} & \begin{matrix}B_{13}\\B_{23}\\B_{33}\end{matrix}\end{bmatrix}}{\det\begin{bmatrix}B_{11} & B_{12} & B_{13}\\B_{21} & B_{22} & B_{23}\\B_{31} & B_{32} & B_{33}\end{bmatrix}}, \quad z = \frac{\det\begin{bmatrix}\begin{matrix}B_{11} & B_{12}\\B_{21} & B_{22}\\B_{31} & B_{32}\end{matrix} & \begin{bmatrix}c_1\\c_2\\c_3\end{bmatrix}\end{bmatrix}}{\det\begin{bmatrix}B_{11} & B_{12} & B_{13}\\B_{21} & B_{22} & B_{23}\\B_{31} & B_{32} & B_{33}\end{bmatrix}}$$

- **벡터의 외적**

두 3차원 벡터 $\boldsymbol{v}_1 = \langle x_1, y_1, z_1 \rangle$, $\boldsymbol{v}_2 = \langle x_2, y_2, z_2 \rangle$의 **외적**은 다음과 같다.

$$\boldsymbol{v}_1 \times \boldsymbol{v}_2 = \langle y_1z_2 - y_2z_1,\ x_2z_1 - x_1z_2,\ x_1y_2 - x_2y_1 \rangle$$

■ 벡터와 행렬의 활용

- **회전변환행렬**

2×2 회전변환행렬은 다음과 같다.

$$R(\theta) = \begin{bmatrix}\cos(\theta) & -\sin(\theta)\\ \sin(\theta) & \cos(\theta)\end{bmatrix}$$

CHAPTER

02 연습문제

SECTION 2.1

1. 다음 문항에 대해 2차원 벡터를 화살표로 출력하는 파이썬 코드를 작성하고 결과를 확인하라.

(a) 원점 $O=(0, 0)$과 점 $P=(1, 2)$로부터 얻은 위치벡터 $\overrightarrow{OP}$의 화살표를 표현하라(단, 영역의 범위는 $-1 \le x \le 2$, $-1 \le y \le 3$).

(b) 두 점 $P=(2, 3)$, $Q=(-2, 2)$에 대해 벡터 $\overrightarrow{OP}$, $\overrightarrow{OQ}$와 이들의 차 $\overrightarrow{OQ}-\overrightarrow{OP}$를 화살표로 표현하라(단, 영역의 범위는 $-3 \le x \le 3$, $-1 \le y \le 4$).

(c) 두 점 $C=(1, 1)$, $D=(-1, 2)$에 대해 벡터 $\overrightarrow{OC}$, $\overrightarrow{OD}$와 이들의 합 $\overrightarrow{OC}+\overrightarrow{OD}$를 화살표로 표현하라(단, 영역의 범위는 $-3 \le x \le 3$, $-3 \le y \le 3$).

(d) 세 점 $P=(2, 1)$, $Q=(-2, 2)$, $R=(1, -2)$에 대해 벡터 $\overrightarrow{OP}$, $\overrightarrow{OQ}$, $\overrightarrow{OR}$과 이들의 차 $\overrightarrow{OP}-\overrightarrow{OQ}-\overrightarrow{OR}$을 화살표로 표현하라(단, 영역의 범위는 $-3 \le x \le 3$, $-3 \le y \le 3$).

2. 다음 문항에 대해 3차원 벡터를 화살표로 출력하는 파이썬 코드를 작성하고 결과를 확인하라.

(a) 영역 $-1 \le x \le 1$, $-1 \le y \le 1$, $0 \le z \le 2$ 위에 3차원 위치벡터 $\overrightarrow{OP}=\langle -1, 1, 2\rangle$의 화살표를 표현하라.

(b) 두 점 $A=(1, 1, 1)$, $B=(-1, -1, 0)$의 위치벡터 $\overrightarrow{OA}$, $\overrightarrow{OB}$와 이들의 차 $\overrightarrow{OB}-\overrightarrow{OA}$를 화살표로 표현하라(단, 점 O, A, B를 굵은 점으로 표시하고 이름을 작성하라).

(c) 원점 $O=(0, 0, 0)$과 세 점 $P=(2, -1, 1)$, $Q=(1, 1, -2)$, $R=(-1, 2, 0)$에 대해 벡터 $\overrightarrow{OP}$, $\overrightarrow{OQ}$, $\overrightarrow{OR}$과 이들의 합 $\overrightarrow{OP}+\overrightarrow{OQ}+\overrightarrow{OR}$을 화살표로 표현하라(단, 영역의 범위는 $-3 \le x$, $y \le 3$, $-2 \le z \le 2$이다).

(d) 네 벡터 $\boldsymbol{a}=\langle 1, 1, -1\rangle$, $\boldsymbol{b}=\langle -1, 0, 1\rangle$, $\boldsymbol{c}=\langle 2, -1, 0\rangle$, $\boldsymbol{d}=\langle -2, 1, -1\rangle$과 이들의 합 $\boldsymbol{a}+\boldsymbol{b}+\boldsymbol{c}+\boldsymbol{d}$를 화살표로 표현하고, 각 화살표에 벡터의 이름을 작성하라.

3. 다음 벡터의 연산이 가능한지 판별하라. 만약 가능하면 계산하고 불가능하면 그 이유를 설명하라.

(a) $\langle 2, 3\rangle+\langle \pi, 1\rangle$

(b) $\langle 1, 2, 3\rangle+\langle -1, 0\rangle$

(c) $\boldsymbol{u}=\langle -2, 1, 3\rangle$일 때, $\boldsymbol{u}^2$

(d) $\boldsymbol{a}=\langle 0, 8, -2\rangle$, $\boldsymbol{b}=\langle 4, 4, -1\rangle$, $\boldsymbol{c}=\langle 2, 0, -3\rangle$일 때, $\boldsymbol{a}/2-3(\boldsymbol{b}+\boldsymbol{c})$

(e) $\dfrac{\langle 3, 6\rangle}{\langle 1, 2\rangle}$

4. 2차원 및 3차원 벡터의 선형결합에 대해 다음을 구하라.

(a) $c_1\langle 2, 3\rangle+c_2\langle -1, 1\rangle=\langle 5, 4\rangle$일 때 c_1, c_2 값

(b) 벡터 $\langle 0, 5\rangle$를 표현하는 $\langle 1, -1\rangle$과 $\langle 2, 3\rangle$의 선형결합

(c) $\langle 1, 0, 1\rangle-a\langle 2, 1, -1\rangle+2\langle 0, 1, 1\rangle=\langle 2, 4, 3\rangle$일 때 a 값

(d) $\eta\langle 1, 0, -1\rangle+\mu\langle -2, 2, 3\rangle+\nu\langle 1, 1, 0\rangle=\langle 5, 7, 1\rangle$[23]일 때 η, μ, ν 값

5. 내적을 이용해 다음을 계산하라.

(a) $\langle -6, 3\rangle \cdot \left\langle -3, \dfrac{1}{2}\right\rangle$

(b) $\text{proj}_{\langle 2, 5\rangle}\langle 1, 1\rangle$

(c) $\text{proj}_{\langle 1, 2, -3\rangle}\langle -1, -2, 0\rangle$

(d) $\boldsymbol{a}=\langle -2, 4\rangle$, $\boldsymbol{b}=\langle 2, 2\rangle$일 때, $\text{proj}_{\boldsymbol{a}}\boldsymbol{b}+\text{proj}_{\boldsymbol{b}}\boldsymbol{a}$

6. 다음 물음에 답하라.

(a) 두 2차원 벡터 $\boldsymbol{u}=\langle 3, 4\rangle$, $\boldsymbol{v}=\langle -1, 2\rangle$와 2차원 단위벡터 $\boldsymbol{w}$의 내적이 각각 $\boldsymbol{w}\cdot\boldsymbol{u}=\dfrac{3}{5}$, $\boldsymbol{w}\cdot\boldsymbol{v}=\dfrac{-1}{\sqrt{5}}$일 때, 벡터 $\boldsymbol{w}$의 방향을 벡터 $\boldsymbol{u}$, $\boldsymbol{v}$와의 사잇각에 관한 문장으로 설명하고 화살표로 표현하라.

(b) 두 2차원 벡터 $\boldsymbol{v}_1=\langle 1, 1\rangle$, $\boldsymbol{v}_2=\langle 0, 2\rangle$와 2차원 단위벡터 $\boldsymbol{w}$의 내적이 각각 $\boldsymbol{v}_1\cdot\boldsymbol{w}=\dfrac{1}{\sqrt{2}}$, $\boldsymbol{v}_2\cdot\boldsymbol{w}=\dfrac{1}{2}$일 때, 벡터 $\boldsymbol{w}$를 결정하라.

(c) 두 3차원 벡터 $\boldsymbol{a}=\langle 1, -1, 2\rangle$, $\boldsymbol{b}=\langle 2, 3, -1\rangle$과 3차원 단위벡터 $\boldsymbol{c}$의 내적이 각각 $\boldsymbol{a}\cdot\boldsymbol{c}=\dfrac{\sqrt{2}}{2}$, $\boldsymbol{b}\cdot\boldsymbol{c}=\dfrac{1}{\sqrt{14}}$일 때, 가능한 $\boldsymbol{c}$의 방향을 모두 설명하고 화살표로 표현하라.

(d) 두 3차원 벡터 $\boldsymbol{u}=\langle -2, 1, 3\rangle$, $\boldsymbol{v}=\langle 1, 2, -1\rangle$과 3차원 단위벡터 $\boldsymbol{w}$의 내적이 각각 $\boldsymbol{u}\cdot\boldsymbol{w}=\dfrac{1}{14}$, $\boldsymbol{v}\cdot\boldsymbol{w}=\dfrac{1}{\sqrt{6}}$일 때, 가능한 $\boldsymbol{w}$의 성분을 모두 구하고 이를 $\boldsymbol{u}$, $\boldsymbol{v}$의 화살표와 함께 표현하라.

7. **심화** 2차원 및 3차원 벡터에 대해 다음 등식이 성립함을 증명하라.

$$\|c\cdot\boldsymbol{v}\|=|c|\cdot\|\boldsymbol{v}\|$$

23 η, μ, ν는 각각 에타(eta), 뮤(mu), 뉴(nu)로 읽는다.

SECTION 2.2

8. 행렬에 관한 다음 연산이 가능한지 판별하라. 만약 가능하면 값을 구하고 불가능하면 그 이유를 설명하라.

(a) $\begin{bmatrix} 0 & 1 \end{bmatrix} + \begin{bmatrix} 2 \\ 2 \end{bmatrix}$

(b) $\begin{bmatrix} 1 & 1 \\ 0 & 1 \end{bmatrix} + \begin{bmatrix} 2 & 4 \\ 1 & 1 \end{bmatrix}$

(c) $3 \cdot \begin{bmatrix} 0 & 1 \\ 1 & 1 \end{bmatrix} - \begin{bmatrix} 2 & -1 \\ 0 & 1 \end{bmatrix}$

(d) $2 \cdot (-1) \cdot \begin{bmatrix} 2 & 0 & -1 \\ 0 & 1 & 1 \end{bmatrix}$

(e) $\begin{bmatrix} 0 & 3 \\ 1 & -1 \end{bmatrix} \cdot \begin{bmatrix} 1 & 2 \end{bmatrix}$

(f) $\begin{bmatrix} 2 & 3 \end{bmatrix} \cdot \begin{bmatrix} 1 & 3 \end{bmatrix}$

(g) $\begin{bmatrix} -1 \end{bmatrix} \cdot \begin{bmatrix} 1 & 2 \\ -1 & 1 \end{bmatrix}$

(h) $\begin{bmatrix} 1 \\ 2 \\ -1 \end{bmatrix} \cdot \begin{bmatrix} 2 & 3 & -2 \end{bmatrix}$

9. 다음 행렬식을 구하라.

(a) $\det\begin{bmatrix} 3 & 4 \\ 2 & 1 \end{bmatrix}$

(b) $\det\begin{bmatrix} -1 & 3 \\ 4 & -2 \end{bmatrix}$

(c) $\det\begin{bmatrix} 1 & 2 & -1 \\ 0 & -3 & 2 \\ -2 & 1 & 1 \end{bmatrix}$

(d) $\det\begin{bmatrix} 3 & 1 & -2 \\ -1 & 2 & 0 \\ 2 & -3 & 1 \end{bmatrix}$

10. 다음 행렬의 역행렬을 구하라.

(a) $\begin{bmatrix} -1 & 2 \\ 3 & -4 \end{bmatrix}$

(b) $\begin{bmatrix} 4 & -5 \\ -2 & 3 \end{bmatrix}$

(c) $\begin{bmatrix} -2 & 1 & 1 \\ 1 & -3 & 2 \\ 1 & 0 & -1 \end{bmatrix}$

(d) $\begin{bmatrix} -1 & -1 & 1 \\ 1 & -2 & -3 \\ -2 & 3 & -4 \end{bmatrix}$

11. 외적에 관한 다음 물음에 답하라.

(a) 두 벡터 $\boldsymbol{u} = \langle -1, 3, 2 \rangle$와 $\boldsymbol{v} = \langle 2, -1, 4 \rangle$의 외적 $\boldsymbol{u} \times \boldsymbol{v}$를 구하라.

(b) 두 3차원 위치벡터 $\overrightarrow{OP} = \langle 3, -1, 0 \rangle$과 $\overrightarrow{OQ} = \langle 1, 2, -1 \rangle$의 화살표로 만들어지는 평행사변형의 넓이를 구하라.

(c) 세 3차원 위치벡터 $\overrightarrow{OA} = \langle 2, 1, -3 \rangle$, $\overrightarrow{OB} = \langle -1, 4, 2 \rangle$, $\overrightarrow{OC} = \langle 1, 2, -1 \rangle$의 화살표로 만들어지는 평행육면체를 그리고, 그 부피를 구하라.

12. 크레이머 법칙을 이용해 다음 연립방정식의 해를 구하라.

(a) $\begin{aligned} 3x + 2y &= 12 \\ x - y &= 3 \end{aligned}$

(b) $\begin{aligned} x + 2y &= 6 \\ 3x - y &= 5 \end{aligned}$

(c) $\begin{aligned} x + 3y + z &= 9 \\ 2x - y + z &= 4 \\ -x + 2y - 2z &= -3 \end{aligned}$

(d) $\begin{aligned} 3x + y - z &= 4 \\ x + 2y + z &= 8 \\ 2x - y + 3z &= 7 \end{aligned}$

13. 심화 외적의 정의와 행렬식의 성질을 이용해 평행한 두 벡터의 외적이 0인 이유를 설명하라.

SECTION 2.3

14. 오각형 $OABCD$의 꼭짓점이 다음과 같이 주어질 때, 행렬 $A=\begin{bmatrix}3 & -1\\1 & 2\end{bmatrix}$로 이 오각형을 변환하여 얻은 새로운 도형 $OA'B'C'D'$을 파이썬을 이용해 파이썬을 이용해 그려라.

$$O=(0,0),\ A=(1,1),\ B=(1,2),\ C=(-1,3),\ D=(-2,1)$$

15. 심화 2×2 행렬 A로 좌표평면 위의 한 점 (x,y)를 (선형)변환하여 얻은 점을 (x',y')이라 하자. 이 관계를 통해 다음과 같이 행렬 A를 2차원 평면 $\mathbb{R}^2$에서 $\mathbb{R}^2$으로의 함수로 볼 수 있다.

$$A:\mathbb{R}^2\rightarrow\mathbb{R}^2,\quad A\cdot\begin{bmatrix}x\\y\end{bmatrix}=\begin{bmatrix}x'\\y'\end{bmatrix}$$

정의역의 임의의 (유한한) 영역 R의 넓이를 $\mathrm{area}(R)$이라 할 때, 다음 등식이 성립함을 보여라.

$$\mathrm{area}(A(R))=|\det(A)|\cdot\mathrm{area}(R)$$

16. 심화 x, y, z축을 중심으로 한 3차원 회전변환은 각각 다음과 같은 행렬로 주어진다.

$$R_x(\theta)=\begin{bmatrix}1 & 0 & 0\\0 & \cos(\theta) & -\sin(\theta)\\0 & \sin(\theta) & \cos(\theta)\end{bmatrix},\ R_y(\theta)=\begin{bmatrix}\cos(\theta) & 0 & -\sin(\theta)\\0 & 1 & 0\\\sin(\theta) & 0 & \cos(\theta)\end{bmatrix},$$

$$R_z(\theta)=\begin{bmatrix}\cos(\theta) & -\sin(\theta) & 0\\\sin(\theta) & \cos(\theta) & 0\\0 & 0 & 1\end{bmatrix}$$

$\theta=\frac{\pi}{2}$일 때 각 행렬에 의한 벡터 $\langle 1,1,1\rangle$의 변환을 구하고, 각 행렬이 해당 축을 중심으로 벡터를 어떻게 회전시키는지 설명하라.

SECTION 2.4

17. 심화 일반적으로 캡차는 숫자뿐 아니라 문자를 포함하기도 하고, 각 문자에 회전과 늘리기 이외의 다양한 변형을 가하기도 하며, 자동 문자 인식을 방지하기 위해 문자가 아닌 도형을 문자 사이에 그리기도 한다. 2.4절에서 소개한 파이썬 코드를 수정하여 개선된 캡차를 생성하는 코드를 작성하라.

CHAPTER

03

함수와 그래프

Contents

■ 학습목표

- 영역과 함수의 개념을 이해한다.
- 함수를 다양한 방법으로 표현한다.
- 함수의 그래프와 곡선, 곡면을 시각화한다.
- 일변수함수와 다변수함수의 극한과 연속을 이해한다.
- 좌표계와 좌표변환을 이해한다.
- 음함수의 그래프와 등위선, 등위면을 그린다.

■ 이 장에서 배우는 내용은?

어떤 장치가 정상적으로 기능한다는 것은 그 장치에 일정한 값을 입력했을 때, 정해진 값이 출력되는 것을 의미한다. 이처럼 함수란 일정한 범위의 입력값에 정해진 출력값을 대응시키는 규칙을 말한다.

함수는 수학적 문제 해결의 필수 요소이다. 수학적 문제 해결의 첫 번째 단계는 수학적 모델, 즉 함수를 구축하는 것이다. 문제를 해결하기 위해서는 함수를 정확히 기술하고 함수의 여러 가지 성질을 이해하는 것이 매우 중요하다.

이 장에서는 여러 종류의 함수를 정의하고 표현하는 방법을 살펴본다. 특히 그래프로 함수를 시각화하고, 이를 통해 함수의 극한과 연속의 개념을 이해한다.

SECTION 3.1 함수

실수 변수의 관계식으로 정의된 함수를 **실함수** real function라 한다. 함수의 대응규칙은 그래프와 같은 시각적 방법으로 표현할 수 있다. 그래프는 곡선, 곡면과 같은 기하적 대상을 표현하는 데 중요한 도구이다. 이 절에서는 영역, 그래프, 곡선, 곡면 등의 개념을 소개하고 그 예를 살펴본다.

구간과 영역

영역 region이란 2차원 좌표평면의 일부이다. 예를 들어 다음과 같은 단위원의 내부는 영역이다.

$$\{(x,\ y) \mid x^2 + y^2 < 1\}$$

이제 영역의 개념을 좀 더 구체화해보자. 첫째, 영역은 같은 차원의 공간에 속한 좌표점의 집합이다. 둘째, 영역에 속한 점은 서로 '연속적으로' 분포되어 있다. 다시 말해 각 점의 가까운 '근방'에서 항상 영역에 속한 또 다른 점을 찾을 수 있다.

구간 interval이란 1차원 영역의 예이다. 특히 다음과 같은 네 종류의 집합을 **유한구간** finite interval이라 한다.

$$\begin{aligned}(a,\ b) &= \{x \mid a < x < b\}\\ [a,\ b) &= \{x \mid a \le x < b\}\\ (a,\ b] &= \{x \mid a < x \le b\}\\ [a,\ b] &= \{x \mid a \le x \le b\}\end{aligned} \tag{3.1}$$

이때 실수 a, b를 각각 구간의 **왼쪽 끝점**(**하한** infimum)과 **오른쪽 끝점**(**상한** supremum)이라 하고, 이들을 구간의 **경계점** boundary point이라 한다. 한편, 다음과 같은 네 종류의 집합을 **무한구간** infinite interval이라 한다.

$$\begin{aligned}(-\infty,\ b) &= \{x \mid x < b\}\\ (-\infty,\ b] &= \{x \mid x \le b\}\\ (a,\ \infty) &= \{x \mid a < x\}\\ [a,\ \infty) &= \{x \mid a \le x\}\end{aligned} \tag{3.2}$$

구간 (a, b), (a, ∞), $(-\infty, b)$와 같이 양 끝 경계점을 모두 포함하지 않는 구간을 **열린구간**open interval이라고 하고, 구간 $[a, b]$, $[a, \infty)$, $(-\infty, b]$와 같이 양 끝 경계점을 모두 포함하는 구간을 **닫힌구간**closed interval이라 한다. 한 쪽 끝점만 포함하는 $(a, b]$, $[a, b)$와 같은 구간은 **반열린구간**half-open interval이라 한다. 실수 전체의 집합 $\mathbb{R}$은 $(-\infty, \infty)$로 표현할 수 있다.

정의 3-1 1차원 영역

열린구간의 합집합을 **1차원 열린영역**1-dimensional open region이라 하고, 구간의 합집합을 **1차원 영역**1-dimensional region이라 한다.

예를 들어 식 (3.1), (3.2)와 같은 구간은 모두 1차원 영역이다. 또한 서로 교차하지 않는 두 구간의 합집합도 1차원 영역이다. 예를 들어 $(0, 1] \cup (2, 3)$은 1차원 영역이다.

직사각형 영역과 원판 영역은 2차원 영역의 대표적인 예이다.

정의 3-2 직사각형 영역과 원판 영역

두 구간 I, J에 대해 다음과 같이 정의된 집합 $I \times J$를 **직사각형 영역**rectangular region이라 한다.

$$I \times J = \{(x, y) \mid x \in I, \ y \in J\}$$

점 $P = (x_0, y_0)$와 양수 $r > 0$에 대해 다음과 같이 정의된 집합 $B_r(P)$를 **원판 영역**disk region이라 한다.

$$B_r(P) = \{X \mid \| \overrightarrow{PX} \| < r\}$$

예를 들어 $[0, 1] \times [0, 1]$은 네 점 $(0, 0)$, $(1, 0)$, $(1, 1)$, $(0, 1)$로 둘러싸인 직사각형 영역이다. 다음 파이썬 코드로 이 직사각형 영역을 구현하면 [그림 3-1]과 같다.

```
# 직사각형 영역 그리기
xy = np.array([[0, 0], [1, 0], [1, 1], [0, 1], [0, 0]])
plt.plot(xy[:, 0], xy[:, 1], 'k')
plt.fill(xy[:, 0], xy[:, 1], color='C0', alpha=.3) # 영역 색칠
plt.axis('equal')
```

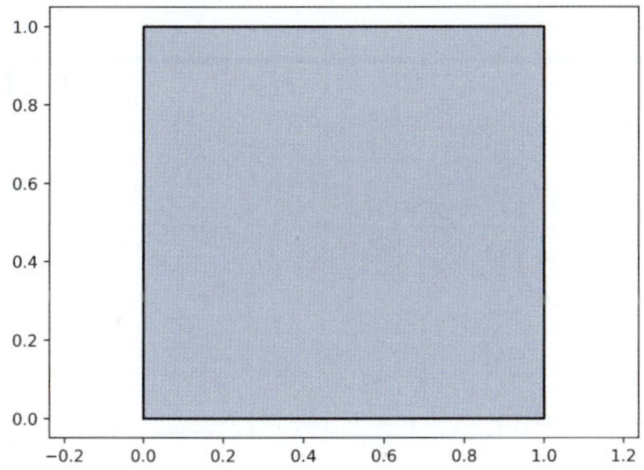

[그림 3-1] **직사각형 영역** $[0,\ 1]\times[0,\ 1]$

$B_1(0,\ 0)$은 원점 $(0,\ 0)$을 중심으로 한 반지름이 1인 원판 영역이다. 다음 파이썬 코드로 이 원판 영역을 구현하면 [그림 3-2]와 같다.

```
# 원판 영역을 그린 뒤 내부를 색칠
t = np.linspace(0, 2*np.pi)
x, y = np.cos(t), np.sin(t)
plt.plot(x, y, 'k--')
plt.fill(x, y, color='C0', alpha=.3)
plt.axis('equal')
```

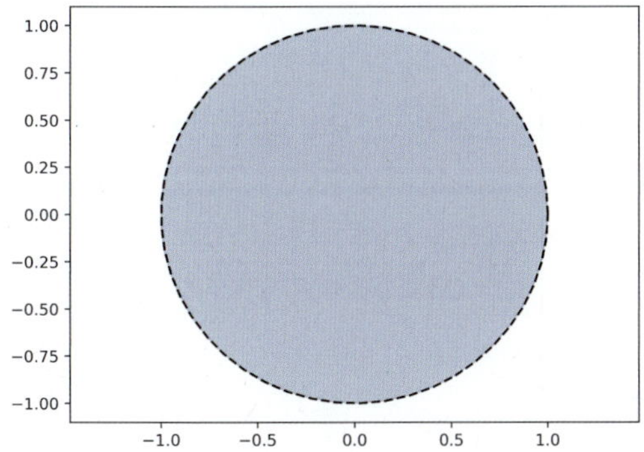

[그림 3-2] **원판 영역** $B_1(0,\ 0)$

직사각형 영역의 경계는 네 모서리이고 원판 영역의 경계는 원주이다. 일반적으로 영역은 경계를 포함할 수도 있고 포함하지 않을 수도 있다. 영역에 경계가 포함되지 않는 경우, [그림 3-2]와 같이 경계를 점선으로 표현한다.

예제 3-1 **원판 영역**

다음 원판 영역 D를 그래프로 표현하라.

$$D = \{(x,\ y)\ |\ x < 1.5\text{일 때, } (x-1)^2 + y^2 < 1,\ x \geq 1.5\text{일 때, } (x-1)^2 + y^2 \leq 1\}$$

풀이

영역 D는 중심이 $(1,\ 0)$이고 반지름이 1인 원판 영역이다. 점 $x = 1.5$를 기준으로 오른쪽은 경계를 모두 포함하고 왼쪽은 경계를 모두 포함하지 않는다. 즉 경계점의 회전각을 θ라 할 때, $-\dfrac{\pi}{3} \leq \theta \leq \dfrac{\pi}{3}$이면 경계점은 영역 D에 포함되고 그 외의 경우는 포함되지 않는다. 따라서 다음 파이썬 코드로 이 영역을 구현하면 [그림 3-3]과 같다.

```
# 경계의 일부를 포함하는 원판 영역을 그린 뒤 내부를 색칠
t =np.linspace(-np.pi/3, 5*np.pi/3, 61)
plt.plot(1+np.cos(t[:21]), np.sin(t[:21]), 'k')
plt.plot(1+np.cos(t[20:]), np.sin(t[20:]), 'k--')
plt.fill(1+np.cos(t), np.sin(t), color='C0', alpha=.3)
plt.plot(1, 0, 'ko')
plt.axis('equal')
```

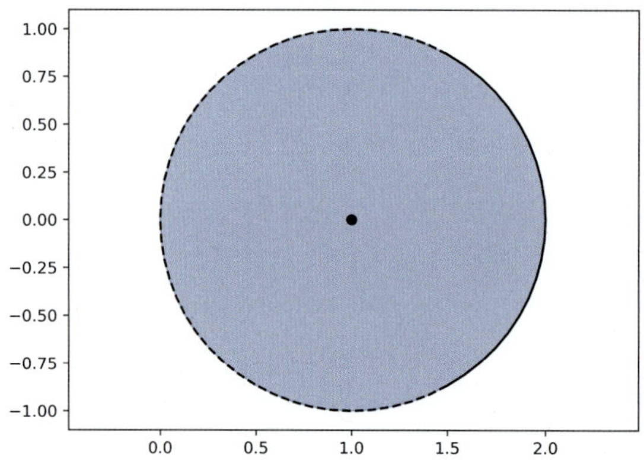

[그림 3-3] 원판 영역 D

2차원 영역은 열린영역의 개념을 이용해 정의한다.

정의 3-3 **2차원 영역**

2차원 좌표점의 집합 R에 속한 각 점 $P = (x,\ y)$마다 다음 둘 중 하나가 성립하면 R을 **2차원 열린영역** 2-dimensional open region이라 한다.

(1) 충분히 작은 반지름 $\varepsilon > 0$에 대해 $B_\varepsilon(P) \subset R$이다.

(2) 충분히 작은 양수 $\varepsilon > 0$에 대해 $(x-\varepsilon,\ x+\varepsilon) \times (y-\varepsilon,\ y+\varepsilon) \subset R$이다.

집합 R과 모든 양수 $r > 0$에 대해 원판 영역 $B_r(Q)$가 R과 R의 여집합인 $\mathbb{R}^n - R$과 모두 교차할 때, 점 Q를 R의 **경계점** boundary point이라 한다. 2차원 열린영역에 경계의 일부를 합한 것을 **2차원 영역** 2-dimensional region이라 한다.

예를 들어 직사각형 영역 $(0,\ 1) \times (0,\ 1)$은 2차원 열린영역이다. 영역 내의 임의의 한 점 $(x,\ y)$에 대해 $\varepsilon = \min\{|1-x|,\ |1+x|,\ |1-y|,\ |1+y|\}$라 하면 [그림 3-4]와 같이 항상 $B_{\varepsilon/2}(x,\ y) \subset (0,\ 1) \times (0,\ 1)$이 성립한다.

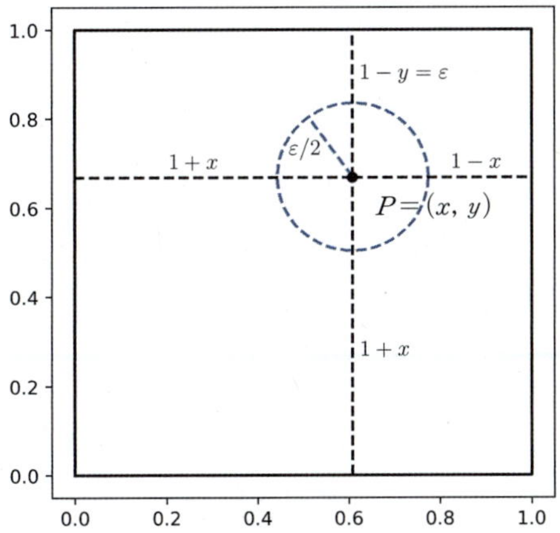

[그림 3-4] **2차원 열린영역 $(0,\ 1) \times (0,\ 1)$**

한편, 원판 영역 $B_1(0,\ 0)$도 2차원 열린영역이다. 영역 내의 임의의 한 점 $(x,\ y)$에서 중심까지의 거리를 r이라 할 때, $r' < (1-r)$인 양수 $r' > 0$에 대해 $\varepsilon = \dfrac{r'}{\sqrt{2}}$이라 하자. 이때 항상 $(x-\varepsilon,\ x+\varepsilon) \times (y-\varepsilon,\ y+\varepsilon) \subset B_1(0,\ 0)$이 성립한다.

예제 3-2 열린영역

원판 영역 $B_1(1, 2)$가 열린영역임을 보여라.

풀이

$P=(x,\ y)$를 $B_1(1, 2)$ 내의 임의의 한 점이라 할 때, 점 P로부터 중심 C까지의 거리를 d라 하자. 이때 $r = \dfrac{1-d}{2}$라 하면 항상 $B_r(P) \subset B_1(1, 2)$가 성립한다. 이를 보이기 위해 $B_r(P)$ 내의 임의의 점 Q가 $B_1(1, 2)$에 포함됨을 보이자. [그림 3-5]와 같이 삼각형

ΔCPQ의 세 변의 길이를 $\overline{CP}$, $\overline{PQ}$, $\overline{CQ}$라 하면 다음과 같은 삼각부등식이 성립한다.

$$\overline{CQ} \le \overline{CP} + \overline{PQ}$$

$\overline{CP} = d$, $\overline{PQ} < r$이므로 위 식은 다음과 같이 해석할 수 있다.

$$\overline{CQ} < d + \frac{1-d}{2} = \frac{1+d}{2} < 1$$

따라서 $Q \in B_1(C)$이므로 $B_r(P) \subset B_1(1, 2)$이다.

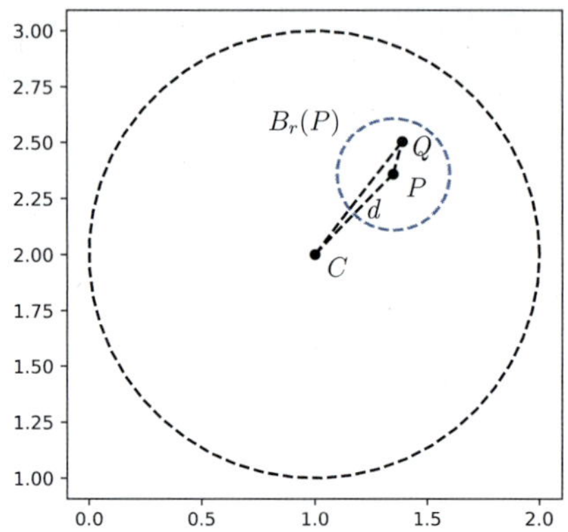

[그림 3-5] 열린영역인 원판 내부의 점 사이의 거리 관계

지금까지 살펴본 1차원 및 2차원 영역의 개념으로부터 일반적인 영역의 개념을 정의해보자.

정의 3-4 영역

두 n차원 좌표점 P, Q 사이의 거리를 $d(P, Q)$라 할 때, 양수 $r > 0$에 대한 n차원 원판 영역 $B_r(P)$는 다음과 같다.

$$B_r(P) = \{Q \mid d(P, Q) < r\}$$

n차원 좌표점의 집합 R에 대해 임의의 n차원 좌표점 P는 다음과 같이 분류된다.

(1) 충분히 작은 $\varepsilon > 0$에 대해 $B_\varepsilon(P) \subset R$이 성립할 때, 점 P를 집합 R의 **내부점**interior point이라 한다.

(2) 충분히 작은 $\varepsilon > 0$에 대해 $B_\varepsilon(P) \subset \mathbb{R}^n - R$이 성립할 때, 점 P를 집합 R의 **외부점**exterior point이라 한다.

(3) 모든 $r > 0$에 대해 $B_r(P)$가 R 및 $\mathbb{R}^n - R$과 교차할 때, 점 P를 집합 R의 **경계점**boundary point이라 한다.

집합 R의 모든 내부점의 집합을 R의 **내부**interior라 하고 R^0으로 표기한다. 집합 R의 모든 경계점의 집합을 R의 **경계**boundary라 하고 ∂R로 표기한다. 집합 R과 그 경계의 합집합을 R의 **폐포**closure라 하고 $\overline{R}$로 표기한다. 즉 $\overline{R} = R \cup \partial R = R^0 \cup \partial R$이다.

일반적으로 다음과 같은 포함관계를 만족하는 n차원 좌표점의 집합 R을 **n차원 영역** n-dimensional region이라 한다.

$$R^0 \subset R \subset \overline{R^0} \tag{3.3}$$

특히 $R = R^0$일 때 R을 **열린영역**open region이라 하고, $R = \overline{R}$일 때 R을 **닫힌영역**closed region이라 한다.

[정의 3-4]를 통해 어떤 집합이 영역인지를 판별할 수 있다. 예를 들어 [그림 3-6]은 [정의 3-4]에 따르면 2차원 영역이 아니다.

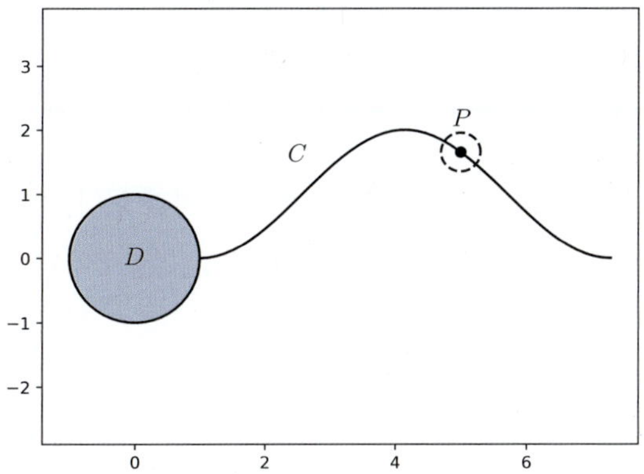

[그림 3-6] 2차원 영역이 아닌 예

[그림 3-6]은 원판 영역 D와 곡선 C의 합집합 $R = D \cup C$이다. 곡선 C 위의 모든 점은 집합 R의 경계점이다. 곡선 위의 한 점 P에서 작은 원판 영역을 잡으면 곡선 C의 일부와 바깥을 항상 교차한다. 따라서 집합 R의 내부는 원판 영역의 내부 D^0이다. 따라서 $\overline{R^0}$는 D와 같고 집합 R은 식 (3.3)을 만족하지 않는다. 따라서 R은 2차원 영역이 아니다.

예제 3-3 영역의 예

[그림 3-7]과 같은 집합 $(0, 1]\times(0, 1]$이 영역임을 보여라.

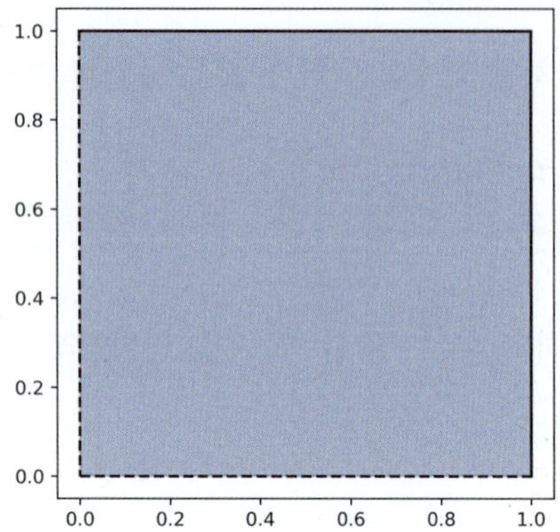

[그림 3-7] 2차원 직사각형 영역의 예

풀이

집합 $(0, 1]\times(0, 1]$의 내부는 $(0, 1)\times(0, 1)$이고, 폐포는 닫힌영역 $[0, 1]\times[0, 1]$이다. 주어진 영역은 집합의 포함관계에서 내부와 폐포 사이에 있으므로 영역이다.

충분히 작은 양수 $\varepsilon > 0$에 대한 원판 영역 $B_\varepsilon(P)$를 점 P의 **근방**neighborhood이라 한다. 예를 들어 구간 $(c-\varepsilon, c+\varepsilon)$은 1차원 점 $x=c$의 근방이고, 원판 영역 $B_\varepsilon(x, y)$는 2차원 점 (x, y)의 근방이다.

함수의 정의

정의 3-5 함수

집합 A의 각 원소를 집합 B의 하나의 원소에 대응시키는 규칙을 **함수**function라 하며 다음과 같이 표기한다.

$$f: A \to B$$

이때 집합 A와 B를 각각 함수 f의 **정의역**domain과 **공역**codomain이라 한다. 공역의 원소 중 실제로 집합 A의 원소에 대응되는 원소만을 모은 집합을 **치역**range이라 하며 다음과 같이 표기한다.

$$f(A) = \{f(a) \mid a \in A\}$$

수열과 멱급수는 함수의 예이다. 수열의 정의역은 자연수 집합이고, 각 자연수는 수열의 항으로 대응된다. 멱급수의 정의역은 급수가 수렴하는 구간이고, 이 구간의 각 실수 x는 급수의 수렴값 $\sum_{n=0}^{\infty} a_n (x-c)^n$으로 대응된다.

모든 함수의 정의역과 공역은 영역으로 가정한다.

정의 3-6 함수의 분류

(1) 구간 I에서 구간 J로의 함수 $f: I \to J$를 **일변수함수**function of one variable라 한다. 점 $x \in I$가 점 $y \in J$로 대응될 때 $y = f(x)$로 표기한다. 이때 x를 **독립변수**independent variable라 하고 y를 **종속변수**dependent variable라 한다.

(2) m차원 영역 A에서 n차원 영역 B로의 함수 $\mathbf{f} : A \to B$를 **다변수함수**multivariable function라 하고 $\mathbf{f}(x_1, \cdots, x_m) = (y_1, \cdots, y_n)$으로 표기한다.[1] 이때 $\mathbf{f}$의 독립변수는 x_i이고 종속변수는 y_j이다($i = 1, \cdots, m,\ j = 1, \cdots, n$). 종속변수 y_j를 결정하는 함수 $y_j = f_j(x_1, \cdots, x_m)$을 $\mathbf{f}$의 **성분함수**component function라 한다.

(3) 실수 변수로만 이루어진 함수를 **실함수**real function라 한다. 특히 $n = 1$인 경우, 즉 종속변수가 1개인 다변수함수를 **실숫값함수**real-valued function라 하고, $y = f(x_1, \cdots, x_m)$으로 표기한다.[2]

함수를 정의하는 방법에는 수식으로 표현하는 방법, 문장으로 기술하는 방법, 표로 나타내는 방법, 그래프로 시각화하는 방법이 있다.

❶ 수식으로 표현하는 방법

수식으로 함수를 표현할 때 정의역을 유추할 수 있는 경우에는 이를 생략하기도 한다. 예를 들어 $f(x) = \sqrt{x}$의 정의역은 $x \geq 0$으로 간주할 수 있다. 참고로 2개의 독립변수를 갖는 함수를 **이변수함수**라 하고, 3개의 독립변수를 갖는 함수를 **삼변수함수**라 한다. 다음은 이변수함수와 삼변수함수의 예이다.

$$f(x, y) = \sin(x^2 + y)$$
$$f(x, y, z) = x^3 + y^3 + z^3$$

1 일변수함수와 구분하기 위해 앞으로 출력 변수가 여러 개인 다변수함수는 굵은 서체 $\mathbf{f}$로 표기한다.

2 함숫값이 실수이므로 일변수함수와 같이 얇은 서체 f로 표기한다.

❷ 문장으로 기술하는 방법

문장으로 함수를 기술하면 그 의미를 직관적으로 표현할 수 있다. 예를 들어 정의역이 $x \geq 0$인 함수 $f(x) = \sqrt{x}$는 다음과 같이 기술된다.

'$f(x)$는 제곱하여 x가 되는 수이다.'

이처럼 함수를 문장으로 기술하는 것은 수학적 모델링으로 문제를 해결하는 데 꼭 필요하다. 예를 들어 인구 증감에 관한 문제를 해결하기 위해서는 연도별 인구수에 관한 자료가 필요하다. 이를 함수로 정의해보자.

'$P(t)$는 2019년으로부터 t년 이후의 대한민국 인구수를 천 명 단위로 기록한 값이다.'

❸ 표로 나타내는 방법

표는 정의역과 치역 사이의 대응규칙을 하나씩 열거하여 표현하는 방법이다. 예를 들어 앞서 언급한 대한민국 인구수에 관한 함수 $P(t)$를 다음과 같이 표로 나타낼 수 있다.[3]

[표 3-1] 변수 t에 대한 함수 $P(t)$의 표

t	$P(t)$
2019	51,779
2020	51,829
2021	51,738
2022	51,692

표를 이용한 함수의 표현은 독립변수와 종속변수의 값을 직접 확인할 수 있다는 장점이 있다. 대응규칙을 표로 나열하는 것은 함수의 개형을 그래프로 시각화하는 데 필요한 과정이기도 하다.

❹ 그래프로 시각화하는 방법

그래프는 함숫값의 변화를 시각적으로 보여주는 도구이다. 여기서는 일변수함수와 다변수함수의 그래프를 그리는 방법에 대해 알아보자.

앞서 [표 3-1]로 나타낸 대한민국 인구수에 대한 함수 $P(t)$를 다시 살펴보자. 이 함수의 대응규칙은 다음과 같이 순서쌍으로 표현할 수 있다.

$$(2019,\ 51779),\ (2020,\ 51829),\ (2021,\ 51738),\ (2022,\ 51692) \tag{3.4}$$

3 2024년 KOSIS 국가통계포털 자료를 참고했다.

좌표평면의 수평축과 수직축을 각각 t축과 P축이라 하고, 범위를 각각 [2019, 2022], [51692, 51829]라 하자. 각 구간을 순서쌍에 대한 식 (3.4)에 주어진 4개의 좌표로 다음과 같이 나누어 보자.

$$t_0 = 2019,\ t_1 = 2020,\ t_2 = 2021,\ t_3 = 2022$$
$$P_0 = 51779,\ P_1 = 51829,\ P_2 = 51738,\ P_3 = 51692$$

위 식을 이용해 직사각형 영역 $[2019, 2022] \times [51692, 51829]$에 총 16개의 격자점 $(t_i, P_j)(i, j = 0, 1, 2, 3)$를 그릴 수 있다. 이 중 식 (3.4)의 4개의 격자점을 순서대로 이어 보자. 다음 파이썬 코드를 구현하면 [그림 3-8]의 그래프를 얻을 수 있다.

```
# 격자점을 표시하고 선분으로 이어서 그리기
x = [2019, 2020, 2021, 2022]
y = [51779, 51829, 51738, 51692]
xx, yy = np.meshgrid(x, y)
plt.plot(xx, yy, 'o', color='gray')
plt.plot(x, y, 'o-', color='C0')
```

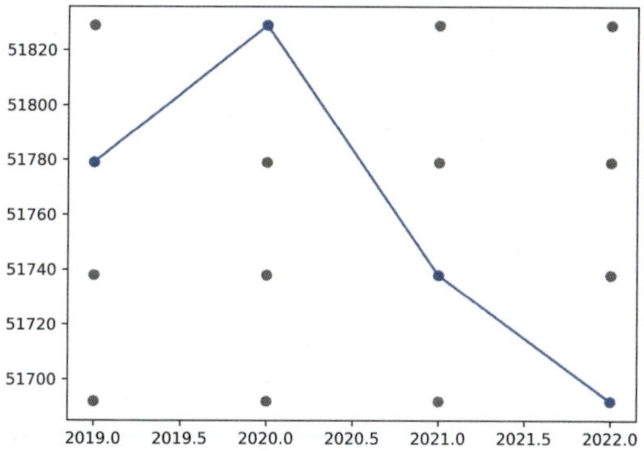

[그림 3-8] 함수 $P(t)$의 그래프

이처럼 함수에 의해 만들어진 좌표평면상의 도형을 그래프라 한다.

정의 3-7 데카르트 곱과 함수의 그래프

함수 $f: A \to B$의 정의역 A와 치역 B로 다음과 같이 정의된 집합 $A \times B$를 **데카르트 곱**Cartesian product이라 한다.

$$A \times B = \{(a, b) \mid a \in A,\ b \in B\}$$

이때 다음과 같이 정의된 $A \times B$의 부분집합 G를 함수 $f: A \to B$의 **그래프**graph라 한다.

$$G = \{(x, f(x)) \mid x \in A\}$$

그래프의 정의는 다음과 같이 다변수함수 $f(x_1, \cdots, x_m) = (y_1, \cdots, y_n)$에도 동일하게 적용된다.

$$G = \{(x_1, \cdots, x_m, y_1, \cdots, y_n) \mid (y_1, \cdots, y_n) = f(x_1, \cdots, x_m), (x_1, \cdots, x_m) \in A\}$$

이제 일변수함수의 그래프를 그리는 방법을 살펴보자. 예를 들어 구간 $[0, 1]$ 위에 정의된 일변수함수 $f(x) = \sqrt{x}$의 그래프를 그리자. 이를 위해 구간 $[0, 1]$을 균등한 간격으로 떨어진 $(N+1)$개의 점으로 분할한다.

$$x_0 = 0 < x_1 = \frac{1}{N} < \cdots < x_{N-1} = \frac{N-1}{N} < x_N = 1$$

그다음 각 점 x_i에서의 함숫값 $f(x_i) = \sqrt{x_i}$를 구하고 다음과 같이 순서쌍으로 표현한다.

$$(x_0, \sqrt{x_0}), (x_1, \sqrt{x_1}), \cdots, (x_{N-1}, \sqrt{x_{N-1}}), (x_N, \sqrt{x_N})$$

마지막으로 각 좌표점을 인접한 점끼리 선분으로 연결한다. 다음 파이썬 코드로 결과를 확인하면 [그림 3-9]와 같다.

```
# 제곱근함수의 그래프 그리기
x = np.linspace(0, 1)
plt.plot(x, np.sqrt(x))
```

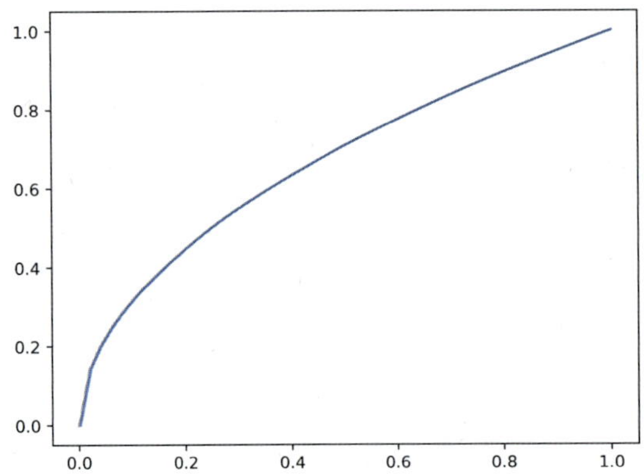

[그림 3-9] 구간 $[0, 1]$에서의 함수 $y = \sqrt{x}$의 그래프

예제 3-4 함수의 그래프

구간 $[-2.5, 2.5]$ 위에서 다음 함수의 그래프를 그려라.

$$f(x) = \frac{1}{x^2 - x - 2} \tag{3.5}$$

풀이

다음 파이썬 코드는 구간 $[-2.5, 2.5]$를 각각 $N = 99$개와 $N = 100$개의 구간으로 균등분할하여 그래프를 구현한다. 결과는 [그림 3-10]과 같다.

```
# 분할 개수를 다르게 하여 유리함수 (3.5)의 그래프 그리기
f = lambda x: 1/(x**2 - x - 2)
fig = plt.figure(figsize=plt.figaspect(0.5))
ax = fig.add_subplot(121)
x = np.linspace(-2.5, 2.5, 100) # 구간 [-2.5, 2.5]를 99개로 분할
plt.plot(x, f(x))
ax = fig.add_subplot(122)
x = np.linspace(-2.5, 2.5, 101) # 구간 [-2.5, 2.5]를 100개로 분할
plt.plot(x, f(x))
```

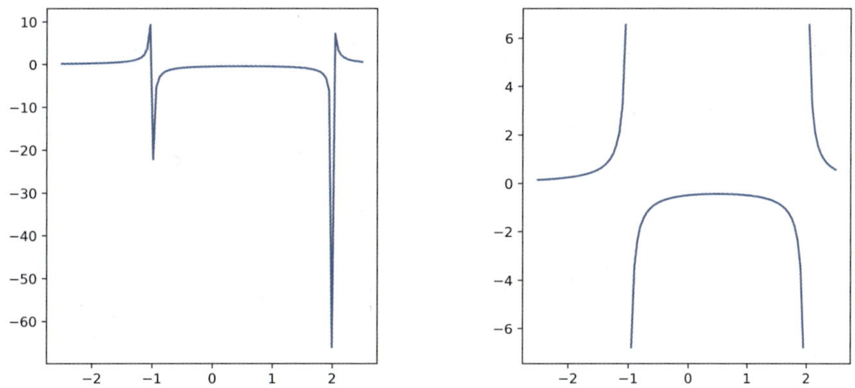

(a) $N = 99$인 경우 (b) $N = 100$인 경우

[그림 3-10] 분할 개수에 따른 유리함수 (3.5)의 그래프 결과

[그림 3-10]의 두 결과가 서로 다른 이유는 구간 $[-2.5, 2.5]$의 분할 개수가 $N = 100$일 때, 31번째 분할점 x_{30}과 91번째 분할점 x_{90} 값이 정확히 각각 -1, 2가 되기 때문이다.

$$x_{30} = -2.5 + 30 \cdot 0.05 = -1$$
$$x_{90} = -2.5 + 90 \cdot 0.05 = 2$$

두 점 x_{30}, x_{90}에서의 함숫값을 파이썬으로 계산하면 '숫자가 아님'을 의미하는 nan을 반환한다. plot 함수는 숫자가 아닌 값을 건너뛰므로 x_{30}과 x_{90}에서의 점은 화면 위에 표시되지 않고, 이 점에서 그래프는 연결되지 않는다.

반면 구간 $[-2.5, 2.5]$를 $N=99$개의 구간으로 균등분할하면 총 100개의 점이 생성되고 각 점 사이의 간격은 $\frac{5}{99} \approx 0.0505$이므로, 30번째 분할점 x_{29}와 31번째 분할점 x_{30} 사이에 $x=-1$이 놓인다.

$$x_{29} = -2.5 + 29 \cdot \frac{5}{99} \approx -1.0354$$
$$x_{31} = -2.5 + 30 \cdot \frac{5}{99} \approx -0.9848$$

x_{29}와 x_{30}에서의 함숫값은 존재하므로 plot 함수는 두 점을 연결하는 선분을 그린다. 점 $x=2$의 근방에서의 그래프 모양도 이와 비슷하게 생각할 수 있다.

다음으로 이변수함수의 그래프를 그리는 과정을 살펴보자. 직사각형 영역 $[-1, 1] \times [0, 2]$ 위에 정의된 다음 이변수함수를 예로 들어보자.

$$f(x, y) = x^2 + y^2$$

이 함수의 그래프를 그리는 첫 번째 단계는 정의역을 분할하는 것이다. 이를 위해 x축 구간 $[-1, 1]$과 y축 구간 $[0, 2]$를 다음과 같이 각각 N개의 동일한 길이의 구간으로 분할하자.

$$x_0 = -1 < x_1 = -1 + \frac{2}{N} < \cdots < x_{N-1} = 1 - \frac{2}{N} < x_N = 1$$
$$y_0 = 0 < y_1 = \frac{2}{N} < \cdots < y_{N-1} = 2 - \frac{2}{N} < y_N = 2$$

각 $i, j = 0, 1, \cdots, N$에 대해 분할점 x_i와 y_j로 이루어진 $P_{ij} = (x_i, y_j)$는 다음과 같이 총 $(N+1)^2$개가 있다.

[표 3-2] 직사각형 영역을 분할하는 좌표점 (i, j)의 좌푯값

j \ i	0	1	$\cdots$	N
0	$(-1, 0)$	$\left(-1+\frac{2}{N}, 0\right)$	$\cdots$	$(1, 0)$
1	$\left(-1, \frac{2}{N}\right)$	$\left(-1+\frac{2}{N}, \frac{2}{N}\right)$	$\cdots$	$\left(1, \frac{2}{N}\right)$
$\vdots$	$\vdots$	$\vdots$	$\ddots$	$\vdots$
N	$(-1, 2)$	$\left(-1+\frac{2}{N}, 2\right)$	$\cdots$	$(1, 2)$

두 번째 단계는 각 격자점 (x_i, y_j)에서의 함숫값 $f(x_i, y_j)$를 계산하는 것이다. 이를 통해 [그림 3-11]과 같이 3차원 공간의 점 $\tilde{P}_{ij} = (x_i, y_j, f(x_i, y_j))$를 얻는다.

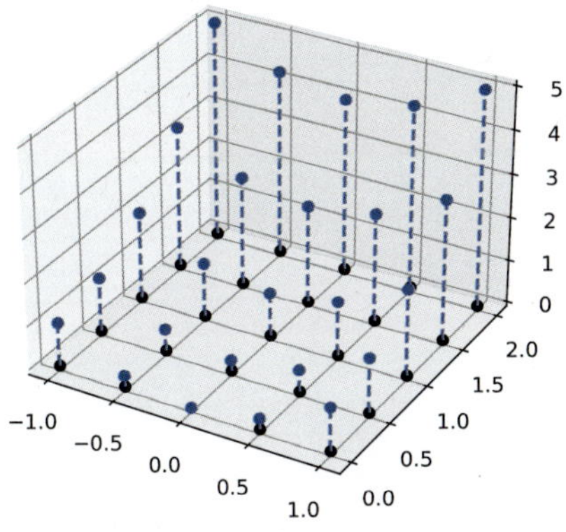

[그림 3-11] **격자점에 나타낸 이변수함수의 값**

마지막 단계는 각 점 $\tilde{P}_{ij}$를 인접한 점 $\tilde{P}_{i+1,\,j}$와 $\tilde{P}_{i,\,j+1}$로 연결하는 것이다(인덱스가 범위를 벗어나는 경우는 무시한다). 각 점을 연결하면 [그림 3-12]와 같다.

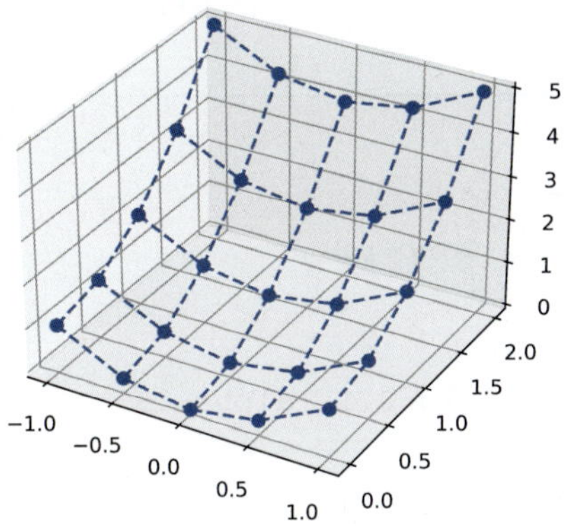

[그림 3-12] **이변수함수의 그래프 위의 격자점**

위 과정에서 분할 개수 N을 충분히 크게 하면, 보다 부드러운 곡면 모양의 그래프로 나타낼 수 있다. 다음 파이썬 코드를 구현하면 각 점 $\tilde{P}_{ij}$로 둘러싸인 영역에 색을 입혀 [그림 3-13]과 같은 그래프를 얻을 수 있다.

```
# 이변수함수의 그래프 그리기
f = lambda x, y: x**2 + y**2
ax = plt.figure().add_subplot(projection='3d')
x, y = np.linspace(-1, 1), np.linspace(0, 2)
```

```
xx, yy = np.meshgrid(x, y)
ax.plot_surface(xx, yy, f(xx, yy), alpha=.3, edgecolor='k', lw =
.1)
```

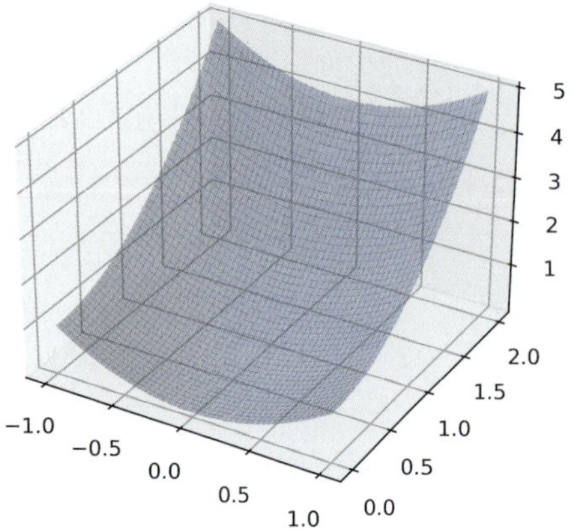

[그림 3-13] 이변수함수의 그래프

또 다른 예로 다음 파이썬 코드를 구현하면 영역 $[-2\pi, 2\pi]\times[0, \pi]$ 위에 정의된 이변수함수 $f(x, y)=\sin^2(x)+\cos^2(y)$의 그래프를 [그림 3-14]와 같이 그릴 수 있다.

```
# 이변수함수의 그래프 그리기
ax = plt.figure().add_subplot(projection='3d')
xx, yy = np.meshgrid(np.linspace(-2*np.pi, 2*np.pi),
np.linspace(0, np.pi))
zz = np.sin(xx)**2 + np.cos(yy)**2
ax.plot_surface(xx, yy, zz, edgecolors='k', lw=0.1, alpha=.3)
ax.set_aspect('equal')
ax.set_yticks([0, 1, 2])
ax.set_zticks([0, 1, 2])
```

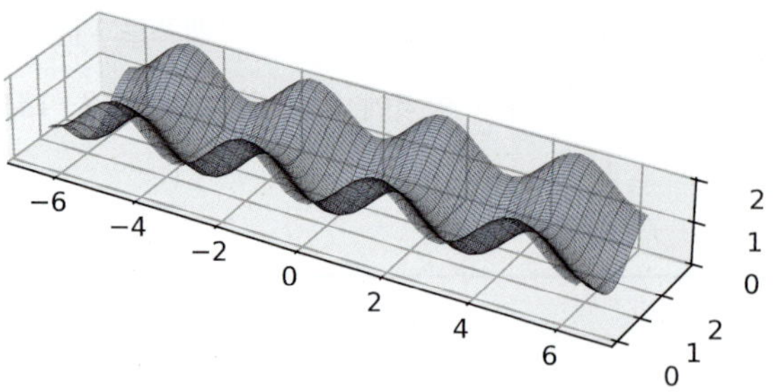

[그림 3-14] 이변수함수의 그래프

참고로 삼변수함수 $w = f(x, y, z)$의 그래프는 4차원 공간의 부분집합이므로 그릴 수 있는 방법이 없다. 이를 시각적으로 표현하기 위해서는 등위면을 사용해야 한다.

정의 3-8 등위집합

다변수 실숫값함수 $y = f(x_1, \cdots, x_n)$과 실수 c에 대해 다음과 같이 정의된 집합 $L_c(f)$를 **등위집합** level set이라 한다.

$$L_c(f) = \{(x_1, \cdots, x_n) \mid f(x_1, \cdots, x_n) = c\}$$

이때 실수 c를 **등위값** level value이라 한다. 이변수함수의 등위집합을 **등위선** level curve이라 하고, 삼변수함수의 등위집합을 **등위면** level surface이라 한다.

예를 들어 등위값 $c > 0$에 대해 이변수함수 $f(x, y) = x^2 + y^2$의 등위선은 원주이고, 삼변수함수 $g(x, y, z) = x^2 + y^2 + z^2$의 등위면은 구면이다.

$$L_c(f) = \{(x, y) \mid x^2 + y^2 = c\}, \ c > 0$$
$$L_c(g) = \{(x, y, z) \mid x^2 + y^2 + z^2 = c\}, \ c > 0$$

등위집합을 그리는 방법은 3.3절에서 자세히 다룬다.

곡선과 곡면

일변수함수의 그래프와 이변수함수의 그래프는 각각 좌표평면상의 곡선과 좌표공간상의 곡면 형태로 나타난다. 매개함수는 이러한 곡선과 곡면을 그리는 일반적인 방법이다.

정의 3-9 매개곡선, 매개곡면

구간 I 위에 정의된 함수 $c : I \to \mathbb{R}^n$을 **매개곡선** parameter curve이라 하고, 이때 사용되는 변수 t를 **매개변수** parameter라 한다. 한편, 2차원 영역 D 위에 정의된 함수 $s : D \to \mathbb{R}^n$을 **매개곡면** parameter surface이라 하고, 이때 사용되는 변수 u, v를 **매개변수**라 한다. 이와 같이 매개변수로 나타낸 함수 $c(t)$, $s(u, v)$를 **매개함수** parameter function라 한다.

n차원 공간 $\mathbb{R}^n$의 곡선 또는 곡면을 매개함수로 표현하는 것을 **매개화** parametrization라 한다. 예를 들어 [그림 3-15]는 다음 파이썬 코드를 통해 구간 $[-1, 1]$ 위의 매개함수 $c(t) = (t^2, t^3)$으로 매개화된 곡선을 그린 것이다.

```
# 좌표평면에 매개곡선 그리기
t = np.linspace(-1, 1)
plt.plot(t**2, t**3)
plt.axis('equal')
```

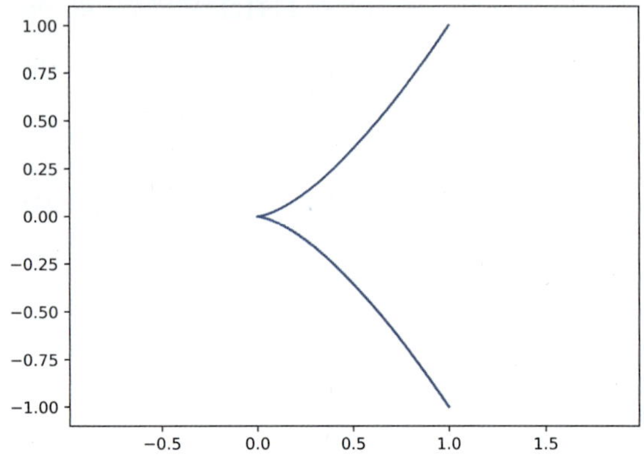

[그림 3-15] 좌표평면에 나타낸 매개곡선

3차원 공간에서의 매개곡선도 이와 비슷한 방식으로 그릴 수 있다. 예를 들어 매개함수 $c(t)$는 3차원 좌표공간의 곡선으로 정의되며, 아래의 파이썬 코드를 통해 [그림 3-16]과 같이 시각화할 수 있다.

$$c(t) = ((2+\cos(2t))\cos(3t),\ (2+\cos(2t))\sin(3t),\ \sin(4t)),\ 0 \le t \le 2\pi$$

```
# 좌표공간에 매개곡선 그리기
fig = plt.figure(figsize=plt.figaspect(1))
ax = fig.add_subplot(111, projection='3d')

t = np.linspace(0, 2*np.pi, 1001)
x = (2 + np.cos(2*t))*np.cos(3*t)
y = (2 + np.cos(2*t))*np.sin(3*t)
z = np.sin(4*t)
ax.plot(x, y, z)
```

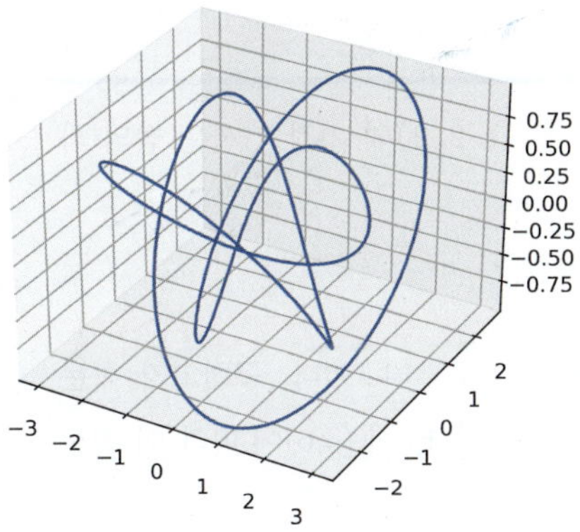

[그림 3-16] 좌표공간에 나타낸 매개곡선

또 다른 예로 [그림 3-17]과 같은 3차원 직선을 매개화해보자. 직선을 지나는 두 3차원 좌표점을 각각 $P=(a_1,\ a_2,\ a_3)$, $Q=(b_1,\ b_2,\ b_3)$라 할 때, 직선 위의 한 점 $X=(x,\ y,\ z)$의 좌표는 매개변수 t와 위치벡터 $\overrightarrow{OX}$를 이용해 다음과 같이 표현할 수 있다.

$$\overrightarrow{OX} = \overrightarrow{OP} + t \cdot \overrightarrow{PQ} \tag{3.6}$$

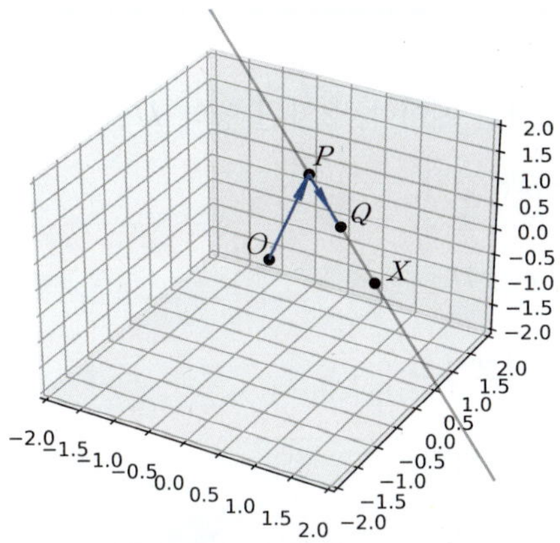

[그림 3-17] 두 점을 지나는 직선의 매개화

따라서 식 (3.6)에 해당하는 직선의 매개함수는 다음과 같다.

$$c(t) = (a_1 + t(b_1 - a_1),\ a_2 + t(b_2 - a_2),\ a_3 + t(b_3 - a_3))$$

예제 3-5 **평면과 가장 가까운 점의 좌표**

방정식 $x+2y-z=6$으로 정의된 평면 위의 점 중에서 점 $(1, 2, 2)$와 가장 가까운 점의 좌표를 구하라.

풀이

점 $(1, 2, 2)$를 지나고 주어진 평면과 수직인 벡터는 $\boldsymbol{n}=\langle 1, 2, -1\rangle$이다. 구하고자 하는 점의 좌표는 $\boldsymbol{n}$의 방향으로의 직선이 평면과 만나는 점의 좌표이다. 식 (3.6)에 따라 이 직선 위의 점 X의 좌표는 다음과 같이 변수 t로 매개화된다.

$$\overrightarrow{OX}=\langle 1, 2, 2\rangle+t\cdot\boldsymbol{n}$$

따라서 이 직선의 매개함수는 $c(t)=(1+t, 2+2t, 2-t)$이므로, 이를 평면의 방정식에 대입하면 직선과 평면이 만나는 교점의 매개변수의 값 t는 다음과 같다.

$$(1+t)+2(2+2t)-(2-t)=6 \quad \Rightarrow \quad t=\frac{1}{2}$$

따라서 점 $(1, 2, 2)$와 가장 가까운 점의 좌표는 $\left(\frac{3}{2}, 3, \frac{3}{2}\right)$이다.

이변수함수 $z=f(x, y)$의 그래프는 매개곡면의 대표적인 예이다. 2차원 영역 D를 정의역이라 할 때, 매개함수 $s: D\to\mathbb{R}^3$의 성분함수는 다음과 같다.

$$s(x, y)=(x, y, f(x, y))$$

이 외에도 잘 알려진 매개곡면의 예를 몇 가지 더 살펴보자.

영역 $(-\infty, \infty)\times[0, 2\pi]$ 위에 [그림 3-18]과 같이 정의된 매개곡면이 있는데, 이러한 형태의 곡면을 **나선면** helicoid이라 한다.

$$s(u, v)=(\sinh(u)\cos(v), \sinh(u)\sin(v), v)$$

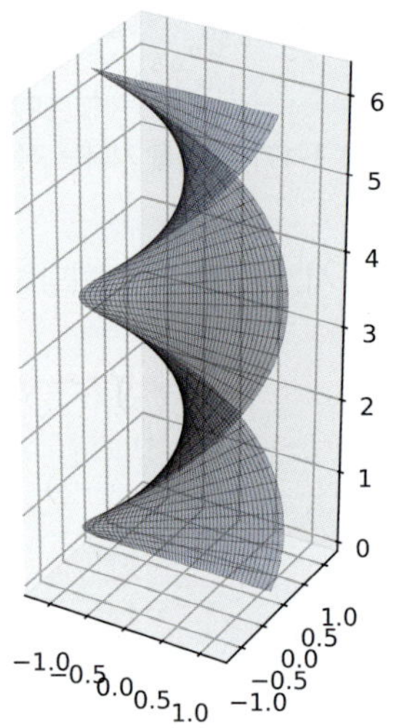

[그림 3-18] 나선면의 형태

영역 $(-\infty, \infty) \times [0, 2\pi]$ 위에 [그림 3-19]와 같이 정의된 매개곡면을 **현수면**catenoid이라 한다.

$$s(u, v) = (\cosh(u)\cos(v), \cosh(u)\sin(v), v)$$

여기서 $\cosh(u)$, $\sinh(u)$는 각각 **쌍곡코사인함수**hyperbolic cosine function, **쌍곡사인함수**hyperbolic sine function이다.

$$\cosh(u) = \frac{\exp(u) + \exp(-u)}{2}, \quad \sinh(u) = \frac{\exp(u) - \exp(-u)}{2}$$

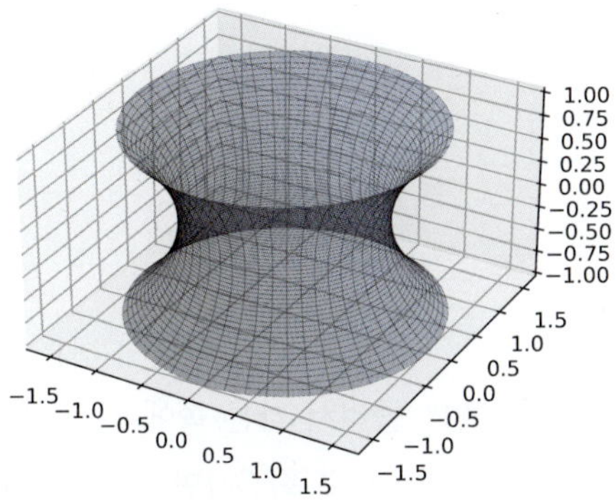

[그림 3-19] 현수면의 형태

영역 $[0, 2\pi] \times [0, 2\pi]$ 위에 [그림 3-20]과 같이 정의된 매개곡면을 **토러스**torus라 한다.

$$s(\theta, \phi) = ((R + r\cos(\phi))\cos(\theta), (R + r\cos(\phi))\sin(\theta), r\sin(\phi))$$

[그림 3-20]은 $R = 3$, $r = 1$인 경우이다. 토러스는 도넛 모양의 표면을 이루는 곡면이다. 여기서 R, r은 각각 토러스의 외부와 내부의 반지름을 가리킨다. 도넛의 중심을 따라 도넛을 z축에 평행하게 자르면 두 개의 원판으로 이루어진 단면을 볼 수 있다. 외부 반지름 R은 도넛의 중심에서 원판 단면의 중심까지의 거리이고, 내부 반지름 r은 원판 단면의 반지름이다.

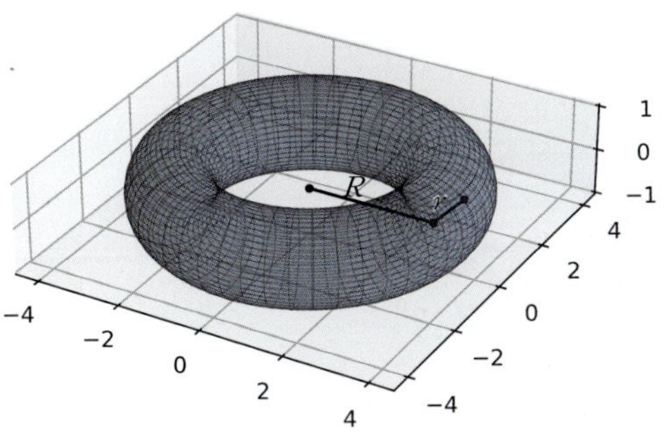

[그림 3-20] 토러스의 형태

영역 $[-r, r] \times [0, 2\pi]$ 위에 [그림 3-21]과 같이 정의된 매개곡면을 **뫼비우스의 띠**Mobius band 라 한다.

$$s(u, \theta) = \left(\left(R + u\cos\left(\frac{\theta}{2}\right)\right)\cos(\theta),\ \left(R + u\cos\left(\frac{\theta}{2}\right)\right)\sin(\theta),\ u\sin\left(\frac{\theta}{2}\right)\right)$$

[그림 3-21]은 $R=3$, $r=1$인 경우이다.

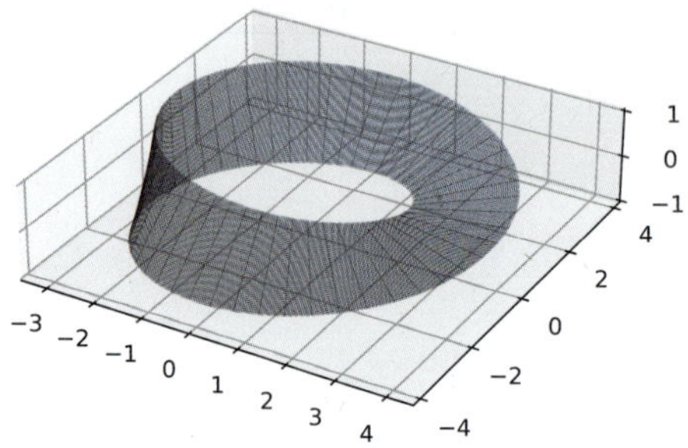

[그림 3-21] 뫼비우스의 띠

뫼비우스의 띠는 직사각형 모양 띠의 짧은 모서리 한쪽을 180° 돌려서 다른 쪽에 붙인 것이다. [그림 3-22]와 같이 x축 위에 놓인 선분 $[1, 3]$이 원점을 중심으로 회전하면서 쓸고 지나가는 곡면을 생각해보자. [그림 3-22(a)]와 같이 최초 선분의 방향은 z축과 수직이지만, [그림 3-22(b)]와 같이 점차 곡면이 반시계방향으로 회전하면서 원을 반 바퀴 돌면 선분은 90°를 회전하며, 그 방향은 z축과 평행하게 된다. 이 과정을 더 진행하면 [그림 3-22(c)]와 같이 선분의 방향이 다시 xy-평면과 점차 평행한 방향으로 바뀐다. 이후 한 바퀴를 거의 다 돌았을 때 선분의 방향은 [그림 3-22(d)]와 같이 처음 방향의 역방향을 향하게 된다.

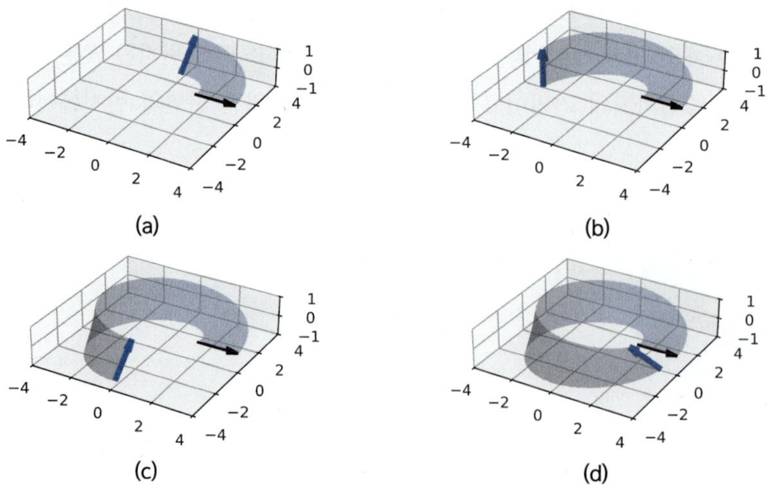

(a) (b) (c) (d)

[그림 3-22] 뫼비우스의 띠의 생성 과정

SECTION

3.2 극한과 연속

흔히 함수가 '연속이다'라는 것을 함수의 그래프에 구멍이 없다는 뜻으로 이해한다. 여기서 구멍은 [그림 3-23]과 같이 함숫값의 연속적인 변화가 끊기는 지점을 말한다. 이 절에서는 이러한 연속의 개념을 정의하는 방법에 대해 살펴본다.

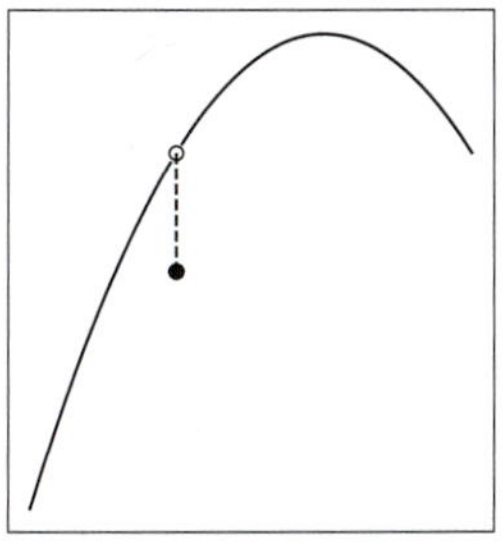

(a) 일변수함수의 불연속

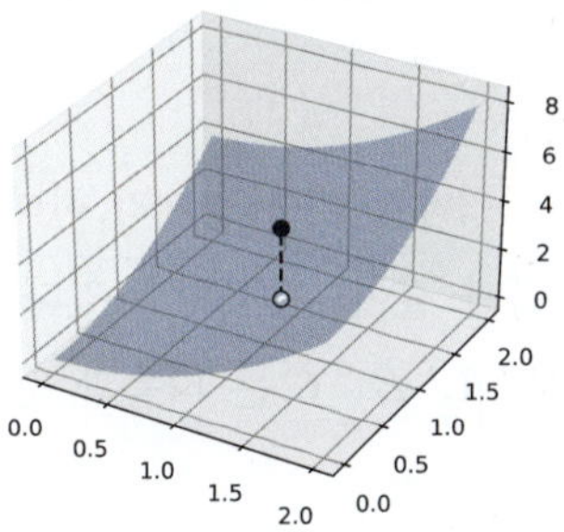

(b) 다변수함수의 불연속

[그림 3-23] 함수의 불연속

일변수함수의 극한

[그림 3-24]와 같이 일변수함수 $y=f(x)$의 그래프가 점 $(1, f(1))$에서 연속이라 하자. 이를 수열의 관점에서 생각하면, x축 위에 정의된 수열 x_n이 1에 가까워질 때 대응되는 함숫값의 수열 $y_n=f(x_n)$이 $f(1)$에 가까워진다고 할 수 있다. 이를 수열의 극한 정의로 다음과 같이 기술할 수 있다.

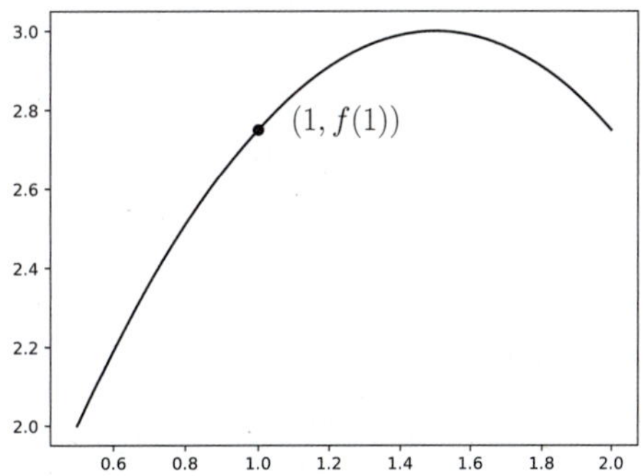

[그림 3-24] $x=1$에서 연속인 함수의 그래프

임의의 양수 $\varepsilon>0$에 대해 충분히 큰 자연수 N이 존재하여 $n \geq N$일 때 항상 $|y_n-f(1)|<\varepsilon$이다.

1에 충분히 가까운 x를 선택하여 $f(x)$와 $f(1)$의 차이를 얼마든지 작게 만들 수 있다면 함숫값 $f(x)$가 $x=1$에서 연속적으로 변한다고 할 수 있다. 이를 간단히 '$x \to 1$일 때 $f(x) \to f(1)$'이라 표기하고, 이때 $f(1)$을 '$x=1$에서의 함수 $f(x)$의 극한'이라 한다.

정의 3-10 일변수함수의 극한

구간 I에 정의된 일변수함수 $f(x)$와 구간 위의 한 점 $c \in I$, 그리고 실수 L에 대해 임의의 (충분히 작은) 양수 ε에 대해 (충분히 작은) 양수 δ가 존재하여 $0<|x-c|<\delta$일 때, 항상 $|f(x)-L|<\varepsilon$이 성립하면 함수 f는 $x=c$에서 L로 **수렴한다** convergent 고 한다. 이때 실수 L을 점 $x=c$에서의 함수 f의 **극한** limit 이라 하고 다음과 같이 표기한다.

$$\lim_{x \to c} f(x) = L$$

[정의 3-10]에서 밑줄로 강조한 명제를 **ε-δ 명제**라 한다. 수열의 극한 정의에 사용된 ε-δ 명제와 비슷하게 이 명제도 다음과 같이 분해할 수 있다. 임의의 A에 대해 B가 존재하여 C가 성립한다. 여기서 각 구문 A, B, C는 다음과 같다.

- A : 양수 ε
- B : 양수 δ
- C : $|x-c|<\delta$이면 $|f(x)-L|<\varepsilon$이다.

예를 들어 다음 식을 살펴보자.

$$\lim_{x \to 1}\left[-\left(x-\frac{3}{2}\right)^2+3\right]=\frac{11}{4} \tag{3.7}$$

이를 ε-δ 명제로 기술하면 다음과 같다. 임의의 (충분히 작은) 양수 ε에 대해 (충분히 작은) 양수 δ가 존재하여 $0<|x-1|<\delta$인 모든 x에 대해 $\left|\left(x-\frac{3}{2}\right)^2-\frac{1}{4}\right|<\varepsilon$이 성립한다.

이제 식 (3.7)을 증명해보자. 최종적으로 보이고자 하는 부등식은 $\left|\left(x-\frac{3}{2}\right)^2-\frac{1}{4}\right|<\varepsilon$이므로, 이를 다음과 같이 풀어보자.

$$|x-1|\cdot|x-2|<\varepsilon \tag{3.8}$$

만약 $|x-1|<\delta$이면 항상 다음 부등식이 성립한다.

$$|x-2|=|(x-1)-1|<|x-1|+1<\delta+1$$

따라서 $|x-1| \cdot |x-2| < \delta(\delta+1)$이다. 만약 δ가 충분히 작다면 $\delta(\delta+1) < \varepsilon$이 성립하고, 부등식 (3.8)이 성립한다. 이를 $\delta = \min\left\{\frac{\varepsilon}{2}, 1\right\}$이라 두고, 다음과 같이 증명할 수 있다.

$$|x-1| \cdot |x-2| < \delta \cdot (\delta+1) \leq \frac{\varepsilon}{2} \cdot 2 = \varepsilon$$

정의 3-11 일변수함수의 좌극한과 우극한

구간 I에 정의된 일변수함수 $f(x)$와 구간 위의 한 점 $c \in I$, 그리고 실수 L에 대해 임의의 (충분히 작은) 양수 ε에 대해 (충분히 작은) 양수 δ가 존재하여 $0 < x-c < \delta$일 때, 항상 $|f(x)-L| < \varepsilon$이 성립하면 실수 L을 점 $x=c$에서의 함수 f의 **우극한**right limit이라 하고 다음과 같이 표기한다.

$$\lim_{x \to c^+} f(x) = L$$

이와 비슷하게 $-\delta < x-c < 0$일 때 항상 $|f(x)-L| < \varepsilon$이 성립하면 실수 L을 점 $x=c$에서의 함수 f의 **좌극한**left limit이라 하고 다음과 같이 표기한다.

$$\lim_{x \to c^-} f(x) = L$$

ε-δ 명제의 $0 < |x-c| < \delta$는 좌극한의 $-\delta < x-c < 0$과 우극한의 $0 < x-c < \delta$를 동시에 만족함을 의미한다. 따라서 함수의 극한이 존재한다는 것은 좌극한과 우극한이 모두 존재하고 두 값이 같다는 것과 동치이다.

한편, x가 무한히 커지거나 작아질 때 함숫값 $f(x)$가 일정한 값으로 수렴하는 경우도 있다. 예를 들어 함수 $f(x) = \frac{1}{x}$은 $x \to \infty$일 때 0으로 수렴한다. 이 경우 함수의 극한을 다음과 같이 정의한다.

정의 3-12 무한대에서의 일변수함수의 극한

일변수함수 $f(x)$에 대해 임의의 (충분히 작은) 양수 ε에 대해 충분히 큰 양수 N이 존재하여 $x > N$일 때, 항상 $|f(x)-L| < \varepsilon$이 성립하면 함수 f가 **양의 무한대에서 L로 수렴한다**고 한다. 이때 실수 L을 다음과 같이 표기한다.

$$\lim_{x \to \infty} f(x) = L$$

한편, 이와 반대로 $x < -N$일 때 항상 $|f(x)-L| < \varepsilon$이 성립하면 함수 f가 **음의 무한대에서 L로 수렴한다**고 한다. 이때 실수 L을 다음과 같이 표기한다.

$$\lim_{x \to -\infty} f(x) = L$$

예를 들어 다음 함수는 양의 무한대와 음의 무한대에서 모두 1로 수렴한다. [그림 3-25]를 통해 확인해보자.

$$f(x) = \exp\left(-\frac{1}{x^2}\right)$$

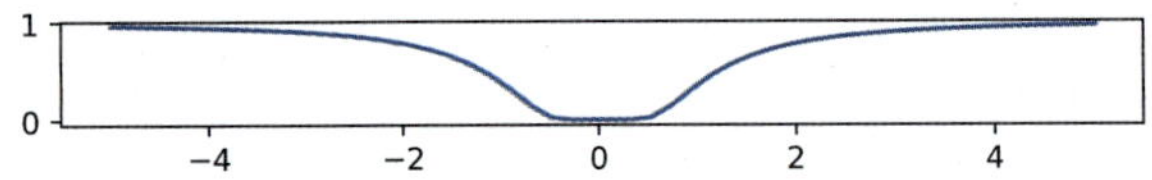

[그림 3-25] 함수 $f(x) = \exp\left(-\frac{1}{x^2}\right)$의 그래프

한 점에서 함수의 극한이 존재하지 않는 경우 함수가 **발산한다**[divergent]고 한다. 함수가 발산하는 경우는 크게 두 가지이다. 하나는 좌극한과 우극한 중 하나가 존재하지 않는 경우이고, 다른 하나는 두 값이 서로 다를 때이다. 예를 들어 다음과 같이 정의된 함수 $f(x)$는 [그림 3-26]에서 볼 수 있듯이, $x = 0$에서의 우극한과 좌극한이 존재하지 않는다.

$$f(x) = \sin\left(\frac{1}{x}\right)$$

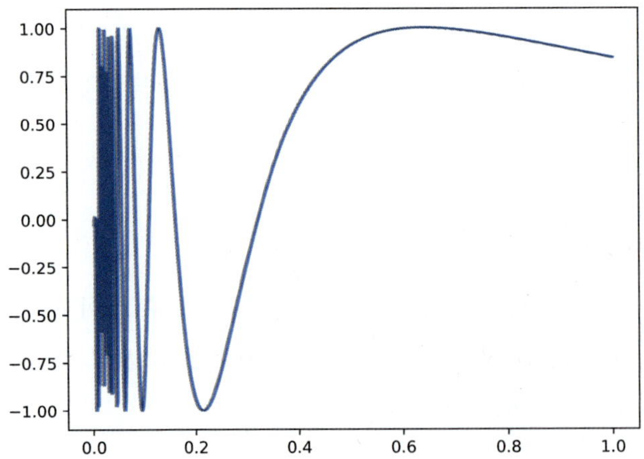

[그림 3-26] 함수 $f(x) = \sin\left(\frac{1}{x}\right)$의 그래프

함숫값이 무한대로 발산하는 경우는 다음과 같이 정의한다.

정의 3-13 함수의 무한대로의 발산

임의의 (충분히 큰) 양수 N에 대해 (충분히 작은) 양수 δ가 존재하여 $0 < x - c < \delta$일 때 항상 $f(x) > N$이면, 함수 f는 점 $x = c$의 **오른쪽에서 양의 무한대로 발산한다**고 하고 다음과 같이 표기한다.

$$\lim_{x \to c^+} f(x) = \infty$$

만약 $f(x) < -N$이면 함수 f는 점 $x = c$의 **오른쪽에서 음의 무한대로 발산한다**고 하고 다음과 같이 표기한다.

$$\lim_{x \to c^+} f(x) = -\infty$$

이와 비슷하게 함수 $f(x)$가 $x = c$의 왼쪽에서 양 또는 음의 무한대로 발산하는 경우는 각각 다음과 같이 표기한다.

$$\lim_{x \to c^-} f(x) = \infty, \quad \lim_{x \to c^-} f(x) = -\infty$$

예를 들어 함수 $f(x) = \dfrac{1}{x}$을 살펴보자. 임의의 양수 N에 대해 $\delta = \dfrac{1}{N}$이라고 하면 $0 < x < \delta$일 때 항상 $\dfrac{1}{x} > \dfrac{1}{\delta} = N$이다. 따라서 $\displaystyle\lim_{x \to 0^+} \frac{1}{x} = \infty$이다.

다변수함수의 극한

실수 L이 점 (x_0, y_0)에서 이변수함수 $z = f(x, y)$의 극한이라는 것은, xy-평면의 점 (x, y)가 (x_0, y_0)로 접근할 때 z축 위의 함숫값 $z = f(x, y)$가 L로 한없이 가까워짐을 의미한다. 이를 ε-δ 명제로 다음과 같이 기술한다.

정의 3-14 이변수함수의 극한

이변수함수 $z = f(x, y)$와 정의역의 한 점 (x_0, y_0), 그리고 실수 L에 대해 임의의 (충분히 작은) 양수 ε에 대해 (충분히 작은) 양수 δ가 존재하여 $0 < \sqrt{(x - x_0)^2 + (y - y_0)^2} < \delta$일 때, 항상 $|f(x, y) - L| < \varepsilon$이 성립하면 L을 점 (x_0, y_0)에서의 함수 $f(x, y)$의 **극한**이라 한다. 이때 L을 다음과 같이 표기한다.

$$\lim_{(x, y) \to (x_0, y_0)} f(x, y) = L$$

점 (x_0, y_0)에서 이변수함수 $f(x, y)$의 극한이 존재한다면 극한을 찾기 위해서는 점 (x_0, y_0)로 접근하는 하나의 경로(예를 들어 직선 경로)를 따라 함숫값을 구하면 된다. 여기서 경로가 매개함수 $c:[0, 1]\to\mathbb{R}^2$이고 $c(0)=(x_0, y_0)$이면 극한 L은 다음과 같이 계산된다.

$$L=\lim_{t\to 0^+} f(c(t)) \tag{3.9}$$

한편 [그림 3-27]과 같이 이변수함수의 한 점에 접근하는 경로의 방향과 형태는 무수히 많으므로, 식 (3.9)와 같이 점 (x_0, y_0)에 접근하는 몇몇 경로 위에서 함수의 극한이 서로 같다는 사실만으로는 극한의 존재를 증명할 수 없다.

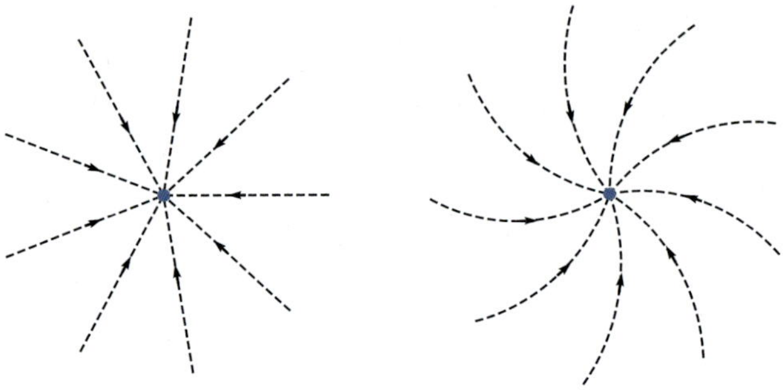

[그림 3-27] 한 점으로 수렴하는 2차원 경로의 형태

[정의 3-14]는 점 (x_0, y_0)에서 그 근방의 점 (x, y)까지의 거리에 관한 명제이다. 다시 말해 이는 점 (x, y)가 점 (x_0, y_0)에 충분히 가까우면 $f(x, y)$와 L을 ε의 정밀도에서 구분할 수 없음을 의미한다.

예를 들어 점 $(1, 1)$의 근방에서 함수 $z=f(x, y)=x^2+y^2$의 값을 살펴보자. [그림 3-28]은 원판 영역 $B_\delta(1, 1)$ 위에 정의된 이변수함수 f의 그래프를 각각 $\delta=1$, 0.5, 0.1인 경우로 나누어 그린 것이다.

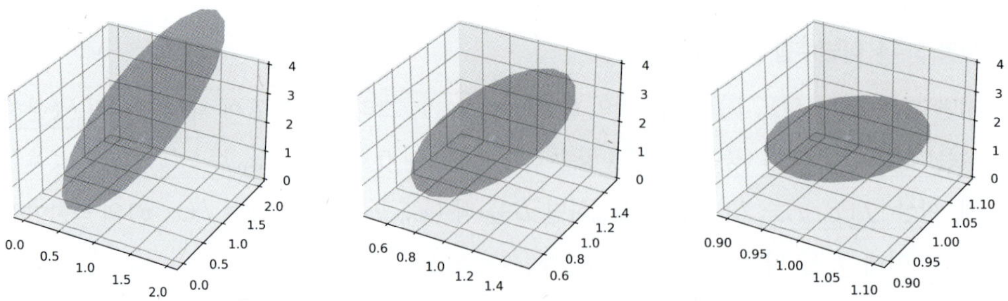

(a) $\delta=1$ (b) $\delta=0.5$ (c) $\delta=0.1$

[그림 3-28] 정의역의 크기에 따른 함숫값의 변화

[그림 3-28]의 세 그래프의 z축의 범위는 모두 동일하게 설정했다. 이를 통해 함숫값의 크기를 서로 같은 정밀도로 볼 수 있다. 여기서 눈여겨 볼 사실은 원판 영역의 반지름이 줄어들수록 함수의 그래프는 점점 평평해진다는 것이다. 이는 점 $(1, 1)$의 근방이 점점 작아질수록 함숫값의 변화량 또한 작아짐을 의미한다. 반지름 $\delta = 0.1$에서 그래프가 xy-평면과 거의 평행하게 보이는 것은 영역 $B_\delta(1, 1)$ 내의 모든 점에서의 함숫값이 서로 거의 같기 때문이다. 예를 들어 다음 극한을 증명해보자.

$$\lim_{(x, y) \to (1, 1)} (x^2 + y^2) = 2$$

만약 점 (x, y)가 부등식 $\sqrt{(x-1)^2 + (y-1)^2} < \delta$를 만족하면 항상 $|x-1| < \delta$와 $|y-1| < \delta$가 성립한다. 따라서 다음 부등식도 성립한다.

$$|x+1| = |(x-1)+2| \le |x-1|+2 < \delta+2$$
$$|y+1| = |(y-1)+2| \le |y-1|+2 < \delta+2$$

위 식으로부터 다음 부등식을 유도할 수 있다.

$$|x^2 + y^2 - 2| \le |x^2 - 1| + |y^2 - 1| < 2\delta(\delta+2)$$

임의의 양수 ε에 대해 $\delta = \min\left\{1, \dfrac{\varepsilon}{6}\right\}$이라 하자. 이때 다음 부등식을 유도할 수 있다.

$$|x^2 + y^2 - 2| < 2\delta(\delta+2) < 2 \cdot 3 \cdot \frac{\varepsilon}{6} = \varepsilon$$

일반적인 다변수함수의 극한은 다음과 같이 정의된다.

정의 3-15 다변수함수의 극한

두 n차원 좌표점 X, P 사이의 거리를 $d(X, P)$라 하자. 다변수함수 $f(x_1, \cdots, x_m) = (y_1, \cdots, y_n)$과 정의역의 한 점 $P = (a_1, \cdots, a_m)$, 그리고 치역의 한 점 $Q = (b_1, \cdots, b_n)$에 대해 임의의 (충분히 작은) 양수 ε에 대해 (충분히 작은) 양수 δ가 존재하여 $0 < d(X, P) < \delta$일 때, 항상 $d(f(P), Q) < \varepsilon$이 성립하면 점 Q를 점 P에서의 함수 f의 **극한**이라 한다. 이때 극한 Q를 다음과 같이 표기한다.

$$\lim_{X \to P} f(X) = Q$$

수열의 극한에 관한 [정리 1-4]와 비슷하게, 실숫값함수의 극한에 대해 [정리 3-1]이 성립한다.

정리 3-1 실숫값함수의 극한

같은 영역 위에 정의된 두 실숫값함수 f, g의 정의역의 한 점 P에서의 극한이 각각 L, M일 때 다음이 성립한다.

(1) 임의의 실수 k에 대해 $\lim_{X \to P} kf(X) = kL$이 성립한다.

(2) $\lim_{X \to P} f(X) + g(X) = L + M$이다.

(3) $\lim_{X \to P} f(X)g(X) = LM$이다.

(4) $M \neq 0$이면 $\lim_{X \to P} \dfrac{f(X)}{g(X)} = \dfrac{L}{M}$이다.

(5) $L = M$이고 함수 f, g와 같은 정의역에 정의된 또 다른 함수 h가 정의역의 모든 점에서 $f(X) \leq h(X) \leq g(X)$를 만족하면 $\lim_{X \to P} h(X) = L$이다.

[정리 3–1]의 (5)를 **샌드위치 정리**라 한다. [정리 3–1]을 이용하면 다음과 같이 극한을 계산할 수 있다.

$$\lim_{x \to 0} \frac{x^2+1}{x-1} = \frac{\left(\lim_{x \to 0} x\right)^2 + 1}{\left(\lim_{x \to 0} x\right) - 1} = -1$$

예제 3-6 샌드위치 정리의 활용

다음을 증명하라.

$$\lim_{(x,\,y) \to (0,\,0)} (x^2+y^2)\sin\left(\frac{1}{x^2+y^2}\right) = 0 \tag{3.10}$$

풀이

원점 $(0, 0)$을 제외한 모든 점 (x, y)에서 다음이 성립한다.

$$-(x^2+y^2) \leq (x^2+y^2)\sin\left(\frac{1}{x^2+y^2}\right) \leq x^2+y^2 \tag{3.11}$$

부등식 (3.11)의 양 끝은 점 (x, y)가 원점에 접근할 때 0으로 수렴한다. 따라서 샌드위치 정리에 의해 식 (3.10)이 성립한다.

일변수함수와 마찬가지로 이변수함수가 한 점에서 수렴하지 않을 때 **발산한다**고 한다. 이는 점 (x_0, y_0)의 근방에서 함숫값 $f(x, y)$가 일정한 값으로 수렴하지 않거나 무한히 커지는 경우이다. 단, 일변수함수의 발산은 대부분 그래프로 쉽게 확인할 수 있지만, 이변수함수의 발산은 그래프로 쉽게 확인되지 않는 경우가 종종 있다. 예를 들어 다음 이변수함수를 보자.

$$f(x,\ y)=\begin{cases}\dfrac{x^2+y^2}{x^2-y^2}, & x\neq\pm y\\ 0\quad\quad\ , & x=\pm y\end{cases}\tag{3.12}$$

이 함수의 그래프를 영역 $[-1,\ 1]\times[-1,\ 1]$에서 나타내면 [그림 3-29]와 같다.

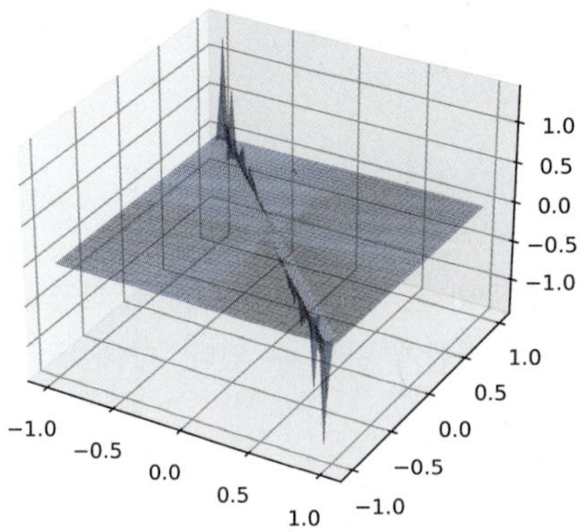

[그림 3-29] 함수 (3.12)의 그래프

[그림 3-29]의 그래프상으로는 원점에서 함수의 극한이 존재하는 것처럼 보이지만, 실제로는 존재하지 않는다. 극한이 존재하지 않음을 보이기 위해 원점에 접근하는 다음 3개의 직선 경로를 생각해보자.

$$c_1(t)=(0,\ t),\quad c_2(t)=(t,\ 2t),\quad c_3(t)=(t,\ t)$$

세 경로는 모두 $t=0$일 때 원점에 도달한다. t가 1에서 0으로 줄어든다고 가정하고, 각 경로 위에서의 함숫값을 계산한 결과는 다음과 같다.

$$f(c_1(t))=\frac{t^2}{-t^2}=-1,\quad f(c_2(t))=\frac{5t^2}{-3t^2}=\frac{-5}{3},\quad f(c_3(t))=0$$

세 값이 서로 다르므로, 함수 f는 원점에서 극한을 갖지 않는다.

예제 3-7 이변수함수의 발산

다음 함수가 원점에서 발산함을 증명하라.

$$f(x,\ y)=\begin{cases}\dfrac{xy}{|x-y|}, & x\neq y\\ 0\quad\ , & x=y\end{cases}\tag{3.13}$$

풀이

영역 $[-1,\ 1]\times[-1,\ 1]$에서 함수의 그래프를 나타내면 [그림 3-30]과 같다.

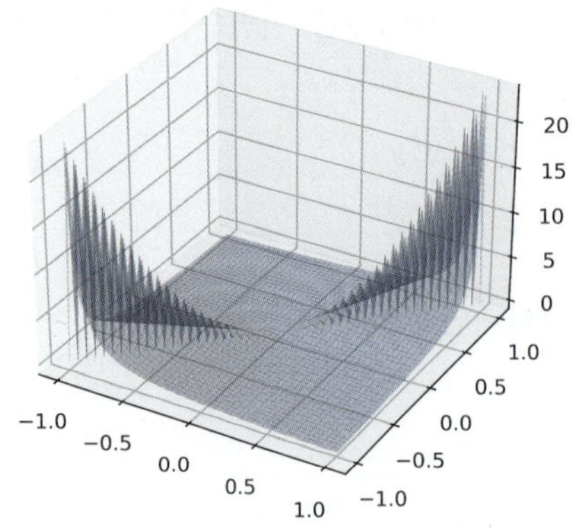

[그림 3-30] 함수 (3.13)의 그래프

[그림 3−30]의 그래프상으로는 원점에서 함수의 극한이 존재하는 것처럼 보이지만, 두 실수 x, y의 차이가 충분히 작을 때 분모 $|x-y|$를 0에 한없이 가깝게 만들 수 있다. 다음 두 경로를 살펴보자.

$$c_1(t)=(t,\ t+t^2),\quad c_2(t)=\left(t,\ t+\frac{1}{2}t^2\right)\ (0\le t<1)$$

각 경로에서의 함숫값의 극한은 다음과 같다(t는 0의 오른쪽에서 접근한다).

$$\lim_{t\to 0^+}\frac{t\cdot(t+t^2)}{|t-(t+t^2)|}=\lim_{t\to 0^+}\frac{t^2+t^3}{t^2}=\lim_{t\to 0^+}(1+t)=1$$

$$\lim_{t\to 0^+}\frac{t\cdot\left(t+\frac{1}{2}t^2\right)}{\left|t-\left(t+\frac{1}{2}t^2\right)\right|}=\lim_{t\to 0^+}\frac{t^2+\frac{1}{2}t^3}{\frac{1}{2}t^2}=\lim_{t\to 0^+}(2+t)=2$$

두 경로에서 함수가 서로 다른 값으로 수렴하므로 원점에서 극한은 존재하지 않는다.

함수의 연속

정의역의 한 점 P에서 함수 f의 극한이 존재하고, 이 극한이 점 P에서의 함숫값 $f(P)$와 같을 때 연속이라 한다.

정의 3-16 함수의 연속

정의역의 한 점 P에서 $\lim_{X\to P}f(X)=f(P)$일 때, 함수 f는 점 P에서 **연속**continuous이라 한다. 만약 정의역의 모든 점에서 함수 f가 연속이면 함수 f를 **연속함수**continuous function라 한다.

그래프는 함수의 연속 개념을 직관적으로 이해할 수 있는 방법이다. 예를 들어 다음 함수 $f(x)$의 구간 $[-1, 1]$에서의 그래프는 [그림 3-31]과 같다.

$$f(x)=\begin{cases} x\sin\left(\frac{1}{x}\right), & x\neq 0 \\ 0 \quad\quad\quad\ , & x=0 \end{cases} \tag{3.14}$$

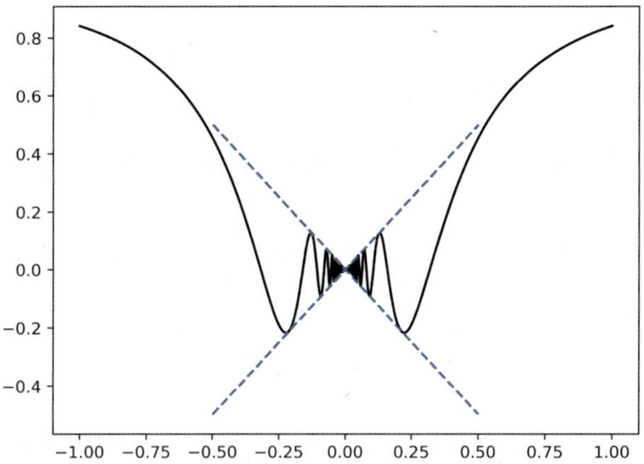

[그림 3-31] **함수 (3.14)의 그래프**

실수 x가 0에 접근할수록 그래프는 무한히 진동한다. 진동의 폭이 0으로 수렴하므로 $(x, f(x))$도 원점으로 수렴한다. 샌드위치 정리를 이용해 이 결과를 증명해보자. 사인함수 $\sin(x)$는 항상 -1과 1 사이의 값을 가지므로 모든 실수 x에 대해 다음 부등식이 성립한다.

$$-x \leq x\sin\left(\frac{1}{x}\right) \leq x$$

따라서 $x\sin\left(\frac{1}{x}\right)$은 0으로 수렴한다.

함수의 연속에 대해 다음 정리가 성립한다.

정리 3-2 연속함수

정의역이 같은 두 함수 f, g가 모두 점 P에서 연속일 때 다음이 성립한다.

(1) 임의의 실수 k에 대해 kf는 점 P에서 연속이다.
(2) $f+g$는 점 P에서 연속이다.
(3) $f\cdot g$는 점 P에서 연속이다.
(4) $g(P)\neq 0$이면 $\frac{f}{g}$는 점 P에서 연속이다.

SECTION 3.3 그래프

그래프를 통해 함수를 시각화하려면 경우에 따라 좌표변환과 등위집합 등의 도구가 필요하다. 여기서는 좌표변환의 대표적인 예인 극좌표계와 구면좌표계를 살펴보고, 이를 통해 함수의 그래프와 곡선, 곡면을 표현하는 방법을 알아본다.

좌표변환

x, y, z축의 좌표를 이용해 2차원 또는 3차원 공간의 점을 표현하는 것을 **데카르트 좌표계** Cartesian coordinate system라 한다. 여기서 좌표의 역할은 점의 위치를 구분하는 것이다. **극좌표계** polar coordinate system는 2차원 좌표점 $P=(x, y)$의 위치를 원점 O로부터 점 P까지의 거리 r과, 표준단위벡터 $\boldsymbol{e}_1$에서 벡터 $\overrightarrow{OP}$까지 반시계방향으로 측정한 각 θ로 나타내는 방법이다. [그림 3-32]는 데카르트 좌표 (x, y)와 극좌표 (r, θ) 사이의 관계를 표현한 것이다.

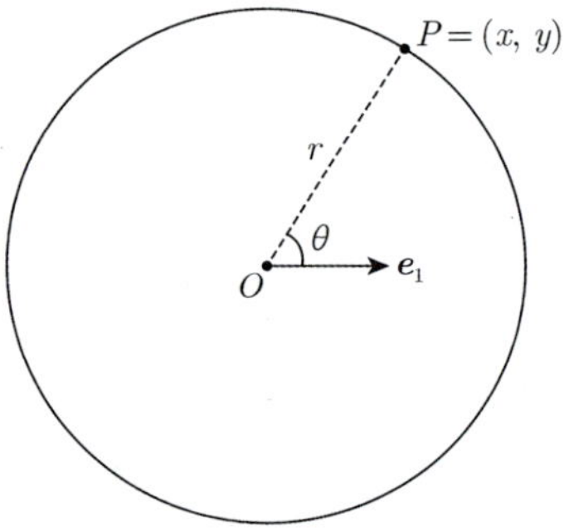

[그림 3-32] 극좌표계의 좌푯값의 기하적 의미

따라서 x, y와 r, θ 사이에는 다음과 같은 관계식이 성립한다.

$$x=r\cos(\theta),\ \ y=r\sin(\theta)$$

극좌표계는 데카르트 좌표 x, y로 구현하기 힘든 모양의 곡선을 생성하기도 한다. 예를 들어 다음 극좌표 방정식을 살펴보자.

$$r^2 = \sin(2\theta) \tag{3.15}$$

식 (3.15)는 거리 r을 θ에 대한 매개함수로 표현한다. 따라서 이를 만족하는 점의 x, y좌표를 θ에 대한 함수로 다음과 같이 표현할 수 있다.

$$x(\theta) = \cos(\theta)\sqrt{\sin(2\theta)},\ \ y(\theta) = \sin(\theta)\sqrt{\sin(2\theta)} \tag{3.16}$$

사인함수 $\sin(t)$는 $0 \leq t \leq \pi$일 때 양수이므로 식 (3.16)은 θ가 구간 $\left[0, \frac{\pi}{2}\right] \cup \left[\pi, \frac{3\pi}{2}\right]$에 속할 때만 유효하다. 다음 파이썬 코드로 식 (3.16)의 매개곡선을 좌표평면 위에 나타내면 [그림 3-33]과 같다.

```
# 극좌표계를 이용해 곡선 그리기
plt.figure(figsize=plt.figaspect(1))
t = np.append(np.linspace(0, np.pi/2, 1001), np.linspace(np.pi,
3*np.pi/2, 1001))
x = np.cos(t)*np.sqrt(np.sin(2*t))
y = np.sin(t)*np.sqrt(np.sin(2*t))
plt.plot(x, y, color='C0')
```

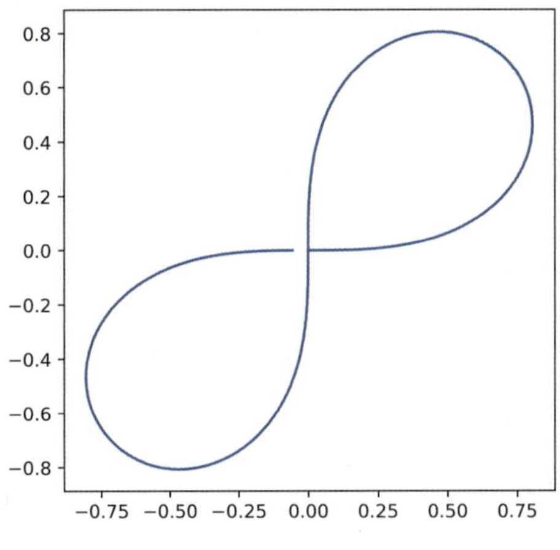

[그림 3-33] 곡선 (3.15)의 그래프

극좌표를 이용하면 이차곡선을 간단히 표현할 수 있다. 여기서 말하는 이차곡선이란 원, 포물선, 타원, 쌍곡선의 형태로 나타나는 2차방정식의 해집합을 의미한다.

❶ 반지름이 r_0이고 중심이 원점인 **원**circle의 극좌표 방정식은 다음과 같다.

$$r = r_0$$

❷ **포물선**parabola은 **초점**focus과 **준선**directrix까지의 거리가 동일한 점의 집합이다. 원점 O가 초점이고 준선 l이 $x=d$인 경우, [그림 3-34]의 포물선을 극좌표 방정식으로 다음과 같이 표현할 수 있다.

$$r=d-r\cos(\theta)$$

따라서 포물선의 극좌표 방정식은 다음과 같이 정리할 수 있다.

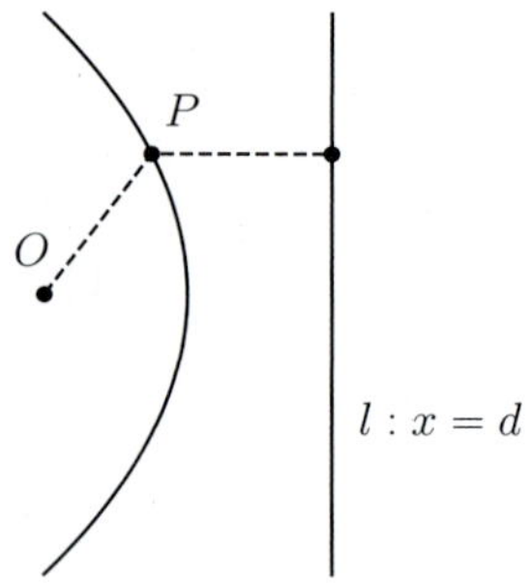

[그림 3-34] 포물선

$$r=\frac{d}{1+\cos(\theta)}$$

❸ 점 P에서 초점 O까지의 거리 $\overline{OP}$와 점 P에서 준선 l까지의 거리 $\overline{Pl}$ 사이의 비율을 **이심률**eccentricity이라 한다.

$$e=\frac{\overline{OP}}{\overline{Pl}} \tag{3.17}$$

타원ellipse은 이심률이 $e>1$인 점의 집합이다. [그림 3-35]와 같이 원점 O가 초점이고 준선 l이 수직선 $x=d$로 주어진 경우, 타원 위의 점 P의 극좌표 (r, θ)는 다음을 만족한다.

$$\frac{r}{d-r\cos(\theta)}=e$$

위 식을 r에 대해 정리하면 타원의 방정식을 얻는다.

$$r=\frac{de}{1+e\cos(\theta)} \tag{3.18}$$

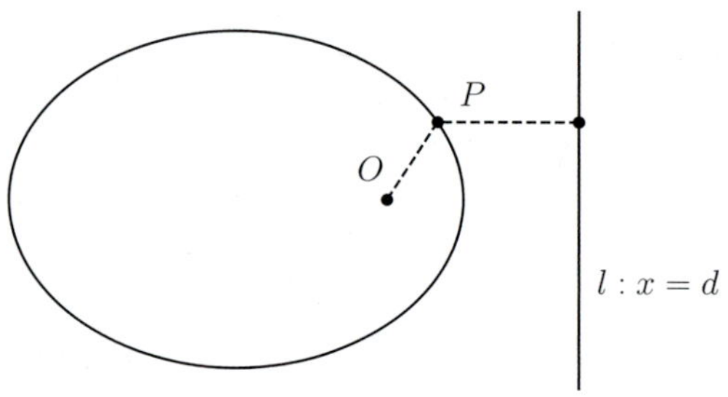

[그림 3-35] 타원

❹ **쌍곡선**hyperbola은 이심률이 $e>1$인 점의 집합이다. 쌍곡선의 방정식은 식 (3.18)과 일치한다.

예제 3-8 쌍곡선의 극좌표 방정식

$x^2-y^2=1$을 만족하는 곡선을 극좌표 방정식으로 표현하라.

풀이

주어진 식을 $x=r\cos(\theta)$, $y=\sin(\theta)$로 치환하면 $r^2(2\cos^2(\theta)-1)=1$이다. 이 식을 정리하면 다음 극좌표 방정식을 얻는다.

$$r=\frac{1}{\sqrt{\cos(2\theta)}} \tag{3.19}$$

이때 θ의 범위는 $-\frac{\pi}{2}\le\theta\le\frac{\pi}{2}$이다. 참고로 주어진 곡선은 쌍곡선이다. 식 (3.19)가 식 (3.18)과 같은 형태로 나타나지 않는 이유는 초점이 원점이 아니기 때문이다.

다음과 같은 $r\theta$-평면에서 xy-평면으로의 함수 $T:[0,\infty)\times[0,2\pi]\to\mathbb{R}^2$을 생각하자.

$$T(r,\theta)=(r\cos(\theta),\ r\sin(\theta))$$

함수 T는 $r\theta$-평면의 수평선 $r=0$을 xy-평면의 원점으로, $r\theta$-평면의 두 수직선 $\theta=0$, $\theta=2\pi$를 단위원의 원주로 대응한다. 따라서 열린 직사각형 영역 $[0,\infty)\times[0,2\pi]$의 함수 T는 전단사함수이다. 이처럼 경계를 제외한 내부에서 전단사인 함수를 좌표변환이라 한다.

정의 3-17 좌표변환

n차원 영역 A에서 n차원 영역 B로의 전단사함수 $T:A\to B$를 **좌표변환**coordinate transformation이라 한다.

좌표변환을 이용하면 함수의 그래프를 다른 모양으로 표현할 수 있다. 예를 들어 다음 파이썬 코드로 이변수함수 $f(x,y)=x^2+y^2$을 직사각형 영역 $D=[-1,1]\times[-1,1]$ 위와 원판 영역 $R=\{(x,y)\mid x^2+y^2<1\}$ 위에 나타낸 결과는 [그림 3-36]과 같다.

```
# 직사각형 및 원판 영역 위에서 이변수함수의 그래프 그리기
fig =plt.figure(figsize=plt.figaspect(.5))
ax =fig.add_subplot(121, projection='3d')
[xx, yy] =np.meshgrid(np.linspace(-1, 1), np.linspace(-1, 1))
ax.plot_surface(xx, yy, xx**2 +yy**2, color='C0')
ax.plot([-1, 1, 1, -1, -1], [-1, -1, 1, 1, -1], [0, 0, 0, 0, 0],
'--k')
ax.text(.7, -.7, 0, r'$D$', fontsize=15)
```

```
ax =fig.add_subplot(122, projection='3d')
r, t =np.linspace(0, 1), np.linspace(0, 2*np.pi)
[rr, tt] =np.meshgrid(r, t)
ax.plot_surface(rr*np.cos(tt), rr*np.sin(tt), rr**2, color='C0')
ax.plot(np.cos(t), np.sin(t), 0*t, '--k')
ax.text(.6, -.5, 0, r'$R$', fontsize=15)
```

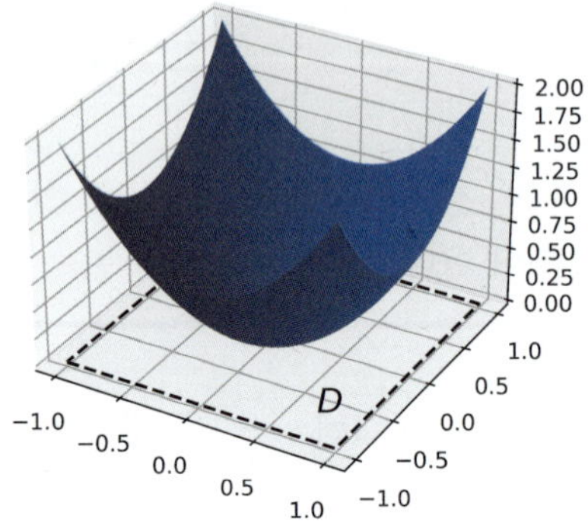

(a) 직사각형 영역

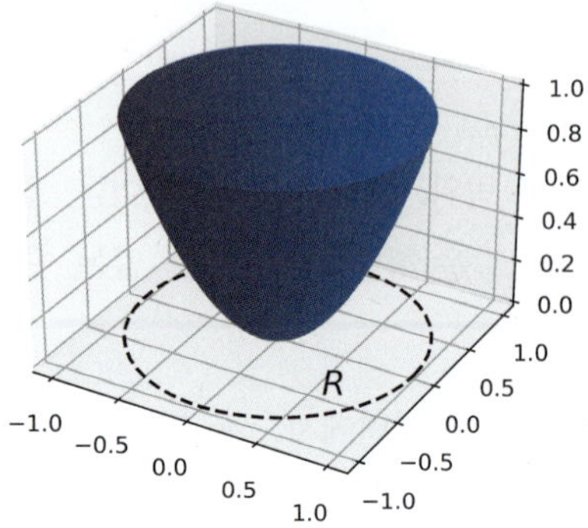

(b) 원판 영역

[그림 3-36] 서로 다른 모양의 영역 위에서의 이변수함수의 그래프

구면좌표계는 3차원 공간의 좌표계이다.

정의 3-18 구면좌표계

3차원 점 $P=(x,\ y,\ z)$의 각 좌표를 다음 등식을 만족하는 순서쌍 $(\rho,\ \theta,\ \phi)$로 표현한 것을 **구면좌표계** spherical coordinate system라 한다.

$$x=\rho\cos(\theta)\cos(\phi),\ \ y=\rho\cos(\theta)\sin(\phi),\ \ z=\rho\sin(\theta),$$
$$\rho\geq 0,\ \ 0\leq\theta\leq\pi,\ \ 0\leq\phi\leq 2\pi$$

[그림 3-37]은 구면좌표계의 $(x,\ y,\ z)$와 $(\rho,\ \theta,\ \phi)$ 사이의 관계를 표현한 것이다.

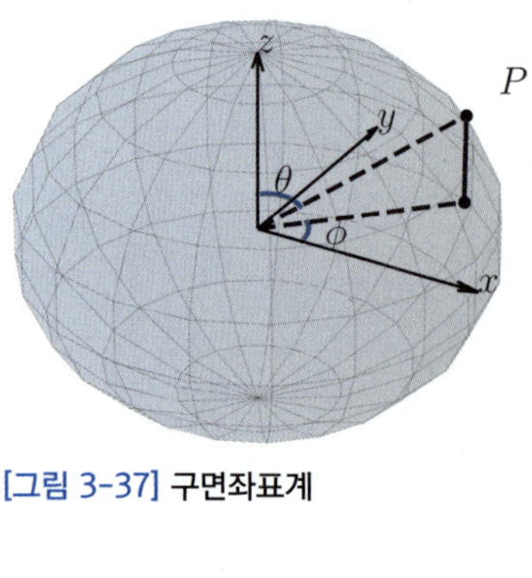

[그림 3-37] 구면좌표계

SECTION 3.4

프로젝트 : 등위선과 등위면 그리기

이 절에서는 등위집합과 음함수의 관계를 살펴보고, 등위선과 등위면을 그리는 알고리즘을 살펴본다. 등위선은 이변수함수의 개형을, 등위면은 삼변수함수의 개형을 유추할 수 있는 방법이다. 등위선은 2차원 좌표평면의 선분으로 등위면은 3차원 좌표공간의 선분으로 근사한다.

■ 양함수와 음함수

$y = f(x)$와 같이 종속변수 y를 독립변수 x의 식으로 나타낸 함수를 **양함수**explicit function라 한다. 반면에, 종속변수와 독립변수의 관계를 하나의 방정식으로 표현한 함수를 **음함수**implicit function라 한다. 예를 들어 $x^2 + y^2 = 1$은 음함수이다. 변수 y 값은 변수 x 값에 의해 결정된다. 이와 같이 음함수를 정의하는 방정식을 **음함수 방정식**implicit equation이라 한다.

음함수의 그래프는 매개곡선 또는 매개곡면으로 나타낼 수 있다. 음함수 방정식 $f(x, y) = c$는 등위값 c에서의 이변수함수 $f(x, y)$의 등위선이고, $f(x, y, z) = c$는 등위값 c에서의 삼변수함수의 등위면이다. 예를 들어 다음 파이썬 코드를 구현하면 음함수 $\sin(x^2 + \cos(y))$ $\sin(x^2 + \cos(y)) = \dfrac{1}{2}$의 그래프를 [그림 3-38]과 같이 그릴 수 있다.

```
# 이변수함수의 등위선을 이용해 음함수의 그래프 그리기
xx, yy = np.meshgrid(np.linspace(-2*np.pi, 2*np.pi),
np.linspace(-2*np.pi, 2*np.pi))
zz = np.sin(xx**2 + np.cos(yy))
plt.contour(xx, yy, zz, levels=[.5], colors=['C0']) # 등위선 그리기
```

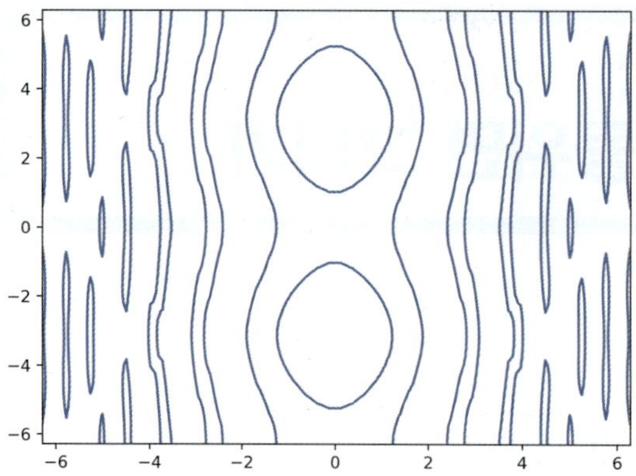

[그림 3-38] 등위선으로 나타낸 음함수의 그래프

■ 등위선을 그리는 과정

[그림 3-38]과 같은 이변수함수의 등위선을 그리는 방법을 자세히 알아보자.

❶ 등위선을 표현할 직사각형 영역을 분할한다.

예를 들어 등위선을 직사각형 영역 $[a, b] \times [c, d]$ 내에 그린다고 할 때, 각 축의 구간을 다음과 같이 n, m개의 부분구간으로 각각 분할한다.

$$a = x_0 < x_1 < \cdots < x_n = b$$
$$c = y_0 < y_1 < \cdots < y_m = d$$

이를 통해 (i, j)번째 부분영역 R_{ij}를 다음과 같이 정의하자($i = 1, \cdots, n$, $j = 1, \cdots, m$).

$$R_{ij} = [x_{i-1}, x_i] \times [y_{j-1}, y_j]$$

❷ 각 부분영역의 모서리마다 함숫값 $f(x, y)$가 c가 되는 지점을 예측한다.

각 부분영역의 모서리를 $\overline{PQ}$라 할 때, 다음 부등식이 성립하는지 확인한다.

$$(f(P) - c)(f(Q) - c) < 0$$

위 부등식이 성립하는 경우 선분 $\overline{PQ}$ 위의 점 R을 다음과 같이 계산한다.

$$\overrightarrow{OR} = t \cdot \overrightarrow{OP} + (1-t) \cdot \overrightarrow{OQ},$$
$$t = \frac{c - f(P)}{f(Q) - f(P)} \tag{3.20}$$

식 (3.20)은 함수 f의 값이 c가 되는 지점 R을 선형적으로 근사한다. 예를 들어 [그림 3-39]와 같이 선분 $\overline{OP}$ 위에 정의된 함수 f의 그래프를 매개변수 t에 대해 그릴 때, 실제 함숫값이 c가 되는 지점을 R'이라 가정하자. 또한 함숫값이 점 P에서 점 Q로 선형적으로 변한다고 가정할 때, 함숫값이 c가 되는 지점을 R이라 가정하자. 모서리 $\overline{PQ}$의 길이가 충분히 짧다면 점 R과 R'은 매우 가까우므로, $f(R)=c$라 가정해도 무방하다.

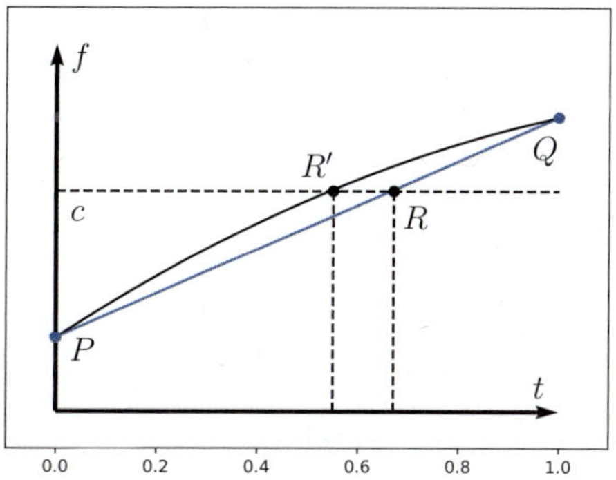

[그림 3-39] 함숫값이 도달하는 위치를 선형적으로 근사하는 방법

이와 같은 과정을 각 모서리마다 수행하고, 이를 통해 얻은 점 R을 모두 기록한다. 만약 모서리 $\overline{PQ}$의 양 끝점에서 $f(P)=f(Q)=c$가 성립하는 경우, 식 (3.20)과 같이 R을 계산하지 않고 점 P, Q를 R로 취급하여 기록한다.

❸ 각 부분영역마다 $f(R)=c$를 만족하는 점 R을 서로 잇는 선분을 그린다.

점 R을 잇는 선분은 점점 등위선 곡선에 근사한다. [그림 3-40]은 각 구간의 분할의 개수를 $n=2$, 4, 8개로 늘려가며 $x^2+xy+y^2=1$의 등위선을 그린 것이다. 분할의 개수가 늘어날수록 등위선의 모양이 실제 모양인 타원에 근접하는 것을 확인할 수 있다.

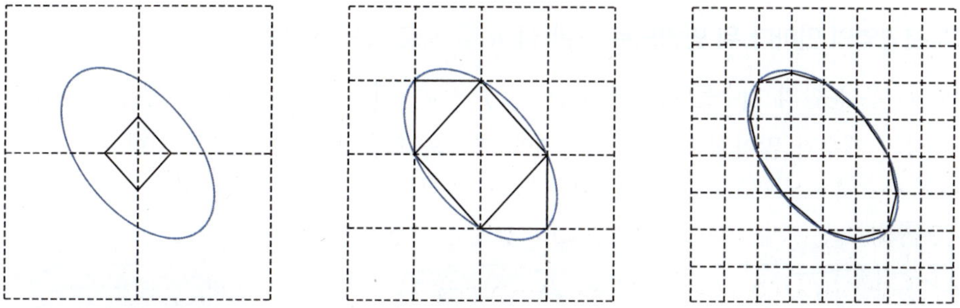

(a) $n=2$ (b) $n=4$ (c) $n=8$

[그림 3-40] 분할의 개수에 따른 등위선의 근사

■ 등위면을 그리는 과정

이제 삼변수함수의 등위면을 그리는 과정에 대해 알아보자.

❶ 등위면을 표현할 직육면체 영역을 격자 분할한다.

예를 들어 직육면체 영역이 $[a_1, b_1]$, $[a_2, b_2]$, $[a_3, b_3]$이면, 각 구간을 다음과 같이 n개로 분할한다.

$$\begin{aligned} a_1 = x_0 < \cdots < x_n = b_1 \\ a_2 = y_0 < \cdots < y_n = b_2 \\ a_3 = z_0 < \cdots < z_n = b_3 \end{aligned}$$

이때 (i, j, k)번째 부분영역 R_{ijk}는 다음과 같다($i, j, k = 1, \cdots, n$).

$$R_{ijk} = [x_{i-1}, x_i] \times [y_{j-1}, y_j] \times [z_{k-1}, z_k]$$

❷ 각 부분영역에서 각 면의 모서리마다 $f(R) = c$인 점 R을 근사한다.

각 부분영역은 직육면체 모양으로서 총 6개의 면으로 둘러싸여 있다. 각 면에는 4개의 모서리가 있다. 이 중 한 모서리를 $\overline{PQ}$라 할 때, 부등식 $(f(P)-c)(f(Q)-c) < 0$가 성립하는지 확인한다. 만약 성립하면 다음 식을 이용해 점 R을 찾는다(이는 등위선을 그리는 과정과 동일하다).

$$\overrightarrow{OR} = t \cdot \overrightarrow{OP} + (1-t) \cdot \overrightarrow{OQ},$$
$$t = \frac{c - f(P)}{f(Q) - f(P)}$$

❸ 각 부분영역의 면마다 위 방법으로 구한 점 R을 서로 잇는 선분을 그린다.

[그림 3-41]은 분할의 개수를 늘려가며 $(x-1)^2 + y^2 + \left(z - \frac{1}{2}\right)^2 = 1$의 등위면을 그린 것이다. 분할의 개수가 많아질수록 점차 곡면에 가까운 모습이 되는 것을 확인할 수 있다.

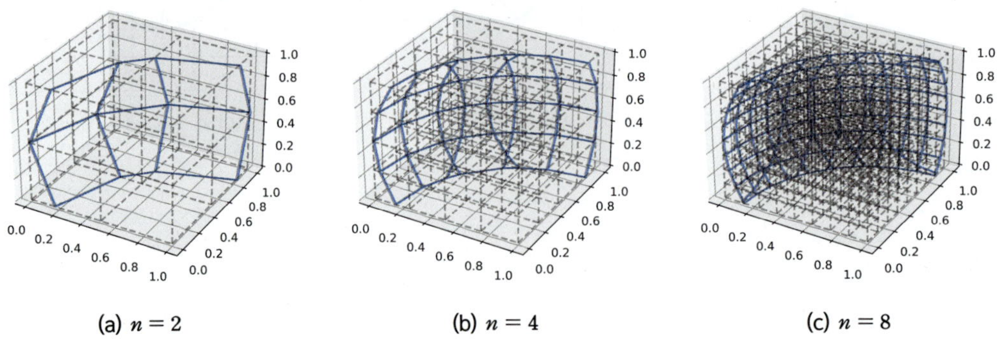

(a) $n=2$　(b) $n=4$　(c) $n=8$

[그림 3-41] 분할의 개수에 따른 등위면의 근사

이제 다음 특징을 고려해 등위선과 등위면을 그리는 파이썬 함수 contour를 구현해보자.

❶ contour 함수는 등위선과 등위면을 그리는 데 동시에 사용된다.

contour 함수는 격자점의 각 좌푯값을 하나의 ndarray 객체로 입력받는다. 예를 들어 2차원 직사각형 영역을 $(n \times m)$개의 영역으로 분할하고 음함수 $f(x, y) = c$의 그래프를 그린다고 가정하면, 이 함수의 입력값은 $3 \times n \times m$ 크기의 3차원 ndarray 배열 하나와 등위값 c이다.

이와 비슷하게 3차원 직육면체 영역을 $(n \times m \times l)$개의 영역으로 분할하고, 음함수 $f(x, y, z) = c$의 그래프를 그리기 위해서는 $4 \times n \times m \times l$ 크기의 4차원 ndarray 배열 하나와 등위값 c를 입력한다.

❷ contour 함수는 등위선 또는 등위면을 그리기 위한 선분의 집합을 반환한다.

등위선과 등위면은 2차원 및 3차원 공간의 선분으로 근사된다. 따라서 contour 함수는 등위선과 등위면을 그리기 위한 선분의 정보를 출력하기만 하면 된다. 총 N개의 선분이 있고, k번째 선분 $\overline{P^{(k)}Q^{(k)}}$의 양 끝점의 좌표를 $P^{(k)} = (p_1^{(k)}, p_2^{(k)})$, $Q^{(k)} = (q_1^{(k)}, q_2^{(k)})$라 할 때, contour 함수의 출력값은 다음과 같다.

$$\begin{bmatrix} p_1^{(1)} & p_2^{(1)} \\ q_1^{(1)} & q_2^{(1)} \\ \texttt{'nan'} & \texttt{'nan'} \\ p_1^{(2)} & p_2^{(2)} \\ q_1^{(2)} & q_2^{(2)} \\ \texttt{'nan'} & \texttt{'nan'} \\ \vdots & \vdots \\ q_1^{(N)} & q_2^{(N)} \end{bmatrix}$$

만약 3차원 공간의 선분을 그린다면 출력값은 다음과 같다.

$$\begin{bmatrix} p_1^{(1)} & p_2^{(1)} & p_3^{(1)} \\ q_1^{(1)} & q_2^{(1)} & q_3^{(1)} \\ \texttt{'nan'} & \texttt{'nan'} & \texttt{'nan'} \\ p_1^{(2)} & p_2^{(2)} & p_3^{(2)} \\ q_1^{(2)} & q_2^{(2)} & q_3^{(2)} \\ \texttt{'nan'} & \texttt{'nan'} & \texttt{'nan'} \\ \vdots & \vdots & \vdots \\ q_1^{(N)} & q_2^{(N)} & q_3^{(N)} \end{bmatrix}$$

각 행은 한 점의 좌푯값을 의미한다. nan으로 이루어진 행은 선분을 쉽게 그리기 위해 나타낸 것이다. 이는 plot 함수에 좌표점의 정보를 리스트로 입력하면 각 점을 순서대로 잇는 선분을 출력한다는 점을 이용한 것이다. 즉 위 행렬을 plot 함수에 입력하면 점 $P^{(k)}$와 $Q^{(k)}$를 잇는 선분은 그려지지만, 점 $Q^{(k)}$와 점 $P^{(k+1)}$의 좌푯값이 놓인 두 행의 사이에는 nan으로만 이루어진 행이 있으므로 이 두 점을 잇는 선분은 그려지지 않는다. 다음은 contour 함수를 구현한 파이썬 코드이다.

```
# 등위선과 등위면을 그리는 함수를 구현
def contour(mesh: np.array, lv: float) -> np.array:
    lines = np.empty((0, mesh.shape[0]-1)) # 선분의 끝점의 저장 변수
    for face in all_faces(mesh.shape[1:]):
        rs = []  # 부분영역의 모서리에서 함숫값이 lv인 점의 정보를 저장할 변수
        for i in range(4):
            fp, fq = mesh[-1, *face[i]], mesh[-1,
*face[(i+1)%4]]
            if (fp - lv)*(fq - lv) <= 0:
                t = (lv - fp)/(fq - fp)
                p, q = mesh[:-1, *face[i]], mesh[:-1,
*face[(i+1)%4]]
                rs.append((1-t)*p + t*q)
        for i in range(len(rs)):
            for j in range(i+1, len(rs)):
                lines = np.vstack((lines,  # 변수의 마지막 행에 선분의
                np.array([rs[i], rs[j]]),  # 양 끝점 추가
                np.full((1, mesh.shape[0]-1), np.nan))) # nan 삽입
    return lines
```

위 코드에 사용된 all_faces는 주어진 부분영역의 모든 직사각형 경계면을 반환한다. 참고로 이 함수는 contour 함수보다 먼저 정의되어야만 한다. 예를 들어 2차원 부분영역의 경계면은 자기 자신이고, 3차원 부분영역의 경계면은 총 6개이다.

각 경계면은 4개의 꼭짓점으로 이루어져 있다. 각 꼭짓점은 부분영역의 인덱스로 구분된다. 예를 들어 2차원 영역 $[-1, 1]\times[-1, 1]$의 각 축을 2개로 분할했을 때 만들어지는 경계면의 각 꼭짓점은 [그림 3-42]와 같은 인덱스를 가진다.

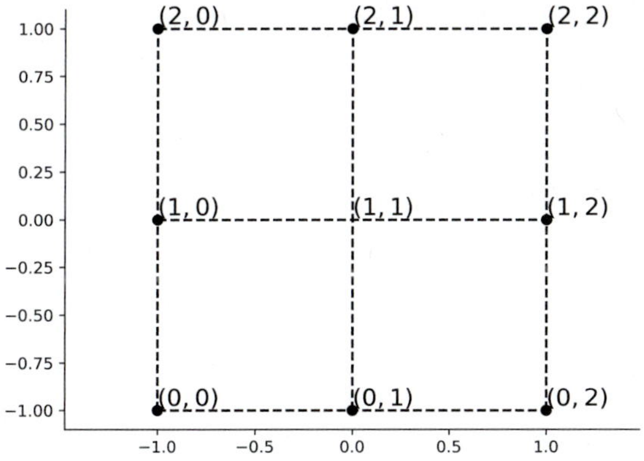

[그림 3-42] 격자 분할과 인덱스

이와 같은 경계면을 추출하는 방법을 알아보자. 2차원 영역의 경우, 각 (i, j)-격자점에서 오른쪽으로 한 칸 또는 위로 한 칸 이동하면 새로운 경계면을 얻을 수 있다. 즉 $(i+1, j)$ 또는 $(i, j+1)$-격자점 방향으로 한 칸씩 이동하면 하나의 면을 얻을 수 있다. 이러한 과정을 $0 \le i < n$, $0 \le j < m$ 범위에서 반복하면 모든 경계면을 적어도 한 번씩 지나갈 수 있다.

3차원 영역의 (i, j, k)-부분영역의 경우, 경계면을 얻기 위해 분할영역의 한 꼭짓점과 2개의 축을 선택하고, 이 축의 인덱스를 1씩 증가시켜 경계면을 얻을 수 있다. 예를 들어 (i, j, k)-격자점에서 0, 1번째 축을 선택했다면 이로부터 만들어지는 경계면의 꼭짓점의 인덱스는 다음과 같다.

$$(i, j, k),\ (i+1, j, k)\ (i+1, j+1, k),\ (i, j+1, k)$$

2차원 영역의 경우와 마찬가지로, 이러한 과정을 $0 \le i,\ j,\ k < n$ 범위에서 반복하면 모든 경계면을 만날 수 있다.

```
# n개의 자연수 중 2개를 순서 없이 뽑는 모든 경우의 수를 반환
def two_comb(n: int) -> list[list[int, int]]:
    comb = []
    for i in range(n):
        for j in range(i+1, n):
            comb.append([i, j])
    return comb

# 주어진 부분영역의 경계면을 리스트로 반환
def all_faces(shape: list) -> list[list[list[int]]]:
    num = np.prod(shape)
    faces = []
    for i in range(num):
```

```
        base_index = np.array(np.unravel_index(i, shape),
dtype=int)
        for axes in two_comb(len(shape)):
            base_axes = np.array(base_index, dtype=int)[axes]
            shape_axes = np.array(shape, dtype=int)[axes]-1
            if any(base_axes == shape_axes):
                continue
            face = np.array([base_index for _ in range(4)],
dtype=int)
            off = np.zeros((4, len(shape)), dtype=int)
            off[:, axes] = np.array([[0, 0], [0, 1], [1, 1], [1,
0]])
            face += off
            faces.append([list(face[i]) for i in range(4)])
    return faces
```

음함수 $x^3+y^3+z^3=1$의 그래프를 contour 함수로 구현하면 [그림 3-43]과 같다.

```
# contour 함수를 이용해 등위면 그리기
[x, y, z] = np.meshgrid(np.linspace(-2, 2, 31), np.linspace(-2,
2, 31), np.linspace(-2, 2, 31))
w = x**3 + y**3 + z**3
lines = contour(np.array([x, y, z, w]), 1)
ax = plt.figure().add_subplot(projection='3d')
ax.plot(*lines.T, 'k', lw=.3)
```

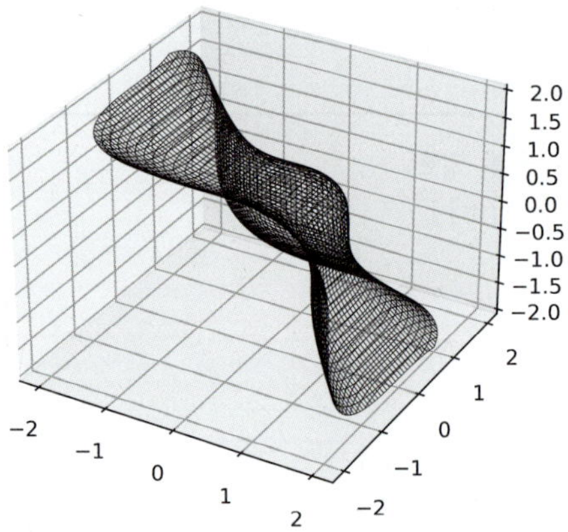

[그림 3-43] 음함수 $x^3+y^3+z^3=1$의 등위면

CHAPTER

03 핵심요약

■ 함수

• 일변수함수의 표현 방법

❶ 수식으로 표현하는 방법
❷ 문장으로 기술하는 방법
❸ 표로 나타내는 방법
❹ 그래프로 시각화하는 방법

• 일변수함수의 그래프

일변수함수의 그래프는 정의역 구간을 분할하여 그래프 위의 각 점을 잇는 선분으로 근사해야 한다.

• 다변수함수의 정의와 그래프

다변수함수는 2개 이상의 독립변수 또는 2개 이상의 종속변수를 가지는 함수이다. 이변수함수의 그래프는 정의역 영역을 2차원 격자로 분할하고, 그래프 위의 인접한 두 점을 선분으로 이어서 근사한다.

• 등위집합

다변수 실숫값함수 f의 등위집합 $L_c(f)$는 동일한 함숫값 c를 가지는 정의역의 부분집합이다.

• 매개함수, 매개곡선, 매개곡면

1차원 구간 위에 정의된 다변수함수를 **매개함수**라 하고, 매개함수의 그래프를 **매개곡선** 또는 **매개곡면**이라 한다.

■ 극한과 연속

• 다변수함수의 극한

다변수함수 $f(X)=(Y)$와 정의역의 한 점 P, 치역의 한 점 Q에 대해 임의의 (충분히 작은) 양수 ε에 대해 (충분히 작은) 양수 δ가 존재하여 $0<d(X, P)<\delta$일 때, 항상 $d(f(P), Q)<\varepsilon$이 성립하면 점 Q를 점 P에서의 함수 f의 **극한**이라 한다.

$$\lim_{X \to P} f(X) = Q$$

• **다변수함수의 연속**

정의역의 점 X가 P로 한없이 가까워질 때, 함숫값 $f(X)$가 $f(P)$로 가까워지면 함수 f가 점 P에서 **연속**이라 한다.

■ 그래프

• **극좌표계**

2차원 좌표점 $P=(x, y)$의 각 좌표를 원주 위의 한 점에 관한 순서쌍 (r, θ)로 표현한 것을 **극좌표계**라 한다.

$$x = r\cos(\theta),\ \ y = r\sin(\theta),\ \ r \geq 0,\ \ 0 \leq \theta \leq 2\pi$$

• **구면좌표계**

3차원 좌표점 $P=(x, y, z)$의 각 좌표를 구면 위의 한 점에 관한 변수 (ρ, θ, ϕ)로 표현한 것을 **구면좌표계**라 한다.

$$x = \rho\cos(\theta)\cos(\phi),\ \ y = \rho\cos(\theta)\sin(\phi),\ \ z = \rho\sin(\theta),$$
$$\rho \geq 0,\ \ 0 \leq \theta \leq \pi,\ \ 0 \leq \phi \leq 2\pi$$

■ 등위선과 등위면 그리기

• **음함수 방정식**

종속변수와 독립변수의 관계를 하나의 방정식에 표현한 것을 **음함수 방정식**이라 한다.

CHAPTER

03 연습문제

SECTION 3.1

1. 주어진 함수의 정의가 문장이면 수식으로, 수식이면 문장으로 변환하여 나타내라.

(a) 함수 $f(x)$는 실수 x에 절댓값을 씌운 후, 3을 곱하고 다시 x의 세제곱을 더한 것과 같다.

(b) $f(0)=1$이고, $n \geq 1$인 모든 자연수 n에 대해 $f(n)$은 $f(n-1)$의 두 배이다.

(c) $f(x)=\dfrac{x^2+1}{2}$

(d) $a_{n+1}=a_n^2$, $a_1=2$

2. 파이썬을 이용해 주어진 구간에서 다음 일변수함수의 그래프를 그려라.

(a) 일변수함수 $f(x)=x^2-4x+3$, 구간 $(-2, 6)$

(b) 일변수함수 $f(x)=\sqrt{9-x^2}$, 구간 $-3 \leq x \leq 3$

3. 파이썬을 이용해 주어진 영역에서 다음 이변수함수의 그래프를 그려라.

(a) 이변수함수 $f(x, y)=\exp(x^2-y^2)$, 영역 $(-2, 2)\times(-1, 1)$

(b) 이변수함수 $f(x, y)=\log(\cos^2(x)+\sin^2(y)+1)$, 영역 $(-3, 3)\times(-3, 3)$

4. 다음 명제를 증명하라.

(a) 3차원 구 $B_1(1, 2, 1)$은 열린영역이다.

(b) 합집합 $B_1(0, 0)\cup B_{1/2}(1, 2)$는 열린영역이다.

5. 다음 식을 증명하라.

(a) $\lim\limits_{x\to\infty}\exp(-x)=0$

(b) $\lim\limits_{x\to\infty}\log(x)=\infty$

6. 다음 조건에 대한 평면의 방정식을 구하라.

(a) 세 점 $(1, 2, -1)$, $(2, 1, 2)$, $(0, 1, 3)$을 지나는 평면

(b) 점 $(1, 1, -1)$을 지나고 $\langle -1, 0, 2 \rangle$에 수직인 평면

7. 파이썬을 이용해 다음 2차원 매개곡선의 그래프를 그려라.

(a) $c(t) = (2\cos(t), 3\sin(t))$, $0 \le t \le 2\pi$

(b) $c(t) = (2(1-\cos(t))\cos(t), 2(1-\cos(t))\sin(t))$, $0 \le t \le 2\pi$

8. 파이썬을 이용해 다음 3차원 매개곡선의 그래프를 그려라.

(a) $c(t) = (\cos(t), \sin(t), \tan(t))$, $-1 \le t \le 1$

(b) $c(t) = ((1+2\cos(t))\cos(t), (1+2\cos(t))\sin(t), 2\sin(t))$, $0 \le t \le 2\pi$

9. 파이썬을 이용해 다음 매개곡면의 그래프를 그려라.

(a) $s(u, v) = (u, v, \sin(uv))$, $[0, 2\pi] \times [0, 2\pi]$

(b) $s(u, v) = (u, v, u^2 - v^2)$, $[-1, 1] \times [-1, 1]$

(c) $s(u, v) = (v\cos(u), v\sin(u), v^2)$, $[0, 2\pi] \times [-1, 1]$

(d) $s(u, v) = (v\cos(u), v\sin(u), v)$, $[0, 2\pi] \times [-1, 1]$

(e) $s(u, v) = ((1+v\cos(u))\cos(u), (1+v\cos(u))\sin(u), v\sin(u))$, $[0, 2\pi] \times [-1, 1]$

SECTION 3.2

10. 파이썬을 이용해 다음 극한을 소수점 아래 셋째 자리까지 근사하라.

(a) $\lim_{x \to 0} \dfrac{\sin(x) - x}{x^3}$

(b) $\lim_{x \to 0} \dfrac{\cos(x) - 1 + \dfrac{x^2}{2}}{x^4}$

(c) $\lim_{x \to 0} \dfrac{\exp(x) - \exp(-x) - 2x}{x^3}$

(d) $\lim_{x \to \frac{\pi}{2}} \dfrac{\left(x - \dfrac{\pi}{2}\right)\sin(x) + \cos(x)}{\left(x - \dfrac{\pi}{2}\right)^3}$

(e) $\lim_{x \to 0^+} x\log(x)$

(f) $\lim_{x \to \infty} \sqrt{x^2 + x} - x$

11. 다음 일변수함수의 극한이 존재하면 그 값을 구하고, 존재하지 않으면 그 이유를 설명하라.

(a) $\lim_{x \to 2} \frac{x^3 - 8}{x - 2}$

(b) $\lim_{x \to 0} \frac{\cos(3x) + \sin(5x)}{x}$

(c) $\lim_{x \to 0^+} x^x$

(d) $\lim_{x \to 0} \frac{\tan(x) - x}{x^3}$

12. 다음 이변수함수의 극한이 존재하면 그 값을 구하고, 존재하지 않으면 그 이유를 설명하라.

(a) $\lim_{(x,\, y) \to (0,\, 0)} \frac{x^2 - 2y^2}{x^2 + 2y^2}$

(b) $\lim_{(x,\, y) \to (0,\, 0)} \frac{xy}{x^2 + y^2}$

(c) $\lim_{(x,\, y) \to (0,\, 0)} \frac{x^3 - y^3}{x^2 + y^2}$

(d) $\lim_{(x,\, y) \to (0,\, 0)} \frac{\log(1 + x^2 + y^2)}{x^2 + y^2}$

13. 다음 삼변수함수의 극한이 존재하면 그 값을 구하고, 존재하지 않으면 그 이유를 설명하라.

(a) $\lim_{(x,\, y,\, z) \to (0,\, 0,\, 0)} \frac{xyz}{x^2 + y^2 + z^2}$

(b) $\lim_{(x,\, y,\, z) \to (0,\, 0,\, 0)} \frac{x^3 + y^3 + z^3}{x^2 + y^2 + z^2}$

(c) $\lim_{(x,\, y,\, z) \to (0,\, 1,\, 2)} \frac{\exp(x + y + z) - \exp(3)}{x^2 + (y-1)^2 + (z-2)^2}$

(d) $\lim_{(x,\, y,\, z) \to (0,\, 0,\, 0)} \frac{\sin(xy) + \sin(yz) + \sin(zx)}{x^2 + y^2 + z^2}$

14. 다음 명제를 증명하라.

(a) 임의의 실수 a, b에 대해 $\lim_{(x,\, y) \to (a,\, b)} x = a$, $\lim_{(x,\, y) \to (a,\, b)} x = b$이다.

(b) $\lim_{x \to 0^-} \frac{1}{x} = -\infty$

(c) 탄젠트함수 $\tan(x)$는 열린구간 $\left(-\frac{\pi}{2}, \frac{\pi}{2}\right)$에서 연속이다.

(d) 코사인함수 $\cos(x)$는 실수 전체 구간 $(-\infty, \infty)$에서 연속이다.

SECTION 3.3

15. 파이썬을 이용해 극좌표 방정식으로 주어진 다음 곡선을 그래프로 나타내라(θ의 범위가 주어지지 않은 경우, 곡선의 자취를 모두 나타내는 적절한 θ의 범위를 설정하라).

(a) $r = 3\cos(2\theta)$

(b) $r^2 = \cos(2\theta)$

(c) $r = \theta,\ 0 \le \theta \le 2\pi$

(d) $r = \exp(\theta/10),\ -1 \le \theta \le 1$

16. 구면좌표계 (r, θ, ϕ)로 기술된 다음 방정식 또는 매개함수의 곡면을 그래프로 나타내라(각 변수의 범위는 $0 \le \theta \le \pi$, $0 \le \phi \le 2\pi$이다).

(a) $r = \theta$

(b) $r = \dfrac{1}{\cos(\theta)}$

(c) $r = \dfrac{1}{1+\cos(\theta)}$

(d) $s(\theta, \phi) = ((1+\cos(\theta))\cos(\phi), (1+\cos(\theta))\sin(\phi), \sin(\theta))$

(e) $s(\theta, \phi) = (\sin^2(\theta)\cos(\phi), \sin^2(\theta)\sin(\phi), \sin(2\theta))$

SECTION 3.4

17. 파이썬을 이용해 다음 음함수의 그래프를 주어진 영역에서 그려라.

(a) $x^2 + xy + y^2 = 1$, $[-2, 2] \times [-2, 2]$

(b) $x^3 - 3xy = 0$, $[-2, 2] \times [-2, 2]$

(c) $x^4 + y^4 = 1$, $[-2, 2] \times [-2, 2]$

(d) $x^2y^2 - x^2 - y^2 = 0$, $[-3, 1] \times [-2, 2]$

(e) $x^2 - \sin(y) = 0$, $[-1, 1] \times [-2\pi, \pi]$

18. 본문에서 구현한 contour 함수를 이용해 주어진 영역을 분할하여 다음 음함수의 그래프를 그려라.

(a) $x^2 + y^2 - z^2 = 1$, $[-2, 2] \times [-2, 2] \times [-2, 2]$

(b) $\sin(xy) + z^2 = 0$, $[-2, 2] \times [-2, 2] \times [-2, 2]$

(c) $x^2 + y^2 + z^2 + xyz = 1$, $[-2, 2] \times [-2, 2] \times [-2, 2]$

(d) $x^2 + y^2 + z^4 = 1$, $[-1, 1] \times [-1, 1] \times [-1, 1]$

19. 심화 3.4절에서 구현한 contour 함수는 2차원 영역을 직사각형으로, 3차원 영역을 직육면체로 분할한 뒤 각 사각형 모양의 면에서 등위선 및 등위면을 근사한다. 삼각형을 이용해 등위선 및 등위면을 근사하는 방법을 고안한 뒤 이를 contour 함수에 적용해 보아라.

CHAPTER

04

일변수함수의 미분

Contents

학습목표

- 미분계수와 도함수의 의미를 이해하고 계산한다.
- 페르마 정리, 평균값 정리, 로피탈 정리를 이해하고 활용한다.
- 함수의 테일러 급수를 전개한다.
- 미분가능한 함수와 매끄러운 함수의 개념을 이해한다.
- 미분방정식의 의미를 이해하고 수치적 해를 구한다.

이 장에서 배우는 내용은?

미분은 '차이'를 구하는 과정이다. 여기서 차이란 함수의 입력값과 출력값의 변화를 의미한다. 함수의 대응규칙을 이해하는 효과적인 방법은 입력값을 변화시키며 출력값의 변화를 포착하는 것이다. 평균변화율, 순간변화율, 접선의 기울기 등의 개념은 모두 미분에 관한 개념이다.

이 장에서는 미분의 개념과 성질을 살펴본다. 참고로 이 장에서 다루는 모든 함수는 일변수함수라 가정한다.

SECTION

4.1 변화율

변화율은 함숫값이 얼마나 빠르게 변화하는지를 나타내는 개념이다. 이 절에서는 변화율에 관한 기본 개념을 정리한다.

평균변화율과 순간변화율

구간 $[a, b]$ 위에 정의된 함수 $f(x)$를 생각해보자. 구간의 양 끝점에서 변수 x의 변화량은 $\Delta x = b - a$이다. 이때 함숫값 $y = f(x)$가 $\Delta y = f(b) - f(a)$만큼 변했다고 하면 비율 $\frac{\Delta y}{\Delta x}$를 함수 $f(x)$의 **변화율**rate of change이라 한다.

$$\frac{\Delta y}{\Delta x} = \frac{f(b) - f(a)}{b - a} \tag{4.1}$$

예를 들어 함수 $y = f(x)$의 그래프가 [그림 4-1]의 파란색 점선과 같다고 가정해보자. 변화율 (4.1)은 함수 $y = f(x)$의 그래프 위의 두 점 $(a, f(a))$와 $(b, f(b))$를 잇는 선분(파란색 실선)의 기울기이다.

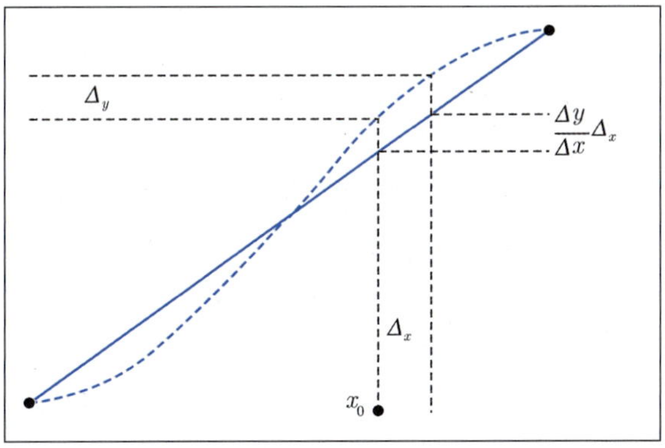

[그림 4-1] 함수의 변화율과 실제 변화량 사이의 관계

이제 구간 $[a, b]$ 내의 한 점 x_0를 Δ_x만큼 이동시켰을 때, 함숫값이 $f(x_0)$에서 Δ_y만큼 변했다고 하자. 이때 변화량 Δ_y는 변화율 $\frac{\Delta y}{\Delta x}$를 이용해 다음과 같이 근사할 수 있다.

$$\Delta_y \approx \frac{\Delta y}{\Delta x}\Delta_x$$

만약 $\Delta_x = 1$이면 Δ_y는 대략 $\frac{\Delta y}{\Delta x}$와 같다. 따라서 구간 $[a, b]$에서의 함수의 변화율 $\frac{f(b)-f(a)}{b-a}$는 구간 내의 한 점 x가 단위크기만큼 변할 때의 함숫값 $f(x)$의 대략적인 변화량이다.

이제 변화율의 의미를 문장으로 기술해보자. 2019년부터 2020년까지 대한민국의 인구가 51,779(천)명에서 51,829(천)명으로 증가했다고 할 때, 변화율은 다음과 같다.

$$\frac{51829-51779}{2020-2019} = 50[\text{천 명/년}]$$

이때 변화율 50[천 명/년]의 단위를 다음과 같이 바꿔보자.

$$50[\text{천 명/년}] = \frac{5000}{365}[\text{명/일}] \approx 14[\text{명/일}]$$

즉 2019년부터 2020년 사이에 대한민국의 인구는 매일 대략 14명씩 증가했다고 할 수 있다.

예제 4-1 변화율의 의미

직선 경로를 달리는 자동차를 생각해보자. 출발한 지 t시간 이후 출발 지점으로부터의 자동차의 위치[1]를 $x(t)$[km]라 하자. $x(1)=60$, $x(2)=120$일 때, 구간 $1 \le t \le 2$에서의 함수 $x(t)$의 변화율을 구하고, 그 의미를 문장으로 기술하라.

풀이

함수 $x(t)$의 변화율은 60[km/h]이고, 이는 '자동차가 시속 60[km]로 움직인다'라고 해석할 수 있다. 즉 '어떤 한 시각에서의 자동차의 위치를 x[km]라 할 때, 한 시간이 지난 후 자동차의 위치가 대략 $(x+60)$[km]이다'라는 것과 같다. 또한 60[km/h] $\approx$ 16.7[m/sec]이므로, 이는 '출발 후 한 시간 사이에 자동차가 매초 대략 16.7[m]만큼 이동했다'는 것과도 같다.

1 위치(displacement)는 거리(distance)와 달리 방향을 고려한다. 즉 기준점에서 양의 방향으로 떨어진 점의 위치는 양수로, 음의 방향으로 떨어진 점의 위치는 음수로 표현한다.

이처럼 전체 구간 $[a, b]$에서의 함숫값의 변화율을 **평균변화율** average rate of change 이라 한다. 만약 구간 $[a, b]$의 양 끝점 $x = a, b$에 대해서만 함숫값 $f(x)$가 알려져 있다면, 다음과 같이 평균변화율을 기울기로 갖는 직선의 방정식 $l(x)$로 함숫값 $f(x)$를 근사할 수 있다.

$$l(x) = f(a) + \frac{f(b) - f(a)}{b - a}(x - a) \tag{4.2}$$

만약 구간 $[a, b]$를 분할하는 유한개의 각 점 $a = x_0 < x_1 < \cdots < x_n = b$에서 함숫값 $f(x_i)(i = 0, \cdots, n)$가 주어진다면 각 구간 $[x_i, x_{i+1}]$에서의 함숫값을 다음과 같이 예측할 수 있다.

$$f(x) \approx f(x_i) + \frac{f(x_{i+1}) - f(x_i)}{x_{i+1} - x_i}(x - x_i), \quad x_i \le x \le x_{i+1}$$

분할의 개수를 한없이 증가시키면, 각 점 x_i를 포함하는 구간의 길이 $\Delta x_i = x_{i+1} - x_i$는 한없이 작아진다. 점 x_i를 임의의 점 x로, 구간의 길이 Δx_i를 변화량 Δx로 치환하면 변화율은 다음과 같이 극한으로 표현된다.

$$\lim_{\Delta x \to 0} \frac{f(x + \Delta x) - f(x)}{\Delta x} \tag{4.3}$$

식 (4.3)을 점 x에서의 **순간변화율** instantaneous rate of change 또는 **미분계수** differential coefficient 라 한다.

정의 4-1 미분계수

다음 극한을 함수 $f(x)$의 점 $x = c$에서의 **미분계수**라 한다.

$$\lim_{x \to c} \frac{f(x) - f(c)}{x - c} \tag{4.4}$$

미분계수가 존재할 때 함수 $f(x)$는 점 $x = c$에서 **미분가능하다** differentiable 고 한다.

참고로 식 (4.4)는 식 (4.3)의 x, Δx를 각각 c, $x - c$로 치환한 것이다. 미분계수 (4.4)는 다음과 같이 표기하기도 한다.

$$f'(c), \quad \frac{df}{dx}(c), \quad \left.\frac{d}{dx}\right|_{x=c} f(x)$$

예제 4-2 미분계수의 계산

점 $x=0$에서 함수 $f(x)=2\sin(x)+x$의 미분계수를 구하라.

풀이

$$\lim_{x\to 0}\frac{f(x)-f(0)}{x}=\lim_{x\to 0}\frac{2\sin(x)+x}{x}=\lim_{x\to 0}\frac{2\sin(x)}{x}+1=3$$

미분계수 $f'(c)$는 충분히 작은 Δx에 대해 구간 $[c, c+\Delta x]$에서의 평균변화율로 근사된다.

$$f'(c)\approx\frac{f(c+\Delta x)-f(c)}{\Delta x} \tag{4.5}$$

식 (4.2)에 의해 점 c의 근방에서의 함숫값은 다음과 같이 근사된다.

$$f(x)\approx f(c)+\frac{f(c+\Delta x)-f(c)}{\Delta x}(x-c) \tag{4.6}$$

식 (4.6)의 우변에 $\Delta x\to 0$에 대한 극한을 취하면 다음과 같은 근사식을 얻는다.

$$f(x)\approx f(c)+f'(c)(x-c) \tag{4.7}$$

[예제 4-2]의 함수 $f(x)=2\sin(x)+x$를 다시 살펴보자. $c=-1$, $\Delta x=2$라 할 때, 식 (4.6)은 다음과 같다.

$$f(-1)+\frac{f(1)-f(-1)}{2}(x+1)=(2\sin(1)+1)x\approx 2.68x \tag{4.8}$$

한편 $c=0$일 때, 식 (4.7)은 다음과 같다.

$$f(x)\approx f(0)+f'(0)(x-0)=3x \tag{4.9}$$

식 (4.8)과 (4.9)를 점 $x=0$의 근방에서 비교하면 [그림 4-2]와 같다.

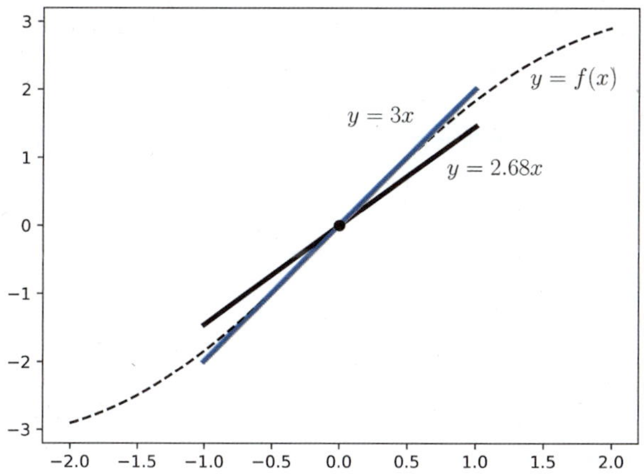

[그림 4-2] 평균변화율과 순간변화율의 시각적 비교

[그림 4-2]를 통해 순간변화율의 기울기의 식 $y = 3x$의 그래프가 평균변화율의 기울기의 식 $y = 2.68x$의 그래프보다 점 $x = 0$의 근방에서 원함수의 그래프를 더 잘 근사함을 확인할 수 있다. 식 (4.7)을 기호로 다음과 같이 표현하자.

$$L(x) = f(c) + f'(c)(x - c) \tag{4.10}$$

함수 $L(x)$를 점 $x = c$에서의 **좋은 선형근사식**good linear approximation이라 한다. 함수 $f(x)$가 $x = c$에서 미분가능하다는 것은 $x = c$에서 좋은 선형근사식이 존재한다는 것과 동치이다. 미분계수는 좋은 선형근사식의 기울기이다.

좋은 선형근사식의 의미를 또 다른 관점에서 생각해보자. 점 $x = c$에서 함수가 미분가능하다는 것은 다음을 만족하는 상수 d가 존재함을 의미한다.

$$\lim_{x \to c} \frac{f(x) - f(c)}{x - c} = d \tag{4.11}$$

식 (4.11)의 우변을 정리해보자.

$$\lim_{x \to c} \frac{f(x) - f(c) - d(x - c)}{x - c} = 0 \tag{4.12}$$

$d = f'(c)$이므로 식 (4.12)를 다음과 같이 나타낼 수 있다.

$$\lim_{x \to c} \frac{f(x) - L(x)}{x - c} = \lim_{x \to c} \frac{|f(x) - L(x)|}{|x - c|} = 0$$

위 식의 두 번째 식은 근사식의 오차 $|f(x) - L(x)|$가 x 값의 차이 $|x - c|$보다 빠르게 0에 가까워짐을 의미한다. 즉 x가 c에 접근하는 속도보다 더 빠르게 근사식 $L(x)$가 참값 $f(x)$에 가까워진다.

미분계수의 계산

미분계수의 정의에 따라 1장에서 살펴본 기본함수의 미분계수를 계산해보자. 먼저 자연수 n에 대해 멱함수 $f(x)=x^n$의 $x=c$에서의 미분계수를 구해보자. $n=0$일 때 미분계수 $f'(c)$는 c 값과 관계없이 항상 0이다.

$$\lim_{x\to c}\frac{1-1}{x-c}=0$$

또한 $n=1$일 때 미분계수 $f'(c)$는 1이다.

$$\lim_{x\to c}\frac{x-c}{x-c}=1$$

$n>1$이면 미분계수는 다음과 같다.

$$\begin{aligned}f'(c)&=\lim_{x\to c}\frac{x^n-c^n}{x-c}=\lim_{x\to c}\frac{(x-c)(x^{n-1}+x^{n-2}c+\ \cdots\ +c^{n-1})}{x-c}\\&=\lim_{x\to c}\left(x^{n-1}+x^{n-2}c+\ \cdots\ +c^{n-1}\right)\\&=nc^{n-1}\end{aligned}$$

따라서 임의의 자연수 n에 대해 멱함수 x^n의 미분계수는 다음과 같다.

$$\left.\frac{d}{dx}\right|_{x=c}x^n=nc^{n-1}$$

미분계수에 관한 다음 정리를 살펴보자.

정리 4-1 미분계수의 합과 스칼라곱

점 $x=c$에서 미분가능한 두 함수 $f(x)$, $g(x)$에 대해 다음이 성립한다.

(1) 두 함수의 합 $(f+g)(x)=f(x)+g(x)$는 $x=c$에서 미분가능하고 미분계수는 다음과 같다.

$$(f+g)'(c)=f'(c)+g'(c)$$

(2) 임의의 실수 k에 대해 함수 $(kf)(x)=kf(x)$는 $x=c$에서 미분가능하고 미분계수는 다음과 같다.

$$(kf)'(c)=kf'(c)$$

예제 4-3 다항함수의 미분계수

다항함수 $f(x)=a_n x^n+\cdots+a_1 x+a_0$의 미분계수 $f'(c)$를 구하라.

풀이

다항함수는 모든 점 $x=c$에서 미분가능하고 미분계수는 다음과 같다.

$$\begin{aligned}\left.\frac{d}{dx}\right|_{x=c} a_n x^n+\cdots+a_1 x+a_0 &= \left.\frac{d}{dx}\right|_{x=c} a_n x^n+\cdots+a_1\left.\frac{d}{dx}\right|_{x=c} x+\left.\frac{d}{dx}\right|_{x=c} a_0 \\ &= n a_n c^{n-1}+\cdots+a_1\end{aligned}$$

$x=c$에서 지수함수 $\exp(x)$의 미분계수는 다음과 같다.

$$\begin{aligned}\lim_{x\to c}\frac{\exp(x)-\exp(c)}{x-c} &= \lim_{h\to 0}\frac{\exp(c+h)-\exp(c)}{h} \\ &= \lim_{h\to 0}\exp(c)\left(\frac{\exp(h)-1}{h}\right) \\ &= \exp(c)\lim_{h\to 0}\frac{\exp(h)-1}{h} \\ &= \exp(c)\end{aligned}$$

또한 $c>0$일 때 로그함수 $\log(x)$의 미분계수는 다음과 같다.

$$\begin{aligned}\lim_{h\to 0}\frac{1}{h}(\log(c+h)-\log(c)) &= \lim_{h\to 0}\frac{1}{h}\log\left(\frac{c+h}{c}\right) \\ &= \lim_{h\to 0}\log\left(\frac{c+h}{c}\right)^{1/h} \\ &= \lim_{n\to\infty}\log\left(1+\frac{1/c}{n}\right)^{n} \\ &= \log\left(\lim_{n\to\infty}\left(1+\frac{1/c}{n}\right)^{n}\right) \\ &= \lim_{n\to\infty}\log(\exp(1/c))=\frac{1}{c}\end{aligned}$$

마지막으로 사인함수와 코사인함수의 미분계수는 다음과 같다.

$$\begin{aligned}\lim_{h\to 0}\frac{\sin(c+h)-\sin(c)}{h} &= \lim_{h\to 0}\frac{\sin(c)\cos(h)+\cos(c)\sin(h)-\sin(c)}{h} \\ &= \lim_{h\to 0}\left[\sin(c)\left(\frac{\cos(h)-1}{h}\right)+\cos(c)\frac{\sin(h)}{h}\right] \\ &= \sin(c)\lim_{h\to 0}\left(\frac{\cos(h)-1}{h}\right)+\cos(c)\lim_{h\to 0}\frac{\sin(h)}{h} \\ &= \cos(c)\end{aligned}$$

$$
\begin{aligned}
\lim_{h\to 0}\frac{\cos(c+h)-\cos(c)}{h} &= \lim_{h\to 0}\frac{\cos(c)\cos(h)-\sin(c)\sin(h)-\cos(c)}{h} \\
&= \lim_{h\to 0}\left[\cos(c)\left(\frac{\cos(h)-1}{h}\right)-\sin(c)\frac{\sin(h)}{h}\right] \\
&= \cos(c)\lim_{h\to 0}\frac{\cos(h)-1}{h}-\sin(c)\lim_{h\to 0}\frac{\sin(h)}{h} \\
&= -\sin(c)
\end{aligned}
$$

지금까지 살펴본 미분계수의 식을 다음과 같이 정리할 수 있다.

- $\left.\dfrac{d}{dx}\right|_{x=c}\exp(x)=\exp(c)$
- $\left.\dfrac{d}{dx}\right|_{x=c}\log(x)=\dfrac{1}{c}$
- $\left.\dfrac{d}{dx}\right|_{x=c}\sin(x)=\cos(c)$, $\left.\dfrac{d}{dx}\right|_{x=c}\cos(x)=-\sin(c)$

함수 $f(x)$가 $x=c$에서 미분가능하면, 미분계수의 정의에 따라 $x\to c$일 때 $\dfrac{f(x)-f(c)}{x-c}$가 $f'(c)$로 수렴한다. $f(x)$가 $f(c)$로 수렴하므로, $f(x)$는 $x=c$에서 연속이다. 그러나 함수가 연속이라고 해서 항상 미분가능한 것은 아니다. 예를 들어 함수 $f(x)=|x|$는 $x=0$에서 연속이지만, 좌극한과 우극한이 서로 다르므로 미분계수는 존재하지 않는다.

$$
\lim_{x\to 0^+}\frac{x-0}{x}=1,\quad \lim_{x\to 0^-}\frac{-x-0}{x}=-1
$$

예제 4-4 미분불가능한 함수

함수 $f(x)$가 $x=0$에서 미분불가능함을 보여라.

$$
f(x)=\begin{cases} x\sin\left(\dfrac{1}{x}\right), & x\neq 0 \\ 0, & x=0 \end{cases} \tag{4.13}
$$

풀이

미분계수의 정의에 따라 다음을 극한을 계산하자.

$$
\lim_{h\to 0}\frac{f(x)-f(0)}{x-0}=\lim_{h\to 0}\frac{h\sin\left(\frac{1}{h}\right)-0}{h}=\lim_{h\to 0}\sin\left(\frac{1}{h}\right)
$$

이 극한은 존재하지 않으므로, $x=0$에서 함수 $f(x)$는 미분불가능하다.

접선tangent line이란 '그래프와 한 점에서 만나지만 서로 교차하지는 않는 직선'이다. 함수 $f(x)$가 $x=c$에서 미분가능하다고 해서 항상 접선이 존재하는 것은 아니다. 다음 함수 $g(x)$를 살펴보자.

$$g(x)=\begin{cases} x^2\sin\left(\dfrac{1}{x}\right), & x\neq 0 \\ 0, & x=0 \end{cases} \tag{4.14}$$

미분계수의 정의에 따라 $g'(0)$은 다음과 같이 계산된다.

$$g'(0)=\lim_{h\to 0}\frac{h^2\sin\left(\dfrac{1}{h}\right)-0}{h}=\lim_{h\to 0}h\sin\left(\frac{1}{h}\right)=0$$

[그림 4-3]은 식 (4.13)과 (4.14)의 두 함수 $f(x)$와 $g(x)$의 그래프(파란색 실선)를 나타낸 것이다. 두 함수는 모두 $x=0$의 근방에서 무한히 진동한다. 점 $x=0$에서 함수 $f(x)$는 미분불가능하지만, 함수 $g(x)$는 미분가능하다. 함수 $f(x)$의 진동폭은 [그림 4-3(a)]와 같이 $y=|x|$를 따라 감소하고, 함수 $g(x)$의 진동폭은 [그림 4-3(b)]와 같이 $y=x^2$을 따라 감소한다.

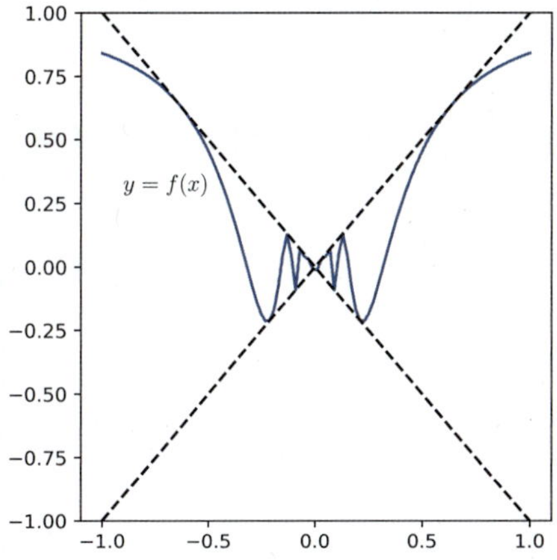

(a) 함수 $f(x)$의 그래프

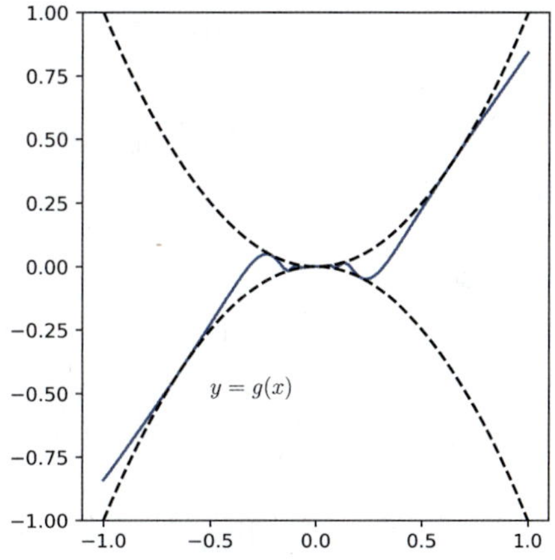

(b) 함수 $g(x)$의 그래프

[그림 4-3] 미분불가능한 함수와 미분가능한 함수의 그래프 비교

흔히 미분계수를 접선의 기울기라 하고, 점 $x=c$에서의 **접선의 방정식**equation of tangent line을 다음과 같이 정의한다.

$$y=f(c)+f'(c)(x-c) \tag{4.15}$$

식 (4.15)에 따라 $x=0$에서 함수 (4.14)의 접선의 방정식은 $y=0$이다. 함수의 그래프는 x가 0에 가까워질수록 $y=0$과 무한히 교차한다.

참고 **근방에서의 미분가능성**

점 $x=c$에서의 함수의 미분가능성은 c의 근방에서의 미분가능성을 보장하지 않는다. 예를 들어 다음 함수를 살펴보자.

$$f(x)=\begin{cases}0, & x\in\mathbb{Q}\\ x^2, & x\notin\mathbb{Q}\end{cases} \tag{4.16}$$

이 함수가 $x=0$에서 미분가능한지 알아보자.

$$\lim_{h\to 0}\frac{f(h)-f(0)}{h}=\lim_{h\to 0}\frac{f(h)}{h} \tag{4.17}$$

여기서 $f(h)$는 0 또는 h^2 중 하나이다. 만약 h가 유리수이면 $f(h)$는 항상 0이므로 극한 (4.17)은 0이다. 만약 h가 무리수라고 해도 다음과 같이 극한은 0이다.

$$\lim_{h\to 0}\frac{h^2}{h}=0$$

따라서 함수 (4.16)은 $x=0$에서 미분가능하다. 한편 $c\neq 0$이면 함수 $f(x)$는 $x=c$에서 미분불가능하다. 예를 들어 c를 유리수라 하면 미분계수 $f'(c)$는 다음과 같다.

$$\lim_{h\to 0}\frac{f(c+h)-f(c)}{h}=\lim_{h\to 0}\frac{f(c+h)}{h}$$

만약 h가 유리수이면 분자는 항상 0이므로 위 극한은 0이다. 그러나 만약 h가 무리수이면 다음과 같이 극한이 존재하지 않는다.

$$\lim_{h\to 0}\frac{(c+h)^2}{h}=\lim_{h\to 0}\left(\frac{c^2}{h}+2c+h\right)=\infty$$

c를 무리수라 하면 미분계수는 다음과 같다.

$$\lim_{h\to 0}\frac{f(c+h)-f(c)}{h}=\lim_{h\to 0}\frac{f(c+h)-c^2}{h}$$

만약 h가 유리수이면 극한은 다음과 같다.

$$\lim_{h\to 0}\frac{(c+h)^2-c^2}{h}=2c$$

한편 $c+h$는 유리수일 수도 있다. 이때 미분계수는 다음과 같다.

$$\lim_{h\to 0}\frac{0-c^2}{h}=\infty$$

도함수

도함수는 미분계수를 함숫값으로 가지는 함수이다.

정의 4-2 도함수

함수 $f(x)$가 정의역인 구간 I의 모든 점 x에서 미분가능할 때, 이 함수를 **미분가능한 함수**differentiable function라 한다. 이때 정의역이 동일한 구간 I이고, 각 점 x에서의 함숫값이 미분계수 $f'(x)$인 함수를 $f(x)$의 **도함수**derivative라 하고, 다음과 같이 표기한다.

$$f'(x),\quad \frac{df}{dx},\quad \frac{d}{dx}f$$

앞서 살펴본 미분계수에 관한 결과를 통해 몇 가지 기본함수의 도함수를 다음과 같이 정리할 수 있다.

- $\frac{d}{dx}x^n = nx^{n-1},\ n \geq 0,\ x \in \mathbb{R}$
- $\frac{d}{dx}\exp(x) = \exp(x),\ x \in \mathbb{R}$
- $\frac{d}{dx}\log(x) = \frac{1}{x},\ x > 0$
- $\frac{d}{dx}\sin(x) = \cos(x),\ x \in \mathbb{R}$
- $\frac{d}{dx}\cos(x) = -\sin(x),\ x \in \mathbb{R}$

앞서 살펴본 미분계수에 관한 [정리 4-1]은 도함수에 대해서도 동일하게 성립한다.

정리 4-2 도함수의 합과 스칼라곱

동일한 정의역 구간 위에 정의된 두 함수 $f(x)$, $g(x)$가 미분가능하면 $(f+g)(x)$, $(fg)(x)$도 미분가능하며 임의의 실수 x에 대해 다음이 성립한다.

(1) $(f+g)'(x) = f'(x) + g'(x)$

(2) $(kf)'(x) = kf'(x)$ (k는 임의의 실수)

(3) $(fg)'(x) = f'(x)g(x) + f(x)g'(x)$

미분계수에 관한 중요한 정리 중 하나로 다음의 **연쇄법칙**chain rule이 있다.

정리 4-3 연쇄법칙

함수 $y=f(x)$가 점 $x=c$에서 미분가능하고 함수 $z=g(y)$가 점 $y=d=f(c)$에서 미분가능하면 합성함수 $(g \circ f)(x)=g(f(x))$도 점 $x=c$에서 미분가능하고, 미분계수는 다음과 같다.

$$(g \circ f)'(c)=g'(f(c)) \cdot f'(c)=g'(d) \cdot f'(c)$$

두 함수 $f(x)$, $g(x)$가 미분가능하고, 합성함수 $(g \circ f)(x)$가 미분가능하면 도함수는 다음과 같다.

$$(g \circ f)'(x)=g'(f(x)) \cdot f'(x) \tag{4.18}$$

연쇄법칙을 이해하기 위해 미분계수를 그래프 위를 움직이는 점의 속도 관점에서 살펴보고자 한다. [그림 4-4]와 같이 함수 $y=f(x)$의 그래프 위를 움직이는 점 (x, y)를 생각해보자.

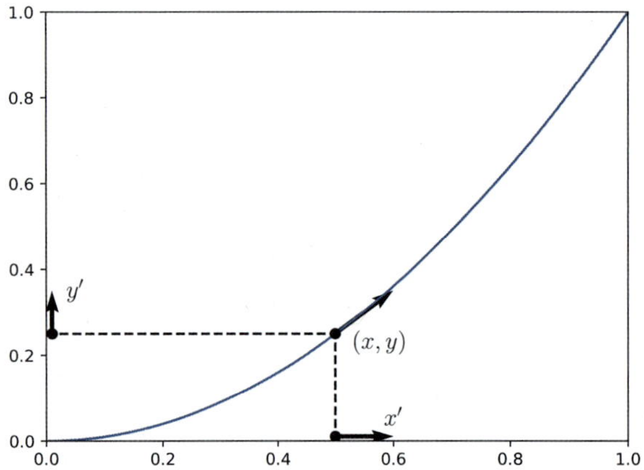

[그림 4-4] 대응규칙으로서의 미분계수

이 함수의 변수 x, y를 시간 매개변수 t로 매개화하자. 점 (x, y)가 2차원 매개곡선 $c(t)=(x(t), y(t))$를 따라 움직인다고 하면 시간이 Δt만큼 변할 때 점의 x, y축 성분은 각각 $\Delta x=x'(t)\Delta t$, $\Delta y=y'(t)\Delta t$만큼 변한다. 이때 미분계수 $f'(x)$는 다음과 같이 근사된다.

$$f'(x) \approx \frac{\Delta y}{\Delta x}=\frac{\Delta y/\Delta t}{\Delta x/\Delta t} \approx \frac{y'(t)}{x'(t)}$$

따라서 $f'(x)$는 점 (x, y)가 x축 위를 움직이는 속도 $x'(t)$에 따라 y축 방향의 속도를 결정한다. 즉 미분계수 $f'(x)$는 x, y축 방향으로의 속도 x', y'을 대응하는 규칙이다.

$$f'(x): x' \mapsto y'=f'(x)x'$$

이러한 미분계수의 의미를 이용해 연쇄법칙이 왜 성립하는지 생각해보자. [그림 4-5]와 같이 두 함수 $y=f(x)$, $z=g(y)$의 그래프를 각각 xy-평면과 yz-평면에 나타내고, 합성함수 $z=h(x)=g\circ f(x)$의 그래프를 xz-평면에 나타냈다고 하자.

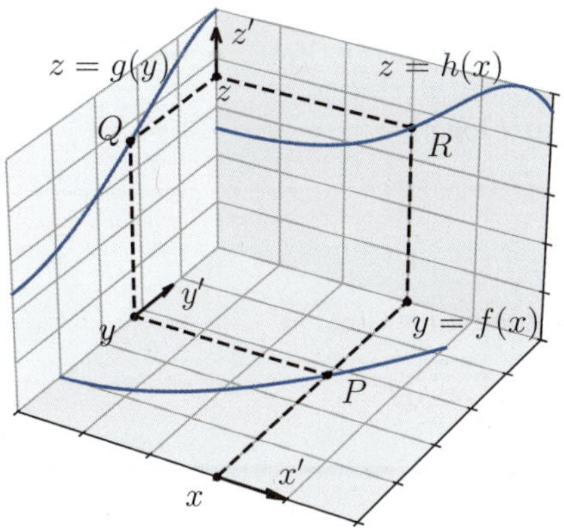

[그림 4-5] 연쇄법칙의 시각적 표현

xy-평면의 점 $P=(x, y)$가 함수 $y=f(x)$의 그래프 위를 움직일 때, yz-평면의 점 $Q=(y, z)$는 함수 $z=g(y)$의 그래프 위를 따라 움직인다. 이때 함수 $z=h(x)$의 그래프 위의 점 $R=(x, z)$의 위치는 점 P, Q에 의해 자동으로 결정된다. 점 x가 x축 위를 x'의 속도로 움직일 때, y축 위의 점 y의 속도를 y'이라 하고, 이에 따른 z축 위의 점 z의 속도를 z'이라 하자. 점 Q, R은 점 P가 움직일 때 '연쇄적으로' 움직인다. 앞서 살펴본 대응규칙으로서의 미분계수의 의미에 따라 점 x, y, z의 속도 x', y', z'은 다음 관계식을 만족한다.

$$y'=f'(x)x', \quad z'=g'(y)y'$$

따라서 x', z' 사이에는 다음 관계식이 성립한다.

$$z'=g'(y)f'(x)x' \tag{4.19}$$

한편, 함수 $z=h(x)$의 미분계수의 의미에 따라 x', z' 사이에는 다음 관계식이 성립한다.

$$z'=h'(x)x' \tag{4.20}$$

식 (4.19)와 (4.20)은 임의의 속도 x', z'에 대해 성립하는 등식이다. x'과 z'을 제거하면 다음 등식이 성립한다.

$$h'(x)=g'(y)f'(x)$$

위 식에서 $y=f(x)$를 치환하면 연쇄법칙 (4.18)을 얻는다.

예제 4-5 일반화된 지수함수와 멱함수의 도함수

임의의 양의 실수 a와 임의의 실수 b에 대해 지수함수 a^x과 멱함수 x^b의 도함수를 구하라.

풀이

각 함수 a^x과 x^b은 다음과 같이 정의된다.

$$a^x = \exp(x\log a),\quad x^b = \exp(b\log x)$$

연쇄법칙에 의해 이들의 도함수는 다음과 같다.

$$\begin{aligned}\frac{d}{dx}a^x &= \frac{d}{dx}\exp(x\log a) = \exp(x\log a)\log a = (\log a)a^x\\ \frac{d}{dx}x^b &= \frac{d}{dx}\exp(b\log x) = \exp(b\log x)\frac{b}{x} = bx^{b-1}\end{aligned}$$

연쇄법칙을 통해 다음 사실을 유도할 수 있다.

정리 4-4 역함수의 미분계수

전단사함수 $y = f(x)$가 $x = c$에서 미분가능하고 $f'(c) \neq 0$일 때, 역함수 $x = f^{-1}(y)$도 $d = f(c)$에서 미분가능하며 그 미분계수는 다음과 같다.

$$(f^{-1})'(d) = \frac{1}{f'(f^{-1}(d))} \tag{4.21}$$

원함수 f의 미분계수가 0이 아니면, 역함수 $y = f^{-1}(x)$의 도함수는 다음과 같다.

$$(f^{-1})'(x) = \frac{1}{f'(f^{-1}(x))}$$

사인함수와 코사인함수는 전단사함수가 아니므로 역함수를 갖지 않지만, 정의역을 다음과 같이 제한하면 역함수 $\sin^{-1}$, $\cos^{-1}$를 정의할 수 있다.

$$\begin{aligned}&\sin:\left[-\frac{\pi}{2},\frac{\pi}{2}\right]\to[-1,1], &&\sin^{-1}:[-1,1]\to\left[-\frac{\pi}{2},\frac{\pi}{2}\right]\\ &\cos:[0,\pi]\to[-1,1], &&\cos^{-1}:[-1,1]\to[0,\pi]\end{aligned} \tag{4.22}$$

이와 비슷하게 탄젠트함수의 역함수도 정의할 수 있다.

$$\tan:\left(-\frac{\pi}{2},\frac{\pi}{2}\right)\to(-\infty,\infty),\qquad \tan^{-1}:(-\infty,\infty)\to\left(-\frac{\pi}{2},\frac{\pi}{2}\right)$$

이와 같은 삼각함수의 역함수를 **역삼각함수**inverse trigonometric function라 한다.[2] [그림 4-6]은 $\sin^{-1}(x)$, $\cos^{-1}(x)$, $\tan^{-1}(x)$의 그래프를 순서대로 나타낸 것이다.

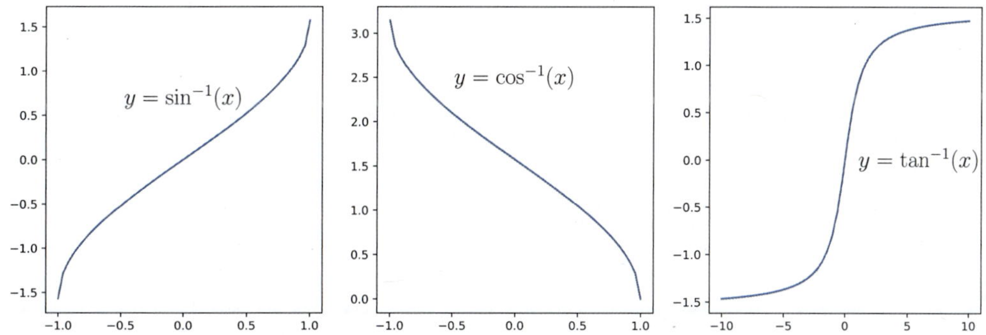

(a) $\sin^{-1}(x)$ (b) $\cos^{-1}(x)$ (c) $\tan^{-1}(x)$

[그림 4-6] 역삼각함수의 그래프

예제 4-6 역삼각함수의 도함수

다음과 같은 역삼각함수 $\sin^{-1}(x)$, $\cos^{-1}(x)$, $\tan^{-1}(x)$의 도함수 공식을 증명하라.

$$\frac{d}{dx}\sin^{-1}(x)=\frac{1}{\sqrt{1-x^2}},\quad \frac{d}{dx}\cos^{-1}(x)=-\frac{1}{\sqrt{1-x^2}},\quad \frac{d}{dx}\tan^{-1}(x)=\frac{1}{1+x^2}$$

풀이

역함수의 도함수 공식 (4.21)에 의해 $\sin^{-1}(x)$의 도함수는 다음과 같이 계산된다.

$$\frac{d}{dx}\sin^{-1}(x)=\frac{1}{\cos(\sin^{-1}(x))}$$

식 (4.22)에 의해 $-\frac{\pi}{2}\le\sin^{-1}(x)\le\frac{\pi}{2}$이므로 위 식의 분모는 항상 양수이다. 따라서 $\cos(x)=\sqrt{1-\sin^2(x)}$라 할 수 있다. 따라서 이 결과를 위 식에 대입하면 다음 결과를 얻는다.

$$\frac{1}{\sqrt{1-\sin^2(\sin^{-1}(x))}}=\frac{1}{\sqrt{1-(\sin(\sin^{-1}(x))^2}}=\frac{1}{\sqrt{1-x^2}}$$

이와 비슷하게 $\cos^{-1}(x)$의 도함수 계산식은 다음과 같다.

$$\frac{d}{dx}\cos^{-1}(x)=-\frac{1}{\sin(\cos^{-1}(x))}$$

2 역삼각함수를 각각 arcsin, arccos, arctan로 표기하기도 한다.

식 (4.22)에 의해 $0 \le \cos^{-1}(x) \le \pi$이므로 분모는 항상 양수이다. $\sin(x) = \sqrt{1-\cos^2(x)}$를 앞의 식에 대입하면 다음 결과를 얻는다.

$$-\frac{1}{\sqrt{1-\cos^2(\cos^{-1}(x))}} = -\frac{1}{\sqrt{1-(\cos(\cos^{-1}(x)))^2}} = -\frac{1}{\sqrt{1-x^2}}$$

$\frac{d}{dx}\tan(x) = \sec^2(x)$[3]이고 $\sec^2(x) = 1+\tan^2(x)$이므로 $\tan^{-1}(x)$의 도함수는 다음과 같다.

$$\frac{d}{dx}\tan^{-1}(x) = \frac{1}{\sec^2(\tan^{-1}(x))} = \frac{1}{1+\tan^2(\tan^{-1}(x))} = \frac{1}{1+x^2}$$

도함수에 관한 몇 가지 간단한 성질을 살펴보자.

정리 4-5 도함수의 성질

두 함수 $f(x)$, $g(x)$가 미분가능할 때 다음이 성립한다.

(1) 두 함수의 곱 $(fg)(x) = f(x)g(x)$도 미분가능하며 도함수는 다음과 같다.

$$(fg)'(x) = f'(x)g(x) + f(x)g'(x)$$

(2) $g(x) \neq 0$이면 유리함수 $\left(\frac{f}{g}\right)(x) = \frac{f(x)}{g(x)}$도 미분가능하며 도함수는 다음과 같다.

$$\left(\frac{f}{g}\right)'(x) = \frac{f'(x)g(x) - f(x)g'(x)}{g^2(x)}$$

[정리 4-5]의 (1)을 기하적으로 생각해보자. [그림 4-7]과 같이 시간 x에 따라 직사각형의 가로와 세로 길이가 각각 $f(x)$와 $g(x)$로 변한다고 가정하자. 이때 직사각형의 넓이는 $A(x) = f(x)g(x)$이다.

3 이는 [예제 4-7]에서 증명한다.

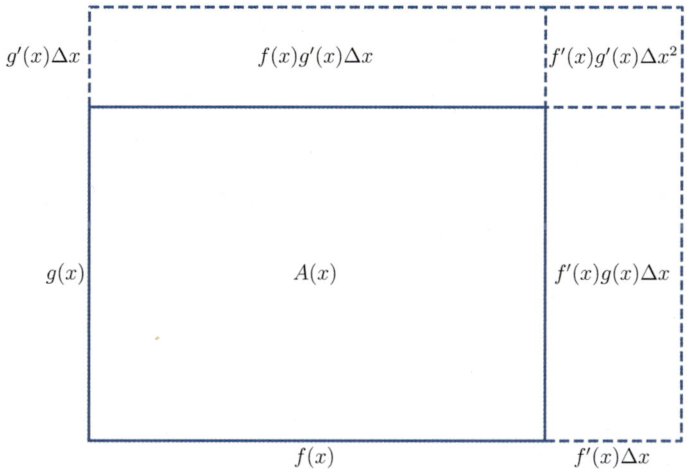

[그림 4-7] 곱의 미분법칙의 기하적 증명

시간 x에서 Δx만큼 시간이 흘렀을 때 가로와 세로의 길이는 각각 대략 $f'(x)\Delta x$, $g'(x)\Delta x$만큼 증가한다. 따라서 전체 넓이의 증가량은 대략 다음과 같다([그림 4-7] 참고).

$$f'(x)g(x)\Delta x + f(x)g'(x)\Delta x + f'(x)g'(x)\Delta x^2$$

넓이 $A(x)$의 순간변화율은 다음과 같다.

$$\lim_{\Delta x \to 0} \frac{(f'(x)g(x)+f(x)g'(x))\Delta x + f'(x)g'(x)\Delta x^2}{\Delta x} = f'(x)g(x)+f(x)g'(x)$$

[정리 4-5]의 (2)는 다음과 같이 [정리 4-5]의 (1)과 연쇄법칙에 의해 유도된다.

$$\left(\frac{f}{g}\right)' = f'\left(\frac{1}{g}\right) + f\left(\frac{1}{g}\right)' = \frac{f'}{g} + f\left(\frac{-g'}{g^2}\right)$$

예제 4-7 도함수의 계산

다음 등식이 성립함을 증명하라.

$$\frac{d}{dx}\tan(x) = \frac{1}{\cos^2(x)}$$

풀이

[정리 4-5]의 (2)에 따라 다음이 성립한다.

$$\frac{d}{dx}\left(\frac{\sin(x)}{\cos(x)}\right) = \frac{\cos(x)\cos(x) - \sin(x)(-\sin(x))}{\cos^2(x)} = \frac{1}{\cos^2(x)}$$

함수의 그래프의 '매끄러움'과 미분가능성의 관계에 대해 알아보자. 예를 들어 다음 두 함수를 보자.

$$f(x) = \begin{cases} x^2, & x \geq 0 \\ -x^2, & x < 0 \end{cases}, \quad g(x) = x^3$$

[그림 4-8]은 두 함수의 그래프를 나란히 나타낸 것이다.

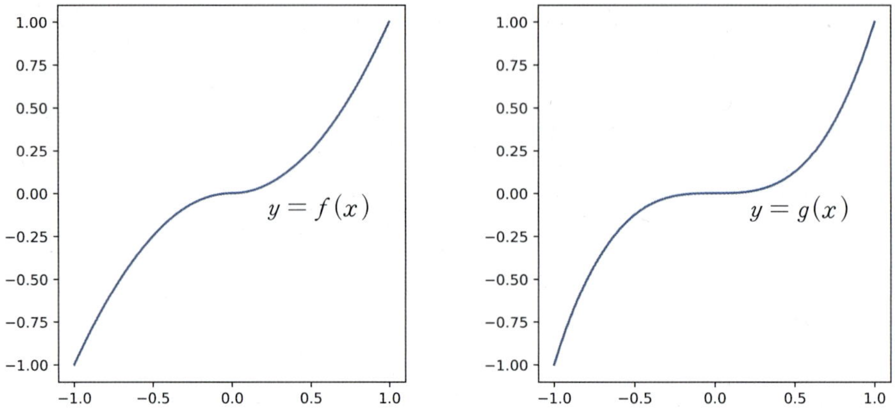

(a) $y = f(x)$ (b) $y = g(x)$

[그림 4-8] **매끄러운 함수와 매끄럽지 않은 함수의 그래프**

두 함수는 모두 $x = 0$에서 미분가능하고, $x = 0$의 근방에서 잘 연결되어 있다. 그러나 눈으로는 두 그래프의 '매끄러운' 정도를 가늠하기 어렵다. 이를 알아보기 위해 각 함수의 도함수를 구해보자.

$$f'(x) = \begin{cases} 2x, & x \geq 0 \\ -2x, & x < 0 \end{cases}, \quad g'(x) = 3x^2$$

두 함수의 도함수는 모두 연속이지만, 점 $x = 0$에서 $g'(x)$는 미분가능하고 $f'(x)$는 미분불가능하다. 즉 도함수 $y = f'(x)$의 그래프는 더 이상 매끄럽지 않다. 다시 말해 함수 $f(x)$는 점 $x = 0$에서 한 번 미분가능하고, 함수 $g(x)$는 두 번 미분가능하다. 따라서 함수 $g(x)$의 그래프는 $f(x)$보다 $x = 0$에서 더 '매끄럽게' 연결된다고 할 수 있다. 이처럼 함수의 그래프의 매끄러움은 미분을 몇 번 할 수 있느냐에 따라 결정된다.

정의 4-3 고계도함수

미분가능한 함수 $f(x)$에 대해 $f(x)$를 0계도함수, $f'(x)$를 1계도함수, $f''(x)$를 2계도함수라 한다. 일반적으로 2계 이상의 도함수는 **고계도함수**higher order derivative라 한다.

n계도함수는 다음과 같이 표기한다.

$$f^{(n)}(x), \quad \frac{d^n}{dx^n}f, \quad \frac{d^n f}{dx^n}$$

점 $x=c$에서의 n계도함수의 값을 n계미분계수라 하며 다음과 같이 표기한다.

$$f^{(n)}(c), \quad \frac{d^n}{dx^n}f(c), \quad \frac{d^n f}{dx^n}(c)$$

고계도함수 개념을 이용하면 함수의 매끄러움을 [표 4-1]과 같이 세분화할 수 있다(아래로 갈수록 더 매끄러운 함수이다).

[표 4-1] 매끄러운 함수의 분류

❶	점 $x=c$에서 함수 $f(x)$가 연속이다.
❷	점 $x=c$에서 함수 $f(x)$가 미분가능하다.
❸	점 $x=c$의 근방에서 도함수 $f'(x)$가 존재한다.
❹	점 $x=c$에서 도함수 $f'(x)$가 연속이다.
❺	점 $x=c$에서 도함수 $f'(x)$가 미분가능하다.

예제 4-8 매끄러운 함수의 분류

[표 4-1]에 따라 점 $x=0$에서 다음 세 함수의 매끄러움을 분류하라.

$$h(x)=\begin{cases} x\sin\left(\frac{1}{x}\right), & x\neq 0 \\ 0 & , x=0 \end{cases}, \quad f(x)=\begin{cases} x^2\sin\left(\frac{1}{x}\right), & x\neq 0 \\ 0 & , x=0 \end{cases},$$
$$g(x)=\begin{cases} x^3\sin\left(\frac{1}{x}\right), & x\neq 0 \\ 0 & , x=0 \end{cases} \tag{4.23}$$

풀이

[그림 4-9]는 주어진 세 함수의 그래프이다.

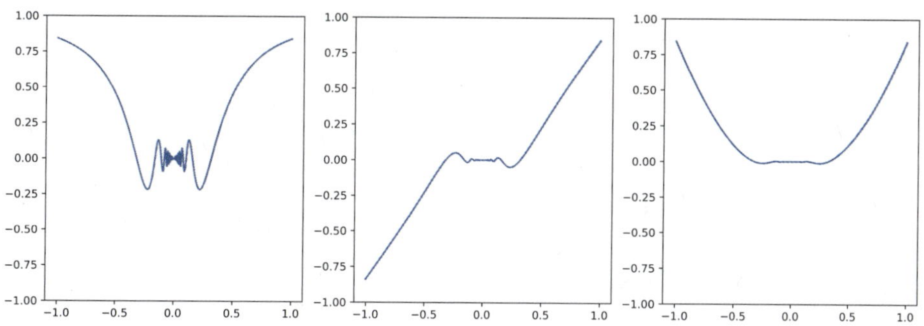

(a) 함수 $h(x)$ (b) 함수 $f(x)$ (c) 함수 $g(x)$

[그림 4-9] 식 (4.23)의 세 함수의 그래프

함수 $h(x)$는 $x=0$에서 연속이지만 미분불가능하다. 한편 함수 $f(x)$와 $g(x)$는 $x=0$의 근방에서 미분가능하다. $x\neq 0$일 때의 미분계수 $f'(x)$, $g'(x)$를 구하면 다음과 같다.

$$f'(x)=2x\sin\left(\frac{1}{x}\right)+x^2\cos\left(\frac{1}{x}\right)\left(-\frac{1}{x^2}\right)=2x\sin\left(\frac{1}{x}\right)-\cos\left(\frac{1}{x}\right)$$
$$g'(x)=3x^2\sin\left(\frac{1}{x}\right)+x^3\cos\left(\frac{1}{x}\right)\left(-\frac{1}{x^2}\right)=3x^2\sin\left(\frac{1}{x}\right)-x\cos\left(\frac{1}{x}\right)$$

한편, $x=0$에서의 미분계수 $f'(0)$, $g'(0)$은 다음과 같다.

$$f'(0)=\lim_{x\to 0}\frac{x^2\sin\left(\frac{1}{x}\right)}{x}=\lim_{x\to 0}x\sin\left(\frac{1}{x}\right)=0$$
$$g'(0)=\lim_{x\to 0}\frac{x^3\sin\left(\frac{1}{x}\right)}{x}=\lim_{x\to 0}x^2\sin\left(\frac{1}{x}\right)=0$$

따라서 각 함수의 도함수는 다음과 같다.

$$f'(x)=\begin{cases}2x\sin\left(\frac{1}{x}\right)-\cos\left(\frac{1}{x}\right), & x\neq 0\\ 0, & x=0\end{cases}$$
$$g'(x)=\begin{cases}3x^2\sin\left(\frac{1}{x}\right)-x\cos\left(\frac{1}{x}\right), & x\neq 0\\ 0, & x=0\end{cases}$$

함수 $f'(x)$는 $x=0$에서 연속이 아니다. x가 0으로 접근할 때 $\cos\left(\frac{1}{x}\right)$이 무한히 진동하기 때문이다. 반면에 $g'(x)$는 $x=0$에서 연속이므로 $x\to 0$일 때 $g'(x)\to 0$이다. 따라서 $g(x)$의 도함수는 연속이다.

다항함수, 지수함수, 로그함수, 사인함수, 코사인함수와 같은 기본함수는 모두 n계미분계수를 갖는다. 모든 계수의 미분계수가 존재하는 함수를 **매끄러운 함수**smooth function라 한다.

SECTION 4.2 미분에 관한 정리

미분계수는 함수의 국소적인 변화에 관한 정보를 제공한다. 이 절에서는 미분계수와 도함수를 통해 얻을 수 있는 함수의 정보에 대해 알아보자.

페르마 정리

정의 4-4 극대와 극소

열린구간 위에 정의된 일변수함수 $f(x)$에 대해 다음과 같이 정의되는 극대점과 극소점을 통칭하여 **극점** local extremum point이라 하고, 극댓값과 극솟값을 통칭하여 **극값** local extreme value이라 한다.

(1) (충분히 작은) 실수 $\varepsilon > 0$이 존재하여 $c - \varepsilon < x < c + \varepsilon$일 때 항상 $f(x) < f(c)$가 성립하면 점 $x = c$를 **극대점** local maximum point이라 하고 $f(c)$를 **극댓값** local maximum value이라 한다.

(2) (충분히 작은) 실수 $\varepsilon > 0$이 존재하여 $c - \varepsilon < x < c + \varepsilon$일 때 $f(x) > f(c)$가 성립하면 점 $x = c$를 **극소점** local minimum point이라 하고 $f(c)$를 **극솟값** local minimum value이라 한다.

극값의 개념은 구간의 경계에서도 성립한다. 예를 들어 닫힌구간 $I = [a, b]$ 위에 정의된 함수 $f(x)$에 대해 (충분히 작은) 실수 $\varepsilon > 0$이 존재하여 $a < x < a + \varepsilon$일 때 항상 $f(x) < f(a)$이면 $x = a$를 극대점이라 한다. 이와 비슷하게 극소점도 정의할 수 있으며 오른쪽 경계점 b에서도 극대와 극소를 정의할 수 있다.

페르마 정리 Fermat's theorem는 함수의 극값에 관한 정리이다.

정리 4-6 페르마 정리

열린구간 위에 정의된 미분가능한 일변수함수 $f(x)$에 대해 구간의 한 점 $x = c$가 극점일 때 $f'(c) = 0$이다.

증명

귀류법으로 이 정리를 증명해보자. 만약 $x=c$가 극점인 동시에 $f'(c)\neq 0$이면 모순이 발생한다. 먼저 $f'(c)>0$이라 가정하자. 충분히 작은 $\varepsilon>0$에 대해 $f'(c)>\varepsilon>0$이므로 c에 충분히 가까운 모든 점 x에 대해 다음 부등식이 성립한다.

$$\frac{f(x)-f(c)}{x-c}>\varepsilon>0$$

이때 $x>c$이면 항상 $f(x)>f(c)$이고, $x<c$이면 항상 $f(x)<f(c)$여야 한다. 이 결과는 $x=c$가 극점이라는 가정에 모순이다. $f'(c)<0$인 경우에도 이와 비슷한 모순이 발생한다. ■

이제 페르마 정리를 이용해 함수의 극값을 찾는 방법을 알아보고자 한다. 예를 들어 닫힌구간 $[-2, 2]$ 위에 정의된 다음 함수 $f(x)$를 살펴보자.

$$f(x)=\frac{2x^3-9x^2+12x+1}{x^2+1}$$

[그림 4-10(a)]는 함수 $f(x)$의 그래프이다. 이 함수의 도함수는 다음과 같다.

$$f'(x)=\frac{2x^4-6x^2-20x+12}{(x^2+1)^2}$$

페르마 정리에 의하면 $f'(x)=0$이 되는 점에서 함수 $f(x)$의 극점이 존재할 수 있다. 즉 위 식의 분자 $p(x)=2x^4-6x^2-20x+12$의 근에서 함수의 $f(x)$의 극점이 존재할 것이다.

다음 파이썬 코드로 1장에서 소개한 이분법을 이용해 방정식 $p(x)=0$의 근을 찾는 함수를 정의해보자.

```
# 이분법을 이용해 방정식의 근을 구하는 함수
def root_bisection(f, a, b, tolerance=1e-6) -> float:
    while abs(a - b) > tolerance:
        c = (a + b)/2
        if f(a)*f(c) < 0:
            b = c
        else:
            a = c
    return (a + b)/2
```

[그림 4-10(b)]와 같이 위 코드를 통해 찾은 극점의 위치를 함수 $y = f(x)$와 $y = p(x)$의 그래프와 함께 표시하자.

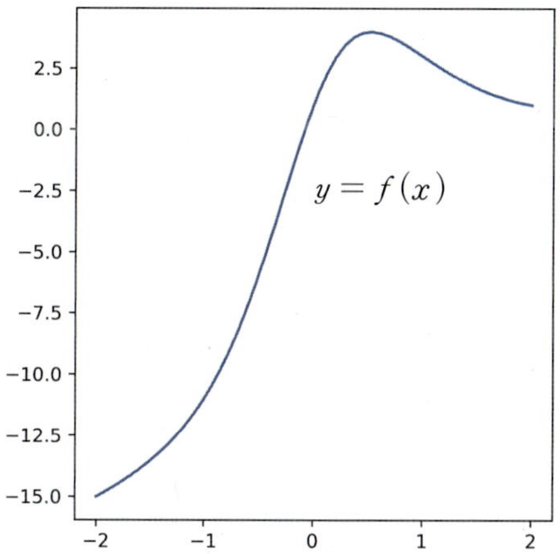

(a) 극점을 갖는 함수의 그래프

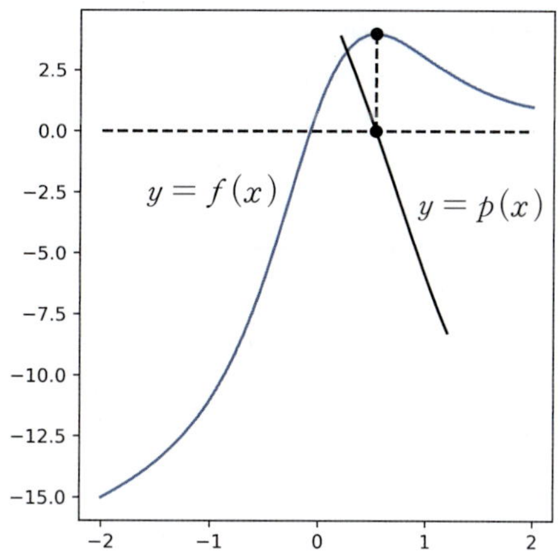

(b) 극점의 위치

[그림 4-10] 페르마 정리를 이용해 극점의 위치 구하기

참고 뉴턴법

뉴턴법Newton's method은 수열을 이용해 미분가능한 함수 $p(x)$의 근을 찾는 방법이다. 뉴턴법은 다음과 같은 3단계의 과정을 따른다.

❶ 방정식 $p(x) = 0$의 근 $x = c$ 근방의 한 점 x_1을 선택하고, 이 점에서의 선형근사식 $L_1(x)$를 구한다. 이때 점 x_1이 실제 근 $x = c$의 값과 가까울수록 뉴턴법이 근을 찾는 속도가 빨라진다.

$$L_1(x) = p(x_1) + p'(x_1)(x - x_1)$$

❷ 선형근사식 $L_1(x)$의 근 x_2를 구한다.

$$x_2 = x_1 - \frac{f(x_1)}{f'(x_1)}$$

❸ 위 과정을 반복한다. 즉 $n \geq 1$에 대해 x_n에서의 선형근사식 $L_n(x)$를 구하고, 이 식의 근을 x_{n+1}이라 한다.

$$x_{n+1} = x_n - \frac{f(x_n)}{f'(x_n)}$$

$p(x) = 0$의 근은 x_n이 수렴하는 값이다.

뉴턴법은 다음 파이썬 코드로 구현할 수 있다.

```
# 뉴턴법을 이용한 근의 근사
def root_newton(f, fp, a, tolerance=1e-6) -> float:
    while abs(f(a)) > tolerance:
        a = a - f(a)/fp(a)
    return a
```

페르마 정리에 따르면 $x=c$가 극점($f(c)$가 극값)일 때 $f'(c)=0$이다. 그러나 일반적으로 $f'(c)=0$일 때 항상 $f(c)$가 극값인 것은 아니다. 극값을 정확히 구하기 위해서는 모든 임계점을 조사해야 한다.

정의 4-5 임계점

구간 I 위에 정의된 일변수함수 $f(x)$에 대해 다음 세 조건 중 하나를 만족하는 점 $x=c$를 함수 f의 **임계점**critical point이라 한다.

(1) $f(x)$가 $x=c$에서 불연속이다.
(2) $f(x)$가 $x=c$에서 미분불가능하다.
(3) $f'(c)=0$이다.

모든 극값은 임계점에서 발생한다. 예를 들어 다음 함수 $f(x)$는 $x=0$에서 불연속이고 극솟값을 갖는다.

$$f(x)=\begin{cases}\dfrac{\sin(x)}{x}, & x\neq 0\\ 0, & x=0\end{cases}$$

또 다른 예로 함수 $f(x)=|x|$는 $x=0$에서 미분불가능하고 극솟값을 갖는다. 한편, 모든 임계점이 극점인 것은 아니다. 페르마 정리는 $f'(x)=0$의 근이 극점이 될 수 있는 가능성을 제시한다. 예를 들어 점 $x=0$은 함수 $f(x)=x^3$의 극점이 아니지만 이 점에서의 미분계수는 0이다.

예제 4-9 임계점과 극값

다음 함수의 임계점을 모두 구하고, 극점인 경우 극대와 극소로 분류하라.

$$f(x)=\frac{\cosh(x)}{1+\sinh(x)}$$

풀이

먼저 이 함수의 그래프를 그려보자. 분모가 0이 되는 점, 즉 $1+\sinh(x)=0$의 근을 제외한 모든 점에서 미분가능하므로, 이 점을 기준으로 [그림 4-11]과 같이 두 그래프가 나뉜 형태로 불연속을 표현할 수 있다.

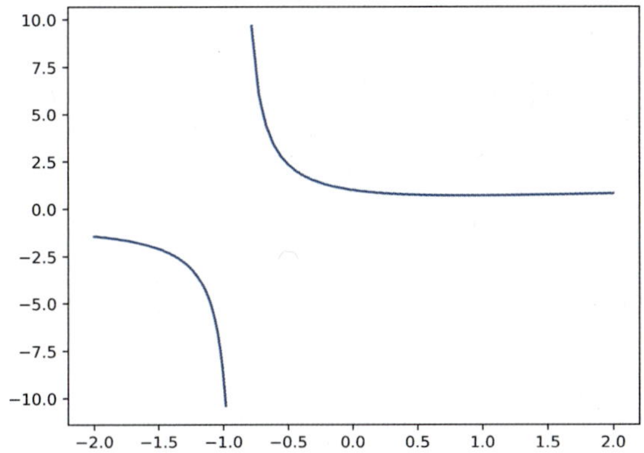

[그림 4-11] 함수 $f(x)$의 그래프

그러나 그래프의 개형만으로는 극점이 어디에 존재하는지를 가늠하기가 쉽지 않다. 따라서 미분가능한 임계점의 위치를 찾아보자. 먼저 주어진 함수의 도함수는 다음과 같다.

$$f'(x)=\frac{\sinh(x)-1}{(1+\sinh(x))^2}$$

방정식 $\sinh(x)-1=0$의 근은 -0.88137, 0.88137로 2개 존재한다. [그림 4-12]는 $x=0.88137$의 근방에서 함수의 그래프를 확대한 것이다.

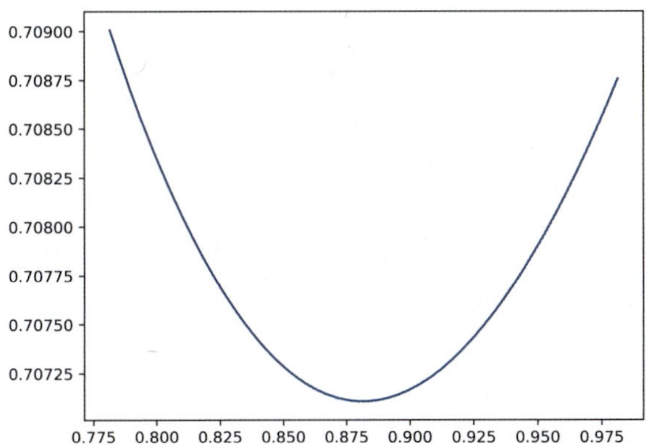

[그림 4-12] 극소점에서의 그래프 개형

한편 $x=-0.88137$에서 함숫값은 발산하므로, 극값은 존재하지 않는다.

평균값 정리

정의역의 모든 점 x에서 항상 $f(x) \le f(c)$가 성립할 때, 점 $x = c$를 **최대점**global maximum point이라 하고 $f(c)$를 **최댓값**global maximum value이라 한다. 이와 반대로 항상 $f(x) \ge f(c)$일 때, $x = c$를 **최소점**global minimum point이라 하고 $f(c)$를 **최솟값**global minimum value이라 한다. 다음은 **최대 · 최소정리**extreme value theorem이다.

정리 4-7 최대·최소정리

닫힌구간 $[a, b]$에서 연속인 일변수함수는 반드시 최댓값과 최솟값을 갖는다.

롤의 정리 Rolle's theorem는 특정 구간에서 미분계수가 0이 되는 점에 관한 정리이다.

정리 4-8 롤의 정리

닫힌구간 $[a, b]$에서 연속인 일변수함수 $f(x)$가 열린구간 (a, b)에서 미분가능하고 $f(a) = f(b)$일 때, 구간 (a, b) 내에 $f'(c) = 0$인 실수 c가 적어도 하나 존재한다.

증명

최대 · 최소 정리에 따라 함수의 최댓값과 최솟값이 존재하므로, 구간 $[a, b]$에서 함수 $f(x)$의 최댓값은 $x = c$, 최솟값은 $x = d$에서 존재한다고 가정하자. 만약 $f(c) = f(d)$이면 $f(x)$는 상수함수이고 항상 $f'(x) = 0$이다.

이제 $f(c) \ne f(d)$이라 가정하자. 구간의 양 끝점에서의 함숫값이 서로 같으므로 c, d 중 하나는 반드시 열린구간 (a, b) 내부에 존재해야 한다. 페르마 정리에 의해 이 점에서의 미분계수는 0이다. ■

롤의 정리는 구간의 시작점과 끝점의 함숫값이 같은 경우, 함숫값의 순간변화율이 0이 되는 점이 구간 내에 반드시 존재함을 의미한다. 예를 들어 [그림 4-13]과 같이 구간 $[0, 2\pi]$ 위에 정의된 함수 $f(x) = 2 + \sin(x)$는 두 경계점 $x = 0$, 2π에서 서로 같은 함숫값을 가지므로, 롤의 정리에 의해 미분계수가 0이 되는 점이 존재한다(이 점은 $x = \frac{\pi}{2}$, $\frac{3\pi}{2}$ 이다).

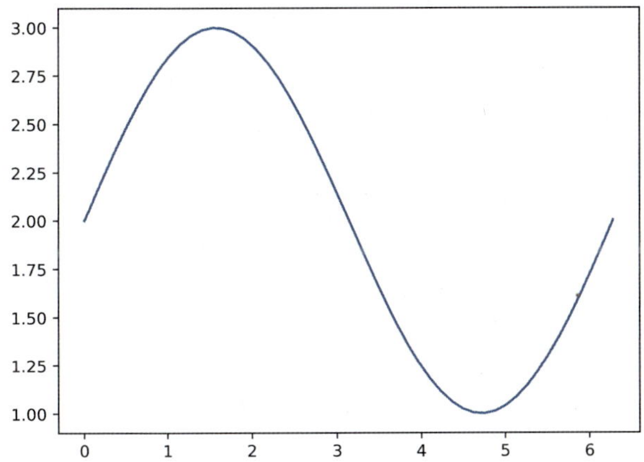

[그림 4-13] 함수 $y=2+\sin(x)$의 그래프

롤의 정리는 다음과 같은 **평균값 정리**mean value theorem로 일반화된다.

정리 4-9 평균값 정리

닫힌구간 $[a, b]$에서 연속인 일변수함수 $f(x)$가 열린구간 (a, b)에서 미분가능하면, 다음 식을 만족하는 점 $x=c$가 열린구간 (a, b) 내에 적어도 하나 존재한다.

$$\frac{f(b)-f(a)}{b-a}=f'(c)$$

증명

다음과 같이 함수 $F(x)$를 정의해보자.

$$F(x)=f(x)-\frac{f(b)-f(a)}{b-a}(x-a) \tag{4.24}$$

함수 $F(x)$는 구간 (a, b)에서 미분가능하고 양 끝점 $x=a$, b에서의 함숫값은 서로 같다. 즉 $F(a)=F(b)=f(a)$이다. 롤의 정리에 의해 $F'(c)=0$인 점 $x=c$가 열린구간 (a, b) 내에 존재한다. 이를 $F(x)$의 정의에 대한 식 (4.24)에 대입하면 다음 결과를 얻는다.

$$f'(c)-\frac{f(b)-f(a)}{b-a}=0$$ ■

예제 4-10 평균값 정리

닫힌구간 $[-2, 2]$ 위에서 다음 함수의 평균변화율을 구하고, 평균값 정리를 만족하는 점 $x=c$를 하나 구하라.

$$f(x)=\log(x^2+x+1) \tag{4.25}$$

풀이

주어진 구간에서 함수 $y=f(x)$의 평균변화율은 다음과 같다.

$$\frac{f(2)-f(-2)}{2-(-2)} \approx 0.212$$

평균값 정리는 도함수 $f'(x)$와 평균변화율이 같아지는 점이 적어도 하나 있음을 의미한다. 즉 $f'(x)=\dfrac{2x+1}{x^2+x+1}=0.212$의 해 c가 존재한다. 뉴턴법을 이용하면 대략 $c=-0.420$임을 알 수 있다. 다음 파이썬 코드로 이 내용과 함수 $f(x)$의 그래프를 구현한 결과는 [그림 4-14]와 같다.

```
# 평균값 정리를 함수 (4.25)에 적용하고 그래프 그리기
f =lambda x: np.log(x**2+1)                         # 원함수
fp =lambda x: (2*x+1) /(x**2+1)                     # 도함수
fpp =lambda x: (2*(x**2+1)-(2*x+1)**2)/(x**2+1)**2 # 2계도함수
x =np.linspace(-2, 2)
plt.plot(x, f(x))                                   # 함수의 그래프
m =(f(2) -f(-2)) /(2 -(-2))                         # 평균변화율 계산
plt.plot([-2, 2], [f(-2), f(2)], 'k--')             # 평균변화율 그리기
p =lambda x: fp(x) - m                              # 근을 구하는 함수
r =root_newton(p, fpp, 0)                           # 뉴턴법으로 근을 계산
x = np.linspace(r-.5, r+.5)
plt.plot(x, m*(x-r)+f(r), 'k--')
plt.plot(r, f(r), 'ko')
```

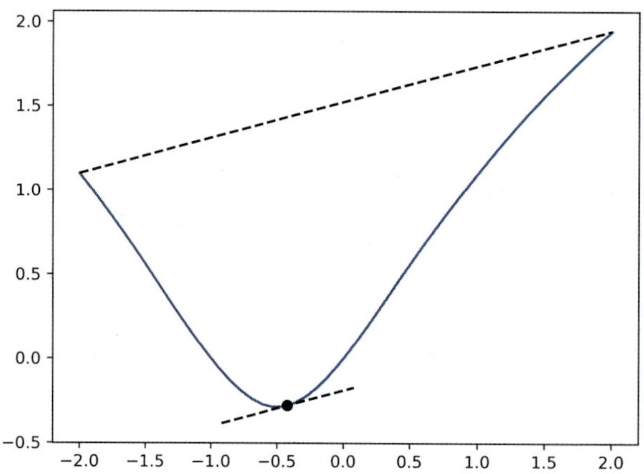

[그림 4-14] 평균값 정리의 시각화

평균값 정리를 이용해 증명할 수 있는 일변수함수에 관한 정리로는 **다르부 정리**Darboux's theorem 가 있다.

정리 4-10 다르부 정리

닫힌구간 $[a, b]$ 위에 정의된 일변수함수 $f(x)$가 열린구간 (a, b)에서 미분가능하면, $a < a_1 < b_1 < b$인 두 임의의 두 실수 a_1, b_1과 $f'(a_1)$, $f'(b_1)$ 사이의 임의의 실수 d에 대해 $f'(c) = d$인 점 $c \in (a_1, b_1)$이 반드시 존재한다.

증명

일반성을 잃지 않고, $d \neq f'(a_1), f'(b_1)$이라 하자. 또한 $f'(a_1) < d < f'(b_1)$이라 하자(만약 $f'(b_1) < d < f'(a_1)$이면 아래의 증명 과정에서 a_1과 b_1의 역할만 바꾸면 된다). 함수 $g(x) = f(x) - dx$는 닫힌구간 $[a, b]$에서 연속이므로 최대 · 최소정리에 의해 최대점 $x = c$가 존재한다. 이때 페르마 정리에 의해 $g'(c) = f'(c) - d = 0$이 성립한다. ■

다르부 정리는 함수 f가 미분가능하다는 조건만을 가정할 뿐, 도함수의 연속성을 가정하지는 않는다.

예제 4-11 다르부 정리의 활용

다음과 같은 도함수를 갖는 미분가능한 함수가 존재하지 않음을 보여라.

$$f'(x) = \begin{cases} 1, & x > 0 \\ -1, & x \leq 0 \end{cases} \tag{4.26}$$

풀이

식 (4.26)을 도함수로 갖는 함수 $f(x)$가 존재한다고 가정하자. $a_1 = -0.5$, $b_1 = 0.5$라 하고 다르부 정리를 적용하면 $d = 0$일 때 $f'(c) = d$인 점 $x = c$가 구간 $(-0.5, 0.5)$ 내에 존재해야 한다. 그러나 식 (4.26)에 의하면 미분계수가 0인 점은 존재하지 않으므로 이는 모순이다.

로피탈 정리

로피탈 정리L'Hopital's theorem는 분수 형태의 함수의 극한에 관한 성질이다.

정리 4-11 로피탈 정리 I

점 c의 (작은) 근방에서 미분가능한 두 함수 $f(x)$, $g(x)$의 극한이 $\lim_{x \to c} f(x) = \lim_{x \to c} g(x) = 0$ 또는 $\lim_{x \to c} f(x) = \lim_{x \to c} g(x) = \infty$ 이고, $\lim_{x \to c} \frac{f'(x)}{g'(x)}$ 가 존재하면 다음이 성립한다.

$$\lim_{x \to c} \frac{f(x)}{g(x)} = \lim_{x \to c} \frac{f'(x)}{g'(x)} \tag{4.27}$$

[그림 4-15(a)]와 같이 매개곡선 위의 기울기를 이용해 로피탈 정리 I이 성립하는 이유를 살펴보자. 좌표평면 위의 매개곡선을 $c(t) = (g(t), f(t))$라 하자. 식 (4.27)의 좌변 $\frac{f(t)}{g(t)} = \frac{f(t) - 0}{g(t) - 0}$은 원점 $(0, 0)$과 점 $(g(t), f(t))$를 잇는 선분의 기울기이고, 우변 $\frac{f'(t)}{g'(t)}$는 매개곡선에 접하는 접선의 기울기이다.

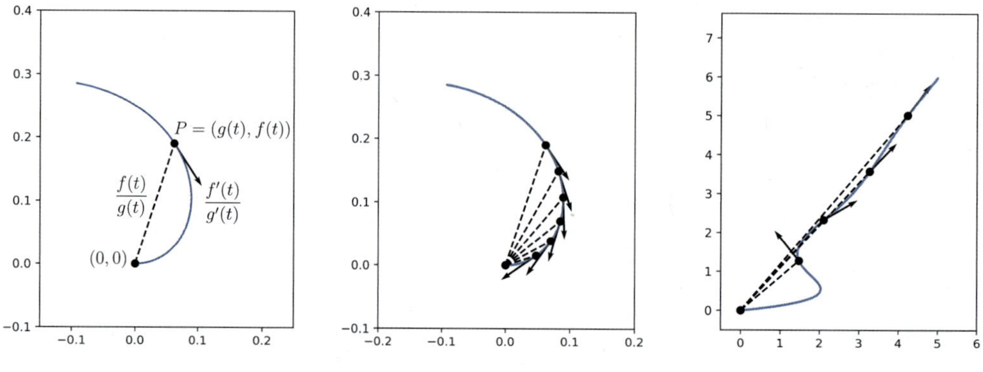

(a) 매개곡선 위의 기울기 (b) $f(x)$, $g(x) \to 0$인 경우 (c) $f(x)$, $g(x) \to \infty$인 경우

[그림 4-15] 로피탈 정리 I의 시각적 표현

[그림 4-15(b)]는 $\lim_{x \to c} f(x) = \lim_{x \to c} g(x) = 0$인 경우를 나타낸 것이다. 점 $P = (g(t), f(t))$가 매개곡선을 따라 원점에 접근할수록 접선의 기울기는 선분 $\overline{OP}$의 기울기에 수렴한다.

한편 [그림 4-15(c)]는 $\lim_{x \to c} f(x) = \lim_{x \to c} g(x) = \infty$인 경우를 나타낸 것이다. 이때 점 $P = (g(t), f(t))$는 매개곡선을 따라 원점으로부터 무한히 멀어진다. 로피탈 정리 I에 의해 $\lim_{x \to c} \frac{f'(x)}{g'(x)}$가 존재하므로 접선의 기울기는 일정한 점근선의 기울기로 수렴한다. 이는 선분 $\overline{OP}$의 기울기의 수렴값과 같다.

예제 4-12 로피탈 정리 Ⅰ의 활용 (1)

다음 극한을 구하라.

$$\lim_{x\to 0}\frac{5^x-4^x}{3^x-2^x}$$

풀이

두 함수 $f(x)=5^x-4^x$, $g(x)=3^x-2^x$은 $x=0$에서 연속이고 함숫값은 모두 0이다. 두 함수의 도함수는 다음과 같다.

$$f'(x)=\log(5)5^x-\log(4)4^x,\quad g'(x)=\log(3)3^x-\log(2)2^x$$

이때 $\lim_{t\to 0}\frac{f'(x)}{g'(x)}=\frac{\log(5)-\log(4)}{\log(3)-\log(2)}$이므로, 로피탈 정리 Ⅰ에 의해 극한은 다음과 같다.

$$\lim_{x\to 0}\frac{5^x-4^x}{3^x-2^x}=\frac{\log(5)-\log(4)}{\log(3)-\log(2)}$$

주어진 함수 $f(x)$, $g(x)$의 2계도함수가 존재하며, $\frac{f'(x)}{g'(x)}$의 극한을 구하기 어려운 경우에는 로피탈 정리 Ⅰ을 한 번 더 적용하여 극한을 구할 수 있다.

예제 4-13 로피탈 정리 Ⅰ의 활용 (2)

다음 극한을 구하라.

$$\lim_{x\to 0}\frac{1-\cos(x)}{x^2}$$

풀이

두 함수 $f(x)=1-\cos(x)$, $g(x)=x^2$의 도함수는 다음과 같다.

$$f'(x)=\sin(x),\quad g'(x)=2x$$

두 함수는 $c=0$에서 모두 함숫값이 0이므로, 극한 $\lim_{x\to 0}\frac{f'(x)}{g'(x)}$를 쉽게 구할 수 없다. 이 경우 다음과 같이 $f'(x)$, $g'(x)$에 로피탈 정리 Ⅰ을 한 번 더 적용한다.

$$\lim_{x\to 0}\frac{f''(x)}{g''(x)}=\lim_{x\to 0}\frac{\cos(x)}{2}=\frac{1}{2}$$

따라서 다음과 같이 연쇄적으로 극한을 구할 수 있다.

$$\lim_{x\to 0}\frac{f(x)}{g(x)}=\lim_{x\to 0}\frac{f'(x)}{g'(x)}=\lim_{x\to 0}\frac{f''(x)}{g''(x)}=\frac{1}{2}$$

로피탈 정리는 좌극한 또는 우극한에 대해서도 성립한다.

정리 4-12 로피탈 정리 Ⅱ

$a < x$이고 a의 (작은) 근방에서 두 함수 $f(x)$, $g(x)$가 미분가능하고, $\lim_{x \to a^+} f(x) = \lim_{x \to a^+} g(x) = 0$이거나 $\lim_{x \to a^+} f(x) = \lim_{x \to a^+} g(x) = \infty$이며, $\lim_{x \to a^+} \frac{f'(x)}{g'(x)}$가 존재하면 다음이 성립한다.

$$\lim_{x \to a^+} \frac{f(x)}{g(x)} = \lim_{x \to a^+} \frac{f'(x)}{g'(x)}$$

이 결과는 극한이 무한대로 발산하는 경우에도 성립한다. 즉 $\lim_{x \to a^+} \frac{f'(x)}{g'(x)} = \infty$이면 $\lim_{x \to a^+} \frac{f(x)}{g(x)} = \infty$이다. 위 명제는 $x \to a^-$인 경우에도 성립한다.

지금까지 살펴본 로피탈 정리는 $x \to \infty$인 경우에도 동일하게 성립한다.

정리 4-13 로피탈 정리 Ⅲ

반무한구간 (a, ∞)에서 미분가능한 두 함수 $f(x)$, $g(x)$에 대해 $\lim_{x \to \infty} f(x) = \lim_{x \to \infty} g(x) = 0$ 또는 $\lim_{x \to \infty} f(x) = \lim_{x \to \infty} g(x) = \infty$이고 $\lim_{x \to \infty} \frac{f'(x)}{g'(x)}$가 존재하면 다음이 성립한다.

$$\lim_{x \to \infty} \frac{f(x)}{g(x)} = \lim_{x \to \infty} \frac{f'(x)}{g'(x)}$$

이 명제는 $x \to -\infty$인 경우에도 성립한다.

[정리 4-13]을 통해 다음과 같이 다항식 $p(x)$는 항상 로그함수 $\log(x)$보다 빠르게 증가하고, 지수함수 $\exp(x)$는 항상 다항함수 $p(x)$보다 빠르게 증가함을 알 수 있다.

$$\lim_{x \to \infty} \frac{x^n}{\log(x)} = \lim_{x \to \infty} \frac{nx^{n-1}}{1/x} = \lim_{x \to \infty} nx^n = \infty$$

$$\lim_{x \to \infty} \frac{\exp(x)}{x^n} = \lim_{x \to \infty} \frac{\exp(x)}{nx^{n-1}} = \cdots = \lim_{x \to \infty} \frac{\exp(x)}{n!} = \infty$$

예제 4-14 로피탈 정리 Ⅱ, Ⅲ의 활용

모든 자연수 n에 대해 다음 극한이 성립함을 보여라.

$$\lim_{x\to 0}\frac{\exp\left(-\frac{1}{x^2}\right)}{x^n}=0$$

풀이

$\frac{1}{x}=t$로 치환하여 우극한을 계산하면 다음과 같다.

$$\lim_{x\to 0^+}\frac{\exp\left(-\frac{1}{x^2}\right)}{x^n}=\lim_{t\to\infty}t^n\exp(-t^2)=\lim_{t\to\infty}\frac{t^n}{\exp(t^2)}=0$$

좌극한도 비슷하게 계산할 수 있다.

$$\lim_{x\to 0^-}\frac{\exp\left(-\frac{1}{x^2}\right)}{x^n}=\lim_{t\to\infty}(-t)^n\exp(-t^2)=\lim_{t\to\infty}\frac{(-t)^n}{\exp(t^2)}=0$$

좌극한과 우극한이 같으므로 주어진 극한이 성립함을 알 수 있다.

테일러 정리

함수 $f(x)$가 $x=c$에서 미분가능하다는 것은 c 근방에서의 함숫값이 선형근사식으로 잘 근사됨을 의미한다. 마찬가지로 $f''(c)$, $f^{(3)}(c)$ 등의 고계미분계수는 고계도함수의 값이 선형근사식으로 잘 근사됨을 의미한다.

고계미분계수를 이용해 함숫값을 더 정확히 근사하는 방법을 살펴보자. 예를 들어 점 $x=1$에서 지수함수 $\exp(x)$의 고계미분계수는 다음과 같다.

$$\left.\frac{d}{dx^n}\right|_{x=1}\exp(x)=\exp(1)=e$$

이제 다음 세 다항식을 살펴보자.

$$\begin{aligned}p_1(x)&=ex\\p_2(x)&=\frac{e}{2}x^2+\frac{e}{2}\\p_3(x)&=\frac{e}{6}x^3+\frac{e}{2}x+\frac{e}{3}\end{aligned}\tag{4.28}$$

다음 파이썬 코드를 이용해 세 다항식의 그래프를 지수함수의 그래프(검은색 점선)와 구현하면 [그림 4-16]과 같다.

```
# x=1의 근방에서 지수함수를 근사하는 다항식의 그래프 그리기
fig, ax = plt.subplots(1, 3, figsize=plt.figaspect(1/3))

p = [lambda x: np.exp(1) + np.exp(1)*(x-1)]
p.append(lambda x: p[0](x) + np.exp(1)/2*(x-1)**2)
p.append(lambda x: p[1](x) + np.exp(1)/6*(x-1)**3)

x = np.linspace(0, 2)
for i in range(3):
    ax[i].plot(x, np.exp(x), 'k--')
    ax[i].plot(x, p[i](x))
```

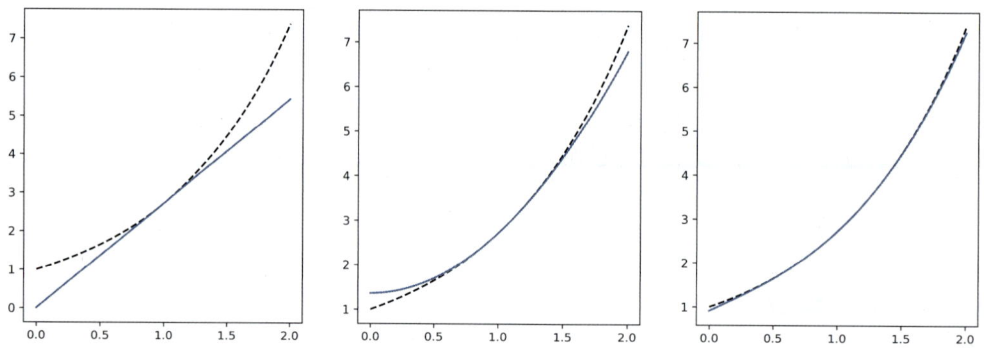

(a) 1차다항식 근사 (b) 2차다항식 근사 (c) 3차다항식 근사

[그림 4-16] 다항식을 이용한 함수의 그래프 근사

[그림 4-16]을 보면 차수 n이 커질수록 함수 $y=p_n(x)$의 그래프는 $y=\exp(x)$의 그래프와 점 $(1, e)$의 근방에서 점점 가까워짐을 볼 수 있다. 다시 말해, 차수 n이 커질수록 다항식 $p_n(x)$는 지수함수 $\exp(x)$의 값을 점 $x=1$의 근방에서 더욱 잘 근사한다.

세 다항식 (4.28)의 점 $x=1$에서의 각 고계미분계수는 원함수의 고계미분계수와 같다.

$$\begin{aligned}&p_1{}'(1)=e\\&p_2{}'(1)=e\;p_2{}''(1)=e\\&p_3{}'(1)=e\;p_2{}''(1)=e\;p_3{}'''(1)=e\end{aligned}$$

따라서 원함수와 다항식의 고계미분계수가 서로 일치할수록 두 함수의 그래프가 서로 가까워진다. 이처럼 고계미분계수를 이용해 함숫값을 근사하는 다항식을 테일러 다항식이라 한다.

정의 4-6 테일러 다항식

n계미분계수 $f^{(n)}(c)$가 존재할 때, 다음과 같이 정의된 n차다항식 $p_n(x)$를 점 $x=c$에서의 함수 $f(x)$의 n차 **테일러 다항식**Taylor polynomial이라 한다.

$$p_n(x)=f(c)+f'(c)(x-c)+\frac{f''(c)}{2}(x-c)^2+\frac{f^{(3)}(c)}{3!}(x-c)^3+\cdots+\frac{f^{(n)}(c)}{n!}(x-c)^n$$

이때 점 $x=c$를 **테일러 다항식의 중심**이라 한다.

예제 4-15 테일러 다항식

점 $x=\pi$에서의 사인함수 $\sin(x)$의 3차 테일러 다항식을 구하고 그래프를 그려라.

풀이

사인함수의 1, 2, 3계미분계수는 다음과 같다.

$$\left.\frac{d}{dx}\right|_{x=\pi}\sin(x)=\cos(\pi)=-1$$
$$\left.\frac{d^2}{dx^2}\right|_{x=\pi}\sin(x)=-\sin(\pi)=0$$
$$\left.\frac{d^3}{dx^3}\right|_{x=\pi}\sin(x)=-\cos(\pi)=1$$

따라서 3차 테일러 다항식은 다음과 같다.

$$p_3(x)=-(x-\pi)+\frac{(x-\pi)^3}{3!}$$

[그림 4-17]은 $x=\pi$ 근방에서 $p_3(x)$의 그래프(파란색 실선)와 사인함수의 그래프(검은색 점선)를 함께 나타낸 것이다.

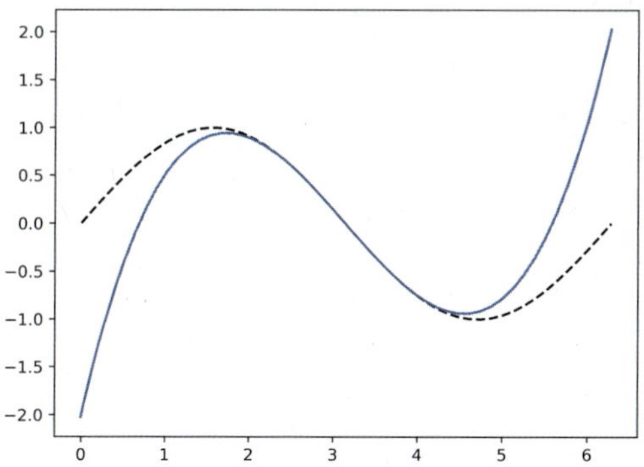

[그림 4-17] 사인함수와 3차 테일러 다항식의 그래프

테일러 다항식의 차수가 계속 증가할 때 그래프의 모양을 살펴보자. 예를 들어 $x = \frac{\pi}{4}$ 에서의 코사인함수 $\cos(x)$의 테일러 다항식은 다음 파이썬 코드로 구현할 수 있다.

```
# 테일러 다항식의 구현
def talyor_cosine(n:int, c, x:float) -> float:
    s = 1/np.sqrt(2)
    f = 1/np.sqrt(2)
    for i in range(n):
        sign = 1 if i%4 == 0 or i%4 == 3 else -1
        f *= (x-c)/(i+1)
        s += sign*f
    return s
```

[그림 4-18]과 같이 $n = 3,\ 9,\ 15$인 경우에 대한 코사인함수의 테일러 다항식의 그래프(파란색 실선)를 원함수의 그래프(검은색 점선)와 함께 그려보자.

```
# 테일러 다항식과 원함수의 그래프 비교
c = np.pi/4
x = np.linspace(-2*np.pi, 2*np.pi)

deg = [3, 9, 15]
fig, ax = plt.subplots(1, 3, figsize=(15, 5))
for i in range(len(deg)):
    ax[i].plot(x, np.sin(x), 'k--')
    ax[i].plot(x, talyor_cosine(deg[i], c, x))
    ax[i].plot(c, np.sin(c), 'ko')
    ax[i].set_ylim([-1.5, 1.5])
```

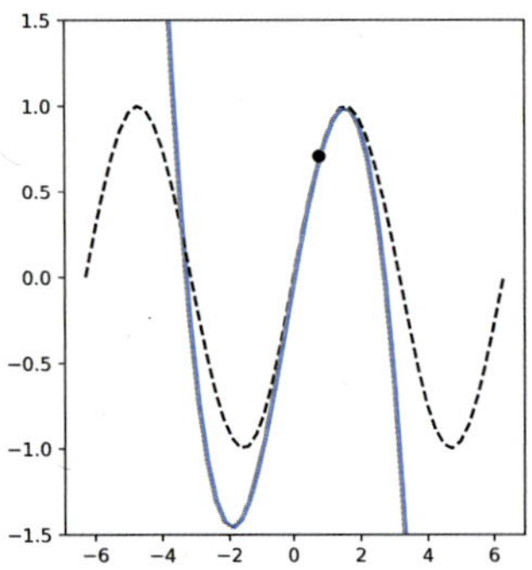

(a) 3차 테일러 다항식

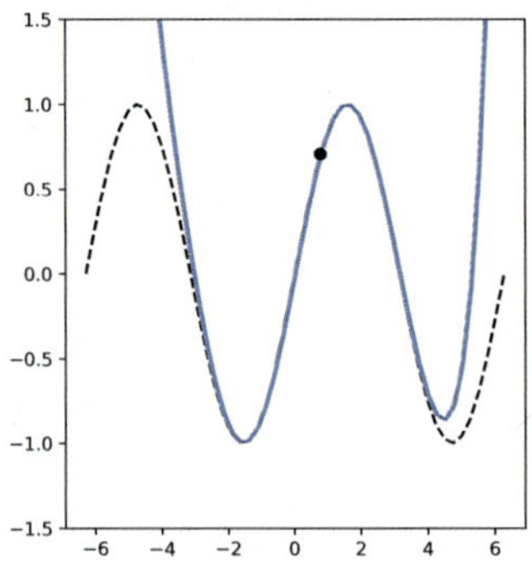

(b) 9차 테일러 다항식

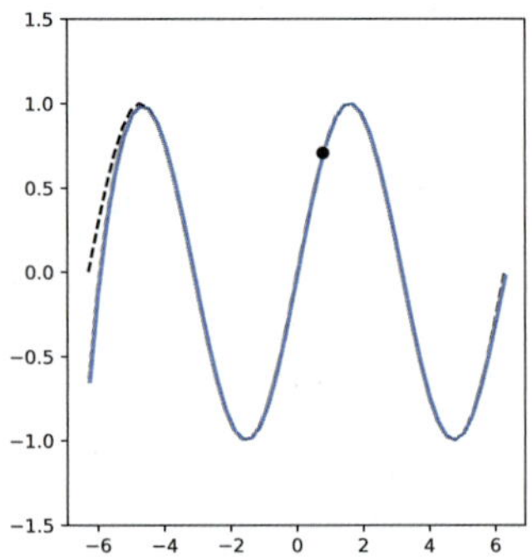

(c) 15차 테일러 다항식

[그림 4-18] 코사인함수와 테일러 다항식의 비교

테일러 다항식의 차수가 커질수록 테일러 다항식의 그래프가 원함수의 그래프와 거의 일치함을 확인할 수 있다. 이와 같이 테일러 다항식의 차수를 무한히 늘려가면 그 값이 원함수와 같아질 것이라 예상할 수 있다. 이를 테일러 급수라 한다.

정의 4-7 테일러 급수

점 $x=c$에서 함수 $f(x)$의 고계미분계수가 항상 존재할 때, 다음을 $x=c$에서의 함수 $f(x)$의 **테일러 급수** Taylor series 라 한다.

$$f(c)+f'(c)(x-c)+\frac{f''(c)}{2}(x-c)^2+\cdots=\sum_{n=0}^{\infty}\frac{f^{(n)}(c)}{n!}(x-c)^n$$

이때 점 c를 **테일러 급수의 중심**이라 한다.

테일러 급수의 수렴반경은 테일러 급수를 통해 함숫값을 예측할 수 있는 x의 범위를 알려준다. 예를 들어 $x=\frac{\pi}{4}$에서의 $\cos(x)$의 테일러 급수는 다음과 같다.

$$\frac{1}{\sqrt{2}}-\frac{1}{\sqrt{2}}\left(x-\frac{\pi}{4}\right)-\frac{1}{\sqrt{2}}\frac{\left(x-\frac{\pi}{4}\right)^2}{2}+\frac{1}{\sqrt{2}}\frac{\left(x-\frac{\pi}{4}\right)^3}{3!}+\cdots \tag{4.29}$$

비율판정법을 적용하면 이 급수는 항상 수렴한다.

$$\lim_{n\to\infty}\left|\frac{\frac{1}{\sqrt{2}}\frac{\left(x-\frac{\pi}{4}\right)^{n+1}}{(n+1)!}}{\frac{1}{\sqrt{2}}\frac{\left(x-\frac{\pi}{4}\right)^{n}}{n!}}\right|=\lim_{n\to\infty}\frac{\left|x-\frac{\pi}{4}\right|}{n+1}=0$$

따라서 코사인함수의 테일러 다항식 $p_n(x)$는 차수 n이 무한히 증가할수록 코사인함수와 구간 $(-\infty, \infty)$에서 일치한다.

예제 4-16 테일러 급수

점 $x=1$에서의 로그함수 $\log(x)$의 테일러 급수를 구하고, $n=3, 5, 9$에서의 테일러 다항식의 그래프를 그려라.

풀이

로그함수의 n계도함수는 다음과 같다.

$$\frac{d}{dx}\log(x)=\frac{1}{x},\ \frac{d^2}{dx^2}\log(x)=-\frac{1}{x^2},\ \frac{d^3}{dx^3}\log(x)=\frac{2}{x^3},\ \cdots,$$
$$\frac{d^n}{dx^n}\log(x)=(-1)^{n-1}\frac{(n-1)!}{x^n}$$

따라서 $x=1$에서 $\log(x)$의 테일러 급수는 다음과 같다.

$$0+(x-1)-\frac{1}{2}(x-1)^2+\frac{1}{3}(x-1)^3+\cdots=\sum_{n=1}^{\infty}\frac{(-1)^{n+1}}{n}(x-1)^n \tag{4.30}$$

다음 파이썬 코드로 이 테일러 급수를 구현할 수 있다.

```
# x=1에서의 테일러 급수의 구현
def taylor_log(n, x):
    s = (x-1)
    f = (x-1)
    for i in range(2, n+1):
        sign = 1 if i%2 == 1 else -1
        f *= (x-1)*(i-1)/i
        s += sign*f
    return s
```

다음 파이썬 코드를 통해 [그림 4-19]와 같이 $n=3,\ 5,\ 9$인 경우에 대한 로그함수의 테일러 다항식의 그래프(파란색 실선)를 원함수의 그래프(검은색 점선)와 함께 표현하자.

```
# 테일러 다항식과 원함수의 그래프 그리기
c = 1
x = np.linspace(0.001, 3)

deg = [3, 5, 9]
fig, ax = plt.subplots(1, 3, figsize=(15, 5))
for i in range(len(deg)):
    ax[i].plot(x, np.log(x), 'k--')
    ax[i].plot(x, taylor_log(deg[i], x))
    ax[i].set_ylim([-10, 10])
```

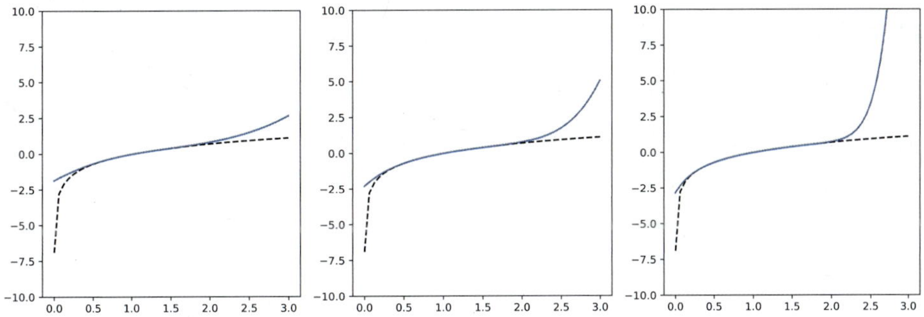

(a) 3차 테일러 다항식 (b) 5차 테일러 다항식 (c) 9차 테일러 다항식

[그림 4-19] $x = 1$에서의 로그함수의 테일러 다항식

[그림 4-19]를 통해 테일러 다항식의 차수가 증가할수록 그 그래프가 원함수와 더욱 가까워지지만, 구간 $(0, 2)$를 벗어나면 더 이상 서로 가까워지지 않음을 확인할 수 있다. 이는 테일러 급수 (4.30)의 수렴반경이 $R=1$이기 때문이다. 즉 급수 (4.30)은 $0 < x < 2$일 때 수렴하고, 그 바깥 구간에서 발산한다.

참고로 $x = 0$을 멱급수의 중심으로 하는 테일러 급수를 **매클로린 급수**Maclaurin's series라 한다. 다음은 지수함수, 로그함수 $\log(1+x)$, 사인함수, 코사인함수의 매클로린 급수를 표로 나타낸 것이다.

[표 4-2] 기본함수의 매클로린 급수

함수	$x = 0$에서의 매클로린 급수
$\exp(x)$	$1+x+\frac{x^2}{2}+\frac{x^3}{3!}+\cdots=\sum_{n=0}^{\infty}\frac{x^n}{n!}$
$\sin(x)$	$x-\frac{x^3}{3!}+\frac{x^5}{5!}-\cdots=\sum_{n=0}^{\infty}(-1)^n\frac{x^{2n+1}}{(2n+1)!}$
$\cos(x)$	$1-\frac{x^2}{2!}+\frac{x^4}{4!}+\cdots=\sum_{n=0}^{\infty}(-1)^n\frac{x^{2n}}{(2n)!}$
$\log(1+x)$	$x-\frac{x^2}{2}+\frac{x^3}{3}+\cdots=\sum_{n=1}^{\infty}\frac{(-1)^{n+1}}{n}$

한편, 테일러 다항식 $p_n(x)$와 원함수 $f(x)$의 차를 **테일러 나머지항**Taylor remainder term이라 한다.

$$r_n(x) = f(x) - p_n(x)$$

테일러 정리 Taylor theorem는 테일러 나머지항을 고계미분계수로 표현할 수 있음을 말한다.

정리 4-14 테일러 정리

점 $x=c$에서 함수 $f(x)$의 $(n+1)$계 미분계수가 존재할 때, 점 c의 근방의 점 x_1에 대해 c와 x_1 사이의 한 점 ξ가 존재하여 다음이 성립한다.

$$r_n(x_1)=\frac{f^{(n+1)}(\xi)}{(n+1)!}(x_1-c)^{n+1} \tag{4.31}$$

지수함수 $\exp(x)$와 중심 $x=0$에 대해 테일러 정리를 적용해보자. 점 0의 근방의 점 x_1에 대해 두 점 0과 x_1 사이의 적절한 실수 ξ가 존재하여 다음 등식이 성립한다.

$$r_n(x_1)=\frac{\exp(\xi)}{(n+1)!}x_1^{n+1}$$

여기서 $x_1 \in [a, b]$라 가정하면 $\xi \le b$이므로 다음 부등식이 성립한다.

$$|r_n(x)| \le \frac{\exp(b)}{(n+1)!}(b-a)^{n+1}$$

따라서 n이 증가할수록 테일러 다항식의 오차는 0으로 수렴한다. a와 b는 임의로 정할 수 있으므로, 모든 x에 대해 테일러 급수는 $\exp(x)$로 수렴하며 이를 다음과 같이 표현한다.

$$\exp(x)=1+x+\frac{x^2}{2}+\frac{x^3}{3!}+\cdots+\frac{x^n}{n!}+\cdots$$

예제 4-17 삼각함수의 테일러 급수의 수렴

모든 x에 대해 다음 등식이 성립함을 보여라.

$$\sin(x)=x-\frac{x^3}{3!}+\frac{x^5}{5!}-\cdots=\sum_{n=0}^{\infty}(-1)^n\frac{x^{2n+1}}{(2n+1)!}$$
$$\cos(x)=1-\frac{x^2}{2!}+\frac{x^4}{4!}+\cdots=\sum_{n=0}^{\infty}(-1)^n\frac{x^{2n}}{(2n)!}$$

풀이

먼저 사인함수의 테일러 나머지항을 살펴보자. 사인함수의 도함수는 항상 사인 또는 코사인 함수이므로 그 크기가 1을 넘지 않는다. 따라서 $|x|<b$일 때 항상 다음 부등식이 성립한다.

$$|r_n(x)|<\frac{|x|^{n+1}}{(n+1)!}<\frac{b^{n+1}}{(n+1)!}$$

n이 커질수록 부등식의 우변은 0으로 수렴한다. 따라서 테일러 급수는 원함수로 수렴한다. 코사인함수의 경우도 이와 동일하게 증명할 수 있다.

참고 원함수로 수렴하지 않는 테일러 급수

테일러 급수가 항상 원함수로 수렴하는 것은 아니다. 예를 들어 다음 함수를 살펴보자.

$$f(x)=\begin{cases}\exp\left(-\dfrac{1}{x^2}\right), & x\neq 0\\ 0, & x=0\end{cases} \tag{4.32}$$

점 $x=0$에서의 모든 고계미분계수는 $f^{(n)}(0)=0$이다. 먼저 1계미분계수 $f'(0)$을 계산해보자.

$$f'(0)=\lim_{x\to 0}\frac{f(x)}{x}=\lim_{x\to 0}\frac{1}{x}\exp\left(-\frac{1}{x^2}\right)=0$$

1계도함수 $f'(x)$는 다음과 같다.

$$f'(x)=\begin{cases}\dfrac{2}{x^3}\exp\left(-\dfrac{1}{x^2}\right), & x\neq 0\\ 0, & x=0\end{cases}$$

다음으로 2계미분계수 $f''(0)$을 구해보자.

$$f''(0)=\lim_{x\to 0}\frac{f'(x)}{x}=\lim_{x\to 0}\frac{2}{x^4}\exp\left(-\frac{1}{x^2}\right)=0$$

이 과정을 반복하면 모든 자연수 n에 대해 $f^{(n)}(0)=0$임을 귀납적으로 보일 수 있다. 따라서 함수 (4.32)의 테일러 급수는 영함수이다. 한편 $x\neq 0$일 때 $f(x)\neq 0$이므로, 테일러 급수는 원함수로 수렴하지 않는다.

점 $x=c$에서의 함수 $f(x)$의 테일러 급수가 그 중심의 작은 근방에서 항상 함숫값으로 수렴하면 '함수 f는 점 c에서 **해석적**analytic이다'라고 한다. 함수 f가 정의역의 모든 점에서 해석적이면 이 함수를 **해석함수**analytic function라 한다.

테일러 급수가 원함수로 수렴하면, 원함수를 테일러 급수로 치환하여 계산하는 것이 편리하다.

예제 4-18 테일러 급수를 이용한 극한 계산

다음 극한을 계산하라.

$$\lim_{x\to 0}\frac{\exp(x)-1-x-\frac{x^2}{2}}{x^3}$$

풀이

이 극한은 로피탈 정리로 계산할 수 있지만, 다음과 같이 지수함수를 테일러 급수로 치환하여 계산할 수도 있다.

$$\lim_{x\to 0}\frac{\frac{x^3}{3!}+\frac{x^4}{4!}+\cdots}{x^3}=\lim_{x\to 0}\left(\frac{1}{3!}+\frac{x}{4!}+\cdots\right)=\frac{1}{6}$$

해석함수의 테일러 급수는 유일하다. 이 성질을 이용하면 복잡한 함수의 테일러 급수를 쉽게 구할 수 있다.

예제 4-19 테일러 급수의 유일성의 응용

함수 $\exp(x^2)$의 $x=0$에서의 테일러 급수를 구하라.

풀이

함수 $\exp(x^2)$은 지수함수 $\exp(x)$의 x를 x^2으로 치환한 것이다. 따라서 지수함수 $\exp(t)$의 테일러 급수에 대한 식에 $t=x^2$을 대입하면 다음과 같이 테일러 급수를 구할 수 있다.

$$\exp(t)=1+t+\frac{t^2}{2}+\cdots=1+x^2+\frac{x^4}{2!}+\cdots=\sum_{n=0}^{\infty}\frac{x^{2n}}{n!}$$

SECTION

4.3 일변수함수의 미분의 활용

미분방정식은 말 그대로 미분에 관한 방정식이다. 예를 들어 다음은 함수 $y=f(x)$와 도함수 f', f''에 관한 미분방정식이다.

$$f''+f'+f=0 \tag{4.33}$$

여기서 f는 알려지지 않은 일변수함수이다. 모든 도함수는 편미분이 아닌 **상미분**ordinary differentiation으로서, 식 (4.33)을 **상미분방정식**ordinary differential equation이라고도 한다. 이 절에서는 상미분방정식의 예와 수치적 해법을 살펴본다.

상미분방정식

다음 식은 상미분방정식의 예이다.

$$v'=9.8-0.1v^2 \tag{4.34}$$

$v=v(t)$를 시간 t에서의 물체의 속력이라 하자. 이때 물체의 가속도는 $v'(t)$이다. 식 (4.34)는 자유낙하하는 질량 $1[\mathrm{kg}]$의 물체가 이동하는 속도 v에 관한 미분방정식이다. 여기서 $-0.1v^2$은 공기저항이고, 이는 물체의 현재 속력의 제곱에 비례하여 물체의 이동 방향과 반대 방향으로 작용한다. 다음은 미분방정식 (4.34)의 해이다.

$$v(t)=\frac{\sqrt{9.8}}{\sqrt{0.1}}\frac{\exp(2\sqrt{0.98}\,t)-1}{\exp(2\sqrt{0.98}\,t)+1} \tag{4.35}$$

이와 같이 1계도함수 $f'(x)$로만 이루어진 미분방정식을 **1계상미분방정식**first order ordinary differential equation이라 한다.

미분방정식의 목표는 미분방정식을 만족하는 함수, 다시 말해 미분방정식의 **해**solution를 구하는 것이다. 대부분 해는 **초깃값**initial value, 즉 $t=0$일 때의 함숫값 $v(0)$에 따라 유일하게 결정된다. 식 (4.35)는 초기조건 $v(0)=0$일 때의 미분방정식 (4.34)의 해이다. 다음 파이썬 코드로 구간 $[0, 5]$에서의 식 (4.35)의 그래프를 구현하면 [그림 4-20]과 같다.

```
f = lambda x:
np.sqrt(98)*(np.exp(2*np.sqrt(.98)*x)-1)/(np.exp(2*np.sqrt(.98)*
x)+1)
x = np.linspace(0, 5)
plt.plot(x, f(x))
```

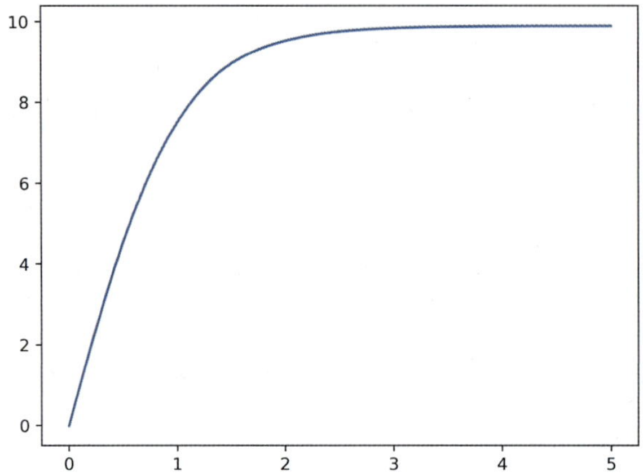

[그림 4-20] 미분방정식 (4.34)의 해의 그래프

2계미분방정식은 잘 알려진 물리적 현상을 모델링하는 데 자주 사용된다.

예제 4-20 용수철 운동의 모델링

[그림 4-21]과 같이 평평한 바닥에 놓인 물체가 용수철로 한쪽 벽에 달려있다고 하자. 시간 t에서 용수철이 기본 길이로부터 오른쪽 방향으로 늘어난 길이를 $x(t)$라 하자. 즉 $x(t) < 0$이면 용수철이 줄어든 것이다. 용수철 상수는 k[N/m]이고, 바닥과의 마찰력은 물체의 속도[m/s]에 비례하며 이때의 비례상수를 b[N · s/m]라 할 때, $x(t)$가 다음 미분방정식의 해임을 보여라.

$$mx'' + bx' + kx = 0 \tag{4.36}$$

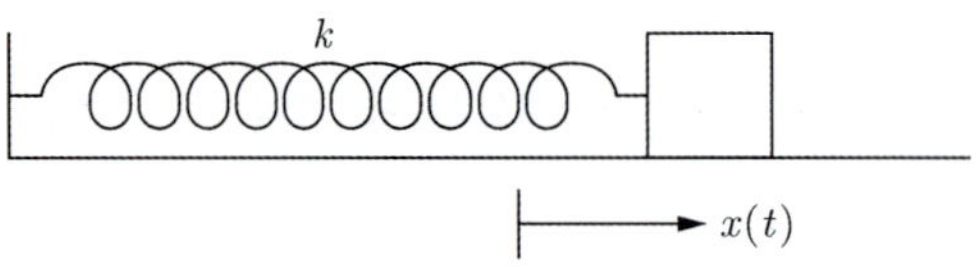

[그림 4-21] 용수철 운동의 시각화

풀이

용수철의 복원력 F_k의 크기는 $x(t)$의 크기에 비례한다. 용수철이 원래 길이보다 늘어났을 때, F_k는 왼쪽 방향으로 물체에 작용한다. 이때 $x(t)$는 양수이므로 F_k를 다음과 같이 나타

낼 수 있다.

$$F_k = -kx(t) \tag{4.37}$$

한편, 용수철이 원래 길이보다 줄어들었을 때, 복원력 F_k는 오른쪽 방향으로 물체에 작용하고 이는 식 (4.37)과 동일하게 표현된다.

물체에 작용하는 마찰력 F_f는 물체의 이동 속도 $x'(t)$의 반대 방향으로 작용한다. 따라서 F_f는 다음과 같다.

$$F_f = -bx'(t)$$

물체에 작용하는 힘은 복원력과 마찰력뿐이다. 뉴턴의 제2법칙에 의해 물체에 작용하는 총 힘 F는 물체의 가속도 $x''(t)$에 비례하며 다음과 같이 기술된다.

$$F = mx''(t) = -kx(t) - bx'(t)$$

위 식을 정리하면 식 (4.36)을 얻는다.

파이썬 코드를 이용해 용수철 운동을 시각적으로 표현해보자. 먼저 용수철을 그리기 위해서는 몇 가지 상수가 필요하다. 용수철 코일이 감긴 횟수를 n_{coil}, 코일의 반지름을 r_{coil}, 그리고 용수철의 양 끝에 돌출된 길이를 l_{tip}이라 하자. 이들의 값을 다음과 같이 지정한다.

```
# 용수철을 그리기 위해 필요한 상수
coil_num = 10
coil_radius = 0.5
coil_tip = .5
```

다음으로 필요한 것은 용수철의 시작점과 끝점의 위치이다. 이 점들을 각각 P, Q라 하고, 이 점들의 좌표를 입력받아 용수철을 그리는 함수를 구현하자. 그리고 [그림 4-22]와 같이 용수철의 방향을 가리키는 단위벡터 $\boldsymbol{v}$를 다음과 같이 정의하자.

$$\boldsymbol{v} = \frac{\overrightarrow{PQ}}{\|\overrightarrow{PQ}\|}$$

벡터 $\boldsymbol{v}$의 성분을 $\boldsymbol{v} = \langle v_1, v_2 \rangle$라 할 때, [그림 4-22]와 같이 $\boldsymbol{v}$와 수직인 단위벡터 $\boldsymbol{v}^{\perp}$을 다음과 같이 정의하자.

$$\boldsymbol{v}^{\perp} = \langle -v_2, v_1 \rangle$$

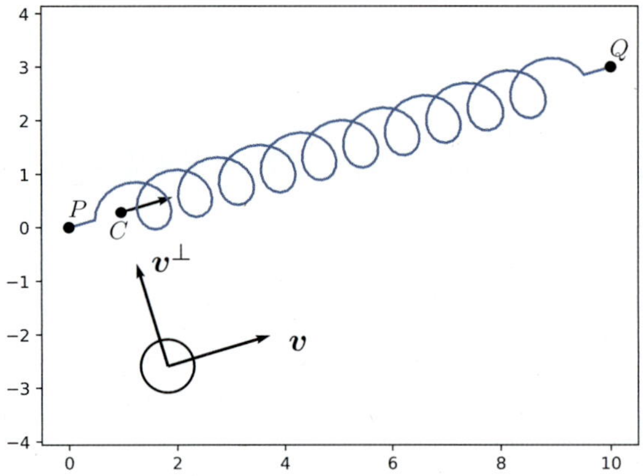

[그림 4-22] 용수철의 방향 v와 수직방향 $v^\perp$ 의 시각화

점 P를 $(l_{\text{tip}}+r_{\text{coil}})\boldsymbol{v}$만큼 이동한 점을 C라 하고, 이 점을 반지름 r_{coil}인 원의 중심이라 가정하자. 점 X가 원주를 일정한 속도로 움직임과 동시에, 중심 C가 $\boldsymbol{v}$의 방향으로 움직인다고 하자. 이때 점 X의 자취는 [그림 4-22]의 코일과 같고, 점 X의 좌표는 다음과 같다.

$$\overrightarrow{OX} = \overrightarrow{OP} + \overrightarrow{PX} = \overrightarrow{OP} + (\overrightarrow{PC} + \overrightarrow{CX})$$

여기서 $\overrightarrow{PC}$와 $\overrightarrow{CX}$를 구간 $[0,\ 1]$의 시간 t에 대한 식으로 표현해보자. 용수철의 총 길이를 $L = \|\overrightarrow{PQ}\|$라 하면 중심 C가 이동한 총 거리는 $L-2(l_{\text{tip}}+r_{\text{coil}})$이다. 따라서 시간 t에서 위치벡터 $\overrightarrow{PC}$는 다음과 같다.

$$\overrightarrow{PC} = (l_{\text{tip}}+r_{\text{coil}})\cdot\boldsymbol{v} + (L-2(l_{\text{tip}}+r_{\text{coil}}))t\cdot\boldsymbol{v},\ \ t\in[0,\ 1]$$

다음으로 시간 t에 따른 벡터 $\overrightarrow{CX}$의 좌표를 구해보자. 벡터 $\boldsymbol{v}$, $\boldsymbol{v}^\perp$을 각각 양의 x, y축 방향으로 간주하면, 점 X는 중심 C에서 반시계방향으로 측정한 각도 π로부터 시계방향으로 n_{coil}바퀴 반을 감는다. 따라서 위치벡터 $\overrightarrow{CX}$는 다음과 같다.

$$\overrightarrow{CP} = \cos(\pi-\pi(2n_{\text{coil}}+1)t)\cdot\boldsymbol{v} + \sin(\pi-\pi(2n_{\text{coil}}+1)t)\cdot\boldsymbol{v}^\perp$$

지금까지 살펴본 과정을 다음 파이썬 코드로 구현해보자.

```
# 주어진 시작점과 끝점을 잇는 코일의 모양을 배열로 반환
def coil(p, q: np.array) -> list[np.array, np.array]:
    v = q - p
    l = np.sqrt(v.dot(v))
    v = v / l
    vp = np.array([-v[1], v[0]])
```

```
    t = np.linspace(0, 1, 201)
    cp = coil_radius * v[:, np.newaxis] * np.cos(np.pi - 
np.pi*(2*coil_num+1)*t) + \
         coil_radius * vp[:, np.newaxis] * np.sin(np.pi - 
np.pi*(2*coil_num+1)*t)
    ll = l - 2*coil_tip - 2*coil_radius
    if ll < 0:
        ll = 0
    t = np.linspace(0, ll, 201)
    oc = p[:, None] + (coil_tip + coil_radius) * v[:, None] + 
t*v[:, None]

    return np.hstack((p[:, np.newaxis], oc+cp, q[:, 
np.newaxis]))
```

미분방정식으로 모델링할 수 있는 또 다른 예로 진자 운동이 있다.

예제 4-21 진자 운동의 모델링

[그림 4-23]과 같이 천장에 매달린 진자의 운동은 천장과 진자를 연결하는 현의 길이 l[m]와 시간 t[sec]에서의 각 $\theta(t)$ [rad]에 대한 미분방정식으로 다음과 같이 모델링된다. 힘의 방향에 대한 물리적 가설을 이용해 이 식을 유도하라(단, 마찰력은 없다고 가정한다).

$$\theta'' + \frac{9.8}{l}\sin(\theta) = 0$$

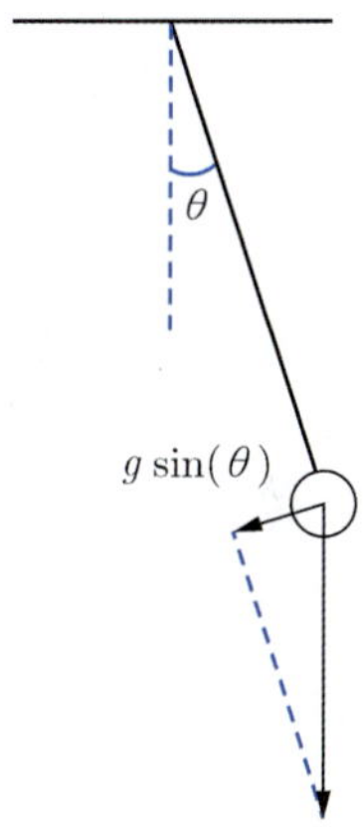

[그림 4-23] 진자 운동의 시각화

풀이

[그림 4-23]과 같이 물체의 위치가 수직축의 오른쪽에 있을 때의 각 θ 값을 양수라 가정하자(만약 물체가 수직축의 왼쪽에 있으면 $\theta < 0$이라 가정한다). 물체의 질량을 m이라 할 때, 중력에 의해 물체는 진자 운동의 방향으로 $mg\sin(\theta)$만큼의 힘을 받는다. 이 힘은 물체에 작용하는 유일한 힘이고, 그 방향은 각도의 변위와 반대이다. 즉 힘의 방향은 $\theta > 0$이면 왼쪽, $\theta < 0$이면 오른쪽이다. 물체의 가속도는 각가속도 θ''에 진자의 길이 l을 곱한 것과 같다. 따라서 뉴턴의 제2법칙에 의해 다음 등식이 성립한다.

$$mg\sin(\theta) = -ml\theta''$$

$g = 9.8[\text{Ns/m}^2]$이므로 위 식을 정리하면 문제에 주어진 식이 유도된다.

상미분방정식의 수치적 해법

여기서는 미분방정식의 해를 수치적으로 구하는 방법을 살펴본다. 첫 번째로 살펴볼 방법은 **오일러 방법**Euler's method이다. 이는 다음과 같은 형태의 미분방정식의 초깃값이 주어질 때, 그 해를 수치적으로 근사하는 방법이다.

$$y' = F(x, y), \quad y(x_0) = y_0 \tag{4.38}$$

오일러 방법의 핵심은 미분방정식 (4.38)의 우변이 점 (x, y)에서의 함수 $y(x)$의 미분계수, 즉 그래프의 기울기를 가리킨다고 간주하는 것이다. 예를 들어 x_0보다 큰 b에서의 해의 값을 근사해보자. 먼저 구간 $[x_0, b]$를 총 N개의 구간으로 균등분할하고, 각 구간의 길이를 $\Delta x = \dfrac{b - x_0}{N}$라 하자. 이때 각 구간의 경계점은 $x_0, x_1, \cdots, x_N$이라 한다.

$$x_0 < x_1 < \cdots < x_N = b$$

미분방정식 (4.38)에 의해 점 x_0에서 해의 변화율 $y'(x_0)$는 $F(x_0, y_0)$이다. 이는 x_0로부터 Δx만큼 이동하면 함숫값이 대략 $F(x_0, y_0)\Delta x$만큼 증가함을 의미한다. 따라서 점 x_1에서의 해의 값 $y(x_1)$은 다음과 같이 근사된다.

$$y(x_1) \approx y_0 + F(x_0, y_0)\Delta x \tag{4.39}$$

이 근삿값을 y_1이라 하자.

$$y_1 = y_0 + F(x_0, y_0)\Delta x$$

다음으로 두 번째 경계점 x_2에서의 해의 값 $y(x_2)$를 근사해보자. 점 (x_1, y_1)에서의 해의 변화율 $y'(x_2)$는 $F(x_1, y_1)$이다. 따라서 y_2는 다음과 같이 근사된다.

$$y(x_2) \approx y(x_1) + F(x_1, y(x_1))\Delta x \tag{4.40}$$

여기서 문제는 $y(x_1)$의 값을 정확히 알 수 없다는 것이다. 따라서 식 (4.39)에서 구한 근삿값 y_1을 대입하여 $y(x_2)$를 근사한다. 이 값을 y_2라 하자.

$$y_2 = y_1 + F(x_1, y_1)\Delta x$$

이를 순차적으로 계산하면 마지막 경계점인 $x_N = b$에서의 해의 값 $y(b)$를 다음과 같이 근사할 수 있다.

$$y(x_N) \approx y_N = y_{N-1} + F(x_{N-1}, y_{N-1})\Delta x$$

앞의 결과를 정리하면 다음과 같다.

$$\begin{aligned} y_1 &= y_0 + F(x_0, y_0)\Delta x_0 \\ y_2 &= y_1 + F(x_1, y_1)\Delta x_1 \\ &\vdots \\ y_N &= y_{N-1} + F(x_{N-1}, y_{N-1})\Delta x_{N-1} \end{aligned} \tag{4.41}$$

위 과정을 통해 구간 $[x_0, b]$의 끝점 b에서의 미분방정식의 해의 값을 근사할 뿐 아니라, 중간점에서의 해의 값을 근사할 수 있다. 즉 구간에서의 해의 그래프는 다음과 같은 일련의 좌표점을 잇는 선분의 집합으로 근사된다.

$$(x_0, y_0),\ (x_1, y_1),\ \cdots,\ (x_N, y_N)$$

위와 같은 오일러 방법을 다음 파이썬 코드로 구현해보자.

```
# 오일러 방법 구현
def euler(f, x, y0):
    y = np.empty((len(y0), len(x)))
    y[:, 0] = y0
    for i in range(1, len(x)):
        y[:, i] = y[:, i-1] + f(x[i-1], y[:, i-1])*(x[i]-x[i-1])
    return y
```

예제 4-22 오일러 방법의 활용

오일러 방법을 이용해 다음 미분방정식의 해의 그래프를 구간 [0, 1] 위에서 근사적으로 나타내라. 단, 분할의 개수는 $N=5$이다.

$$y' = 9.8 - 0.1y^2,\ \ y(0) = 0 \tag{4.42}$$

풀이

구간 [0, 1]을 분할하는 경계점은 $x_i = \frac{i}{5}(i = 0, 1, \cdots, 5)$이다. 식 (4.41)에 따라 좌표점 (x_i, y_i)를 구하면 [표 4-3]과 같다.

[표 4-3] 오일러 방법을 이용한 해의 근사

i	x_i	y_i	$F(x_i, y_i)$
0	0	0	9.800
1	0.2	1.960	5.958
2	0.4	3.152	−0.133
3	0.6	3.125	0.034
4	0.8	3.132	−0.009
5	1.0	3.130	해당 없음

다음 파이썬 코드로 이렇게 얻은 점 (x_i, y_i)를 선분으로 이은 그래프를 구현하면 [그림 4-24]와 같다.

```
# 오일러 방법을 이용해 해의 그래프 그리기
x =np.linspace(0, 1, 6)
f =lambda x, y: np.array([9.8 -0.1*y**2])
y =euler(f, x, np.array([0]))
plt.plot(x, y[0], 'ko--')
```

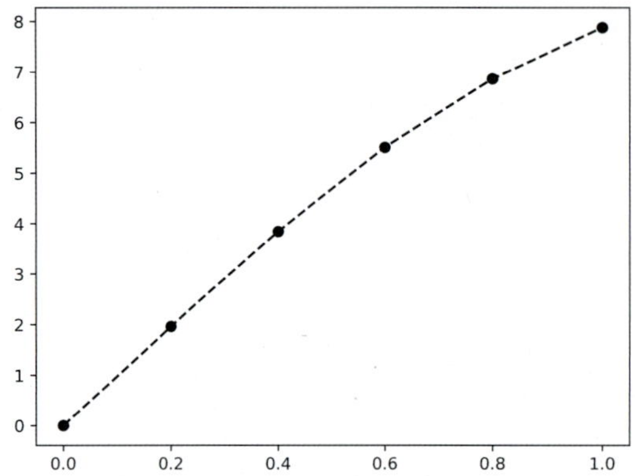

[그림 4-24] $N=5$일 때의 오일러 방법

참고로 식 (4.42)를 만족하는 실제 해의 공식은 다음과 같다.

$$v(t)=\frac{\exp(2\sqrt{0.98}\,t)-1}{\exp(2\sqrt{0.98}\,t)+1}$$

[그림 4-25]는 실제 해의 그래프(파란색 실선)를 나타낸 것이다.

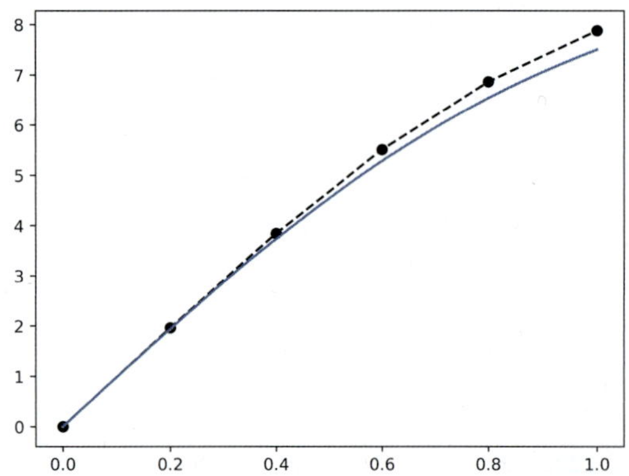

[그림 4-25] 실제 해와 오일러 방법으로 구한 근삿값의 비교

[그림 4-25]를 통해 오일러 방법으로 구한 해의 그래프는 실제 해의 그래프와 거의 일치하지만 오차가 여전히 존재하며, 오차의 크기는 초기점에서 멀어질수록 커짐을 확인할 수 있다. 이는 오일러 방법을 이용해 각 분할점에서의 함숫값 y_i를 근사할 때마다 실제값과의 오차가 누적되기 때문이다.

오일러 방법은 2계미분방정식의 해를 구할 때도 이용할 수 있다. 예를 들어 초깃값이 주어진 다음 미분방정식을 살펴보자.

$$y'' + y' + y = 0, \quad y(0) = 1, \quad y'(0) = 0 \tag{4.43}$$

오일러 방법을 이용해 $x = 1$에서의 미분방정식 (4.43)의 해를 수치적으로 근사해보자. 이를 위해 먼저 2계미분방정식 (4.43)을 식 (4.38)과 같은 형태로 기술해야 한다. 원함수 y와 도함수 y'을 각각 서로 다른 함수 $y^{(0)}$, $y^{(1)}$로 표기하고, 이들을 성분으로 가지는 벡터 $\boldsymbol{y}$를 다음과 같이 정의해보자.

$$\vec{\boldsymbol{y}} = \begin{bmatrix} y^{(0)} \\ y^{(1)} \end{bmatrix}$$

이때 미분방정식 (4.43)은 다음과 같이 표현된다.

$$\vec{\boldsymbol{y}}\,' = \begin{bmatrix} y^{(1)} \\ -y^{(0)} - y^{(1)} \end{bmatrix}, \quad \boldsymbol{y}(0) = \begin{bmatrix} 1 \\ 0 \end{bmatrix} \tag{4.44}$$

여기서 $\vec{\boldsymbol{y}}\,'$은 $\vec{\boldsymbol{y}}$의 각 성분을 미분한 것이다. 식 (4.44)의 우변은 x, $\vec{\boldsymbol{y}}$에 관한 함수 $\vec{\boldsymbol{F}}(x, \vec{\boldsymbol{y}})$이다.

$$\vec{\boldsymbol{y}'} = \vec{\boldsymbol{F}}(x, \vec{\boldsymbol{y}}), \quad \vec{\boldsymbol{y}}(x_0) = \vec{\boldsymbol{y}_0} \tag{4.45}$$

미분방정식 (4.43)의 해를 근사하는 데 오일러 방법이 어떻게 사용되는지 살펴보자. 먼저 구간 $[0, b]$를 N개의 구간으로 균등분할하고 각 구간의 경계점을 순서대로 x_0, x_1, $\cdots$, x_N이라 하자. 이때 각 구간의 길이는 $\varDelta x = \dfrac{1}{n}$이다. 각 점 $x_i\,(i = 1, \cdots, N)$에서의 두 함수 $y^{(0)}$과 $y^{(1)}$의 근삿값을 각각 $y_i^{(0)}$, $y_i^{(1)}$이라 하면, 이들은 다음과 같은 일련의 과정을 통해 순차적으로 구할 수 있다.

$$\begin{aligned}
&\begin{bmatrix} y_1^{(0)} \\ y_1^{(1)} \end{bmatrix} = \begin{bmatrix} y_0^{(0)} \\ y_0^{(1)} \end{bmatrix} + \begin{bmatrix} y_0^{(1)} \\ -y_0^{(0)} - y_0^{(1)} \end{bmatrix} \varDelta x \\
&\begin{bmatrix} y_2^{(0)} \\ y_2^{(1)} \end{bmatrix} = \begin{bmatrix} y_1^{(0)} \\ y_1^{(1)} \end{bmatrix} + \begin{bmatrix} y_1^{(1)} \\ -y_1^{(0)} - y_1^{(1)} \end{bmatrix} \varDelta x \\
&\vdots \\
&\begin{bmatrix} y_N^{(0)} \\ y_N^{(1)} \end{bmatrix} = \begin{bmatrix} y_{N-1}^{(0)} \\ y_{N-1}^{(1)} \end{bmatrix} + \begin{bmatrix} y_{N-1}^{(1)} \\ -y_{N-1}^{(0)} - y_{N-1}^{(1)} \end{bmatrix} \varDelta x
\end{aligned} \tag{4.46}$$

예를 들어 벡터 $\overrightarrow{\boldsymbol{y}_0}$의 성분은 $\overrightarrow{\boldsymbol{y}_0}=\begin{bmatrix}1\\0\end{bmatrix}$이다. 식 (4.44)에 따라 $x_0=0$에서의 변화율은 각각 0, -1이다. 이를 다음과 같이 표현하자.

$$\overrightarrow{\boldsymbol{F}}(x_0,\ \overrightarrow{\boldsymbol{y}_0})=\begin{bmatrix}0\\-1\end{bmatrix}$$

따라서 식 (4.46)의 첫 번째 식은 다음과 같이 기술된다.

$$\begin{bmatrix}y_1^{(0)}\\y_1^{(1)}\end{bmatrix}=\begin{bmatrix}y_0^{(0)}\\y_0^{(1)}\end{bmatrix}+\overrightarrow{\boldsymbol{F}}(x_0,\ \overrightarrow{\boldsymbol{y}_0})\Delta x$$

이후의 과정은 같은 방식으로 전개된다. 오일러 방법이 종료되면 다음과 같은 두 좌표점 집합을 얻는다.

$$\begin{gathered}(x_0,\ y_0^{(0)}),\ (x_1,\ y_1^{(0)}),\ \cdots,\ (x_N,\ y_N^{(0)})\\(x_0,\ y_0^{(1)}),\ (x_1,\ y_1^{(1)}),\ \cdots,\ (x_N,\ y_N^{(1)})\end{gathered}$$

이 좌표점들을 순서대로 이으면 각각 구간 $[0,\ b]$에서의 함수 $y^{(0)}$, $y^{(1)}$의 그래프를 근사할 수 있다.

미분방정식 (4.43)의 실제 해는 다음과 같다.

$$y=\exp\left(-\frac{x}{2}\right)\cos\left(\frac{\sqrt{3}}{2}x\right)+\frac{1}{\sqrt{3}}\exp\left(-\frac{x}{2}\right)\sin\left(\frac{\sqrt{3}}{2}x\right)\tag{4.47}$$

구간 $[0,\ 5]$를 $N=9$개의 구간으로 분할하여 오일러 방법으로 해를 근사하는 그래프(검은색 점선)와 실제 해 (4.47)의 그래프(파란색 실선)를 파이썬 코드로 구현하면 [그림 4-26]과 같다.

```
# 2계미분방정식의 수치적 해 구하기
x = np.linspace(0, 5, 10)
f = lambda x, y: np.array([y[1], -y[0]-y[1]])
y = euler(f, x, np.array([1, 0]))
plt.plot(x, y[0], 'ko--')
x = np.linspace(0, 5)
y = np.exp(-x/2)*(np.cos(np.sqrt(3)/2*x) +
np.sin(np.sqrt(3)/2*x)/np.sqrt(3))
plt.plot(x, y)
```

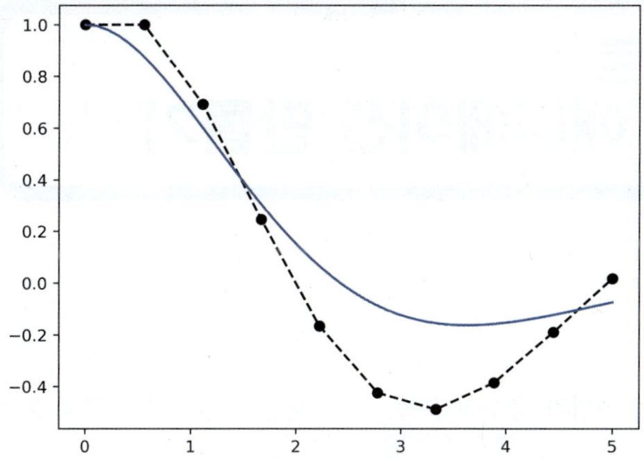

[그림 4-26] 2계미분방정식의 실제 해와 오일러 방법으로 구한 근삿값 비교

SECTION 4.4 프로젝트 : 용수철 애니메이션 만들기

지금까지 살펴본 미분방정식의 수치적 해법과 용수철 운동, 진자 운동이 결합된 물체의 운동을 시뮬레이션해보자.

❶ 천장에 고정된 용수철의 한쪽 끝에 질량이 m인 물체가 매달려 있다.

❷ 용수철은 좌우로 진자 운동한다.

❸ 용수철 운동과 진자 운동의 마찰력은 존재하지 않는다.

❹ 물체의 질량은 $m = 1\,[\mathrm{kg}]$, 용수철 상수는 $k = 1\,[\mathrm{N/m}]$, 용수철의 자연 길이는 $l_0 = 10\,[\mathrm{m}]$이다.

❺ 운동 초기($t = 0$)에 진자의 각도는 $\theta(0) = 1$이고 각속도는 $\theta'(0) = 0$이다. 또한 용수철의 길이는 $l(0) = 11$이고, 용수철이 늘어나는 속도는 $l'(0) = 0$이다.

이 절에서 생성할 결과는 움직이는 그림(gif)으로 출력한다. 파이썬으로 gif 파일을 생성하기 위해서는 다음과 같이 `ImageMagic` 프로그램을 설치해야 한다.

```
!pip install ImageMagic
```

시간 t에 따른 용수철의 끝점 $(x(t), y(t))$의 좌표는 진자 운동의 각도 $\theta(t)$와 용수철의 길이 $l(t)$에 의해 다음과 같이 결정된다.

$$x(t) = l(t)\sin(\theta(t))$$
$$y(t) = -l(t)\cos(\theta(t))$$

따라서 $l(t)$와 $\theta(t)$에 대한 미분방정식을 세우고 그 해를 구하면 함수 $x(t)$, $y(t)$를 구할 수 있다. 먼저 진자 운동의 미분방정식은 다음과 같다. 여기서 m은 물체의 질량이고, g는 중력가속도이다.

$$l(t)\theta''(t) = -mg\sin(\theta(t)) \tag{4.48}$$

용수철 운동의 미분방정식은 다음과 같다. 여기서 k는 용수철 상수이고, l_0는 용수철의 기본 길이이다.

$$ml''(t) = -k(l(t) - l_0) \tag{4.49}$$

식 (4.48)과 (4.49)는 하나의 연립미분방정식이다. 오일러 방법을 사용하기 위해 $\boldsymbol{y}$를 다음과 같이 정의하자.

$$\boldsymbol{y} = \begin{bmatrix} y^{(0)} \\ y^{(1)} \\ y^{(2)} \\ y^{(3)} \end{bmatrix} = \begin{bmatrix} \theta(t) \\ \theta'(t) \\ l(t) \\ l'(t) \end{bmatrix}$$

이때 식 (4.48)과 (4.49)는 다음과 같이 기술된다.

$$\boldsymbol{y}' = \begin{bmatrix} y^{(1)} \\ -mg\sin(y^{(0)})/y^{(2)} \\ y^{(3)} \\ g\cos(y^{(0)}) - (k/m)(y^{(2)} - l_0) \end{bmatrix}$$

다음 파이썬 코드로 구간 $[0, 10]$에서 $\theta(t)$와 $l(t)$의 그래프를 구현하면 [그림 4-27]과 같다.

```
# 오일러 방법을 이용한 1계연립미분방정식의 해법
m, k, l0 = 1, 4, 10
f = lambda x, y: np.array([y[1],
                           -m*9.8*np.sin(y[0])/y[2],
                           y[3],
                           9.8*np.cos(y[0])-(k/m)*(y[2]-l0)])
x = np.linspace(0, 10, 1000)
y = euler(f, x, np.array([.5, 0, 11, 0]))
plt.plot(x, y[0], 'k')
plt.plot(x, y[2])
```

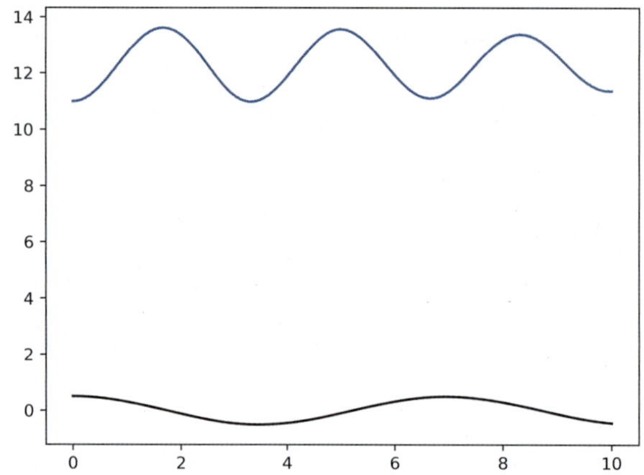

[그림 4-27] 연립미분방정식의 수치적 해법

다음 파이썬 코드를 구현하면 용수철 진자의 움직임을 gif 파일로 출력할 수 있다. [코드 4-1]을 통해 결과를 확인해보자.

[코드 4-1]

```
# 용수철 진자의 움직임 시뮬레이션
fig, ax = plt.subplots()
ax.set_xlim(-6, 6)
ax.set_ylim(-15, 1)
ax.set_aspect('equal')
spring, = ax.plot([], [], 'k')

def update(i):
    start = np.array([0, 0])
    # 시뮬레이션을 10배 빠르게 진행시키기 위해 1*10을 사용
    end = np.array([y[2][i*10]*np.sin(y[0][i*10]),
-y[2][i]*np.cos(y[0][i*10])])
    spring.set_data(*coil(start, end))
    return spring,

import matplotlib.animation as ani
# 애니메이션의 총 프레임 수는 frames=100으로 설정
a = ani.FuncAnimation(fig, update, frames=100, interval=100)
a.save('4-1.gif', writer='imagemagick')
```

CHAPTER

04 핵심요약

■ 변화율

• 평균변화율과 미분계수

❶ 구간 $[a, b]$에서의 함수 $f(x)$의 **평균변화율** $\dfrac{f(b)-f(a)}{b-a}$는 구간 내의 한 점 x가 단위크기만큼 변할 때의 함숫값 $f(x)$의 대략적인 변화량이다.

❷ 다음 극한을 $x=c$에서의 함수 $f(x)$의 **미분계수**라 한다.

$$f'(c)=\lim_{x\to c}\frac{f(x)-f(c)}{x-c}$$

• 좋은 선형근사식

미분계수 $f'(c)$가 존재할 때, 다음을 $x=c$에서의 **좋은 선형근사식**이라 한다.

$$L(x)=f(c)+f'(c)(x-c)$$

• 도함수

점 x에서의 미분계수 $f'(x)$를 함숫값으로 갖는 함수를 $f(x)$의 **도함수**라 한다.

• 연쇄법칙

두 함수 $y=g(x)$가 $x=c$에서 미분가능하고 $z=f(y)$가 $y=d=g(c)$에서 미분가능하면 합성함수 $(f\circ g)(x)$의 $x=c$에서의 미분계수는 다음과 같다.

$$(f\circ g)'(c)=f'(g(c))\cdot g'(c)=f'(d)\cdot g'(c)$$

• 역함수의 미분

전단사함수 $y=f(x)$가 $x=c$에서 미분가능하고 $f'(x)\neq 0$일 때, 역함수 $x=f^{-1}(y)$의 $y=d=f(c)$에서의 미분계수는 다음과 같다.

$$(f^{-1})'(d)=\frac{1}{f'(f^{-1}(d))}$$

미분에 관한 정리

• 페르마 정리

$x=c$가 미분가능한 함수 $f(x)$의 극점이면 $f'(c)=0$이다.

• 로피탈 정리 I

미분가능한 두 함수 $f(x)$, $g(x)$에 대해 $\lim_{x\to c} f(x) = \lim_{x\to c} g(x) = 0$이고 $\lim_{x\to c}\frac{f'(x)}{g'(x)}$가 존재하면 다음이 성립한다.

$$\lim_{x\to c}\frac{f(x)}{g(x)} = \lim_{x\to c}\frac{f'(x)}{g'(x)}$$

• 테일러 다항식과 테일러 급수

n계미분계수 $f^{(n)}(c)$가 존재할 때, 다음을 n차 **테일러 다항식**이라 한다.

$$p_n(x) = f(c) + f'(c)(x-c) + \frac{f''(c)}{2}(x-c)^2 + \frac{f^{(3)}(c)}{3!}(x-c)^3 + \cdots + \frac{f^{(n)}(c)}{n!}(x-c)^n$$

모든 자연수 n에 대해 n계미분계수 $f^{(n)}(c)$가 존재할 때, 다음을 **테일러 급수**라 한다.

$$f(c) + f'(c)(x-c) + \frac{f''(c)}{2}(x-c)^2 + \cdots = \sum_{n=0}^{\infty}\frac{f^{(n)}(c)}{n!}(x-c)^n$$

일변수함수의 미분의 활용

• 상미분방정식과 해

함수와 그것의 도함수로 이루어진 방정식을 **미분방정식**이라 하고, 미분방정식을 만족하는 함수를 **미분방정식의 해**라 한다. 주어진 구간 $[a, b]$에서 해를 구하는 경우, 시작점 a에서의 해의 값을 **초깃값**이라 한다.

• 오일러 방법

초깃값 $y(x_0) = y_0$가 주어진 $y' = F(x, y)$ 형태의 미분방정식의 해를 근사적으로 구하는 방법을 **오일러 방법**이라 한다. 해의 정의역 구간 $[x_0, b]$를 N개의 구간으로 균등분할하고, 각 점 $x_i = x_0 + \Delta x \cdot i$에서의 해의 값을 다음과 같이 정의된 y_i로 근사한다($\Delta x = (b - x_0)/N$이다).

$$\begin{aligned} y_1 &= y_0 + F(x_0, y_0)\Delta x \\ y_2 &= y_1 + F(x_1, y_1)\Delta x \\ &\vdots \\ y_N &= y_{N-1} + F(x_{N-1}, y_{N-1})\Delta x \end{aligned}$$

CHAPTER

04 연습문제

SECTION 4.1

1. 다음 각 상황에서 미분계수의 의미를 문장으로 기술하라.

(a) 직선 경로를 움직이는 자전거가 출발한 지 t분 후 시작점으로부터 떨어진 위치[m]를 $s(t)$라 할 때, $s'(3)=42$의 의미

(b) 어떤 방의 온도[℃]가 시간 t시에 $T(t)$일 때, $T'(3)=-5$의 의미

(c) 풍선에 바람을 넣기 시작한 지 t초 후의 풍선의 부피[cm^3]가 $V(t)$일 때, $V'(2)=12$의 의미

(d) 자유낙하하는 물체의 t초 후의 높이[m]를 $h(t)$라 할 때, $h'(2)=-19$의 의미

(e) 약을 복용하고 난 뒤 t시간 후에 혈관에 남아있는 약물의 농도[μg/ml]를 $C(t)$라 할 때, $C'(1.5)=-2.7$의 의미

(f) 유조선으로부터 기름이 유출되고 있는 상황에서 t시간 후 기름이 덮은 바다의 면적[ha]을 $A(t)$라 할 때, $A'(10)=1.25$의 의미

2. 주어진 점에서의 함수의 미분가능 여부를 판별하라. 만약 미분가능하면 미분계수를 구하고, 미분불가능하면 그 이유를 설명하라.

(a) 함수 $f(x)=\sqrt{x^2-4}$와 점 $x=2$

(b) 함수 $f(x)=\begin{cases}\sin\left(\frac{1}{x}\right), & x\neq 0\\ 0, & x=0\end{cases}$과 점 $x=0$

(c) 함수 $f(x)=\exp(|x|)$와 점 $x=0$

(d) 함수 $f(x)=\max\{x, 1-x\}$와 점 $x=\frac{1}{2}$

(e) 함수 $f(x)=|x^2-1|$과 점 $x=1$

(f) 함수 $f(x)=\begin{cases}x^3, & x>1\\ 3x-2, & x\leq 1\end{cases}$과 점 $x=1$

3. 다음 함수의 도함수의 식과 도함수가 가질 수 있는 정의역의 최대 구간을 구하라.

(a) $f(x)=\dfrac{x^2+3x+5}{\sqrt{x^2+1}}$

(b) $f(x)=\log(x^2+1)\exp(2x)$

(c) $f(x)=\sin(x)\cos(x^2+1)$

(d) $f(x)=(x^2+1)\sin(x)+\tan^{-1}(x)$

(e) $f(x)=\exp(x^2)\cos(\log(x))$

(f) $f(x)=\dfrac{\log(x)+x^2}{x+\sqrt{x}}$

4. **심화** 다음은 함수 $f(x)$의 n계미분계수 $f^{(n)}(0)$이 항상 0임을 보이는 과정이다. 각 물음에 답하라.

$$f(x)=\begin{cases}\exp\left(-\dfrac{1}{x^2}\right), & x\neq 0\\ 0, & x=0\end{cases}$$

(a) $x\neq 0$일 때 $f^{(n)}(x)$는 항상 다음과 같은 형태의 항의 선형결합임을 보여라.

$$\frac{1}{x^m}\exp\left(-\frac{1}{x^2}\right) \qquad (*)$$

(b) 임의의 자연수 m에 대해 $x\to 0$일 때, 식 (*)의 극한이 항상 0임을 보여라.

(c) (a)와 (b)를 이용해 모든 자연수 n에 대해 $f^{(n)}(x)$가 $x=0$에서 연속임을 보여라.

SECTION 4.2

5. 주어진 구간에서의 함수의 평균변화율을 구하고, 순간변화율 $f'(c)$가 평균변화율과 같아지는 구간 내의 점 c를 구하라(c 값을 정확히 찾기 어려우면 뉴턴법을 이용해 근삿값을 구하라).

(a) 구간 $[-1, 2]$에서의 함수 $f(x)=2x^2+3x$

(b) 구간 $[0, 2]$에서의 함수 $f(x)=x^3-3x^2+2x$

(c) 구간 $[1, 3]$에서의 함수 $f(x)=\dfrac{1}{x^2}$

(d) 구간 $[1, 2]$에서의 함수 $f(x)=\log(x^3+1)$

6. 로피탈 정리를 이용해 다음 극한을 계산하라.

(a) $\displaystyle\lim_{x\to 0}\frac{\tan(x)}{x}$

(b) $\displaystyle\lim_{x\to 0}\frac{\sqrt{1+x}-1}{x}$

(c) $\displaystyle\lim_{x\to 0}\frac{\sin(x)-x}{x^3}$

(d) $\displaystyle\lim_{x\to 0^+}\frac{\exp(-x)-1+x}{x^2}$

(e) $\displaystyle\lim_{x\to\infty}\frac{\log(x)}{\sqrt{x}}$

(f) $\displaystyle\lim_{x\to 1}\frac{x^x-x}{x-1}$

(g) $\displaystyle\lim_{x\to 0}\frac{\tan^{-1}(x)}{x}$

(h) $\displaystyle\lim_{x\to 0}\frac{\sin(2x)-2\sin(x)}{x^3}$

(i) $\displaystyle\lim_{x\to 0}\frac{\log(x^2+1)}{x}$

(j) $\displaystyle\lim_{x\to 0}\frac{x-\tan(x)}{x^3}$

(k) $\displaystyle\lim_{x\to\infty}\frac{\exp(x)-x^n}{\exp(x)+x^n}$

(l) $\displaystyle\lim_{x\to 0}\frac{\exp(2x)-\exp(x)}{x}$

7. 주어진 함수의 테일러 급수를 구하라. 일반항을 구할 수 있는 경우 $\sum_{n=0}^{\infty} a_n(x-c)^n$의 꼴로 구하고, 그렇지 않은 경우에는 0이 아닌 최초 4개의 항까지 구하라.

(a) $x=0$에서의 함수 $f(x)=\log(x^2+1)$의 테일러 급수

(b) $x=0$에서의 함수 $f(x)=\sin(x^3)$의 테일러 급수

(c) $x=0$에서의 함수 $f(x)=\sqrt{x+1}$의 테일러 급수

(d) $x=0$에서의 함수 $f(x)=\dfrac{1}{x^2+1}$의 테일러 급수

(e) $x=0$에서의 함수 $\tan^{-1}(x)$의 테일러 급수

힌트 (c) $\sqrt{x+1}=(x+1)^{1/2}$을 이용한다.

8. 심화 테일러 급수가 유일하다는 사실을 이용하면 종종 테일러 급수를 쉽게 구할 수 있다. 예를 들어 점 $x=0$에서 $\exp(x^2)$의 테일러 급수를 구해보자. $t=x^2$이라 하고 다음과 같이 이 식을 $\exp(t)$의 테일러 급수에 대입하자.

$$\begin{aligned}\exp(x^2)=\exp(t)&=1+t+\frac{t^2}{2!}+\frac{t^3}{3!}+\cdots\\&=1+x^2+\frac{x^4}{2!}+\frac{x^6}{3!}+\cdots\end{aligned}$$

이와 같은 방식으로 주어진 각 점에서 다음 함수의 테일러 급수를 구하라.

(a) $x=0$에서의 $y=\dfrac{1}{1-x^2}$의 테일러 급수

(b) $x=0$에서의 $y=\cos^2(x)$의 테일러 급수

9. 심화 점 $x=0$에서 $y=\sin(x)\cos(x)$의 테일러 급수를 살펴보자. 이는 다음과 같이 각 함수 $\sin(x)$와 $\cos(x)$의 테일러 급수를 서로 곱한 것과 같다.

$$\begin{aligned}\sin(x)\cos(x)&=\left(x-\frac{x^3}{3!}+\frac{x^5}{5!}+\cdots\right)\cdot\left(1-\frac{x^2}{2!}+\frac{x^4}{4!}-\cdots\right)\\&=x+\left(-\frac{1}{3!}-\frac{1}{2!}\right)x^3+\cdots\end{aligned}$$

한편 점 $x=0$에서 $y=\tan(x)=\dfrac{\sin(x)}{\cos(x)}$는 다음과 같이 두 테일러 급수를 서로 나눈 것과 같다.

$$\begin{array}{r|l}
 & x+\dfrac{1}{3}x^3+\cdots=\dfrac{\sin(x)}{\cos(x)} \\ \hline
1-\dfrac{x^2}{2!}+\dfrac{x^4}{4!}-\cdots & x-\dfrac{x^3}{3!}+\dfrac{x^5}{5!}-\cdots \\
 & x-\dfrac{x^3}{2!}+\dfrac{x^5}{4!}-\cdots \\ \cline{2-2}
 & \dfrac{1}{3}x^3-\dfrac{1}{30}x^5+\cdots
\end{array}$$

이와 같은 방식으로 주어진 각 점에서 다음 함수의 테일러 급수를 구하라.

(a) $x=0$에서의 $y=\dfrac{\exp(x)}{1-x^2}$의 테일러 급수

(b) $x=0$에서의 $y=\tanh(x)=\dfrac{\sinh(x)}{\cosh(x)}$의 테일러 급수

10. **심화** 해석함수의 테일러 급수에 미분 또는 적분을 적용하면 또 다른 (해석)함수의 테일러 급수를 유도할 수도 있다. 예를 들어 점 $x=0$에서의 함수 $y=\dfrac{1}{1+x^2}$의 테일러 급수를 살펴보자.

$$\frac{1}{1+x^2}=1-x^2+x^4-x^6+\cdots \qquad (*)$$

위 식은 다음 함수 $y=\tan^{-1}(x)$의 도함수와 같다.

$$\tan^{-1}(x)=\int_0^x \frac{1}{1+t^2}\,dt$$

따라서 위 적분을 식 (*)의 각 항에 분배하면 $y=\tan^{-1}(x)$의 테일러 급수를 얻을 수 있다.

$$\int_0^x (1-t^2+t^4-t^6+\cdots)\,dt=x-\frac{x^3}{3}+\frac{x^5}{5}-\frac{x^7}{7}+\cdots$$

위 식에 $x=1$을 대입하면 다음과 같이 급수의 수렴값을 정확히 구할 수 있다.

$$\tan^{-1}(1)=\frac{\pi}{4}=1-\frac{1}{3}+\frac{1}{5}-\frac{1}{7}+\cdots$$

이와 같은 방식으로 다음 급수의 수렴값을 정확히 구하라.

(a) $\displaystyle\sum_{n=0}^{\infty}\frac{2n+1}{(2n)!2^{2n+1}}$

(b) $\displaystyle\sum_{n=1}^{\infty}\frac{(-1)^{n+1}(n+1)}{n3^n}$

SECTION 4.3

11. 다음 중 미분방정식과 그렇지 않은 것을 구분하라.

(a) $\dfrac{dy}{dx}+y=x$

(b) $y=3x^2+2x+1$

(c) $y'-y^2x=0$

(d) $x'+y'=xy$

(e) $x^2+y^2=xy$

(f) $\dfrac{d^2y}{dx^2}+\sin(x)y+\cos(y)=0$

12. 주어진 함수가 각 미분방정식의 해인지 판별하라.

(a) 함수 $y=x^2\log(x)+x$와 미분방정식 $xy'+y=x^2$

(b) 함수 $y=2\exp(x)-x-1$과 미분방정식 $\dfrac{dy}{dx}=x+y$

(c) 함수 $y=\dfrac{1}{1-x}$과 미분방정식 $y'=y^2$

(d) 함수 $y=-\exp(2x)-\dfrac{x^2}{2}-\dfrac{x}{2}-\dfrac{1}{4}$과 미분방정식 $y'=x^2+2y$

(e) 함수 $y=\sqrt{9.8}\tanh(\sqrt{9.8}\,t)$와 미분방정식 $y'=9.8-y^2$

(f) 함수 $y=\dfrac{\exp(t)}{1+\exp(t)}$와 미분방정식 $y'=y(1-y)$

13. 구간 $[0, 1]$을 $N=5$개의 구간으로 분할하고, 오일러 방법을 이용해 주어진 각 표의 빈칸을 채워라.

(a) $y'=y-x,\ \ y(0)=0$

i	0	1	2	3	4	5
x_i						
y_i						
$y'(x_i, y_i)$						

(b) $y'=xy,\ \ y(0)=1$

i	0	1	2	3	4	5
x_i						
y_i						
$y'(x_i, y_i)$						

(c) $y' = y(1-x)$, $y(0) = 2$

i	0	1	2	3	4	5
x_i						
y_i						
$y'(x_i, y_i)$						

(d) $y' = \sin(x) - y^2$, $y(0) = \pi/2$

i	0	1	2	3	4	5
x_i						
y_i						
$y'(x_i, y_i)$						

SECTION 4.4

14. 심화 오른쪽 그림과 같이 두 용수철이 연결되어 움직이는 상황을 미분방정식으로 모델링하고 시뮬레이션하고자 한다. 다음 물음에 답하라.

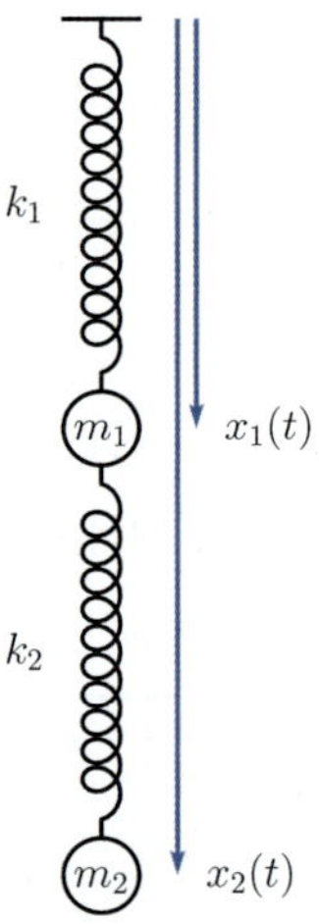

(a) 첫 번째 용수철의 용수철 상수를 $k_1 = 1$[N/m], 두 번째 용수철의 용수철 상수를 $k_2 = 1.5$[N/m]라 하자. 첫 번째 물체의 질량을 $m_1 = 2$[kg], 두 번째 물체의 질량을 $m_2 = 1.5$[kg]이라 할 때, 평형 상태에서의 두 용수철의 길이 L_1, L_2[m]를 구하라(단, 중력가속도는 $g = 9.8$[N · s/m]이다).

(b) 두 용수철의 원래 길이가 모두 $L = 20$[m]라 가정하자. 두 물체가 위아래로 각각 진동할 때, 시간 t에서 천장으로부터 떨어진 물체의 위치를 각각 $x_1(t)$[m], $x_2(t)$[m]라 하자. 용수철의 마찰력과 공기 저항이 없다고 가정할 때, 다음 미분방정식이 성립함을 보여라.

$$m_1 x_1'' = -k_1(x_1 - L - L_1) + k_2(x_2 - 2L - L_1 - L_2)$$
$$m_2 x_2'' = -k_2(x_2 - 2L - L_1 - L_2)$$

(c) 다음과 같이 벡터 $\vec{y}$를 정의하고, 이 식을 식 (4.45)와 같은 형태로 기술하라.

$$\vec{y} = \begin{bmatrix} y_0 \\ y_1 \\ y_2 \\ y_3 \end{bmatrix} = \begin{bmatrix} x_1 \\ x_1' \\ x_2 \\ x_2' \end{bmatrix}$$

(d) 오일러 방법을 이용해 미분방정식의 해 $x_1(t)$, $x_2(t)$의 그래프를 구간 $t \in [0, 10]$에서 그리고, 용수철 코일의 움직임을 애니메이션으로 구현하라.

CHAPTER

05

다변수함수의 미분

Contents

■ 학습목표

- 다변수함수의 방향미분, 편미분, 미분계수의 의미를 이해하고 계산한다.
- 접벡터와 접벡터공간의 개념과 다변수함수의 미분가능성의 의미를 이해한다.
- 다변수함수의 연쇄법칙을 표현하는 방법과 의미를 이해한다.
- 등각사상과 조화함수의 개념을 이용해 열전달 지도를 시각화한다.

■ 이 장에서 배우는 내용은?

이 장에서는 다변수함수의 미분 개념을 일변수함수의 미분 개념으로부터 일반화하는 방법을 살펴본다. 이를 통해 일반적인 미분과 미분계수의 의미를 파악한다.

또한 다변수함수의 미분에 관한 여러 개념에 대해 알아본다. 여기에는 방향미분, 편미분, 그래디언트, 선형근사식, 미분가능성, 접벡터, 행렬로서의 미분계수 등이 포함된다. 이 장에서는 변화율의 관점에서 이 개념들의 핵심 의미를 파악하는 것을 목표로 한다.

SECTION

5.1 방향미분

다변수함수와 일변수함수의 가장 큰 차이는 입력 변수의 개수이다. 다변수함수의 함숫값은 여러 입력값의 변화에 대한 영향을 받는다. 다변수함수의 변화를 설명하는 한 가지 방법은 각 입력 변수의 변화에 따른 함숫값의 변화를 표현하는 것이고, 이를 방향미분이라 한다.

방향미분

일변수함수 $y = f(x)$의 변화율은 x의 변화량 Δx에 대한 y의 변화량 Δy의 비율 $\frac{\Delta y}{\Delta x}$이다. 그렇다면 이변수함수 $z = f(x, y)$의 변화율은 무엇일까?

예를 들어 2차원 열린영역의 한 점 $P = (x_0, y_0)$와 그 근방의 점 $R = (x_1, y_1)$의 위치벡터 $\overrightarrow{PR}$을 생각해보자. 벡터 $\boldsymbol{u}$를 $\overrightarrow{PR}$의 정규화된 벡터라 하고 $\Delta = \|\overrightarrow{PR}\|$이라 하자. 이때 벡터 $\overrightarrow{OR}$과 $\overrightarrow{OP}$ 사이에는 다음 등식이 성립한다.

$$\overrightarrow{OR} = \overrightarrow{OP} + \Delta \cdot \boldsymbol{u} \tag{5.1}$$

식 (5.1)은 점 P를 벡터 $\boldsymbol{u}$의 방향으로 Δ만큼 이동하면 점 R에 도달함을 의미한다. 여기서 $\overrightarrow{OR}$, $\overrightarrow{OP}$의 x, y 성분은 각각 R, P의 x, y좌표와 같으므로 식 (5.1)을 편의상 다음과 같이 기술하자.[1]

$$R = P + \Delta \cdot \boldsymbol{u} \tag{5.2}$$

점 P가 점 R로 변할 때, 함수 $f(x, y)$의 변화량 Δz는 다음과 같다.

$$\Delta z = f(R) - f(P) = f(P + \Delta \cdot \boldsymbol{u}) - f(P)$$

여기서 Δ는 점 P의 이동거리이다.

1 일반적으로 두 좌표점 사이의 사칙연산(덧셈, 뺄셈, 곱셈, 나눗셈)은 허용되지 않지만, 덧셈과 뺄셈에 한해 위치벡터의 벡터합과 차로 간주한다.

즉 $\varDelta$를 점 P의 '변화량'이라 간주하면 이변수함수의 변화율을 다음과 같이 정의할 수 있다.

$$\frac{\varDelta z}{\varDelta} = \frac{f(P + \varDelta \cdot \boldsymbol{u}) - f(P)}{\varDelta} \tag{5.3}$$

이를 그래프로 나타내면 [그림 5-1]과 같다.

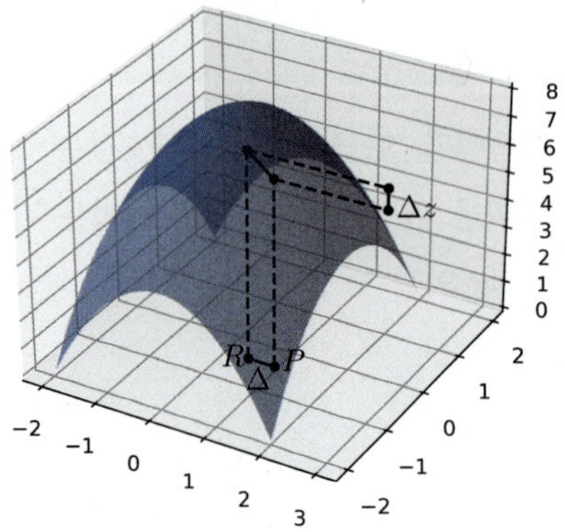

[그림 5-1] 이변수함수의 변화율

정리하면 이변수함수 $f(x, y)$의 변화율은 다음 두 가지 정보에 의해 결정된다.

❶ 정의역의 한 점 P

❷ (점 P의 이동방향을 가리키는) 2차원 단위벡터 $\boldsymbol{u}$

만약 $\varDelta$가 0에 한없이 가까워질 때, 식 (5.3)이 일정한 값으로 수렴하면 이 값을 방향미분계수라 한다.

정의 5-1 방향미분계수

이변수 실숫값함수 $f(x, y)$의 정의역의 한 점 $P = (x_0, y_0)$에서 단위벡터 $\boldsymbol{u} = \langle u_1, u_2 \rangle$ 방향으로의 **방향미분계수**directional differential coefficient는 다음과 같다.

$$\nabla_{\boldsymbol{u}} f(x_0, y_0) = \lim_{t \to 0} \frac{f(x_0 + tu_1, y_0 + tu_2) - f(x_0, y_0)}{t} \tag{5.4}$$

일반적으로 다변수 실숫값함수 $f(x_1, \cdots, x_n)$의 정의역의 한 점 $P = (c_1, \cdots, c_n)$에서 (n차원) 단위벡터 $\boldsymbol{u} = \langle u_1, \cdots, u_n \rangle$ 방향으로의 **방향미분계수**는 다음과 같다.

$$\nabla_{\boldsymbol{u}} f(P) = \lim_{t \to 0} \frac{f(c_1 + tu_1, \cdots, c_n + tu_n) - f(c_1, \cdots, c_n)}{t} \tag{5.5}$$

다시 말해 방향미분계수는 점 P가 $\boldsymbol{u}$ 방향으로 움직일 때의 함숫값 $f(P)$의 순간변화율과 같다. 이는 다음 일변수함수 $F(t)$의 $t=0$에서의 미분계수와 같다.

$$F(t)=f(P+t\cdot\boldsymbol{u}) \tag{5.6}$$

이때 방향미분계수 $\nabla_{\boldsymbol{u}}f(P)$는 다음과 같다.

$$\nabla_{\boldsymbol{u}}f(P)=F'(0)=\lim_{t\to 0}\frac{F(t)-F(0)}{t} \tag{5.7}$$

예제 5-1 방향미분계수

점 $P=(1,\ -0.5)$에서 $\boldsymbol{u}=\langle -1,0\rangle$ 방향으로의 이변수함수 $f(x,y)=8-x^2-y^2$의 방향미분계수를 구하라.

풀이

식 (5.4)에 따라 방향미분계수 $\nabla_{\boldsymbol{u}}f(P)$는 다음과 같다.

$$\lim_{t\to 0}\frac{f(1-t,\ -0.5)-f(1,\ -0.5)}{t}=\lim_{t\to 0}\frac{8-(1-t)^2-0.5^2-(8-1^2-0.5^2)}{t}$$
$$=\lim_{t\to 0}\frac{2t-t^2}{t}=2$$

방향미분계수 $\nabla_{\boldsymbol{u}}f(P)$는 점 P가 벡터 $\boldsymbol{u}$의 속도로 이동할 때 함숫값이 변화하는 속도이다. 변화율의 관점에서 다변수함수의 방향미분계수는 일변수함수의 미분계수와 비슷하다. 한편, 일변수함수의 미분계수는 함수의 그래프의 기울기이다. 그렇다면 다변수함수의 방향미분계수는 무엇의 기울기일까?

[그림 5-2]와 같이 점 P를 지나고 단위벡터 $\boldsymbol{u}$와 평행하며, xy-평면에 수직인 3차원 평면 H를 생각해보자. 여기서 평면 H를 xy-평면이라 간주하고 벡터 $\boldsymbol{u}$의 방향을 양의 x축으로, 벡터 $\langle 0,0,1\rangle$을 양의 y축으로 생각하자. 이변수함수 $z=f(x,y)$의 그래프와 평면 H의 교선을 C라 할 때, 평면 H를 정면에서 바라본 곡선 C는 다음 함수 $y=F(x)$의 그래프와 같다.

$$F(x)=f(P+x\cdot\boldsymbol{u}) \tag{5.8}$$

참고로 함수 (5.8)은 함수 (5.6)와 같다. 따라서 방향미분계수 $\nabla_{\boldsymbol{u}}f(P)$는 함수 $y=F(x)$의 그래프의 기울기이다.

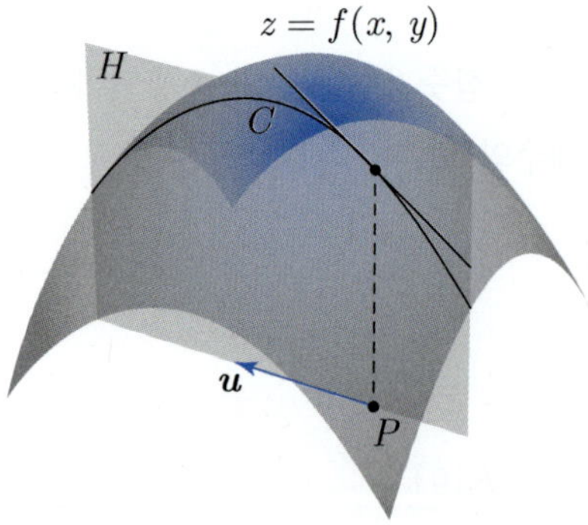

[그림 5-2] 이변수함수의 방향미분계수의 의미

정리하면 방향미분계수 $\nabla_{\boldsymbol{u}} f(P)$는 함수 $z = f(x, y)$의 그래프를 점 P에서 벡터 $\boldsymbol{u}$의 방향으로 잘랐을 때 생기는 단면의 기울기이다.

예제 5-2 미분계수와 방향미분계수

이변수함수 $f(x, y) = \cos(x^2 + y)$와 점 $P = \left(\frac{\sqrt{\pi}}{2}, \frac{\pi}{4}\right)$와 벡터 $\boldsymbol{u} = \left\langle \frac{1}{\sqrt{2}}, \frac{1}{\sqrt{2}} \right\rangle$에 대해 방향미분계수 $\nabla_{\boldsymbol{u}} f(P)$를 구하고, 이를 일변수함수 $F(t) = f(P + t \cdot \boldsymbol{u})$의 미분계수 $F'(0)$과 비교하라.

풀이

방향미분계수 $\nabla_{\boldsymbol{u}} f(P)$는 다음과 같다.

$$\nabla_{\boldsymbol{u}} f(P) = \lim_{t \to 0} \frac{\cos\left(\left(\frac{\sqrt{\pi}}{2} + \frac{t}{\sqrt{2}}\right)^2 + \frac{\pi}{4} + \frac{t}{\sqrt{2}}\right)}{t}$$

로피탈 정리를 이용해 위 식을 계산하면 다음과 같다.

$$\lim_{t \to 0}\left[-\sin\left(\left(\frac{\sqrt{\pi}}{2} + \frac{t}{\sqrt{2}}\right)^2 + \frac{\pi}{4} + \frac{t}{\sqrt{2}}\right) \cdot \left(2\left(\frac{\sqrt{\pi}}{2} + \frac{t}{\sqrt{2}}\right) \cdot \frac{1}{\sqrt{2}} + \frac{1}{\sqrt{2}}\right)\right] = -1 \cdot \left(\frac{\sqrt{\pi}}{\sqrt{2}} + \frac{1}{\sqrt{2}}\right)$$

일변수함수 $F(t)$의 식은 다음과 같다.

$$F(t) = \cos\left(\left(\frac{\sqrt{\pi}}{2} + \frac{t}{\sqrt{2}}\right)^2 + \frac{\pi}{4} + \frac{t}{\sqrt{2}}\right) \tag{5.9}$$

도함수 $F'(t)$는 다음과 같다.

$$F'(t) = -\sin\left(\left(\frac{\sqrt{\pi}}{2} + \frac{t}{\sqrt{2}}\right)^2 + \frac{\pi}{4} + \frac{t}{\sqrt{2}}\right) \cdot \left(2\left(\frac{\sqrt{\pi}}{2} + \frac{t}{\sqrt{2}}\right) \cdot \frac{1}{\sqrt{2}} + \frac{1}{\sqrt{2}}\right)$$

미분계수 $F'(0)$은 다음과 같다.

$$F'(0) = -\sin\left(\frac{\pi}{2}\right) \cdot \left(\frac{\sqrt{\pi}}{\sqrt{2}} + \frac{1}{\sqrt{2}}\right) = -\left(\frac{\sqrt{\pi}}{\sqrt{2}} + \frac{1}{\sqrt{2}}\right)$$

따라서 $F'(0)$과 $\nabla_{\boldsymbol{u}} f(P)$가 일치함을 확인할 수 있다.

[그림 5-3(a)]는 이변수함수 $f(x, y)$를 벡터 $\boldsymbol{u}$의 방향으로 잘랐을 때의 단면 곡선이다. [그림 5-3(b)]는 점 P 근방에서의 단면 곡선을 함수 (5.9)의 그래프로 나타낸 것이다. 방향미분계수 $\nabla_{\boldsymbol{u}} f(P)$는 점 $x=0$에서의 접선(검은색 실선)의 기울기와 같다.

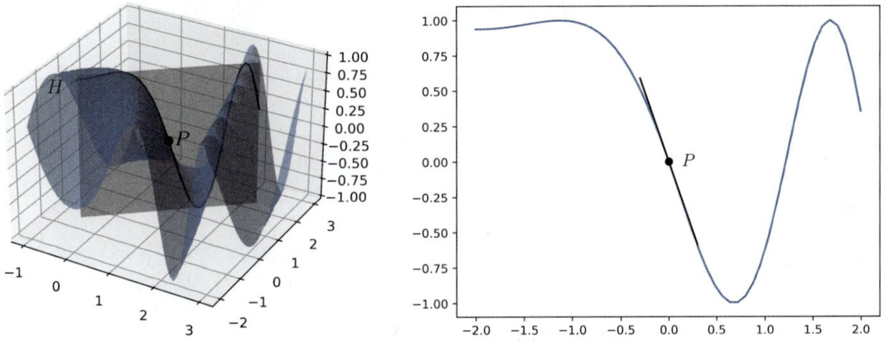

(a) 이변수함수의 단면 곡선

(b) 단면 곡선의 기울기

[그림 5-3] 방향미분계수와 단면의 기울기의 관계

편미분

편미분계수는 다음과 같이 정의된 n차원 표준단위벡터 $\boldsymbol{e}_1, \cdots, \boldsymbol{e}_n$ 방향으로의 방향미분계수이다.

$$\boldsymbol{e}_1 = \langle 1, 0, \cdots, 0 \rangle, \cdots, \boldsymbol{e}_n = \langle 0, \cdots, 0, 1 \rangle$$

정의 5-2 편미분계수

n변수함수 $f(x_1, \cdots, x_n)$과 정의역의 한 점 $P=(c_1, \cdots, c_n)$에서의 i번째 **편미분계수**partial differential coefficient를 다음과 같이 정의한다.

$$\nabla_{\boldsymbol{e}_i} f(P) = \lim_{t \to 0} \frac{f(c_1, \cdots, c_i + t, \cdots, c_n) - f(c_1, \cdots, c_n)}{t} \tag{5.10}$$

편미분계수는 다음과 같이 표기하기도 한다.

$$\nabla_{e_i} f(P), \quad f_{x_i}(P), \quad \frac{\partial f}{\partial x_i}(P)$$

i 번째 편미분계수를 함숫값으로 가지는 함수를 i 번째 **편도함수**partial derivative라 하며 다음과 같이 표기한다.

$$f_{x_i}, \quad \frac{\partial f}{\partial x_i}$$

편미분계수 또는 편도함수를 구하는 것을 **편미분**partial differential이라 한다.

참고 편미분계수의 계산

이변수함수 $f(x, y)$의 편미분계수 $f_x(x_0, y_0)$는 다음과 같다.

$$f_x(x_0, y_0) = \left.\frac{d}{dt}\right|_{t=0} f(x_0 + t, y_0)$$

여기서 $x_0 + t$를 x로 치환하면 다음과 같다.

$$f_x(x_0, y_0) = \left.\frac{d}{dx}\right|_{x=x_0} f(x, y_0)$$

즉 편미분계수 $f_x(x_0, y_0)$는 일변수함수 $F(x) = f(x, y_0)$를 x에 대한 일변수함수로 간주하고 점 $x = x_0$에서 미분한 것과 같다. 이러한 계산은 두 편도함수 f_x, f_y가 점 (x_0, y_0)에서 연속일 때만 가능하다([예제 5-4] 참고).

예제 5-3 편도함수

다음 삼변수함수의 편도함수 f_x, f_y, f_z를 구하라.

$$f(x, y, z) = (1 + y^2)\log(x + \sin(xz))$$

풀이

각 편도함수는 다음과 같다.

$$\begin{aligned} f_x &= (1+y^2) \cdot \frac{1}{x + \sin(xz)} \cdot (1 + \cos(xz) \cdot z) \\ f_y &= 2y \cdot \log(x + \sin(xz)) \\ f_z &= (1+y^2) \cdot \frac{1}{x + \sin(xz)} \cdot (\cos(xz) \cdot x) \end{aligned}$$

예제 5-4 편미분계수

다음 이변수함수의 편미분계수 $f_x(0,0)$을 구하라.

$$f(x,y)=\begin{cases}(x^2+y^2)\sin\left(\dfrac{1}{\sqrt{x^2+y^2}}\right), & (x,y)\neq(0,0)\\ 0, & (x,y)=(0,0)\end{cases}$$

풀이

$(x,y)\neq(0,0)$일 때의 편도함수는 다음과 같다.

$$f_x(x,y)=2x\sin\left(\frac{1}{\sqrt{x^2+y^2}}\right)+(x^2+y^2)\cos\left(\frac{1}{\sqrt{x^2+y^2}}\right)\cdot\left(\frac{-x}{(x^2+y^2)^{3/2}}\right)$$

이 함수는 $(x,y)=(0,0)$에서 정의되지 않으므로 위 식에 $x=y=0$을 대입하여 $f_x(0,0)$을 구할 수 없다. 따라서 식 (5.10)에 따라 계산하면 다음과 같다.

$$f_x(0,0)=\lim_{t\to0}\frac{f(t,0)-f(0,0)}{t}=\lim_{t\to0}t\sin\left(\frac{1}{|t|}\right)=0$$

그래디언트

다변수 실숫값함수 $f(x_1,\cdots,x_n)$의 그래디언트는 다음과 같이 정의된다.

정의 5-3 그래디언트

다변수 실숫값함수 $f(x_1,\cdots,x_n)$의 정의역의 한 점 P에 대해 다음 n차원 벡터를 점 P에서의 함수 f의 **그래디언트**gradient라 한다.

$$\nabla f(P)=\left\langle\frac{\partial f}{\partial x_1}(P),\ \ldots,\ \frac{\partial f}{\partial x_n}(P)\right\rangle$$

예를 들어 이변수함수 $f(x,y)$의 점 $P=(x_0,y_0)$에서의 그래디언트는 다음과 같다.

$$\nabla f(x_0,y_0)=\langle f_x(x_0,y_0),\ f_y(x_0,y_0)\rangle \tag{5.11}$$

예제 5-5 그래디언트

이변수함수 $f(x, y) = x^{1/3} + y^{2/3}$의 그래디언트 $\nabla f(1, 2)$를 구하라.

풀이

편도함수 f_x, f_y는 다음과 같다.

$$f_x(x, y) = \frac{1}{3}x^{-\frac{2}{3}}, \quad f_y(x, y) = \frac{2}{3}y^{-\frac{1}{3}}$$

따라서 그래디언트는 $\nabla f(1, 2) = \left\langle \frac{1}{3}, \frac{2}{3\sqrt[3]{2}} \right\rangle$이다.

이제 그래디언트의 의미를 살펴보자. [그림 5-4]에서 정의역의 점 $P = (x_0, y_0)$를 지나고 표준단위벡터 $\boldsymbol{e}_1$, $\boldsymbol{e}_2$의 방향으로 뻗은 두 직선을 다음과 같이 $c_1(t)$, $c_2(t)$로 매개화하자.

$$c_1(t) = (x_0 + t, y_0), \quad c_2(t) = (x_0, y_0 + t) \tag{5.12}$$

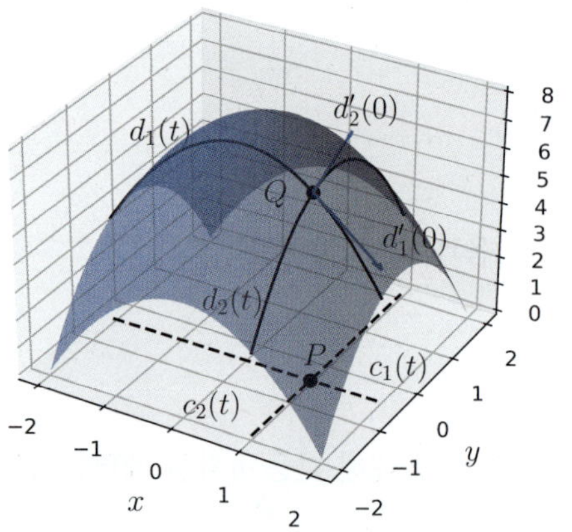

[그림 5-4] 그래디언트의 의미

점 P가 식 (5.12)의 매개곡선을 따라 움직일 때, 그래프 위의 점 Q는 다음과 같이 정의된 매개함수 $d_1(t)$, $d_2(t)$를 따라 움직인다.

$$d_1(t) = (x_0 + t, y_0, f(x_0 + t, y_0)), \quad d_2(t) = (x_0, y_0 + t, f(x_0, y_0 + t)) \tag{5.13}$$

매개변수 t를 시간변수라 하자. 점 Q가 식 (5.13)의 매개곡선을 따라 움직이는 속도는 각 성분함수의 미분이다. 시간 $t = 0$에서 각 매개함수의 세 번째 성분은 다음과 같이 편미분으로 계산된다.

$$\left.\frac{d}{dt}\right|_{t=0} f(x_0+t,\ y_0)=f_x(x_0,\ y_0),\quad \left.\frac{d}{dt}\right|_{t=0} f(x_0,\ y_0+t)=f_y(x_0,\ y_0) \tag{5.14}$$

따라서 점 Q는 다음과 같이 정의된 벡터 $d_1'(0)$, $d_2'(0)$의 속도로 움직인다.

$$d_1'(0)=\langle 1,\ 0,\ f_x(x_0,\ y_0)\rangle,\ d_2'(0)=\langle 0,\ 1,\ f_y(x_0,\ y_0)\rangle \tag{5.15}$$

식 (5.15)의 벡터는 점 Q에서 함수 $z=f(x,\ y)$의 그래프에 접한다. 따라서 이들은 점 Q를 지나는 그래프의 접평면 H에 평행한 벡터이다. 이제 $d_1'(0)$과 $d_2'(0)$의 외적을 계산해보자.

$$d_1'(0)\times d_2'(0)=\det\begin{bmatrix} \boldsymbol{e}_1 & \boldsymbol{e}_2 & \boldsymbol{e}_3 \\ 1 & 0 & f_x(x_0,\ y_0) \\ 0 & 1 & f_y(x_0,\ y_0)\end{bmatrix}=\langle -f_x(x_0,\ y_0),\ -f_y(x_0,\ y_0),\ 1\rangle$$

따라서 점 Q에서의 접평면의 방정식은 다음과 같다.

$$-f_x(x_0,\ y_0)(x-x_0)-f_y(x_0,\ y_0)(y-y_0)+(z-f(x_0,\ y_0))=0 \tag{5.16}$$

식 (5.16)을 z에 대한 식으로 다음과 같이 정리해보자.

$$\begin{aligned} z&=f(x_0,\ y_0)+f_x(x_0,\ y_0)(x-x_0)+f_y(x_0,\ y_0)(y-y_0) \\ &=f(x_0,\ y_0)+\nabla f(x_0,\ y_0)\cdot\langle x-x_0,\ y-y_0\rangle \\ &=f(P)+\nabla f(P)\cdot(X-P) \end{aligned} \tag{5.17}$$

즉 $\nabla f(P)$는 이변수함수의 그래프의 접평면의 기울기를 결정하는 수학적 양이다.

예제 5-6 접평면의 방정식

다음 이변수함수에 대해 점 $P=(1,\ -0.5)$에서의 접평면의 방정식을 구하라.

$$f(x,\ y)=8-x^2-y^2$$

풀이

주어진 이변수함수의 편도함수는 각각 다음과 같다.

$$f_x=-2x,\ f_y=-2y$$

따라서 식 (5.16)에 의해 접평면의 방정식은 다음과 같다.

$$2(x-1)-\left(y+\frac{1}{2}\right)+z-\frac{27}{4}=0$$

식 (5.15)의 벡터 $d_1'(0)$, $d_2'(0)$을 점 Q에서의 **접벡터** tangent vector라 한다. 또한 접벡터의 선형결합으로 생성된 벡터공간을 **접벡터공간** tangent vector space이라 한다. 앞서 살펴본 접평면 (5.16) 위의 한 점을 X라 할 때, 접벡터공간은 벡터 $\overrightarrow{QX}$로 이루어진 벡터공간이다. $z_0 = f(P)$라 할 때 $\overrightarrow{QX}$는 다음과 같다.

$$\overrightarrow{QX} = \langle x - x_0, y - y_0, z - z_0 \rangle = t_1 \cdot d_1'(0) + t_2 \cdot d_2'(0) \tag{5.18}$$

식 (5.18)의 두 실수 t_1, t_2는 매개변수이다. 다시 말해 접평면 (5.16)은 다음과 같이 매개화된다.

$$\begin{aligned}(x, y, z) = \overrightarrow{OX} &= \overrightarrow{OQ} + t_1 \cdot d_1'(0) + t_2 \cdot d_2'(0) \\ &= (x_0 + t_1, y_0 + t_2, z_0 + t_1 \cdot f_x(x_0, y_0) + t_2 \cdot f_y(x_0, y_0))\end{aligned} \tag{5.19}$$

위 결과를 다변수 실숫값함수 $z = f(x_1, \cdots, x_n)$으로 일반화하자. 점 $P = (c_1, \cdots, c_n)$에서의 접벡터는 다음과 같다.

$$d_i'(0) = (0, \cdots, 1, \cdots, 0, f_{x_i}(c_1, \cdots, c_n)), \quad 1 \le i \le n \tag{5.20}$$

식 (5.20)은 i번째 성분이 1인 $(n+1)$차원 벡터이다. $z_0 = f(P)$, $Q = (c_1, \cdots, c_n, z_0)$라 할 때, 접벡터공간[2]의 벡터 $\overrightarrow{QX}$는 다음과 같이 매개화된다.

$$\overrightarrow{QX} = t_1 \cdot d_1'(0) + \cdots + t_n \cdot d_n'(0) = \langle t_1, \cdots, t_n, t_1 f_{x_1}(P) + \cdots + t_n f_{x_n}(P) \rangle$$

여기서 점 X는 함수의 그래프에 접하는 접벡터공간 위의 $(n+1)$차원 점이다. 접벡터공간은 다음과 같이 매개화된다.

$$(x_1, \cdots, x_n, z) = (c_1 + t_1, \cdots, c_n + t_n, z_0 + t_1 f_{x_1}(P) + \cdots + t_n f_{x_n}(P)) \tag{5.21}$$

마지막 성분을 $x_i = c_i + t_i$로 치환하자.

$$z = z_0 + f_{x_1}(P)(x_1 - c_1) + \cdots + f_{x_n}(P)(x_n - c_n) \tag{5.22}$$

그래디언트의 정의에 따라 식 (5.22)를 다음과 같이 나타낼 수 있다.

$$z = f(P) + \nabla f(P) \cdot \langle x_1 - c_1, \cdots, x_n - c_n \rangle \tag{5.23}$$

2 일반적으로 $n \ge 3$인 경우 접벡터공간이라 하고, $n = 1$이면 접선공간, $n = 2$이면 접평면공간이라 한다.

SECTION
5.2 다변수함수의 미분계수

앞서 살펴본 다변수함수의 방향미분, 편미분, 그래디언트 등은 일변수함수의 미분계수 개념을 자연스럽게 확장한 것이다. 이 절에서는 다변수함수의 미분가능성과 미분계수에 대해 살펴보고, 이 개념이 방향미분과 어떻게 연결되는지 알아본다.

다변수함수의 미분가능성

식 (5.17)에서 살펴본 이변수함수 $z=f(x, y)$의 그래프 위의 한 점 $Q=(x_0, y_0, f(x_0, y_0))$에서의 접평면의 방정식을 다시 살펴보자.

$$z=f(x_0, y_0)+f_x(x_0, y_0)(x-x_0)+f_y(x_0, y_0)(y-y_0) \tag{5.24}$$

식 (5.24)의 우변을 $L(x, y)$라 하자.

$$L(x, y)=f(x_0, y_0)+f_x(x_0, y_0)(x-x_0)+f_y(x_0, y_0)(y-y_0) \tag{5.25}$$

점 (x, y)가 점 $P=(x_0, y_0)$에 가까울수록 $L(x, y)$와 $f(x, y)$가 서로 가까워진다. 즉 식 (5.25)는 점 P 근방에서의 함숫값 $f(x, y)$를 근사적으로 계산한다. 이를 선형근사식이라 한다.

정의 5-4 선형근사식

다변수 실숫값함수 $f(x_1, \cdots, x_n)$과 정의역의 n차원 점 $P=(c_1, \cdots, c_n)$에 대해 다음과 같이 정의된 일차함수 $L(x_1, \cdots, x_n)$을 점 P에서의 함수 f의 **선형근사식**linear approximation이라 한다.

$$L(x_1, \cdots, x_n)=f(P)+\nabla f(P) \cdot \langle x_1-c_1, \cdots, x_n-c_n \rangle \tag{5.26}$$

앞서 살펴봤듯이, 일변수함수의 미분가능성은 좋은 선형근사식의 존재와 동치이다. 이와 비슷하게 이변수함수 $f(x, y)$의 미분가능성은 다음과 같이 정의된다.

정의 5-5 이변수함수의 미분가능성

점 $P=(x_0, y_0)$에서 이변수함수 $f(x, y)$의 선형근사식 $L(x, y)$가 다음을 만족할 때, 함수 f는 점 P에서 **미분가능하다**고 한다.

$$\lim_{(x, y)\to(x_0, y_0)} \frac{f(x, y)-L(x, y)}{\sqrt{(x-x_0)^2+(y-y_0)^2}}=0 \tag{5.27}$$

식 (5.27)은 점 $X=(x, y)$가 점 $P=(x_0, y_0)$로 접근할 때, 두 점 사이의 거리가 줄어드는 속도보다 근삿값 $L(x, y)$의 오차가 줄어드는 속도가 훨씬 빠름을 의미한다.

예제 5-7 이변수함수의 미분가능성

다음 이변수함수 $f(x, y)$가 점 $(0, 0)$에서 미분가능함을 보여라.

$$f(x, y)=\begin{cases}(x^2+y^2)\sin\left(\dfrac{1}{\sqrt{x^2+y^2}}\right), & (x, y)\neq(0, 0)\\ 0, & (x, y)=(0, 0)\end{cases} \tag{5.28}$$

풀이

$f_x(0, 0)=f_y(0, 0)=0$이므로 선형근사식은 $L(x, y)=0$이다. 따라서 다음이 성립한다.

$$\lim_{(x, y)\to(0, 0)} \frac{f(x, y)-0}{\sqrt{x^2+y^2}}=\lim_{(x, y)\to(0, 0)} \sqrt{x^2+y^2}\sin\left(\frac{1}{\sqrt{x^2+y^2}}\right)=0$$

[정의 5-5]에 의해 함수 (5.28)은 점 $(0, 0)$에서 미분가능하다.

[표 5-1]과 [표 5-2]는 각각 일변수함수와 이변수함수의 선형근사식과 미분가능성의 정의를 비교한 것이다.

[표 5-1] 일변수함수와 이변수함수의 선형근사식의 비교

함수	선형근사식
일변수함수	$L(x)=f(x_0)+f'(x_0)(x-x_0)$
이변수함수	$L(x, y)=f(x_0, y_0)+f_x(x_0, y_0)(x-x_0)+f_y(x_0, y_0)(y-y_0)$

[표 5-2] 일변수함수와 이변수함수의 미분가능성의 비교

함수	미분가능성
일변수함수	$\lim_{x \to x_0} \frac{f(x) - L(x)}{x - x_0} = 0$
이변수함수	$\lim_{(x, y) \to (x_0, y_0)} \frac{f(x, y) - L(x, y)}{\sqrt{(x - x_0)^2 + (y - y_0)^2}} = 0$

앞의 두 표에 따라 일반적인 다변수 실숫값함수의 미분가능성을 다음과 같이 정의할 수 있다.

정의 5-6 다변수 실숫값함수의 미분가능성

점 $P = (c_1, \cdots, c_n)$에서의 다변수 실숫값함수 $f(x_1, \cdots, x_n)$의 선형근사식 $L(x_1, \cdots, x_n)$에 대해 다음이 성립하면 함수 f는 점 P에서 **미분가능하다**고 한다.

$$\lim_{(x_1, \cdots, x_n) \to (c_1, \cdots, c_n)} \frac{f(x_1, \cdots, x_n) - L(x_1, \cdots, x_n)}{\sqrt{(x_1 - c_1)^2 + \cdots + (x_n - c_n)^2}} = 0 \tag{5.29}$$

식 (5.29)의 분모는 점 $P = (c_1, \cdots, c_n)$과 이 점 근방의 점 $X = (x_1, \cdots, x_n)$ 사이의 거리를 가리키고, 분자는 선형근사식의 오차를 가리킨다. 이 함수의 미분가능성은 다음 식과 동치이다.

$$\lim_{(x_1, \cdots, x_n) \to (c_1, \cdots, c_n)} \frac{|f(x_1, \cdots, x_n) - L(x_1, \cdots, x_n)|}{\sqrt{(x_1 - c_1)^2 + \cdots + (x_n - c_n)^2}} = 0 \tag{5.30}$$

예제 5-8 다변수 실숫값함수의 미분가능성

함수 $f(x, y, z) = x + 2y^2 + 3z^3$이 원점 $(0, 0, 0)$에서 미분가능함을 보여라.

풀이

점 $(0, 0, 0)$에서의 편미분계수는 $f_x(0, 0, 0) = 1$, $f_y(0, 0, 0) = 0$, $f_z(0, 0, 0) = 0$이므로, 선형근사식은 $L(x, y, z) = x$이다. 이때 식 (5.30)은 다음을 만족한다.

$$\frac{|2y^2 + 3z^3|}{\sqrt{x^2 + y^2 + z^2}} \le \frac{2|y|^2}{\sqrt{x^2 + y^2 + z^2}} + \frac{3|z|^3}{\sqrt{x^2 + y^2 + z^2}} \tag{5.31}$$

x, y, z가 0으로 수렴할 때, 부등식 (5.31)의 우변은 모두 0으로 수렴한다. 따라서 다음이 성립한다.

$$\lim_{(x,\,y,\,z)\to(0,\,0,\,0)} \frac{|2y^2+3z^3|}{\sqrt{x^2+y^2+z^2}}=0$$

따라서 주어진 함수 f는 원점 $(0, 0, 0)$에서 미분가능하다.

식 (5.30)이 성립하면 분모가 0으로 수렴하므로 분자도 0으로 수렴한다. 즉 $f(X)-L(X) \to 0$이다. 이때 $L(X)\to f(P)$이므로 $f(X)\to f(P)$이다. 다시 말해, 다변수함수가 점 P에서 미분가능하다는 것은 그 점에서 연속임을 의미한다.[3]

정리 5-1 미분가능성과 연속

점 P에서 미분가능한 함수는 점 P에서 연속이다.

다변수 실숫값함수 f가 점 P에서 미분가능하다는 것은 그 함수의 편미분계수가 존재함을 의미한다. 한편, 다변수 실숫값함수의 편미분계수가 모두 존재하더라도 미분가능하지 않을 수 있다. 예를 들어 다음 함수를 살펴보자.

$$f(x, y)=\begin{cases}1, & y=x^2,\ x>0\\ 0, & \text{그 외의 경우}\end{cases} \tag{5.32}$$

원점 $(0, 0)$에서 이 함수의 편미분계수는 모두 0이다.

$$f_x(0, 0)=f_y(0, 0)=\lim_{t\to 0}\frac{0-0}{t}=0$$

따라서 원점 $(0, 0)$에서 함수 (5.32)의 선형근사식은 $L(x, y)=0$이다. [그림 5-5]는 이 함수의 그래프이다.

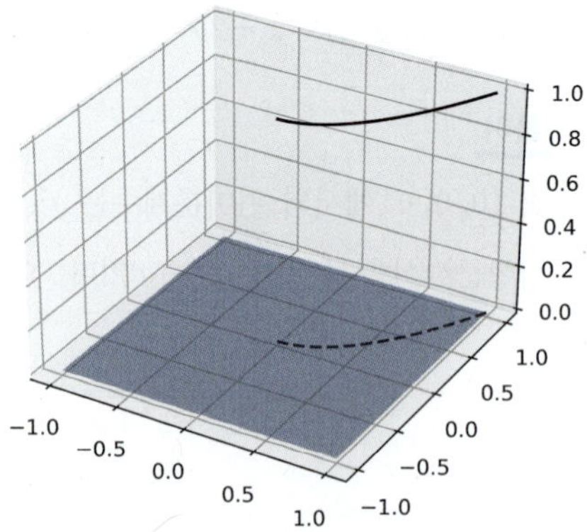

[그림 5-5] 함수 (5.32)의 그래프

3 이 명제는 다변수 실숫값함수뿐 아니라, 일반적인 다변수함수에 대해서도 성립한다.

함수 $f(x, y)$는 원점 $(0, 0)$에서 미분불가능하다. [정의 5-6]을 이용해 이를 확인해보자. 점 (x, y)가 y축을 따라 원점에 가까워질 때, 식 (5.27)의 극한은 다음과 같다.

$$\lim_{y \to 0} \frac{f(0, y) - 0}{\sqrt{0^2 + y^2}} = \lim_{y \to 0} \frac{0}{|y|} = 0$$

한편, 점 (x, y)가 $x > 0$인 영역에서 $y = x^2$의 그래프를 따라 원점 $(0, 0)$에 도달할 때, 식 (5.27)의 극한은 다음과 같다.

$$\lim_{t \to 0^+} \frac{f(t, t^2) - 0}{\sqrt{t^2 + t^4}} = \lim_{t \to 0^+} \frac{1}{|t|} = \infty$$

따라서 식 (5.27)이 성립하지 않는다. 즉 함수 (5.32)는 원점 $(0, 0)$에서 미분불가능하다.

편미분계수가 존재한다고 해서 미분가능하지는 않지만, 편도함수가 연속이면 함수는 미분가능하다.

정리 5-2 편도함수의 연속성에 따른 미분가능성

점 P에서 함수의 모든 편도함수가 연속이면 이 함수는 점 P에서 미분가능하다.

[정리 5-2]가 타당한 이유를 기하적으로 생각해보자. 편의상 점 $P = (x_0, y_0)$와 이변수함수 $f(x, y)$의 경우를 생각한다. [그림 5-6]과 같이 점 P 근방의 점 $X = (x, y)$와 점 $P_1 = (x_0, y)$를 직사각형의 꼭짓점이라 하자. 그리고 선분 $\overline{XP_1}$과 $\overline{P_1P}$ 위의 점을 각각 (t_1, y), (x_0, t_2)라 하고, 이 점에서의 함숫값을 t_1, t_2에 관한 일변수함수 $F_1(t_1)$, $F_2(t_2)$로 정의하자.

$$F_1(t_1) = f(t_1, y), \ \ F_2(t_2) = f(x_0, t_2)$$

$x > x_0$, $y > y_0$라 가정하고, t_1의 구간 $[x_0, x]$에서의 함수 $F_1(t_1) = f(t_1, y)$에 평균값 정리(정리 4-10)를 적용하자. 이를 통해 $t_1^* \in [x_0, x]$가 존재하여 다음이 성립한다.

$$F_1{}'(t_1^*) = f_x(t_1^*, y) = \frac{f(x, y) - f(x_0, y)}{x - x_0} \tag{5.33}$$

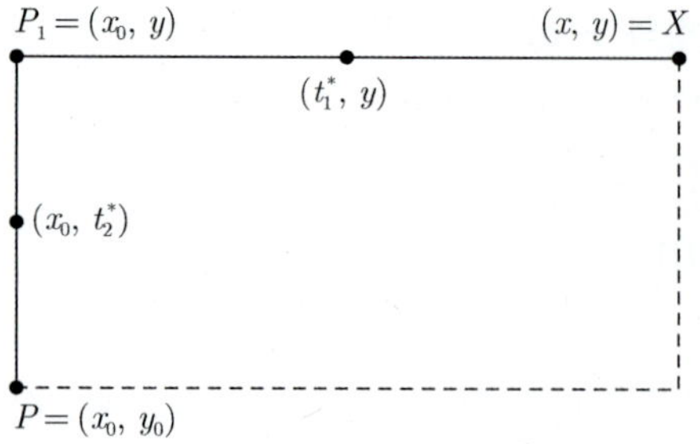

[그림 5-6] **편도함수의 연속성과 평균값 정리를 이용한 미분가능성의 증명**

다음으로 함수 $F_2(t_2)$와 t_2의 구간 $[y_0, y]$에 평균값 정리를 적용하자. 이 경우 $t_2^* \in [y_0, y]$가 존재하여 다음이 성립한다.

$$F_2'(t_2^*) = f_y(x_0, t_2^*) = \frac{f(x_0, y) - f(x_0, y_0)}{y - y_0} \tag{5.34}$$

식 (5.33)과 (5.34)는 각각 다음과 같이 표현된다.

$$\begin{aligned} f(x, y) - f(x_0, y) &= f_x(t_1^*, y)(x - x_0) \\ f(x_0, y) - f(x_0, y_0) &= f_y(x_0, t_2^*)(y - y_0) \end{aligned} \tag{5.35}$$

식 (5.35)를 통해 점 P와 점 X 사이의 함숫값의 차를 다음과 같이 표현할 수 있다.

$$\begin{aligned} f(x, y) - f(x_0, y_0) &= (f(x, y) - f(x_0, y)) + (f(x_0, y) - f(x_0, y_0)) \\ &= f_x(t_1^*, y)(x - x_0) + f_y(x_0, t_2^*)(y - y_0) \end{aligned}$$

만약 점 X가 점 P에 한없이 가까워지면 t_1^*와 t_2^*는 각각 x_0와 y_0로 수렴한다. 두 편도함수 f_x, f_y가 점 P에서 연속이므로, $X \to P$일 때 $f_x(t_1^*, y) \to f_x(P)$, $f_y(x_0, t_2^*) \to f_y(P)$가 성립한다. 따라서 [정의 5-5]의 식 (5.27)은 다음과 같다.

$$\begin{aligned} &\lim_{(x, y) \to (x_0, y_0)} \frac{f(x, y) - (f(x_0, y_0) + f_x(x_0, y_0)(x - x_0) + f_y(x_0, y_0)(y - y_0))}{\sqrt{(x - x_0)^2 + (y - y_0)^2}} \\ &= \lim_{(x, y) \to (x_0, y_0)} (f_x(t_2^*, y_0) - f_x(x_0, y_0)) \frac{x - x_0}{\sqrt{(x - x_0)^2 + (y - y_0)^2}} \\ &\quad + \lim_{(x, y) \to (x_0, y_0)} (f_y(x, t_1^*) - f_x(x_0, y_0)) \frac{y - y_0}{\sqrt{(x - x_0)^2 + (y - y_0)^2}} = 0 \end{aligned}$$

예제 5-9 삼변수함수의 미분가능성

함수 $f(x, y, z)=\sin(x+y)+\exp(z^2+\cos(x))$가 모든 점에서 미분가능함을 보여라.

풀이

주어진 함수는 다항함수, 지수함수, 삼각함수의 합성으로, 편도함수는 각각 다음과 같다.

$$f_x=\cos(x+y)-\sin(x)\exp(z^2+\cos(x))$$
$$f_y=\cos(x+y)$$
$$f_z=2z\exp(z^2+\cos(x))$$

편도함수 또한 다항함수, 지수함수, 삼각함수의 합성이므로 모든 점에서 연속이다. 따라서 함수 $f(x, y, z)$는 모든 점에서 미분가능하다.

편미분과 미분가능성

다변수함수의 미분과 편미분은 동일한 개념이 아니다. 여기서는 변화량과 변화율의 관점에서 편미분과 미분가능성의 개념을 구분한다.

일변수함수의 미분 개념을 다시 생각해보자. 함수 $y=f(x)$가 점 x_0에서 미분가능하다는 것은 좋은 선형근사식 $y=L(x)$가 존재함을 의미하고, 이때 선형근사식의 기울기를 미분계수 $f'(x_0)$라 한다. 점 x_0가 Δx만큼 변할 때, 함숫값이 $f(x_0)$로부터 Δy만큼 변했다고 하자. 점 x_0에서의 미분가능성은 다음과 같이 Δy를 Δx에 대한 일차식으로 잘 근사할 수 있음을 의미한다.

$$\Delta y \approx f'(x_0)\Delta x \tag{5.36}$$

일변수함수와 마찬가지로 점 (x_0, y_0)에서 이변수함수 $z=f(x, y)$의 미분가능성은 점 (x_0, y_0)의 변화에 따른 함숫값의 변화량 Δz를 선형근사식으로 잘 근사할 수 있음을 의미한다.

$$\begin{aligned}\Delta z &\approx f_x(x_0, y_0)(x-x_0)+f_y(x_0, y_0)(y-y_0)\\ &=\langle f_x(x_0, y_0), f_y(x_0, y_0)\rangle \cdot \langle x-x_0, y-y_0\rangle\end{aligned} \tag{5.37}$$

식 (5.37)에서 점 $P=(x_0, y_0)$의 변화량은 벡터 $\langle x-x_0, y-y_0\rangle$로 표현된다. 그래디언트 $\nabla f(x_0, y_0)$는 입력값의 변화량을 함숫값의 변화량으로 변환한다. 일변수함수와 이변수함수의 미분가능성에 관한 개념들은 [표 5-3]과 같이 정리할 수 있다.

[표 5-3] 함수의 미분가능성에 관한 개념의 비교

	일변수함수	이변수함수
함숫값의 변화량	$f'(x_0)(x-x_0)$	$\langle f_x(x_0, y_0), f_y(x_0, y_0)\rangle \bullet \langle x-x_0, y-y_0\rangle$
점의 변화량(움직임)	$x-x_0$	$\langle x-x_0, y-y_0\rangle$
미분계수	$f'(x_0)$	$\langle f_x(x_0, y_0), f_y(x_0, y_0)\rangle$

이 결과를 일반적인 다변수 실숫값함수 $z=f(x_1, \cdots, x_n)$으로 확장해보자. 정의역의 n차원 점 $P=(c_1, \cdots, c_n)$이 점 $X=(x_1, \cdots, x_n)$으로 이동했을 때, 함숫값의 변화량 Δz는 다음과 같이 근사된다.

$$\Delta z \approx \nabla f(P) \bullet \overrightarrow{PX} \tag{5.38}$$

즉 그래디언트 $\nabla f(P)$는 입력값의 변화에 따른 함숫값의 변화를 예측한다. 점 P가 Δt의 시간 동안 점 X로 이동했고, 그 결과 함숫값이 Δz만큼 변했다고 하자. 이때 식 (5.38)을 다음과 같이 나타낼 수 있다.

$$\frac{\Delta z}{\Delta t} \approx \nabla f(P) \bullet \frac{\overrightarrow{PX}}{\Delta t} \tag{5.39}$$

$\Delta t \to 0$이면 $\dfrac{\overrightarrow{PX}}{\Delta t}$는 점 P의 순간속도이다. 즉 식 (5.39)는 벡터 $\boldsymbol{v}$의 속도로 움직이는 점 P와 함숫값의 변화율 사이의 관계이다. 이를 그래디언트와 방향미분계수에 관한 정리로 다음과 같이 기술할 수 있다.

정리 5-3 그래디언트와 방향미분계수

다변수 실숫값함수 f가 점 P에서 미분가능하면 단위벡터 $\boldsymbol{u}$에 대한 방향미분계수 $\nabla_{\boldsymbol{u}} f(P)$는 다음과 같다.

$$\nabla_{\boldsymbol{u}} f(P) = \nabla f(P) \bullet \boldsymbol{u}$$

만약 $\boldsymbol{v}=t \cdot \boldsymbol{u}$이면 함숫값의 변화율 $\nabla f(P) \bullet \boldsymbol{v}$는 다음과 같다.

$$\nabla f(P) \bullet \boldsymbol{v} = t \cdot \nabla_{\boldsymbol{u}} f(P)$$

즉 점 P가 단위벡터 $\boldsymbol{u}$의 방향과 t의 속도로 움직일 때, 함숫값은 $t \cdot \nabla_{\boldsymbol{u}} f(P)$의 속도로 변한다.

지금까지 살펴본 다변수함수의 연속성, 편미분계수의 존재, 미분가능성에 관한 명제를 [표 5-4]와 같이 정리해보자.

[표 5-4] **다변수함수의 연속성, 편미분계수, 미분가능성에 관한 명제**

Ⓐ	다변수함수 f의 모든 편도함수가 점 P에서 연속이다.
Ⓑ	다변수함수 f는 점 P에서 미분가능하다.
Ⓒ	모든 단위벡터 $\boldsymbol{u}$에 대해 점 P에서의 방향미분계수 $\nabla_{\boldsymbol{u}} f(P)$가 존재한다.
Ⓓ	다변수함수 f가 점 P에서 연속이다.

[표 5-4]의 명제들 사이에는 [그림 5-7]과 같은 인과관계가 성립한다.

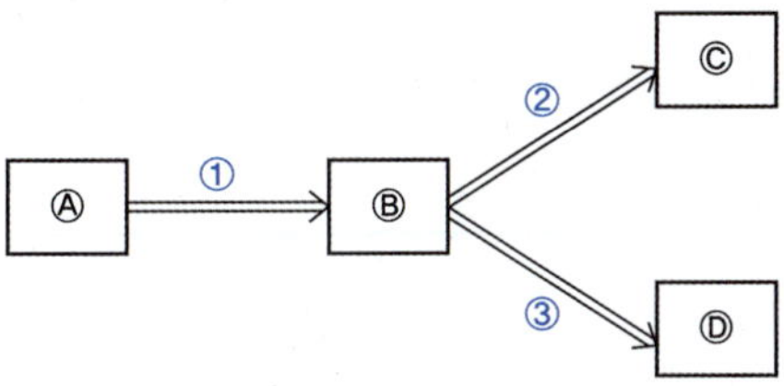

[그림 5-7] **연속성, 편미분계수, 미분가능성 사이의 인과관계**

[그림 5-7]에서 ①은 [정리 5-2]를, ②는 [정리 5-3]을 ③은 [정리 5-1]을 의미한다. 이외의 인과관계는 일반적으로 성립하지 않는다. 예를 들어 Ⓑ⟹Ⓐ가 항상 성립하는 것은 아니다. 즉 함수 f가 점 P에서 미분가능하더라도 적어도 하나의 편도함수가 점 P에서 연속이 아닐 수 있다. 예를 들어 다음 함수를 살펴보자.

$$f(x,\ y)=\begin{cases}(x^2+y^2)\sin\left(\dfrac{1}{\sqrt{x^2+y^2}}\right), & (x,\ y)\neq(0,\ 0)\\ 0, & (x,\ y)=(0,\ 0)\end{cases}$$

이 함수는 점 $(0,\ 0)$에서 미분가능하다. 또한 편도함수 $f_x(x,\ y)$는 다음과 같다.

$$f_x(x,\ y)=\begin{cases}2x\sin\left(\dfrac{1}{\sqrt{x^2+y^2}}\right)+(x^2+y^2)\cos\left(\dfrac{1}{\sqrt{x^2+y^2}}\right)\cdot\left(\dfrac{-x}{(x^2+y^2)^{3/2}}\right), & (x,\ y)\neq(0,\ 0)\\ 0, & (x,\ y)=(0,\ 0)\end{cases}$$

그러나 $f_x(x,\ y)$는 점 $(0,\ 0)$에서 불연속이다. 왜냐하면 매개곡선 $c_1(t)=(t,\ 0)$을 따라 점 $(0,\ 0)$에 접근하면 다음과 같이 함숫값은 무한히 진동하며 발산하기 때문이다.

$$\lim_{t\to0}f_x(t,\ 0)=\lim_{t\to0}\left[2t\sin\left(\frac{1}{|t|}\right)+\frac{-t^3}{|t|^3}\cos\left(\frac{1}{|t|}\right)\right]=\lim_{t\to0}\left[\frac{-t}{|t|}\cos\left(\frac{1}{t}\right)\right]$$

[표 5-5]는 [그림 5-7]에서 성립하지 않는 관계에 대한 명제와 그 반례를 정리한 것이다.

[표 5-5] 다변수함수의 연속성, 편미분계수, 미분가능성에 관한 명제와 그 반례

명제	반례
Ⓒ⇏Ⓓ 점 P에서 모든 방향으로의 방향미분계수가 존재한다고 해서 점 P에서 항상 연속인 것은 아니다.	$f(x, y) = \begin{cases} 0, & (x, y) = (0, 0) \text{ 혹은 } y = x^2 \\ 1, & \text{그 외의 경우} \end{cases}$: 점 $(0, 0)$에서 불연속이지만, 모든 방향미분계수가 0이다.
Ⓓ⇏Ⓒ 점 P에서 연속이라 해서 모든 방향으로의 방향미분계수가 존재하는 것은 아니다.	$f(x, y) = \lvert x \rvert$: 점 $(0, 0)$에서 연속이지만, $\langle 1, 0 \rangle$ 방향으로의 방향미분계수가 존재하지 않는다.
Ⓒ⇏Ⓑ 점 P에서 모든 방향으로의 방향미분계수가 존재한다고 해서 점 P에서 항상 미분가능한 것은 아니다.	$f(x, y) = \begin{cases} 0, & y = x^2 \\ 1, & y \neq x^2 \end{cases}$: 점 $(0, 0)$에서 모든 방향미분계수가 0이지만, 미분가능하지 않다.
Ⓓ⇏Ⓑ 점 P에서 연속이라고 해서 점 P에서 미분가능한 것은 아니다.	$f(x, y) = \lvert x \rvert$: 점 $(0, 0)$에서 연속이지만, 미분가능하지 않다.

행렬로서의 미분계수

이제부터는 다변수 실숫값함수가 아닌 일반적인 다변수함수의 미분계수를 정의하고 그 의미를 살펴보자. 앞으로 다변수 실숫값함수를 f, 종속변수가 2개 이상인 다변수함수를 $\boldsymbol{f}$로 표기한다. 또한 정의역의 n차원 점을 n차원 벡터와 구분하기 위해 $\boldsymbol{x} = (x_1, \cdots, x_n)$과 같이 표기하자. 예를 들어 점 $\boldsymbol{x}_0 = (c_1, \cdots, c_n)$에서의 다변수 실숫값함수 f의 미분가능성에 대한 식 (5.29)는 다음과 같이 기술된다.

$$\lim_{\boldsymbol{x} \to \boldsymbol{x}_0} \frac{f(\boldsymbol{x}) - f(\boldsymbol{x}_0) - \nabla f(\boldsymbol{x}_0) \cdot (\boldsymbol{x} - \boldsymbol{x}_0)}{\lVert \boldsymbol{x} - \boldsymbol{x}_0 \rVert} = 0 \tag{5.40}$$

식 (5.40)의 분자의 $\nabla f(\boldsymbol{x}_0) \cdot (\boldsymbol{x} - \boldsymbol{x}_0)$는 다음과 같이 두 행렬의 곱으로도 표현된다.

$$\left[f_{x_1}(\boldsymbol{x}_0) \ \cdots \ f_{x_n}(\boldsymbol{x}_0) \right] \cdot \begin{bmatrix} x_1 - c_1 \\ \vdots \\ x_n - c_n \end{bmatrix} = f_{x_1}(\boldsymbol{x}_0)(x_1 - c_1) + \cdots + f_{x_n}(\boldsymbol{x}_0)(x_n - c_n)$$

위 식의 좌변의 $1 \times n$ 벡터를 점 $\boldsymbol{x}_0$에서의 함수 f의 미분계수라 한다.

정의 5-7 다변수 실숫값함수의 미분계수

점 $\boldsymbol{x}_0$에서의 다변수 실숫값함수 $f(\boldsymbol{x})$의 **미분계수** $Df(\boldsymbol{x}_0)$는 다음과 같이 정의된 $1\times n$ 행벡터이다.[4]

$$Df(\boldsymbol{x}_0)=\left[f_{x_1}(\boldsymbol{x}_0)\ \cdots\ f_{x_n}(\boldsymbol{x}_0)\right]$$

행렬로서의 미분계수의 정의에 따라 식 (5.40)은 다음과 같이 기술된다.

$$\lim_{\boldsymbol{x}\to\boldsymbol{x}_0}\frac{f(\boldsymbol{x})-f(\boldsymbol{x}_0)-Df(\boldsymbol{x}_0)\cdot(\boldsymbol{x}-\boldsymbol{x}_0)}{\|\boldsymbol{x}-\boldsymbol{x}_0\|}=0 \tag{5.41}$$

다변수함수 $\boldsymbol{f}(x_1,\cdots,x_n)=(y_1,\cdots,y_m)$의 j번째 성분함수를 $y_j=f_j(\boldsymbol{x})$라 하자. 점 $\boldsymbol{x}_0$에서 함수 $\boldsymbol{f}$가 미분가능하다는 것은 모든 인덱스 j에 대해 함수 f_j가 점 $\boldsymbol{x}_0$에서 미분가능하다는 것과 같다.

$$\lim_{\boldsymbol{x}\to\boldsymbol{x}_0}\frac{f_j(\boldsymbol{x})-f_j(\boldsymbol{x}_0)-Df_j(\boldsymbol{x}_0)\cdot(\boldsymbol{x}-\boldsymbol{x}_0)}{\|\boldsymbol{x}-\boldsymbol{x}_0\|}=0,\ 1\le j\le m \tag{5.42}$$

이제 함숫값 $\boldsymbol{f}(\boldsymbol{x})$와 $\boldsymbol{f}(\boldsymbol{x}_0)$를 다음과 같이 $m\times 1$ 열벡터로 표현해보자.

$$\boldsymbol{f}(\boldsymbol{x})=\begin{bmatrix}f_1(\boldsymbol{x})\\ \vdots\\ f_m(\boldsymbol{x})\end{bmatrix},\quad \boldsymbol{f}(\boldsymbol{x}_0)=\begin{bmatrix}f_1(\boldsymbol{x}_0)\\ \vdots\\ f_m(\boldsymbol{x}_0)\end{bmatrix}$$

이를 통해 식 (5.42)의 분자를 $m\times 1$ 열벡터로 다음과 같이 표현할 수 있다.

$$\boldsymbol{f}(\boldsymbol{x})-\boldsymbol{f}(\boldsymbol{x}_0)-\begin{bmatrix}Df_1(\boldsymbol{x}_0)\\ \cdots\\ Df_m(\boldsymbol{x}_0)\end{bmatrix}\cdot(\boldsymbol{x}-\boldsymbol{x}_0)=\begin{bmatrix}f_1(\boldsymbol{x})-f_1(\boldsymbol{x}_0)-Df_1(\boldsymbol{x}_0)\cdot(\boldsymbol{x}-\boldsymbol{x}_0)\\ \vdots\\ f_m(\boldsymbol{x})-f_m(\boldsymbol{x}_0)-Df_m(\boldsymbol{x}_0)\cdot(\boldsymbol{x}-\boldsymbol{x}_0)\end{bmatrix}$$

모든 인덱스 j에 대해 식 (5.42)가 성립한다는 것은 다음이 성립하는 것과 같다.

$$\lim_{\boldsymbol{x}\to\boldsymbol{x}_0}\frac{\boldsymbol{f}(\boldsymbol{x})-\boldsymbol{f}(\boldsymbol{x}_0)-\begin{bmatrix}Df_1(\boldsymbol{x}_0)\\ \vdots\\ Df_m(\boldsymbol{x}_0)\end{bmatrix}\cdot(\boldsymbol{x}-\boldsymbol{x}_0)}{\|\boldsymbol{x}-\boldsymbol{x}_0\|}=\boldsymbol{0} \tag{5.43}$$

식 (5.43)의 우변은 $m\times 1$ 영행렬이다. 분자는 $m\times 1$ 열벡터의 합이고, 분자를 분모의

4 다변수 실숫값함수의 미분계수는 $\nabla f(\boldsymbol{x}_0)$로 표기하는 경우도 있다.

$\|\boldsymbol{x}-\boldsymbol{x}_0\|$로 나눈 것은 벡터(혹은 행렬)의 스칼라곱으로 이해하자. 여기서 핵심은 $m \times n$ 행렬 $\begin{bmatrix} Df_1(\boldsymbol{x}_0) \\ \vdots \\ Df_m(\boldsymbol{x}_0) \end{bmatrix}$이다. 이를 다변수함수의 미분계수라 한다.

정의 5-8 다변수함수의 미분계수

다변수함수 $f(x_1, \cdots, x_n) = (y_1, \cdots, y_m)$의 각 성분함수를 $y_j = f_j(x_1, \cdots, x_n)$이라 하자. 함수 f가 점 P에서 미분가능할 때, 다음과 같은 $m \times n$ 행렬을 다변수함수 f의 **미분계수**라 한다.

$$Df(P) = \begin{bmatrix} (f_1)_{x_1}(P) & \ldots & (f_1)_{x_n}(P) \\ \vdots & \ddots & \vdots \\ (f_m)_{x_1}(P) & \ldots & (f_m)_{x_n}(P) \end{bmatrix} = \begin{bmatrix} Df_1(P) \\ \vdots \\ Df_m(P) \end{bmatrix}$$

행렬 $Df(P)$의 성분의 경우 행끼리는 성분함수를, 열끼리는 편미분연산을 공유한다. 다변수함수의 미분계수를 통해 미분가능성을 다음과 같이 정의한다.

정의 5-9 다변수함수의 미분가능성

점 $\boldsymbol{x}_0$에서의 다변수함수 f의 미분계수 $Df(\boldsymbol{x}_0)$에 대해 다음이 성립하면 함수 f는 점 $\boldsymbol{x}_0$에서 **미분가능하다**고 한다.

$$\lim_{\boldsymbol{x} \to \boldsymbol{x}_0} \frac{f(\boldsymbol{x}) - f(\boldsymbol{x}_0) - Df(\boldsymbol{x}_0) \cdot (\boldsymbol{x} - \boldsymbol{x}_0)}{\|\boldsymbol{x} - \boldsymbol{x}_0\|} = \mathbf{0} \tag{5.44}$$

크기가 0인 벡터는 영벡터뿐이므로 식 (5.44)는 다음 식과 동치이다.

$$\lim_{\boldsymbol{x} \to \boldsymbol{x}_0} \frac{\|f(\boldsymbol{x}) - f(\boldsymbol{x}_0) - Df(\boldsymbol{x}_0) \cdot (\boldsymbol{x} - \boldsymbol{x}_0)\|}{\|\boldsymbol{x} - \boldsymbol{x}_0\|} = 0$$

식 (5.44)는 $m \times 1$ 열벡터의 모든 항의 극한이 0임을 의미한다. 따라서 다변수함수의 미분가능성은 다음 정리와 동치이다.

정리 5-4 다변수함수의 미분가능성

(1) 다변수함수 $\boldsymbol{f}(x_1, \cdots, x_n) = (y_1, \cdots, y_m)$이 점 $\boldsymbol{x}_0$에서 미분가능하다는 것은 모든 인덱스 $1 \le j \le m$에 대해 성분함수 $y_j = f_j(x_1, \cdots, x_n)$이 점 $\boldsymbol{x}_0$에서 미분가능하다는 것과 동치이다.

(2) 각 성분함수의 모든 편도함수 $(f_j)_{x_i}$가 점 $\boldsymbol{x}_0$에서 연속이면 다변수함수 $\boldsymbol{f}$는 $\boldsymbol{x}_0$에서 미분가능하다.

[정리 5-4]의 명제 (2)는 [정리 5-2]로부터 유도된다. 이 정리를 이용해 다변수함수의 미분가능성을 보이는 예제를 살펴보자.

예제 5-10 다변수함수의 미분계수

다음 다변수함수가 점 $P=(1, 2, 0)$에서 미분가능한지 확인하고, 미분가능하다면 미분계수를 구하라.

$$\boldsymbol{f}(x, y, z) = \left(\frac{z}{x^2+y}, \frac{2y}{x^2+z}\right)$$

풀이

각 성분함수 $f_1(x, y, z) = \dfrac{z}{x^2+y}$, $f_2(x, y, z) = \dfrac{2y}{x^2+z}$의 편도함수는 다음과 같다.

$$\begin{aligned} (f_1)_x &= \frac{-2xz}{(x^2+y)^2}, \quad (f_1)_y = \frac{-z}{(x^2+y)^2}, \quad (f_1)_z = \frac{1}{x^2+y} \\ (f_2)_x &= \frac{-4xy}{(x^2+z)^2}, \quad (f_2)_y = \frac{2}{x^2+z}, \quad (f_2)_z = \frac{-2y}{(x^2+z)^2} \end{aligned}$$

이들은 모두 유리함수이고 점 $P=(1, 2, 0)$에서 분모가 0이 되지 않으므로, 점 P에서 연속이다. 따라서 각 성분함수는 점 P에서 미분가능하고, 다변수함수 $\boldsymbol{f}$도 점 P에서 미분가능하다. 편도함수에 점 P의 좌표를 대입하면 다음과 같이 미분계수 $D\boldsymbol{f}(P)$를 계산할 수 있다.

$$D\boldsymbol{f}(P) = \begin{bmatrix} 0 & 0 & 1/3 \\ -8 & 2 & -4 \end{bmatrix}$$

변화율의 관점에서 다변수함수의 미분계수의 의미를 살펴보자. 점 P가 벡터 $\boldsymbol{u}$의 속도로 움직일 때, 치역의 점 $f(P)$의 각 성분 y_j는 $Df_j(P)$의 속도로 변한다. 즉 점 $f(P)$가 움직이는 속도는 다음과 같다.

$$\begin{bmatrix} Df_1(P)\cdot\boldsymbol{u} \\ \vdots \\ Df_m(P)\cdot\boldsymbol{u} \end{bmatrix} = Df(P)\cdot\boldsymbol{u} \tag{5.45}$$

즉 미분계수 $Df(P)$는 점 P의 움직임 $\boldsymbol{u}$에 따른 치역의 점 $f(P)$의 움직임을 식 (5.45)와 같이 계산하는 일종의 규칙이다.

예제 5-11 다변수함수의 미분계수의 의미

영역 $D=\{(x, y)\,|\,x>0\}$ 위에 다음과 같이 정의된 이변수함수에 대해 주어진 물음에 답하라.

$$f(x, y)=\left(\log(x^2+y^2),\ \tan^{-1}\left(\frac{y}{x}\right)\right) \tag{5.46}$$

(a) 두 점 $(3, 0)$과 $(1, 0)$에서의 각 미분계수 $Df(3, 0)$과 $Df(1, 0)$을 구하라.

(b) 영역 D 위의 매개함수 $c(t)=(\cos(t)+2, \sin(t))$, $t\in[0, 2\pi]$의 치역 $f(c(t))$를 매개함수 $d(t)$로 표현하라.

(c) 두 점 $t=0$과 $t=\pi$에서의 속도벡터 $c'(0)$, $c'(\pi)$를 2×1 열벡터로 간주하고, $Df(3, 0)\cdot c'(0)$과 $Df(1, 0)\cdot c'(\pi)$를 구하라.

(d) 두 점 $t=0$과 $t=\pi$에서의 속도벡터 $d'(0)$, $d'(\pi)$를 구하고, 이 결과가 (c)와 같음을 확인하라.

풀이

(a) 각 성분함수 $u(x, y)=\log(x^2+y^2)$과 $v(x, y)=\tan^{-1}\left(\frac{y}{x}\right)$의 편도함수는 다음과 같다.

$$u_x=\frac{2x}{x^2+y^2},\quad u_y=\frac{2y}{x^2+y^2},\quad v_x=\frac{-y}{x^2+y^2},\quad v_y=\frac{x}{x^2+y^2}$$

두 점 $(3, 0)$과 $(1, 0)$에서 이들의 분모는 0이 되지 않으므로 각 점의 근방에서 모두 연속이다. 따라서 함수 (5.46)은 두 점에서 모두 미분가능하고, 미분계수 $Df(3, 0)$, $Df(1, 0)$은 각각 다음과 같다.

$$Df(3, 0)=\begin{bmatrix} 2/3 & 0 \\ 0 & 1/3 \end{bmatrix},\quad Df(1, 0)=\begin{bmatrix} 2 & 0 \\ 0 & 1 \end{bmatrix}$$

(b) 매개함수 $d(t)$는 다음과 같이 매개화된다.

$$d(t)=f(c(t))=\left(\log((\cos(t)+2)^2+\sin^2(t)),\ \tan^{-1}\left(\frac{\sin(t)}{\cos(t)+2}\right)\right)$$

(c) t에서의 매개함수 $c(t)$의 속도는 다음과 같다.

$$c'(t)=\langle -\sin(t),\ \cos(t)\rangle$$

함수 $c(t)$는 $t=0$에서 점 $(3, 0)$을 지나고, $t=\pi$에서 점 $(1, 0)$을 지난다. 이 점을 지날 때의 속도는 각각 다음과 같다.

$$c'(0)=\langle 0, 1\rangle,\ c'(\pi)=\langle 0, -1\rangle$$

따라서 $Df(3, 0)\cdot c'(0)$과 $Df(1, 0)\cdot c'(\pi)$는 다음과 같이 계산된다.

$$\begin{aligned}Df(3, 0)\cdot c'(0)&=\begin{bmatrix}\frac{2}{3} & 0\\ 0 & \frac{1}{3}\end{bmatrix}\cdot\begin{bmatrix}0\\1\end{bmatrix}=\begin{bmatrix}0\\ \frac{1}{3}\end{bmatrix}\\ Df(1, 0)\cdot c'(\pi)&=\begin{bmatrix}2 & 0\\ 0 & 1\end{bmatrix}\cdot\begin{bmatrix}0\\-1\end{bmatrix}=\begin{bmatrix}0\\-1\end{bmatrix}\end{aligned}\tag{5.47}$$

(d) 이제 매개함수 $d(t)$의 속도 $d'(t)$를 계산하자.

$$\begin{aligned}d'(t)&=\left\langle\frac{-2\sin(t)(\cos(t)+2)+2\sin(t)\cos(t)}{(\cos(t)+2)^2+\sin^2(t)},\ \frac{\frac{\cos(t)(\cos(t)+2)+\sin^2(t)}{(\cos(t)+2)^2}}{1+\left(\frac{\sin(t)}{\cos(t)+2}\right)^2}\right\rangle\\ &=\left\langle\frac{-4\sin(t)}{(\cos(t)+2)^2+\sin^2(t)},\ \frac{1+2\cos(t)}{(\cos(t)+2)^2+\sin^2(t)}\right\rangle\end{aligned}$$

따라서 두 점 $t=0$과 $t=\pi$에서의 속도벡터는 다음과 같다.

$$d'(0)=\left\langle 0,\ \frac{1}{3}\right\rangle,\ d'(\pi)=\langle 0,\ -1\rangle\tag{5.48}$$

이 결과는 식 (5.47)과 같다.

이와 같이 다변수함수 f의 미분계수 Df는 정의역의 매개함수 $c(t)$의 속도 $c'(t)$를 치역의 매개함수 $d(t)=f\circ c(t)$의 속도 $d'(t)$에 대응한다.

$$Df(c(t))\cdot c'(t)=d'(t)$$

SECTION

5.3 다변수함수의 미분의 활용

접벡터

접벡터의 개념을 미분연산자의 관점에서 살펴보자. 미분계수 $f'(x_0)$는 함수 $f(x)$에 미분연산자 $\left.\frac{d}{dx}\right|_{x_0}$를 작용한 것으로 볼 수 있다.

$$\left.\frac{d}{dx}\right|_{x_0} f(x) = f'(x_0)$$

또한 연산자 $\left.\frac{d}{dx}\right|_{x_0}$에 실수 c를 곱한 것은 다음과 같이 미분계수를 c배한 것으로서, 함수 $f(x)$에 작용하는 또 다른 연산자로 간주할 수 있다.

$$\left(c \cdot \left.\frac{d}{dx}\right|_{x_0}\right) f(x) = c \cdot f'(x_0)$$

$\left.\frac{d}{dx}\right|_{x_0}$는 점 x_0가 1의 속도로 양의 방향으로 움직일 때의 함숫값의 변화율을 구하는 연산자이고, $c \cdot \left.\frac{d}{dx}\right|_{x_0}$는 점 x_0가 c의 속도로 양의 방향으로 움직일 때의 함숫값의 변화율을 구하는 연산자이다. 즉 연산자 $\left.\frac{d}{dx}\right|_{x_0}$는 x축 위의 한 점 x_0의 움직임을 가리키며, $c \cdot \left.\frac{d}{dx}\right|_{x_0}$와 같이 스칼라곱이 가능한 벡터의 일종으로 이해할 수 있다. 이러한 의미로 $\left.\frac{d}{dx}\right|_{x_0}$를 점 x_0에서의 접벡터라 하자.

이와 비슷하게 2차원 평면에서의 접벡터를 정의할 수 있다. 이변수 실숫값함수 $f(x, y)$와 점 $\boldsymbol{x}_0 = (x_0, y_0)$에 대한 편미분연산자 $\left.\frac{\partial}{\partial x}\right|_{\boldsymbol{x}_0}$, $\left.\frac{\partial}{\partial y}\right|_{\boldsymbol{x}_0}$는 다음과 같이 함수 f에 작용한다.

$$\left.\frac{\partial}{\partial x}\right|_{\boldsymbol{x}_0} f(x, y) = f_x(\boldsymbol{x}_0), \quad \left.\frac{\partial}{\partial y}\right|_{\boldsymbol{x}_0} f(x, y) = f_y(\boldsymbol{x}_0)$$

더 나아가 임의의 두 실수 v_1, v_2에 대한 선형결합 $v_1 \left.\frac{\partial}{\partial x}\right|_{\boldsymbol{x}_0} + v_2 \left.\frac{\partial}{\partial y}\right|_{\boldsymbol{x}_0}$는 다음과 같이 함수 f에 작용하는 연산자로 간주할 수 있다.

$$\left(v_1 \left.\frac{\partial}{\partial x}\right|_{\boldsymbol{x}_0} + v_2 \left.\frac{\partial}{\partial y}\right|_{\boldsymbol{x}_0}\right) f(x, y) = v_1 f_x(\boldsymbol{x}_0) + v_2 f_y(\boldsymbol{x}_0)$$

한편, 편미분연산자 $\left.\frac{\partial}{\partial x}\right|_{\boldsymbol{x}_0}$ 와 $\left.\frac{\partial}{\partial y}\right|_{\boldsymbol{x}_0}$ 는 점 $\boldsymbol{x}_0=(x_0, y_0)$가 각각 양의 x축과 양의 y축 방향으로 1의 속도만큼 움직였을 때의 함숫값의 변화율을 계산한다. 더 나아가 이들의 선형결합 $v_1\left.\frac{\partial}{\partial x}\right|_{\boldsymbol{x}_0}+v_2\left.\frac{\partial}{\partial y}\right|_{\boldsymbol{x}_0}$ 는 점 $\boldsymbol{x}_0$가 벡터 $\boldsymbol{v}=\langle v_1, v_2\rangle$의 속도로 움직일 때의 함숫값의 변화율을 계산한다. 따라서 점 $\boldsymbol{x}_0$의 움직임을 가리키는 벡터라는 의미로 두 연산자 $\left.\frac{\partial}{\partial x}\right|_{\boldsymbol{x}_0}$ 와 $\left.\frac{\partial}{\partial y}\right|_{\boldsymbol{x}_0}$ 를 점 $\boldsymbol{x}_0$에서의 접벡터라 한다.

일반적인 n차원 공간에서의 접벡터는 다음과 같이 정의한다.

정의 5-10 접벡터

n차원 점 $\boldsymbol{x}_0$에서의 편미분연산자의 선형결합을 점 $\boldsymbol{x}_0$에서의 **접벡터**라 한다.

$$v_1\left.\frac{\partial}{\partial x_1}\right|_{\boldsymbol{x}_0}+\cdots+v_n\left.\frac{\partial}{\partial x_n}\right|_{\boldsymbol{x}_0}$$

이제 접벡터와 미분계수의 관계에 대해 살펴보자. 예를 들어 uv-평면에서 xy-평면으로 가는 이변수함수 $\boldsymbol{T}(u, v)=(x, y)$가 $T(u_0, v_0)=(x_0, y_0)$를 만족한다고 하자. 접벡터 $\left.\frac{\partial}{\partial u}\right|_{(u_0, v_0)}$ 와 $\left.\frac{\partial}{\partial v}\right|_{(u_0, v_0)}$ 는 각각 점 (u_0, v_0)가 양의 u축과 양의 v축 방향으로 단위속도로 움직임을 나타낸다. 점 (u_0, v_0)가 이와 같이 움직일 때, 치역의 점 (x_0, y_0)가 움직이는 속도는 어떻게 될까? 이를 미분계수 $D\boldsymbol{T}(u_0, v_0)$를 이용해 계산해보자.

$$D\boldsymbol{T}(u_0, v_0)=\begin{bmatrix} x_u(u_0, v_0) & x_v(u_0, v_0) \\ y_u(u_0, v_0) & y_v(u_0, v_0)\end{bmatrix}$$

점 (u_0, v_0)가 $\langle 1, 0\rangle$의 속도로 움직이면 점 (x_0, y_0)는 $\langle x_u(x_0, y_0), y_u(x_0, y_0)\rangle$의 속도로 움직인다. 이와 비슷하게 점 (u_0, v_0)가 $\langle 0, 1\rangle$의 속도로 움직이면 점 (x_0, y_0)는 $\langle x_v(x_0, y_0), y_v(x_0, y_0)\rangle$의 속도로 움직인다.

$$D\boldsymbol{T}(u_0, v_0)\cdot\begin{bmatrix}1\\0\end{bmatrix}=\begin{bmatrix}x_u(u_0, v_0)\\ y_u(u_0, v_0)\end{bmatrix},\quad D\boldsymbol{T}(u_0, v_0)\cdot\begin{bmatrix}0\\1\end{bmatrix}=\begin{bmatrix}x_v(u_0, v_0)\\ y_v(u_0, v_0)\end{bmatrix} \tag{5.49}$$

다음 이변수함수로 이 사실을 확인해보자.

$$\boldsymbol{T}(u, v)=(2u+v, -u+v)$$

uv-평면의 점 $(1, 2)$에서의 미분계수는 다음과 같다.

$$DT(1, 2) = \begin{bmatrix} 2 & 1 \\ -1 & 1 \end{bmatrix} \tag{5.50}$$

점 $(1, 2)$는 xy-평면의 점 $(4, 1)$에 대응된다. 점 $(1, 2)$가 벡터 $\langle -1, 3 \rangle$의 속도로 움직일 때, 점 $(4, 1)$의 이동속도는 $\langle 1, 4 \rangle$이고, 이는 다음과 같이 계산된다.

$$\begin{bmatrix} 2 & 1 \\ -1 & 1 \end{bmatrix} \cdot \begin{bmatrix} -1 \\ 3 \end{bmatrix} = \begin{bmatrix} 1 \\ 4 \end{bmatrix} \tag{5.51}$$

접벡터의 관점에서 식 (5.49)와 (5.51)의 결과를 다시 해석해보자. 접벡터는 함수의 변화율을 계산하는 연산자이다. 접벡터 $\left.\frac{\partial}{\partial x}\right|_{(x_0, y_0)}$와 $\left.\frac{\partial}{\partial y}\right|_{(x_0, y_0)}$는 xy-평면의 점 (x_0, y_0)에서의 이변수 함수 $f(x, y)$의 변화율을 계산한다. 한편, uv-평면 위에 정의된 합성함수 $f \circ \boldsymbol{T}(u, v)$를 생각해보자. 편의상 이 기호를 $f(u, v) = f \circ \boldsymbol{T}(u, v)$로 표기하자. 이때 접벡터 $\left.\frac{\partial}{\partial u}\right|_{(u_0, v_0)}$와 $\left.\frac{\partial}{\partial v}\right|_{(u_0, v_0)}$는 점 (u_0, v_0)에서의 함수 $f(u, v)$의 변화율을 계산한다. 식 (5.49)에 따르면 점 (u_0, v_0)가 $\left.\frac{\partial}{\partial u}\right|_{(u_0, v_0)}$로 이동할 때의 함숫값 $f(u, v)$의 변화율은 점 (x_0, y_0)가 $x_u(x_0, y_0)\left.\frac{\partial}{\partial x}\right|_{(x_0, y_0)} + y_u(x_0, y_0)\left.\frac{\partial}{\partial y}\right|_{(x_0, y_0)}$만큼 이동할 때의 함숫값 $f(x, y)$의 변화율과 같다. 즉 이 두 접벡터는 서로 같다.

$$\left.\frac{\partial}{\partial u}\right|_{(u_0, v_0)} = x_u(u_0, v_0)\left.\frac{\partial}{\partial x}\right|_{(x_0, y_0)} + y_u(u_0, v_0)\left.\frac{\partial}{\partial y}\right|_{(x_0, y_0)}$$

마찬가지로 접벡터 $\left.\frac{\partial}{\partial v}\right|_{(u_0, v_0)}$는 다음과 같다.

$$\left.\frac{\partial}{\partial v}\right|_{(u_0, v_0)} = x_v(u_0, v_0)\left.\frac{\partial}{\partial x}\right|_{(x_0, y_0)} + y_v(u_0, v_0)\left.\frac{\partial}{\partial y}\right|_{(x_0, y_0)}$$

이를 식 (5.50)에 대입하면 다음 식을 얻는다.

$$\left.\frac{\partial}{\partial u}\right|_{(1, 2)} = 2\left.\frac{\partial}{\partial x}\right|_{(4, 1)} - \left.\frac{\partial}{\partial y}\right|_{(4, 1)}$$
$$\left.\frac{\partial}{\partial v}\right|_{(1, 2)} = \left.\frac{\partial}{\partial x}\right|_{(4, 1)} + \left.\frac{\partial}{\partial y}\right|_{(4, 1)}$$

식 (5.51)과 같이 uv-평면의 점 $(1, 2)$가 $\langle -1, 3\rangle$의 속도로 움직일 때, xy-평면의 점 $(4, 1)$이 움직이는 속도 $\langle 1, 4\rangle$는 다음과 같이 표현된다.

$$\begin{aligned} -\frac{\partial}{\partial u}\bigg|_{(1,\,2)} + 3\frac{\partial}{\partial v}\bigg|_{(1,\,2)} &= -\left(2\frac{\partial}{\partial x}\bigg|_{(4,\,1)} - \frac{\partial}{\partial y}\bigg|_{(4,\,1)}\right) + 3\left(\frac{\partial}{\partial x}\bigg|_{(4,\,1)} + \frac{\partial}{\partial y}\bigg|_{(4,\,1)}\right) \\ &= \frac{\partial}{\partial x}\bigg|_{(4,\,1)} + 4\frac{\partial}{\partial y}\bigg|_{(4,\,1)} \end{aligned}$$

이 관계는 [그림 5-8]과 같이 화살표로도 표현할 수 있다. [그림 5-8(a)]는 uv-평면의 점 $(1, 2)$의 속도 $\langle -1, 3\rangle$을 화살표로 표현한 것이고, [그림 5-8(b)]는 xy-평면의 점 $(4, 1)$의 속도 $\langle 1, 4\rangle$를 화살표로 표현한 것이다. 점 $(4, 1)$이 $\langle 1, 4\rangle$의 속도로 움직일 때 함수 $f(x, y)$의 변화율을 함수 $f(u, v)$로 재현하기 위해서는 점 $(1, 2)$를 $\langle -1, 3\rangle$의 속도로 움직여야 한다.

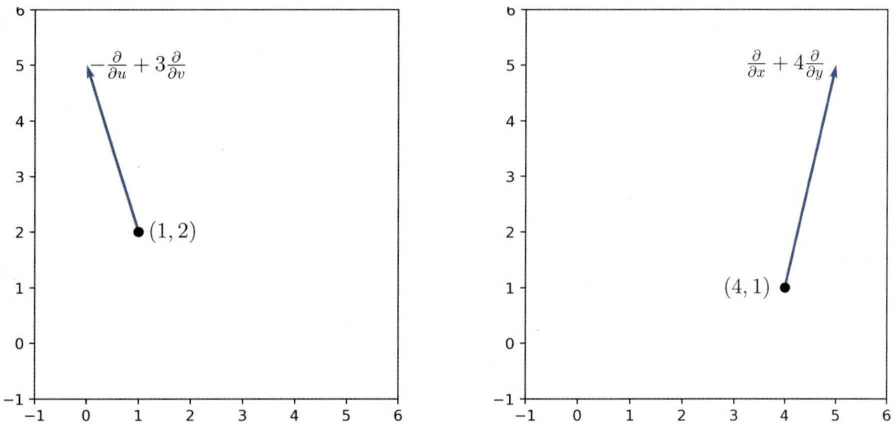

(a) uv-평면 위의 접벡터

(b) xy-평면 위의 접벡터

[그림 5-8] 서로 다른 공간의 접벡터 사이의 관계

이 개념을 이용해 2차원 평면의 극좌표변환에 관한 접벡터의 의미를 살펴보자. 먼저 $r\theta$-평면에서 xy-평면으로의 극좌표변환 $\boldsymbol{T}$를 다음과 같이 정의해보자.

$$\boldsymbol{T}(r, \theta) = (r\cos(\theta), r\sin(\theta))$$

이 함수의 미분계수는 다음과 같다.

$$DT(r, \theta) = \begin{bmatrix} \cos(\theta) & -r\sin(\theta) \\ \sin(\theta) & r\cos(\theta) \end{bmatrix}$$

이 미분계수를 통해 $r\theta$-평면의 접벡터를 xy-평면의 접벡터로 다음과 같이 표현할 수 있다.

$$\begin{aligned} \left.\frac{\partial}{\partial r}\right|_{(r,\,\theta)} &= \cos(\theta)\left.\frac{\partial}{\partial x}\right|_{(x,\,y)} + \sin(\theta)\left.\frac{\partial}{\partial y}\right|_{(x,\,y)} \\ \left.\frac{\partial}{\partial \theta}\right|_{(r,\,\theta)} &= -r\sin(\theta)\left.\frac{\partial}{\partial x}\right|_{(x,\,y)} + r\cos(\theta)\left.\frac{\partial}{\partial y}\right|_{(x,\,y)} \end{aligned} \tag{5.52}$$

이제 식 (5.52)의 의미를 알아보자. 접벡터 $\left.\frac{\partial}{\partial r}\right|_{(r,\,\theta)}$ 는 사잇각 θ를 고정하고 반지름 r을 단위속도로 증가시키는 것을 의미한다. 이는 점 $(x,\,y)$를 $\langle\cos(\theta),\,\sin(\theta)\rangle$의 속도로 움직이는 것과 같다. 한편, 접벡터 $\left.\frac{\partial}{\partial \theta}\right|_{(r,\,\theta)}$ 는 반지름이 r인 원의 원주를 따라 등각속도로 움직임을 의미한다. 이는 $\langle -r\sin(\theta),\,r\cos(\theta)\rangle$의 속도로 움직이는 것과 같다. 다음 파이썬 코드를 구현하면 [그림 5-9]를 얻을 수 있다.

```
# 극좌표계의 접벡터를 화살표로 표현
fig = plt.figure(figsize=plt.figaspect(0.5))
rr, tt = np.meshgrid(np.linspace(.2, 3, 6),
np.linspace(-2*np.pi, 2*np.pi, 20))
ax = fig.add_subplot(121)
ax.quiver(rr*np.cos(tt), rr*np.sin(tt), np.cos(tt), np.sin(tt),
color='C0')
ax = fig.add_subplot(122)
ax.quiver(rr*np.cos(tt), rr*np.sin(tt), -rr*np.sin(tt),
rr*np.cos(tt), color='C0')
```

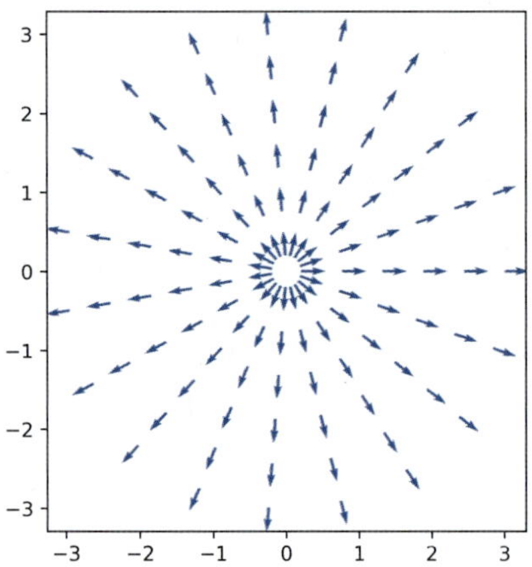

(a) 접벡터 $\left.\frac{\partial}{\partial r}\right|_{(r,\,\theta)}$

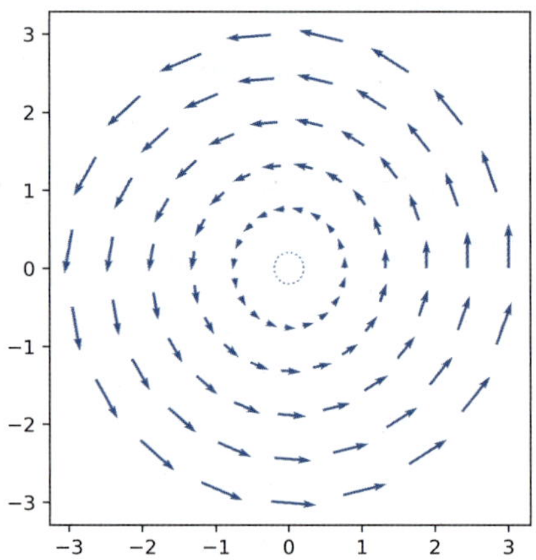

(b) 접벡터 $\left.\frac{\partial}{\partial \theta}\right|_{(r,\,\theta)}$

[그림 5-9] 극좌표계 접벡터의 기하적 표현

[그림 5-9(a)]는 접벡터 $\left.\frac{\partial}{\partial r}\right|_{(r,\theta)}$ 를, [그림 5-9(b)]는 접벡터 $\left.\frac{\partial}{\partial \theta}\right|_{(r,\theta)}$ 를 xy-평면의 화살표로 나타낸 것이다. 각 그림과 같이 $\left.\frac{\partial}{\partial r}\right|_{(r,\theta)}$ 는 원점으로부터 방사형으로 뻗어나가는 형태이고, $\left.\frac{\partial}{\partial \theta}\right|_{(r,\theta)}$ 는 원주를 따라 반시계방향으로 돌아가는 형태이다. 이처럼 $\left.\frac{\partial}{\partial r}\right|_{(r,\theta)}$ 와 $\left.\frac{\partial}{\partial \theta}\right|_{(r,\theta)}$ 는 xy-평면에서 방향과 크기가 변함을 알 수 있다.

이번에는 다음과 같은 3차원 구면좌표변환을 생각해보자. $\rho\theta\phi$-공간에서 xyz-공간으로의 변환 $\boldsymbol{T}$는 다음과 같다.

$$\boldsymbol{T}(\rho, \theta, \phi) = (x, y, z) = (\rho\sin(\theta)\cos(\phi), \rho\sin(\theta)\sin(\phi), \rho\cos(\theta))$$

이때 미분계수 $D\boldsymbol{T}$는 다음과 같다.

$$D\boldsymbol{T} = \begin{bmatrix} \sin(\theta)\cos(\phi) & \rho\cos(\theta)\cos(\phi) & -\rho\sin(\theta)\sin(\phi) \\ \sin(\theta)\sin(\phi) & \rho\cos(\theta)\sin(\phi) & \rho\sin(\theta)\cos(\phi) \\ \cos(\theta) & -\rho sin(\theta) & 0 \end{bmatrix}$$

편의상 $\Big|_{(\rho,\theta,\phi)}$, $\Big|_{(x,y,z)}$ 기호를 생략하자. 그리고 접벡터 $\frac{\partial}{\partial \rho}$, $\frac{\partial}{\partial \theta}$, $\frac{\partial}{\partial \phi}$를 xyz-공간의 접벡터 $\frac{\partial}{\partial x}$, $\frac{\partial}{\partial y}$, $\frac{\partial}{\partial z}$의 선형결합으로 다음과 같이 표현하자.

$$\begin{aligned}
\frac{\partial}{\partial \rho} &= x_\rho\frac{\partial}{\partial x} + y_\rho\frac{\partial}{\partial y} + z_\rho\frac{\partial}{\partial z} = \sin(\theta)\cos(\phi)\frac{\partial}{\partial x} + \sin(\theta)\sin(\phi)\frac{\partial}{\partial y} + \cos(\theta)\frac{\partial}{\partial z} \\
\frac{\partial}{\partial \theta} &= x_\theta\frac{\partial}{\partial x} + y_\theta\frac{\partial}{\partial y} + z_\theta\frac{\partial}{\partial z} = \rho\cos(\theta)\cos(\phi)\frac{\partial}{\partial x} + \rho\cos(\theta)\sin(\phi)\frac{\partial}{\partial y} - \rho\sin(\theta)\frac{\partial}{\partial z} \\
\frac{\partial}{\partial \phi} &= x_\phi\frac{\partial}{\partial x} + y_\phi\frac{\partial}{\partial y} + z_\phi\frac{\partial}{\partial z} = -\rho\sin(\theta)\sin(\phi)\frac{\partial}{\partial x} + \rho\sin(\theta)\cos(\phi)\frac{\partial}{\partial y}
\end{aligned}$$

다음 파이썬 코드를 구현하면 접벡터 $\frac{\partial}{\partial \rho}$, $\frac{\partial}{\partial \theta}$, $\frac{\partial}{\partial \phi}$를 단위구면 위에 순서대로 표현할 수 있고, 그 결과는 [그림 5-10]과 같다.

```
# 구면좌표계의 접벡터를 화살표로 표현
tt, pp = np.meshgrid(np.linspace(0, np.pi, 20), np.linspace(0,
2*np.pi, 20))
xx, yy, zz = np.sin(tt)*np.cos(pp), np.sin(tt)*np.sin(pp),
np.cos(tt)
fig = plt.figure(figsize=plt.figaspect(1/3))
ax = fig.add_subplot(131, projection='3d')
quiver_param = {
    'length': .1,
```

```
    'arrow_length_ratio': .3,
}
ax.quiver(xx, yy, zz,
          np.sin(tt)*np.cos(pp), np.sin(tt)*np.sin(pp),
np.cos(tt), **quiver_param)
ax = fig.add_subplot(132, projection='3d')
ax.quiver(xx, yy, zz,
          np.cos(tt)*np.cos(pp), np.cos(tt)*np.sin(pp),
-np.sin(tt), **quiver_param)
ax = fig.add_subplot(133, projection='3d')
ax.quiver(xx, yy, zz,
          -np.sin(tt)*np.sin(pp), np.sin(tt)*np.cos(pp), 0,
**quiver_param)
```

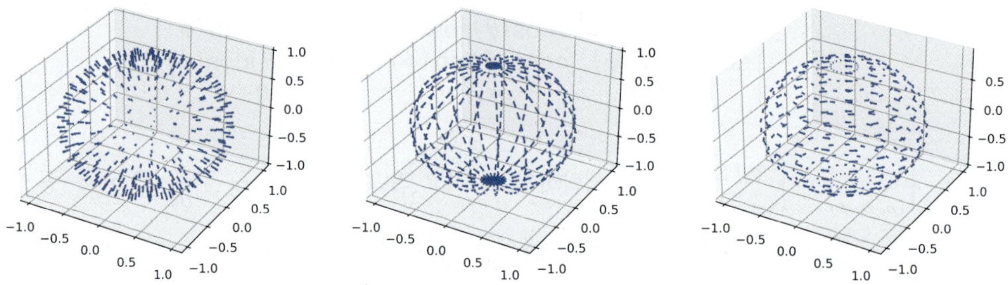

(a) 접벡터 $\frac{\partial}{\partial \rho}$ (b) 접벡터 $\frac{\partial}{\partial \theta}$ (c) 접벡터 $\frac{\partial}{\partial \phi}$

[그림 5-10] 구면좌표계 접벡터의 기하적 표현

접벡터 $\frac{\partial}{\partial \rho}$는 경도와 위도를 고정한 채, 원점으로부터의 거리만 단위속도로 늘어남을 의미한다. 따라서 $\frac{\partial}{\partial \rho}$는 [그림 5-10(a)]와 같이 구면에 수직인 방향으로 뻗어나가는 화살표로 표현된다. 한편, 접벡터 $\frac{\partial}{\partial \theta}$는 구의 반지름과 경도를 고정하고, 위도만 단위속도로 변함을 의미한다. 따라서 각 벡터는 위도선을 따르는 화살표로 [그림 5-10(b)]와 같이 표현된다. 마지막으로 접벡터 $\frac{\partial}{\partial \phi}$는 구의 반지름과 위도를 고정하고 경도만 일정하게 바뀜을 의미한다. 따라서 [그림 5-10(c)]와 같이 표현된다.

한편 접벡터 사이의 관계는 역함수를 통해서도 동일하게 얻을 수 있다. 예를 들어 극좌표변환의 역함수 $\boldsymbol{T}^{-1}(x, y) = (r, \theta)$를 통해 $\frac{\partial}{\partial x}$, $\frac{\partial}{\partial y}$와 접벡터 $\frac{\partial}{\partial r}$, $\frac{\partial}{\partial \theta}$ 사이의 관계를 살펴보자. 먼저 $\boldsymbol{T}^{-1}$의 미분계수는 다음과 같다.

$$D\boldsymbol{T}^{-1} = \begin{bmatrix} r_x & r_y \\ \theta_x & \theta_y \end{bmatrix}$$

따라서 접벡터 $\frac{\partial}{\partial x}$와 $\frac{\partial}{\partial y}$는 다음과 같이 기술된다.

$$\begin{aligned}\frac{\partial}{\partial x} &= r_x \frac{\partial}{\partial r} + \theta_x \frac{\partial}{\partial \theta} \\ \frac{\partial}{\partial y} &= r_y \frac{\partial}{\partial r} + \theta_y \frac{\partial}{\partial \theta}\end{aligned}$$

$x \neq 0$인 경우 $r = r(x, y)$, $\theta = \theta(x, y)$는 다음과 같다.

$$r(x, y) = \sqrt{x^2 + y^2}, \quad \theta(x, y) = \begin{cases} \tan^{-1}\left(\frac{y}{x}\right), & x > 0 \\ \tan^{-1}\left(\frac{y}{x}\right) + \pi, & x < 0 \end{cases} \tag{5.53}$$

만약 $x = 0$이면 $\theta(x, y)$를 다음과 같이 정의하자.

$$\theta(x, y) = \begin{cases} \cos^{-1}\left(\frac{x}{\sqrt{x^2 + y^2}}\right), & y > 0 \\ \cos^{-1}\left(\frac{x}{\sqrt{x^2 + y^2}}\right) + \pi, & y < 0 \end{cases}$$

식 (5.53)으로부터 $r = r(x, y)$와 $\theta = \theta(x, y)$의 편미분계수는 각각 다음과 같이 계산된다.

$$\begin{aligned} r_x &= \frac{2x}{2\sqrt{x^2 + y^2}} = \cos(\theta), \quad r_y = \frac{2y}{2\sqrt{x^2 + y^2}} = \sin(\theta) \\ \theta_x &= \frac{\frac{-y}{x}}{1 + \left(\frac{y}{x}\right)^2} = \frac{-y}{x^2 + y^2} = -\frac{\sin(\theta)}{r}, \quad \theta_y = \frac{\frac{1}{x}}{1 + \left(\frac{y}{x}\right)^2} = \frac{x}{x^2 + y^2} = \frac{\cos(\theta)}{r} \end{aligned}$$

따라서 접벡터 $\frac{\partial}{\partial x}$와 $\frac{\partial}{\partial y}$는 다음과 같다.

$$\begin{aligned}\frac{\partial}{\partial x} &= \cos(\theta) \frac{\partial}{\partial r} - \frac{\sin(\theta)}{r} \frac{\partial}{\partial \theta} \\ \frac{\partial}{\partial y} &= \sin(\theta) \frac{\partial}{\partial r} + \frac{\cos(\theta)}{r} \frac{\partial}{\partial \theta}\end{aligned}$$

이와 같은 접벡터 사이의 관계를 다음 예제를 통해 살펴보자.

예제 5-12 극좌표계 접벡터의 활용

점 $(r, \theta)=\left(2, \frac{3\pi}{4}\right)$에서 함수 $f(x, y)=\sin(r)\theta$의 그래디언트를 구하라.

풀이

주어진 극좌표는 xy-평면의 점 $(-\sqrt{2}, \sqrt{2})$에 대응된다. 이 점에서 역함수의 미분계수 $D(\boldsymbol{T}^{-1})$는 다음과 같다.

$$D(\boldsymbol{T}^{-1})(-\sqrt{2}, \sqrt{2})=\frac{1}{2}\begin{bmatrix}-\sqrt{2} & \sqrt{2} \\ \frac{-1}{\sqrt{2}} & \frac{1}{\sqrt{2}}\end{bmatrix}$$

따라서 점 $(r, \theta)=\left(2, \frac{3\pi}{4}\right)$에서의 접벡터 $\frac{\partial}{\partial x}$와 $\frac{\partial}{\partial y}$는 다음과 같이 표현된다.

$$\frac{\partial}{\partial x}=-\frac{1}{\sqrt{2}}\frac{\partial}{\partial r}-\frac{1}{2\sqrt{2}}\frac{\partial}{\partial \theta}$$
$$\frac{\partial}{\partial y}=\frac{1}{\sqrt{2}}\frac{\partial}{\partial r}-\frac{1}{2\sqrt{2}}\frac{\partial}{\partial \theta}$$

편미분계수 $f_x(-\sqrt{2}, \sqrt{2})$와 $f_y(-\sqrt{2}, \sqrt{2})$는 각각 다음과 같다.

$$\begin{aligned}\frac{\partial f}{\partial x}&=-\frac{1}{\sqrt{2}}\cos(r)\theta-\frac{1}{2\sqrt{2}}\sin(r)\\&=-\frac{1}{\sqrt{2}}\cos(2)\frac{3\pi}{4}-\frac{1}{2\sqrt{2}}\sin(2)\approx 0.37169\end{aligned}$$

$$\begin{aligned}\frac{\partial f}{\partial y}&=\frac{1}{\sqrt{2}}\cos(r)\theta-\frac{1}{2\sqrt{2}}\sin(r)\\&=\frac{1}{\sqrt{2}}\cos(2)\frac{3\pi}{4}-\frac{1}{2\sqrt{2}}\sin(2)\approx -1.0149\end{aligned}$$

따라서 그래디언트 $\nabla f(-\sqrt{2}, \sqrt{2})$는 대략 $\langle 0.37, -1.01\rangle$이다.

등각사상과 조화함수

미분계수 $D\boldsymbol{T}(u_0, v_0)$는 두 평면의 접벡터 사이의 변환이다. uv-평면의 접벡터의 쌍 $\boldsymbol{u}_1$, $\boldsymbol{u}_2$가 xy-평면의 접벡터의 쌍 $\boldsymbol{v}_1$, $\boldsymbol{v}_2$로 변환되었을 때, 두 벡터의 사잇값이 항상 같으면 이변수함수 $\boldsymbol{T}$를 등각사상이라 한다.

정의 5-11 등각사상

미분가능한 이변수함수 $\boldsymbol{T}(u, v) = (x, y)$가 $\boldsymbol{T}(u_0, v_0) = (x_0, y_0)$를 만족한다고 하자. 미분계수 $D\boldsymbol{T}(u_0, v_0)$에 의해 점 (u_0, v_0)에서의 접벡터 $\boldsymbol{u}_1$, $\boldsymbol{u}_2$가 점 (x_0, y_0)에서의 접벡터 $\boldsymbol{v}_1$, $\boldsymbol{v}_2$로 변환된다고 할 때, 항상 다음이 성립하는 경우 함수 $\boldsymbol{T}$를 **등각사상** conformal mapping이라 한다.

$$\frac{\langle \boldsymbol{u}_1, \boldsymbol{u}_2 \rangle}{\|\boldsymbol{u}_1\| \cdot \|\boldsymbol{u}_2\|} = \frac{\langle \boldsymbol{v}_1, \boldsymbol{v}_2 \rangle}{\|\boldsymbol{v}_1\| \cdot \|\boldsymbol{v}_2\|} \tag{5.54}$$

[정의 5-11]을 통해 이변수함수가 등각사상이 되기 위한 조건을 살펴보자. 식 (5.30)에 따라 임의의 두 실수 u_1, u_2에 대해 접벡터 $u_1 \frac{\partial}{\partial u}\Big|_{(u_0, v_0)} + u_2 \frac{\partial}{\partial v}\Big|_{(u_0, v_0)}$ 는 다음과 같이 표현된다.

$$\begin{aligned} & u_1 \frac{\partial}{\partial u}\Big|_{(u_0, v_0)} + u_2 \frac{\partial}{\partial v}\Big|_{(u_0, v_0)} \\ &= u_1\left(x_u \frac{\partial}{\partial x}\Big|_{(x_0, y_0)} + y_u \frac{\partial}{\partial y}\Big|_{(x_0, y_0)}\right) + u_2\left(x_v \frac{\partial}{\partial x}\Big|_{(x_0, y_0)} + y_v \frac{\partial}{\partial y}\Big|_{(x_0, y_0)}\right) \\ &= (x_u u_1 + x_v u_2)\frac{\partial}{\partial x}\Big|_{(x_0, y_0)} + (y_u u_1 + y_v u_2)\frac{\partial}{\partial y}\Big|_{(x_0, y_0)} \end{aligned}$$

이때 계수 u_1, u_2와 v_1, v_2 사이의 관계를 다음과 같이 행렬곱으로 표현할 수 있다.

$$\begin{bmatrix} v_1 & v_2 \end{bmatrix} = \begin{bmatrix} u_1 & u_2 \end{bmatrix} \begin{bmatrix} x_u & x_v \\ y_u & y_v \end{bmatrix}$$

이제 식 (5.54)의 접벡터 $\boldsymbol{u}_i$, $\boldsymbol{v}_i (i = 1, 2)$를 각각 다음과 같이 표기하자.

$$\boldsymbol{u}_i = u_1^{(i)} \frac{\partial}{\partial u}\Big|_{(u_0, v_0)} + u_2^{(i)} \frac{\partial}{\partial v}\Big|_{(u_0, v_0)}, \quad \boldsymbol{v}_i = v_1^{(i)} \frac{\partial}{\partial x}\Big|_{(x_0, y_0)} + v_2^{(i)} \frac{\partial}{\partial y}\Big|_{(x_0, y_0)}, \quad i = 1,2$$

이때 식 (5.54)는 다음과 같이 표현된다.

$$\frac{\begin{bmatrix} u_1^{(1)} & u_2^{(1)} \end{bmatrix} \begin{bmatrix} u_1^{(2)} \\ u_2^{(2)} \end{bmatrix}}{\sqrt{\begin{bmatrix} u_1^{(1)} & u_2^{(1)} \end{bmatrix} \begin{bmatrix} u_1^{(1)} \\ u_2^{(1)} \end{bmatrix}} \sqrt{\begin{bmatrix} u_1^{(2)} & u_2^{(2)} \end{bmatrix} \begin{bmatrix} u_1^{(2)} \\ u_2^{(2)} \end{bmatrix}}} = \frac{\begin{bmatrix} v_1^{(1)} & v_2^{(1)} \end{bmatrix} \begin{bmatrix} v_1^{(2)} \\ v_2^{(2)} \end{bmatrix}}{\sqrt{\begin{bmatrix} v_1^{(1)} & v_2^{(1)} \end{bmatrix} \begin{bmatrix} v_1^{(1)} \\ v_2^{(1)} \end{bmatrix}} \sqrt{\begin{bmatrix} v_1^{(2)} & v_2^{(2)} \end{bmatrix} \begin{bmatrix} v_1^{(2)} \\ v_2^{(2)} \end{bmatrix}}} \tag{5.55}$$

식 (5.55)에서 우변의 항은 다음과 같은 행렬 연산으로 계산할 수 있다.

$$\begin{aligned}\begin{bmatrix} v_1^{(i)} & v_2^{(i)} \end{bmatrix}\begin{bmatrix} v_1^{(j)} \\ v_2^{(j)} \end{bmatrix} &= \begin{bmatrix} u_1^{(i)} & u_2^{(i)} \end{bmatrix}\begin{bmatrix} x_u & x_v \\ y_u & y_v \end{bmatrix}\begin{bmatrix} x_u & x_v \\ y_u & y_v \end{bmatrix}^{\mathrm{T}}\begin{bmatrix} u_1^{(j)} \\ u_2^{(j)} \end{bmatrix} \\ &= \begin{bmatrix} u_1^{(i)} & u_2^{(i)} \end{bmatrix}\begin{bmatrix} x_u & x_v \\ y_u & y_v \end{bmatrix}\begin{bmatrix} x_u & y_u \\ x_v & y_v \end{bmatrix}\begin{bmatrix} u_1^{(j)} \\ u_2^{(j)} \end{bmatrix}\end{aligned} \tag{5.56}$$

만약 $\begin{bmatrix} x_u & x_v \\ y_u & y_v \end{bmatrix}\begin{bmatrix} x_u & y_u \\ x_v & y_v \end{bmatrix}$가 항등행렬 또는 항등행렬의 스칼라곱이면 식 (5.55)가 성립함을 알 수 있다.

예제 5-13 등각사상

원점을 제외한 좌표평면 전체에서 다음과 같이 정의된 이변수함수가 등각사상임을 보여라.

$$T(u, v) = \left(\frac{u}{u^2+v^2}, \frac{-v}{u^2+v^2} \right) \tag{5.57}$$

풀이

주어진 함수의 미분계수 DT는 다음과 같다.

$$\begin{bmatrix} x_u & x_v \\ y_u & y_v \end{bmatrix} = \begin{bmatrix} \dfrac{-u^2+v^2}{(u^2+v^2)^2} & \dfrac{-2uv}{(u^2+v^2)^2} \\ \dfrac{2uv}{(u^2+v^2)^2} & \dfrac{-u^2+v^2}{(u^2+v^2)^2} \end{bmatrix} = \frac{1}{(u^2+v^2)^2}\begin{bmatrix} -u^2+v^2 & -2uv \\ 2uv & -u^2+v^2 \end{bmatrix}$$

따라서 행렬곱 $\begin{bmatrix} x_u & x_v \\ y_u & y_v \end{bmatrix}\begin{bmatrix} x_u & y_u \\ x_v & y_v \end{bmatrix}$는 다음과 같다.

$$\frac{1}{(u^2+v^2)^4} \cdot \begin{bmatrix} -u^2+v^2 & -2uv \\ 2uv & -u^2+v^2 \end{bmatrix}\begin{bmatrix} -u^2+v^2 & -2uv \\ -2uv & -u^2+v^2 \end{bmatrix} = \frac{1}{(u^2+v^2)^2}\begin{bmatrix} 1 & 0 \\ 0 & 1 \end{bmatrix}$$

따라서 식 (5.56)은 다음과 같이 표현된다.

$$\begin{bmatrix} v_1^{(i)} & v_2^{(i)} \end{bmatrix}\begin{bmatrix} v_1^{(j)} \\ v_2^{(j)} \end{bmatrix} = \frac{1}{(u^2+v^2)^2}\begin{bmatrix} u_1^{(i)} & u_2^{(i)} \end{bmatrix}\begin{bmatrix} u_1^{(j)} \\ u_2^{(j)} \end{bmatrix}$$

위 식을 식 (5.55)의 우변에 대입하면 양변이 서로 같음을 확인할 수 있다.

[그림 5-11]을 통해 등각사상의 의미를 기하적으로 살펴보자. [그림 5-11(a)]와 [그림 5-11(b)]는 함수 (5.57)에 의해 단위원 외부 곡선(점선)이 단위원 내부 곡선(실선)으로 사상되는 형태를 나타낸 것이다.

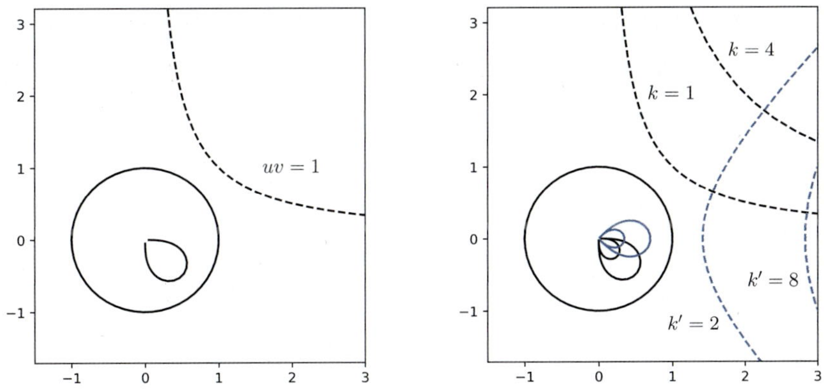

(a) 함수 (5.57)에 의한 쌍곡선의 변환 (b) 직교하는 두 쌍곡선의 치역 곡선

[그림 5-11] 등각사상의 기하적 의미

먼저 [그림 5-11(a)]는 uv-평면의 쌍곡선 $uv=1$이 $\boldsymbol{T}$에 의해 xy-평면의 단위원 내부에 있는 곡선으로 대응되는 형태를 나타낸 것이다(편의상 uv-평면과 xy-평면을 하나의 평면에 겹쳐서 그렸다).

한편, [그림 5-11(b)]는 상수 $k=1,\ 4$와 $k'=2,\ 8$에 대한 쌍곡선 $uv=k$(검은색 점선)와 쌍곡선 $u^2-v^2=k'$(파란색 점선)이 함수 $\boldsymbol{T}$에 의해 단위원 내부에 있는 곡선으로 대응되는 형태를 나타낸 것이다(서로 대응되는 곡선은 같은 색으로 표시했다). 단위원 외부의 두 쌍곡선은 서로 직교하며, 단위원 내부에 있는 두 곡선의 치역 곡선도 서로 직교한다. 그 이유는 함수 (5.57)이 등각사상이기 때문이다. 이처럼 등각사상은 교차하는 두 곡선의 사잇각을 항상 보존한다. 다음 예제를 통해 등각사상이 아닌 경우를 살펴보자.

예제 5-14 등각사상이 아닌 예

선형변환 $\boldsymbol{T}(u,\ v)=(2u,\ v)$가 등각사상이 아님을 보여라.

풀이

등각사상의 정의에 대한 식 (5.54)가 성립하지 않는 예를 하나 찾아보자. 다음은 직교하는 uv-평면의 두 접벡터이다.

$$\boldsymbol{u}_1=\frac{\partial}{\partial u}+\frac{\partial}{\partial v},\quad \boldsymbol{u}_2=\frac{\partial}{\partial u}-\frac{\partial}{\partial v}$$

[그림 5-12(a)]는 두 벡터 $\boldsymbol{u}_1,\ \boldsymbol{u}_2$를 화살표로 나타낸 것이다. 이를 통해 사잇각은 $\frac{\pi}{2}$임을 알 수 있다. 한편 미분계수는 $D\boldsymbol{T}=\begin{bmatrix}2 & 0\\ 0 & 1\end{bmatrix}$이므로, 두 접벡터는 xy-평면의 접벡터로 다음과 같이 나타낼 수 있다.

$$\boldsymbol{v}_1=2\frac{\partial}{\partial x}+\frac{\partial}{\partial y},\quad \boldsymbol{v}_2=2\frac{\partial}{\partial x}-\frac{\partial}{\partial y}$$

이때 두 벡터 $\boldsymbol{v}_1$과 $\boldsymbol{v}_2$의 사잇각은 $\cos^{-1}\left(\frac{3}{5}\right) \approx 0.927\,[\text{rad}]$이다. 즉 선형변환 $\boldsymbol{T}$는 두 벡터 $\boldsymbol{u}_1$, $\boldsymbol{u}_2$의 사잇각을 보존하지 않는다. [그림 5-12(b)]는 접벡터 $\boldsymbol{v}_1$, $\boldsymbol{v}_2$를 xy-평면에 나타낸 것이다.

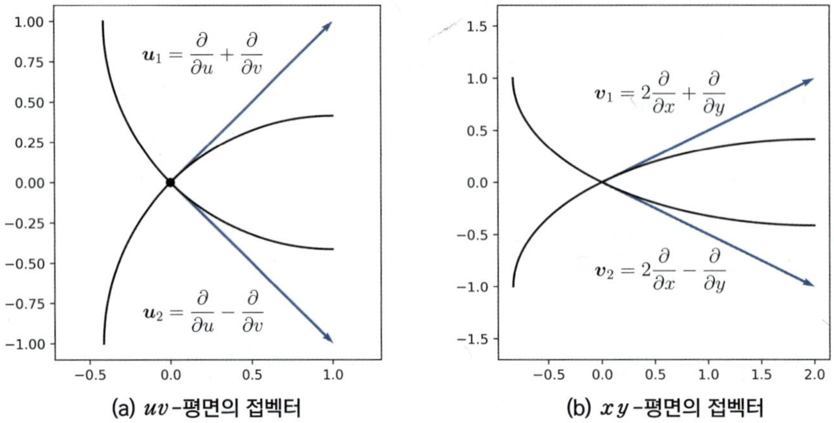

[그림 5-12] 등각사상이 아닌 예

다음 정리는 이변수함수 $\boldsymbol{T}(u, v) = (x, y)$의 등각사상에 관한 충분조건을 제시한다.

정리 5-5 등각사상의 충분조건

이변수함수 $\boldsymbol{T}(u, v) = (x, y)$가 모든 점 (u, v)에서 미분가능하고, 다음 두 식을 만족하면 $\boldsymbol{T}$는 등각사상이다.

$$x_u = y_v,\ x_v = -y_u \tag{5.58}$$ [5]

식 (5.58)을 만족하는 미분계수 DT는 다음과 같이 표현된다.

$$DT = \begin{bmatrix} x_u & x_v \\ -x_v & x_u \end{bmatrix}$$

이때 식 (5.56)에서 등장한 행렬곱 $\begin{bmatrix} x_u & x_v \\ y_u & y_v \end{bmatrix}\begin{bmatrix} x_u & y_u \\ x_v & y_v \end{bmatrix}$는 다음과 같다.

$$\begin{bmatrix} x_u & -x_v \\ x_v & x_u \end{bmatrix}\begin{bmatrix} x_u & x_v \\ -x_v & x_u \end{bmatrix} = (x_u^2 + x_v^2)\begin{bmatrix} 1 & 0 \\ 0 & 1 \end{bmatrix}$$

5 이 방정식은 복소해석학에서 **코시-리만 방정식**(Cauchy-Riemann equation)으로 알려져 있다. 참고로 복소해석학(complex analysis)은 복소변수로 이루어진 복소함수의 성질을 다루는 수학의 한 분야이다. 이와 관련한 자세한 내용은 [참고자료 ❸]에서 확인할 수 있다.

따라서 식 (5.56)과 같이 $\boldsymbol{T}$는 등각사상임을 알 수 있다.

예제 5-15 등각사상의 예

다음 이변수함수가 등각사상임을 보여라.

$$T(u, v) = (u^2 - v^2, 2uv)$$

풀이

주어진 함수에 대해 식 (5.58)을 계산하면 다음이 성립한다.

$$x_u = 2u = y_v, \quad x_v = -2v = -y_u$$

따라서 주어진 함수는 등각사상이다.

다음은 앞으로 중요하게 사용될 등각사상이다.

$$\boldsymbol{T}(u, v) = \left(\frac{2u}{u^2 + (1-v)^2}, \frac{1-u^2-v^2}{u^2+(1-v)^2}\right) \tag{5.59}$$

식 (5.59)를 식 (5.58)에 대입하면 함수 $\boldsymbol{T}$가 등각사상임을 확인할 수 있다.

$$\frac{\partial}{\partial u}\left(\frac{2u}{u^2+(1-v)^2}\right) = \frac{2(1-v)^2 - 2u^2}{u^2+(1-v)^2} = \frac{\partial}{\partial v}\left(\frac{1-u^2-v^2}{u^2+(1-v)^2}\right)$$
$$\frac{\partial}{\partial v}\left(\frac{1-u^2-v^2}{u^2+(1-v)^2}\right) = \frac{2(1-v)^2 - 2u^2}{u^2+(1-v)^2} = -\frac{\partial}{\partial u}\left(\frac{2u}{u^2+(1-v)^2}\right)$$

다음은 uv-평면의 직교 격자선을 함수 (5.59)로 변환했을 때, xy-평면에 나타나는 곡선을 구현하는 파이썬 코드이다. 실행 결과인 [그림 5-13(a)]는 uv-평면의 직교 격자선을 나타내고, [그림 5-13(b)]는 변환 후 xy-평면의 곡선을 나타낸다. 두 그림에서 볼 수 있듯이, 서로 직교하는 정의역의 격자선은 치역에서도 항상 직교한다. 곡선의 모양은 달라지지만 두 곡선이 이루는 사잇각은 변하지 않는다.

```
# 함수 (5.59)의 정의역의 격자선과 치역 곡선 그리기
f = lambda u, v: np.array([2*u/(u**2 + (1-v)**2),
                           (1-u**2 -v**2)/(u**2 + (1-v)**2)])
fig, ax = plt.subplots(1, 2)
fig.set_size_inches(10, 5)

t = np.linspace(-5, 5, 1000)
for x in np.linspace(-5, 5, 10):
```

```
    ax[0].plot(x*np.ones_like(t), t, 'k--')
    ax[1].plot(*f(x*np.ones_like(t), t), 'k--')
for y in np.linspace(-5, 5, 10):
    ax[0].plot(t, y*np.ones_like(t), 'k--', color='C0')
    ax[1].plot(*f(t, y*np.ones_like(t)), 'k--', color='C0')
```

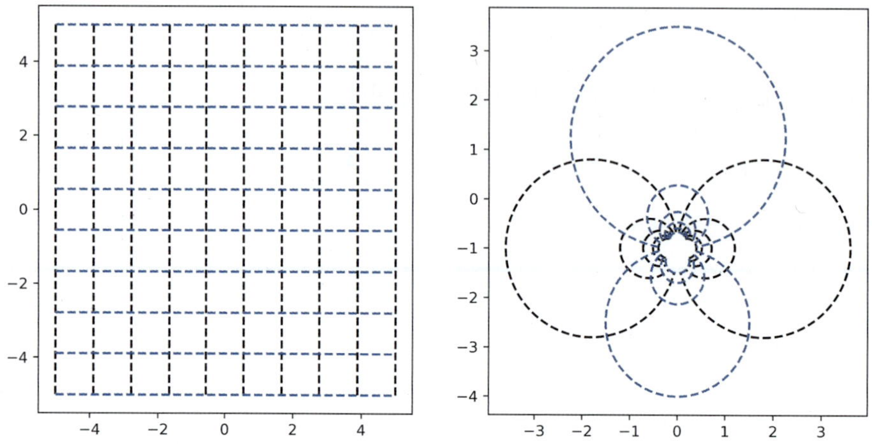

(a) 정의역의 격자선 (b) 격자선의 치역 곡선

[그림 5-13] 함수 (5.59)의 정의역과 치역

등각사상을 생성하는 방법 중 하나는 조화함수를 사용하는 것이다. 이에 대해 설명하기 위해 점 (x_0, y_0)에서의 이변수함수 $z = f(x, y)$의 1계, 2계 편미분계수를 살펴보자.

- **1계 편미분계수** : $\dfrac{\partial f}{\partial x}(x_0, y_0)$, $\dfrac{\partial f}{\partial y}(x_0, y_0)$
- **2계 편미분계수** : $\dfrac{\partial^2 f}{\partial x^2}(x_0, y_0)$, $\dfrac{\partial^2 f}{\partial x \partial y}(x_0, y_0)$, $\dfrac{\partial^2 f}{\partial y \partial x}(x_0, y_0)$, $\dfrac{\partial^2 f}{\partial y^2}(x_0, y_0)$

여기서 2계 편미분계수는 1계 편도함수 $\dfrac{\partial f}{\partial x}$, $\dfrac{\partial f}{\partial y}$에 한 번 더 편미분연산을 수행한 것으로 이해할 수 있다. 예를 들어 이변수함수 $f(x, y)$를 x로 한 번 편미분하여 얻은 편도함수를 점 (x_0, y_0)에서 다시 y로 편미분하여 구한 2계 편미분계수를 다음과 같이 나타낸다.

$$f_{xy}(x_0, y_0) = \frac{\partial^2 f}{\partial y \partial x}(x_0, y_0) = \frac{\partial}{\partial y}\bigg|_{(x_0, y_0)} \left(\frac{\partial f}{\partial x}\right)$$

예제 5-16 2계 편미분계수의 계산

이변수함수 $f(x, y)=\exp(x^2+y^2)\cos(xy)$의 2계 편미분계수 $f_{xy}(0, 1)$을 구하라.

풀이

편도함수 $f_x(x, y)$는 다음과 같다.

$$f_x=2x\exp(x^2+y^2)\cos(xy)-y\exp(x^2+y^2)\sin(xy)$$

이를 다시 y로 편미분하면 다음과 같다.

$$\begin{aligned} f_{xy} &= 4xy\exp(x^2+y^2)\cos(xy)-2x^2\exp(x^2+y^2)\sin(xy) \\ &-\exp(x^2+y^2)\sin(xy)-2y^2\exp(x^2+y^2)\sin(xy) \\ &-xy\exp(x^2+y^2)\cos(xy) \end{aligned} \tag{5.60}$$

따라서 점 $(0, 1)$에서의 2계 편미분계수는 $f_{xy}(0, 1)=0$이다.

참고 편미분 연산의 순서

2계 편도함수 f_{xy}와 f_{yx}가 모두 연속함수이면 둘은 서로 같다. 예를 들어 [예제 5-16]의 함수의 2계 편도함수 f_{yx}는 식 (5.60)과 일치한다. 단, 일반적으로 2계 편미분계수는 편미분연산의 순서에 영향을 받는다.[6]

2계 편도함수는 편미분연산자를 여러 번 작용한 것이다. 예를 들어 실숫값함수 f로부터 2계 편도함수 f_{xx}를 생성하는 2계 편미분연산자 $\frac{\partial^2}{\partial x^2}$은 편미분연산자 $\frac{\partial}{\partial x}$를 두 번 작용한 것으로 볼 수 있다.

$$\left(\frac{\partial^2}{\partial x^2}\right)f=\frac{\partial^2 f}{\partial x^2}=\frac{\partial}{\partial x}\left(\frac{\partial f}{\partial x}\right)$$

1계 편미분연산자와 마찬가지로 2계 편미분연산자도 선형결합이 가능하다. 예를 들어 2계 편미분연산자 $\frac{\partial^2}{\partial x^2}+\frac{\partial^2}{\partial y^2}$은 다음과 같이 함수에 작용한다.

$$\left(\frac{\partial^2}{\partial x^2}+\frac{\partial^2}{\partial y^2}\right)f=\frac{\partial^2 f}{\partial x^2}+\frac{\partial^2 f}{\partial y^2}$$

6 이와 관련한 내용은 6장에서 예를 통해 자세히 소개한다.

이 편미분연산자를 특별히 라플라시안이라 한다.

정의 5-12 라플라시안과 조화함수

변수 x, y에 대한 이변수함수 $f(x, y)$에 작용하는 다음 연산자를 **라플라시안** Laplacian이라 하고 다음과 같이 표기한다.

$$\Delta = \frac{\partial^2}{\partial x^2} + \frac{\partial^2}{\partial y^2}$$

$\Delta f = 0$을 만족하는 함수 $f(x, y)$를 **조화함수** harmonic function라 한다.

예를 들어 상수함수 $f(x, y) = C$는 자명하게 조화함수이다. 다음 정리는 조화함수를 통해 등각사상을 생성하는 한 방법이다.

정리 5-6 조화함수를 통한 등각사상의 생성

조화함수 $f(x, y)$에 대해 다음과 같이 정의된 이변수함수 $\boldsymbol{T}$는 등각사상이다.

$$\boldsymbol{T}(x, y) = (f_y, f_x) \tag{5.61}$$

[정리 5–5]를 이용해 함수 (5.61)이 등각사상임을 확인하자. 함수 f가 조화함수라는 가정에 의해 다음이 성립한다.

$$\begin{aligned} (f_y)_x &= f_{yx} = f_{xy} = (f_x)_y \\ (f_y)_y &= f_{yy} = -f_{xx} = -(f_x)_x \end{aligned}$$

따라서 [정리 5–5]에 의해 $\boldsymbol{T}$는 등각사상이다.

5.4절에서 소개할 조화함수와 등각사상은 주로 극좌표계로 표현된다. 따라서 라플라시안 Δ을 극좌표 r, θ의 편미분연산자로 표현하는 방법을 알아보자. 먼저 2계 편미분연산자 $\frac{\partial^2}{\partial x^2}$을 극좌표계의 편미분연산자 $\frac{\partial}{\partial r}$와 $\frac{\partial}{\partial \theta}$로 표현해보자. $\frac{\partial}{\partial x}$는 다음과 같다.

$$\frac{\partial}{\partial x} = \cos(\theta)\frac{\partial}{\partial r} - \frac{\sin(\theta)}{r}\frac{\partial}{\partial \theta} \tag{5.62}$$

식 (5.62)의 우변의 각 항에 연산자 $\frac{\partial}{\partial x}$를 다음과 같이 적용하자. 미분연산과 비슷하게, 편미분연산도 분배법칙을 따른다.

$$\frac{\partial}{\partial x}\left(\cos(\theta)\frac{\partial}{\partial r}\right)=\left(\frac{\partial}{\partial x}\cos(\theta)\right)\frac{\partial}{\partial r}+\cos(\theta)\left(\frac{\partial}{\partial x}\frac{\partial}{\partial r}\right)$$
$$\frac{\partial}{\partial x}\left(\frac{\sin(\theta)}{r}\frac{\partial}{\partial \theta}\right)=\left(\frac{\partial}{\partial x}\frac{\sin(\theta)}{r}\right)\frac{\partial}{\partial \theta}+\frac{\sin(\theta)}{r}\left(\frac{\partial}{\partial x}\frac{\partial}{\partial \theta}\right)$$

여기서 $\frac{\partial}{\partial x}\cos(\theta)$와 $\frac{\partial}{\partial x}\frac{\sin(\theta)}{r}$는 다음과 같이 계산된다.

$$\frac{\partial}{\partial x}\cos(\theta) = -\sin(\theta)\frac{\partial \theta}{\partial x}=\frac{\sin^2(\theta)}{r}$$
$$\frac{\partial}{\partial x}\frac{\sin(\theta)}{r}=\frac{-\cos(\theta)r\frac{\partial \theta}{\partial x}-\sin(\theta)\frac{\partial r}{\partial x}}{r^2}=\frac{-2\cos(\theta)\sin(\theta)}{r^2}=-\frac{\sin(2\theta)}{r^2}$$

또한 $\frac{\partial}{\partial x}\frac{\partial}{\partial r}$와 $\frac{\partial}{\partial x}\frac{\partial}{\partial \theta}$는 다음과 같다.

$$\frac{\partial}{\partial x}\frac{\partial}{\partial r}=\left(\cos(\theta)\frac{\partial}{\partial r}-\frac{\sin(\theta)}{r}\frac{\partial}{\partial \theta}\right)\frac{\partial}{\partial r}=\cos(\theta)\frac{\partial^2}{\partial r^2}-\frac{\sin(\theta)}{r}\frac{\partial^2}{\partial r\partial \theta}$$
$$\frac{\partial}{\partial x}\frac{\partial}{\partial \theta}=\left(\cos(\theta)\frac{\partial}{\partial r}-\frac{\sin(\theta)}{r}\frac{\partial}{\partial \theta}\right)\frac{\partial}{\partial \theta}=\cos(\theta)\frac{\partial^2}{\partial r\partial \theta}-\frac{\sin(\theta)}{r}\frac{\partial^2}{\partial \theta^2}$$

다시 식 (5.62)로 돌아와서 2계 편미분연산자 $\frac{\partial^2}{\partial x^2}$을 다음과 같이 정리해보자.

$$\begin{aligned}
\frac{\partial^2}{\partial x^2}&=\frac{\partial}{\partial x}\left(\cos(\theta)\frac{\partial}{\partial r}\right)-\frac{\partial}{\partial x}\left(\frac{\sin(\theta)}{r}\frac{\partial}{\partial \theta}\right)\\
&=\left(\frac{\partial}{\partial x}\cos(\theta)\right)\frac{\partial}{\partial r}+\cos(\theta)\left(\frac{\partial}{\partial x}\frac{\partial}{\partial r}\right)-\left(\frac{\partial}{\partial x}\frac{\sin(\theta)}{r}\right)\frac{\partial}{\partial \theta}-\frac{\sin(\theta)}{r}\left(\frac{\partial}{\partial x}\frac{\partial}{\partial \theta}\right)\\
&=\frac{\sin^2(\theta)}{r}\frac{\partial}{\partial r}+\cos(\theta)\left(\cos(\theta)\frac{\partial^2}{\partial r^2}-\frac{\sin(\theta)}{r}\frac{\partial^2}{\partial r\partial \theta}\right)+\frac{\sin(2\theta)}{r^2}\frac{\partial}{\partial \theta}\\
&\quad-\frac{\sin(\theta)}{r}\left(\cos(\theta)\frac{\partial^2}{\partial r\partial \theta}-\frac{\sin(\theta)}{r}\frac{\partial^2}{\partial \theta^2}\right)\\
&=\frac{\sin^2(\theta)}{r}\frac{\partial}{\partial r}+\cos^2(\theta)\frac{\partial^2}{\partial r^2}-2\frac{\sin(\theta)\cos(\theta)}{r}\frac{\partial^2}{\partial r\partial \theta}\\
&\quad+\frac{\sin^2(\theta)}{r^2}\frac{\partial^2}{\partial \theta^2}+\frac{\sin(2\theta)}{r^2}\frac{\partial}{\partial \theta}
\end{aligned} \tag{5.63}$$

이와 비슷하게 $\frac{\partial^2}{\partial y^2}$도 다음과 같이 $\frac{\partial}{\partial r}$와 $\frac{\partial}{\partial \theta}$의 조합으로 표현할 수도 있다.

$$\frac{\partial^2}{\partial y^2} = \frac{\cos^2(\theta)}{r}\frac{\partial}{\partial r} + \sin^2(\theta)\frac{\partial^2}{\partial r^2} + 2\frac{\sin(\theta)\cos(\theta)}{r}\frac{\partial^2}{\partial \theta \partial r} + \frac{\cos^2(\theta)}{r^2}\frac{\partial^2}{\partial \theta^2} - \frac{\sin(2\theta)}{r^2}\frac{\partial}{\partial \theta} \tag{5.64}$$

식 (5.63)과 (5.64)를 같은 항끼리 더하면 라플라시안을 다음과 같이 기술할 수 있다.

$$\Delta = \frac{\partial^2}{\partial x^2} + \frac{\partial^2}{\partial y^2} = \frac{1}{r}\frac{\partial}{\partial r} + \frac{\partial^2}{\partial r^2} + \frac{1}{r^2}\frac{\partial^2}{\partial \theta^2}$$

라플라시안의 극좌표 표현식 (5.63)을 이용하면 극좌표로 기술된 함수가 조화함수인지를 쉽게 판별할 수 있다.

예제 5-17 극좌표로 표현된 조화함수

극좌표로 표현된 두 이변수함수 $f(x, y) = \log(r)$과 $g(x, y) = \theta$가 조화함수임을 보여라.

풀이

식 (5.63)으로 표현한 라플라시안을 두 함수 f, g에 적용하면 다음과 같다.

$$\left(\frac{1}{r}\frac{\partial}{\partial r} + \frac{\partial^2}{\partial r^2} + \frac{1}{r^2}\frac{\partial^2}{\partial \theta^2}\right)\log(r) = \frac{1}{r}\left(\frac{1}{r}\right) + \frac{\partial}{\partial r}\left(\frac{1}{r}\right) = \frac{1}{r^2} - \frac{1}{r^2} = 0$$

$$\left(\frac{1}{r}\frac{\partial}{\partial r} + \frac{\partial^2}{\partial r^2} + \frac{1}{r^2}\frac{\partial^2}{\partial \theta^2}\right)\theta = 0$$

따라서 두 함수 f, g는 조화함수이다.

SECTION 5.4

프로젝트 : 열전달 지도 그리기

편미분과 접벡터의 의미를 이용해 특정 모양의 평면에서 열이 전달되는 형태를 시각적으로 표현해보자. 2차원 평면을 열 손실이 일어나지 않는 이상적인 열전도체라 가정하고, 시간 t와 xy-평면의 각 점 (x, y)에서의 온도를 함수 $H(x, y; t)$라 하자. 이때 H는 다음 방정식을 만족한다(여기서 $\alpha > 0$은 매질에 따른 비례상수이다).

$$\frac{\partial H}{\partial t} = \alpha\left(\frac{\partial^2 H}{\partial x^2} + \frac{\partial^2 H}{\partial y^2}\right) \tag{5.65}$$

식 (5.65)를 **열방정식**heat equation이라 하고, 함수 H를 **열분포함수**heat distribution function라 한다. 열방정식은 각 지점에서의 시간에 따른 열의 변화율 $\frac{\partial H}{\partial t}$가 열의 **확산도**diffusion $\frac{\partial^2 H}{\partial x^2} + \frac{\partial^2 H}{\partial y^2}$에 비례함을 의미한다. 충분히 오랜 시간이 흐른 뒤, 모든 점에서 온도 변화가 일어나지 않으면 $\frac{\partial H}{\partial t} = 0$이므로, 열방정식은 다음과 같다.

$$\frac{\partial^2 H}{\partial x^2} + \frac{\partial^2 H}{\partial y^2} = 0 \tag{5.66}$$

식 (5.66)을 **평형상태**equilibrium state라 하고, 이를 만족하는 함수 H를 **평형상태 해**equilibrium state solution라 한다. 식 (5.66)은 평형상태 해 H가 조화함수임을 의미한다.

열손실이 일어나지 않는 단위원판 모양의 열전도체의 경계에서 온도가 일정하게 유지될 때, 평형상태에서의 열분포와 열전달을 어떻게 시각화할 수 있을까?

예를 들어 [그림 5-14]는 단위원의 원주를 4등분하여 각 경계의 온도가 각각 25, -10, 20, 5로 일정하게 유지될 때의 평형상태 해를 시각화한 것이다. [그림 5-14(a)]는 같은 온도를 가진 지점을 이은 등위선을 나타낸 것이고, [그림 5-14(b)]는 함수 $z = H(x, y)$의 그래프를 xy-평면의 단위원판 위에 나타낸 것이다.

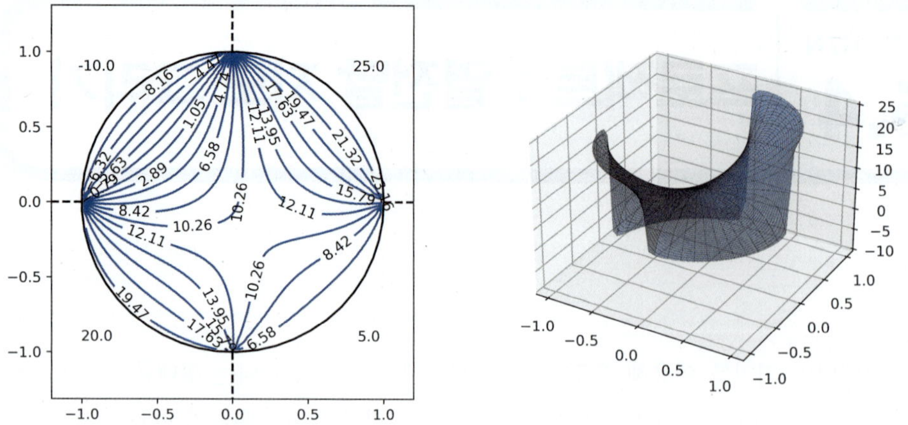

(a) 열등위선의 표현 (b) 열분포함수의 그래프

[그림 5-14] 평형상태의 열분포함수의 시각화

경계의 온도를 일정하게 유지하기 위해서는 원판의 내부에서 꾸준히 열전달이 이루어져야 한다. 열은 높은 온도에서 낮은 온도로 흐르므로, 열전달 경로는 열등위선과 직교한다. [그림 5-15]는 열전달 경로를 [그림 5-14(a)]의 열등위선과 함께 나타낸 것이다.

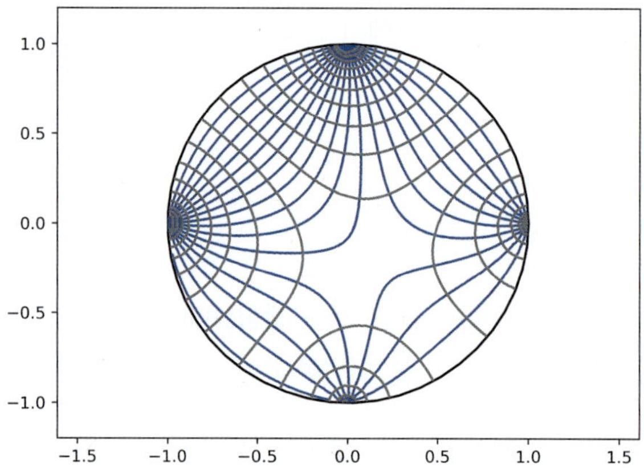

[그림 5-15] 열전달 경로의 시각화

위와 같은 그림은 다음 4단계의 과정으로 생성된다.

❶ 상반평면 $\mathbf{H}^2 = \{(x, y) | y > 0\}$의 네 경계 $l_i (i = 1, 2, 3, 4)$에서 함숫값이 c_i인 조화함수 $h : \mathbf{H}^2 \to \mathbb{R}$의 식을 구한다.

$$l_1 = (-\infty, -1), \quad l_2 = (-1, 0), \quad l_3 = (0, 1), \quad l_4 = (1, \infty)$$

❷ 원판 영역 D에서 상반평면 $\mathbf{H}^2$으로의 일대일 등각사상 $\boldsymbol{T}$를 ❶에서 구한 h와 합성하여 열분포함수 $H = h \circ \boldsymbol{T} : D \to \mathbb{R}$을 구한다.

$$\boldsymbol{T}(u, v) = \left(\frac{2u}{u^2 + (1-v)^2}, \frac{1-u^2-v^2}{u^2+(1-v)^2}\right) \tag{5.67}$$

❸ 다음을 만족하는 또 다른 조화함수 $\boldsymbol{\Phi} : D \to \mathbb{R}$을 구한다.

$$\boldsymbol{\Phi}_x = H_y, \ \boldsymbol{\Phi}_y = -H_x \tag{5.68}$$

❹ 함수 H와 $\boldsymbol{\Phi}$의 등위선을 그린다. H의 등위선은 열등위선을, $\boldsymbol{\Phi}$의 등위선은 열전달 경로를 나타낸다.

단계 ❶의 핵심은 함수 $h(x, y)$를 극좌표계로 표현하는 것이다. 앞으로 극좌표 $r(x, y)$, $\theta(x, y)$를 x, y에 관한 함수라 가정한다. 단, (x, y)는 상반평면 $\mathbf{H}^2$의 내부와 그 경계에 속하므로 $0 \leq \theta \leq \pi$라 가정한다. 다음과 같이 코사인역함수를 이용하면 x와 y에 관한 식으로 기술할 수 있다.

$$\theta(x, y) = \cos^{-1}\left(\frac{x}{\sqrt{x^2+y^2}}\right)$$

함수 $h(x, y)$는 함수 $\theta(x, y)$의 평행이동과의 선형결합이다. 예를 들어 $h(x, y) = \theta$는 상반평면 $\mathbf{H}^2$의 경계에서 $x > 0$일 때 0이고 $x < 0$일 때 π이다. 만약 경계에서의 함숫값이 $x > 1$일 때 -10이고, $x < 1$일 때 5가 되게 하기 위해서는 다음과 같이 $h(x, y)$를 정의하면 된다.

$$h(x, y) = -10 + \frac{15}{\pi}\theta(x-1, y)$$

이제 상반평면 $\mathbf{H}^2$의 경계점 $(x, 0)$에서의 함숫값 $h(x, 0)$이 다음과 같도록 $h(x, y)$의 식을 결정해보자(c_i가 순서대로 나열되지 않은 이유는 조금 뒤에 설명한다).

$$h(x, 0) = \begin{cases} c_2, & x < -1 \quad (x \in l_1) \\ c_3, & -1 < x < 0 \quad (x \in l_2) \\ c_4, & 0 < x < 1 \quad (x \in l_3) \\ c_1, & x > 1 \quad (x \in l_4) \end{cases} \tag{5.69}$$

$x \in l_4$인 경우부터 살펴보자. 다음과 같이 함수 $h(x, y)$를 정의하면 $x > 1$일 때 함숫값은 c_1이다.

$$h(x, y) = c_1 + \theta(x-1, y)$$

이때 $x < 1$이면 함숫값이 $c_1 + \pi$이므로 식 (5.69)의 세 번째 조건에 어긋난다. 만약 다음과 같이 함수 $h(x, y)$를 재정의하면 $x < 1$일 때 함숫값이 c_4가 되게 할 수 있다.

$$h(x, y) = c_1 + \frac{c_4 - c_1}{\pi}\theta(x-1, y)$$

한편, $x < 0$일 때 이 함수의 함숫값이 c_3이므로 식 (5.69)의 두 번째 조건에 어긋난다. 따라서 다음과 같이 함수 $h(x, y)$를 재정의하여 $x < 0$일 때 함숫값이 c_3가 되도록 하자.

$$h(x, y) = c_1 + \frac{c_4 - c_1}{\pi}\theta(x-1, y) + \frac{c_3 - c_4}{\pi}\theta(x, y)$$

이제 식 (5.69)의 첫 번째 조건을 만족시키기 위해 다음과 같이 함수 $h(x, y)$를 재정의하자.

$$h(x, y) = c_1 + \frac{c_4 - c_1}{\pi}\theta(x-1, y) + \frac{c_3 - c_4}{\pi}\theta(x, y) + \frac{c_2 - c_3}{\pi}\theta(x+1, y) \qquad (5.70)$$

이로써 단계 ❶을 마무리했다. 함수 (5.70)을 다음과 같이 파이썬 코드로 구현하자.

```
# 함수 (5.70)의 구현
def theta(x, y):
    return np.arccos(x/np.sqrt(x**2+y**2))

def h(x,y,c):
    t = c[0] + (c[3]-c[0])/np.pi*theta(x-1, y)
    t += (c[2]-c[3])/np.pi*theta(x, y)
    t += (c[1]-c[2])/np.pi*theta(x+1, y)
    return t
```

단계 ❷의 목표는 식 (5.70)의 함수 h와 식 (5.67)의 함수 $\boldsymbol{T}$를 합성하여 열분포함수 $H: D \rightarrow \mathbb{R}$의 식을 찾는 것이다. 함수 (5.70)과 (5.67)의 식은 이미 주어져 있으므로, 다음 파이썬 코드로 함수 H를 구현할 수 있다.

```
# 함수 (5.67)과 열분포함수 H의 구현
def T(u, v):
    return np.array([2*u/(u**2+(1-v)**2),
                     (1-u**2-v**2)/(u**2+(1-v)**2)])

def H(u, v, c):
    return h(*T(u, v), c)
```

단계 ❸의 목표는 식 (5.68)을 만족하는 조화함수 $\Phi : D \to \mathbb{R}$을 구하는 것이다. Φ를 어떤 함수 $\phi : \mathbf{H}^2 \to \mathbb{R}$과 $\boldsymbol{T}$의 합성이라 가정하자.

$$\Phi = \phi \circ \boldsymbol{T}$$

식 (5.68)은 다음과 같이 두 함수 H, Φ의 그래디언트가 항상 서로 직교함을 의미한다.

$$\nabla H \cdot \nabla \Phi = \langle H_x, H_y \rangle \cdot \langle \Phi_x, \Phi_y \rangle = H_x \Phi_x + H_y \Phi_y = H_x H_y + H_y(-H_x) = 0$$

여기서 $\boldsymbol{T}$는 등각사상이므로 ϕ의 등위선은 h의 등위선과 항상 직교한다. 따라서 함수 $\phi : \mathbf{H}^2 \to \mathbb{R}$도 식 (5.70)의 h와 다음을 만족해야 한다.

$$h_x = \phi_y,\ h_y = -\phi_x$$

앞서 구한 함수 h는 $\theta(x, y)$의 선형결합이다. 따라서 ϕ는 $\theta(x, y)$의 등위선과 직교하는 등위선을 가진 이변수함수의 선형결합으로 표현되어야 한다. 함수 $\log(r(x, y))$는 이 조건을 만족하는 함수이다. [그림 5-16]은 함수 $\log(r(x, y))$와 $\theta(x, y)$의 등위선을 한 평면에 나타낸 것이다. 검은색 실선은 θ의 등위선이고, 파란색 실선은 $\log(r)$의 등위선이다.

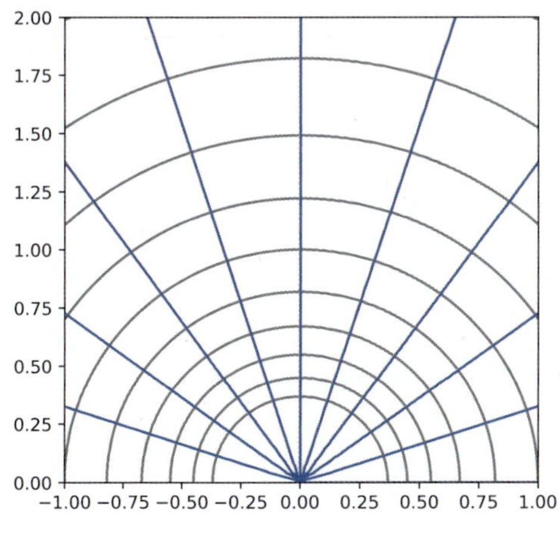

[그림 5-16] $\log(r(x, y))$와 $\theta(x, y)$의 등위선

[그림 5-16]에서 알 수 있듯이, $\log(r(x, y))$와 $\theta(x, y)$의 등위선은 항상 서로 직교한다. 더 나아가 이들은 모두 조화함수이다.

$$\begin{aligned} \frac{\partial}{\partial x}(\log(r)) &= \frac{r_x}{r} = \frac{\cos(\theta)}{r} = \frac{\partial \theta}{\partial y} \\ \frac{\partial}{\partial y}(\log(r)) &= \frac{r_y}{r} = \frac{\sin(\theta)}{r} = -\frac{\partial \theta}{\partial y} \end{aligned} \quad (5.71)$$

따라서 다음과 같이 함수 ϕ를 정의하면 식 (5.70)의 함수 h의 등위선과 직교하는 등위선을 그릴 수 있다.

$$\phi(x, y) = \frac{c_4 - c_1}{\pi} r(x-1, y) + \frac{c_3 - c_4}{\pi} r(x, y) + \frac{c_2 - c_3}{\pi} r(x+1, y) \quad (5.72)$$

다음 파이썬 코드로 함수 $\Phi(x, y)$를 구현하자.

```
# 함수 (5.72)의 구현
def radius(x, y):
    return np.sqrt(x**2 + y**2)

def phi(x, y, c):
    r = (c[3]-c[0])/np.pi*np.log(radius(x-1, y))
    r += (c[2]-c[3])/np.pi*np.log(radius(x, y))
    r += (c[1]-c[2])/np.pi*np.log(radius(x+1, y))
    return r
```

마지막으로 다음 파이썬 코드를 구현해 함수 H와 Φ를 단위원판 영역 위에 나타내면 [그림 5-17]과 같다.

```
# 열등위선과 열전달 경로의 시각화
c = np.array([25,-10,20,5])

rr, tt = np.meshgrid(np.linspace(.01,.99,200),
np.linspace(0,2*np.pi,100))
uu, vv = rr*np.cos(tt), rr*np.sin(tt)

fig, ax = plt.subplots(1, 2)
fig.set_size_inches(10, 5)

t = np.linspace(0, 2*np.pi)
for i in range(2):
```

```
    ax[i].plot(np.cos(t), np.sin(t), 'k')
    ax[i].axis('equal')
    ax[i].set_xlim(-1.2, 1.2)
    ax[i].set_ylim(-1.2, 1.2)

for lvl in np.linspace(-10, 25, 20):
    mesh = np.array([uu, vv, H(uu, vv, c)])
    lines = contour(mesh, lvl)
    ax[0].plot(*lines.T, color='C0')

for lvl in np.linspace(-40, 10, 20):
    mesh = np.array([uu, vv, Phi(uu, vv, c)])
    lines = contour(mesh, lvl)
    ax[1].plot(*lines.T, color='gray')
```

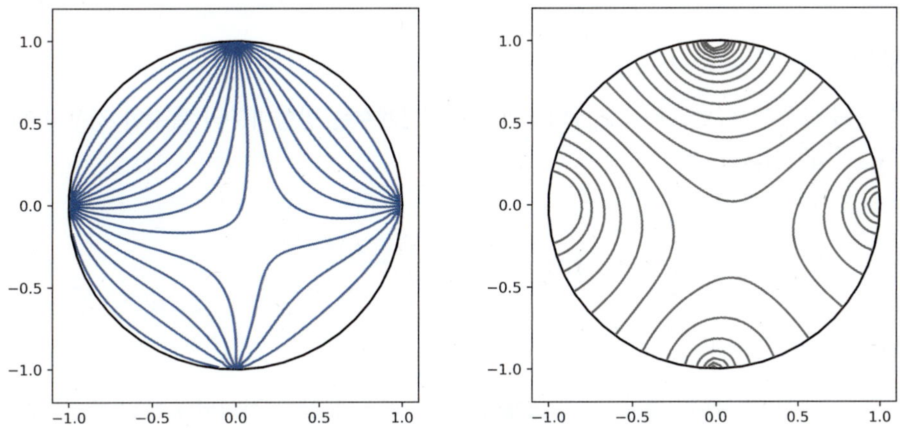

(a) 열등위선　　(b) 열전달 경로

[그림 5-17] 원판 영역 위에서의 열등위선과 열전달 경로의 시각화

CHAPTER

05 핵심요약

■ 방향미분

• 방향미분계수

점 $\boldsymbol{x}_0 = (c_1, \cdots, c_n)$에서 벡터 $\boldsymbol{u} = \langle a_1, \cdots, a_n \rangle$으로의 다변수 실숫값함수 $f(x_1, \cdots, x_n)$의 **방향미분계수**는 다음과 같다.

$$\nabla_{\boldsymbol{u}} f(\boldsymbol{x}_0) = \lim_{t \to 0} \frac{f(\boldsymbol{x}_0 + t\boldsymbol{u}) - f(\boldsymbol{x}_0)}{t}$$

• 편미분계수

다변수 실숫값함수 $f(x_1, \cdots, x_n)$의 i번째 **편미분계수**는 방향미분의 특수한 경우로 다음과 같이 정의된다.

$$\frac{\partial f}{\partial x_i}(\boldsymbol{x}_0) = \lim_{t \to 0} \frac{f(\boldsymbol{x}_0 + t\boldsymbol{e}_i) - f(\boldsymbol{x}_0)}{t}$$

• 그래디언트

점 $\boldsymbol{x}_0$에서의 다변수 실숫값함수 f의 **그래디언트**는 다음과 같이 정의된 n차원 벡터이다.

$$\nabla f(\boldsymbol{x}_0) = \left\langle \frac{\partial f}{\partial x_1}(\boldsymbol{x}_0), \cdots, \frac{\partial f}{\partial x_n}(\boldsymbol{x}_0) \right\rangle$$

■ 다변수함수의 미분계수

• 선형근사식

다변수 실숫값함수 $f(x_1, \cdots, x_n)$과 n차원 점 $\boldsymbol{x}_0 = (c_1, \cdots, c_n)$에 대해 다음과 같이 정의된 일차함수 $L(x_1, \cdots, x_n)$을 점 $\boldsymbol{x}_0$에서의 함수 f의 **선형근사식**이라 한다.

$$L(x_1, \cdots, x_n) = f(P) + \nabla f(\boldsymbol{x}_0) \cdot \langle x_1 - c_1, \cdots, x_n - c_n \rangle$$

• **미분가능성과 미분계수**

선형근사식 $L(x_1, \cdots, x_n)$이 다음을 만족하면 함수 f는 점 $\boldsymbol{x}_0$에서 **미분가능하다**고 한다.

$$\lim_{\boldsymbol{x} \to \boldsymbol{x}_0} \frac{f(\boldsymbol{x}) - L(\boldsymbol{x})}{\|\boldsymbol{x} - \boldsymbol{x}_0\|} = 0$$

일반적인 다변수함수 $\boldsymbol{f}(x_1, \cdots, x_n) = (y_1, \cdots, y_m)$의 각 성분함수 $y_j = f_j(x_1, \cdots, x_n)$이 점 $\boldsymbol{x}_0$에서 미분가능하면 함수 $\boldsymbol{f}$도 점 $\boldsymbol{x}_0$에서 **미분가능**하다고 한다. 이때 다음과 같이 정의된 $m \times n$ 행렬을 다변수함수 $\boldsymbol{f}$의 **미분계수**라 한다.

$$D\boldsymbol{f}(\boldsymbol{x}_0) = \begin{bmatrix} (f_1)_{x_1}(\boldsymbol{x}_0) & \cdots & (f_1)_{x_n}(\boldsymbol{x}_0) \\ \vdots & \ddots & \vdots \\ (f_m)_{x_1}(\boldsymbol{x}_0) & \cdots & (f_m)_{x_n}(\boldsymbol{x}_0) \end{bmatrix}$$

• **그래디언트를 이용한 방향미분계수의 계산**

다변수 실숫값함수 f가 점 $\boldsymbol{x}_0$에서 미분가능하면 모든 단위벡터 $\boldsymbol{u}$에 대한 **방향미분계수** $\nabla_{\boldsymbol{u}} f(\boldsymbol{x}_0)$는 다음과 같다.

$$\nabla_{\boldsymbol{u}} f(\boldsymbol{x}_0) = \nabla f(\boldsymbol{x}_0) \cdot \boldsymbol{u}$$

■ 다변수함수의 미분의 활용

• **접벡터**

다음과 같은 미분연산자의 선형결합을 점 $\boldsymbol{x}_0$에서의 **접벡터**라 한다.

$$v_1 \frac{\partial}{\partial x_1}\bigg|_{\boldsymbol{x}_0} + \cdots + v_n \frac{\partial}{\partial x_n}\bigg|_{\boldsymbol{x}_0}$$

미분가능한 이변수함수 $\boldsymbol{T}(u, v) = (x, y)$의 미분계수가

$$D\boldsymbol{T}(u_0, v_0) = \begin{bmatrix} x_u(u_0, v_0) & x_v(u_0, v_0) \\ y_u(u_0, v_0) & y_v(u_0, v_0) \end{bmatrix}$$

이고 $\boldsymbol{T}(u_0, v_0) = (x_0, y_0)$일 때, 접벡터 $\frac{\partial}{\partial u}\Big|_{(u_0, v_0)}$와 $\frac{\partial}{\partial v}\Big|_{(u_0, v_0)}$는 다음과 같다.

$$\frac{\partial}{\partial u}\bigg|_{(u_0, v_0)} = x_u(u_0, v_0)\frac{\partial}{\partial x}\bigg|_{(x_0, y_0)} + y_u(u_0, v_0)\frac{\partial}{\partial y}\bigg|_{(x_0, y_0)}$$
$$\frac{\partial}{\partial v}\bigg|_{(u_0, v_0)} = x_v(u_0, v_0)\frac{\partial}{\partial x}\bigg|_{(x_0, y_0)} + y_v(u_0, v_0)\frac{\partial}{\partial y}\bigg|_{(x_0, y_0)}$$

• **등각사상**

미분가능한 이변수함수 $\boldsymbol{T}(u,\ v) = (x,\ y)$가 uv-평면과 xy-평면의 두 접벡터의 사잇각을 보존하면 $\boldsymbol{T}$를 **등각사상**이라 한다. 만약 $x_u = y_v$, $x_v = -y_u$이면 함수 $\boldsymbol{T}$는 등각사상이다.

CHAPTER

05 연습문제

SECTION 5.1

1. 주어진 점과 방향벡터에 대해 이변수 실숫값함수의 방향미분계수를 구하라.

(a) 벡터 $v=\frac{1}{\sqrt{5}}\langle 2, 1\rangle$ 방향으로의 함수 $f(x, y)=\log(x^2+y^2)+\exp(x-y)$의 방향미분계수 $\nabla_v f(1, 1)$

(b) 벡터 $u=\left\langle \frac{3}{\sqrt{10}}, \frac{-1}{\sqrt{10}} \right\rangle$ 방향으로의 함수 $f(x, y)=x^2y+\sin(xy)$의 방향미분계수 $\nabla_u f(1, 2)$

(c) 벡터 $a=\left\langle \frac{1}{\sqrt{2}}, \frac{1}{\sqrt{2}} \right\rangle$ 방향으로의 함수 $f(x, y)=x^3y^2+\log(1+x^2y)$의 방향미분계수 $\nabla_a f(1, 1)$ (단, f의 정의역은 x, $y>0$)

(d) 벡터 $b=\left\langle \frac{1}{\sqrt{2}}, \frac{-1}{\sqrt{2}} \right\rangle$ 방향으로의 함수 $f(x, y)=\frac{\sin(x+y)}{x^2+y^2}$의 방향미분계수 $\nabla_b f(1, -1)$

2. 주어진 점과 방향벡터에 대해 삼변수 실숫값함수의 방향미분계수를 구하라.

(a) 벡터 $v=\frac{1}{\sqrt{3}}\langle 1, 1, 1\rangle$ 방향으로의 함수 $f(x, y, z)=x^2+y^2-z^2+\log(1+xyz)$의 방향미분계수 $\nabla_v f(1, 1, 1)$ (단, f의 정의역은 x, y, $z>0$)

(b) 벡터 $u=\left\langle \frac{1}{\sqrt{6}}, \frac{2}{\sqrt{6}}, \frac{1}{\sqrt{6}} \right\rangle$ 방향으로의 함수 $f(x, y, z)=\log(xyz)+x^2yz$의 방향미분계수 $\nabla_u f(2, 1, 1)$ (단, f의 정의역은 x, y, $z>0$)

(c) 벡터 $a=\left\langle \frac{3}{\sqrt{11}}, \frac{2}{\sqrt{11}}, \frac{-1}{\sqrt{11}} \right\rangle$ 방향으로의 함수 $f(x, y, z)=x^3y^2z-\exp(x+2y+3z)$의 방향미분계수 $\nabla_a f(1, 0, -1)$

(d) 벡터 $b=\left\langle \frac{-1}{\sqrt{3}}, \frac{1}{\sqrt{3}}, \frac{1}{\sqrt{3}} \right\rangle$ 방향으로의 함수 $f(x, y, z)=\exp(x^2+y^2+z^2)+\sin(x+y-z)$의 방향미분계수 $\nabla_b f(1, 2, 0)$

3. 주어진 이변수함수의 편도함수 또는 편미분계수를 구하라.

(a) $f(x, y) = x^2y + \log(x+y)$에 대해 f_x, f_y (단, f의 정의역은 x, $y > 0$)

(b) $f(x, y) = 9x^2 + \exp(x^2+y^2)$에 대해 $f_x(1, 2)$, $f_y(2, 3)$

(c) $f(x, y) = \sin(xy) + x^3y^3$에 대해 $\dfrac{\partial f}{\partial x}(1, 1)$, $\dfrac{\partial f}{\partial y}(1, 1)$

(d) $f(x, y) = \log(x-y^2) + \sin(x^2+y)$에 대해 $\dfrac{\partial f}{\partial x}$, $\dfrac{\partial f}{\partial y}$

4. 주어진 삼변수함수의 편도함수 또는 편미분계수를 구하라.

(a) $f(x, y, z) = \exp(x^2+y^2+z^2) + x^2y^2z^2$에 대해 f_x, f_y, f_z

(b) $f(x, y, z) = \log\left(x + \dfrac{1}{2}\sin(yxz)\right)$에 대해 $f_x(1, 0, 1)$, $f_y(1, 0, 1)$, $f_z(1, 0, 1)$
(단, f의 정의역은 $x \geq 1$, y, $z \geq 0$)

(c) $f(x, y, z) = \log(x+2y)\cos(y+z)$에 대해 $\dfrac{\partial f}{\partial x}$, $\dfrac{\partial f}{\partial y}$, $\dfrac{\partial f}{\partial z}$
(단, f의 정의역은 x, $y > 0$)

(d) $f(x, y, z) = \sin(y\cos(xz)) + \exp(xyz)$에 대해 $\dfrac{\partial f}{\partial x}(1, -1, 1)$, $\dfrac{\partial f}{\partial y}(1, -1, 1)$, $\dfrac{\partial f}{\partial z}(1, -1, 1)$

5. 주어진 이변수 및 삼변수 실숫값함수의 그래디언트를 구하라.

(a) $f(x, y) = x^2 + \sin(xy)$의 그래디언트 $\nabla f(1, \pi)$

(b) $f(x, y) = \sqrt{1+x^2+y^2}\log(xy)$의 그래디언트 $\nabla f(2, 2)$

(c) $f(x, y, z) = \exp(x+2y+3z)\cos(xyz)$의 그래디언트 $\nabla f(1, 2, 3)$

(d) $f(x, y, z) = \cos(x+y)\sin(y+z)$의 그래디언트 $\nabla f(1, 2, 1)$

6. 심화 함수 f의 정의역의 점 P가 벡터 $\boldsymbol{u}$의 방향으로 움직일 때 함숫값 $f(P)$가 변하는 속도는 방향미분계수 $\nabla_{\boldsymbol{u}} f(P)$이다. 점 P가 $k \cdot \boldsymbol{u}$의 속도와 방향으로 움직인다면 함숫값의 변화율은 기존 변화율 $\nabla_{\boldsymbol{u}} f(P)$의 k배가 될 것이다. 방향미분계수의 방향벡터 $\boldsymbol{u}$가 반드시 단위벡터여야 한다는 조건을 두지 않고, 임의의 벡터 $\boldsymbol{u}$에 대한 방향미분계수 $\nabla_{\boldsymbol{u}} f(P)$를 다음과 같이 정의할 수 있다. 주어진 물음에 답하라.

$$\nabla_{\boldsymbol{u}} f(P) = \lim_{h \to 0} \frac{f(P + h \cdot \boldsymbol{u}) - f(P)}{h}$$

(a) 임의의 벡터 $\boldsymbol{u}$에 대한 방향미분계수 $\nabla_{\boldsymbol{u}} f(P)$의 의미를 함수의 변화율의 관점에서 기술하라.

(b) 벡터 $\boldsymbol{u}$가 $\boldsymbol{u}_1$과 $\boldsymbol{u}_2$의 선형결합인 $\boldsymbol{u}=c_1\cdot\boldsymbol{u}_1+c_2\cdot\boldsymbol{u}_2$로 주어진다면 방향미분계수 $\nabla_{\boldsymbol{u}}f(P)$는 $\nabla_{\boldsymbol{u}_1}f(P)$와 $\nabla_{\boldsymbol{u}_2}f(P)$로 어떻게 표현되는지 설명하라.

SECTION 5.2

7. 주어진 점에서의 함수의 미분가능성에 관한 물음에 답하라.

(a) 점 $(0, 0)$에서 함수 $f(x, y)=x^2+y^2$이 미분가능함을 보여라.

(b) 점 $(0, 0)$에서 함수 $f(x, y)=|x|+|y|$가 미분가능하지 않음을 보여라.

(c) 점 $(0, 0)$에서 함수 $f(x, y)=\begin{cases}\sqrt{x^2+y^2}, & (x, y)\neq(0, 0)\\ 0, & (x, y)=(0, 0)\end{cases}$이 미분가능하지 않음을 보여라.

(d) 점 $(0, 0)$에서 함수 $f(x, y)=|x^2-y^2|$이 미분가능하지 않음을 보여라.

8. 주어진 이변수함수의 미분계수를 구하라.

(a) $f(x, y)=x^3y-\exp(xy)+\sin(x^2+y)$의 미분계수 $Df(1, 1)$

(b) $\boldsymbol{f}(x, y)=(\tan^{-1}(xy), x^3y^2)$의 미분계수 $D\boldsymbol{f}\left(\frac{\pi}{2}, 1\right)$

(c) $\boldsymbol{f}(x, y)=(\exp(x^2-y^2), \log(x+y))$의 미분계수 $D\boldsymbol{f}(1, 1)$
(단, f의 정의역은 $x, y>0$)

9. 주어진 삼변수함수의 미분계수를 구하라.

(a) $f(x, y, z)=x^2y+z^3\log(xy+z)$의 미분계수 $Df(1, 2, 2)$
(단, f의 정의역은 $x, y, z>0$)

(b) $f(x, y, z)=\exp(xy)+xz^3\cos(yz)$의 미분계수 $Df(1, 0, 1)$

(c) $\boldsymbol{f}(x, y, z)=(x^2+3z, \exp(x+2y))$의 미분계수 $D\boldsymbol{f}(1, 2, -1)$

(d) $\boldsymbol{f}(x, y, z)=\left(\frac{x^3}{y+z}, yz^2\log(x), \frac{1}{x^2+z^2}\right)$의 미분계수 $D\boldsymbol{f}(1, 1, 1)$
(단, f의 정의역은 $x>0$)

10. 주어진 이변수함수의 정의역과 치역의 점의 이동속도에 관한 다음 물음에 답하라.

(a) $u, v>0$인 uv-평면에서 xy-평면으로의 이변수함수 $\boldsymbol{T}(u, v)=\left(\frac{u+v}{uv}, 2u+v\right)$의 정의역의 점 $(1, 1)$이 벡터 $\langle 2, -1\rangle$의 속도로 움직일 때, 치역의 점 $\boldsymbol{T}(1, 1)$이 순간적으로 움직이는 속도를 구하라.

(b) uv-평면에서 xyz-공간으로의 이변수함수 $\boldsymbol{T}(u, v)=\left(\log(u+v), \sin(u)\cos(v), \dfrac{u}{v}\right)$의 정의역의 점 $(0, 1)$이 벡터 $\langle 1, 3\rangle$의 속도로 움직일 때, 치역의 점 $\boldsymbol{T}(0, 1)$이 순간적으로 움직이는 속도를 구하라.

11. 주어진 삼변수함수의 정의역과 치역의 점의 이동속도에 관한 다음 물음에 답하라.

(a) uvw-공간에서 xy-평면으로의 삼변수함수 $\boldsymbol{T}(u, v, w)=\left(\dfrac{uv}{(u-1)^2+v^2}, \tan^{-1}(u+v+w)\right)$의 정의역의 점 $(0, 0, 0)$이 벡터 $\langle 1, 1, 1\rangle$의 속도로 움직일 때, 치역의 점 $\boldsymbol{T}(0, 0, 0)$이 순간적으로 움직이는 속도를 구하라.

(b) uvw-공간에서 xyz-평면으로의 삼변수함수 $\boldsymbol{T}(u, v, w)=(u+2v-w, u+w, -u+v)$의 한 점 P가 $\langle 2, 1, 0\rangle$의 속도로 움직일 때, 치역의 점 $\boldsymbol{T}(P)$가 순간적으로 움직이는 속도를 구하라.

12. 심화 n차원 공간에서 m차원 공간으로의 다변수함수 $f(x_1, \cdots, x_n)=(f_1, \cdots, f_m)$의 미분계수는 $m\times n$ 행렬로 표현된다. 왜냐하면 정의역과 치역의 점의 움직임에 대한 n차원 및 m차원 벡터를 열벡터로 표현하기 때문이다. 정의역의 점 P가 벡터 $\boldsymbol{v}$의 방향으로 움직이면, 치역의 점 $f(P)$가 움직이는 방향 $\boldsymbol{w}$는 다음과 같이 계산된다.

$$\boldsymbol{w}=Df(P)\cdot\boldsymbol{v} \quad (*)$$

한편, 점의 움직임을 행벡터로 표현할 수도 있다. 이 경우 미분계수 Df는 $n\times m$ 행렬이 된다. 이 경우 식 (*)의 벡터 $\boldsymbol{v}$, $\boldsymbol{w}$의 관계식을 다시 기술하라. 또한 행벡터와 $n\times m$ 행렬을 이용해 미분계수 Df를 표현하는 경우와의 차이를 설명하라.

13. 심화 n차원 공간에서 n차원 공간으로의 다변수함수 f의 미분계수 Df는 정방행렬이다. 점 P에서 미분계수 $Df(P)$의 행렬식이 0이 아닌 경우, $Df(P)$의 역행렬이 존재한다. 이때 점 P의 속도벡터 $\boldsymbol{v}$와 치역의 점 $f(P)$의 속도벡터 $\boldsymbol{w}$ 사이에 일대일대응이 존재한다. 다음 함수에서 미분계수 행렬의 행렬식이 0인 점 P를 모두 찾고, 이 점의 근방 $B_\varepsilon(P)$에 대한 치역을 파이썬 코드로 구현하라. 이 결과를 통해 미분계수 행렬의 행렬식이 0이라는 것의 기하학적 의미를 설명하라.

$$f(x, y)=(x^2+y^2, xy)$$

14. 주어진 이변수함수와 접벡터에 대한 다음 물음에 답하라.

(a) uv-평면에서 xy-평면으로의 변환 $\boldsymbol{T}(u, v) = (u+2v, -u+v)$에 대해 접벡터 $\frac{\partial}{\partial u}$, $\frac{\partial}{\partial v}$를 $\frac{\partial}{\partial x}$, $\frac{\partial}{\partial y}$의 선형결합으로 표현하라.

(b) uv-평면에서 xy-평면으로의 변환 $\boldsymbol{T}(u, v) = (u^2, \cos(uv))$에 대해 접벡터 $\left.\frac{\partial}{\partial u}\right|_{(1,1)}$, $\left.\frac{\partial}{\partial v}\right|_{(1,1)}$을 $\left.\frac{\partial}{\partial x}\right|_{(1,\cos(1))}$, $\left.\frac{\partial}{\partial y}\right|_{(1,\cos(1))}$의 선형결합으로 표현하라.

15. 주어진 삼변수함수와 접벡터에 대해 다음 물음에 답하라.

(a) uvw-공간에서 xy-평면으로의 변환 $\boldsymbol{T}(u, v, w) = (u+2v, v+w, u-v+w)$에 대해 접벡터 $\frac{\partial}{\partial u}$, $\frac{\partial}{\partial v}$를 $\frac{\partial}{\partial x}$, $\frac{\partial}{\partial y}$, $\frac{\partial}{\partial z}$의 선형결합으로 표현하라.

(b) uvw-공간에서 xyz-공간으로의 변환 $\boldsymbol{T}(u, v, w) = (2u+w, -v+w, u+w)$에 대해 정의역의 점 P에 대응하는 치역의 점을 Q라 할 때, $\left.\frac{\partial}{\partial u}\right|_P$, $\left.\frac{\partial}{\partial v}\right|_P$, $\left.\frac{\partial}{\partial w}\right|_P$를 $\left.\frac{\partial}{\partial x}\right|_Q$, $\left.\frac{\partial}{\partial y}\right|_Q$, $\left.\frac{\partial}{\partial z}\right|_Q$의 선형결합으로 표현하라.

16. 다음 이변수함수가 등각사상임을 보여라.

(a) $f(x, y) = (2x, -2y)$

(b) $f(x, y) = \left(\frac{1}{2}\log(x^2+y^2), \tan^{-1}\left(\frac{y}{x}\right)\right)$ (단, f의 정의역은 x, $y > 0$)

(c) $f(x, y) = \left(\frac{x}{\sqrt{2}} - \frac{y}{\sqrt{2}}, \frac{x}{\sqrt{2}} + \frac{y}{\sqrt{2}}\right)$

(d) 임의의 θ에 대해 $f(x, y) = (\cos(\theta)x - \sin(\theta)y, \sin(\theta)x + \cos(\theta)y)$

17. 다음 이변수함수가 조화함수임을 보여라.

(a) $f(x, y) = x^2 - y^2$

(b) $f(x, y) = \exp(x)\sin(y)$

(c) $f(x, y) = \tan^{-1}\left(\frac{y}{x}\right)$ (단, f의 정의역은 $x > 0$)

(d) $f(x, y) = \log(\sqrt{x^2+y^2})$ (단, f의 정의역은 x, $y > 0$)

18. 다음 삼변수함수가 조화함수임을 보여라.

(a) $f(x, y, z) = \exp(\sqrt{2}\,x)\sin(y)\cos(z)$

(b) $f(x, y, z) = x^2 - \frac{1}{2}y^2 - \frac{1}{2}z^2$

(c) $f(x, y, z) = x^3 - 3xy^2 + z$

(d) $f(x, y, z) = \frac{x}{x^2 + y^2 + z^2}$

19. 심화 다음과 같이 xyz-공간의 점 (x, y, z)의 구면좌표를 (r, θ, ϕ)라 하자.

$$(x, y, z) = (r\sin(\theta)\cos(\phi),\ r\sin(\theta)\sin(\phi),\ r\cos(\theta))$$

$r\theta\phi$-공간의 접벡터 $\frac{\partial}{\partial r}$, $\frac{\partial}{\partial \theta}$, $\frac{\partial}{\partial \phi}$를 xyz-공간의 접벡터 $\frac{\partial}{\partial x}$, $\frac{\partial}{\partial y}$, $\frac{\partial}{\partial z}$의 선형결합으로 표현하라.

20. 심화 [연습문제 19]에서 접벡터 $\frac{\partial}{\partial x}$, $\frac{\partial}{\partial y}$, $\frac{\partial}{\partial z}$를 $\frac{\partial}{\partial r}$, $\frac{\partial}{\partial \theta}$, $\frac{\partial}{\partial \phi}$의 선형결합으로 표현하라. 이 결과를 이용해 2계 편미분연산자 $\frac{\partial^2}{\partial x^2}$, $\frac{\partial^2}{\partial y^2}$, $\frac{\partial^2}{\partial z^2}$을 $\frac{\partial}{\partial r}$, $\frac{\partial}{\partial \theta}$, $\frac{\partial}{\partial \phi}$와 이것의 2계 편미분연산자의 선형결합으로 표현하고, 모두 더하여 다음 식이 성립함을 보여라.

$$\frac{\partial^2}{\partial x^2} + \frac{\partial^2}{\partial y^2} + \frac{\partial^2}{\partial z^2} = \frac{\partial^2}{\partial r^2} + \frac{2}{r}\frac{\partial}{\partial r} + \frac{\cos(\theta)}{r^2\sin(\theta)}\frac{\partial}{\partial \theta} + \frac{1}{r^2}\frac{\partial^2}{\partial \theta^2} + \frac{1}{r^2\sin^2(\theta)}\frac{\partial^2}{\partial \phi^2}$$

SECTION 5.4

21. 심화 5.4절에서 살펴본 단위원 $\mathbf{D} = \{(x, y) \mid x^2 + y^2 < 1\}$에서 상반평면 $\mathbf{H} = \{(x, y) \mid y > 0\}$으로의 변환은 단위원의 경계 $\partial\mathbf{D} = \{(x, y) \mid x^2 + y^2 = 1\}$을 상반평면의 경계 $\partial\mathbf{H} = \{(x, 0) \mid x \in \mathbb{R}\}$로 일대일대응한다. 경계점 $P \in \partial\mathbf{D}$가 양의 x축과 이루는 각을 θ라 할 때, 이 점에 대응하는 경계점 $Q \in \partial\mathbf{H}$의 좌표를 θ에 대한 함수로 표현하라. 이 결과를 이용해 단위원의 경계의 분할과 경곗값이 임의로 주어질 때, 열전달 경로와 열등위선을 그리는 파이썬 코드를 작성하라.

CHAPTER

06

최적화

Contents

■ 학습목표

- 다변수함수의 테일러 다항식과 테일러 급수를 계산한다.
- 다변수함수의 임계점의 개념을 이해하고, 헤세 판정법으로 임계점을 분류한다.
- 다변수함수의 연쇄법칙과 역함수에 관한 성질을 도출한다.
- 그래디언트의 의미와 라그랑주 승수법을 이해한다.
- 경사 하강법의 원리를 이해하고 인공신경망을 직접 작동시킨다.

■ 이 장에서 배우는 내용은?

최적화란 제한된 조건에서 문제를 가장 효과적으로 해결하는 방법을 찾는 과정이다. 이를 해결하는 일반적인 절차는 다음과 같다. 먼저 모델을 결정하는 매개변수를 설정한다. 다음으로 모델의 효과를 검증하는 함수를 정의한다. 마지막으로 이 함수의 최댓값(혹은 최솟값)을 찾는다. 여기서 함수를 정의하는 데 사용되는 변수의 개수는 최적화 과정의 복잡도를 결정하는 요인이다. 특히 ChatGPT와 같이 복잡한 최적화 작업을 수행하는 대규모 언어 모델의 경우 수천억 개의 변수를 필요로 한다.[1] 모델을 효율적으로 최적화하기 위해서는 미분의 개념이 필요하다.

이 장에서는 다변수함수의 미분에 관한 개념으로 고안된 몇 가지 최적화 알고리즘을 소개한다. 또한 최적화를 이해하는 데 필요한 핵심 개념인 다변수함수의 테일러 정리와 연쇄법칙에 대해 설명한다. 마지막으로 그래디언트의 기하적 의미를 이용한 경사 하강법을 소개하고, 이를 통해 인공신경망의 작동 사례를 살펴본다.

1 2020년에 발표된 ChatGPT3은 1,750억 개의 변수를, 2023년에 발표된 ChatGPT4는 1조 8,000억 개의 변수를 사용한다고 알려져 있다.

SECTION

6.1 헤세 판정법

이 절에서는 다변수함수의 테일러 다항식과 테일러 정리를 소개하고, 이를 통해 함숫값을 근사하는 방법을 알아본다. 또한 임계점의 종류를 구분하는 헤세 판정법을 소개한다.

다변수함수의 테일러 정리

점 x_0에서의 일변수함수 $f(x)$의 n차 테일러 다항식 $p_n(x)$를 다시 생각해보자.

$$p_n(x) = f(x_0) + f'(x_0)(x - x_0) + \frac{f''(x_0)}{2!}(x - x_0)^2 + \cdots + \frac{f^{(n)}(x_0)}{n!}(x - x_0)^n$$

n차 테일러 다항식은 원함수 $f(x)$와 동일한 n계 미분계수를 가진다.

$$p_n(x_0) = f(x_0),\ p_n{}'(x_0) = f'(x_0),\ \cdots,\ p_n^{(n)}(x_0) = f^{(n)}(x_0)$$

이 내용을 다변수 실숫값함수 f로 확장해보자. 함수 f의 n계 편미분계수란 f에 n개의 편미분연산을 순차적으로 적용한 것이다. 즉 점 (x_0, y_0)에서 이변수함수 $f(x, y)$의 테일러 다항식은 '$f(x_0, y_0)$와 n계 편미분계수가 동일한 다항식'이라 할 수 있다. 이러한 의미로 함수 $f(x, y)$의 1차 테일러 다항식은 다음과 같다.

$$p_1(x, y) = f(x_0, y_0) + f_x(x_0, y_0)(x - x_0) + f_y(x_0, y_0)(y - y_0)$$

앞으로 모든 n계 편도함수는 특별히 언급하지 않는 한 주어진 정의역의 점에서 연속이라 가정한다. 이때 편미분계수는 편미분 연산의 순서에 영향을 받지 않는데, 이를 **클레로 정리**Clairaut's theorem라 한다.

정리 6-1 클레로 정리

이변수함수 f의 두 편도함수 f_{xy}, f_{yx}가 점 (x_0, y_0)에서 모두 연속이면 다음 식이 성립한다.

$$f_{xy}(x_0, y_0) = f_{yx}(x_0, y_0)$$

함수 $f(x, y)$의 2차 테일러 다항식은 원함수 f와 1계, 2계 편미분계수가 같은 다항식이다.

$$\begin{aligned} p_2(x, y) = &\ p_1(x, y) + \frac{1}{2} f_{xx}(x_0, y_0)(x - x_0)^2 \\ &+ f_{xy}(x_0, y_0)(x - x_0)(y - y_0) + \frac{1}{2} f_{yy}(x_0, y_0)(y - y_0)^2 \end{aligned}$$

이를 확장하여 n차 테일러 다항식을 다음과 같이 정의할 수 있다.

정의 6-1 이변수함수의 n차 테일러 다항식

이변수함수 $f(x, y)$의 모든 n계 편도함수가 점 (x_0, y_0)에서 연속일 때, 다음 식을 **n차 테일러 다항식** n-th Taylor polynomial이라 한다.

$$p_n(x) = \sum_{k=0}^{n} \frac{1}{k!} \sum_{i=0}^{k} \binom{k}{i} \frac{\partial^k f}{\partial x^i y^{k-i}}(x_0, y_0)(x - x_0)^i (y - y_0)^{k-i} \tag{6.1}$$

점 x_0에서의 일변수함수의 테일러 다항식은 점 x_0의 근방에서 함숫값 $f(x)$를 근사한다. 다항식은 사칙연산으로 이루어져 있으므로 복잡한 함숫값을 직접 계산하는 것보다 효율적이며, 경우에 따라 함숫값을 근사할 수 있는 유일한 방법이기도 한다. 점 (x_0, y_0)에서의 이변수함수의 테일러 다항식은 점 (x_0, y_0)의 근방에서 함숫값 $f(x, y)$를 근사한다. 예를 들어 점 $(0, 0)$에서 이변수함수 $f(x, y) = \cos(x + y)$의 2차 테일러 다항식을 구해보자. 이 함수의 1계 및 2계 편도함수는 다음과 같다.

$$\begin{aligned} f_x = f_y &= -\sin(x + y) \\ f_{xx} = f_{xy} = f_{yy} &= -\cos(x + y) \end{aligned}$$

따라서 점 $(0, 0)$에서의 2차 테일러 다항식은 다음과 같다.

$$p_2(x, y) = 1 - \frac{1}{2}x^2 - xy - \frac{1}{2}y^2 \tag{6.2}$$

다음 파이썬 코드를 구현하여 2차 테일러 다항식 p_2의 그래프(파란색 영역)와 이변수함수 f의 그래프(검은색 영역)를 영역 $[-2, 2]\times[-2, 2]$에 나타내면 [그림 6-1]과 같다.

```
# 원함수 f와 2차 테일러 다항식의 그래프 비교
f = lambda x, y: np.cos(x + y)
p2 = lambda x, y: 1 - x**2/2 - x*y - y**2/2
x = y = np.linspace(-2, 2, 20)
X, Y = np.meshgrid(x, y)
ax = plt.figure().add_subplot(projection='3d')
ax.plot_surface(X, Y, f(X, Y), color='gray')
ax.plot_surface(X, Y, p2(X, Y), alpha=.5, color='C0')
```

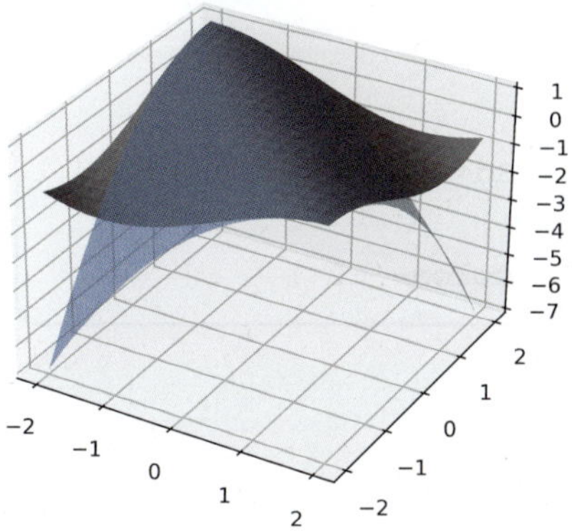

[그림 6-1] 원함수 f와 2차 테일러 다항식의 그래프 비교

[그림 6-1]과 같이 2차 테일러 다항식 p_2는 원함수 f를 잘 근사한다. 이러한 근사는 테일러 다항식의 차수가 높아질수록 정교해진다. 예를 들어 함수 $f(x, y)=\cos(x+y)$의 4차 테일러 다항식을 구해보자. 다음과 같이 모든 3계 편도함수와 4계 편도함수는 다음과 같다.

$$\begin{aligned} f_{xxx} &= \cdots = f_{yyy} = -\sin(x+y) \\ f_{xxxx} &= \cdots = f_{yyyy} = -\cos(x+y) \end{aligned}$$

따라서 4계 테일러 다항식은 다음과 같다.

$$\begin{aligned} p_4(x, y) &= p_2(x, y) - \frac{1}{4!}\sum_{i=0}^{4}\binom{4}{i}x^i y^{4-i} \\ &= 1+\frac{1}{2}(-x^2-2xy-y^2) - \frac{1}{4!}(x^4+4x^3y+6x^2y^2+4xy^3+y^4) \end{aligned} \tag{6.3}$$

다음 파이썬 코드를 구현하여 4차 테일러 다항식 p_4의 그래프(파란색 영역)와 이변수함수 f의 그래프(검은색 영역)를 영역 $[-2, 2] \times [-2, 2]$에 나타내면 [그림 6-2]와 같다.

```
# 원함수 f와 4차 테일러 다항식의 그래프 비교
T = lambda x, y: np.cos(x + y)
p2 = lambda x, y: 1 - x**2/2 - x*y - y**2/2
def p4(x,y):
    sum = p2(x,y)
    for i in range(5):
        comb = 1
        for j in range(i):
            comb *= (4-j)/(j+1)
        sum -= comb/24*x**(4-i)*y**i
    return sum
x = y = np.linspace(-2, 2, 20)
X, Y = np.meshgrid(x, y)
ax = plt.figure().add_subplot(projection='3d')
ax.plot_surface(X, Y, T(X, Y), color='gray')
ax.plot_surface(X, Y, p4(X, Y), alpha=.5, color='C0')
```

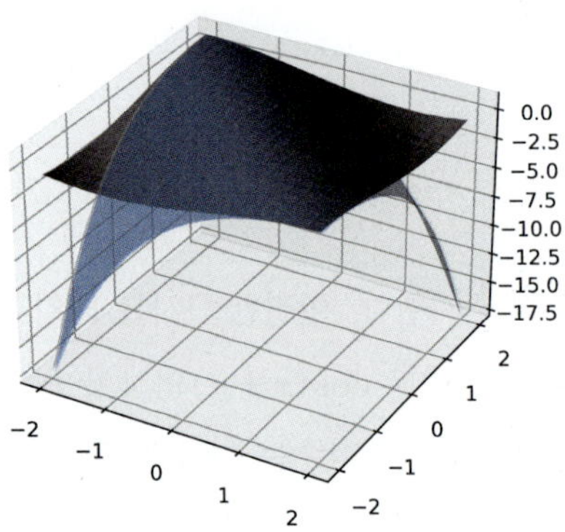

[그림 6-2] 원함수 f와 4차 테일러 다항식의 그래프 비교

예제 6-1 테일러 다항식

점 $(0, 0)$에서 이변수함수 $f(x, y) = \exp(x+y)$의 3차 테일러 다항식을 구하라.

풀이

함수 $f(x, y)$의 모든 고계 편도함수는 자기 자신이다. 즉 점 $(0, 0)$에서 모든 고계 편미분계수는 1이다. 따라서 3차 테일러 다항식은 다음과 같다.

$$
\begin{aligned}
p_0(x, y) &= 1 \\
p_1(x, y) &= p_0(x, y) + x + y \\
p_2(x, y) &= p_1(x, y) + \frac{x^2}{2} + xy + \frac{y^2}{2} \\
p_3(x, y) &= p_2(x, y) + \frac{x^3}{6} + \frac{x^2 y}{2} + \frac{xy^2}{2} + \frac{y^3}{6}
\end{aligned} \tag{6.4}
$$

다변수함수의 테일러 급수는 테일러 다항식의 차수를 무한히 증가시킨 것이다.

정의 6-2 이변수함수의 테일러 급수

점 (x_0, y_0)에서의 이변수함수 $f(x, y)$의 **테일러 급수** Taylor series는 다음과 같다.

$$
\sum_{k=0}^{\infty} \frac{1}{k!} \sum_{i=0}^{k} \binom{k}{i} \frac{\partial^k f}{\partial x^i y^{k-i}}(x_0, y_0)(x - x_0)^i (y - y_0)^{k-i}
$$

테일러 급수는 다변수함수의 값을 근사한다. 이변수함수의 테일러 급수에 관한 **테일러 정리** Taylor theorem를 살펴보자.

정리 6-2 이변수함수의 테일러 정리

점 (x_0, y_0)에서 모든 $(n+1)$계 편도함수가 연속인 이변수함수 $f(x, y)$를 생각하자. 점 (x_0, y_0) 근방의 한 점 (x, y)에 대해, 다음 식을 만족하는 점 (ξ_x, ξ_y)가 두 점 (x_0, y_0)와 (x, y)를 잇는 선분 사이에 존재한다.

$$
\begin{aligned}
& f(x, y) - p_n(x, y) \\
&= \frac{1}{(n+1)!} \sum_{i=0}^{n+1} \binom{n+1}{i} \frac{\partial^{n+1} f}{\partial x^i \partial y^{n+1-i}}(\xi_x, \xi_y)(\xi_x - x_0)^i (\xi_y - y_0)^{n+1-i}
\end{aligned} \tag{6.5}
$$

테일러 정리의 식 (6.5)는 n차 테일러 다항식의 오차에 관한 것이다. 점 (x, y)는 점 (x_0, y_0)의 근방에서 자유롭게 선택할 수 있다. 만약 점 (x, y)가 점 (x_0, y_0)에 점점 가까워지면, 점 (ξ_x, ξ_y)는 점 (x_0, y_0)에 한없이 가까워진다.

원판 영역 $B_r(x_0, y_0)$ 근방의 모든 점 (x, y)에 대해 상수 M이 존재하여 모든 인덱스 $i = 0, \cdots, n+1$에 대해 다음과 같이 편미분계수의 크기가 위로 유계라 가정해보자.

$$
\left| \frac{\partial^{n+1} f}{\partial x^i \partial y^{n+1-i}}(x, y) \right| \le M
$$

$\Delta = \max\{|\xi_x - x_0|, |\xi_y - y_0|\}$라 할 때, 식 (6.5)의 우변은 다음 부등식을 만족한다.

$$|f(x, y) - p_n(x, y)| \le \frac{1}{(n+1)!}\sum_{i=0}^{n+1}\binom{n+1}{i}M\Delta^{n+1} = M\frac{(2\Delta)^{n+1}}{(n+1)!} \tag{6.6}$$

참고로 식 (6.6)의 마지막 등호는 $(\Delta + \Delta)^{n+1}$의 이항전개[2]에 따라 성립한다. 점 (ξ_x, ξ_y)는 원판 영역 $B_r(x_0, y_0)$에 속하므로 Δ는 항상 r보다 작다. 따라서 인덱스 n이 커짐에 따라 식 (6.6)의 우변은 0으로 수렴한다. 즉 테일러 다항식의 차수가 증가할수록 근삿값의 오차는 0으로 수렴한다.

점 (x_0, y_0)에서의 이변수함수 $f(x, y)$의 테일러 다항식은 유일하다. 차수가 높아질수록 점 (x_0, y_0) 근방에서의 함숫값을 잘 근사한다는 테일러 다항식의 의미를 이용하면, 테일러 다항식은 식 (6.1)이 아닌 다른 방식으로 구할 수도 있다.

예를 들어 점 $(0, 0)$에서의 이변수함수 $f(x, y) = \cos(x+y)$의 4차 테일러 다항식을 구해 보자. 결과적으로 테일러 다항식은 $\cos(x+y)$의 값을 근사한다. $t = x + y$로 치환하면, 이는 $\cos(t)$의 값을 $t_0 = 0$에서 근사하는 것과 같다. 따라서 $t = 0$에서의 일변수함수 $\cos(t)$의 4차 테일러 다항식을 이용해 다음과 같이 점 $(0, 0)$에서의 이변수함수 $f(x, y) = \cos(x + y)$의 4차 테일러 다항식을 구할 수 있다.

$$p_4(x, y) = 1 - \frac{1}{2}(x+y)^2 + \frac{1}{4!}(x+y)^4$$

참고 다변수 실숫값함수의 테일러급수

다변수 실숫값함수 $f(\boldsymbol{x})$의 모든 k계 편도함수가 점 $\boldsymbol{x}_0 = (c_1, c_2, \cdots, c_n)$에서 연속이라 하자. 이때 점 $\boldsymbol{x}_0$에서 f의 k차 테일러 다항식은 다음과 같다.

$$p_k = \sum_{r=0}^{n}\frac{1}{r!}\sum_{i_1+\cdots+i_n=r}\frac{r!}{i_1!\cdots i_n!}\frac{\partial^r f}{\partial x_1^{i_1}\cdots\partial x_n^{i_n}}(\boldsymbol{x}_0)(x_1-c_1)^{i_1}\cdots(x_n-c_n)^{i_n}$$

여기서 기호 $\sum_{i_1+\cdots+i_n=r}$는 $i_1 + \cdots + i_n = r$을 만족하는 모든 자연수의 순서쌍 $(i_1, \cdots, i_n)$에 대한 합이다. 예를 들어 $n = 3$일 때 각 $r = 0, 1, 2$에 대해 가능한 순서쌍은 다음과 같다.

2 $(a+b)^k = \sum_{i=0}^{k}\binom{k}{i}a^i b^{k-i}$

$r=0$일 때, $(0, 0, 0)$

$r=1$일 때, $(1, 0, 0)$, $(0, 1, 0)$, $(0, 0, 1)$

$r=2$일 때, $(2, 0, 0)$, $(1, 1, 0)$, $(1, 0, 1)$, $(0, 2, 0)$, $(0, 1, 1)$, $(0, 0, 2)$

따라서 점 $\boldsymbol{x}_0=(0, 0, 0)$에서 삼변수함수 $f(x, y, z)$의 2차 테일러 다항식은 다음과 같다.

$$\begin{aligned} p_2(x, y, z) = & f(\boldsymbol{x}_0)+f_x(\boldsymbol{x}_0)x+f_y(\boldsymbol{x}_0)y+f_z(\boldsymbol{x}_0)z \\ & +\frac{1}{2}f_{xx}(\boldsymbol{x}_0)x^2+\frac{1}{2}f_{yy}(\boldsymbol{x}_0)y^2+\frac{1}{2}f_{zz}(\boldsymbol{x}_0)z^2 \\ & +f_{xy}(\boldsymbol{x}_0)xy+f_{xz}(\boldsymbol{x}_0)xz+f_{yz}(\boldsymbol{x}_0)yz \end{aligned}$$

다변수함수 $f(x_1, \cdots, x_n)$의 테일러 정리도 [정리 6-2]와 비슷하다.[3] 차수 n이 커질수록 테일러 다항식은 함숫값을 더 정확히 예측한다.

임계점

다변수함수의 임계점은 다음과 같이 분류된다.

정의 6-3 다변수함수의 임계점

정의역의 한 점 $\boldsymbol{x}_0=(c_1, \cdots, c_n)$에서 다변수함수 $f(\boldsymbol{x})$가 다음 세 조건 중 하나를 만족할 때, 이 점을 함수 f의 **임계점**critical point이라 한다.

(1) f가 점 $\boldsymbol{x}_0$에서 불연속이다.

(2) f가 점 $\boldsymbol{x}_0$에서 미분불가능하다.

(3) 점 $\boldsymbol{x}_0$에서 모든 편미분계수 $f_{x_1}(\boldsymbol{x}_0), \cdots, f_{x_n}(\boldsymbol{x}_0)$의 값이 0이다.

이변수함수 $f(x, y)$의 임계점은 함수의 그래프를 통해 확인할 수 있다. 예를 들어 다음 함수를 살펴보자.

$$f(x, y)=\begin{cases} \sqrt{x^2+y^2}\sin\left(\dfrac{1}{x^2+y^2}\right), & (x, y)\neq(0, 0) \\ 1, & (x, y)=(0, 0) \end{cases} \tag{6.7}$$

3 이 명제의 증명은 [참고자료 ❷]에서 확인할 수 있다.

다음 파이썬 코드로 이 함수의 그래프를 점 $(0, 0)$의 두 근방 $[-1, 1]\times[-1, 1]$과 $[-0.1, 0.1]\times[-0.1, 0.1]$에서 구현하면 [그림 6-3]과 같다.

```
# 함수 (6.7)의 그래프 그리기
f = lambda x: np.sqrt(np.sum(x**2,
axis=0))*np.sin(1/np.sum(x**2, axis=0))
fig, ax = plt.subplots(1, 2, figsize=(10, 5),
subplot_kw={'projection': '3d'})
d = [1, .1]
for i in range(2):
    x = y = np.linspace(-d[i], d[i])
    xy = np.array(np.meshgrid(x, y))
    ax[i].plot_surface(*xy, f(xy), zorder=3)
    ax[i].plot(0, 0, 1, 'ok', zorder=4)
```

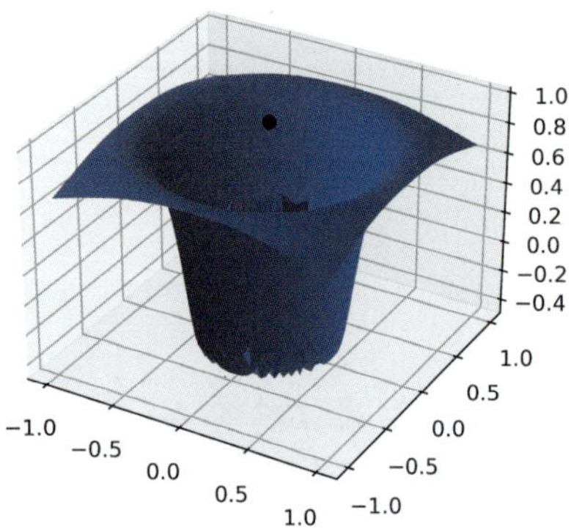

(a) $[-1, 1]\times[-1, 1]$ 위의 그래프

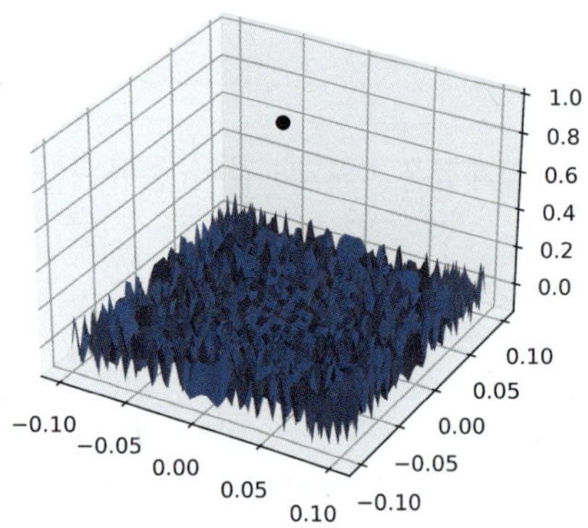

(b) $[-0.1, 0.1]\times[-0.1, 0.1]$) 위의 그래프

[그림 6-3] 함수 (6.7)의 그래프

[그림 6-3(a)]와 [그림 6-3(b)]를 보면 함숫값이 점 $(0, 0)$에서 홀로 떨어져 있다. 만약 함수 (6.7)을 $f(0, 0)=0$이라 정의한다면 함수는 모든 점에서 연속이다. 이 경우에는 [그림 6-3]과 같이 동떨어진 점이 그래프에 나타나지 않는다.

$$f(x, y)=\begin{cases}\sqrt{x^2+y^2}\sin\left(\dfrac{1}{x^2+y^2}\right), & (x, y)\neq(0, 0)\\ 0, & (x, y)=(0, 0)\end{cases} \tag{6.8}$$

하지만 함수 (6.8)은 여전히 점 $(0, 0)$에서 미분불가능하다. [그림 6-3(b)]는 점 $(0, 0)$의 작은 근방에서 함숫값이 매우 빠르게 진동함을 보여준다. 한 점에서 함수가 미분가능하다는 것은 함수의 그래프를 그 점의 근방에서 충분히 확대하면 평면과 같이 매끈한 모양이어야 함을 의미한다. 함수 (6.8)의 그래프는 매끈한 모양이 아니다.

한편 [정의 6-3]의 (3)에 해당하는 임계점을 가진 함수의 경우에는 그래프가 매끈하게 표현된다. 예를 들어 다음 함수를 살펴보자.

$$f(x,\ y) = x^2 - y^2 \tag{6.9}$$

다음 파이썬 코드로 점 $(0,\ 0)$의 근방에서 이 함수의 그래프를 구현하면 [그림 6-4]와 같다.

```
# 함수 (6.9)의 그래프와 점 (0, 0)을 지나는 보조선 그리기
f = lambda x: x[0]**2 - x[1]**2
x = y = np.linspace(-2, 2, 20)
XY = np.array(np.meshgrid(x, y))
ax = plt.figure().add_subplot(projection='3d')
ax.plot_surface(*XY, f(XY), alpha=.5)
ax.plot(x, 0*x, f(np.array([x, 0*x])), 'k--')
ax.plot(0*y, y, f(np.array([0*y, y])), 'k--')
ax.set_xlabel('X')
ax.set_ylabel('Y')
```

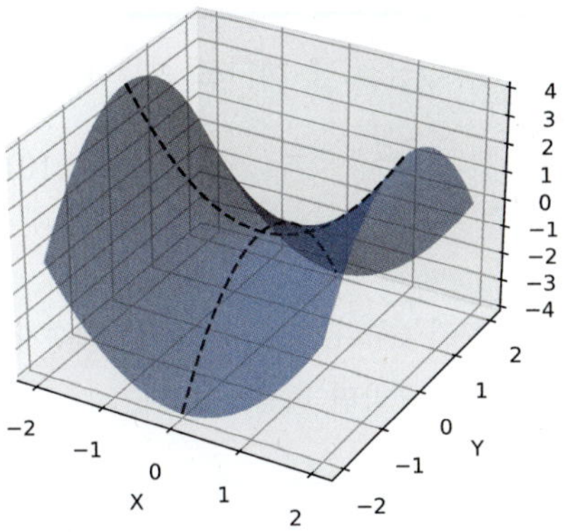

[그림 6-4] 함수 (6.9)의 그래프

[그림 6-4]와 같은 형태의 그래프를 **말안장 그래프**saddle graph라 한다. 이 그래프를 보면 점 $(0,\ 0)$에서의 함숫값은 x축 방향에 대해 극소이고, y축 방향에 대해 극대이다. 다시 말해 $y=0$일 때 함숫값은 $f(x)=f(x,\ 0)=x^2$이므로 $x=0$에서 극소이고, $x=0$일 때 함숫값 $f(y)=f(0,\ y)=-y^2$이므로 $y=0$에서 극대이다. 따라서 편미분계수 $f_x(0,\ 0)$과 $f_y(0,\ 0)$은 모두 0이다.

정의 6-4 다변수함수의 극대와 극소

점 $\boldsymbol{x}_0 = (c_1, \cdots, c_n)$을 중심으로 한 n차원 구 영역 $B_\varepsilon(c_1, \cdots, c_n)$에 대해 충분히 작은 반지름 $\varepsilon > 0$이 존재하여 구 영역 내부의 모든 점 $\boldsymbol{x} = (x_1, \cdots, x_n)$에서 항상 $f(\boldsymbol{x}_0) \ge f(\boldsymbol{x})$이면 점 $\boldsymbol{x}_0$를 **극대점**local maximum point, 항상 $f(\boldsymbol{x}_0) \le f(\boldsymbol{x})$이면 **극소점**local minimum point이라 한다. 극대점과 극소점을 통칭하여 **극점**local extreme point이라 한다.

예를 들어 점 $(0, 0)$은 $f(x, y) = x^2 + y^2$의 극소점이고 $f(x, y) = -x^2 - y^2$의 극대점이다. 두 함수는 모두 편미분계수가 0이다. 그러나 편미분계수가 모두 0이라고 해서 항상 극점인 것은 아니다. 점 $(0, 0)$에서 이변수함수 $f(x, y) = x^2 - y^2$의 모든 편미분계수가 0이지만, 점 $(0, 0)$은 극대점도 아니고 극소점도 아니다. 참고로 이처럼 극대점도 극소점도 아닌 임계점을 **안장점**saddle point이라 한다. 즉 모든 임계점은 극대점, 극소점, 안장점 중 하나로 분류된다.

예제 6-2 임계점의 분류

다음 이변수함수의 임계점을 모두 구하고 극대점, 극소점, 안장점 중 하나로 분류하라.

$$f(x, y) = x^3 - 2xy^2 \tag{6.10}$$

풀이

주어진 함수는 다항함수이므로 좌표평면의 모든 점에서 미분가능하다. 따라서 편미분계수가 0인 임계점만 존재한다. 이 임계점을 찾기 위해 편도함수를 구하면 다음과 같다.

$$f_x = 3x^2 - 2y^2$$
$$f_y = -4xy$$

$f_x = f_y = 0$을 만족하는 점은 $(0, 0)$이 유일하다. 이 점의 특성을 분류하기 위해 다음 파이썬 코드로 영역 $[-1, 1] \times [-1, 1]$에서 함수의 그래프를 구현하면 [그림 6-5]와 같다.

```
# 함수 (6.10)의 그래프와 점 (0, 0)을 지나는 보조선 그리기
f = lambda x: x[0]**3 - 2*x[0]*x[1]**2
intv = np.linspace(-1, 1, 20)
xy = np.array(np.meshgrid(intv, intv))
ax = plt.figure().add_subplot(projection='3d')
ax.plot_surface(*xy, f(xy))
ax.plot(intv, 0*intv, f(np.array([intv, 0*intv])), 'k--',
zorder=4)
```

```
ax.plot(intv, intv, f(np.array([intv, intv])), 'k--',
zorder=4)
ax.set_xlabel('X')
ax.set_ylabel('Y')
```

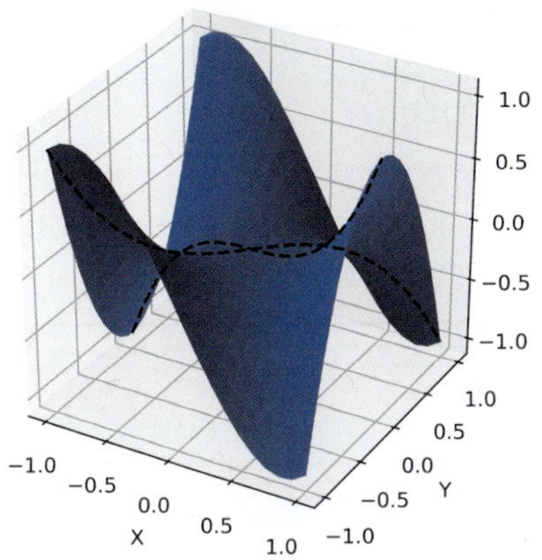

[그림 6-5] 함수 (6.10)의 그래프

점 $(0, 0)$은 극대점도 극소점도 아닌 안장점이다.[4] 왜냐하면 $y=0$으로 고정할 때 함수는 $f(x)=x^3$을 따라 움직이고, 이때 $x=0$에서의 함숫값은 극대도 극소도 아니기 때문이다. 이와 비슷하게 점 (x, y)가 직선 $y=x$를 따라 움직일 때도 함수는 $f(t)=t^3-2t^3=-t^3$을 따라 움직이고 $t=0$일 때 점 $(0, 0)$에서의 함숫값은 극대도 극소도 아니다.

예제 6-3 그래프를 통한 임계점의 분류

다음 이변수함수의 임계점을 모두 구하고 극대점, 극소점, 안장점 중 하나로 분류하라.

$$f(x, y)=xy(1-x-y) \tag{6.11}$$

풀이

주어진 함수는 다항함수이므로 좌표평면의 모든 점에서 미분가능하다. 따라서 편미분계수가 0인 임계점만 존재한다. 이 임계점을 찾기 위해 편도함수를 구하면 다음과 같다.

$$f_x=y(1-2x-y)=0$$
$$f_y=x(1-x-2y)=0$$

4 [그림 6-5]와 같은 그래프를 **원숭이 말안장**(monkey's saddle)이라 한다. [그림 6-4]의 경우 하강하는 방향이 2개이지만, 원숭이 말안장의 경우 하강하는 방향이 3개이다.

두 식을 만족하는 경우는 [표 6-1]과 같이 총 네 가지이다.

[표 6-1] 함수 (6.11)의 임계점을 구하는 연립방정식

경우 1	경우 2	경우 3	경우 4
$y=0$	$y=0$	$1-2x-y=0$	$1-2x-y=0$
$x=0$	$1-x-2y=0$	$x=0$	$1-x-2y=0$

[표 6-1]의 네 가지 경우를 만족하는 점은 각각 다음과 같다.

$$(0,0),\ (1,0),\ (0,1),\ \left(\frac{1}{3},\frac{1}{3}\right) \tag{6.12}$$

```
# 함수 (6.11)의 그래프와 임계점 표시
f = lambda x: x[0]*x[1]*(1-x[0]-x[1])
crit = np.array([[0, 0], [1, 0], [0, 1], [1/3, 1/3]])
x = y = np.linspace(-1.5, 1.5)
xy = np.array(np.meshgrid(x, y))
ax = plt.figure().add_subplot(projection='3d')
ax.plot_surface(*xy, f(xy))
plt.plot(crit[:, 0], crit[:, 1], 'ok', zorder=4)
```

다음 파이썬 코드를 구현해 식 (6.12)의 점 4개를 함수 f의 그래프 위에 나타내면 [그림 6-6]과 같다.

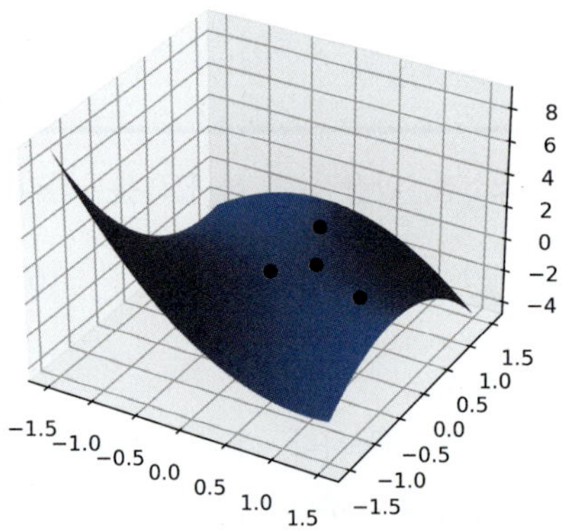

[그림 6-6] 함수 (6.11)의 그래프와 임계점

[그림 6-6]만으로는 각 임계점이 극점인지 아닌지를 판별하기 어렵다. 따라서 다음 파이썬 코드를 구현해 각 점의 작은 근방에서 함수의 그래프를 각각 그려보자. 결과는 [그림 6-7]과 같다.

```
# 임계점 (6.12)의 근방에서 함수의 그래프 그리기
f = lambda x: x[0]*x[1]*(1-x[0]-x[1])
crit = np.array([[0, 0], [1, 0], [0, 1], [1/3, 1/3]])
eps = .01
fig, ax = plt.subplots(1, 4,
subplot_kw=dict(projection='3d'))
fig.set_size_inches(12, 3)
axs = ax.ravel()
for i in range(4):
    ax = axs[i]
    x = np.linspace(crit[i, 0]-eps, crit[i, 0]+eps, 20)
    y = np.linspace(crit[i, 1]-eps, crit[i, 1]+eps, 20)
    xy = np.array(np.meshgrid(x, y))
    ax.plot_surface(*xy, f(xy), zorder=3)
    ax.plot(*crit[i], f(crit[i]), 'ko', zorder=4)
```

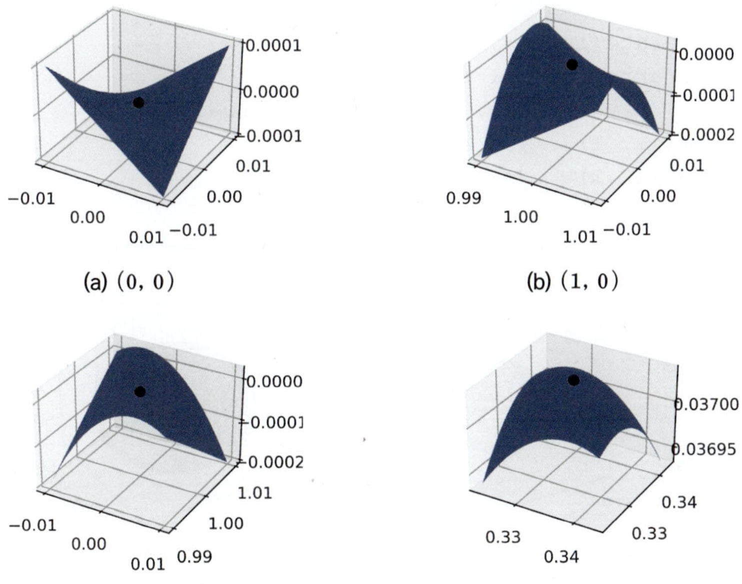

(a) $(0, 0)$ (b) $(1, 0)$ (c) $(0, 1)$ (d) $\left(\frac{1}{3}, \frac{1}{3}\right)$

[그림 6-7] 각 임계점 근방에서의 함수의 그래프

따라서 점 $\left(\frac{1}{3}, \frac{1}{3}\right)$은 극대점이고, 이를 제외한 모든 임계점은 안장점이다.

[예제 6-3]에서 살펴봤듯이, 이변수함수의 극점과 안장점은 각 점의 작은 근방에서 그린 함수의 그래프 개형을 통해 어느 정도 파악할 수 있다. 그렇다면 삼변수함수의 극점과 안장점을

분류할 때도 이처럼 그래프 개형을 이용할 수 있을까? 삼변수함수의 그래프를 그리려면 4차원 공간이 필요하다. 따라서 이 경우에는 등위면을 사용한다. 예를 들어 다음 삼변수함수를 살펴보자.

$$f(x, y, z) = x^2 + y^2 + z^2 \tag{6.13}$$

점 $(0, 0, 0)$은 이 함수의 유일한 임계점이자 극소점이다. 이제 다음 파이썬 코드로 세 등위값 0.1, 0.5, 1.0에서의 함수 (6.13)의 등위면을 순서대로 구현하면 [그림 6-8]과 같다.

```
# 함수 (6.13)의 등위면 그리기
f = lambda x: np.sum(x**2, axis=0)
lvls = [.1, .5, 1.]
itv = np.linspace(-1, 1, 20)
[X, Y, Z] = np.array(np.meshgrid(itv, itv, itv))
W = np.array(f(np.array([X, Y, Z])))
fig, ax = plt.subplots(1, 3, subplot_kw=dict(projection='3d'),
figsize=(12, 4))
for i, lvl in enumerate(lvls):
    c = contour(np.array([X, Y, Z, W]), lvl)
    ax[i].plot(c[:, 0], c[:, 1], c[:, 2], 'k', lw=.3)
    ax[i].set_xlim(-1, 1)
    ax[i].set_ylim(-1, 1)
    ax[i].set_zlim(-1, 1)
```

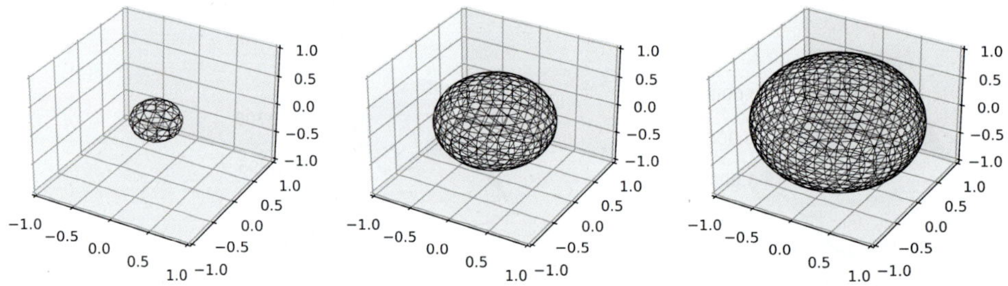

(a) $c = 0.1$　(b) $c = 0.5$　(c) $c = 1$

[그림 6-8] 각 등위값 c에서의 함수 (6.13)의 세 등위면

[그림 6-8]은 모두 중심이 같고 반지름만 서로 다른 구면이다. 여기서 각 등위면이 점 $(0, 0, 0)$을 완전히 감싸는 폐곡면의 형태라는 점에 주목하자. 등위값이 커질수록 등위면은 원점을 중심으로 점점 커진다. 따라서 점 $(0, 0, 0)$ 근방에서의 함숫값은 항상 $f(0, 0, 0)$보다 크다.

이러한 기하적 직관을 통해 다음 삼변수함수의 안장점을 살펴보자.

$$f(x, y, z) = x^2 + y^2 - z^2 \tag{6.14}$$

점 $(0, 0, 0)$은 이 함수의 유일한 임계점이다. 점 $(0, 0, 0)$이 극점 또는 안정점인지 판별하기 위해 다음 파이썬 코드로 세 등위값 -1.0, 0.0, 1.0에서의 함수의 등위면을 순서대로 구현하면 [그림 6-9]와 같다.

```
# 함수 (6.14)의 등위면 그리기
f = lambda x: x[0]**2 + x[1]**2 - x[2]**2
itvs = np.vstack([np.linspace(-2, 2, 20)]*3)
[X, Y, Z] = np.array(np.meshgrid(*itvs))
W = np.array(f(np.array([X, Y, Z])))
fig, ax = plt.subplots(1, 3, subplot_kw=dict(projection='3d'),
figsize=(12, 4))
fig.set_size_inches(12, 4)
lvls = [-1, 0, 1]
for i, lvl in enumerate(lvls):
    ax[i].set_xlim(-2, 2)
    ax[i].set_ylim(-2, 2)
    ax[i].set_zlim(-2, 2)
    c = contour(np.array([X, Y, Z, W]), lvl)
    ax[i].plot(c[:, 0], c[:, 1], c[:, 2], 'k', lw=.3)
    ax[i].set_title(f'f(x, y, z) = {lvl}')
```

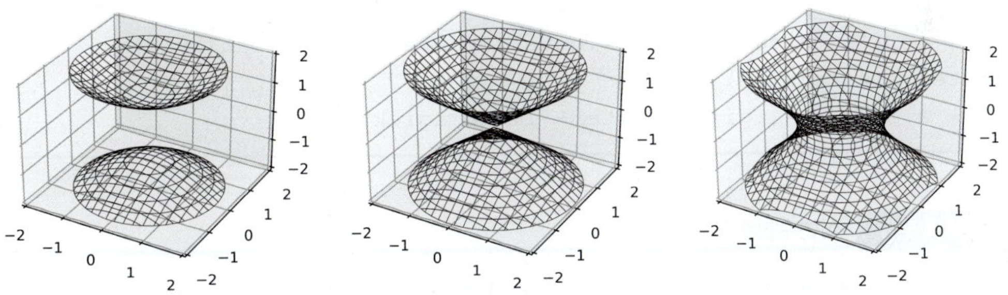

(a) $c = -1$ (b) $c = 0$ (c) $c = 1$

[그림 6-9] 각 등위값 c에서의 함수 (6.14)의 등위면

[그림 6-9(a)]를 통해 $f(x, y, z) < 0$인 점 (x, y, z)는 점 $(0, 0, 0)$의 위와 아래에 위치함을 알 수 있다. [그림 6-9(b)]과 같이 등위값 c가 0에 도달하면 등위면은 원뿔 형태가 된다. 즉 원뿔의 위와 아래에 위치한 모든 3차원 점에서 함숫값은 음수이다. 등위값 c가 양수가 되면 [그림 6-9(c)]와 같이 등위면은 원뿔의 바깥에 놓인 곡면 모양이 된다. c가 계속 증가하면 이 등위면은 xy-평면을 쓸고 지나간다. 정리하면 함숫값 $f(x, y, z)$는 점 (x, y, z)가 원점

으로부터 z축의 위 또는 아래 방향으로 움직일 때 감소하고, xy-평면의 방향으로 움직일 때 증가한다. 즉 점 $(0, 0, 0)$은 극대점도, 극소점도 아닌 안장점이다.

이 과정을 조금 더 효과적으로 관찰하기 위해 -1과 1 사이의 등위값을 조밀하게 분할하여 다음 파이썬 코드를 구현하면 각 등위값에서의 등위면을 연속적으로 보여주는 애니메이션을 만들 수 있다. [코드 6-1]을 통해 결과를 확인해보자.

[코드 6-1]

```
# 등위값이 변할 때의 함수 (6.14)의 등위면 형태를 애니메이션으로 표현
f = lambda x: x[0]**2 + x[1]**2 - x[2]**2
itvs = np.vstack([np.linspace(-2, 2, 20)]*3)
[X, Y, Z] = np.array(np.meshgrid(*itvs))
W = f(np.array([X, Y, Z]))
ax = plt.subplot(projection='3d')
lvls = np.linspace(-1, 1, 100)
ani_contour_line, = ax.plot([],[],[], 'k', lw=.3)

ax.set_xlim(-2, 2)
ax.set_ylim(-2, 2)
ax.set_zlim(-2, 2)

def update(i):
    c = contour(np.array([X, Y, Z, W]), lvls[i])
    ani_contour_line.set_data(c[:, 0], c[:, 1])
    ani_contour_line.set_3d_properties(c[:, 2])
    return ani_contour_line,

a = ani.FuncAnimation(ax.figure, update, frames=len(lvls),
interval=len(lvls))
a = a.save('6-1.gif', writer='imagemagick')
```

예제 6-4 삼변수함수의 임계점

다음 삼변수함수의 임계점을 모두 구하고 극대점, 극소점, 안장점 중 하나로 분류하라.

$$f(x, y, z) = x^3 + y^3 + z^3 \tag{6.15}$$

풀이

주어진 함수는 다항함수이므로 좌표공간의 모든 점에서 미분가능하다. 따라서 모든 편도함수 $f_x = 3x^2$, $f_y = 3y^2$, $f_z = 3z^2$이 0인 임계점만 존재한다. 점 $(0, 0, 0)$은 자명하게 유일한 임계점이다. 점 $(0, 0, 0)$을 지나는 다음 세 매개곡선을 살펴보자.

$$c_1(t) = (t, 0, 0)$$
$$c_2(t) = (0, t, 0)$$
$$c_3(t) = (0, 0, t)$$

각 매개곡선을 따라 구한 함숫값은 $f(t) = t^3$을 따른다. 임계점 $(0, 0, 0)$은 $t = 0$인 경우에 해당하며, 이때의 함숫값은 극대도 극소도 아니다. 따라서 점 $(0, 0, 0)$은 안장점이다.

다음 파이썬 코드를 구현하면 등위값이 변할 때 함수 (6.15)의 등위면이 변하는 형태를 보여주는 애니메이션을 만들 수 있다. [코드 6-2]를 통해 결과를 확인해보자.

[코드 6-2]

```
# 등위값이 변할 때의 함수 (6.15)의 등위면 형태를 애니메이션으로 표현
f = lambda x: np.sum(x**3, axis=0)
itvs = np.vstack([np.linspace(-2, 2, 20)]*3)
[X, Y, Z] = np.array(np.meshgrid(*itvs))
W = np.array(f(np.array([X, Y, Z])))
ax = plt.subplot(projection='3d')
lvls = np.linspace(-1, 1, 100)
ani_contour_line, = ax.plot([],[],[], 'k', lw=.3)

ax.set_xlim(-2, 2)
ax.set_ylim(-2, 2)
ax.set_zlim(-2, 2)

def update(i):
    c = contour(np.array([X, Y, Z, W]), lvls[i])
    ani_contour_line.set_data(c[:, 0], c[:, 1])
    ani_contour_line.set_3d_properties(c[:, 2])
    return ani_contour_line,

a = ani.FuncAnimation(ax.figure, update, frames=len(lvls),
interval=len(lvls))
a = a.save('6-2.gif', writer='imagemagick')
```

헤세 판정법

이제 다변수함수의 식을 이용해 임계점을 분류하는 방법을 알아보고자 한다. 먼저 이변수함수의 경우를 살펴보자. 좌표평면의 점 (x_0, y_0)를 이변수함수 $f(x, y)$의 미분가능한 임계점,

즉 모든 1계 편미분계수가 $f_x(x_0, y_0) = f_y(x_0, y_0) = 0$인 점이라 가정하자. 이 점에서의 선형근사식, 즉 1차 테일러 다항식은 상수함수 $z = f(x_0, y_0)$이며, 이 선형근사식의 그래프는 xy-평면에 평행하다. 따라서 1차 테일러 다항식만으로는 점 (x_0, y_0)가 극대점인지 극소점인지, 혹은 안장점인지 확인할 수 없다. 따라서 다음의 2차 테일러 다항식을 살펴봐야 한다.

$$\begin{aligned} p_2(x, y) = {} & f(x_0, y_0) + \frac{f_{xx}(x_0, y_0)}{2}(x - x_0)^2 \\ & + f_{xy}(x_0, y_0)(x - x_0)(y - y_0) + \frac{f_{yy}(x_0, y_0)}{2}(y - y_0)^2 \end{aligned} \tag{6.16}$$

먼저 함숫값 $f(x_0, y_0)$는 점 (x_0, y_0)가 극대점인지 극소점인지를 판별하는 데 영향을 주지 않으므로 편의상 $f(x_0, y_0) = 0$이라 가정한다. 다음으로 각 계수를 다음과 같이 치환한다.

$$\begin{gathered} \bar{x} = x - x_0, \quad \bar{y} = y - y_0 \\ A = f_{xx}(x_0, y_0), \quad B = f_{xy}(x_0, y_0), \quad C = f_{yy}(x_0, y_0) \end{gathered} \tag{6.17}$$

이에 따라 식 (6.16)은 다음과 같다.

$$\frac{1}{2}\left(A\bar{x}^2 + 2B\bar{x}\bar{y} + C\bar{y}^2\right)$$

위 식을 완전제곱꼴로 바꾼 뒤, 다시 한번 $X = \bar{x} + \frac{b}{a}\bar{y}$, $Y = \bar{y}$로 치환해보자.

$$\frac{A}{2}\left(\bar{x} + \frac{B}{A}\bar{y}\right)^2 + \frac{1}{2}\left(C - \frac{B^2}{A}\right)\bar{y}^2 = \frac{1}{2}AX^2 + \frac{1}{2}\frac{(AC - B^2)}{A}Y^2$$

이제 $\alpha = \frac{A}{2}$, $\beta = \frac{AC - B^2}{2A}$이라 하면 최종적으로 식 (6.16)은 다음과 같은 형태가 된다.

$$\alpha X^2 + \beta Y^2 \tag{6.18}$$

점 $(X, Y) = (0, 0)$에서 함수 (6.18)의 그래프 개형은 α, $\beta > 0$이면 아래로 볼록한 포물면이고, α, $\beta < 0$이면 위로 볼록한 포물면이며, α, β의 부호가 서로 다르면 말안장 모양이다. 식 (6.17)에 따르면 점 $(X, Y) = (0, 0)$은 $(x, y) = (x_0, y_0)$일 때와 같다. 따라서 α, β의 부호에 따라 임계점 $(x, y) = (x_0, y_0)$는 다음과 같이 분류된다.

❶ $a > 0$, $ac - b^2 > 0$이면 점 (x_0, y_0)는 아래로 볼록한 포물면의 극소점이다.
❷ $a < 0$, $ac - b^2 > 0$이면 점 (x_0, y_0)는 위로 볼록한 포물면의 극대점이다.
❸ $ac - b^2 < 0$이면 점 (x_0, y_0)는 말안장의 중심, 즉 안장점이다.

이와 같이 이변수함수의 임계점을 분류하는 것을 헤세 판정법이라 한다.

정리 6-3 이변수함수의 헤세 판정법

점 (x_0, y_0)가 이변수함수 $f(x, y)$의 미분가능한 임계점일 때, D를 다음과 같이 정의하자.

$$D = f_{xx}(x_0, y_0) f_{yy}(x_0, y_0) - f_{xy}(x_0, y_0)^2$$

이때 다음이 성립한다.

(1) $f_{xx}(x_0, y_0) > 0$이고 $D > 0$이면 점 (x_0, y_0)는 극소점이다.

(2) $f_{xx}(x_0, y_0) < 0$이고 $D > 0$이면 점 (x_0, y_0)는 극대점이다.

(3) $D < 0$이면 점 (x_0, y_0)는 안장점이다.

예제 6-5 이변수함수의 헤세 판정법

헤세 판정법으로 다음 이변수함수의 임계점을 분류하라.

$$f(x, y) = xy(1 - x - y)$$

풀이

[예제 6-3]에서 주어진 함수의 임계점이 다음 4개의 점임을 확인했다.

$$(0, 0),\ (1, 0),\ (0, 1),\ \left(\frac{1}{3}, \frac{1}{3}\right)$$

헤세 판정법을 이용하기 위해 각 임계점에 대해 f_{xx}와 $D = f_{xx}f_{yy} - f_{xy}^2$의 값을 구하면 다음과 같다.

[표 6-2] 헤세 판정법에 따른 임계점의 분류

	$(0, 0)$	$(1, 0)$	$(0, 1)$	$\left(\frac{1}{3}, \frac{1}{3}\right)$
D	-1	-1	-1	$\frac{1}{3}$
$f_{xx}(x_0, y_0)$	0	0	-2	$-\frac{2}{3}$
판정 결과	안장점	안장점	안장점	극대점

이는 [예제 6-3]에서 확인한 결과와 일치한다.

이와 유사하게 삼변수함수의 헤세 판정법도 존재한다.

정리 6-4 삼변수함수의 헤세 판정법

점 (x_0, y_0, z_0)가 삼변수함수 $f(x, y, z)$의 임계점일 때, 다음과 같이 a_1, a_2, a_3를 정의하자(행렬의 모든 성분은 점 (x_0, y_0, z_0)에서의 편미분계수이다).

$$a_1 = f_{xx}, \quad a_2 = \det\begin{bmatrix} f_{xx} & f_{xy} \\ f_{yx} & f_{yy} \end{bmatrix}, \quad a_3 = \det\begin{bmatrix} f_{xx} & f_{xy} & f_{xz} \\ f_{yx} & f_{yy} & f_{yz} \\ f_{zx} & f_{zy} & f_{zz} \end{bmatrix} \tag{6.19}$$

이때 다음이 성립한다.

(1) a_1, a_2, $a_3 > 0$이면 점 (x_0, y_0, z_0)는 극소점이다.

(2) $a_1 < 0$, $a_2 > 0$, $a_3 < 0$이면 점 (x_0, y_0, z_0)는 극대점이다.

(3) (1), (2)가 아닌 경우 점 (x_0, y_0, z_0)는 안장점이다.

예를 들어 함수 $f(x, y, z) = x^2 + y^2 + z^2$과 임계점 $(0, 0, 0)$을 생각해보자. 점 $(0, 0, 0)$을 제외한 모든 점에서의 함숫값은 항상 양수이므로 점 $(0, 0, 0)$은 극소점이다. 이때 식 (6.19)의 a_1, a_2, a_3는 다음과 같다.

$$a_1 = 2, \quad a_2 = \det\begin{bmatrix} 2 & 0 \\ 0 & 2 \end{bmatrix} = 4, \quad a_3 = \det\begin{bmatrix} 2 & 0 & 0 \\ 0 & 2 & 0 \\ 0 & 0 & 2 \end{bmatrix} = 8$$

이는 [정리 6-4]의 (1)에 해당한다. 이번에는 함수 $f(x, y, z) = -x^2 - y^2 - z^2$을 살펴보자. 앞의 경우와 마찬가지로 점 $(0, 0, 0)$은 이 함수의 유일한 임계점이고 극대점이다. 이때 a_1, a_2, a_3는 다음과 같다.

$$a_1 = -2, \quad a_2 = \det\begin{bmatrix} -2 & 0 \\ 0 & -2 \end{bmatrix} = 4, \quad a_3 = \det\begin{bmatrix} -2 & 0 & 0 \\ 0 & -2 & 0 \\ 0 & 0 & -2 \end{bmatrix} = -8$$

이는 [정리 6-4]의 (2)에 해당한다. 마지막으로 함수 $f(x, y, z) = x^2 - y^2 + z^2$을 살펴보자. [정리 6-4]에 따라 점 $(0, 0, 0)$은 안장점이다. 점 $(0, 0, 0)$으로부터 y축으로 움직이면 함숫값은 음수로 감소하고, x축 또는 z축으로 움직이면 양수로 증가한다. 따라서 점 $(0, 0, 0)$은 극대점도 극소점도 아니다.

예제 6-6 삼변수함수의 헤세 판정법

헤세 판정법으로 영역 $x, y, z > 0$에서 다음 삼변수함수의 임계점을 분류하라.

$$f(x, y, z) = x^3 + y^3 + z^3 - 3xyz \tag{6.20}$$

풀이

주어진 함수의 1계 편도함수는 각각 다음과 같다.

$$f_x = 3x^2 - 3yz, \quad f_y = 3y^2 - 3xz, \quad f_z = 3z^2 - 3xy$$

따라서 점 $(a,\ a,\ a)$는 임의의 $a > 0$에 대해 항상 임계점이다. 이때 수열 (6.19)는 다음과 같다.

$$a_1 = 6, \quad a_2 = \det\begin{bmatrix} 6 & -3 \\ -3 & 6 \end{bmatrix} = 27, \quad a_3 = \det\begin{bmatrix} 6 & -3 & -3 \\ -3 & 6 & -3 \\ -3 & -3 & 6 \end{bmatrix} = 0$$

따라서 점 $(a,\ a,\ a)$는 안장점이다. 한편, 산술기하 부등식에 의해 함수 (6.20)은 항상 0보다 크거나 같다.

$$\frac{x^3 + y^3 + z^3}{3} \geq |xyz|$$

즉 임계점 (a, a, a)는 함숫값이 최소가 되는 지점이고, 벡터 $\langle 1, 1, 1 \rangle$과 평행하며 원점을 지나는 직선을 따라 분포되어 있으므로 극소점이라 할 수 없다.

다음 파이썬 코드로 함수 (6.20)의 등위면을 등위값 1에서 구현하면 [그림 6-10]과 같다.

```
# 함수 (6.20)의 등위면 그리기
intvl = np.linspace(0, 2, 20)
[X, Y, Z] = np.meshgrid(*[intvl]*3)
W = np.array(X**3 + Y**3 + Z**3 - 3*X*Y*Z)
ax = plt.subplot(projection='3d')
c = contour(np.array([X, Y, Z, W]), 1)
ax.plot(c[:, 0], c[:, 1], c[:, 2], 'k', lw=.3)
ax.plot(1, 1, 1, 'o', zorder=4)
```

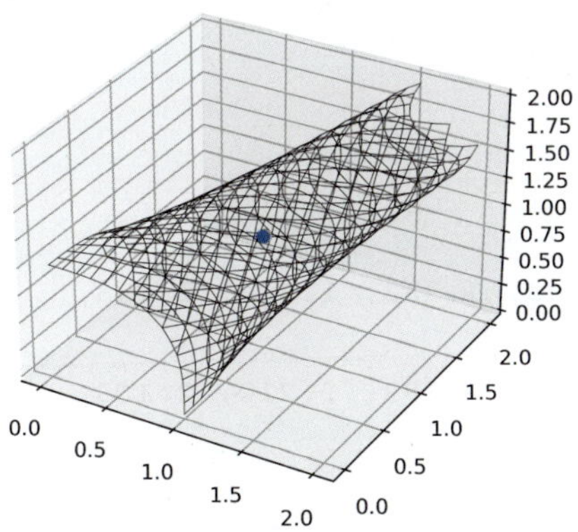

[그림 6-10] 등위값 1에서의 함수 (6.20)의 등위면

[그림 6-10]을 통해 함수 (6.20)의 등위면은 튜브 형태임을 알 수 있고, 등위값이 0으로 수렴할수록 등위면은 임계점 (a, a, a)가 분포된 직선으로 수렴할 것이라 예상할 수 있다.

■ 헤세 판정법의 응용

헤세 판정법은 선형회귀분석에 응용된다. **선형** linear이란 입력값과 출력값이 선형방정식으로 결정되는 시스템을 말하고, **선형회귀분석** linear regression analysis이란 이 시스템을 가장 잘 예측하는 모델을 찾는 것을 말한다.

예를 들어 [표 6-3]과 같이 10회의 시행을 통해 시스템의 입력값과 출력값을 얻었다고 하자. 각 i번째($i = 1, \cdots, 10$) 시행에서 값 x_i를 입력했고, 이에 대한 출력값으로 y_i를 얻었다고 가정한다.

[표 6-3] 선형회귀분석을 위한 데이터의 예

i	x_i	y_i
1	0.021	1.161
2	0.186	1.273
3	1.326	2.193
4	1.101	2.111
5	1.832	2.753
6	1.383	2.293
7	1.306	2.212
8	1.233	2.103
9	0.697	1.828
10	0.592	1.453

다음 파이썬 코드를 구현해 [표 6-3]의 데이터를 산포도로 표현하면 [그림 6-11]과 같다.

```
# 2차원 데이터에 대한 산포도 그리기
import numpy as np
import matplotlib.pyplot as plt

xy = np.array([
    [0.021, 0.186, 1.326, 1.101, 1.832, 1.383, 1.306, 1.233,
0.697, 0.592],
    [1.161, 1.273, 2.193, 2.111, 2.753, 2.293, 2.212, 2.103,
1.828, 1.453]])
plt.scatter(xy[0], xy[1])
```

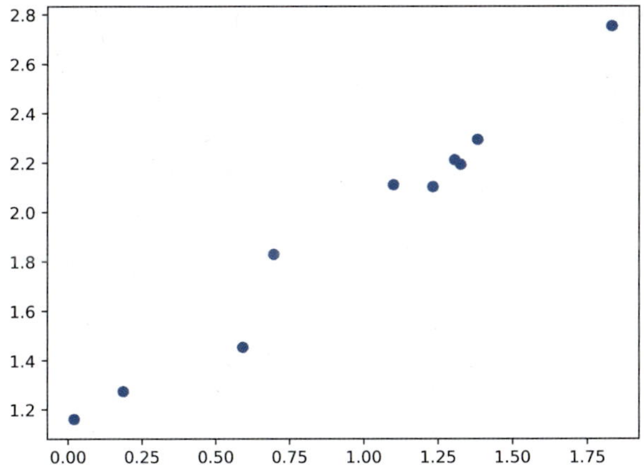

[그림 6-11] 2차원 데이터의 산포도

오차가 전혀 발생하지 않았을 경우 입력값 x_i에 따른 출력값을 $\overline{y_i}$라 하고, 측정값 y_i와 실제값 $\overline{y_i}$의 오차를 ε_i라 하자.

$$\begin{aligned} \overline{y}_i &= \mu x_i + \rho \\ y_i &= \overline{y_i} + \varepsilon_i \end{aligned} \tag{6.21}$$

여기서 오차 ε_i가 무엇인지 알아낼 수는 없다. 또한 식 (6.21)을 결정하는 μ, ρ의 원래 값이 무엇인지도 알 수 없다. 선형회귀의 목표는 오차의 크기가 가장 작은 선형방정식 $y = \mu_0 x + \rho_0$를 찾는 것이다. 이 방정식을 **선형회귀선** regression line이라 한다. **최소제곱법** least square method은 이 문제를 해결하는 한 방법이다. 이 방법은 각 오차의 제곱의 합을 최소로 만드는 것을 목표로 한다. 구체적으로는 다음을 최소로 만드는 상수 μ_0와 ρ_0를 구한다.

$$\sum_{i=1}^{n} \varepsilon_i^2 = \sum_{i=1}^{n} (y_i - \overline{y_i})^2 = \sum_{i=1}^{n} (y_i - \mu x_i - \rho)^2 \tag{6.22}$$

식 (6.22)를 다음과 같이 μ와 ρ에 관한 이변수함수로 나타내보자.

$$l(\mu, \rho) = \sum_{i=1}^{n} (y_i - x_i \mu - \rho)^2 \tag{6.23}$$

최소제곱법은 함수 $l(\mu, \rho)$의 최소점을 구하는 것이다. 앞서 살펴본 임계점의 분류 방법을 이용해 이 함수의 최소점을 구해보자. 먼저 다음과 같이 식 (6.23)을 2차식으로 전개한다.

$$l(\mu, \rho) = \sum_{i=1}^{n} y_i^2 - 2\left(\sum_{i=1}^{n} y_i x_i\right)\mu - 2\left(\sum_{i=1}^{n} y_i\right)\rho + 2\left(\sum_{i=1}^{n} x_i\right)\mu\rho + \left(\sum_{i=1}^{n} x_i^2\right)\mu^2 + n\rho^2 \tag{6.24}$$

그리고 다음과 같이 각 계수를 치환하자.

$$l(\mu, \rho) = a - 2b\mu - 2c\rho + 2d\mu\rho + e\mu^2 + n\rho^2$$
$$a = \sum_{i=1}^{n} y_i^2, \quad b = \sum_{i=1}^{n} y_i x_i, \quad c = \sum_{i=1}^{n} y_i, \quad d = \sum_{i=1}^{n} x_i, \quad e = \sum_{i=1}^{n} x_i^2$$

이제 함수 $l(\mu, \rho)$의 임계점을 구해보자. $l_\mu = l_\rho = 0$을 다음과 같이 μ, ρ에 관한 연립방정식으로 표현하자.

$$l_\mu = 2e\mu + 2d\rho - 2b$$
$$l_\rho = 2d\mu + 2n\rho - 2c$$

이를 행렬에 관한 식으로 나타내면 다음과 같다.

$$\begin{bmatrix} e & d \\ d & n \end{bmatrix} \cdot \begin{bmatrix} \mu \\ \rho \end{bmatrix} = \begin{bmatrix} b \\ c \end{bmatrix}$$

크레이머 정리(정리 2-6)에 의해 위 식을 만족하는 μ_0, ρ_0는 다음과 같다.

$$\mu_0 = \frac{nb - cd}{ne - d^2} = \frac{\sum_{i=1}^{n} x_i y_i - \sum_{i=1}^{n} x_i \sum_{i=1}^{n} y_i}{n\sum_{i=1}^{n} x_i^2 - \left(\sum_{i=1}^{n} x_i\right)^2}$$
$$\rho_0 = \frac{ce - bd}{ne - d^2} = \frac{\sum_{i=1}^{n} x_i^2 \sum_{i=1}^{n} y_i - \sum_{i=1}^{n} x_i \sum_{i=1}^{n} x_i y_i}{n\sum_{i=1}^{n} x_i^2 - \left(\sum_{i=1}^{n} x_i\right)^2}$$

헤세 판정법을 이용해 이 점이 어떤 임계점인지 판별하자. 우선 2계 편도함수 $l_{\mu\mu}$는 항상 양수이다.

$$l_{\mu\mu} = 2e = 2\sum_{i=1}^{n} x_i^2 > 0$$

또한 $l_{\mu\mu} l_{\rho\rho} - l_{\mu\rho}^2$도 다음과 같이 항상 양수이다.[5]

$$l_{\mu\mu} l_{\rho\rho} - l_{\mu\rho}^2 = 4n\sum_{i=1}^{n} x_i^2 - 4\left(\sum_{i=1}^{n} x_i\right)^2 = 4\sum_{i<j} (x_i - x_j)^2 > 0$$

5 마지막 등식은 $(n-1)\sum_{i=1}^{n} x_i^2 - 2\sum_{i<j} x_i x_j = \sum_{i<j} (x_i - x_j)^2$에 의해 성립한다.

따라서 임계점은 극소점이다. 앞서 제시한 [표 6-3]의 데이터를 식 (6.24)에 대입하면 다음 결과를 얻는다.

$$\mu_0 = 0.8647, \ \rho_0 = 1.1012$$

다음 파이썬 코드를 구현해 선형방정식 $y = \mu_0 x + \rho_0$의 그래프를 [그림 6-11]의 산포도와 함께 나타내면 [그림 6-12]와 같다.

```
# 산포도와 선형회귀선 그리기
xy = np.array([
    [0.021, 0.186, 1.326, 1.101, 1.832, 1.383, 1.306, 1.233,
0.697, 0.592],
    [1.161, 1.273, 2.193, 2.111, 2.753, 2.293, 2.212, 2.103,
1.828, 1.453]])
x, y, n = xy[0], xy[1], len(xy[0])
a, b, c, d, e = np.sum(y**2), np.sum(x*y), np.sum(y), np.sum(x),
np.sum(x**2)
mu, rho = (n*b - c*d)/(n*e - d**2), (e*c - b*d)/(n*e - d**2)
print(mu, rho)
plt.scatter(x, y)
t = np.linspace(np.min(x), np.max(x), 2)
plt.plot(t, mu*t + rho, '--k')
```

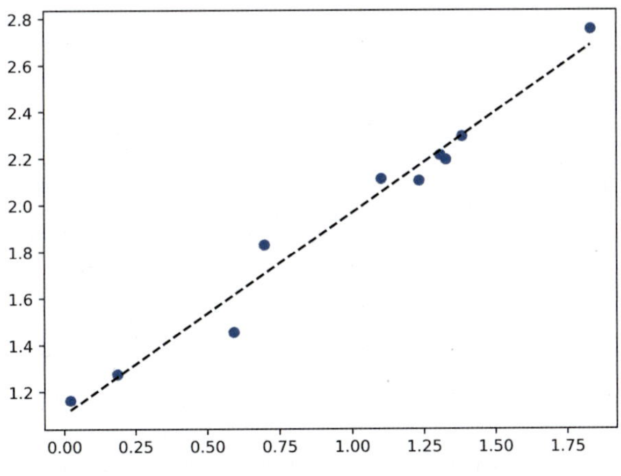

[그림 6-12] 산포도와 선형회귀선의 그래프

SECTION 6.2 라그랑주 승수법

이 절에서는 연쇄법칙과 라그랑주 승수법에 대해 자세히 알아본다. 이 절의 내용은 6.4절에서 소개할 프로젝트를 위해 필요한 개념이다.

다변수함수의 연쇄법칙

연쇄법칙은 두 함수의 합성의 미분에 관한 정리이다. 우선 일변수함수의 연쇄법칙이 다변수함수의 연쇄법칙으로 확장되는 과정을 알아보자.

일변수함수의 연쇄법칙

4장에서 살펴본 일변수함수의 연쇄법칙에 따르면, 함수 $f(x)$가 x_0에서 미분가능하고 함수 $g(y)$가 $y_0 = f(x_0)$에서 미분가능하면 합성함수 $g(f(x))$는 다음 식을 만족한다.

$$(g \circ f)'(x_0) = g'(y_0) \cdot f'(x_0) \tag{6.25}$$

4장에서는 좌표공간의 움직이는 점에 대한 성질로 연쇄법칙을 설명했다. 식 (6.25)는 좌표공간의 xy-평면에 놓인 함수 $y = f(x)$의 그래프를 따라 움직이는 점 (x, y)와 yz-평면에 놓인 함수 $z = g(y)$의 그래프를 따라 움직이는 점 (y, z)의 x, y, z좌표의 속도의 변화율에 관한 식이다. 따라서 다음이 성립한다.

$$\frac{\Delta z}{\Delta x} \approx \frac{\Delta z}{\Delta y} \cdot \frac{\Delta y}{\Delta x}$$

이를 다변수함수의 연쇄법칙으로 확장하기 위해 일변수함수의 미분계수의 의미를 살펴보자. 점 x가 점 x_0를 지나는 매개곡선 $x(t)$를 따라 x축 위를 움직이고, (x, y)가 시간 t에서의 함수 $y = f(x)$의 그래프 위의 점이라 할 때, y축 위의 점 y는 다음과 같이 매개화된다.

$$y(t) = f(x(t))$$

시간 $t=0$에서 x가 x_0를 지날 때 y는 $f(x_0)$를 지난다. 미분계수 $f'(x_0)$는 x가 x_0를 단위 속도로 지날 때의 y의 대략적인 속도이다. 실제로 x가 x_0를 지날 때의 속도는 $x'(0)$이고, 이때 y의 속도는 $f'(x_0)x'(0)$이다.

$$y'(0) = f'(x_0)x'(0) \tag{6.26}$$

이 결과는 미분가능한 모든 점 x에 대해 성립한다. 따라서 식 (6.26)은 다음과 같이 일반화된다.

$$y'(t) = (f \circ x)'(t) = f'(x(t))x'(t) \tag{6.27}$$

예를 들어 일변수함수 $f(x)=x^2$과 x축 위의 매개곡선 $x(t)=\sin(t)$를 생각해보자. 이때 y축 위의 점 $y=f(x)$가 움직이는 매개곡선은 다음과 같다.

$$y(t) = \sin^2(t)$$

따라서 각 시간 t에서 점 y의 속도는 $y'(t)=2\sin(t)\cos(t)$이다. 식 (6.27)의 우변을 생각해보자. 각 시간 t에서 점 x는 $\cos(t)$의 속도로 움직이고 $f'(x)=2x$이다.

$$2x(t)x'(t) = 2\sin(t)\cos(t)$$

따라서 식 (6.27)은 성립한다.

다음 파이썬 코드를 구현하면 2차원 매개곡선 $(x(t), y(t))$의 움직임을 속도벡터 $\langle x'(t), y'(t)\rangle$와 함께 보여주는 애니메이션을 만들 수 있다. 편의상 $x'(t)$를 x축 방향의 벡터 $\langle x'(t), 0\rangle$으로, $y'(t)$를 y축 방향의 벡터 $\langle 0, y'(t)\rangle$로 표현했다. [코드 6-3]을 통해 결과를 확인해보자.

[코드 6-3]

```
# 일변수함수의 연쇄법칙을 시각적으로 표현
t = np.linspace(0, 2*np.pi)
x, xp = np.sin(t), np.cos(t)
y, yp = x**2, 2*x*xp

plt.plot(x, y)
xy_point, = plt.plot([], [], 'ko')
xy_quiver = plt.quiver(0, 0, 0, 0, angles='xy',
scale_units='xy', scale=5)
x_quiver = plt.quiver(0, 0, 0, 0, angles='xy', scale_units='xy',
scale=5)
y_quiver = plt.quiver(0, 0, 0, 0, angles='xy', scale_units='xy',
scale=5)

def update(i):
    xy_point.set_data([x[i]], [y[i]])
```

```
    xy_quiver.set_offsets([[x[i], y[i]]])
    x_quiver.set_offsets([[x[i], y[i]]])
    y_quiver.set_offsets([[x[i], y[i]]])
    xy_quiver.set_UVC(xp[i], yp[i])
    x_quiver.set_UVC(xp[i], 0)
    y_quiver.set_UVC(0, yp[i])
    return xy_point, xy_quiver,

a = ani.FuncAnimation(plt.gcf(), update, frames=len(t), 
interval=100)
a.save('6-3.gif', writer='imagemagick')
```

■ 이변수함수의 연쇄법칙

이제 이변수함수의 연쇄법칙에 대해 살펴보자. 정의역의 한 점 (x_0, y_0)의 근방에서 미분가능한 이변수함수 $f(x, y)$를 생각해보자. 이때 2×1 행렬인 미분계수 $Df(x_0, y_0)$는 정의역의 점 (x, y)가 점 (x_0, y_0)로부터 벡터 $\boldsymbol{u}=\begin{bmatrix} a \\ b \end{bmatrix}$의 속도로 움직일 때, 치역의 점 $z=f(x, y)$가 $f(x_0, y_0)$로부터 움직이는 대략적인 속도를 예측한다.

$$Df(x_0, y_0)\cdot \boldsymbol{u}=\begin{bmatrix} f_x & f_y \end{bmatrix}\cdot\begin{bmatrix} a \\ b \end{bmatrix}=af_x(x_0, y_0)+bf_y(x_0, y_0) \tag{6.28}$$

이제 점 (x, y)가 정의역의 한 매개곡선 $c(t)=(x(t), y(t))$를 따라 움직인다고 가정해보자. 각 시간 t에서의 함숫값 $z(t)$는 다음과 같다.

$$z(t)=f(c(t))=f(x(t), y(t)) \tag{6.29}$$

시간 $t=0$에서 곡선 $c(t)$가 점 (x_0, y_0)를 $\boldsymbol{u}$의 속도로 지난다고 가정하자. 이때 $z'(0)$은 식 (6.28)과 (6.29)의 두 가지 관점에서 계산할 수 있다.

$$z'(0)=\left.\frac{d}{dt}\right|_{t=0} f(c(t))=Df(x_0, y_0)\cdot\boldsymbol{u}=af_x(x_0, y_0)+bf_y(x_0, y_0) \tag{6.30}$$

식 (6.30)에서 두 번째, 네 번째 항만을 비교하여 다음과 같이 나타내보자.

$$\left.\frac{d}{dt}\right|_{t=0} f(c(t))=af_x(x_0, y_0)+bf_y(x_0, y_0) \tag{6.31}$$

a, b를 $x'(t)$, $y'(t)$로, (x_0, y_0)를 $c(t)$로 치환하면 식 (6.31)은 다음과 같다.

$$\left.\frac{d}{dt}\right|_{t=0} f(c(t))\equiv f_x(c(t))\cdot x'(t)+f_y(c(t))\cdot y'(t)$$

정리 6-5 이변수 실숫값함수의 연쇄법칙

이변수 실숫값함수 $f(x, y)$와 정의역의 매개곡선 $c(t)=(x(t), y(t))$의 합성함수를 $f(t)=f(c(t))$라 하자. $c(t)$가 점 t에서 미분가능하고 $f(x, y)$가 점 $c(t)$에서 미분가능할 때, $f(t)=f(c(t))$도 미분가능하고 미분계수는 다음과 같다.

$$f'(t)=f_x(c(t))\cdot x'(t)+f_y(c(t))\cdot y'(t) \tag{6.32}$$

식 (6.32)는 이변수함수 f의 변화율을 두 가지 관점에서 해석한 것이라 할 수 있다. 식 (6.32)의 좌변은 시간 t에 따른 함숫값의 변화율이고, 우변은 정의역의 매개곡선 $c(t)$에 대한 치역의 매개곡선 $z(t)$의 속도이다.

예제 6-7 이변수 실숫값함수의 연쇄법칙

이변수 실숫값함수 $f(x, y)=x^2-y^2$과 매개곡선 $c(t)=(\sin(t), \cos(t)\sin(t))$에 대해 연쇄법칙 (6.32)가 성립함을 보여라.

풀이

먼저 함수 $f(t)=f(c(t))$는 다음과 같다.

$$f(t)=f(c(t))=f(x(t), y(t))=\sin^2(t)-\frac{\sin^2(2t)}{4}$$

이는 일변수함수이고, 이 함수의 도함수는 다음과 같다.

$$f'(t)=2\sin(t)\cos(t)-\sin(2t)\cos(2t)=\sin(2t)-\sin(2t)\cos(2t) \tag{6.33}$$

다음으로 이변수함수 $f(x, y)$의 편도함수 f_x, f_y를 계산하자. 편도함수도 x, y에 대한 이변수 실숫값함수이지만, 여기서는 점 (x, y)가 매개곡선 $c(t)$를 따라 움직인다고 가정했으므로 다음과 같이 $x=\sin(t)$, $y=\sin(t)\cos(t)$를 대입하여 t에 대한 일변수함수로 표현한다.

$$f_x=2x=2\sin(t)$$
$$f_y=-2y=-2\sin(t)\cos(t)$$

식 (6.32)의 우변을 계산한 결과는 다음과 같다.

$$2\sin(t)\cdot\cos(t)-2\cdot\frac{1}{2}\sin(2t)\cos(2t)=\sin(2t)-\sin(2t)\cos(2t) \tag{6.34}$$

식 (6.33)과 (6.34)가 일치하므로, 연쇄법칙 (6.32)가 성립한다.

이제 이변수 실숫값함수의 연쇄법칙을 시각화해보자. 점 (x, y)가 $c'(t)$의 속도로 움직일 때 점 (x, y, z)가 함수 $z=f(x, y)$의 그래프 위를 움직인다고 하자. 연쇄법칙 (6.32)에 따라 z좌표의 속도는 xy-평면의 속도 $c'(t)$에 의해 결정된다.

다음 파이썬 코드를 구현하면 [예제 6-7]의 이변수 실숫값함수 $f(x, y)=x^2-y^2$과 매개곡선 $c(t)=(\sin(t), \cos(t)\sin(t))$의 움직임을 속도벡터 $c'(t)$와 $z'(t)$를 가리키는 화살표로 보여주는 애니메이션을 만들 수 있다. [코드 6-4]를 통해 결과를 확인해보자.

[코드 6-4]

```
# 이변수함수의 연쇄법칙의 시각화
f = lambda x, y: x**2 - y**2
t = np.linspace(0, 2*np.pi)
x, y = np.sin(t), np.cos(t)*np.sin(t)
xp, yp = np.cos(t), np.cos(2*t)
z, zp = f(x, y), 2*x*xp - 2*y*yp

fig = plt.figure()
ax = fig.add_subplot(projection='3d')
xx, yy = np.meshgrid(np.linspace(-1, 1, 40), np.linspace(-1, 1,
40))
ax.set_aspect('equal')
ax.plot_surface(xx, yy, f(xx, yy), alpha=.8, zorder=3)
ax.plot(x, y, f(x, y), 'k', zorder=4)
ax.plot(x, y, -1, 'k', zorder=4)
point, = ax.plot([], [], [], 'o', color='C0', zorder=4)
xyz_quiver = ax.quiver(0, 0, 0, 0, 0, 0)
xy_quiver = ax.quiver(0, 0, 0, 0, 0, 0)
z_quiver = ax.quiver(0, 0, 0, 0, 0, 0)

# 프레임마다 그래픽을 생성하는 함수
def update(i):
    global xyz_quiver, xy_quiver, z_quiver
    point.set_data([x[i]], [y[i]])
    point.set_3d_properties(z[i])
    xyz_quiver.remove()
    xy_quiver.remove()
    z_quiver.remove()
    xyz_quiver = ax.quiver(x[i], y[i], z[i],
                 xp[i], yp[i], zp[i],
                 arrow_length_ratio=0.1, color='k', length=.5)
    xy_quiver = ax.quiver(x[i], y[i], -1,
                 xp[i], yp[i], 0,
```

```
                  arrow_length_ratio=0.1, color='k', length=.5)
    z_quiver = ax.quiver(x[i], y[i], z[i],
                  0, 0, zp[i],
                  arrow_length_ratio=0.1, color='C0', length=.5)
    return point,

a = ani.FuncAnimation(fig, update, frames=len(t),
interval=len(t), blit=True)
a.save('6-4.gif', writer='imagemagick')
```

예제 6-8 이변수함수의 연쇄법칙

연쇄법칙을 이용해 다음 이변수 실숫값함수 $f(x, y)$와 매개곡선 $c(t)$에 대해 $f(t) = f(c(t))$의 도함수를 구하라.

$$f(x, y) = \log(x+y) + \sin(xy)$$
$$c(t) = (t^3, t^2)$$

풀이

이변수 실숫값함수 $f(x, y)$의 편도함수는 다음과 같다.

$$f_x = \frac{1}{x+y} + y\cos(xy), \quad f_y = \frac{1}{x+y} + x\cos(xy)$$

따라서 연쇄법칙에 의해 $f'(t)$는 다음과 같다.

$$f_x x' + f_y y' = 3t^2\left(\frac{1}{t^3+t^2} + t^2\cos(t^5)\right) + 2t\left(\frac{1}{t^3+t^2} + t^3\cos(t^5)\right)$$

이번에는 연쇄법칙을 이변수함수 $\boldsymbol{T}(u, v) = (x, y)$로 확장하자. 이 함수의 정의역의 매개곡선 $d(t) = (u(t), v(t))$에 대해 각 성분함수 $x(u, v)$, $y(u, v)$는 이변수 실숫값함수로서 다음과 같이 연쇄법칙을 만족한다.

$$x' = x_u u' + x_v v'$$
$$y' = y_u u' + y_v v'$$

위 식을 행렬에 관한 식으로 나타내면 다음과 같다.

$$\begin{bmatrix} x' \\ y' \end{bmatrix} = \begin{bmatrix} x_u & x_v \\ y_u & y_v \end{bmatrix} \begin{bmatrix} u' \\ v' \end{bmatrix} \tag{6.35}$$

매개곡선 $d(t)$의 치역을 $c(t) = (x(t), y(t))$라 하자. 식 (6.35)의 $\begin{bmatrix} u' \\ v' \end{bmatrix}$과 $\begin{bmatrix} x' \\ y' \end{bmatrix}$은 각 매개

곡선의 속도 $d'(t)$, $c'(t)$이다. 이는 함수 d, c의 미분계수 Dd와 Dc이다. 한편 식 (6.35)의 2×2 행렬 $\begin{bmatrix} x_u & x_v \\ y_u & y_v \end{bmatrix}$는 함수 $\boldsymbol{T}$의 미분계수이므로, 식 (6.35)를 다음과 같이 나타낼 수 있다.

$$Dc = D\boldsymbol{T} \cdot Dd$$

이를 이변수함수의 연쇄법칙이라 한다.

정리 6-6 이변수함수의 연쇄법칙

정의역의 매개곡선 $d(t) = (u(t), v(t))$가 미분가능하고 이변수함수 $\boldsymbol{T}(u, v) = (x, y)$가 점 $d(t)$에서 미분가능하면, 치역의 매개곡선 $c(t) = \boldsymbol{T}(d(t))$도 미분가능하고 미분계수는 다음과 같다.

$$Dc(t) = D\boldsymbol{T}(d(t)) \cdot Dd(t) \tag{6.36}$$

다음 예제를 통해 이변수함수의 연쇄법칙을 확인해보자.

예제 6-9 이변수함수의 연쇄법칙

이변수함수 $\boldsymbol{T}(u, v) = (v, uv)$와 uv-평면의 매개곡선 $d(t) = (\cos(t), \sin(t))$에 대해 연쇄법칙 (6.36)이 성립함을 보여라.

풀이

$u(t) = \cos(t)$, $v(t) = \sin(t)$를 $x = v$, $y = vu$에 대입하여 치역의 매개곡선 $c(t) = \boldsymbol{T}(d(t))$를 구하자.

$$x(t) = \sin(t), \quad y(t) = \cos(t)\sin(t) = \frac{1}{2}\sin(2t)$$

따라서 식 (6.36)의 좌변은 다음과 같다.

$$Dc(t) = \begin{bmatrix} x'(t) \\ y'(t) \end{bmatrix} = \begin{bmatrix} \cos(t) \\ \cos(2t) \end{bmatrix} \tag{6.37}$$

다음으로 $D\boldsymbol{T}(u, v)$를 구하자.

$$D\boldsymbol{T} = \begin{bmatrix} 0 & 1 \\ v & u \end{bmatrix}$$

위 식에 매개식 $u(t) = \cos(t)$, $v(t) = \sin(t)$를 대입하여 $D\boldsymbol{T}(d(t))$를 구하자.

$$D\boldsymbol{T}(d(t)) = \begin{bmatrix} 0 & 1 \\ \sin(t) & \cos(t) \end{bmatrix}$$

따라서 식 (6.36)의 우변은 다음과 같다.

$$\begin{bmatrix} 0 & 1 \\ \sin(t) & \cos(t) \end{bmatrix} \begin{bmatrix} -\sin(t) \\ \cos(t) \end{bmatrix} = \begin{bmatrix} \cos(t) \\ -\sin^2(t) + \cos^2(t) \end{bmatrix} \tag{6.38}$$

식 (6.37)과 (6.38)이 일치하므로, 연쇄법칙 (6.36)이 성립한다.

이변수함수의 연쇄법칙 (6.36)은 정의역의 점 (u, v)가 $\langle u', v' \rangle$의 속도로 움직일 때, 치역의 점 (x, y)가 움직이는 속도 $\langle x', y' \rangle$을 예측하는 방법에 관한 정리이다. [예제 6–9]에서 살펴본 이변수함수 $\boldsymbol{T}(u, v) = (v, uv)$와 uv-평면의 매개곡선 $d(t) = (\cos(t), \sin(t))$의 치역인 $c(t) = (\sin(t), \cos(t)\sin(t))$는 xy-평면 위의 8자 모양의 곡선이다.

다음 파이썬 코드를 구현하면 매개곡선 $d(t)$와 $c(t)$의 움직임을 보여주는 애니메이션을 만들 수 있고, 결과는 [코드 6–5]를 통해 확인할 수 있다.

[코드 6-5]

```
# [예제 6-9]를 애니메이션으로 구현
T = lambda u, v: [v, u*v]
DT = lambda u, v: np.array([[0, 1], [v, u]])
t = np.linspace(0, 2*np.pi, 100)
u, v = np.cos(t), np.sin(t)
up, vp = -np.sin(t), np.cos(t)
x, y = T(u, v)

fig, axs = plt.subplots(1, 2)
axs[0].plot(u, v)
axs[0].axis('equal')
axs[1].plot(x, y), 'C0')
axs[1].axis('equal')
uv_pplot, = axs[0].plot([], [], 'ko')
xy_pplot, = axs[1].plot([], [], 'ko')
uv_qplot = axs[0].quiver(0, 0, 0, 0, scale=5, width=.01,
zorder=4)
xy_qplot = axs[1].quiver(0, 0, 0, 0, scale=5, width=.01,
zorder=4)

def update(i):
    uv_pplot.set_data([u[i]], [v[i]])
    xy_pplot.set_data([x[i]], [y[i]])
    uv_qplot.set_offsets([u[i], v[i]])
    uv_qplot.set_UVC(up[i], vp[i])
    xy_qplot.set_offsets([x[i], y[i]])
```

```
    xy_qplot.set_UVC(DT(u[i],v[i])[0]@np.array([up[i],vp[i]]),
                     DT(u[i],v[i])[1]@np.array([up[i],vp[i]]))
    return uv_pplot, xy_pplot, uv_qplot, xy_qplot,

a = ani.FuncAnimation(fig, update, frames=100, interval=100,
blit=True)
a.save('6-5.gif', writer='imagemagick')
```

■ 일반적인 연쇄법칙

이제 일반적인 연쇄법칙의 형태를 살펴보자. 이변수함수 $\boldsymbol{T}(u, v) = (x, y)$가 미분가능하고, 이변수 실숫값함수 $f(x, y)$도 $\boldsymbol{T}$의 치역에서 미분가능하다고 가정하자. 또한 두 함수를 합성하여 만든 이변수 실숫값함수를 $f(u, v)$로 표기하자.

$$f(u, v) = f(\boldsymbol{T}(u, v))$$

다시 말해 $f(u, v)$는 함수 $f(x, y)$를 재매개화[6]한 것이다. $x = v$, $y = uv$이므로 식 $f(x, y) = x^2 - y^2$과 $f(u, v) = v^2 - (uv)^2$은 근본적으로 동일한 함수이다. 정의역이 xy-평면과 uv-평면 중 어느 것인지에 따라 관계식이 달라질 뿐이다.

uv-평면의 매개곡선 $d(t) = (u(t), v(t))$와 xy-평면의 매개곡선 $c(t) = \boldsymbol{T}(d(t))$가 미분가능하다고 가정하자. 점 $d(t)$에서의 함수 $f(u, v)$의 값과 점 $c(t)$에서의 함수 $f(x, y)$의 값은 서로 동일하다.

$$f(c(t)) = ((f \circ \boldsymbol{T}) \circ c)(t) = (f \circ (\boldsymbol{T} \circ c))(t) = f(d(t))$$

즉 $f(c(t))$와 $f(d(t))$는 서로 동일한 일변수함수이다. 이를 다음과 같이 표기하자.

$$f(t) = f(c(t)) = f(d(t))$$

위 식을 $f(t) = f(c(t))$, $f(t) = f(d(t))$로 나누어 이변수 실숫값함수의 연쇄법칙 (6.32)를 적용해보자.

$$f' = f_u u' + f_v v' = f_x x' + f_y y'$$

두 번째 등식을 행렬곱으로 다음과 같이 표현하자.

$$\begin{bmatrix} f_u & f_v \end{bmatrix} \begin{bmatrix} u' \\ v' \end{bmatrix} = \begin{bmatrix} f_x & f_y \end{bmatrix} \begin{bmatrix} x' \\ v' \end{bmatrix}$$

6 주어진 매개변수를 다른 매개변수로 치환하는 것을 **재매개화**(reparametrization)라 한다.

앞의 식에 이변수함수의 연쇄법칙 (6.35)를 적용하면 다음과 같다.

$$[f_u \ \ f_v]\begin{bmatrix}u'\\v'\end{bmatrix}=[f_x \ \ f_y]\begin{bmatrix}x_u & x_v\\ y_u & y_v\end{bmatrix}\begin{bmatrix}u'\\v'\end{bmatrix} \tag{6.39}$$

식 (6.39)의 양변은 모두 uv-평면의 점 (u, v)가 $\langle u', v' \rangle$의 속도로 움직일 때의 함숫값 $f(u, v)$의 변화율이다. 여기서 공통된 항 $\begin{bmatrix}u'\\v'\end{bmatrix}$을 소거하면[7] 다음과 같다.

$$[f_u \ \ f_v]=[f_x \ \ f_y]\begin{bmatrix}x_u & x_v\\ y_u & y_v\end{bmatrix}$$

여기서 $[f_u \ \ f_v]$와 $[f_x \ \ f_y]$는 각각 $f(u, v)$와 $f(x, y)$의 미분계수이다. 따라서 위 식을 다음과 같이 정리할 수 있다.

$$Df(u, v)=Df(x, y)\cdot D\boldsymbol{T}(u, v)$$

이를 일반화된 이변수함수의 연쇄법칙이라 한다.

정리 6-7 일반화된 이변수함수의 연쇄법칙

uv-평면에서 xy-평면으로의 이변수함수 $\boldsymbol{T}(u, v)=(x, y)$가 점 (u_0, v_0)에서 미분가능하고 이변수 실숫값함수 $f(x, y)$가 점 $\boldsymbol{T}(u_0, v_0)=(x_0, y_0)$에서 미분가능할 때, 이변수 실숫값함수 $(f\circ \boldsymbol{T})(u, v)$는 점 (u_0, v_0)에서 미분가능하고 그 미분계수는 다음과 같다.

$$D(f\circ \boldsymbol{T})(u_0, v_0)=Df(x_0, y_0)\cdot D\boldsymbol{T}(u_0, v_0) \tag{6.40}$$

[정리 6-7]은 합성함수의 미분을 각 함수의 미분계수의 곱으로 계산한다는 연쇄법칙의 의미를 분명하게 보여준다.

예제 6-10 일반화된 이변수함수의 연쇄법칙

이변수함수 $f(x, y)=x^2-y^2$과 $\boldsymbol{T}(u, v)=(v, uv)$에 대해 연쇄법칙 (6.40)이 성립함을 보여라.

풀이

주어진 f, $\boldsymbol{T}$는 각각 xy-평면과 uv-평면 전체에서 미분가능하므로, 식 (6.40)은 임의의

7 여기서의 소거는 숫자의 곱 연산에서의 소거와 다르다. 일반적으로 정방행렬이 아닌 행렬의 곱을 소거하는 것은 허용되지 않는다.

u_0, v_0에 대해 성립한다. 따라서 편의상 u_0, v_0와 x_0, y_0를 각각 u, v와 x, y로 표기하자. u, v에 대한 합성함수 $f \circ \boldsymbol{T}$의 식은 다음과 같다.

$$(f \circ \boldsymbol{T})(u, v) = f(v, uv) = v^2 - u^2v^2$$

따라서 식 (6.40)의 좌변은 다음과 같다.

$$D(f \circ \boldsymbol{T})(u, v) = [f_u \ f_v] = [-2uv^2 \ \ 2v - 2u^2v] \tag{6.41}$$

한편 미분계수 $Df(x, y)$, $D\boldsymbol{T}(u, v)$는 다음과 같다.

$$Df(x, y) = [f_x \ f_y] = [2x \ \ -2y], \quad D\boldsymbol{T}(u, v) = \begin{bmatrix} \dfrac{\partial}{\partial u}(v) & \dfrac{\partial}{\partial v}(v) \\ \dfrac{\partial}{\partial u}(uv) & \dfrac{\partial}{\partial v}(uv) \end{bmatrix} = \begin{bmatrix} 0 & 1 \\ v & u \end{bmatrix}$$

위 식에 $x = v$, $y = uv$를 대입하면 식 (6.40)의 우변은 다음과 같다.

$$\begin{aligned} Df(x, y) \cdot D\boldsymbol{T}(u, v) &= [2x \ \ -2y] \begin{bmatrix} 0 & 1 \\ v & u \end{bmatrix} = [-2yv \ \ 2x - 2yu] \\ &= [-2uv^2 \ \ 2v - 2u^2v] \end{aligned} \tag{6.42}$$

식 (6.41)과 (6.42)가 일치하므로, 연쇄법칙 (6.40)이 성립한다.

지금까지 살펴본 연쇄법칙을 미분계수 기호 D에 대한 식으로 다시 정리해보자.

❶ 일변수함수의 연쇄법칙 : $D(g \circ f)(x) = Dg(f(x)) \cdot Df(x)$
❷ 이변수 실숫값함수의 연쇄법칙 : $D(f \circ c)(t) = Df(c(t)) \cdot Dc(t)$
❸ 이변수함수의 연쇄법칙 : $D(\boldsymbol{T} \circ d)(t) = D\boldsymbol{T}(d(t)) \cdot Dd(t)$
❹ 일반화된 이변수함수의 연쇄법칙 : $D(f \circ \boldsymbol{T})(u, v) = Df(x, y) \cdot D\boldsymbol{T}(u, v)$

이 네 가지를 모두 포괄하는 가장 일반적인 형태의 다변수함수의 연쇄법칙은 다음과 같다.

정리 6-8 연쇄법칙

n차원 영역 $A \subset \mathbb{R}^n$, m차원 영역 $B \subset \mathbb{R}^m$, l차원 영역 $C \subset \mathbb{R}^l$에 대해 두 다변수함수 $\boldsymbol{f} : A \to B$와 $\boldsymbol{g} : B \to C$가 모두 미분가능할 때 다음 식이 성립한다.

$$D(\boldsymbol{g} \circ \boldsymbol{f}) = D\boldsymbol{g} \cdot D\boldsymbol{f} \tag{6.43}$$

식 (6.43)의 좌변은 합성함수 $\boldsymbol{g} \circ \boldsymbol{f}$의 미분계수 $D(\boldsymbol{g} \circ \boldsymbol{f})$로서 $l \times n$ 행렬이다. 식 (6.43)의 우변은 $l \times m$ 행렬 $D\boldsymbol{g}$와 $m \times n$ 행렬 $D\boldsymbol{f}$의 곱이다.

예제 6-11 **연쇄법칙**

$r\theta$-평면에서 xy-평면으로의 다변수함수 $\boldsymbol{f}(r, \theta) = (r\cos(\theta), r\sin(\theta))$와 xy-평면 위에 정의된 이변수함수 $\boldsymbol{g}(x, y) = (y, xy)$에 대해 연쇄법칙 (6.43)이 성립함을 보여라.

풀이

식 (6.43)의 좌변을 계산하기 위해 합성함수 $\boldsymbol{g} \circ \boldsymbol{f}$를 r, θ에 대한 식으로 표현하자.

$$(\boldsymbol{g} \circ \boldsymbol{f})(r, \theta) = (r\sin(\theta),\ r^2\sin(\theta)\cos(\theta))$$

따라서 미분계수 $D(\boldsymbol{g} \circ \boldsymbol{f})$는 다음과 같다.

$$D(\boldsymbol{g} \circ \boldsymbol{f}) = \begin{bmatrix} \sin(\theta) & r\cos(\theta) \\ r\sin(2\theta) & r^2\cos(2\theta) \end{bmatrix} \tag{6.44}$$

다음으로 식 (6.43)의 우변을 계산하자. 미분계수 $D\boldsymbol{g}$와 $D\boldsymbol{f}$는 각각 다음과 같다.

$$D\boldsymbol{g} = \begin{bmatrix} 0 & 1 \\ y & x \end{bmatrix},\quad D\boldsymbol{f} = \begin{bmatrix} \cos(\theta) & -r\sin(\theta) \\ \sin(\theta) & r\cos(\theta) \end{bmatrix}$$

두 미분계수를 곱한 뒤 $x = r\cos(\theta)$, $y = r\sin(\theta)$를 대입하자.

$$D\boldsymbol{g} \cdot D\boldsymbol{f} = \begin{bmatrix} \sin(\theta) & r\cos(\theta) \\ y\cos(\theta) + x\sin(\theta) & -yr\sin(\theta) + xr\cos(\theta) \end{bmatrix} = \begin{bmatrix} \sin(\theta) & r\cos(\theta) \\ r\sin(2\theta) & r^2\cos(2\theta) \end{bmatrix} \tag{6.45}$$

식 (6.44)와 (6.45)가 일치하므로, 연쇄법칙 (6.43)이 성립한다.

지금까지 살펴본 다변수함수의 연쇄법칙을 분수 형태의 도함수로 표기해보자. $\boldsymbol{c}(t) = (x(t), y(t))$와 실숫값함수 $f(x, y)$에 대한 이변수함수의 연쇄법칙 $D(f \circ \boldsymbol{c}) = Df \cdot D\boldsymbol{c}$는 다음과 같이 기술된다.

$$\frac{df}{dt} = \frac{\partial f}{\partial x}\frac{dx}{dt} + \frac{\partial f}{\partial y}\frac{dy}{dt}$$

$\boldsymbol{c}(t) = (u(t), v(t))$와 이변수함수 $\boldsymbol{T}(u, v) = (x, y)$, $\boldsymbol{d}(t) = (\boldsymbol{T} \circ \boldsymbol{c})(t) = (x(t), y(t))$에 대한 이변수함수의 연쇄법칙 $D(\boldsymbol{T} \circ \boldsymbol{d}) = D\boldsymbol{T} \cdot D\boldsymbol{d}$는 다음과 같이 기술된다.

$$\begin{aligned} \frac{dx}{dt} &= \frac{\partial x}{\partial u}\frac{du}{dt} + \frac{\partial x}{\partial v}\frac{dv}{dt} \\ \frac{dy}{dt} &= \frac{\partial y}{\partial u}\frac{du}{dt} + \frac{\partial y}{\partial v}\frac{dv}{dt} \end{aligned}$$

또한 $\boldsymbol{f}(x_1, \cdots, x_n) = (y_1, \cdots, y_m)$과 $\boldsymbol{g}(y_1, \cdots, y_m) = (z_1, \cdots, z_l)$에 대한 연쇄법칙 $D(\boldsymbol{g} \circ \boldsymbol{f}) = D\boldsymbol{g} \cdot D\boldsymbol{f}$는 모든 인덱스 $i = 1, \cdots, n$과 $j = 1, \cdots, l$에 대해 다음과 같이 기술된다.

$$\frac{\partial z_j}{\partial x_i} = \frac{\partial z_j}{\partial y_1}\frac{\partial y_1}{\partial x_i} + \cdots + \frac{\partial z_j}{\partial y_m}\frac{\partial y_m}{\partial x_i}$$

역함수의 미분

4장에서 살펴본 역함수의 미분계수에 관한 정리를 다시 살펴보자. 일변수함수 $f(x)$가 전단사함수이고 점 x_0에서 미분가능하며 $f'(x_0) \neq 0$이면 역함수 $x = f^{-1}(y)$는 점 $y_0 = f(x_0)$에서 미분가능하고 그 미분계수는 다음과 같다.

$$(f^{-1})'(y_0) = \frac{1}{f'(x_0)}$$

여기서 역함수의 미분계수는 $f'(x_0) \neq 0$일 때만 존재한다는 사실에 주목하자. 미분계수 $f'(x_0)$는 변수 x의 변화량 Δx에 대한 함숫값 y의 변화량 Δy의 비율이므로, 역함수 f^{-1}의 미분계수는 함수 f의 미분계수의 역수이다.

$$f^{-1}(y_0) \approx \frac{\Delta x}{\Delta y}$$

$f'(x_0) \neq 0$이면 함수의 기울기가 0이 아니라는 의미이므로, x축과 y축을 뒤집으면 점 (x_0, y_0) 근방에서의 함수의 그래프는 역함수의 그래프가 된다. 즉 $f'(x_0) \neq 0$은 점 x_0의 근방에서의 역함수의 존재를 암시한다.

■ 다변수함수의 역함수 정리

이변수함수의 역함수를 예를 살펴보자. 함수 $\boldsymbol{T}$를 다음과 같이 정의된 uv-평면에서 xy-평면으로의 사상이라 하자.

$$\boldsymbol{T}(u, v) = (u+v, u-v)$$

$x = u+v$, $y = u-v$이므로 u, v를 x, y에 관한 식으로 다음과 같이 전개하자.

$$u = \frac{1}{2}(x+y), \quad v = \frac{1}{2}(x-y)$$

$\boldsymbol{T}$는 전단사함수이고 역함수는 다음과 같다.

$$\boldsymbol{T}^{-1}(x, y) = \left(\frac{x}{2} + \frac{y}{2}, \frac{x}{2} - \frac{y}{2}\right)$$

두 함수 $\boldsymbol{T}$와 $\boldsymbol{T}^{-1}$의 미분계수는 다음과 같다.

$$D\boldsymbol{T} = \begin{bmatrix} 1 & 1 \\ 1 & -1 \end{bmatrix},\ D(\boldsymbol{T}^{-1}) = \begin{bmatrix} \frac{1}{2} & \frac{1}{2} \\ \frac{1}{2} & -\frac{1}{2} \end{bmatrix}$$

두 행렬은 서로 역행렬 관계에 있다.

$$D\boldsymbol{T} \cdot D(\boldsymbol{T}^{-1}) = \begin{bmatrix} 1 & 1 \\ 1 & -1 \end{bmatrix} \cdot \begin{bmatrix} \frac{1}{2} & \frac{1}{2} \\ \frac{1}{2} & -\frac{1}{2} \end{bmatrix} = \begin{bmatrix} 1 & 0 \\ 0 & 1 \end{bmatrix}$$

이 결과를 연쇄법칙으로 유도해보자. 원함수와 역함수의 합성은 항상 항등함수이고 항등함수 $\boldsymbol{I}$의 미분계수는 항등행렬 I이므로 다음이 성립한다.

$$I = D\boldsymbol{I} = D(\boldsymbol{T} \circ \boldsymbol{T}^{-1}) = D\boldsymbol{T} \cdot D(\boldsymbol{T}^{-1})$$

만약 원함수의 미분계수 $D\boldsymbol{T}$가 정방행렬이 아니거나 역행렬이 존재하지 않으면 $D(\boldsymbol{T}^{-1})$는 존재할 수 없다. 역으로 $D\boldsymbol{T}$의 역행렬이 존재하면 역함수 $\boldsymbol{T}^{-1}$가 존재한다. 이를 다변수함수의 **역함수 정리**inverse function theorem라 한다.

> **정리 6-9 다변수함수의 역함수 정리**
>
> $\boldsymbol{T}$가 n차원 영역에서 n차원 영역으로의 전단사함수이고, 정의역의 점 $\boldsymbol{x}_0$에서 미분계수 $D\boldsymbol{T}(\boldsymbol{x}_0)$의 역행렬이 존재하면 점 $\boldsymbol{y}_0 = T(\boldsymbol{x}_0)$의 근방에서 역함수 $\boldsymbol{T}^{-1}$가 존재하고 미분계수는 다음과 같다.
>
> $$D(\boldsymbol{T}^{-1})(\boldsymbol{y}_0) = D\boldsymbol{T}(\boldsymbol{x}_0)^{-1}$$

예를 들어 이변수함수 $\boldsymbol{T}(u, v) = (x, y)$가 점 (u_0, v_0)에서 미분가능하고, 이 점 근방의 영역에서 전단사함수이면 역함수 $\boldsymbol{T}^{-1}(x, y) = (u, v)$도 점 $(x_0, y_0) = \boldsymbol{T}(u_0, v_0)$에서 미분가능하고 미분계수는 다음과 같다.

$$D(\boldsymbol{T}^{-1})(x_0, y_0) = \begin{bmatrix} x_u & x_v \\ y_u & y_v \end{bmatrix}^{-1} = \frac{1}{x_u y_v - x_v y_u} \begin{bmatrix} y_v & -x_v \\ -y_u & x_u \end{bmatrix}$$

예제 6-12 이변수함수의 역함수 정리

점 $(1, 1)$의 근방에서 정의된 이변수함수 $\boldsymbol{T}(u, v) = (v, uv)$의 역함수 $\boldsymbol{T}^{-1}$를 구하고, 미분계수 $D\boldsymbol{T}(1, 1)$과 $D(\boldsymbol{T}^{-1})(1, 1)$이 서로 역행렬 관계에 있음을 보여라.

풀이

점 $(1, 1)$을 중심으로 갖고 반지름이 1인 원판 영역을 생각하자. 함수 $\boldsymbol{T}$가 xy-평면으로의 사상이라 하면 $x = v$, $y = uv$이므로 u, v를 x, y에 대한 관계식으로 다음과 같이 쓸 수 있다.

$$u = \frac{y}{x}, \quad v = x$$

따라서 역함수 $\boldsymbol{T}^{-1}$는 다음과 같다.

$$\boldsymbol{T}^{-1}(x, y) = \left(\frac{y}{x}, x\right)$$

위 식으로부터 미분계수 $D\boldsymbol{T}$와 $D(\boldsymbol{T}^{-1})$를 다음과 같이 구할 수 있다.

$$D\boldsymbol{T} = \begin{bmatrix} 0 & 1 \\ v & u \end{bmatrix}, \quad D(\boldsymbol{T}^{-1}) = \begin{bmatrix} -\dfrac{y}{x^2} & \dfrac{1}{x} \\ 1 & 0 \end{bmatrix} \tag{6.46}$$

식 (6.46)에 정의역의 점 $(u, v) = (1, 1)$과 이에 대응되는 치역의 점 $(x, y) = (1, 1)$을 대입하고 서로 곱하면 서로 역행렬 관계에 있음을 알 수 있다.

$$D\boldsymbol{T}(1,1) \cdot D(\boldsymbol{T}^{-1})(1,1) = \begin{bmatrix} 0 & 1 \\ 1 & 1 \end{bmatrix} \cdot \begin{bmatrix} -1 & 1 \\ 1 & 0 \end{bmatrix} = \begin{bmatrix} 1 & 0 \\ 0 & 1 \end{bmatrix}$$

$D\boldsymbol{T}$와 $D(\boldsymbol{T}^{-1})$는 $\det(D\boldsymbol{T}) \neq 0$인 모든 점 (u, v)에 대해 항상 역행렬 관계에 있다. 식 (6.46)에 $x = v$, $y = uv$를 대입한 뒤 서로 곱하여 이 결과를 확인해보자.

$$D\boldsymbol{T} \cdot D(\boldsymbol{T}^{-1}) = \begin{bmatrix} 0 & 1 \\ v & u \end{bmatrix} \cdot \begin{bmatrix} -\dfrac{uv}{v^2} & \dfrac{1}{v} \\ 1 & 0 \end{bmatrix} = \begin{bmatrix} 1 & 0 \\ 0 & 1 \end{bmatrix}$$

이변수함수의 역함수 정리를 쉽게 이해하기 위해 함수 $\boldsymbol{T}(u, v) = (x, y)$의 미분계수 $D\boldsymbol{T}$를 다음과 같이 표기하자.[8]

$$D\boldsymbol{T} = \frac{\partial(x, y)}{\partial(u, v)} = \begin{bmatrix} x_u & x_v \\ y_u & y_v \end{bmatrix}$$

8 이 표기는 7장에서 살펴볼 야코비안의 정의에서 다시 등장한다.

이와 같은 방식으로 역함수 $\boldsymbol{T}^{-1}(x, y) = (u, v)$의 미분계수를 다음과 같이 표기하자.

$$D(\boldsymbol{T}^{-1}) = \frac{\partial(u, v)}{\partial(x, y)} = \begin{bmatrix} u_x & u_y \\ v_x & v_y \end{bmatrix}$$

따라서 역함수 정리는 다음과 같이 표현할 수 있다.

$$D\boldsymbol{T} \cdot D(\boldsymbol{T}^{-1}) = \frac{\partial(x, y)}{\partial(u, v)} \cdot \frac{\partial(u, v)}{\partial(x, y)} = \frac{\partial(x, y)}{\partial(x, y)} = I$$

[정리 6-9]는 미분계수 $D\boldsymbol{T}(\boldsymbol{x}_0)$의 역행렬이 존재하지 않으면 점 $\boldsymbol{x}_0$의 근방에서 함수 $\boldsymbol{T}$가 전단사함수가 될 수 없음을 의미한다. 식 (6.46)의 이변수함수 $\boldsymbol{T}(u, v) = (v, uv)$의 미분계수 $D\boldsymbol{T}$를 보자. 그리고 $\det(D\boldsymbol{T}) = 0$이 되는 점 $(1, 0)$의 근방에서 무슨 일이 일어나는지 살펴보자. uv-평면의 점 $(1, 1)$을 중심으로 갖는 원판 영역을 잡고, 다음 파이썬 코드를 구현해 원판의 반지름을 점차 증가시키며 xy-평면의 치역 형태가 어떻게 변하는지를 살펴보면(반지름이 1이면 점 $(1, 0)$을 지난다) 결과는 [그림 6-13]과 같다.

```
# 역함수가 존재하지 않는 점의 근방에서 다변수함수의 치역 그리기
T = lambda u, v: [v, u*v]
t = np.linspace(0, 2*np.pi, 100)

_, ax = plt.subplots(1, 2, figsize=plt.figaspect(.5))
for r in np.linspace(0, 1, 5):
    u, v = 1 + r*np.cos(t), 1 + r*np.sin(t)
    x, y = T(u, v)
    ax[0].plot(u, v, 'k')
    ax[1].plot(x, y, 'k')

ax[0].axis('equal')
ax[1].axis('equal')
```

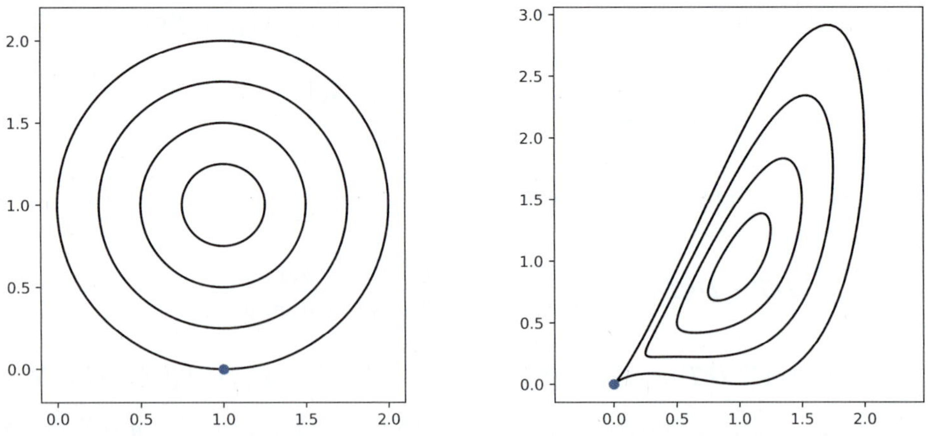

(a) 점 $(1, 1)$ 근방의 원판 영역　　　(b) uv-평면의 원판 영역에 대응되는 치역

[그림 6-13] 함수 $T(u, v)=(v, uv)$의 정의역과 치역

[그림 6-13]은 uv-평면에 놓인 점 $(1, 0)$ 근방의 폐곡선이 xy-평면의 폐곡선으로 어떻게 대응되는지를 보여준다. [그림 6-13(a)]의 가장 큰 원주는 점 $(1, 0)$을 지나고, 이에 대한 치역은 xy-평면의 점 $(0, 0)$을 지난다. uv-평면의 점이 점 $(1, 0)$을 지날 때는 그 속도가 부드럽게 변하는 반면에, [그림 6-13(b)]에서 볼 수 있듯이 xy-평면의 점이 치역을 따라 점 $(0, 0)$을 지날 때는 그 속도의 방향이 급격하게 바뀐다.

uv-평면의 점 $(1, 0)$이 특정 방향으로 움직일 때, 그에 대응되는 xy-평면의 점 $(0, 0)$은 움직이지 않는다. 예를 들어 uv-평면의 점 $(1, 0)$이 벡터 $\begin{bmatrix}1\\0\end{bmatrix}$의 방향으로 움직일 때, xy-평면의 점 $(0, 0)$이 움직이는 속도는 다음과 같다.

$$DT(1, 0)\cdot\begin{bmatrix}1\\0\end{bmatrix}=\begin{bmatrix}0&1\\0&1\end{bmatrix}\cdot\begin{bmatrix}1\\0\end{bmatrix}=\begin{bmatrix}0\\0\end{bmatrix}$$

즉 uv-평면의 점 $(1, 0)$이 x축 방향으로 움직이면 xy-평면의 점 $(0, 0)$은 순간적으로 움직이지 않는다. 다음 파이썬 코드를 구현하면 이를 시각화하는 애니메이션을 만들 수 있다. [코드 6-6]을 통해 결과를 확인해보자.

[코드 6-6]

```
# 역함수가 존재하지 않는 이변수함수의 치역 그리기
T = lambda u, v: [v, u*v]
t = np.linspace(0, 2*np.pi)
u, v = 1+np.cos(t), 1+np.sin(t)
x, y = T(u, v)
DT = lambda u, v: np.array([[0, 1], [v, u]])
theta = np.arange(0, 2*np.pi, 2*np.pi/6)
up, vp = np.cos(theta), np.sin(theta)
```

```
fig, ax = plt.subplots(1, 2, figsize=plt.figaspect(.5))
ax[0].plot(u, v)
ax[1].plot(x, y)
ax[0].axis('equal')
ax[1].axis('equal')
uv_pplot, = ax[0].plot([], [], 'ok')
xy_pplot, = ax[1].plot([], [], 'ok')
z = np.zeros_like(theta)
uv_qplot = ax[0].quiver(z, z, z, z, angles='xy',
scale_units='xy', scale=5)
xy_qplot = ax[1].quiver(z, z, z, z,angles='xy',
scale_units='xy', scale=5)

def update(i):
    uv_pplot.set_data([u[i]], [v[i]])
    xy_pplot.set_data([x[i]], [y[i]])
    uv_qplot.set_offsets([[u[i], v[i]] for _ in
range(len(theta))])
    uv_qplot.set_UVC(up, vp)
    xy_qplot.set_offsets([[x[i], y[i]] for _ in
range(len(theta))])
    xy = DT(u[i], v[i]) @ np.array([up, vp])
    xy_qplot.set_UVC(xy[0], xy[1])
    return uv_pplot, xy_pplot, uv_qplot, xy_qplot,

a = ani.FuncAnimation(fig, update, frames=len(t),
interval=len(t), blit=True)
a.save('6-6.gif', writer='imagemagick')
```

[코드 6-6]의 결과는 [그림 6-13(a)]에서 uv-평면의 반지름이 1인 원주 위를 움직이는 각 점에서 여섯 갈래로 뻗은 벡터를 화살표로 표시하고, 이에 대응되는 xy-평면의 점에서 뻗은 벡터를 화살표로 함께 표시한다. uv-평면의 점이 점 $(1, 0)$에 도달할 때, xy-평면의 점은 점 $(0, 0)$에 가까워지고, 이때 여섯 갈래로 뻗은 화살표는 모두 일직선으로 수렴한다. 이는 점 $(1, 0)$에서 뻗은 모든 벡터가 치역의 점 $(0, 0)$의 모든 방향으로 일대일대응되지 않음을 보여준다.

예제 6-13 역함수 정리의 응용

다음 이변수함수의 역함수가 존재하는 영역을 찾고, 역함수의 식을 구하라.

$$\boldsymbol{T}(u, v) = (u^2 - v^2, 2uv) \tag{6.47}$$

풀이

미분계수 $D\boldsymbol{T}$의 행렬식은 다음과 같다.

$$\det(D\boldsymbol{T}) = \det\begin{bmatrix} 2u & -2v \\ 2v & 2u \end{bmatrix} = 4u^2 + 4v^2$$

역함수 정리에 따라 $D\boldsymbol{T}$의 행렬식이 0이 아닌 점에서 역함수는 항상 존재한다. 따라서 점 $(0, 0)$을 제외한 모든 영역에서 역함수가 존재한다.

함수 $\boldsymbol{T}(u, v) = (x, y)$의 역함수 $\boldsymbol{T}^{-1}(x, y) = (u, v)$를 구해보자. 다음은 $x = u^2 - v^2$, $y = 2uv$를 u, v로 정리하는 과정이다.

$$\begin{aligned} x = u^2 - \left(\frac{y}{2u}\right)^2 \;&\Rightarrow\; 4u^4 - 4xu^2 - y^2 = 0 \;\Rightarrow\; u = \pm\frac{\sqrt{x + \sqrt{x^2 + y^2}}}{\sqrt{2}} \\ x = \left(\frac{y}{2v}\right)^2 - v^2 \;&\Rightarrow\; 4v^4 + 4xv^2 - y^2 = 0 \;\Rightarrow\; v = \pm\frac{\sqrt{-x + \sqrt{x^2 + y^2}}}{\sqrt{2}} \end{aligned} \tag{6.48}$$

여기서 u, v의 부호는 y의 부호에 따라 결정된다. 예를 들어 $y > 0$이면 식 (6.48)의 u, v의 부호는 서로 같다.

식 (6.48)은 역함수 $\boldsymbol{T}^{-1}(x, y) = (u, v)$의 식이 각 (x, y)에 대해 항상 2개 존재함을 보여준다. 그 이유는 원함수 $\boldsymbol{T}(u, v) = (x, y)$가 uv-평면의 일부 영역에서만 전단사함수이기 때문이다. 예를 들어 [그림 6-14(a)]와 같이 $y = x$와 $x = 0$ 사이의 영역을 다음의 두 영역 A, B로 분리하자. 두 영역은 [그림 6-14(b)]와 같이 xy-평면의 한 영역으로 대응된다.

$$A = \{(x, y) \mid 0 < x < y, \; y > 0\}$$
$$B = \{(x, y) \mid y < x < 0, \; y < 0\}$$

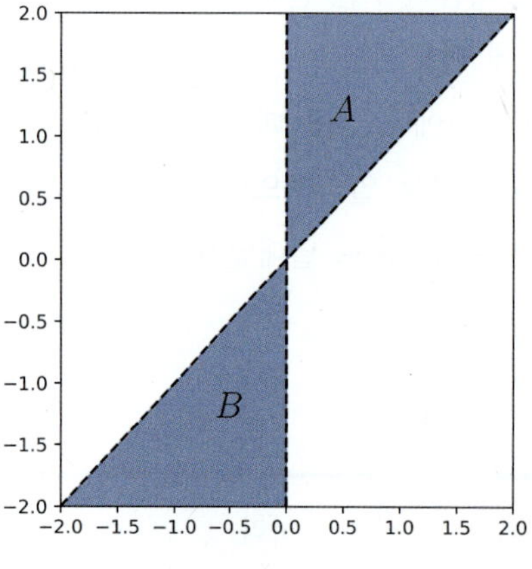

(a) 정의역의 두 영역

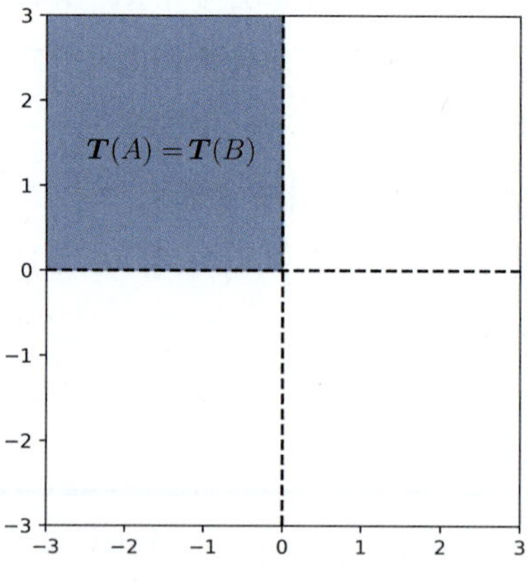

(b) 정의역 A, B에 대응되는 치역

[그림 6-14] 함수 (6.47)의 정의역과 치역

라그랑주 승수법

라그랑주 승수법 Lagrange multiplier method은 주어진 제약조건하에 함수의 극대 또는 극소를 찾는 방법이다. 이 방법의 핵심은 그래디언트의 기하적 의미이다. 먼저 이변수함수의 그래디언트와 등위선의 기하적 관계를 살펴보자. 등위값 c에서의 등위선은 다음과 같다.

$$L_c(f) = \{(x, y) \mid f(x, y) = c\}$$

한 점 (x_0, y_0)를 지나는 등위선의 일부를 매개곡선 $c(t) = (x(t), y(t))$로 매개화하고, $t = 0$에서 점 (x_0, y_0)를 지난다고 가정하자. 이때 벡터 $c'(0)$은 점 (x_0, y_0)에서 등위선의 접선 방향이다. 모든 t에 대해 점 $c(t)$는 등위선의 위에 있으므로 다음이 성립한다.

$$f(t) = f(x(t), y(t)) = c$$

이제 양변을 $t = 0$에서 미분하자. 좌변에 연쇄법칙을 적용하면 다음을 얻는다.

$$f_x x' + f_y y' = 0$$

위 식을 그래디언트 $\langle f_x, f_y \rangle$와 매개곡선의 속도 $\langle x', y' \rangle$의 내적으로 표현하면 다음과 같다.

$$\nabla f(c(t)) \circ c'(t) = \langle f_x, f_y \rangle \cdot \langle x'(t), y'(t) \rangle = 0$$

이는 그래디언트가 등위선과 직교함을 의미한다.

예를 들어 다음 이변수 실숫값함수를 살펴보자.

$$f(x, y) = x^2 + xy + y^2 \tag{6.49}$$

다음 파이썬 코드로 등위값 c를 구간 $0 \le c \le 1$에서 변화시키며 등위선을 구현하면 [그림 6-15]와 같다.

```
# 함수 (6.49)의 등위선의 시각화
g = lambda x, y: x**2 + x*y + y**2
x = y = np.linspace(-1.5, 1.5)
X, Y = np.meshgrid(x, y)
for t in np.linspace(0, 1, 10):
    c = contour(np.array([X, Y, g(X, Y)]), t)
    plt.plot(c[:, 0], c[:, 1], 'k')
```

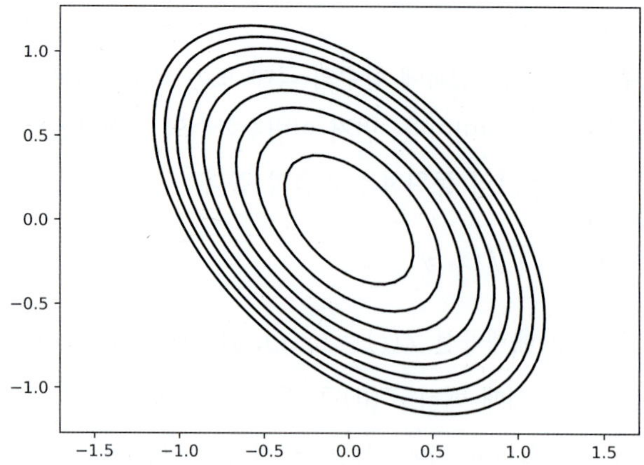

[그림 6-15] 함수 (6.49)의 등위선

[그림 6-15]를 통해 각 등위선은 타원이고, 그래프의 모양은 사선 방향으로 눌린 포물면 형태임을 알 수 있다. 이 등위선 중 하나를 매개함수로 매개화해보자. 예를 들어 등위값이 $c=1$인 등위선을 살펴보자.

$$x^2+xy+y^2=1 \tag{6.50}$$

이를 매개곡선으로 표현하기 위해 다음과 같이 완전제곱 형태로 표현해보자.

$$\left(x+\frac{y}{2}\right)^2+\left(\frac{\sqrt{3}}{2}y\right)^2=1$$

위 식에서 $x+\frac{y}{2}=\cos(t)$, $\frac{\sqrt{3}}{2}y=\sin(t)$로 치환하면 다음과 같은 매개식을 얻는다.

$$x(t)=\cos(t)-\frac{1}{\sqrt{3}}\sin(t),\quad y(t)=\frac{2}{\sqrt{3}}\sin(t)$$

각 t에서 매개곡선 $c(t)=(x(t),\ y(t))$의 속도 $c'(t)$는 다음과 같다.

$$c'(t)=\left\langle -\sin(t)-\frac{1}{\sqrt{3}}\cos(t),\ \frac{2}{\sqrt{3}}\cos(t)\right\rangle \tag{6.51}$$

이제 각 점 $c(t)$에서의 그래디언트 $\nabla f(c(t))$를 구해보자.

$$\begin{aligned}\nabla f(c(t)) &= \nabla f(x(t),\ y(t))\\ &= \langle 2x(t)+y(t),\ x(t)+2y(t) = \langle 2\cos(t),\ \cos(t)+\sqrt{3}\sin(t)\rangle\end{aligned} \tag{6.52}$$

따라서 다음과 같이 식 (6.51)의 벡터 $c'(t)$와 식 (6.52)의 벡터 $\nabla f(c(t))$의 내적은 항상 0임을 알 수 있다.

$$\left(-\sin(t)-\frac{1}{\sqrt{3}}\cos(t)\right)\cdot 2\cos(t)+\frac{2}{\sqrt{3}}\cos(t)\cdot(\cos(t)+\sqrt{3}\sin(t))=0$$

다음 파이썬 코드를 구현하여 등위선의 각 점에서의 그래디언트를 화살표로 표현하면 [그림 6-16]과 같다.

```
# 함수 (6.50)의 등위선과 그래디언트의 시각화
plt.figure(figsize=plt.figaspect(1))
plt.xlim(-1.5, 1.5)
plt.ylim(-1.5, 1.5)
c = lambda t: [np.cos(t)- np.sin(t)/np.sqrt(3),
2/np.sqrt(3)*np.sin(t)]
grd = lambda x, y: [2*x + y, x + 2*y]
x, y = c(np.linspace(0, 2*np.pi))
qx, qy = c(np.arange(0, 2*np.pi, 2*np.pi/20))
qu, qv = grd(qx, qy)
plt.plot(x, y)
plt.quiver(qx, qy, qu, qv, angles='xy', scale_units='xy',
scale=8)
```

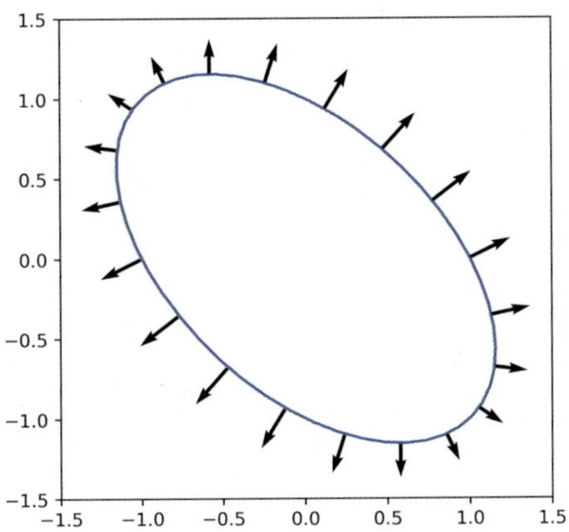

[그림 6-16] 함수 (6.50)의 등위선과 그래디언트

삼변수함수 $f(x, y, z)$의 경우에도 등위면의 각 점에서 그래디언트 ∇f는 등위면에 직교한다. 등위값 c에서의 삼변수함수의 등위면은 다음과 같이 정의된 집합 $L_c(f)$이다.

$$L_c(f)=\{(x, y, z)\mid f(x, y, z)=c\}$$

이 등위면의 한 점 (x_0, y_0, z_0)의 근방에서 등위면을 매개곡면 $S(u, v)$로 매개화하자.

$$S(u, v)=(x(u, v), y(u, v), z(u, v))$$

매개곡면 S의 정의역의 모든 점 (u, v)에 대해 점 $S(u, v)$에서의 함숫값 $f(S(u, v))$는 항상 c로 일정하다. 즉 $(f \circ S)(u, v)$를 x, y, z에 대한 함수 f를 새로운 변수 u, v로 재매개화한 것이라 생각하고 $f(u, v)$로 나타내면 다음과 같이 상수함수이다.

$$f(u, v) = f(x(u, v), y(u, v), z(u, v)) = c$$

위 식의 양변을 u와 v로 편미분하면 다음을 얻는다.

$$f_x x_u + f_y y_u + f_z z_u = 0$$
$$f_x x_v + f_y y_v + f_z z_v = 0$$

위 식은 그래디언트 $\nabla f = \langle f_x, f_y, f_z \rangle$가 두 3차원 벡터 $S_u = \langle x_u, y_u, z_u \rangle$, $S_v = \langle x_v, y_v, z_v \rangle$와 서로 직교함을 의미한다. 이때 두 벡터 S_u, S_v는 매개곡면 $S(u, v)$에 접하는 벡터이다. 이들은 접평면을 생성한다. 그래디언트 $\nabla f = \langle f_x, f_y, f_z \rangle$가 S_u, S_v와 동시에 직교하다는 것은 그래디언트가 등위면의 접평면과 직교함을 의미한다. 예를 들어 다음 삼변수함수를 살펴보자.

$$f(x, y, z) = x^3 + y^3 + z^3 \tag{6.53}$$

이 함수의 그래디언트는 다음과 같다.

$$\nabla f = \langle 3x^2, 3y^2, 3z^2 \rangle$$

다음 파이썬 코드를 구현해 등위값 $c = 1$에서의 등위면과 등위면의 유한개의 점에서의 그래디언트를 화살표로 함께 표현하면 [그림 6-17]과 같다.

```
# 함수 (6.53)의 등위면과 그래디언트의 시각화
ax = plt.figure().add_subplot(projection='3d')
f = lambda p: np.sum(p**3, axis=0)
grd = lambda x, y, z: np.array([3*x**2, 3*y**2, 3*z**2])

itvl = np.linspace(-3, 3, 16)
X, Y, Z = np.meshgrid(itvl, itvl, itvl)
c = contour(np.array([X, Y, Z, f(np.array([X, Y, Z]))]), 1)
ax.plot(c[:, 0], c[:, 1], c[:, 2], 'gray', lw=.3)

itvl = np.linspace(-3, 3, 4)
X, Y, Z = np.meshgrid(itvl, itvl, itvl)
c = contour(np.array([X, Y, Z, f(np.array([X, Y, Z]))]), 1)
print(c.shape)
for i in range(len(c)):
    ax.plot(*c[i], 'ok', markersize=2)
```

```
    ax.quiver(*c[i], *grd(*c[i]), color='C0',
        lw=1, arrow_length_ratio=0.3, length=.02)
```

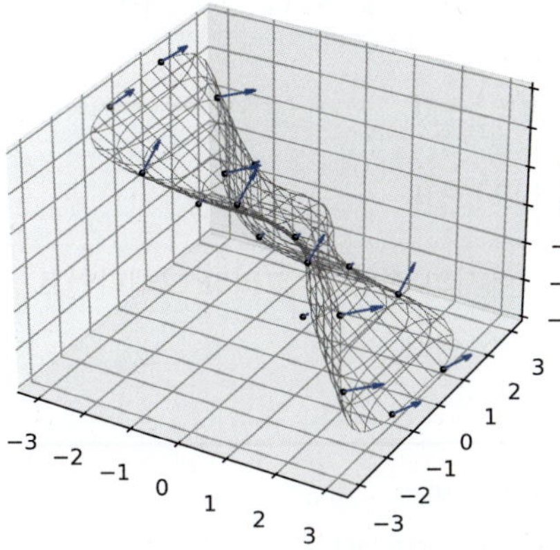

[그림 6-17] 함수 (6.53)의 등위면과 그래디언트

예제 6-14 등위면과 그래디언트

다음 삼변수함수의 등위값 $c=1$에서의 등위면을 매개함수로 표현하고, 점 $(1, 1, 1)$에서의 접평면과 그래디언트 $\nabla f(1, 1, 1)$이 서로 직교함을 보여라.

$$f(x, y, z) = x^2 + y^2 - z^2 \tag{6.54}$$

풀이

$c=1$에서의 등위면의 점 (x, y, z)는 다음 등식을 만족한다.

$$x^2 + y^2 - z^2 = 1 \tag{6.55}$$

$X=\sqrt{x^2+y^2}$, $Y=z$로 치환하면 식 (6.55)는 $X^2 - Y^2 = 1$과 같다. 이때 $X=\cosh(u)$, $Y=\sinh(u)$라 하고 다시 $x=X\cos(v)$, $y=X\sin(v)$로 치환하면 등위면은 다음과 같이 매개화된다.

$$S(u, v) = (\cosh(u)\cos(v),\ \cosh(u)\sin(v),\ \sinh(u)),\quad -\infty < u < \infty,\ 0 \le v \le 2\pi$$

점 $(1, 1, 1)$에서의 그래디언트는 다음과 같다.

$$\nabla f(1, 1, 1) = \langle 2, 2, -2 \rangle \tag{6.56}$$

$u=\log(1+\sqrt{2})$, $v=\dfrac{\pi}{4}$일 때 $\sinh(u)=1$, $\cosh(u)=\sqrt{2}$, $\cos(v)=\sin(v)=1$이므로 $S(u, v)=(1, 1, 1)$이다. 이때 점 $(1, 1, 1)$에서의 벡터 S_u, S_v는 식 (6.57)과 같다.

$$
\begin{aligned}
S_u &= \langle \sinh(u)\cos(v),\ \sinh(u)\sin(v),\ \cosh(u)\rangle = \left\langle \frac{1}{\sqrt{2}},\ \frac{1}{\sqrt{2}},\ \sqrt{2}\right\rangle \\
S_v &= \langle -\cosh(u)\sin(v),\ \cosh(u)\cos(v),\ 0\rangle = \langle -1,\ 1,\ 0\rangle
\end{aligned} \tag{6.57}
$$

따라서 다음과 같이 그래디언트 (6.56)과 식 (6.57)의 두 벡터 S_u, S_v는 서로 직교한다.

$$
\begin{aligned}
\langle 2, 2, -2\rangle \cdot \left\langle \frac{1}{\sqrt{2}},\ \frac{1}{\sqrt{2}},\ \sqrt{2}\right\rangle = 0 \\
\langle 2, 2, -2\rangle \cdot \langle -1, 1, 0\rangle = 0
\end{aligned}
$$

다음 파이썬 코드를 구현해 등위면 $L_1(f)$와 점 (1, 1, 1)에서의 접평면, 그리고 그래디언트를 함께 나타낸 [그림 6-18]을 보면 이 결과를 확인할 수 있다.

```
# 함수 (6.54)의 그래디언트와 등위면의 직교 관계의 시각화
S = lambda u, v: np.array([np.cosh(u)*np.cos(v),
np.cosh(u)*np.sin(v), np.sinh(u)])
Su = lambda u, v: np.array([np.sinh(u)*np.cos(v),
np.sinh(u)*np.sin(v), np.cosh(u)])
Sv = lambda u, v: np.array([-np.cosh(u)*np.sin(v),
np.cosh(u)*np.cos(v), 0])
grd = lambda x, y, z: np.array([2*x, 2*y, -2*z])
P = np.array([1, 1, 1])

ax = plt.figure().add_subplot(projection='3d')
u, v = np.linspace(-1, 1, 100), np.linspace(0, 2*np.pi, 100)
U, V = np.meshgrid(u, v)
ax.plot_surface(*S(U, V), alpha=.5, zorder=3)

u0, v0 = np.log(1+np.sqrt(2)), np.pi/4
ax.plot(*S(u0, v0), 'ok', zorder=4)
ax.quiver(*S(u0, v0), *grd(*S(u0, v0)), color='k',
arrow_length_ratio=0.1, length=.3, zorder=4)
ax.quiver(*S(u0, v0), *Su(u0, v0), color='C0',
arrow_length_ratio=0.1, length=.3, zorder=4)
ax.quiver(*S(u0, v0), *Sv(u0, v0), color='C0',
arrow_length_ratio=0.1, length=.3, zorder=4)

a = b = np.linspace(-.5, .5)
A, B = np.meshgrid(a, b)
X = P + A[:, :, np.newaxis]*Su(u0, v0) + B[:, :,
np.newaxis]*Sv(u0, v0)
ax.plot_surface(X[:, :, 0], X[:, :, 1], X[:, :, 2],
color='gray', alpha=.5, zorder=3)
```

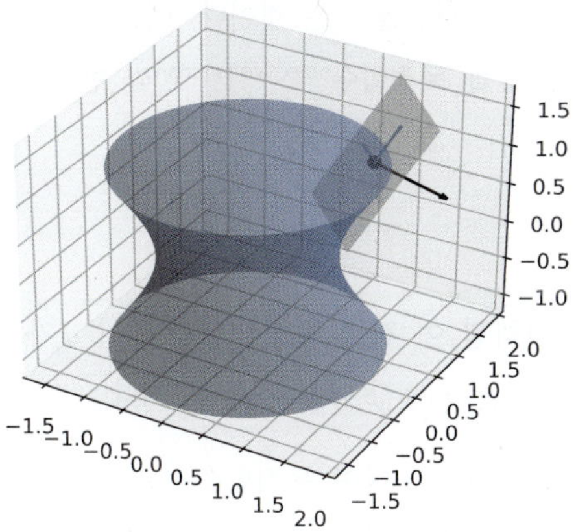

[그림 6-18] 삼변수함수의 등위면과 그래디언트

■ 이변수함수의 라그랑주 승수법

이변수함수 $f(u, v)$가 점 (u_0, v_0)로부터 어느 방향으로 움직일 때 함숫값 $f(u, v)$가 가장 빠르게 증가하는가? 즉 방향미분계수 $D_{\boldsymbol{u}} f(u_0, v_0)$의 값을 가장 크게 만드는 단위벡터 $\boldsymbol{u} = \langle x, y \rangle$는 무엇인가? 이 질문에 대한 답은 다음과 같다.

> 그래디언트 $\nabla f(u_0, v_0)$는 점 (u_0, v_0)로부터 함숫값이 가장 빠르게 증가하는 방향이다.

이변수함수 $f(u, v)$의 그래디언트 $\nabla f(u_0, v_0)$가 점 (u_0, v_0)를 지나는 등위선과 직교한다는 사실을 이용해 이 명제를 증명해보자. 함수 $f(u, v)$가 점 (u_0, v_0)에서 미분가능하다고 가정하고, 방향미분계수 $D_{\boldsymbol{u}} f(u_0, v_0)$가 그래디언트 $\nabla f(u_0, v_0)$와 벡터 $\boldsymbol{u} = \langle x, y \rangle$의 내적임을 이용하자.

$$\nabla_{\boldsymbol{u}} f = \nabla f \cdot \boldsymbol{u} = x f_u(u_0, v_0) + y f_v(u_0, v_0) \tag{6.58}$$

여기서 미분계수 $f_u(u_0, v_0)$와 $f_v(u_0, v_0)$는 상수이다. 이 상수를 각각 a, b라 하고, 식 (6.58)을 다음과 같이 표현해보자.

$$h(x, y) = ax + by$$

$\boldsymbol{u}$는 단위벡터라 가정했으므로 x, y는 $x^2 + y^2 = 1$을 만족한다. 이 방정식은 다음과 같이 정의된 이변수함수 $g(x, y)$의 등위값 $c = 1$에서의 등위선과 같다.

$$g(x, y) = x^2 + y^2 = 1$$

목표는 함수 g의 등위선 위에서 함수 h의 값이 가장 큰 지점을 찾는 것이다. 여기서 이변수함수 g를 **제약함수**constraint function라 하고, 이변수함수 h를 **목적함수**objective function라 한다.

- 제약함수 : $g(x, y) = x^2 + y^2$
- 목적함수 : $h(x, y) = ax + by$

만약 두 등위선 $L_c(g)$와 $L_d(h)$가 한 점에서 교차하면 이 점이 목적함수의 값이 d가 되는 지점이다. 문제는 $L_c(g)$와 $L_d(h)$의 교점이 존재하는 최댓값 d를 찾는 것이다.

여기서 제약함수는 $g(x, y) = x^2 + y^2$이고 등위값은 $c = 1$이며 목적함수는 $h(x, y) = 2x + 4y$이다. 다음 파이썬 코드를 구현해 여러 등위값 d에 대해 등위선 $L_d(h)$를 등위선 $L_1(g)$와 함께 나타내면 [그림 6-19]와 같다.

```
# 제약함수와 목적함수의 등위선 비교
f = lambda x, y: 2*x + 4*y
itvl = np.linspace(-2, 2)
X, Y = np.meshgrid(itvl, itvl)
Z = f(X, Y)
t = np.linspace(0, 2*np.pi)
plt.figure(figsize=plt.figaspect(1))
plt.xlim(-1.5, 1.5)
plt.ylim(-1.5, 1.5)

plt.plot(np.cos(t), np.sin(t), 'k')
c = plt.contour(X, Y, Z, levels=np.linspace(-10, 10, 21),
                colors='C0', linestyles='solid')
plt.clabel(c, inline=True, fontsize=10)
```

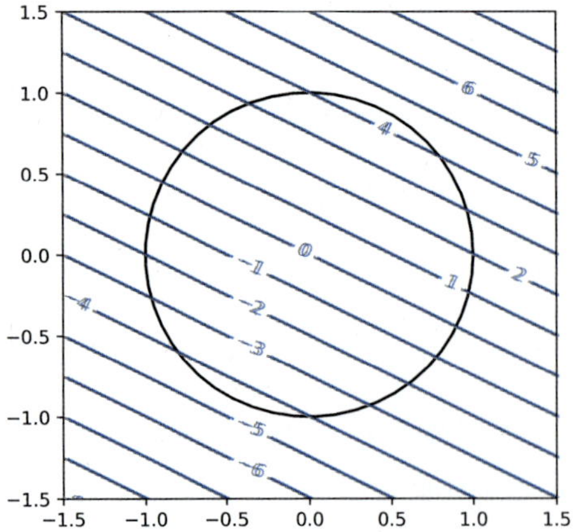

[그림 6-19] 제약함수의 등위선(검은색 실선)과 목적함수의 등위선(파란색 실선)

[그림 6-19]로부터 두 등위선 $L_1(g)$와 $L_d(h)$의 교점은 $-5 < d < 5$일 때 발생함을 알 수 있다. 등위값 d가 최대가 되려면 두 등위선 $L_1(g)$와 $L_d(h)$는 서로 접해야 한다. 각 등위선은 각 함수의 그래디언트와 직교하므로, $L_1(g)$와 $L_d(h)$가 서로 접한다는 것은 두 그래디언트 $\nabla g(x_0, y_0) = \langle 2x_0, 2y_0 \rangle$와 $\nabla h(x_0, y_0) = \langle 2, 4 \rangle$가 서로 평행하다는 것과 같다. 이때 적절한 실수 $\lambda \neq 0$에 대해 다음이 성립한다.

$$\nabla h = \langle 2, 4 \rangle = \lambda \nabla g = \lambda \langle 2x_0, 2y_0 \rangle \tag{6.59}$$

제약조건 $x^2 + y^2 = 1$에 식 (6.59)를 대입하면 다음 결과를 얻는다.

$$\left(\frac{1}{\lambda}\right)^2 + \left(\frac{2}{\lambda}\right)^2 = 1 \Rightarrow \lambda = \pm\sqrt{5} \Rightarrow (x_0, y_0) = \pm\left(\frac{1}{\sqrt{5}}, \frac{2}{\sqrt{5}}\right)$$

위와 같이 얻은 두 점 $\pm\left(\frac{1}{\sqrt{5}}, \frac{2}{\sqrt{5}}\right)$에서 두 등위선 $L_1(g)$와 $L_d(h)$는 접하고, 이때 등위값 d는 $d = \pm\sqrt{5}$이다. 따라서 목적함수의 최댓값은 $\sqrt{5}$이고, 최솟값은 $-\sqrt{5}$이다.

위와 같이 제약조건에서 목적함수의 극대 또는 극소를 찾는 방법을 이변수함수의 라그랑주 승수법이라 한다.

정리 6-10 이변수함수의 라그랑주 승수법

제약조건 $g(x, y) = c$ 하에서 함수 $f(x, y)$의 값이 점 (x_0, y_0)에서 극대(또는 극소)이면 이 점에서의 두 그래디언트 $\nabla g(x_0, y_0)$와 $\nabla f(x_0, y_0)$는 서로 평행하다. 즉 $\lambda \neq 0$인 실수 λ가 존재하여 다음이 성립한다.

$$\nabla f(x_0, y_0) = \lambda \nabla g(x_0, y_0) \tag{6.60}$$

라그랑주 승수법은 식 (6.60)을 만족하는 점 (x_0, y_0)가 항상 함수 f의 극점임을 말하는 것이 아니다. 식 (6.60)은 가능한 극점의 후보를 찾는 데 필요하다. 식 (6.60)을 통해 찾은 극점이 실제로 극대 또는 극소인지, 혹은 둘 다 아닌지를 판별하려면 그래프를 그리거나 수치적 방법으로 확인해야 한다.

예제 6-15 라그랑주 승수법

쌍곡선 $xy = 1$ 위에서 이변수함수 $f(x, y) = x^2 + y^2$의 극댓값과 극솟값을 구하라.

풀이

라그랑주 승수법에 따라 극댓값과 극솟값을 구한 뒤, 이를 시각적으로 확인해보자. 여기서 제약함수는 $g(x, y) = xy$이고, 목적함수는 $f(x, y) = x^2 + y^2$이다. 두 함수의 그래디언트는 각각 다음과 같다.

$$\nabla g = \langle y, x \rangle, \quad \nabla f = \langle 2x, 2y \rangle$$

두 그래디언트가 평행할 때 교점의 좌표는 다음과 같이 구할 수 있다.

$$\langle 2x, 2y \rangle = \nabla f = \lambda \nabla g = \lambda \langle y, x \rangle \;\Rightarrow\; \lambda = 2 \;\Rightarrow\; (x, y) = \pm(1, 1)$$

쌍곡선 $xy=1$ 위에서 함수 $f(x, y)$는 점 $\pm(1, 1)$에서 극솟값 2를 갖고 극댓값은 갖지 않는다. 이를 시각적으로 표현해보자. 우선 쌍곡선 $xy=1$의 매개곡선을 다음과 같이 정의하자.

$$c(t) = (\exp(t), \exp(-t)), \quad -\infty < x < \infty$$

이 매개곡선을 따라 움직이는 함수 $z=f(x, y)$의 그래프 위의 점을 생각하자. 함수의 극댓값과 극솟값은 z축 좌푯값의 최대 및 최소이다. 다음 파이썬 코드를 구현해 주어진 이변수함수의 그래프와 매개곡선 $c(t)$ 위의 곡선을 나타내면 [그림 6-20]과 같다.

```
# 제약조건과 목적함수의 시각화
ax = plt.figure().add_subplot(projection='3d')
itvl = np.linspace(-3, 3)
X, Y = np.meshgrid(itvl, itvl)
h = lambda x, y: x**2 + y**2
ax.plot_surface(X, Y, h(X, Y), alpha=.5)

t = np.linspace(-1.1, 1.1)
x = lambda t: np.exp(t)
y = lambda t: np.exp(-t)
ax.plot(x(t), y(t), np.zeros(t.shape), 'k--')
ax.plot(x(t), y(t), h(x(t), y(t)), 'k')
ax.plot(-x(t), -y(t), np.zeros(t.shape), 'k--')
ax.plot(-x(t), -y(t), h(x(t), y(t)), 'k')
```

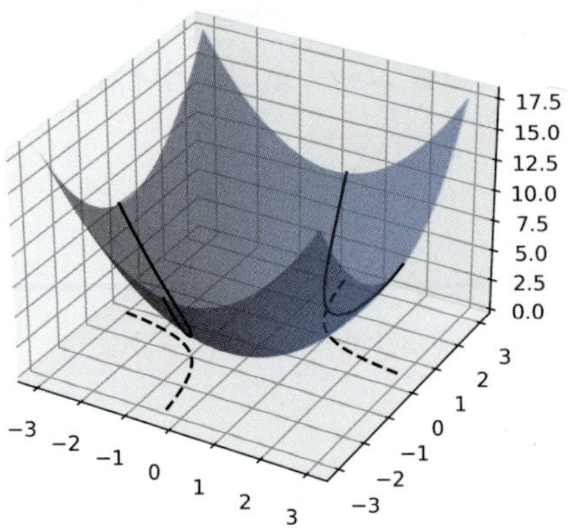

[그림 6-20] 제약조건과 목적함수의 시각화

라그랑주 승수법을 제약함수 $g(x, y) = xy$와 목적함수 $h(x, y) = x^2 + y^2$에 대입해보자. 두 점 $(1, 1)$과 $(-1, -1)$에서 두 함수 g, h의 등위선 $L_1(g)$와 $L_2(h)$는 서로 접하고, 다음과 같이 두 그래디언트는 서로 평행하다.

$$2\nabla g(1, 1) = 2\langle 1, 1\rangle = \nabla h(1, 1) = \langle 2, 2\rangle$$

다음 파이썬 코드를 구현해 이 결과를 시각화하면 [그림 6-21]과 같다. [그림 6-21]에서 파란색 실선은 목적함수의 등위선을, 검은색 실선은 제약조건을 만족하는 집합을 가리킨다.

```
# 제약함수와 목적함수의 등위선의 시각화
itvl = np.linspace(-2, 2)
X, Y = np.meshgrid(itvl, itvl)
h = lambda x, y: x**2 + y**2
g = lambda x, y: x*y
plt.figure(figsize=plt.figaspect(1))
plt.contour(X, Y, h(X, Y), levels=[2], colors='C0')
plt.contour(X, Y, g(X, Y), levels=[1], colors='k')
plt.axis('equal')
```

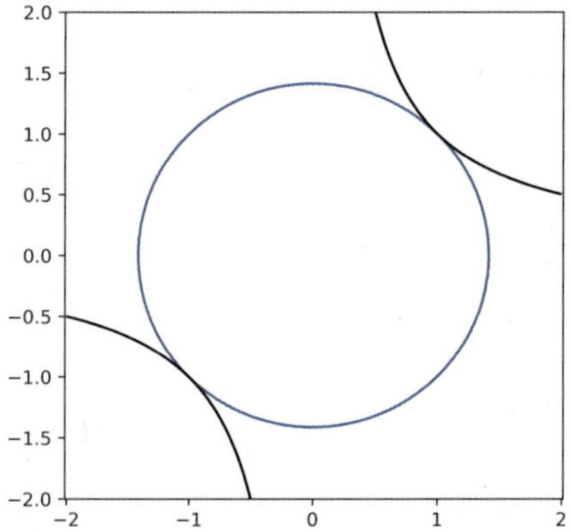

[그림 6-21] 제약함수와 목적함수의 등위선

[예제 6-15]에서 살펴본 목적함수 h의 값 d를 변화시키며 등위선 $L_d(h)$와 제약조건 $L_c(g)$의 교점이 어떻게 변하는지를 살펴보자. 다음 파이썬 코드를 구현하면 이 결과를 보여주는 애니메이션을 만들 수 있다. [코드 6-7]을 통해 결과를 확인해보자.

[코드 6-7]

```
# 목적함수의 크기에 따른 제약함수와의 등위선 비교
g = lambda x, y: x*y
h = lambda x, y: x**2 + y**2
itvl = np.linspace(-2.5, 2.5)
X, Y = np.meshgrid(itvl, itvl)
t = np.linspace(-1, 1)
x, y = np.exp(t), np.exp(-t)

fig, ax = plt.subplots(figsize=plt.figaspect(1))
ax.contour(X, Y, g(X,Y), levels=[1], colors='k')
xy_plot, = ax.plot([], [], 'ok')
xy_contour, = ax.plot([], [], color='C0')

def update(i):
    xy_plot.set_data([x[i]], [y[i]])
    c = contour(np.array([X, Y, h(X, Y)]), h(x[i], y[i]))
    xy_contour.set_data(c[:, 0], c[:, 1])
    return xy_plot, xy_contour,

a = ani.FuncAnimation(fig, update, frames=len(t),
interval=len(t), blit=True)
a.save('6-7.gif', writer='imagemagick')
```

■ 삼변수함수의 라그랑주 승수법

라그랑주 승수법은 삼변수함수로도 확장된다. 이 경우 제약조건은 2개까지 가능하다. 만약 제약조건이 1개이면 이변수함수의 라그랑주 승수법과 동일하게 기술된다.

정리 6-11 제약조건이 1개인 삼변수함수의 라그랑주 승수법

제약조건 $g(x, y, z)=c$ 하에서 함수 $h(x, y, z)$의 값이 점 (x_0, y_0, z_0)에서 극대(또는 극소)이면 $\lambda \neq 0$인 실수 λ가 존재하여 다음이 성립한다.

$$\nabla h(x_0, y_0, z_0)=\lambda \nabla g(x_0, y_0, z_0)$$

예제 6-16 제약조건이 1개인 라그랑주 승수법

$x, y, z>0$이고 $xyz=1$을 만족하는 점 (x, y, z) 중 원점과 가장 가까운 점을 구하라.

풀이

원점에서 점 (x, y, z)까지의 거리는 $\sqrt{x^2+y^2+z^2}$이다. 이 거리의 최솟값을 찾는 문제는 그

제곱인 $d=x^2+y^2+z^2$의 최솟값을 찾는 것과 같다. 따라서 제약함수와 목적함수를 다음과 같이 설정하자(조건 $x, y, z>0$은 등위면으로 표현되는 조건이 아니므로 가능한 모든 극점을 구한 뒤 조건에 맞는 점을 고를 때 사용하자).

- 제약함수 : $g(x, y, z)=xyz$
- 목적함수 : $h(x, y, z)=x^2+y^2+z^2$

두 함수 h와 g의 그래디언트는 각각 다음과 같다.

$$\nabla h(x, y, z)=\langle 2x, 2y, 2z\rangle$$
$$\nabla g(x, y, z)=\langle yz, xz, xy\rangle$$

두 그래디언트가 평행하다면 $\lambda\neq 0$인 실수 λ에 대해 다음이 성립한다.

$$\langle 2x, 2y, 2z\rangle=\lambda\langle yz, xz, xy\rangle$$

이를 통해 x, y, z는 다음 세 방정식을 만족하는 실수임을 알 수 있다.

$$2x=\lambda yz$$
$$2y=\lambda xz$$
$$2z=\lambda xy$$

각 변끼리 곱하여 $8xyz=\lambda^3(xyz)^2$을 얻고, 여기에 제약조건 $xyz=1$을 대입하면 $\lambda=2$임을 알 수 있다. 이를 만족하는 양의 실수 x, y, z는 모두 1인 경우일 뿐이다. 즉 곡면 $xyz=1$에서 원점과 가장 가까운 점은 $(1, 1, 1)$이다. 참고로 점 $(1, 1, 1)$은 등위값이 $\sqrt{3}$인 함수 h의 등위면 위에 놓여 있다. 다음 파이썬 코드를 구현해 이를 시각화하면 [그림 6-22]와 같다.

```
# 삼변수함수의 라그랑주 승수법의 시각화
itvl = np.linspace(0, 3, 20)
X, Y, Z = np.meshgrid(itvl, itvl, itvl)
g = lambda x, y, z: x*y*z
h = lambda x, y, z: x**2 + y**2 + z**2

ax = plt.figure().add_subplot(projection='3d')
c = contour(np.array([X, Y, Z, g(X, Y, Z)]), 1.)
ax.plot(c[:, 0], c[:, 1], c[:, 2], 'k', lw=.1)
c = contour(np.array([X, Y, Z, h(X, Y, Z)]), 3.)
ax.plot(c[:, 0], c[:, 1], c[:, 2], 'k', lw=.1)
ax.plot(1,1,1, 'o', color='C0', markersize=5, zorder=5)
ax.set_aspect('equal')
```

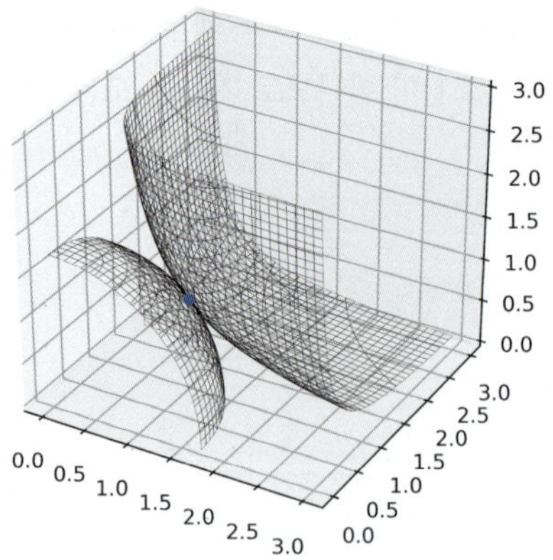

[그림 6-22] 삼변수함수의 라그랑주 승수법

이번에는 제약조건이 2개인 삼변수함수의 라그랑주 승수법을 알아보자.

정리 6-12 제약조건이 2개인 삼변수함수의 라그랑주 승수법

두 제약조건 $g_1(x, y, z) = c_1$, $g_2(x, y, z) = c_2$ 하에서 함수 $h(x, y, z)$의 값이 점 (x_0, y_0, z_0)에서 극대(또는 극소)이면 λ_1, $\lambda_2 \neq 0$인 두 실수 λ_1, λ_2에 대해 다음이 성립한다.

$$\nabla h(x_0, y_0, z_0) = \lambda_1 \nabla g_1(x_0, y_0, z_0) + \lambda_2 \nabla g_2(x_0, y_0, z_0) \tag{6.61}$$

예제 6-17 제약조건이 2개인 라그랑주 승수법

x, y, $z > 0$이고 $xyz = 1$과 $x^2 + y^2 = 9$를 동시에 만족하는 점 (x, y, z) 중 원점과 가장 가까운 점을 구하라.

풀이

제약함수와 목적함수는 다음과 같다.

- 제약함수 : $g_1(x, y, z) = xyz$, $\quad g_2(x, y, z) = x^2 + y^2$
- 목적함수 : $h(x, y, z) = x^2 + y^2 + z^2$

제약조건은 두 등위면 $L_1(g_1)$과 $L_9(g_2)$의 교선이다. 이 교선을 다음과 같이 매개화하자(단, $0 < \theta < \dfrac{\pi}{2}$이다).

$$c(\theta) = \left(3\cos(\theta),\ 3\sin(\theta),\ \frac{1}{9\cos(\theta)\sin(\theta)}\right)$$

다음 파이썬 코드를 구현해 두 등위면 $L_1(g_1)$, $L_9(g_2)$와 그 교점을 나타내면 [그림 6-23]과 같다.

```
# 두 제약함수의 등위면의 시각화
ax = plt.figure().add_subplot(projection='3d')
itvl = np.linspace(-2, 2)
x = y = z = np.linspace(0, 4, 1<<4+1)
X, Y, Z = np.meshgrid(x, y, z)
g1 = lambda x, y, z: x*y*z
g2 = lambda x, y, z: x**2 + y**2
h = lambda x, y, z: x**2 + y**2 + z**2

c = contour(np.array([X, Y, Z, g1(X, Y, Z)]), 1)
ax.plot(c[:, 0], c[:, 1], c[:, 2], 'k', lw=.1)
c = contour(np.array([X, Y, Z, g2(X, Y, Z)]), 9)
ax.plot(c[:, 0], c[:, 1], c[:, 2], 'C0', lw=.1)
t = np.linspace(0.04, np.pi/2-.04)
ax.plot(3*np.cos(t), 3*np.sin(t),
1/(9*np.cos(t)*np.sin(t)), color='k', lw=1)
ax.set_aspect('equal')
```

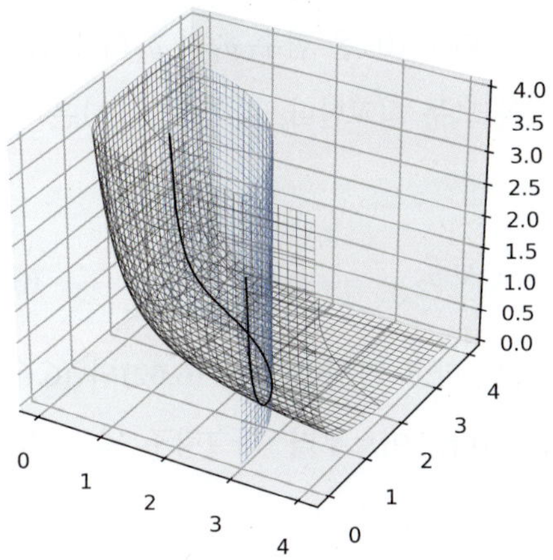

[그림 6-23] 두 제약함수의 등위면의 교선

이제 식 (6.61)에 함수 h, g_1, g_2의 식을 대입하면 다음과 같다.

$$\nabla h = \langle 2x, 2y, 2z \rangle = \lambda_1 \nabla g_1 + \lambda_2 \nabla g_2 = \lambda_1 \langle yz, xz, xy \rangle + \lambda_2 \langle 2x, 2y, 0 \rangle$$

즉 극소점의 좌표는 다음 세 방정식을 동시에 만족하는 해 (x, y, z)이다.

$$2x = \lambda_1 yz + 2\lambda_2 x$$
$$2y = \lambda_1 xz + 2\lambda_2 y$$
$$2z = \lambda_1 xy$$

마지막 식과 제약조건 $xyz=1$로부터 $\lambda_1=2z^2$임을 알 수 있다. 이를 처음 두 식에 대입하면 다음과 같이 대칭을 이루는 두 식을 얻는다.

$$2x=2yz^3+2\lambda_2 x$$
$$2y=2xz^3+2\lambda_2 y$$

따라서 $x=y=\dfrac{3}{\sqrt{2}}$이다. 그러므로 극소점의 좌표는 $\left(\dfrac{3}{\sqrt{2}}, \dfrac{3}{\sqrt{2}}, \dfrac{2}{9}\right)$이다.

두 제약조건하에서 라그라주 승수법이 성립하는 이유를 생각해보자. 만약 두 등위면의 교선을 3차원 매개곡선 $c(t)=(x(t), y(t), z(t))$로 매개화했다고 가정하면 이 곡선을 따라 계산한 목적함수 $h(t)$는 다음과 같다.

$$h(t)=h(c(t))$$

만일 시간 $t=0$에서 함수 h의 극점 (x_0, y_0, z_0)를 지난다고 하면 $h'(0)=0$이므로 $t=0$에서의 속도벡터 $c'(0)$은 연쇄법칙에 따라 다음과 같이 계산된다.

$$h'(0)=h_x \cdot x'(0)+h_y \cdot y'(0)+h_z \cdot z'(0)=\nabla h \bullet c'(0)=0 \tag{6.62}$$

따라서 $c'(0)$은 그래디언트 ∇h와 직교한다. 한편, 벡터 $c'(0)$은 함수 g_1과 g_2의 등위면 모두와 평행하다. 즉 $c'(0)$은 그래디언트 ∇g_1, ∇g_2와 모두 직교한다. 따라서 $c'(0)$은 ∇g_1, ∇g_2의 임의의 선형결합과도 직교한다.

$$c'(0) \perp \lambda_1 \nabla g_1+\lambda_2 \nabla g_2 \tag{6.63}$$

만약 두 그래디언트 ∇g_1, ∇g_2가 서로 평행하지 않는다고 가정하면 식 (6.62)와 (6.63)에 의해 그래디언트 ∇h는 $\lambda_1 \nabla g_1+\lambda_2 \nabla g_2$와 평행하다. 이로부터 라그랑주 승수법(정리 6-12)이 유도된다.

SECTION 6.3 경사 하강법

이 절에서는 선형회귀분석의 예를 통해 경사 하강법의 원리를 설명한다. 또한 인공신경망의 구조와 연쇄법칙을 이용한 인공신경망의 작동 원리를 소개한다.

경사 하강법

앞서 이변수함수 $f(x, y)$의 그래디언트 $\nabla f(x, y)$는 점 (x, y)에서 함숫값이 가장 빠르게 증가하는 방향임을 살펴봤다. 이 사실은 일반적인 다변수 실숫값함수에 대해서도 성립한다. 즉 m개의 변수로 이루어진 다변수 실숫값함수 $f(x_1, \cdots, x_m)$은 점 $(x_1, \cdots, x_m)$에서 그래디언트 ∇f의 방향으로 움직일 때 그 값이 가장 빠르게 증가한다. 반대로 함수 $f(x_1, \cdots, x_m)$은 그래디언트의 반대 방향인 $-\nabla f$의 방향으로 움직일 때 그 값이 가장 빠르게 감소한다. 만약 매 순간 점 $(x_1, \cdots, x_m)$을 조금씩 ∇f(또는 $-\nabla f$)의 방향으로 움직이면 그 점의 경로 위의 함숫값은 극댓값(또는 극솟값)에 가까워질 것이다. 함숫값이 무한히 증가(혹은 감소)하지 않는다면 극대점(또는 극소점)에 도달했을 때, 그래디언트 ∇f는 영벡터가 된다. 이처럼 그래디언트의 방향으로 점의 위치를 이동하며 극점을 찾는 방법을 **경사 하강법** gradient descent이라 한다.

경사 하강법은 기계학습 알고리즘 중 하나이다. **기계학습** machine learning이란 주어진 데이터를 분석하여 정확한 수학적 모델을 찾는 작업이다. 여기서 말하는 데이터란 일련의 입력값과 출력값을 쌍으로 묶어 놓은 것을 말한다. 입력값이 n개의 실수, 출력값이 m개의 실수로 이루어져 있고 입력값과 출력값의 순서쌍이 총 N개 주어질 때, 각 i번째($i = 1, \cdots, N$) 입력값과 출력값을 $\boldsymbol{x}_i = (x_1^{(i)}, \cdots, x_n^{(i)})$, $\boldsymbol{y}_i = (y_1^{(i)}, \cdots, y_m^{(i)})$라 하자. 기계학습의 목표는 입력값과 출력값의 관계를 최대한 정확히 예측하는 함수 f의 식을 찾아내는 것이다. 여기서 함수 f는 n개의 실수 $x_1, \cdots, x_n$을 입력받아 m개의 실수 $y_1, \cdots, y_m$을 출력하는 다변수함수이다.

$$f(x_1, \cdots, x_n) = (y_1, \cdots, y_m) \tag{6.64}$$

예를 들어 가장 간단한 함수 f의 형태는 다음과 같은 선형식이다.

$$f(x_1, \cdots, x_n) = \boldsymbol{w} \cdot \boldsymbol{x} + \boldsymbol{b} = \begin{bmatrix} w_{11} & \cdots & w_{1n} \\ \vdots & \ddots & \vdots \\ w_{m1} & \cdots & w_{mn} \end{bmatrix} \begin{bmatrix} x_1 \\ \vdots \\ x_n \end{bmatrix} + \begin{bmatrix} b_1 \\ \vdots \\ b_m \end{bmatrix}$$
$$= (w_{11}x_1 + \cdots + w_{1n}x_n + b_1, \cdots, w_{m1}x_1 + \cdots + w_{mn}x_n + b_m)$$

이때 함수 f는 계수 w_{jk}와 $b_j (j = 1, \cdots, m, k = 1, \cdots, n)$에 의해 결정된다. 이 계수를 함수 f의 **매개변수**parameter라 한다. 경사 하강법은 최적화된 함수 f의 매개변수의 값을 찾는 알고리즘이다.

■ 경사 하강법의 원리

경사 하강법은 매개변수의 값을 조금씩 변화시키며 찾아나가는 것으로, 다음과 같은 순환 구조로 진행된다.

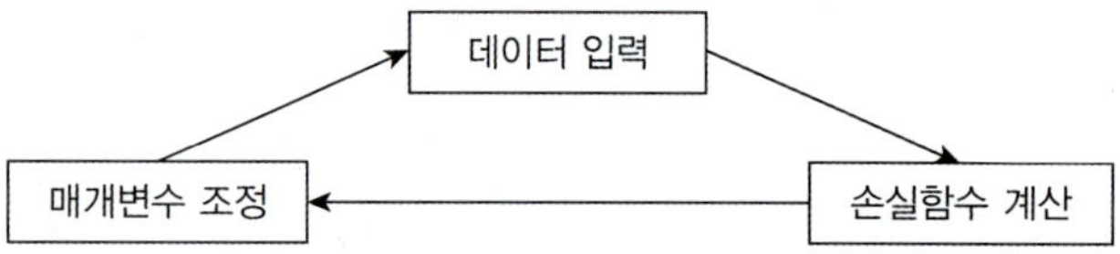

[그림 6-24] **기계학습의 원리**

여기서 **손실함수**loss function란 실제값과 측정값의 오차를 가리키는 함수이다.[9] 식 (6.64)와 같은 모델에 i번째 입력값 $\boldsymbol{x}_i$를 대입하여 얻은 실제값을 $f(\boldsymbol{x}_i) = \overline{\boldsymbol{y}}_i = (\overline{y}_1^{(i)}, \cdots, \overline{y}_m^{(i)})$라 하자. 이때 손실함수 $l(\boldsymbol{w}, \boldsymbol{b})$는 다음과 같다.

$$\begin{aligned} l(\boldsymbol{w}, \boldsymbol{b}) &= \sum_{i=1}^{N} \| \overline{\boldsymbol{y}}_i - \boldsymbol{y}_i \|^2 = \sum_{i=1}^{N} \| \boldsymbol{w} \cdot \boldsymbol{x}_i + \boldsymbol{b} - \boldsymbol{y}_i \|^2 \\ &= \sum_{i=1}^{N} \sum_{j=1}^{m} (w_{j1}x_1^{(i)} + \cdots + w_{jn}x_n^{(i)} + b_j - y_j^{(i)})^2 \end{aligned} \tag{6.65}$$

식 (6.65)의 손실함수 $l(\boldsymbol{w}, \boldsymbol{b})$는 nm개의 변수 w_{jk}와 m개의 변수 b_j에 대한 이차함수이다. 기계학습의 목표는 이 손실함수의 값이 최소가 되는 변수 w_{jk}, b_j의 값을 찾는 것이다. 경사 하강법의 핵심 원리는 매개변수의 값을 손실함수의 그래디언트 방향으로 변화시킴으로써 손실함수의 값을 빠르게 감소시키는 것이다.

9 이는 6.2절에서 소개한 선형회귀분석의 오차의 제곱의 합과 비슷한 개념이다.

선형회귀분석을 통해 경사 하강법의 원리를 구체적으로 살펴보자. 6.1절의 [표 6-3]에서 소개한 10개의 좌표점 (x_1, y_1), $\cdots$, (x_{10}, y_{10})에 해당하는 입출력 데이터가 선형식 $y = \mu x + \rho$를 따른다고 하자. 이때 최소제곱법에 의한 손실함수 $l(\mu, \rho)$는 다음과 같다.

$$l(\mu, \rho) = \sum_{i=1}^{n}(y_i - x_i\mu - \rho)^2$$

6.1절의 식 (6.24)에서 살펴봤듯이, 손실함수 $l(\mu, \rho)$는 μ, ρ에 대한 2차식이고 그래디언트 ∇l의 성분은 다음과 같다.

$$l_\mu = 2\sum_{i=1}^{n} x_i^2\mu + 2\sum_{i=1}^{n} x_i\rho - 2\sum_{i=1}^{n} y_i x_i$$
$$l_\rho = 2\sum_{i=1}^{n} x_i\mu + 2n\rho - 2\sum_{i=1}^{n} y_i$$

경사 하강법을 시작하기 위해 매개변수 μ, ρ의 초깃값을 무작위로 정한다. 예를 들어 초깃값을 $\mu_0 = \rho_0 = 2.9$라 하자. 각 n번째 단계마다 n번째 점 (μ_n, ρ_n)을 다음과 같이 생성한다.

$$\langle \mu_n, \rho_n \rangle = \langle \mu_{n-1}, \rho_{n-1} \rangle - h \cdot \nabla l(\mu_{n-1}, \rho_{n-1})$$

이를 다시 풀어서 쓰면 다음과 같다.

$$\mu_n = \mu_{n-1} - h \cdot l_\mu(\mu_{n-1}, \rho_{n-1})$$
$$\rho_n = \rho_{n-1} - h \cdot l_\rho(\mu_{n-1}, \rho_{n-1})$$

여기서 h는 **학습속도**learning rate라는 상수이다. 여기서는 $h = 0.01$이라 하고 다음 파이썬 코드를 구현해 위 과정을 10회 시행하여 얻은 (μ_0, ρ_0)부터 (μ_{10}, ρ_{10})까지의 점을 손실함수의 그래프와 함께 표현하자. 그 결과는 [그림 6-25]와 같다.

```
# 경사 하강법을 이용한 선형회귀법의 예
xy = np.array([
    [0.021, 0.186, 1.326, 1.101, 1.832, 1.383, 1.306, 1.233,
0.697, 0.592],
    [1.161, 1.273, 2.193, 2.111, 2.753, 2.293, 2.212, 2.103,
1.828, 1.453]])
x, y = xy[0], xy[1]
A, B, C, D, E = np.sum(y**2), np.sum(x*y), np.sum(y), np.sum(x),
np.sum(x**2)
f = lambda c, d: A - 2*B*c - 2*C*d + 2*D*c*d + E*c**2 +
xy.shape[1]*d**2
x = y = np.linspace(-1, 3, 51)
```

```
X, Y = np.meshgrid(x, y)
ax = plt.axes(projection='3d')
ax.plot_surface(X, Y, f(X, Y), zorder=3)
gradient = lambda c, d: np.array([-2*B + 2*D*d + 2*E*c,
                        -2*C + 2*D*c + 2*xy.shape[1]*d])

h = 0.01
ps = np.array([[2.9, 2.9]])
for i in range(10):
    g = gradient(ps[-1,0], ps[-1,1])
    x, y = ps[-1,:] - h*gradient(ps[-1,0], ps[-1, 1])
    ps = np.append(ps, [[x, y]], axis=0)
z = f(ps[:,0], ps[:,1])
ax.plot(ps[:,0], ps[:,1], z, 'ok', zorder=4)
```

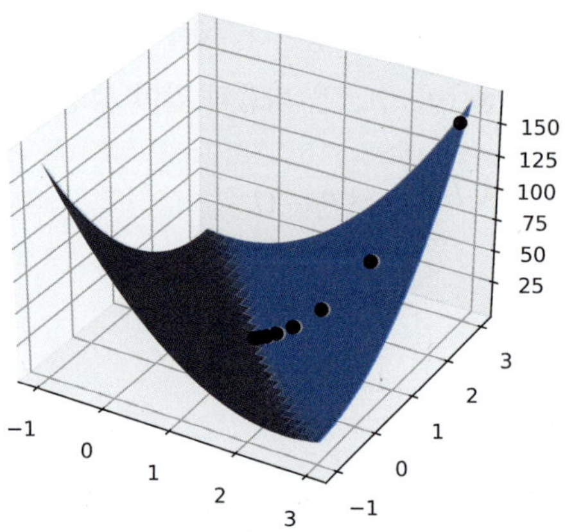

[그림 6-25] 경사 하강법을 이용해 손실함수의 최솟값에 도달하는 과정

[표 6-4]는 각 n번째 단계에서의 매개변수 (μ_n, ρ_n)과 그래디언트 $\nabla l(\mu_n, \rho_n)$을 계산한 결과이다.

[표 6-4] 경사 하강법을 통한 매개변수 값의 변화

n	(μ_n, ρ_n)	$\nabla l(\mu_n, \rho_n)$	n	(μ_n, ρ_n)	$\nabla l(\mu_n, \rho_n)$
1	(2.050, 2.146)	⟨49.464, 43.836⟩	6	(0.946, 1.168)	⟨3.300, 2.913⟩
2	(1.555, 1.708)	⟨28.776, 25.496⟩	7	(0.913, 1.139)	⟨1.922, 1.691⟩
3	(1.267, 1.453)	⟨16.741, 14.827⟩	8	(0.894, 1.122)	⟨1.121, 0.981⟩
4	(1.267, 1.453)	⟨9.741, 8.622⟩	9	(0.882, 1.113)	⟨0.654, 0.568⟩
5	(1.002, 1.219)	⟨5.669, 5.012⟩	10	(0.876, 1.107)	⟨0.383, 0.328⟩

시행이 계속될수록 그래디언트의 크기가 점점 줄어든다는 점에 주목하자. 점 (μ_n, ρ_n)은 손실 함수의 값이 가장 빠르게 작아지는 방향으로 이동하고 극소점에 점점 가까워진다. 극소점에서의 그래디언트는 $\langle 0, 0 \rangle$이므로 그래디언트도 영벡터로 수렴한다. 위 과정을 충분히 반복했을 때, 점 (μ_n, ρ_n)은 $(0.865, 1.101)$로 수렴하며, 이는 6.1절에서 헤세 판정법으로 구한 매개변수의 값과 일치한다.

인공신경망

인공신경망은 선형식을 이용한 예측모델이다. 입력값이 n차원 벡터 $\boldsymbol{x} = (x_1, \cdots, x_n)$이고 출력값이 m차원 벡터 $\boldsymbol{y} = (y_1, \cdots, y_m)$일 때, 인공신경망의 예측모델은 다음과 같다.

$$\begin{aligned} y_1 &= w_{1,1}x_1 + \cdots + w_{1,m}x_n + b_1 \\ &\vdots \\ y_m &= w_{m,1}x_1 + \cdots + w_{m,n}x_n + b_m \end{aligned} \tag{6.66}$$

편의상 식 (6.66)의 매개변수 $w_{1,1}, \cdots, w_{m,n}$의 순서쌍을 $\boldsymbol{w}$라 하고 $b_1, \cdots, b_m$의 순서쌍을 $\boldsymbol{b}$라 하자($\boldsymbol{w}$, $\boldsymbol{b}$를 벡터라 생각해도 된다). 이때 $\boldsymbol{w}$를 **가중치**weight, $\boldsymbol{b}$를 **편향**bias이라 한다.

인공신경망은 예측모델을 그림으로 나타낸 결과가 마치 뉴런(신경세포)들이 서로 연결된 것과 비슷하다는 데서 유래했다. 예를 들어 식 (6.66)에서 $n = 1$인 인공신경망은 다음과 같이 나타낼 수 있다.

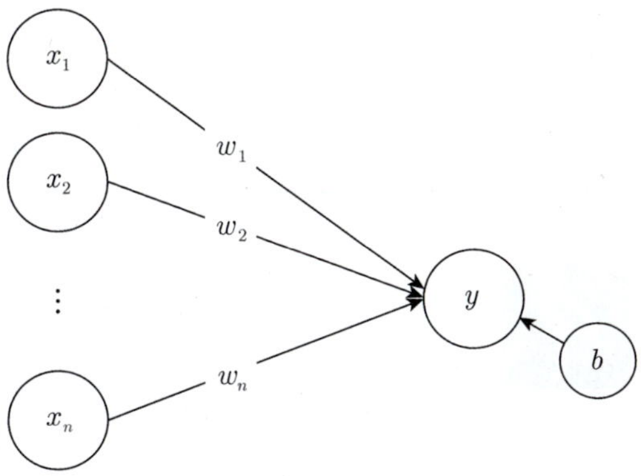

[그림 6-26] 인공신경망의 도식화

이때 $x_k(k = 1, \cdots, n)$와 y 값을 **뉴런**neuron이라 한다. [그림 6-26]은 뉴런 $x_1, \cdots, x_n$에 가중치를 곱하고 편향을 더하여 뉴런 y를 계산하는 과정을 나타낸 것이다. 특히 $x_1, \cdots, x_n$을 입력뉴런이라 하고, 이들이 위치한 열을 **입력층**input layer이라 한다. 또한 y를 출력뉴런이라 하고 이들이 위치한 열을 **출력층**output layer이라 한다.

■ 순전파와 역전파

인공신경망은 **순전파** forward propagation와 **역전파** backpropagation의 반복을 통해 학습된다. 입력뉴런으로 출력뉴런을 계산하는 것을 순전파라 하고, 경사 하강법으로 매개변수의 값을 조정하는 것을 역전파라 한다. 손글씨 데이터인 MNIST 데이터를 인공신경망으로 학습시키는 예를 통해 순전파와 역전파의 원리를 살펴보자.

MNIST 데이터는 28 × 28 크기의 흑백 이미지로 이루어져 있다. 여기에는 60,000개의 학습용 이미지와 10,000개의 검증용 이미지가 있다. 각 이미지는 0부터 9까지의 손글씨 숫자이다. 파이썬을 이용해 이 데이터를 직접 다운로드할 수 있는데, 먼저 다음과 같이 tensosflow 라이브러리를 설치해야 한다.

```
# tensorflow 설치
!pip3 install tensorflow
```

다음 파이썬 코드를 구현하여 [그림 6-27]과 같이 학습용 및 검증용 데이터를 불러와서 처음 5개의 학습용 이미지를 표시해보자.

```
# 학습용 및 검증용 MNIST 데이터 불러오기
import tensorflow.keras.datasets.mnist as mnist

(img, label), (t_img, t_label) = mnist.load_data()
_, ax = plt.subplots(1, 5)
for i in range(5):
    ax[i].imshow(img[i], cmap='gray')
    ax[i].axis('off')
```

[그림 6-27] 훈련용 MNIST 데이터의 예

위 코드의 img에는 학습에 사용할 이미지 데이터가, label에는 각 이미지가 가리키는 숫자가 순서대로 저장되어 있다. 각 이미지는 784개[10]의 픽셀로 이루어져 있고, 각 픽셀의 색은 0과 255 사이의 정숫값으로 결정된다(이때 0이 검은색, 255가 흰색이다). k번째 픽셀

10 28 × 28 = 784개를 의미한다.

$(k=1, \cdots, 784)$의 값을 255로 나눈 것을 x_k라 하자. 즉 이미지 데이터는 구간 $[0, 1)$ 사이의 실숫값을 성분으로 갖는 784차원 벡터 $\boldsymbol{x}$이다. 이미지가 가리키는 숫자는 총 10개이므로, 출력뉴런의 개수는 10이다. 다음과 같이 인공신경망을 구성해보자.

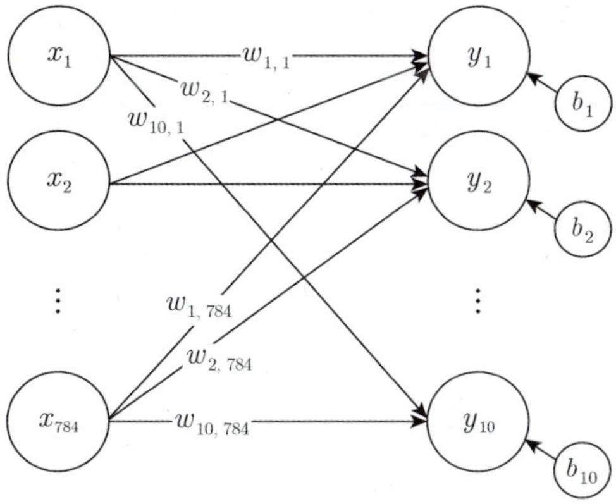

[그림 6-28] MNIST 데이터의 인공신경망

예를 들어 [그림 6-27]의 첫 번째 이미지를 벡터 $\boldsymbol{x}=\langle x_1, \cdots, x_{784}\rangle$라 하고, 이를 [그림 6-28]의 입력층에 대입하여 얻은 출력층을 벡터 $\boldsymbol{y}=\langle y_1, \cdots, y_{10}\rangle$이라 하자. 이는 다음과 같은 행렬 연산으로 계산된다.

$$\boldsymbol{y}=\begin{bmatrix} y_1 \\ \vdots \\ y_{10} \end{bmatrix}=\begin{bmatrix} w_{1,1} & \cdots & w_{1,784} \\ \vdots & \ddots & \vdots \\ w_{10,1} & \cdots & w_{10,784} \end{bmatrix}\begin{bmatrix} x_1 \\ \vdots \\ x_{784} \end{bmatrix}+\begin{bmatrix} b_1 \\ \vdots \\ b_{10} \end{bmatrix} \tag{6.67}$$

이와 같이 출력뉴런을 계산하는 것을 순전파라 한다. 이제 역전파를 알아보자. 먼저 0부터 9까지의 숫자를 각각 다음과 같은 10차원 벡터로 해석하자. 이러한 벡터를 **원-핫-벡터** one-hot-vector라 한다.

$$\begin{aligned} 0 &\mapsto \langle 1, 0, \cdots, 0\rangle=\boldsymbol{e}_1 \\ 1 &\mapsto \langle 0, 1, \cdots, 0\rangle=\boldsymbol{e}_2 \\ &\vdots \\ 9 &\mapsto \langle 0, \cdots, 0, 1\rangle=\boldsymbol{e}_{10} \end{aligned}$$

예를 들어 [그림 6-27]의 첫 번째 이미지는 숫자 5를 가리키고 출력층은 벡터 $\boldsymbol{e}_6$에 대응된다.

$$\boldsymbol{e}_6=\langle 0, 0, 0, 0, 0, 1, 0, 0, 0, 0\rangle$$

이제 식 (6.67)에서 계산한 결과층 $\boldsymbol{y}$와 $\boldsymbol{e}_6$를 비교해보자. 두 벡터 사이의 오차는 $\|\boldsymbol{y}-\boldsymbol{e}_6\|$이다. $\boldsymbol{e}_j$의 성분은 항상 0 또는 1이므로 이미지마다 오차 $\|\boldsymbol{y}-\boldsymbol{e}_6\|$의 편차가 클 수 있다. 따라서 뉴런 y_j의 범위를 구간 $(0, 1)$로 제한하는 과정이 필요하다. 이를 위해 다음과 같이 정의된

시그모이드sigmoid 함수 $\sigma(y)$를 사용한다.

$$\sigma(y) = \frac{1}{1+\exp(-y)} \tag{6.68}$$

다음 파이썬 코드로 시그모이드 함수 (6.68)의 그래프를 구현하면 [그림 6-29]와 같다.

```
# 시그모이드 함수의 그래프 그리기
def sigmoid(y: float) -> float:
    return 1 / (1 + np.exp(-y))

y = np.linspace(-10, 10)
plt.plot(y, sigmoid(y))
```

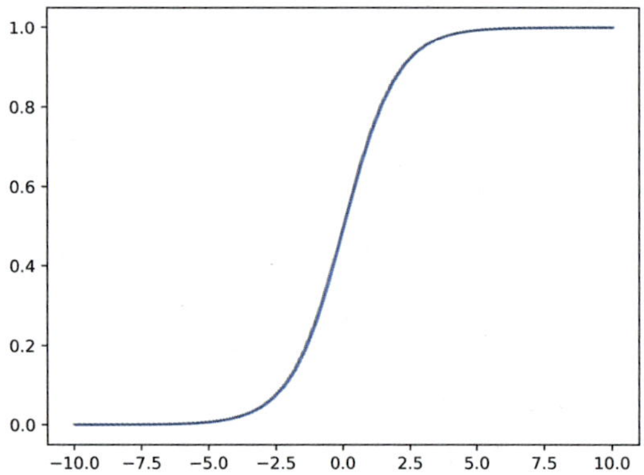

[그림 6-29] 시그모이드 함수의 그래프

[그림 6-29]에서 볼 수 있듯이, 시그모이드 함수 $\sigma(y)=z$는 모든 범위의 실숫값 y를 구간 $(0, 1)$ 내의 실숫값 z로 변환한다. 이와 같이 출력뉴런의 범위를 바꾸는 함수를 **활성화 함수** activation function라 한다. [그림 6-28]의 모든 출력뉴런에 대해 시그모이드 함수를 계산하여 [그림 6-30]과 같이 새로운 출력층을 얻는다고 하자.

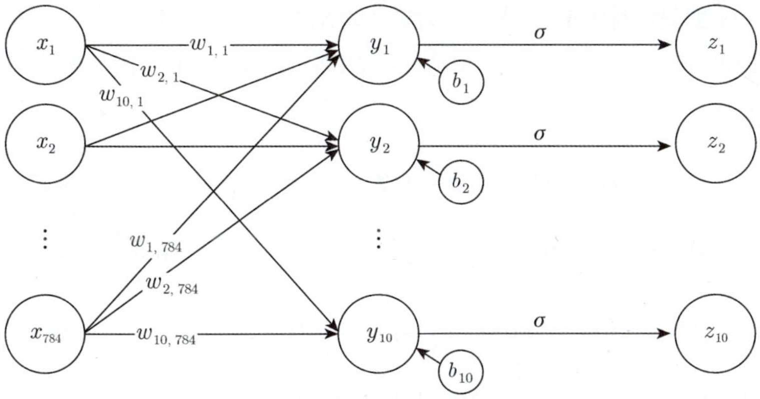

[그림 6-30] 활성화 함수가 추가된 인공신경망의 도식화

입력층 $\boldsymbol{x} = \langle x_1, \cdots, x_{784} \rangle$로부터 활성화 함수가 적용된 출력층 $\boldsymbol{z} = \langle z_1, \cdots, z_{10} \rangle$을 다음과 같이 계산할 수 있다.

$$\boldsymbol{z} = \sigma \circ T(\boldsymbol{x})$$

출력층 $\boldsymbol{z}$와 이미지의 숫자를 가리키는 원-핫-벡터 $\bar{\boldsymbol{z}}$의 차의 크기의 제곱 $\|\boldsymbol{z} - \bar{\boldsymbol{z}}\|^2$을 손실함수라 하자.

$$\begin{aligned} l(\boldsymbol{w}, \boldsymbol{b}) &= \|\boldsymbol{z} - \bar{\boldsymbol{z}}\|^2 = \sum_{j=1}^{10} (z_j - \bar{z}_j)^2 \\ &= \sum_{j=1}^{10} (\sigma(y_j) - \bar{z}_j)^2 = \sum_{j=1}^{10} \left(\sigma\left(\sum_{k=1}^{784} w_{jk} x_k + b_j \right) - \bar{z}_j \right)^2 \end{aligned} \tag{6.69}$$

역전파는 손실함수의 그래디언트의 역방향으로 매개변수 $\boldsymbol{w}$, $\boldsymbol{b}$의 값을 조정하는 것이다. 식 (6.69)와 같이 손실함수의 수식을 모두 전개하여 그래디언트를 구하는 것은 대단히 복잡하다. 핵심은 연쇄법칙을 이용해 그래디언트를 빠르게 구하는 것이다.

주어진 이미지가 가리키는 숫자의 원-핫-벡터를 $\bar{\boldsymbol{z}}$라 할 때, 함수 $L(\boldsymbol{z})$를 다음과 같이 정의하자.

$$L(\boldsymbol{z}) = \|\boldsymbol{z} - \bar{\boldsymbol{z}}\|^2 = \sum_{k=1}^{10} \left(z_k - \bar{z}_k\right)^2$$

이 함수를 이용해 손실함수 (6.69)를 다음과 같이 표현할 수 있다.

$$l(\boldsymbol{w}, \boldsymbol{b}) = L \circ \boldsymbol{\sigma} \circ T(\boldsymbol{x})$$

여기서 $\boldsymbol{\sigma}$는 다음과 같이 정의된 다변수함수이다.

$$\boldsymbol{\sigma}(y_1, \cdots, y_{10}) = (\sigma(y_1), \cdots, \sigma(y_{10}))$$

이제 손실함수 l의 그래디언트를 계산하고, 경사 하강법으로 인공신경망을 학습하는 과정을 살펴보자. 손실함수의 그래디언트 ∇l의 성분은 미분계수 Dl의 성분과 같다. 연쇄법칙을 이용하면 Dl은 다음과 같다.

$$Dl = DL \cdot D\boldsymbol{\sigma} \cdot D\boldsymbol{T} \tag{6.70}$$

위 식의 각 미분계수를 살펴보자. 먼저 미분계수 DL은 다음과 같은 1×10 행렬이다.

$$DL = \begin{bmatrix} 2(z_1 - \bar{z}_1) & \cdots & 2(z_{10} - \bar{z}_{10}) \end{bmatrix} \tag{6.71}$$

다음으로 $D\boldsymbol{\sigma}$는 10×10 대각행렬이다. 이를 계산하기 위해 식 (6.68)의 시그모이드 함수 $z = \sigma(y)$의 미분계수를 먼저 구하자.

$$\frac{d\sigma}{dy} = \frac{-\exp(-y)}{(1+\exp(-y))^2} = \sigma(y)(1-\sigma(y)) = z(1-z)$$

따라서 미분계수 $D\boldsymbol{\sigma}$는 다음과 같다.

$$D\boldsymbol{\sigma} = \begin{bmatrix} z_1(1-z_1) & \cdots & 0 \\ \vdots & \ddots & \vdots \\ 0 & \cdots & z_{10}(1-z_{10}) \end{bmatrix} \tag{6.72}$$

마지막으로 $D\boldsymbol{T}$는 10×785 행렬로서 다음과 같다.

$$D\boldsymbol{T}(\boldsymbol{w}, \boldsymbol{b}) = \begin{bmatrix} x_1 & \cdots & x_{784} & 1 \\ \vdots & \ddots & \vdots & \vdots \\ x_1 & \cdots & x_{784} & 1 \end{bmatrix} \tag{6.73}$$

따라서 식 (6.71), (6.72), (6.73)을 식 (6.70)과 같이 순차적으로 곱하면 Dl을 구할 수 있고, 이는 그래디언트 ∇l과 같다. 따라서 매개변수 $\langle \boldsymbol{w}, \boldsymbol{b} \rangle$는 다음과 같이 조정된다.

$$\langle \boldsymbol{w}, \boldsymbol{b} \rangle \leftarrow \langle \boldsymbol{w}, \boldsymbol{b} \rangle - h \cdot \nabla l(\boldsymbol{w}, \boldsymbol{b}) \tag{6.74}$$

참고 실제 순전파와 역전파의 사례

앞서 살펴본 순전파와 역전파는 하나의 입력값 $\boldsymbol{x}$, 즉 이미지 데이터와 그것이 가리키는 숫자의 원-핫-벡터 $\overline{\boldsymbol{z}}$에 관한 것이다. MNIST에는 60,000개의 훈련용 이미지 데이터와 숫자 정보가 있다. 이들을 훈련에 사용하는 방법은 다양하다.

이미지 학습을 위한 순전파와 역전파의 가장 단순한 형태는 각 입출력 순서쌍을 순서대로 한 번의 순전파와 한 번의 역전파에 사용하는 것이다. 예를 들어 총 $N = 60,000$개의 입출력 순서쌍 $(\boldsymbol{x}_i, \overline{\boldsymbol{z}_i})$를 준비하고($i = 1, \cdots, 60,000$), 가중치 $\boldsymbol{w}$와 편차 $\boldsymbol{b}$의 값을 임의로 정한다. 첫 번째 쌍 $(\boldsymbol{x}_1, \boldsymbol{y}_1)$에 대해 순전파와 역전파를 한 번씩 진행하고 $\boldsymbol{w}$, $\boldsymbol{b}$를 식 (6.74)와 같이 업데이트한다. 이후 다시 두 번째 쌍 $(\boldsymbol{x}_2, \overline{\boldsymbol{z}_2})$에 대해 순전파와 역전파를 한 번씩 진행한다. 이를 모든 이미지에 대해 수행한다.

또 다른 방법은 데이터 $(\boldsymbol{x}_i, \overline{\boldsymbol{z}_i})$를 하나씩 사용하지 않고 여러 개의 묶음으로 사용하는 방법이다. 예를 들어 여러 개의 순서쌍 $(\boldsymbol{x}_i, \overline{\boldsymbol{z}_i})$를 하나로 묶고[11] 입력뉴런 x_i에 각 이미지의 i번째 픽셀의 평균값을 대입한다. 이때 j번째 출력뉴런도 그룹 내의 모든 j번째 출력뉴런 $\overline{z}_j^{(i)}$의 평균값을 사용한다.

이와 같이 이미지를 그룹화하여 훈련하면 첫 번째 방법처럼 하나씩 훈련하는 것보다 빠르다는 장점이 있다. 예를 들어 MNIST 데이터의 훈련용 이미지를 20개씩 묶으면 3,000번의 순전파와 역전파를 통해 모든 이미지를 한 번씩 사용하고 학습을 종료할 수 있다.[12] 단, 이미지를 그룹으로 묶으면 하나의 이미지가 모델을 최적화하는 데 미치는 영향은 줄어든다. 예를 들어 20개의 이미지를 하나의 그룹으로 묶으면 각 이미지가 훈련에 미치는 영향력은 대략 $\frac{1}{20}$만큼 줄어든다고 할 수 있다.

11 하나의 묶음에 포함된 훈련용 데이터의 수를 **배치 크기**(batch size)라 한다.

12 주어진 데이터를 모두 한 번씩 사용한 것을 1 **에폭**(epoch)이라 한다. 즉 2 에폭은 주어진 데이터를 훈련에 두 번씩 사용했다는 의미이다.

SECTION 6.4 프로젝트 : 손글씨 데이터 학습

이 절에서는 MNIST 손글씨 데이터를 분류하는 기계학습의 알고리즘을 파이썬으로 구현하는 프로젝트를 소개한다. 우선 MNIST 이미지의 일부를 이용해 실제 인공신경망이 작동하는 코드를 작성하고 그 결과를 검증한다. 여기서 소개하는 방법은 어디까지나 인공신경망의 작동 원리를 이해하기 위한 예일 뿐이며, 실제 인공신경망은 더욱 복잡하고 강력한 기능을 가짐을 기억하자.

이 프로젝트에서는 재조정된 MNIST 이미지를 사용한다. MNIST 이미지는 28×28 크기이지만 매개변수의 개수를 줄이기 위해 다음 파이썬 코드를 이용해 10×10 크기로 재조정한다.

```
# 이미지 크기의 재조정
def resize(img, h=10, w=10):
    shape = img.shape
    stride_h, stride_w = shape[0] / h, shape[1] / w
    resized = np.zeros((h, w))
    for i in range(h):
        for j in range(w):
            h0, h1 = int(i*stride_h), int((i+1)*stride_h)
            w0, w1 = int(j*stride_w), int((j+1)*stride_w)
            resized[i, j] = np.mean(img[h0:h1, w0:w1])
    return resized
```

다음 파이썬 코드로 크기를 재조정한 이미지를 구현하면 [그림 6-31]과 같다.

```
# 크기를 재조정한 이미지를 원본 이미지와 비교하여 출력
_, ax = plt.subplots(1, 2, figsize=plt.figaspect(.5))
ax[0].imshow(train_img_all[1], cmap='gray')
ax[0].axis('off')
ax[1].imshow(resize(img[1]), cmap='gray')
ax[1].axis('off')
```

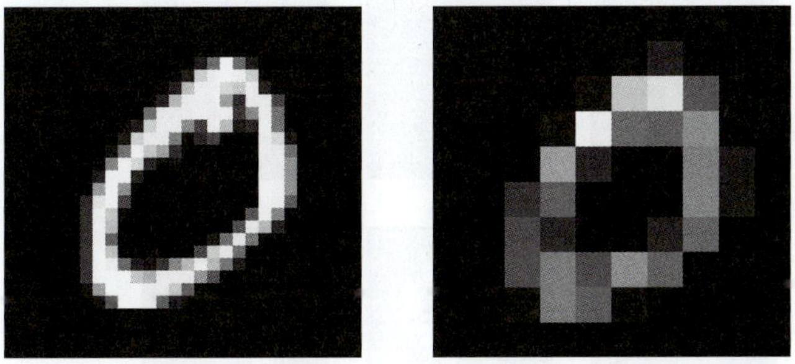

(a) 28 × 28 크기　　　(b) 10 × 10 크기

[그림 6-31] 크기에 따른 이미지 비교

MNIST 데이터는 0부터 9까지 총 10개의 숫자로 이루어져 있지만, 여기서는 간소화하기 위해 단 2개의 숫자 0과 1만을 이용한다. 다음은 MNIST 이미지를 분류하고 재조정하는 파이썬 코드이다.

```
# 0과 1의 이미지만을 추출
train_img, train_label = [], []
for i in range(len(img)):
    l = label[i]
    if l == 0 or l == 1:
       train_img.append(resize(img[i]/255))
       train_label.append(label[i])
test_img, test_label = [], []
for i in range(len(t_img)):
    l = t_label[i]
    if l == 0 or l == 1:
       test_img.append(resize(t_img[i]/255))
       test_label.append(t_label[i])
```

다음 파이썬 코드로 수집된 숫자 이미지를 구현하면 [그림 6-32]와 같다. 참고로 이와 같은 훈련용 이미지는 12,665개, 검증용 이미지는 2,115개 존재한다.

```
# 몇 개의 샘플 이미지 출력
_, ax = plt.subplots(2, 5, figsize=plt.figaspect(2/5))
ax = ax.flatten()
for i in range(10):
    ax[i].imshow(train_img[i], cmap='gray')
    ax[i].axis('off')
```

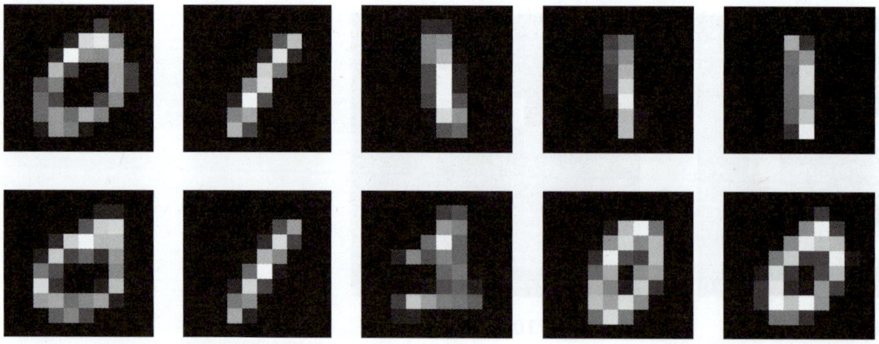

[그림 6-32] 재조정된 숫자 0과 1의 이미지

여기서 사용할 인공신경망은 [그림 6-33]과 같이 100개의 입력뉴런과 1개의 출력뉴런으로 이루어져 있다.

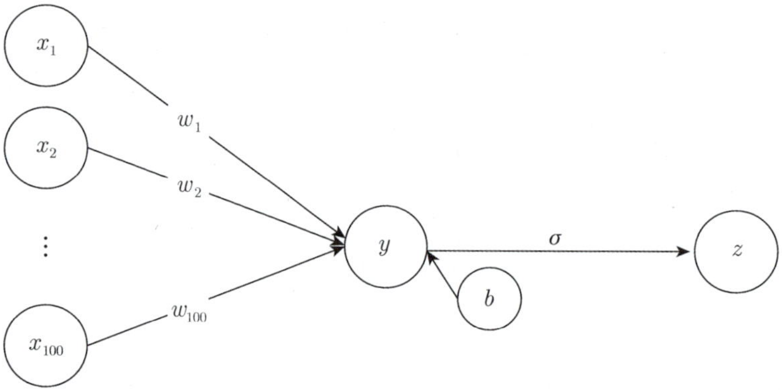

[그림 6-33] 숫자 0과 1의 이미지의 예측모델

각 i번째 입출력 데이터 $(\boldsymbol{x}_i, \bar{z}_i)$는 10×10 크기의 이미지를 나타내는 100차원 벡터 $\boldsymbol{x}_i$와 0 또는 1의 값을 갖는 숫자 $\bar{z}_i$로 이루어져 있다. 이때 손실함수는 뉴런 $\bar{z}_i$와 y_i의 오차의 제곱이며, 다음과 같이 수식으로 표현된다.

$$l(\boldsymbol{w}, b) = L \circ \sigma \circ T(\boldsymbol{w}, b)$$

여기서 L, σ, T는 다음과 같다.

$$\begin{aligned} L(z) &= (z - y)^2 \\ z = \sigma(y) &= \frac{1}{1 + \exp(-y)} \\ y = T(\boldsymbol{w}, b) &= \boldsymbol{w} \cdot \boldsymbol{x} + b \end{aligned} \tag{6.75}$$

이 인공신경망을 다음 파이썬의 클래스로 구현해보자. 인공신경망은 가중치 벡터 $\boldsymbol{w}$와 편향 b에 의해 결정되므로, 인공신경망의 클래스는 객체가 생성될 때 $\boldsymbol{w}$와 b를 0과 1 사이의 무작위값으로 초기화한다. 순전파를 위한 함수 forward는 출력층 z를 계산한다. 함수 backward는 역전파를 구현한 것이다. 연쇄법칙 (6.70)과 함수 (6.75)를 이용하면 그래디언트 ∇l은 다음과 같다.

$$\nabla l = -2(y-\bar{z}) \cdot z(1-z) \cdot \begin{bmatrix} x_{1,\,1} & \cdots & x_{1,\,784} & 1 \\ \vdots & \ddots & \cdots & 1 \\ \vdots & \ddots & \vdots & 1 \\ x_{100,\,1} & \cdots & x_{100,\,784} & 1 \end{bmatrix}$$

이를 다음과 같이 파이썬 코드로 구현해보자.

```
# 순전파와 역전파를 통해 손실함수의 매개변수를 조정
class nn():
    def __init__(self, size=10, rate=0.1):
        self.rate=rate
        self.weight = np.random.rand(size**2)
        self.bias = np.random.rand(1)

    def backward(self, x: np.array, y: float):
        z = self.forward(x)
        d_weight = 2*(z - y)*z*(1 - z)*x
        d_bias = 2*(z - y)*z*(1 - z)
        self.weight -= d_weight*self.rate
        self.bias -= d_bias*self.rate

    def forward(self, x: np.array) -> float:
        bar_y = np.dot(self.weight, x) + self.bias
        return sigmoid(bar_y)
```

이제 다음 파이썬 코드를 이용해 모델을 생성하고 훈련 전 정확도를 측정해보자. 준비된 검증용 이미지를 하나씩 인공신경망에 순전파시켜 결괏값 z를 얻었다고 하자. 이 경우 z 값이 0.5보다 작으면 이미지가 숫자 0을 가리키는 것으로 분류하고, 0.5보다 크거나 같으면 이미지가 숫자 1을 가리키는 것으로 분류한다.

```python
# 훈련 전 모델의 정확도 측정
model = nn()

sucess = 0
for i in range(len(test_img)):
    z = np.round(model.forward(test_img[i].flatten()))
    if z == test_label[i]:
        sucess += 1
print('success rate:', sucess/len(test_img))

# 훈련된 모델의 정확도 측정
for i in range(len(train_img)):
    model.backward(train_img[i].flatten(), train_label[i])

sucess = 0
for i in range(len(test_img)):
    z = np.round(model.forward(test_img[i].flatten()))
    if z == test_label[i]:
        sucess += 1
    else:
        print(i)
print('success rate:', sucess/len(test_img))
```

위 코드의 결과로 얻은 정확도는 대략 99.9%이다(훈련 전 정확도는 대략 53.7%이다). 총 2,115개의 훈련용 이미지 중 실패한 경우는 [그림 6-34]와 같은 형태이다.

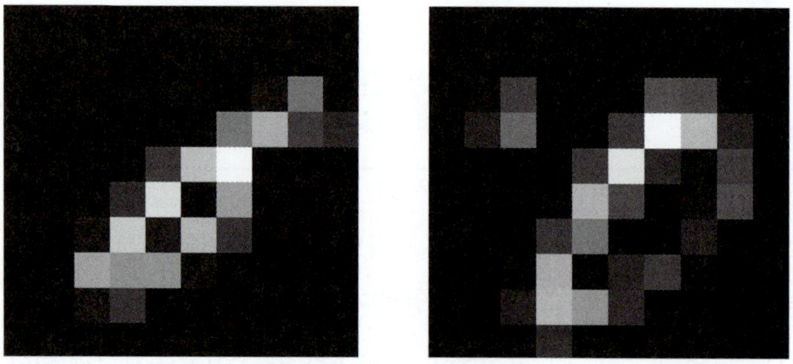

[그림 6-34] 학습이 되지 않은 숫자 0의 이미지의 예

[그림 6-34]의 두 이미지는 한눈에 보기에도 0인지 1인지 구분하기가 어렵다. 따라서 훈련된 예측모델은 상식적 수준에서 잘 작동하고 있다고 보아도 무방하다.

CHAPTER

06 핵심요약

■ 헤세 판정법

• 테일러 다항식

2차원 점 $\boldsymbol{x}_0 = (x_0, y_0)$에서의 이변수 실숫값함수 f의 2차 **테일러 다항식**은 다음과 같다.

$$\begin{aligned} p_2(x, y) = &\ f(\boldsymbol{x}_0) + f_x(\boldsymbol{x}_0)(x - x_0) + f_y(\boldsymbol{x}_0)(y - y_0) \\ &+ \frac{1}{2} f_{xx}(\boldsymbol{x}_0)(x - x_0)^2 + f_{xy}(\boldsymbol{x}_0)(x - x_0)(y - y_0) \\ &+ \frac{1}{2} f_{yy}(\boldsymbol{x}_0)(y - y_0)^2 \end{aligned}$$

3차원 점 $\boldsymbol{x}_0 = (x_0, y_0, z_0)$에서의 삼변수 실숫값함수 f의 2차 **테일러 다항식**은 다음과 같다.

$$\begin{aligned} p_2(x, y, z) = &\ f(\boldsymbol{x}_0) + f_x(\boldsymbol{x}_0)(x - x_0) + f_y(\boldsymbol{x}_0)(y - y_0) + f_z(\boldsymbol{x}_0)(z - z_0) \\ &+ \frac{1}{2} f_{xx}(\boldsymbol{x}_0)(x - x_0)^2 + \frac{1}{2} f_{yy}(\boldsymbol{x}_0)(y - y_0)^2 + \frac{1}{2} f_{zz}(\boldsymbol{x}_0)(z - z_0)^2 \\ &+ f_{xy}(\boldsymbol{x}_0)(x - x_0)(y - y_0) + f_{yz}(\boldsymbol{x}_0)(y - y_0)(z - z_0) \\ &+ f_{xz}(\boldsymbol{x}_0)(x - x_0)(z - z_0) \end{aligned}$$

• 임계점과 극점

다변수 실숫값함수 f에 대해 다음 중 하나를 만족하는 정의역의 점 $\boldsymbol{x}_0$를 **임계점**이라 한다.

❶ f가 점 $\boldsymbol{x}_0$에서 불연속이다.

❷ f가 점 $\boldsymbol{x}_0$에서 미분불가능하다.

❸ 점 $\boldsymbol{x}_0$에서 모든 편미분계수 $f_{x_1}(\boldsymbol{x}_0), \cdots, f_{x_n}(\boldsymbol{x}_0)$의 값이 0이다.

정의역의 모든 점 $\boldsymbol{x}$에 대해 $f(\boldsymbol{x}_0) \geq f(\boldsymbol{x})$인 점 $\boldsymbol{x}_0$를 **극대점**, $f(\boldsymbol{x}_0) \leq f(\boldsymbol{x})$인 점 $\boldsymbol{x}_0$를 **극소점**, 극대점도 극소점도 아닌 임계점을 **안장점**이라 한다. 모든 임계점은 극대점, 극소점, 안장점 중 하나로 분류된다.

• **헤세 판정법**

이변수함수 $f(x, y)$의 임계점 $\boldsymbol{x}_0$는 $f_{xx}(\boldsymbol{x}_0)$와 $D = f_{xx}(\boldsymbol{x}_0)f_{yy}(\boldsymbol{x}_0) - f_{xy}(\boldsymbol{x}_0)^2$의 부호에 따라 다음과 같이 분류된다.

❶ $f_{xx}(\boldsymbol{x}_0) > 0$이고 $D > 0$이면 점 $\boldsymbol{x}_0$는 극소점이다.

❷ $f_{xx}(\boldsymbol{x}_0) < 0$이고 $D > 0$이면 점 $\boldsymbol{x}_0$는 극대점이다.

❸ $D < 0$이면 점 $\boldsymbol{x}_0$는 안장점이다.

삼변수함수 $f(x, y, z)$의 임계점 $\boldsymbol{x}_0$는

$$a_1 = f_{xx}, \quad a_2 = \det\begin{bmatrix} f_{xx} & f_{xy} \\ f_{yx} & f_{yy} \end{bmatrix}, \quad a_3 = \det\begin{bmatrix} f_{xx} & f_{xy} & f_{xz} \\ f_{yx} & f_{yy} & f_{yz} \\ f_{zx} & f_{zy} & f_{zz} \end{bmatrix}$$

의 부호에 따라 다음과 같이 분류된다(단, 모든 편미분계수는 점 $\boldsymbol{x}_0$에서 계산된다).

❶ $a_1, a_2, a_3 > 0$이면 점 $\boldsymbol{x}_0$는 극소점이다.

❷ $a_1 < 0,\ a_2 > 0,\ a_3 < 0$이면 점 $\boldsymbol{x}_0$는 극대점이다.

❸ ❶, ❷가 아닌 경우 점 $\boldsymbol{x}_0$는 안장점이다.

■ 라그랑주 승수법

• **연쇄법칙**

합성가능한 두 다변수함수 $\boldsymbol{f}, \boldsymbol{g}$에 대해 다음이 성립한다.

$$D(\boldsymbol{g} \circ \boldsymbol{f}) = D\boldsymbol{g} \cdot D\boldsymbol{f}$$

여러 가지 경우에 대한 연쇄법칙을 미분 기호로 다음과 같이 표현할 수 있다.

❶ $y = f(x)$이고 $z = g(y)$일 때, $\dfrac{dz}{dx} = \dfrac{dz}{dy}\dfrac{dy}{dx}$이다.

❷ $z = f(x, y)$이고 $c(t) = (x(t), y(t))$일 때, $\dfrac{dz}{dt} = \dfrac{\partial z}{\partial x}\dfrac{dx}{dt} + \dfrac{\partial z}{\partial y}\dfrac{dy}{dt}$이다.

❸ $\boldsymbol{T}(u, v) = (x, y)$이고 $d(t) = (u(t), v(t))$일 때, 다음이 성립한다.

$$\frac{dx}{dt} = \frac{\partial x}{\partial u}\frac{du}{dt} + \frac{\partial x}{\partial v}\frac{dv}{dt}, \quad \frac{dy}{dt} = \frac{\partial y}{\partial u}\frac{du}{dt} + \frac{\partial y}{\partial v}\frac{dv}{dt}$$

❹ $z = f(x, y)$이고 $\boldsymbol{T}(u, v) = (x, y)$일 때, 다음이 성립한다.

$$\frac{\partial z}{\partial u} = \frac{\partial z}{\partial x}\frac{\partial x}{\partial u} + \frac{\partial z}{\partial y}\frac{\partial y}{\partial u}, \quad \frac{\partial z}{\partial v} = \frac{\partial z}{\partial x}\frac{\partial x}{\partial v} + \frac{\partial z}{\partial y}\frac{\partial y}{\partial v}$$

- **역함수 정리**

점 $\boldsymbol{x}_0$에서 함수 $\boldsymbol{T}$의 미분계수 $D\boldsymbol{T}(\boldsymbol{x}_0)$의 역행렬이 존재하면 $\boldsymbol{y}_0 = \boldsymbol{T}(\boldsymbol{x}_0)$의 근방에서 역함수 $\boldsymbol{T}^{-1}$가 존재하고 그 미분계수는 다음과 같다.

$$D(\boldsymbol{T}^{-1})(\boldsymbol{y}_0) = D\boldsymbol{T}(\boldsymbol{x}_0)^{-1}$$

- **이변수함수의 라그랑주 승수법**

제약조건 $g(x, y) = c$ 하에서 함수 $f(x, y)$의 값이 점 (x_0, y_0)에서 극대(또는 극소)이면 다음이 성립한다.

$$\nabla f(x_0, y_0) = \lambda \nabla g(x_0, y_0) \ \ (\lambda \neq 0)$$

- **삼변수함수의 라그랑주 승수법**

❶ 제약조건이 1개인 경우

제약조건 $g(x, y, z) = c$ 하에서 함수 $h(x, y, z)$의 값이 점 (x_0, y_0, z_0)에서 극대(또는 극소)이면 다음이 성립한다.

$$\nabla h(x_0, y_0, z_0) = \lambda \nabla g(x_0, y_0, z_0) \ \ (\lambda \neq 0)$$

❷ 제약조건이 2개인 경우

두 제약조건 $g_1(x, y, z) = c_1$, $g_2(x, y, z) = c_2$ 하에서 함수 $h(x, y, z)$의 값이 점 (x_0, y_0, z_0)에서 극대(또는 극소)이면 다음이 성립한다.

$$\nabla h(x_0, y_0, z_0) = \lambda_1 \nabla g_1(x_0, y_0, z_0) + \lambda_2 \nabla g_2(x_0, y_0, z_0) \ \ (\lambda_1, \ \lambda_2 \neq 0)$$

■ 경사 하강법

- **그래디언트의 의미**

실숫값함수 f의 **그래디언트** $\nabla f(\boldsymbol{x}_0)$는 점 $(\boldsymbol{x}_0)$로부터 함숫값이 가장 빠르게 증가하는 방향이다.

- **경사 하강법**

그래디언트의 방향으로 점의 위치를 이동하며 함수의 극소점 또는 극대점을 찾는 방법을 **경사 하강법**이라 한다.

- **최소제곱법**

최소제곱법은 선형회귀곡선을 찾는 방법으로, 모든 시행의 오차의 제곱의 합을 최소로 만드는 것을 목표로 한다. n개의 데이터 $(x_1, y_1), \cdots, (x_n, y_n)$이 선형식 $y = \mu x + \rho$를 따른다고 할 때, 오차의 제곱의 합이 최소가 되는 상수 $\mu = \mu_0$와 $\rho = \rho_0$는 다음과 같다.

$$\mu_0 = \frac{\sum_{i=1}^{n} x_i y_i - \sum_{i=1}^{n} x_i \sum_{i=1}^{n} y_i}{n\sum_{i=1}^{n} x_i^2 - \left(\sum_{i=1}^{n} x_i\right)^2}, \quad \rho_0 = \frac{\sum_{i=1}^{n} x_i^2 \sum_{i=1}^{n} y_i - \sum_{i=1}^{n} x_i \sum_{i=1}^{n} x_i y_i}{n\sum_{i=1}^{n} x_i^2 - \left(\sum_{i=1}^{n} x_i\right)^2}$$

CHAPTER

06 연습문제

SECTION 6.1

1. 다음과 같은 이변수함수에 대해 주어진 차수와 점에서의 테일러 다항식을 구하고, 파이썬을 이용해 주어진 영역에서 함수와 테일러 다항식의 그래프를 그려라.

(a) 함수 $f(x, y)=\sin(xy)$의 점 $(0, 0)$에서의 3차 테일러 다항식과 영역 $[-1, 1]\times[-1, 1]$에서의 그래프

(b) 함수 $f(x, y)=x^3+3xy+xy^2$의 점 $(1, 1)$에서의 2차 테일러 다항식과 영역 $[0, 2]\times[0, 2]$에서의 그래프

(c) 함수 $f(x, y)=\log(x+2xy)$의 점 $(1, 1)$에서의 3차 테일러 다항식과 $[0.5, 1.5]\times[0.5, 1.5]$에서의 그래프

(d) 함수 $f(x, y)=x^2+y^3-2xy+y$의 점 $(0, 1)$에서의 3차 테일러 다항식과 $[-1, 1]\times[0, 2]$에서의 그래프

2. 다음과 같은 삼변수함수에 대해 주어진 차수와 점에서의 테일러 다항식을 구하라.

(a) 함수 $f(x, y, z)=x+y+z+xyz$의 점 $(0, 0, 0)$에서의 2차 테일러 다항식

(b) 함수 $f(x, y, z)=\exp(x+y+z)$의 점 $(0, 0, 0)$에서의 3차 테일러 다항식

(c) 함수 $f(x, y, z)=\cos(xy+z^2)$의 점 $(0, 0, 0)$에서의 2차 테일러 다항식

(d) 함수 $f(x, y, z)=\log(1+x+2y+3z)$의 점 $(0, 0, 0)$에서의 2차 테일러 다항식

3. 다음과 같은 이변수함수 $f(x, y)$의 임계점을 모두 구하고, 파이썬을 이용해 각 임계점 (x_0, y_0)에 대해 영역 $[x_0-0.1, x_0+0.1]\times[y_0-0.1, y_0+0.1]$에서 함수 $z=f(x, y)$의 그래프를 모두 그려라. 그리고 각 임계점을 극대점, 극소점, 안장점 중 하나로 분류하라(임계점의 정확한 값을 구하기 어려운 경우에는 이분법으로 근사한다).

(a) $f(x, y)=x^3-3x+y^3-3y$

(b) $f(x, y)=\exp(x^2+y^2)-4x^2-4y^2$

(c) $f(x, y)=\sin(x)\sin(y)$ (단, 임계점의 범위는 영역 $[0, 2\pi]\times[0, 2\pi]$)

(d) $f(x, y)=xy+\dfrac{4}{x}+\dfrac{2}{y}$

4. 다음과 같은 삼변수함수 $f(x, y, z)$의 임계점을 모두 구하고, 파이썬을 이용해 각 임계점 (x_0, y_0, z_0)에 대해 등위값 $c=f(x_0, y_0, z_0)$에서의 등위면을 그려라. 그리고 각 임계점을 극대점, 극소점, 안장점 중 하나로 분류하라(임계점의 정확한 값을 구하기 어려운 경우에는 이분법으로 근사한다).

   (a) $f(x, y, z)=x^2+y^2+z^2-2x-4y+6z$

   (b) $f(x, y, z)=x^4+y^4+z^4-4x^2-4y^2-4z^2$

   (c) $f(x, y, z)=\sin(x)+\cos(y)+\sin(z)$

   (d) $f(x, y, z)=x\exp(y)+y\log(1+z)-z^2$

5. 다음과 같은 이변수함수의 임계점을 모두 구하고, 헤세 판정법을 이용해 임계점의 종류를 분류하라.

   (a) $f(x, y)=\sin(x)+x\cos(y)-y^2$

   (b) $f(x, y)=x\exp(y)-y\sin(x)$

   (c) $f(x, y)=\log(1+x^2+y^2)+\cos(xy)$

   (d) $f(x, y)=\sin(x^2-y^2)+x^2-y^2$

6. 다음과 같은 삼변수함수의 임계점을 모두 구하고, 헤세 판정법을 이용해 임계점의 종류를 분류하라.

   (a) $f(x, y, z)=x\exp(y+z)-y\sin(x+z)$

   (b) $f(x, y, z)=\cos(x+y+z)-x^2-y^2-z^2$

   (c) $f(x, y, z)=x\exp(y)\sin(z)+\log(1+x^2+y^2+z^2)$

   (d) $f(x, y, z)=x\sin(y+z)-y\exp(z)-z^2$

7. 파이썬을 이용해 다음과 같이 표로 주어진 2차원 데이터 (x_i, y_i)의 산포도를 그려라. 그리고 최소제곱법을 이용해 입력값 x_i와 출력값 y_i의 관계를 가장 잘 설명하는 선형식 $y=\mu x+\rho$를 구하고, 그 그래프를 산포도와 함께 표현하라.

i	1	2	3	4	5	6	7	8
x_i	1.52	1.89	2.19	2.48	1.62	1.81	2.31	2.67
y_i	1.15	1.49	1.57	1.83	1.46	1.34	1.64	1.96

8. **심화** 선형회귀분석의 최소제곱법은 헤세 판정법을 이용해 극소점을 구할 때 유용한 방법이다. 한편, 최소제곱법은 손실함수를 정의하는 한 방법일 뿐이다. 이 외에 선형회귀분석의 손실함수를 정의하는 또 다른 방법을 찾아보고, 손실함수를 최소화하는 방법에 대해 논의하라.

SECTION 6.2

9. 다음과 같은 이변수 (실숫값)함수 $f(x, y)$와 매개곡선 $c(t)=(x(t), y(t))$에 대해 $f(t)=f(c(t))$의 식을 구하고, 이 식이 다음 연쇄법칙을 만족함을 확인하라.

$$f'=f_x \cdot x'+f_y \cdot y'$$

또한 파이썬을 이용해 주어진 t의 구간에서 매개곡선 $c(t)$를 따라 함수 $z=f(x, y)$의 그래프 위를 움직이는 점의 자취를 그리고, 그래프 위에 각 시간에서의 속도벡터를 함께 나타내라.

(a) $f(x, y)=\sin(xy)$, $c(t)=(t^2, t+1)$, 구간 $-2 \le t \le 2$

(b) $f(x, y)=\exp(x^2+y)$, $c(t)=(\sin(t), \cos(t))$, 구간 $0 \le t \le 2\pi$

(c) $f(x, y)=x^2+y\log(x)$, $c(t)=(t+1, \sin(t))$, 구간 $0 \le t \le \pi$

(d) $f(x, y)=x\sin(y)$, $c(t)=(\log(t), t^2)$, 구간 $1 \le t \le 2$

(e) $f(x, y)=x^2-y^2$, $c(t)=(\cos(t), t+1)$, 구간 $0 \le t \le \pi$

(f) $f(x, y)=\sin(x)+y\cos(x)$, $c(t)=(\cos(t), \sin(t))$, 구간 $0 \le t \le 2\pi$

10. 다음과 같은 삼변수 (실숫값)함수 $f(x, y, z)$와 매개곡선 $c(t)=(x(t), y(t), z(t))$에 대해 $f(t)=f(c(t))$의 식을 구하고, 이 식이 다음 연쇄법칙을 만족함을 확인하라.

$$f'=f_x \cdot x'+f_y \cdot y'+f_z \cdot z'$$

(a) $f(x, y, z)=x\cos(yz)$, $c(t)=(t+1, \exp(t), \log(t))$

(b) $f(x, y, z)=\exp(x+y+z)$, $c(t)=(\sin(t), t^2, \cos(t))$

(c) $f(x, y, z)=\tan^{-1}(xy+z)$, $c(t)=(\exp(t), t+1, t^2)$

(d) $f(x, y, z)=x\log(yz)$, $c(t)=(t^2, 2+\sin(t), \exp(t))$

(e) $f(x, y, z)=\cos(x+y)+\sin(z)$, $c(t)=(t^2, \log(t), \exp(t))$

(f) $f(x, y, z)=x\exp(y+z)$, $c(t)=(t, \cos(t), \sin(t))$

11. 다음과 같은 이변수함수 $\boldsymbol{T}(u, v)=(x, y)$와 uv-평면의 매개곡선 $d(t)=(u(t), v(t))$에 대해 xy-평면의 매개곡선 $c(t)=\boldsymbol{T}(u(t), v(t))=(x(t), y(t))$의 식을 구하고, 이 식이 다음 연쇄법칙을 만족함을 확인하라.

$$\begin{bmatrix} x'(t) \\ y'(t) \end{bmatrix}=\begin{bmatrix} x_u & x_v \\ y_u & y_v \end{bmatrix} \cdot \begin{bmatrix} u'(t) \\ v'(t) \end{bmatrix}$$

(a) $\boldsymbol{T}(u, v)=(u+v\cos(u), v\sin(u))$, $d(t)=(t, t^2)$, $0 \le t \le 1$

(b) $\boldsymbol{T}(u, v)=(\cos(u+v), uv)$, $d(t)=(\cos(t^2), \sin(t))$, $-1 \le t \le 0$

(c) $\boldsymbol{T}(u, v)=(u^2\cos(v), v+1)$, $d(t)=(t^2, t^3)$, $0 \le t \le \pi$

12. 다음과 같은 삼변수함수 $\boldsymbol{T}(u, v, w) = (x, y, z)$와 uvw-공간의 매개곡선 $d(t) = (u(t), v(t), w(t))$에 대해 xyz-공간의 매개곡선 $c(t) = \boldsymbol{T}(u(t), v(t), w(t)) = (x(t), y(t), z(t))$의 식을 구하고, 이 식이 다음 연쇄법칙을 만족함을 확인하라.

$$\begin{bmatrix} x'(t) \\ y'(t) \\ z'(t) \end{bmatrix} = \begin{bmatrix} x_u & x_v & x_w \\ y_u & y_v & y_w \\ z_u & z_v & z_w \end{bmatrix} \cdot \begin{bmatrix} u'(t) \\ v'(t) \\ w'(t) \end{bmatrix}$$

(a) $\boldsymbol{T}(u, v, w) = (u+v^2, \exp(u)+w, \cos(u+w))$, $d(t) = (t, \sin(t), \cos(t))$, $0 \le t \le \pi$

(b) $\boldsymbol{T}(u, v, w) = (uv+w, \sin(v+w), u^2+v^2)$, $d(t) = (\cos(t), \sin(t), t)$, $0 \le t \le \pi$

(c) $\boldsymbol{T}(u, v, w) = (u+v^2+w, \sin(v), u+w)$, $d(t) = (t, t^2, \log(t))$, $1 \le t \le 2$

13. 다음과 같은 이변수함수 $f(x, y)$와 $\boldsymbol{T}(u, v) = (x, y)$에 대해 합성함수 $f(u, v) = (f \circ \boldsymbol{T})(u, v)$의 식을 구하고, 이 식이 다음 연쇄법칙을 만족함을 확인하라.

$$D(f \circ \boldsymbol{T}) = Df \cdot D\boldsymbol{T}$$
$$\begin{bmatrix} f_u & f_v \end{bmatrix} = \begin{bmatrix} f_x & f_y \end{bmatrix} \cdot \begin{bmatrix} x_u & x_v \\ y_u & y_v \end{bmatrix}$$

(a) $f(x, y) = \sin(x+y)$, $\boldsymbol{T}(u, v) = (\cos(u+v), \sin(u+v))$

(b) $f(x, y) = x^2+y^2$, $\boldsymbol{T}(u, v) = (\exp(u), \log(v))$

(c) $f(x, y) = xy+\sin(x+2y)$, $\boldsymbol{T}(u, v) = (\exp(u), v^2)$

(d) $f(x, y) = xy$, $\boldsymbol{T}(u, v) = (u\cos(v), v\sin(u))$

14. 다음과 같은 삼변수함수 $f(x, y, z)$와 $\boldsymbol{T}(u, v, w) = (x, y, z)$에 대해 합성함수 $f(u, v, w) = (f \circ \boldsymbol{T})(u, v, w)$의 식을 구하고, 이 식이 다음 연쇄법칙을 만족함을 확인하라.

$$D(f \circ \boldsymbol{T}) = Df \cdot D\boldsymbol{T}$$
$$\begin{bmatrix} f_u & f_v & f_w \end{bmatrix} = \begin{bmatrix} f_x & f_y & f_z \end{bmatrix} \cdot \begin{bmatrix} x_u & x_v & x_w \\ y_u & y_v & y_w \\ z_u & z_v & z_w \end{bmatrix}$$

(a) $f(x, y, z) = \sin(x)+\cos(y)z$, $\boldsymbol{T}(u, v, w) = (uv+w, \sin(v+w), uv)$

(b) $f(x, y, z) = xy\exp(x+z)$, $\boldsymbol{T}(u, v, w) = (\log(u+v), uv, w)$

(c) $f(x, y, z) = \cos(x+y)$, $\boldsymbol{T}(u, v, w) = (uv, v^2+w, \exp(v))$

(d) $f(x, y, z) = x^2y+yz$, $\boldsymbol{T}(u, v, w) = (u^2-v^2+w, \sin(u), \cos(w))$

15. 주어진 점에서 다음 이변수 및 삼변수함수의 미분계수를 구하라. 그리고 그 점의 근방에서 역함수가 존재하는지 판별하고, 만약 존재한다면 역함수의 식을 구하라. 또한 역함수의 미분계수를 구하고 이를 원함수의 미분계수의 역행렬과 비교하라.

(a) 이변수함수 $f(x, y)=(x+2y, -x+y)$, 점 $(0, 0)$

(b) 이변수함수 $f(x, y)=(x\log(y), x+\log y)$, 점 $(1, 1)$

(c) 삼변수함수 $f(x, y, z)=(x+y, y+2z, x-y+z)$, 점 $(0, 1, 0)$

(d) 삼변수함수 $f(x, y, z)=(\cos(y), \sin(\pi x), \exp(z))$, 점 $(1, \pi, 0)$

16. 다음 이변수함수의 역함수가 존재하지 않는 정의역의 한 점을 구하라.

(a) $f(x, y)=(x^2, y^2)$

(b) $f(x, y)=(xy, x^2+y^2)$

(c) $f(x, y)=(x^3, y^2)$

(d) $f(x, y)=(x^2y, xy^2)$

17. 라그랑주 승수법을 이용해 주어진 제약조건에서의 이변수함수의 극점과 극값을 모두 구하고 그 종류를 분류하라.

(a) 제약조건 $x^2+y^2=25$, 함수 $f(x, y)=xy$

(b) 제약조건 $x^2+y^2=1$, 함수 $f(x, y)=\exp(x)\sin(y)$

(c) 제약조건 $x+y=6$, 함수 $f(x, y)=x^2+xy+y^2$

(d) 제약조건 $x^2+y^2=9$, 함수 $f(x, y)=xy^2$

(e) 제약조건 $x^2-y=0$, 함수 $f(x, y)=\sin(x^2)+y$

(f) 제약조건 $x+2y=8$과 $x, y>0$, 함수 $f(x, y)=\log(xy)$

18. 라그랑주 승수법을 이용해 주어진 제약조건에서의 삼변수함수의 극점과 극값을 모두 구하고 그 종류를 분류하라.

(a) 제약조건 $x+y+z=6$, 함수 $f(x, y, z)=x^2+y^2+z^2$

(b) 제약조건 $x^2+y^2+z^2=9$, 함수 $f(x, y, z)=xyz$

(c) 제약조건 $x+2y+3z=12$, 함수 $f(x, y, z)=xz^2+\sin(y)$

(d) 제약조건 $x+y=3$과 $x-z=1$, 함수 $f(x, y, z)=x^2+y^2+z^2$

(e) 제약조건 $x^2+y^2=9$와 $z=4$, 함수 $f(x, y, z)=\exp(x)+y^2+\sin(z)$

(f) 제약조건 $y=z$와 $x+2y=6$, 함수 $f(x, y, z)=xy+z$

19. 심화 연쇄법칙은 (합성가능하고 미분가능한) 두 함수 f, g와 이들의 합성 $f \circ g$ 사이에 다음 관계식이 성립함을 의미한다.

$$D(f \circ g) = Df \cdot Dg$$

여기서 우변의 $Df \cdot Dg$는 두 선형함수 Df와 Dg의 합성으로 볼 수 있다. 이 관점에서 다음과 같은 연쇄법칙의 의미가 성립함을 확인하라.

'두 함수 f, g의 합성과 도함수를 구하는 것은 순서에 영향을 받지 않는다.'

20. 심화 라그랑주 승수법은 제약함수의 그래디언트가 영벡터가 아니라는 것을 전제로 한다. 만약 이 조건이 성립하지 않으면 어떻게 되는가? 예를 들어 제약조건 $xy - y^2 = 0$에서 함수 $h(x, y) = (x-1)^2 + y^2$의 극솟값(과 극댓값)을 구하는 문제를 라그랑주 승수법으로 접근하여 이 조건이 성립하지 않을 경우의 문제점과 해결 방법을 설명하라.

SECTION 6.3

21. 경사 하강법을 이용해 다음 표의 데이터를 가장 잘 근사하는 1차식 $y = \mu x + \rho$를 구하고, 이 결과와 [연습문제 7]의 결과를 비교하라.

i	1	2	3	4	5	6	7	8
x_i	1.52	1.89	2.19	2.48	1.62	1.81	2.31	2.67
y_i	1.15	1.49	1.57	1.83	1.46	1.34	1.64	1.96

22. 2차원 데이터 (x_i, y_i)가 2차식 $y = ax^2 + bx + c$를 따른다고 할 때, 최소제곱법에 의한 손실함수는 다음과 같다.

$$l(a, b, c) = \sum_{i=1}^{N} (y_i - ax_i^2 - bx_i - c)^2$$

이 삼변수함수의 그래디언트와 경사 하강법의 원리를 이용해 다음 표의 2차원 데이터를 가장 잘 설명하는 2차식 $y = ax^2 + bx + c$를 구하고, 파이썬을 이용해 이 식의 그래프를 산포도와 함께 그려라.

i	1	2	3	4	5	6	7	8
x_i	0.67	−0.53	0.59	0.36	−0.40	−1.00	0.00	0.86
y_i	1.08	−0.31	0.85	0.50	−0.33	0.04	−0.02	1.42

23. 다음 표의 데이터 (x_i, y_i)가 관계식 $y = \dfrac{L}{1+\exp(-\alpha x)}$을 만족한다고 하자.

i	1	2	3	4	5	6	7	8
x_i	0.74	−0.34	0.65	0.43	0.13	−0.28	−0.86	0.19
y_i	3.21	0.75	3.48	2.92	2.17	0.68	0.21	2.46

이때 손실함수는 다음과 같다.

$$l(\alpha, L) = \sum_{i=1}^{N}\left(y_i - \frac{L}{1+\exp(-\alpha x)}\right)^2$$

경사 하강법을 이용해 이 손실함수를 최소화하는 값 α, L을 찾고, 파이썬을 이용해 데이터의 산포도와 함수의 그래프를 함께 그려라.

24. 심화 같은 고등학교를 졸업하고 같은 대학교에 입학한 학생들의 고교 내신 등급과 대학 평점이 다음과 같다고 하자.

	학생1	학생2	학생3	학생4	학생5	학생6	학생7	학생8	학생9	학생10
고교 내신	1.27	2.3	1.9	2.7	2.5	3.05	1.22	1.87	2.45	2.8
대학 평점	4.1	3.2	3.5	4.2	3.8	1.7	3.9	3.76	2.8	3.02

파이썬을 이용해 고교 내신을 x축, 대학 평점을 y축으로 하여 이 데이터를 산포도로 그려라. 이 데이터를 회귀분석한다고 할 때, 어떤 종류의 곡선으로 최적화하는 것이 가장 타당한지 논의하라(여러 종류의 곡선을 통해 얻은 결과를 비교 분석하는 기준을 마련하고 그 기준에 따라 결론을 도출하라).

SECTION 6.4

25. 심화 6.4절에서는 MNIST 데이터의 0과 1의 이미지를 구분하는 인공신경망을 소개했다. 이 인공신경망을 다음과 같이 개선하자. 먼저 각 순전파와 역전파에 1개의 이미지가 아닌 10개의 이미지를 한 번에 사용한다. 예를 들어 10개의 이미지를 $\boldsymbol{x}_1, \cdots, \boldsymbol{x}_{10}$이라 하자.

$$\boldsymbol{x}_i = (x_1^{(i)}, \cdots, x_{100}^{(i)})$$

이로부터 새로운 '평균' 이미지 데이터 $\boldsymbol{x}$를 다음과 같이 생성한다.

$$\boldsymbol{x} = (x_1, \cdots, x_{100}), \quad x_j = \frac{1}{10}\left(x_j^{(1)} + \cdots + x_j^{(10)}\right)$$

이미지의 측정값도 10개 이미지의 측정값의 평균이라 하자. 즉 $\bar{z}_1, \cdots, \bar{z}_{10}$을 각 이미지가 가리키는 숫자라 할 때, 평균 이미지 $\boldsymbol{x}$의 측정값 $\bar{z}$는 다음과 같다.

$$\bar{z} = \frac{1}{10}\left(\bar{z}_1 + \cdots + \bar{z}_{10}\right)$$

하나의 이미지가 2개 이상의 그룹에 들어가지 않도록 하여 전체 이미지를 학습시키는 과정을 총 50회 진행한다. 매 단계마다 그룹은 무작위로 정하자. 이를 통해 최적화된 모델에 검증용 데이터를 입력하여 정확도를 측정하라.

26. 심화 MNIST 이미지의 숫자 1과 7을 이용해 인공신경망을 학습시키고 정확도를 측정하라. 또 정확도를 더 높이기 위한 방법에 무엇이 있는지 논의하라.

27. 심화 0부터 9까지 10개의 숫자를 분류하는 인공신경망을 구축하고, MNIST 이미지 전체를 이용해 이를 학습시켜라.

CHAPTER

07

정적분과 중적분

Contents

학습목표

- 리만합을 이용한 정적분의 개념을 이해한다.
- 정적분을 이용해 영역의 넓이와 부피를 계산한다.
- 역도함수의 개념과 미적분학의 기본정리를 이해한다.
- 2차원 및 3차원 영역 위의 중적분의 개념을 이해한다.
- 반복적분을 이용해 중적분을 계산한다.
- 중적분의 치환적분을 이해하고 계산한다.
- 이상적분의 개념을 이해하고 계산한다.
- 정적분을 이용해 곡선과 곡면의 넓이를 계산한다.
- 코시-크로프트 공식을 이해하고, 이를 통해 곡선의 길이를 계산하는 프로그램을 제작한다.

이 장에서 배우는 내용은?

지금까지는 함수의 변화율, 즉 미분에 관한 함수의 성질을 살펴봤다. 이 장부터는 흔히 미분의 반대 개념으로 소개되는 적분에 대해 살펴본다. 사실 미분과 적분은 반대 개념이라기엔 많은 공통점을 갖는다. 미분과 적분은 모두 극한 개념으로부터 유도되며, 길이와 넓이와 같은 기하적 양을 계산하는 데 사용된다. 또 미분과 적분은 영역의 기하적 모양을 결정하는 데 필요한 개념이다.

이 장에서는 정적분과 중적분을 정의하고 계산하는 방법을 소개한다. 또한 정적분과 중적분이 의미하는 기하적 양에 대해 설명하고, 파이썬을 이용해 적분을 계산하는 방법을 소개한다. 마지막 절에서는 중적분을 이용해 곡선의 길이를 구하는 코시-크로프트 공식을 프로그램의 형태로 구현한다.

SECTION 7.1 정적분과 중적분의 개념

이 절에서는 정적분의 개념을 기하적 관점에서 소개하고 리만합으로 정의한다. 리만합을 이용한 정적분의 정의는 일변수함수와 다변수함수의 정적분 개념이 근본적으로 동일함을 말해준다. 이와 더불어 미적분학의 기본정리를 통해 역도함수의 개념과 함께 일변수함수의 정적분 계산에 관한 몇 가지 정리를 알아본다.

2차원 영역의 넓이

흔히들 넓이가 무엇인지는 알지만 구체적으로 설명하기는 어려워한다. 그렇다면 넓이는 어떻게 정의되는가? 직관적으로 넓이는 2차원 영역에 정의된 양이고, 이 영역은 일정한 경계로 둘러싸여 있어야 한다. 즉 넓이는 유한한 2차원 영역에 정의되는 양이다.[1]

직관적으로 넓이를 구할 수 있는 2차원 영역의 모양은 매우 제한적이다. 예를 들어 직사각형의 넓이는 직사각형의 폭과 높이의 곱이고, 반지름이 r인 원의 넓이는 πr^2이다. 또한 두 3차원 벡터 $\boldsymbol{v}_1$, $\boldsymbol{v}_2$로 둘러싸인 평행사변형의 넓이는 $\|\boldsymbol{v}_1 \times \boldsymbol{v}_2\|$이다.[2] 이 사실을 이용해 일반적인 영역의 넓이를 구하는 방법에 대해 알아보자.

먼저 일변수함수의 그래프로 정의된 영역의 넓이를 살펴보자. 예를 들어 구간 $[0, 1]$ 위에 정의된 함수 $y = x^2$의 그래프를 생각해보자. 다음 파이썬 코드로 이 함수의 그래프가 구간 $[0, 1]$의 양 끝점에서의 두 직선 $x = 0$, $x = 1$과 x축(직선 $y = 0$)으로 둘러싸인 영역을 구현하면 [그림 7-1]과 같다.

```
# 구간 [0, 1] 위에서 함수 y=x^2으로 둘러싸인 영역 그리기
x = np.linspace(0, 1)
plt.plot(x, x**2)
plt.fill_between(x, 0, x**2, color='C0', alpha=0.3)
```

1 7.2절에서는 이상적분을 이용해 무한한 영역의 넓이를 정의하는 방법을 알아본다.

2 [정리 2-7]의 (4)를 참고한다.

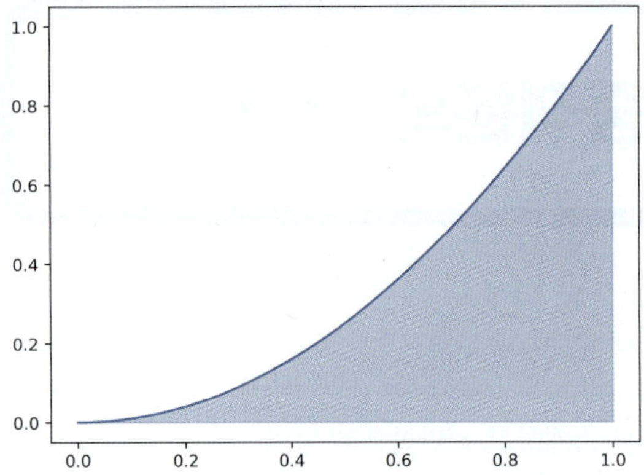

[그림 7-1] 구간 $[0,\ 1]$ 위의 함수 $y=x^2$으로 둘러싸인 영역

[그림 7-1]과 같이 어떤 유한구간 $[a,\ b]$ 위에 정의된 일변수함수 $y=f(x)$의 그래프와 x축 사이의 영역을 **그래프 아래 영역**이라 하자. [그림 7-1]에 나타낸 함수 $y=x^2$의 그래프 아래 영역의 넓이를 구하기 위해서는 직관적인 방법으로 그 넓이를 근사해야 한다.

그래프 아래 영역의 넓이를 근사하는 첫 번째 방법은 한 방향으로 뻗은 얇은 직사각형 영역으로 근사하는 것이다. 예를 들어 [그림 7-1]에 주어진 영역을 [그림 7-2]와 같이 x축에 수직인 얇은 직사각형으로 분할해보자.

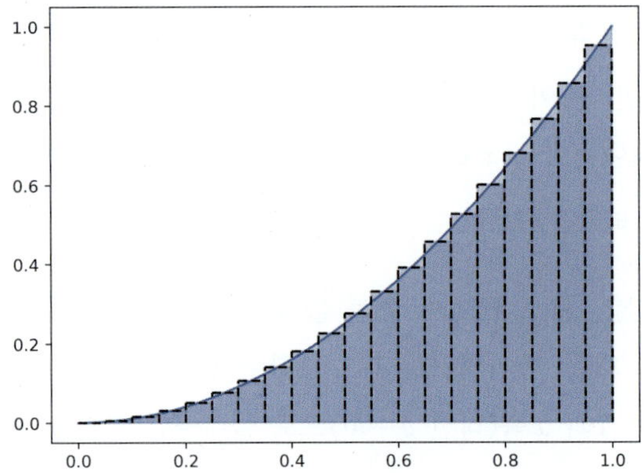

[그림 7-2] 그래프 아래 영역의 직사각형 근사

그래프 아래 영역의 넓이는 함수의 정의역 구간의 분할과 각 분할에서의 직사각형의 높이로 결정된다. 먼저 구간의 분할을 다음과 같이 정의하자.

정의 7-1 구간의 분할

구간 $[a, b]$에 대해 다음과 같이 a부터 b까지 단조증가하는 유한수열 x_i를 구간의 **분할** partition이라 한다.

$$a = x_0 < x_1 < \cdots < x_N = b$$

여기서 자연수 N은 분할의 개수이다. 특히 각 부분구간 $[x_{k-1}, x_k]$의 길이가 모두 동일한 분할을 **균등분할** uniform partition이라 한다.

함수 $y = x^2$의 그래프 아래 영역의 넓이를 구하기 위해 정의역 구간 $[0, 1]$을 N개의 구간으로 균등분할하고, N개의 직사각형 영역을 만들어보자. 그다음 k번째 구간 $[x_{k-1}, x_k]$의 왼쪽 끝점 x_{k-1}에서의 함숫값 $f(x_{k-1})$을 직사각형의 높이로 갖는 직사각형 영역의 넓이를 모두 더하여 전체 영역의 넓이로 근사하자. 이와 같이 각 부분구간의 왼쪽 끝점에서의 함숫값을 직사각형의 높이로 하여 영역의 넓이를 근사한 것을 **왼쪽합**이라 한다. [그림 7-3]은 함수 $y = x^2$의 그래프 아래 영역을 20개의 구간으로 균등분할하여 그 넓이를 왼쪽합으로 근사한 것이다.

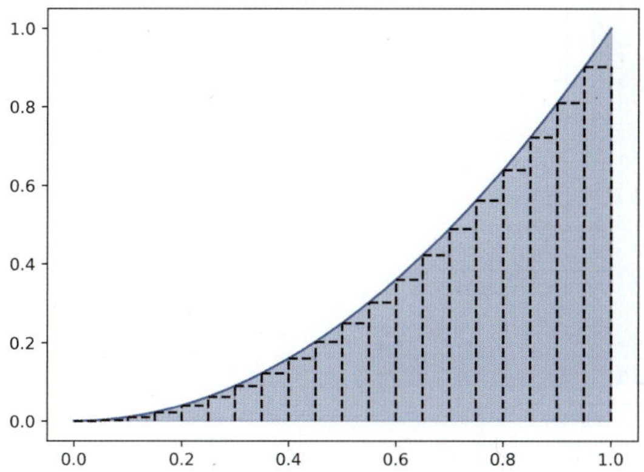

[그림 7-3] 왼쪽합을 이용한 넓이의 근사

왼쪽합을 수식으로 표현해보자. 구간 $[0, 1]$의 분할은 $x_k = \dfrac{k}{N}$ $(k = 0, \cdots, N)$이고, 각 k번째 직사각형 영역의 넓이 Δ_k는 다음과 같다.

$$\Delta_k = f(x_k)(x_k - x_{k-1}) = \left(\frac{k-1}{N}\right)^2 \cdot \frac{1}{N}$$

따라서 왼쪽합은 다음과 같다.

$$\sum_{k=1}^{N} \Delta_k = \frac{1}{N^3} \sum_{k=1}^{N} (k-1)^2 = \frac{(N-1)N(2N-1)}{6N^3} \tag{7.1}$$

[그림 7-3]에서 볼 수 있듯이, 분할의 개수 N에 관계없이 구간 $[0, 1]$에서의 함수 $y = x^2$의 왼쪽합은 실제 영역의 넓이보다 항상 작다. 이는 함수 $y = x^2$이 단조증가하기 때문이다. 만약 분할의 개수 N이 증가하면 왼쪽합은 단조증가하며 그 극한은 다음과 같다.

$$\lim_{N\to\infty} \sum_{k=1}^{N} \Delta_k = \lim_{N\to\infty} \frac{(N-1)N(2N-1)}{6N^3} = \frac{1}{3}$$

한편, **오른쪽합**은 k번째 구간 $[x_{k-1}, x_k]$의 오른쪽 끝점 x_k에서의 함숫값 $f(x_k)$를 높이로 갖는 직사각형으로 그래프 아래 영역의 넓이를 근사한 것이다.

$$\sum_{k=1}^{N} f(x_k)(x_k - x_{k-1}) = \sum_{k=1}^{N} \left(\frac{k}{N}\right)^2 \cdot \frac{1}{N} = \frac{N(N+1)(2N+1)}{6N^3} \tag{7.2}$$

[그림 7-4]는 $N = 20$일 때의 오른쪽합을 그림으로 나타낸 것이다.

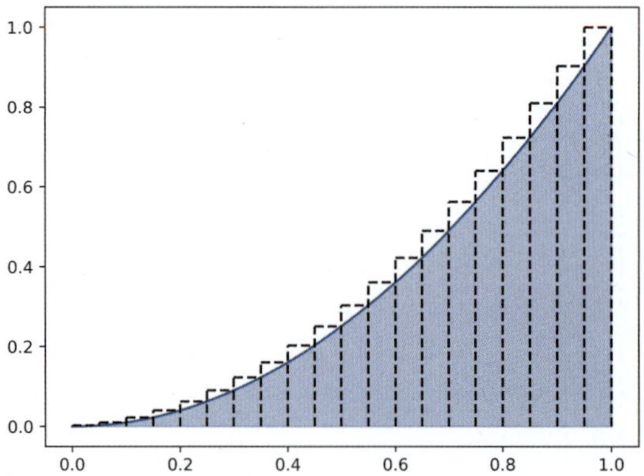

[그림 7-4] 오른쪽합을 이용한 넓이의 근사

[그림 7-4]를 통해 구간 $[0, 1]$에서의 함수 $y = x^2$의 오른쪽합은 분할의 개수 N에 관계없이 그래프 아래 영역의 넓이보다 크고, N이 증가할수록 단조감소함을 알 수 있다. N이 무한히 증가할 때 오른쪽합의 극한은 다음과 같다.

$$\lim_{N\to\infty} \frac{N(N+1)(2N+1)}{6N^3} = \lim_{N\to\infty} \frac{(N-1)N(2N-1)}{6N^3} = \frac{1}{3}$$

왼쪽합과 오른쪽합의 극한은 $\frac{1}{3}$로 동일하다. 그래프 아래 영역의 넓이 A는 왼쪽합과 오른쪽합의 사잇값이므로 $A = \frac{1}{3}$이다. 일반적으로 왼쪽합과 오른쪽합은 일변수함수 f와 정의역 구간의 분할 P에 대해 다음과 같이 정의된다.

정의 7-2 왼쪽합과 오른쪽합

구간 $[a, b]$의 분할 $P = (x_0, \cdots, x_N)$과 같은 구간 위에 정의된 일변수함수 $y = f(x)$에 대해 다음과 같이 정의된 값 $L(f, P)$, $R(f, P)$를 각각 **왼쪽합**과 **오른쪽합**이라 한다.

$$L(f, P) = \sum_{k=1}^{N} f(x_{k-1})(x_k - x_{k-1})$$
$$R(f, P) = \sum_{k=1}^{N} f(x_k)(x_k - x_{k-1})$$

왼쪽합과 오른쪽합을 다음과 같이 파이썬 코드로 구현하자. 편의상 분할 P는 항상 균등분할이라 가정하고 분할의 개수 N을 함수의 입력값으로 받는다.

```
# 왼쪽합과 오른쪽합을 함수로 구현
def left_sum(f, a, b, n):
    x = np.linspace(a, b, n+1)
    sum = 0
    for i in range(1, n+1):
        sum += f(x[i-1]) * (x[i] - x[i-1])
    return sum

def right_sum(f, a, b, n):
    x = np.linspace(a, b, n+1)
    sum = 0
    for i in range(1, n+1):
        sum += f(x[i]) * (x[i] - x[i-1])
    return sum
```

예제 7-1 그래프 아래 영역의 넓이의 근사

구간 $[0, 1]$ 위에 정의된 함수 $y = \sin(x^2)$의 그래프 아래 영역의 넓이를 파이썬 코드로 시각화하고, 그 값을 소수점 아래 셋째 자리까지 근사하라.

풀이

먼저 다음 파이썬 코드로 함수의 그래프 아래 영역의 넓이를 시각화하면 [그림 7-5]와 같다.

```
# 구간 [0, 1] 위의 함수 y = sin(x^2)의 그래프 아래 영역 그리기
x = np.linspace(0, 1)
plt.plot(x, np.sin(x**2))
plt.fill_between(x, 0, np.sin(x**2), color='C0', alpha=0.3)
```

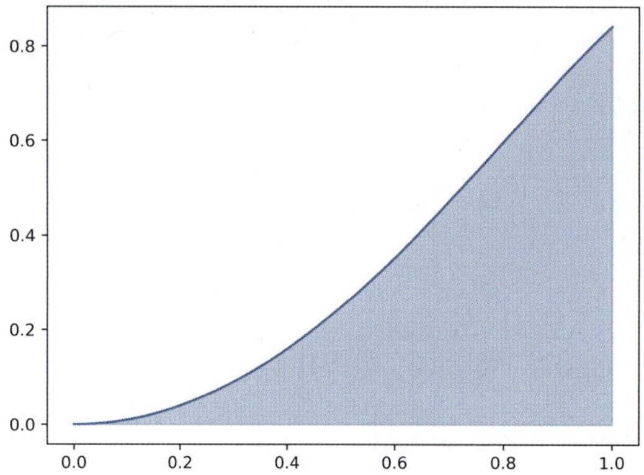

[그림 7-5] 함수 $y=\sin(x^2)$의 그래프 아래 영역

함수 $f(x)=\sin(x^2)$이 단조증가하므로 구간 $[0, 1]$의 임의의 분할 P에 대해 왼쪽합 $L(f, P)$와 오른쪽합 $R(f, P)$는 각각 그래프 아래 영역의 넓이의 하한과 상한이다. 만약 이 두 값의 차이가 $\varepsilon=10^{-4}$보다 작으면 이들의 오차는 10^{-3}을 넘지 않는다. 분할 P를 구간 $[0, 1]$의 균등분할이라 정의하고, 다음 파이썬 코드를 구현해 $|L(f, P)-R(f, P)|<\varepsilon$이 될 때까지 분할의 개수를 증가시켜가며 왼쪽합 $L(f, P)$와 오른쪽합 $R(f, P)$의 평균을 넓이의 근삿값으로 구하자.

```
# 왼쪽합과 오른쪽합을 이용해 넓이를 소수점 아래 셋째 자리까지 근사
f = lambda x: np.sin(x**2)
eps, n = 1e-4, 10  # 1e-4는 0.0001을 의미
l, r = left_sum(f, 0, 1, n), right_sum(f, 0, 1, n)
while np.abs(l - r) > eps:
    n *= 10
    l, r = left_sum(f, 0, 1, n), right_sum(f, 0, 1, n)

print((l+r)/2)
```

이를 통해 그래프 아래 영역의 넓이는 대략 0.31임을 알 수 있다.

왼쪽합과 오른쪽합은 분할된 그래프 아래 영역을 직사각형 모양의 영역으로 근사한 것이다. 이번에는 직사각형이 아닌 다른 형태로 영역을 근사하는 방법을 알아보자. 예를 들어 각 k번째 구간의 네 점을 잇는 사다리꼴을 생각해보자.

$$(x_{k-1}, 0), \ (x_k, 0), \ (x_k, f(x_k)), \ (x_{k-1}, f(x_{k-1}))$$

[그림 7-6]은 구간 $[0, 1]$을 $N=4$개의 구간으로 균등분할하고 함수 $y=x^2$의 그래프 아래 영역을 사다리꼴로 근사한 것이다.

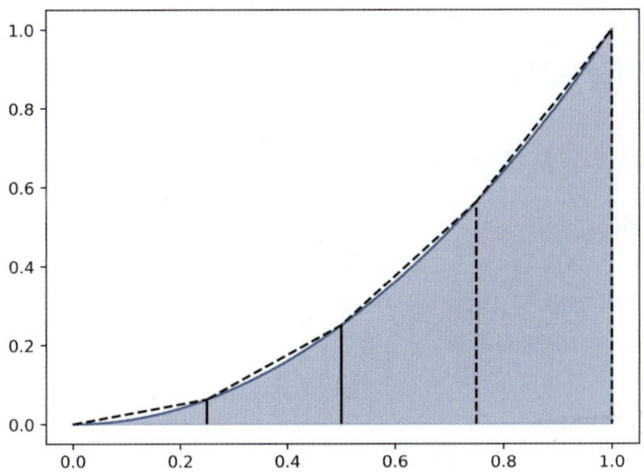

[그림 7-6] 사다리꼴을 이용한 넓이의 근사

그래프 아래 영역의 넓이는 각 사다리꼴의 넓이 $\square_k$를 모두 더한 것으로 근사된다. 이 값은 곧 왼쪽합과 오른쪽합의 평균임을 알 수 있다.

$$\begin{aligned}\sum_{k=1}^{N} \square_k &= \sum_{k=1}^{N} \frac{f(x_{k-1})+f(x_k)}{2}(x_k - x_{k-1}) \\ &= \frac{1}{2}\left(\sum_{k=1}^{N} f(x_{k-1})(x_k - x_{k-1}) + \sum_{k=1}^{N} f(x_k)(x_k - x_{k-1})\right) \\ &= \frac{L(f, P)+R(f, P)}{2}\end{aligned}$$

이와 같이 사다리꼴 영역으로 그래프 아래 영역을 근사한 것을 **사다리꼴 공식**trapezoidal formula이라 한다.

왼쪽합, 오른쪽합, 사다리꼴 공식은 주어진 영역을 다각형의 부분영역으로 잘라 근사하는 방법이다. 이번에는 그래프 아래 영역을 다각형이 아닌 부분영역으로 잘라 근사하는 방법을 살펴보자. 심프슨 공식은 영역의 경계를 이차함수의 그래프로 근사하는 방법이다.

정의 7-3 심프슨 공식

구간 $[a, b]$ 위에 정의된 일변수함수 $f(x)$와 구간 $[a, b]$의 균등분할 $P=(x_0, \cdots, x_{2N})$에 대해 그래프 아래 영역의 넓이를 다음과 같이 근사하는 것을 **심프슨 공식**Simpson's formula이라 한다.

$$\frac{1}{6}\sum_{k=1}^{N}\left[f(x_{2k-2})+4f(x_{2k-1})+f(x_{2k})\right]\frac{b-a}{N} \tag{7.3}$$

심프슨 공식은 다음과 같이 그래프 아래 영역을 근사한다.

❶ 정의역 구간 $[a, b]$를 N개의 구간으로 균등분할한다. 각 k번째 구간을 $[x_{2k-2}, x_{2k}]$라 하고 각 구간의 중앙점을 x_{2k-1}이라 하자.

❷ 각 구간에서 다음과 같이 함수 $y=f(x)$의 그래프 위에 놓인 세 점을 모두 지나는 이차함수 $p_k(x)$를 찾는다.

$$(x_{2k-2}, f(x_{2k-2})),\ (x_{2k-1}, f(x_{2k-1})),\ (x_{2k}, f(x_{2k})) \tag{7.4}$$

[그림 7-7]은 식 (7.4)의 세 점을 지나는 이차함수 $p_k(x)$의 그래프(점선)와 원함수의 그래프(실선)를 k번째 구간 위에 나타낸 것이다.

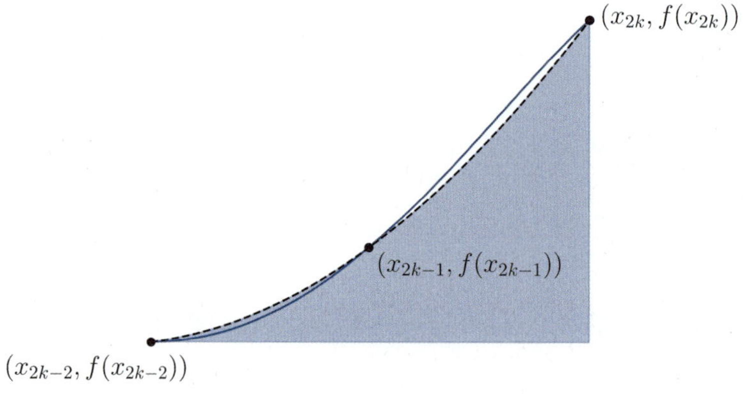

[그림 7-7] k번째 구간에서의 심프슨 공식의 시각화

❸ k번째 구간에서의 그래프 아래 영역의 넓이 A_k를 함수 $p_k(x)$의 그래프 아래 영역의 넓이로 근사한다($p_k(x)=a_kx^2+b_kx+c_k$). 이때 다음과 같이 다항식의 정적분에 관한 정리를 사용한다.

$$
\begin{aligned}
A_k &= \int_{x_{2k-2}}^{x_{2k}} p_k(x)dx = \int_{x_{2k-2}}^{x_{2k}} (a_k x^2 + b_k x + c_k)dx \\
&= \frac{a_k}{3}\left(x_{2k}^3 - x_{2k-2}^3\right) + \frac{b_k}{2}\left(x_{2k}^2 - x_{2k-2}^2\right) + c_k\left(x_{2k} - x_{2k-2}\right)
\end{aligned} \tag{7.5}
$$

식 (7.5)로부터 심프슨 공식 (7.3)을 유도하는 과정은 다음과 같다.

$$
\begin{aligned}
\sum_{k=1}^{N} A_k &= \sum_{k=1}^{N} \frac{a_k}{3}\left(x_{2k}^3 - x_{2k-2}^3\right) + \frac{b_k}{2}\left(x_{2k}^2 - x_{2k-2}^2\right) + c_k\left(x_{2k} - x_{2k-2}\right) \\
&= \sum_{k=1}^{N} \left(\frac{a_k}{3}\left(x_{2k}^2 + x_{2k}x_{2k-2} + x_{2k-2}^2\right) + \frac{b_k}{2}\left(x_{2k} + x_{2k-2}\right) + c_k\right)\left(x_{2k} - x_{2k-2}\right) \\
&= \frac{1}{6}\sum_{k=1}^{N} \left((a_k x_{2k}^2 + b_k x_{2k} + c_k) + (a_k x_{2k-2}^2 + b_k x_{2k-2} + c_k)\right. \\
&\qquad \left. + a_k(x_{2k}^2 + 2x_{2k}x_{2k-2} + x_{2k-2}^2) + 2b_k(x_{2k} + x_{2k-2}) + 4c_k\right)\frac{b-a}{N} \\
&= \frac{1}{6}\sum_{k=1}^{N} \left(p_k(x_{2k}) + p_k(x_{2k-2}) + a_k(2x_{2k-1})^2 + 2b_k(2x_{2k-2}) + 4c_k\right)\frac{b-a}{N} \\
&= \frac{1}{6}\sum_{k=1}^{N} \left(f(x_{2k}) + f(x_{2k-2}) + 4p_k(x_{2k-1})\right)\frac{b-a}{N}
\end{aligned}
$$

구간 $[0, 1]$에서의 함수 $y = \sin(x^2)$의 정적분을 예로 들어, 심프슨 공식이 적용되는 과정을 살펴보자. 편의상 분할의 개수를 $N = 1$이라 하자. 심프슨 공식 (7.3)을 이용하면 그래프 아래 영역의 넓이를 다음과 같이 근사할 수 있다.

$$
\frac{1}{6}(f(0) + 4f(0.5) + f(1)) = \frac{1}{6}(\sin(0) + 4\sin(0.25) + \sin(1)) \approx 0.305
$$

이를 그래프로 나타내보자. 구간의 양 끝점 $x_0 = 0$, $x_2 = 1$과 중앙점 $x_1 = 0.5$에 대해 함수의 그래프 위에서 이 세 점의 좌표는 다음과 같다.

$$
(0, 0), \ (0.5, \sin(0.25)), \ (1, \sin(1))
$$

이 세 점을 지나는 이차함수 $p_1(x) = a_1x^2 + b_1x + c_1$의 계수 a_1, b_1, c_1은 다음 연립방정식의 해이다.

$$
\begin{aligned}
c &= 0 \\
0.25a + 0.5b + c &= \sin\left(\frac{1}{4}\right) \\
a + b + c &= \sin(1)
\end{aligned}
$$

이 방정식의 해는 $a_1 \approx 0.693$, $b_1 \approx 0.148$, $c_1 = 0$이다. 즉 $p_1(x) = 0.693x^2 + 0.148x$이다. 다음 파이썬 코드를 구현하면 구간 $[0, 1]$에서의 함수 $y = \sin(x^2)$과 $y = p_1(x)$의 그래프 아래 영역을 그림으로 나타내고 각 영역의 넓이를 구할 수 있다.

```
f = lambda x : np.sin(x**2)
x = np.linspace(0, 1)
plt.plot(x, np.sin(x**2))
plt.fill_between(x, 0, np.sin(x**2), color='C0', alpha=0.3)

p_1 = lambda x: 0.693*x**2 + 0.148*x
plt.plot(x, p_1(x), 'k--')
plt.fill_between(x, 0, p_1(x), color='C0', alpha=0.3)

# 사다리꼴 공식
print((left_sum(f, 0, 1, 1000)+ right_sum(f, 0, 1, 1000))/2)
# 심프슨 공식
print((p_1(0) + 4 * p_1(0.5) + p_1(1))/6)
```

위 코드는 구간 $[0, 1]$을 1,000개의 구간으로 분할하는 사다리꼴 공식과 구간 $[0, 1]$을 1개의 구간으로 분할하는 심프슨 공식의 결과를 출력한다. 사다리꼴 공식의 결과는 0.310이고, 심프슨 공식의 결과는 0.305이다. 즉 심프슨 공식은 적은 수의 분할로도 비교적 정확한 결과를 도출함을 확인할 수 있다. 앞으로의 정적분 계산을 위해 심프슨 공식을 다음과 같이 파이썬 함수로 구현하자.

```
# 정적분을 계산하는 함수로 심프슨 공식을 구현
def integral(f, a, b, n):
    x = np.linspace(a, b, 2*n+1)
    sum = 0
    for i in range(1, n+1):
        sum += f(x[2*i-2]) + 4 * f(x[2*i-1]) + f(x[2*i])
    return sum * (b-a) / (6*n)
```

예제 7-2 정적분의 계산

구간 $[0, 1]$ 위에서 함수 $y = \tan^{-1}(x)$와 $y = \cos(x)$의 그래프 사이의 영역 D를 파이썬 코드를 이용해 그림으로 나타내고, 구간 $[0, 1]$을 $N = 100$개의 구간으로 균등분할하여 이 영역의 넓이를 심프슨 공식으로 구하라.

풀이

다음과 같이 파이썬 코드로 영역 D를 구현하면 [그림 7-8]과 같다.[3]

3 실제로 코드를 실행하면 [그림 7-8]과 같이 식 $y = \cos(x)$, $y = \tan^{-1}(x)$가 그림에 표시되지는 않는다.

```python
# 두 함수의 그래프 사이의 영역 D 그리기
f1 = lambda x: np.arctan(x)
f2 = lambda x: np.cos(x)
t = np.linspace(0, 1)
plt.plot(t, f1(t), 'C0')
plt.plot(t, f2(t), 'C0')
plt.fill_between(t, f1(t), f2(t), color='C0', alpha=0.3)
```

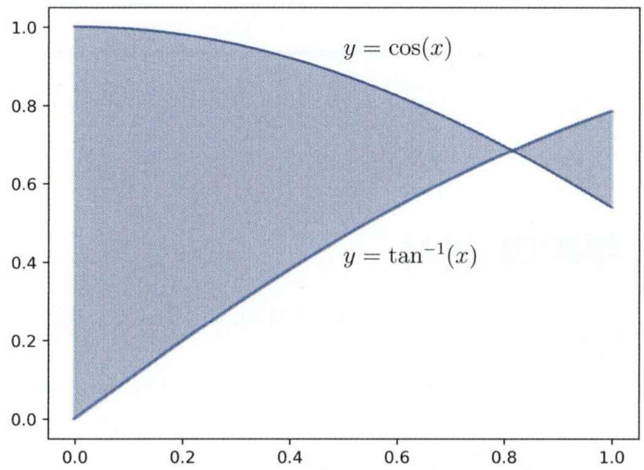

[그림 7-8] 두 함수의 그래프 사이의 영역

두 함수는 $x_1 \approx 0.817$에서 서로 교차한다. $x_1 \approx 0.817$은 $\tan^{-1}(x) - \cos(x) = 0$의 근이고, 1장에서 살펴본 이분법을 다음과 같이 구현함으로써 이 결과를 확인할 수 있다.

```python
# 이분법을 이용한 근의 근사
def bisect(f, a, b, eps):
    while np.abs(b - a) > eps:
        m = (a + b) / 2
        if f(m) < 0:
            a = m
        else:
            b = m
    return (a + b) / 2

f = lambda x: np.arctan(x) - np.cos(x)
x1 = bisect(f, 0, 1, 1e-4)
print(x1)
```

따라서 구간 $[0, x_1]$에서는 함수 f_2의 그래프 아래 영역의 넓이에서 함수 f_1의 그래프 아래 영역의 넓이를 뺀 값을 구해야 하고, 남은 구간 $[x_1, 1]$에서는 그 반대를 계산해야 한다. 즉 구간 $[0, x_1]$에서 $f_2 - f_1$의 그래프 아래 영역을, $[x_1, 1]$에서 $f_1 - f_2$의 그래프 아래 영역을 구해야 한다. 다음 파이썬 코드를 통해 이 값이 대략 0.418임을 알 수 있다.

```
# 두 함수의 그래프 사이 영역의 넓이 계산
g1 = lambda x: f2(x) - f1(x)
g2 = lambda x: f1(x) - f2(x)
area = integral(g1, 0, x1, 100) + integral(g2, x1, 1, 100)
print(area)
```

격자분할을 이용한 넓이와 부피의 근사

2차원 영역의 넓이를 구하는 또 다른 방법은 2차원 영역을 격자분할하는 것이다. 예를 들어 함수 $y = x^2$의 그래프 아래 영역 D를 다음과 같이 정의하자.

$$D = \{(x, y) \mid 0 \le x \le 1,\ 0 \le y \le x^2\} \tag{7.6}$$

영역 D는 직사각형 모양의 2차원 영역 $[0, 1] \times [0, 1]$에 완전히 포함된다. 이 직사각형 영역의 각 축의 구간을 다음과 같이 N개의 구간으로 균등분할해보자.

$$0 = x_0 < \frac{1}{N} = x_1 < \cdots < x_N = 1$$
$$0 = y_0 < \frac{1}{N} = y_1 < \cdots < y_N = 1$$

이렇게 구간을 분할함으로써 총 N^2개의 부분영역이 생성된다. 이제 x, y축 분할의 각 인덱스 i, j에 따라 (i, j)-영역 R_{ij}를 다음과 같이 정의하자(i, $j = 1, \cdots, N$).

$$R_{ij} = [x_{i-1}, x_i] \times [y_{j-1}, y_j]$$

각 부분영역의 넓이는 $\frac{1}{N^2}$이다. 영역 D의 넓이는 영역 D를 근사하는 부분영역의 개수에 넓이를 곱한 것이다. [그림 7-9]는 직사각형 영역 $[0, 1] \times [0, 1]$을 100개의 영역으로 균등분할하고 식 (7.6)의 영역 D를 근사하는 부분영역의 개수를 센 것이다. 각 부분영역의 중심이 D에 속할 때는 이 부분영역을 개수에 포함했다. [그림 7-9]와 같이 영역에 포함된 부분영역은 총 33개이고, 각 부분영역의 넓이는 0.01이므로 그래프 아래 영역 D의 넓이는 대략 0.33이다.

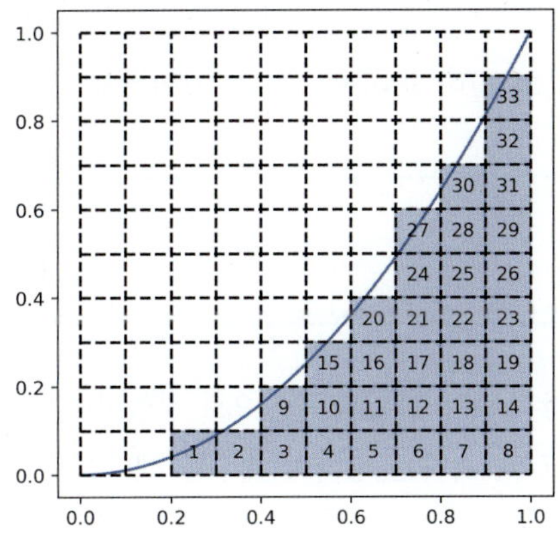

[그림 7-9] 격자분할을 이용한 그래프 아래 영역의 넓이 근사

이제 영역 D의 넓이를 수치적으로 계산해보자. 이번에는 각 축을 $N=100$개의 구간으로 분할하여 직사각형 영역 $[0,1]\times[0,1]$을 총 10,000개의 영역으로 격자분할하자.

```
# 격자분할을 이용해 구간 [0, 1] 위의 그래프 y=x^2 아래 영역의 넓이 근사
# 영역의 포함 여부를 참/거짓으로 반환하는 함수
region = lambda x, y: 0 <= x <= 1 and 0 <= y <= x**2

# [0, 1]×[0, 1]을 격자분할하고 영역의 넓이 계산
sum, n = 0, 100
xx, yy = np.meshgrid(np.linspace(0, 1, n+1), np.linspace(0, 1,
n+1))
for i in range(n):
    for j in range(n):
        x = (xx[i, j] + xx[i, j+1]) / 2
        y = (yy[i, j] + yy[i+1, j]) / 2
        if region(x, y):    # 부분영역의 중심이 영역에 속하는 경우
            sum += 1/n**2   # 부분영역의 넓이를 더함
print(sum)
```

예제 7-3 격자분할을 이용한 2차원 영역의 넓이 근사

원점을 중심으로 한 단위원의 넓이를 2차원 영역 $[-1,1]\times[-1,1]$의 격자분할을 통해 근사하라.

풀이

먼저 단위원 $D=\{(x,y)|x^2+y^2<1\}$의 영역을 다음과 같이 파이썬 코드로 정의하자.

```
# 단위원의 내부에 포함되는지를 판별하는 함수
disc = lambda x, y: x**2 + y**2 <= 1
```

다음 파이썬 코드를 구현해 x, y축 구간 $[-1,1]$을 각각 $N=10$개의 구간으로 분할한다. 이로부터 얻는 총 100개의 부분영역 중에서 중심이 D에 속하는 영역의 개수를 센다.

```
# 단위원에 포함되는 부분영역의 개수 세기
n, count = 10, 0
xx, yy = np.meshgrid(np.linspace(-1, 1, n+1),
np.linspace(-1, 1, n+1))
for i in range(n):
    for j in range(n):
        x = (xx[i, j] + xx[i, j+1]) / 2
        y = (yy[i, j] + yy[i+1, j]) / 2
        if disc(x, y):
            count += 1
print(count)
```

코드 결과로 총 80개의 부분영역을 얻을 수 있다. 각 부분영역의 넓이는 $\left(\frac{2}{10}\right)^2=0.04$이므로 원의 넓이는 대략 $80\times0.04=3.2$이다. [그림 7-10]은 이를 시각화한 것이다.

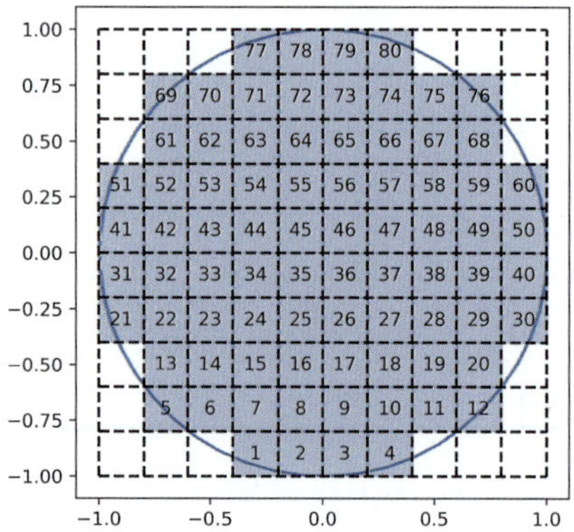

[그림 7-10] 격자분할을 이용한 원의 넓이 근사

이제 3차원 영역의 부피를 근사하는 방법을 알아보자. 예를 들어 식 (7.7)과 같이 정의된 3차원 영역 R의 부피를 근사해보자.

$$R = \{(x,\ y,\ z) | 0 \le x \le 1,\ \ -x^2 \le y \le 0,\ \ 0 \le z \le \sqrt{1-y^2}\} \qquad (7.7)$$

[그림 7-11]에서 볼 수 있듯이, 영역 R은 xy-평면과 이변수함수 $f(x,\ y) = \sqrt{1-y^2}$의 그래프 사이의 3차원 영역이 다음 2차원 영역 D 위에 놓인 부분이다.

$$D = \{(x,\ y) | 0 \le x \le 1,\ \ -x^2 \le y \le 0\} \qquad (7.8)$$

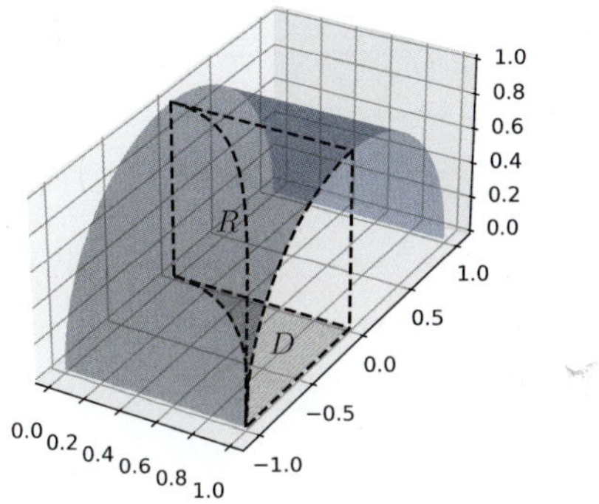

[그림 7-11] 3차원 영역 (7.7)의 형태

앞서 2차원 영역을 분할하여 넓이를 구한 방식을 적용하여 부피를 근사해보자. 식 (7.8)의 영역 D를 격자분할하고 각 부분영역마다 xy-평면에 수직인 직육면체 모양의 3차원 영역으로 영역 R을 근사한다. 각 직육면체의 부피를 모두 더하면 영역 R의 부피를 근사할 수 있다. 각 직육면체의 높이는 $f(x,y) = \sqrt{1-y^2}$ 이다. 다음 파이썬 코드를 구현하면 영역 R의 부피를 근사할 수 있다.

```
# 2차원 영역 D의 격자분할을 이용해 3차원 영역 R의 부피 계산
region_2d = lambda x, y : 0 <= x <= 1 and -x**2 <= y <= 0
f = lambda x, y: np.sqrt(1 - y**2)

n, sum = 100, 0
xx, yy = np.meshgrid(np.linspace(0, 1, n+1), np.linspace(-1, 0,
n+1))
for i in range(n):
    for j in range(n):
        x = (xx[i, j] + xx[i, j+1])/2
        y = (yy[i, j] + yy[i+1, j])/2
        if region_2d(x, y):
            sum += f(x, y) * (1/n)**2
print(sum)
```

이번에는 영역 R을 완전히 포함하는 직육면체 모양의 3차원 영역 $[0, 1]\times[-1, 1]\times[0, 1]$을 격자분할하여 부피를 근사해보자. 각 축을 $N=50$개의 구간으로 분할하고, 각 부분영역의 중심이 영역 R에 속하는 경우의 개수를 세자. 여기에 부분영역의 부피 $\left(\frac{1}{N}\right)^3$을 곱하면 영역 R의 부피의 근삿값이다. 다음 파이썬 코드를 구현해 이 결과를 확인해보자.

```
# 3차원 격자분할을 이용해 영역의 부피 근사
def region_3d(p):   # 영역 R의 포함 여부를 확인하는 함수
    a = 0 <= p[0] <= 1
    b = -p[0]**2 <= p[1] <= 0
    c = 0 <= p[2] <= np.sqrt(1-p[1]**2)
    return a and b and c

n = 50
x = np.linspace(0, 1, n+1)
y = np.linspace(-1, 0, n+1)
z = np.linspace(0, 1, n+1)
mesh = np.array(np.meshgrid(x, y, z))   # 3차원 격자점을 3차원 배열로 생성
mesh = mesh.reshape(3, (n+1)**3)         # 2차원 배열로 재배열
count, max = 0, np.array([1, 0, 1], dtype=float)
for i in range((n+1)**3):
    if np.any(mesh[:, i] == max):
        continue
    if region_3d(mesh[:, i] + 0.5/n*np.ones(3)):
        count += 1
print(count*(1/n)**3)
```

예제 7-4 격자분할을 이용한 3차원 영역의 부피 근사

다음과 같이 정의된 타원체 R의 부피를 각 방법으로 근사하라.

$$R=\{(x, y, z)\,|\,x^2+2y^2+3z^2\le 1\} \tag{7.9}$$

(a) xy-평면에 수직인 직육면체 모양 영역의 부피의 합으로 근사하는 방법

(b) 타원체를 포함하는 직육면체 모양의 3차원 영역의 각 축을 균등분할하고, 격자분할된 작은 직육면체 중 타원체를 근사하는 것의 개수를 세는 방법

풀이

(a) 타원체 R의 표면은 다음과 같이 매개화된다.

$$x=\sin(\theta)\cos(\phi),\quad y=\frac{\sin(\theta)\sin(\phi)}{\sqrt{2}},\quad z=\frac{\cos(\theta)}{\sqrt{3}}$$

다음 파이썬 코드를 구현하면 [그림 7−12]와 같이 영역 R의 그래프를 구현할 수 있다.

```
# 타원체 (7.9)의 그래프 그리기
phi, theta = np.linspace(0, np.pi), np.linspace(0,
2*np.pi)
pp, tt = np.meshgrid(phi, theta)
xx = np.sin(tt)*np.cos(pp)
yy = np.sin(tt)*np.sin(pp)/np.sqrt(2)
zz = np.cos(tt)/np.sqrt(3)
ax = plt.figure().add_subplot(projection='3d')
ax.plot_surface(xx, yy, zz, alpha=0.3, edgecolor='k',
lw=.1)
ax.set_aspect('equal')
```

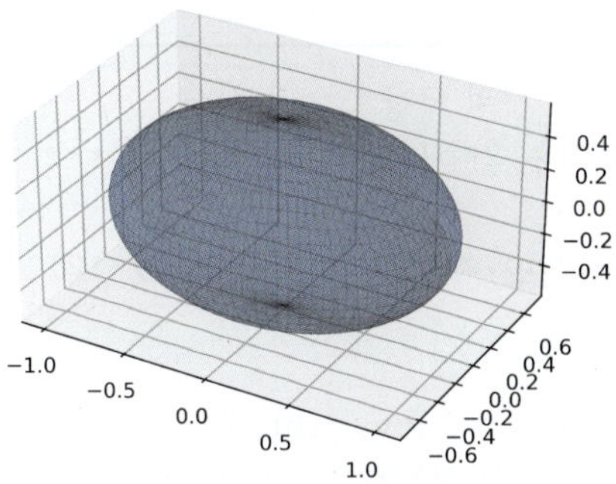

[그림 7-12] 타원체 (7.10)의 그래프

영역 R을 xy−평면 위에 정사영하면 다음과 같은 타원 D를 얻는다.

$$D = \{(x,\ y) \mid x^2 + 2y^2 \le 1\}$$

한편, 영역 D는 2차원 직사각형 영역 $[-1,\ 1] \times [-1,\ 1]$에 완전히 포함된다. 이 직사각형 영역을 격자분할하고, 각 부분영역의 중심 $(x,\ y)$가 영역 D에 속하는 경우 타원체의 높이 $f(x,\ y) = \frac{2}{\sqrt{3}}\sqrt{1-x^2-2y^2}$을 높이로 갖는 직육면체의 부피를 더하자. 다음 파이썬 코드를 구현하면 계산 결과는 대략 1.710이다.

```
# 직육면체의 부피를 이용해 타원체 (7.9)의 부피 근사
ellipse = lambda x, y: x**2 + 2*y**2 <= 1
f = lambda x, y: 2/np.sqrt(3)*np.sqrt(1-x**2 -2*y**2)
x = np.linspace(-1, 1)
n = 50
mesh = np.array(np.meshgrid(np.linspace(-1, 1, n+1),
np.linspace(-1, 1, n+1)))
```

```
mesh = mesh.reshape(2, -1) # 격자점 좌표를 2차원 배열로 재정의
sum = 0
for i in range(mesh.shape[1]):
    if np.any(mesh[:, i] == 1): # 오른쪽 혹은 위쪽 경계 스킵
        continue
    x, y = mesh[:, i] + 1/n*np.ones(2) # 부분영역의 중심좌표
    if ellipse(x, y):                  # 중심이 타원에 속하는 경우
        sum += f(x, y) * (2/n)**2 # 직육면체의 부피 추가
print(sum)
```

(b) 직육면체 영역 $[-1, 1]\times[-1, 1]\times[-1, 1]$은 주어진 타원체를 완전히 포함한다. 이 직육면체 영역의 각 축의 구간을 $N=50$개의 구간으로 균등분할하고, 각 분할된 영역의 중심이 타원체에 속할 때 각 영역의 부피를 더하자. 계산 결과는 대략 1.711이며, 다음 파이썬 코드로 이를 확인할 수 있다.

```
# 3차원 영역의 격자분할로 타원체 (7.9)의 부피 근사
ellipsoid = lambda p: p[0]**2 + 2*p[1]**2 + 3*p[2]**2 <=
1
f = lambda x, y: 2/np.sqrt(3)*np.sqrt(1-x**2 -2*y**2)
n = 50
intv = np.linspace(-1, 1, n+1)
mesh = np.array(np.meshgrid(intv, intv, intv))
mesh = mesh.reshape(3, -1) # 격자점 좌표를 2차원 배열로 재정의
count = 0
for i in range(mesh.shape[1]):
    if np.any(mesh[:, i] == 1): # 격자점 좌표 중 하나라도 1이면
                                  스킵
        continue
    if ellipsoid(mesh[:, i] + (1/n)*np.ones(3)):
        count += 1
print(count * (2/n)**3)
```

실제 타원체의 부피는 $\frac{4\pi}{3}\left(\frac{1}{\sqrt{2}}\right)\left(\frac{1}{\sqrt{3}}\right)\approx 1.710$이므로, 앞서 구한 두 근사는 비교적 정확하다.

리만합

앞서 살펴본 왼쪽합과 오른쪽합을 이용해 그래프 아래 영역의 넓이를 구하는 과정을 다음과 같이 네 단계로 정리해보자.

1. 정의역(구간 또는 영역)을 분할한다.
2. 각 부분영역에서 한 점을 선택한다.
3. 각 점에서의 함숫값과 부분영역의 크기(길이 또는 넓이)를 곱하여 더한다.
4. 분할의 개수를 늘려가며 부피를 근사한다.

일반적인 영역의 넓이를 구하기 위해서는 분할의 개수에 따른 분할 방법과 각 부분영역에서 한 점을 선택하는 방법을 정해야 한다. 예를 들어 왼쪽합과 오른쪽합은 단계 ②에서 각 영역의 한 점을 선택하는 방법을 결정한다. 리만합은 이러한 관점에서 등장한 수학 개념이다.

정의 7-4 일변수함수의 리만합

구간 $[a, b]$의 분할 $P = (x_0, \cdots, x_N)$에 대해 각 k $(k = 1, \cdots, N)$번째 구간 $[x_{k-1}, x_k]$의 임의의 한 점을 x_k^*라 하자. 이때 구간 $[a, b]$ 위에 정의된 일변수함수 $f(x)$에 대해 다음을 함수 $f(x)$의 **리만합**Riemann sum이라 한다.

$$\sum_{k=1}^{N} f(x_k^*)(x_k - x_{k-1}) \tag{7.10}$$

왼쪽합과 오른쪽합은 리만합의 일종이다. 각 k번째 구간 $[x_{k-1}, x_k]$의 점 x_k^*를 구간의 왼쪽 끝점으로 잡으면 왼쪽합이 되고, 오른쪽 끝점으로 잡으면 오른쪽합이 된다. 한편, 리만합의 분할의 개수 N이 증가할수록 모든 부분구간의 길이는 0으로 수렴해야 한다.

식 (7.10)은 각 k번째 구간을 밑변으로, 함숫값 $f(x_k^*)$를 높이로 갖는 직사각형 영역의 넓이를 더하는 것이다(단, $f(x_k^*)$는 음수일 수도 있으며, 이 경우에는 넓이에 음수를 취한 것으로 간주한다). 영역의 넓이는 계산 방법에 따라 변하면 안 된다. 왜냐하면 넓이는 영역이 가진 기하적 특성이기 때문이다. 리만합으로 영역의 넓이를 정의하기 위해서는 임의의 분할 P와 점 x_k^*에 대해 분할의 개수 N이 충분히 커지면 리만합이 일정한 값으로 수렴해야 한다. 여기에는 분할의 크기에 관한 조건이 필요하다.

정의 7-5 분할의 크기

구간 $[a, b]$의 분할 $P = (x_0, x_1, \cdots, x_N)$에 대해 부분구간의 길이 $x_k - x_{k-1}$ $(k = 1, \cdots, N)$의 최댓값을 **분할의 크기**size of partition라 한다.

$$|P| = \max\{x_k - x_{k-1} \mid k = 1, \cdots, N\}$$

분할의 개수가 증가하면 리만합의 분할의 크기는 0으로 수렴해야 한다. 예를 들어 구간 $[0, 1]$을 N개의 구간으로 균등분할하면 각 부분구간의 크기 $\frac{1}{N}$은 분할의 개수 N이 무한히 증가할수록 0으로 수렴한다. 한편 구간 $[0, 1]$을 다음과 같이 N개의 구간으로 분할하는 것은 리만합에서 허용되지 않는다.

$$0 = x_0 < \frac{1}{2^{N-1}} = x_1 < \frac{1}{2^{N-2}} = x_2 < \cdots < \frac{1}{2} = x_{N-1} < x_N = 1$$

마지막 부분구간의 크기는 분할의 개수 N에 관계없이 항상 0.5이다. 만약 이와 같은 분할을 이용해 구간 $[0, 1]$ 위에 정의된 함수 $y = x^2$의 그래프 아래 영역의 넓이를 구하면 어떤 문제가 발생하는지 살펴보자. 분할의 개수 N에 관계없이 리만합 (7.10)의 마지막 항은 구간 $[0.5, 1]$ 위의 직사각형 영역의 넓이이다. [그림 7-13]은 이 분할을 이용한 오른쪽합을 나타낸 것이다. 구간 $[0.5, 1]$에서의 직사각형 넓이는 그래프 아래 영역을 잘 근사하지 못한다.

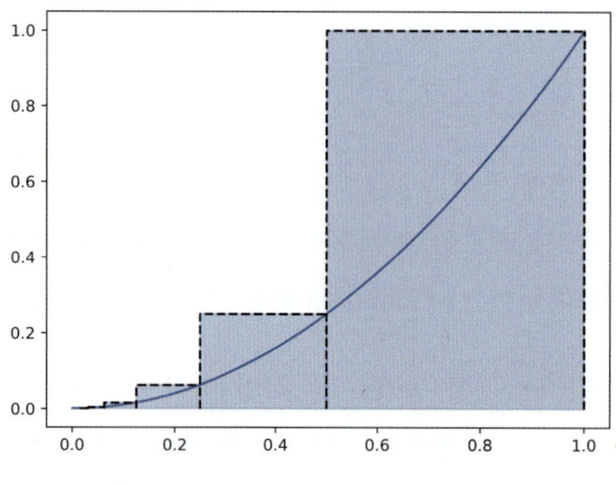

[그림 7-13] 잘못된 분할을 이용한 리만합의 예

앞으로 모든 분할은 분할의 개수가 증가할수록 분할의 크기가 모두 0으로 수렴한다고 가정하자. 분할의 개수가 무한히 증가할 때 리만합의 극한이 항상 일정한 값으로 수렴하면 이를 함수의 정적분이라 한다.

정의 7-6 일변수함수의 정적분

정의역 구간 $[a, b]$ 위에 정의된 일변수함수 $f(x)$를 생각하자. 임의의 분할 P와 임의의 k번째 구간 $[x_{k-1}, x_k]$의 임의의 점 x_k^*에 대해 분할의 개수 N이 증가할 때 다음 극한이 항상 일정하면, 그 극한을 구간 $[a, b]$ 위에서의 함수 $f(x)$의 **정적분**definite integral이라 하고, 함수 f는 구간 $[a, b]$에서 **적분가능하다**integrable고 한다.

$$\int_a^b f(x)\,dx = \lim_{N\to\infty}\sum_{k=1}^{N} f(x_k^*)(x_k - x_{k-1}) \tag{7.11}$$

식 (7.11)에서 함수 f를 **피적분함수**integrand, 구간 $[a, b]$를 **적분구간**interval of integration이라 한다. 다음 코드를 구현하여 주어진 구간을 균등분할하고 각 부분구간에서 임의의 점을 선택하여 리만합을 계산하는 함수를 정의하자.

```
# 리만합 구현
def riemann(f, a, b, n):
    x = np.linspace(a, b, n+1)
    sum = 0
    for i in range(1, n+1):
        xp = np.random.uniform(x[i-1], x[i])
        sum += f(xp) * (x[i] - x[i-1])
    return sum
```

만약 구간 $[a, b]$에서 함숫값이 항상 음수라면 이는 x축과 (그 아래에 놓인) 그래프 사이의 영역의 넓이에 음수를 취한 것과 같다.

예제 7-5 정적분을 이용한 영역의 넓이 계산

구간 $[0, \pi]$ 위에 정의된 함수 $y = \sin(x^2)$의 그래프와 x축 사이의 영역의 넓이를 구하라.

풀이

구간 $[0, \pi]$ 위의 함수 $y = \sin(x^2)$의 그래프는 [그림 7-14]와 같다.

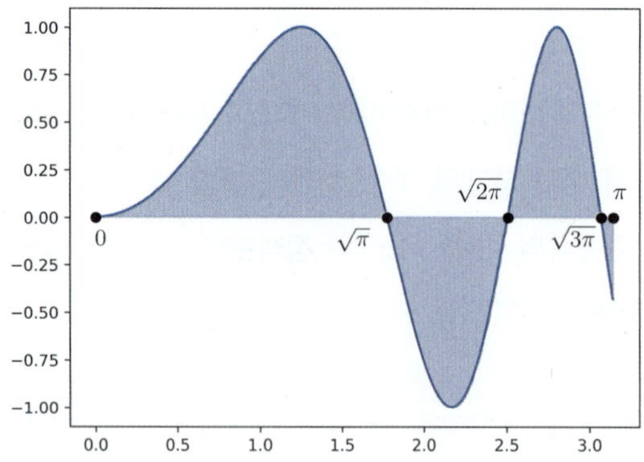

[그림 7-14] $y = \sin(x^2)$과 x축 사이의 영역

정적분 $\int_0^{\pi} \sin(x^2)\,dx$는 x축 위에 놓인 영역의 넓이에서 x축 아래에 놓인 영역의 넓이를 뺀 값이다. 여기서는 모든 영역의 넓이의 합을 구해야 하므로, 정의역 구간 $[0, \pi]$의 양 끝점과 함께 함수 $y = \sin(x^2)$의 부호가 바뀌는 다음 세 점을 기준으로 정적분을 각각 계산해야 한다.

$$x_1 = \sqrt{\pi} \approx 1.772, \quad x_2 = \sqrt{2\pi} \approx 2.507, \quad x_3 = \sqrt{3\pi} \approx 3.070$$

따라서 다음 파이썬 코드를 구현해 분할의 개수를 $N = 50$으로 하여 네 구간 $[0, x_1]$, $[x_1, x_2]$, $[x_2, x_3]$, $[x_3, \pi]$에서 리만합을 구하자.

```
# 구간 [0, pi] 위에서 함수 y = sin(x^2)과 x축 사이의 영역의 넓이 계산
f = lambda x: np.sin(x**2)
x = [0, np.sqrt(np.pi), np.sqrt(2*np.pi), np.sqrt(3*np.pi),
np.pi]
area = 0
for i in range(4):
    sum = riemann(f, x[i], x[i+1], 100)
    if sum > 0:
        area += sum
    else:
        area -= sum
print(area)
```

따라서 영역의 총넓이는 대략 1.733이다.[4]

앞으로 정적분의 계산은 [정의 7-3]의 심프슨 공식을 이용해 계산하자. 다음 정리는 연속함수의 적분가능성을 보장한다.

4 함수 riemann은 각 부분구간에서 무작위 점에서의 함숫값을 계산하므로, 소수점 자리가 조금씩 바뀔 수 있다.

정리 7-1 연속함수의 적분가능성

닫힌구간 $[a, b]$에서 연속인 함수 $f(x)$는 적분가능하다.

한편, 불연속점이 있다고 해서 반드시 적분불가능한 것은 아니다. 함숫값이 무한대로 발산하지 않는다면, 적분구간에 불연속점이 존재하더라도 함수는 적분가능하다. 이와 같은 불연속점을 **제거가능한 불연속점** removable discontinuity이라 한다. 예를 들어 구간 $[-1, 1]$ 위에 다음과 같이 정의된 함수를 생각해보자.

$$f(x) = \begin{cases} \dfrac{\sin(x)}{x}, & x \neq 0 \\ 0, & x = 0 \end{cases}$$

$\lim_{x \to 0} \dfrac{\sin(x)}{x} = 1$이므로 이 함수는 $x = 0$에서 불연속이다. 그럼에도 이 함수는 적분가능하다. 적분구간을 $[-1, 0]$과 $[0, 1]$로 나누어보자. 각 적분구간을 분할했을 때, $[-1, 0]$의 마지막 부분구간과 $[0, 1]$의 첫 부분구간은 불연속점인 0을 포함한다. 그러나 각 부분구간의 길이는 분할의 개수가 무한히 증가할수록 0으로 수렴하기 때문에 리만합의 극한에 영향을 주지 않는다.

예제 7-6 불연속점이 포함된 구간에서의 정적분 계산

다음과 같이 정의된 함수 $f(x)$가 구간 $[-1, 1]$에서 적분가능함을 보이고, 정적분 $\int_{-1}^{1} f(x)\,dx$를 구하라.

$$f(x) = \begin{cases} x \sin\left(\dfrac{1}{x}\right), & x \neq 0 \\ 1, & x = 0 \end{cases} \tag{7.12}$$

풀이

$\lim_{x \to 0} x \sin\left(\dfrac{1}{x}\right) = 0$이므로 함수 (7.12)는 $x = 0$에서 불연속이다. 그러나 그 외의 모든 점에서 함수는 연속이고, $x = 0$도 제거가능한 불연속점이므로 [정리 7-1]에 의해 함수 $f(x)$는 적분가능하다. 따라서 다음 파이썬 코드를 구현해 심프슨 공식으로 정적분을 근사할 수 있다.

```
# 구간 [-1, 1]에서 함수 (7.12)의 정적분 계산
f = lambda x: x*np.sin(1/x) if x != 0 else 1
print(integral(f, -1, 1, 1000))
```

위 코드를 구현하면 정적분은 대략 $\int_{-1}^{1} x \sin\left(\dfrac{1}{x}\right) dx \approx 0.757$이다.

참고 적분불가능한 함수

연속은 적분가능하기 위한 충분조건이지만 필요조건은 아니다. 즉 적분가능하다고 해서 항상 연속인 것은 아니다. 심지어 무한히 많은 불연속점을 가지더라도 적분가능할 수 있다. 예를 들어 다음 함수는 구간 $[0, 1]$에서 무한히 많은 불연속점을 갖지만 적분가능하다.

$$f(x) = \begin{cases} 0, & x = \dfrac{1}{n} \\ 1, & x \neq \dfrac{1}{n} \end{cases}, \quad n \in \mathbb{N}$$

그렇다면 적분불가능한 함수의 예로는 무엇이 있는가? 다음 함수를 살펴보자.

$$f(x) = \begin{cases} 0, & x \in \mathbb{Q} \\ 1, & x \notin \mathbb{Q} \end{cases}$$

이 함수는 구간 $[0, 1]$에서 적분불가능하다. 이 사실을 증명해보자. 구간 $[0, 1]$의 임의의 분할 $P = (x_0, \cdots, x_N)$에 대해 각 k번째 구간 $[x_{k-1}, x_k]$에는 항상 유리수와 무리수가 (무한히 많이) 존재한다. 만약 점 x_k^*를 항상 유리수로 선택한다면 k에 관계없이 $f(x_k^*) = 0$이다. 따라서 리만합은 분할의 개수 N에 관계없이 항상 0이다.

$$\sum_{k=1}^{N} f(x_k^*)(x_k - x_{k-1}) = \sum_{k=1}^{N} 0 = 0$$

반면 x_k^*를 항상 무리수로 선택한다면 $f(x_k^*) = 1$이므로 리만합은 (분할의 개수와 관계없이) 항상 1이다.

$$\sum_{k=1}^{N} f(x_k^*)(x_k - x_{k-1}) = \sum_{k=1}^{N} (x_k - x_{k-1}) = x_N - x_0 = 1$$

리만합의 극한이 점 x_k^*의 선택 방법에 따라 일정하지 않다.[5] 따라서 정적분은 존재하지 않는다.

앞서 3차원 영역의 부피는 그것을 완전히 포함하는 직육면체 영역의 부피의 합으로 근사할 수 있음을 살펴봤다. 이 결과를 일반화하여 이변수함수의 리만합을 다음과 같이 정의할 수 있다.

5 각 구간마다 점 x_k^*를 적절히 유리수와 무리수를 섞어서 선택한다면 리만합이 (분할의 개수에 관계없이) 0과 1 사이의 임의의 실수가 되도록 할 수도 있다.

정의 7-7 이변수함수의 리만합

$P_1 = (x_0, \cdots, x_N)$과 $P_2 = (y_0, \cdots, y_M)$을 각각 구간 $[a, b]$와 $[c, d]$의 분할이라 하자. 이를 이용해 직사각형 영역 $[a, b] \times [c, d]$를 다음과 같은 부분영역 R_{ij}로 분할하자.

$$R_{ij} = [x_{i-1}, x_i] \times [y_{j-1}, y_j], \quad i = 1, \cdots, N, \ j = 1, \cdots, M$$

각 영역 R_{ij}의 한 점 (x_i^*, y_j^*)에 대해 다음과 같이 계산한 값을 영역 $[a, b] \times [c, d]$에서의 이변수함수 $f(x, y)$의 **리만합**이라 한다.

$$\sum_{i=1}^{N} \sum_{j=1}^{M} f(x_i^*, y_j^*)(x_i - x_{i-1})(y_j - y_{j-1}) \tag{7.13}$$

식 (7.13)의 각 항은 부분영역 R_{ij}를 바닥으로, $f(x_i^*, y_j^*)$를 높이로 갖는 직육면체의 부피이다. 즉 이변수함수의 리만합 (7.13)은 직사각형 영역 $[a, b] \times [c, d]$ 위의 함수 $z = f(x, y)$의 그래프 아래 영역의 부피의 근삿값이다.

정의 7-8 이변수함수의 중적분

구간 $[a, b]$, $[c, d]$의 임의의 분할 $P_1 = (x_0, \cdots, x_N)$, $P_2 = (y_0, \cdots, y_M)$과 각 부분영역 R_{ij}의 임의의 점 (x_i^*, y_j^*)에 대해 두 분할의 개수가 무한히 증가할 때, 이변수 실숫값함수 $f(x, y)$의 리만합 (7.13)이 항상 같은 값으로 수렴하면 함수 f는 2차원 영역 $[a, b] \times [c, d]$에서 **적분가능하다**고 하고, 이 극한을 **중적분**multiple integral이라 하며 다음과 같이 표기한다.

$$\iint_{[a, b] \times [c, d]} f(x, y)\, dx\, dy = \lim_{N, M \to \infty} \sum_{i=1}^{N} \sum_{j=1}^{M} f(x_i^*, y_j^*)(x_i - x_{i-1})(y_j - y_{j-1}) \tag{7.14}$$

식 (7.14)에서 함수 f를 **피적분함수**, 영역 $[a, b] \times [c, d]$를 **적분영역**region of integration이라 한다. 이변수함수가 적분가능함을 보이려면, 리만합의 최댓값과 최솟값이 분할의 크기가 증가할수록 같은 값으로 수렴함을 보여야 한다.

예제 7-7 이변수함수의 적분가능성

영역 $[0, 1] \times [0, 1]$ 위에서 함수 $f(x, y) = x^2 + y^2$이 적분가능함을 보이고, 다음 중적분을 구하라.

$$\iint_{[0,1] \times [0,1]} f(x, y)\, dx\, dy$$

풀이

x, y축의 구간 $[0, 1]$을 균등분할하자. 함수 $f(x, y)$는 각 부분영역 R_{ij}의 점 (x_{i-1}, y_{j-1})에서 최솟값을, 점 (x_i, y_j)에서 최댓값을 갖는다. 따라서 리만합의 최솟값은 다음과 같다.

$$\begin{aligned}\sum_{i=1}^{N}\sum_{j=1}^{N}(x_{i-1}^2+y_{j-1}^2)(x_i-x_{i-1})(y_j-y_{j-1}) &= \frac{1}{N^2}\sum_{i=1}^{N}\sum_{j=1}^{N}x_{i-1}^2+\frac{1}{N^2}\sum_{i=1}^{N}\sum_{j=1}^{N}y_{j-1}^2 \\ &= \frac{2}{N}\sum_{i=0}^{N-1}\left(\frac{i}{N}\right)^2 \\ &= \frac{(N-1)N(2N-1)}{3N^3}\end{aligned}$$

분할의 개수 N이 무한히 증가할 때 리만합의 극한은 $\frac{2}{3}$이다. 한편, 부분영역 R_{ij}의 한 점을 (x_i, y_j)로 선택하여 리만합을 계산한 결과는 다음과 같다(인덱스 i의 범위는 바뀐다).

$$\sum_{i=1}^{N}\sum_{j=1}^{N}(x_i^2+y_j^2)(x_i-x_{i-1})(y_j-y_{j-1}) = \frac{2}{N^3}\sum_{i=1}^{N}i^2 = \frac{N(N+1)(2N+1)}{3N^3}$$

이 또한 분할의 개수 N이 무한히 증가함에 따라 $\frac{2}{3}$로 수렴한다. 따라서 리만합은 항상 $\frac{2}{3}$로 수렴하고 영역 $[0, 1]\times[0, 1]$에서 함수 $f(x, y)$의 중적분은 $\frac{2}{3}$이다.

직사각형 모양이 아닌 영역 위에서의 이변수함수의 정적분은 어떻게 정의할까? 이변수 실숫값 함수 $f(x, y)$의 정의역 D가 직사각형 영역 $[a, b]\times[c, d]$에 완전히 포함된다고 가정하자. 이때 $[a, b]\times[c, d]$ 위에 정의된 새로운 이변수 실숫값함수 $F(x, y)$를 다음과 같이 정의하자.

$$F(x, y)=\begin{cases} f(x, y), & (x, y)\in D \\ 0, & (x, y)\notin D\end{cases}$$

만약 함수 F가 적분가능하면, 이 함수의 중적분은 함수 $z=f(x, y)$의 그래프 아래 영역의 부피와 같다. 그 이유는 영역 D의 외부에서 함수 $z=F(x, y)$의 그래프 아래 영역을 근사하는 직육면체의 높이가 0이고 그 부피도 0이기 때문이다. 따라서 함수 f의 적분가능성은 함수 F의 적분가능성과 같고, 함수 f의 중적분은 다음과 같이 정의한다.

$$\iint_D f(x, y)\,dx\,dy=\iint_{[a, b]\times[c, d]}F(x, y)\,dx\,dy \tag{7.15}$$

예제 7-8 직사각형이 아닌 영역 위에서의 이변수함수의 중적분

다음 2차원 영역 D 위에 정의된 함수 $f(x, y)=\sqrt{1-y^2}$의 그래프 아래 영역의 부피를 구하라.

$$D=\{(x, y)\,|\,x^2+y^2\le 1\}$$

풀이

[그림 7-15]는 영역 D 위에 함수 $z=f(x, y)$의 그래프 아래 영역을 나타낸 것이다. 영역 D는 z축을 중심축으로 갖는 원통의 밑면을, 함수 $z=f(x, y)$의 그래프는 x축을 중심축으로 갖는 원통면에서 $z \geq 0$인 부분을 가리킨다. 즉 함수 $z=f(x, y)$의 그래프 아래 영역은 서로 직교하는 두 원통면과 xy-평면으로 둘러싸여 있다.

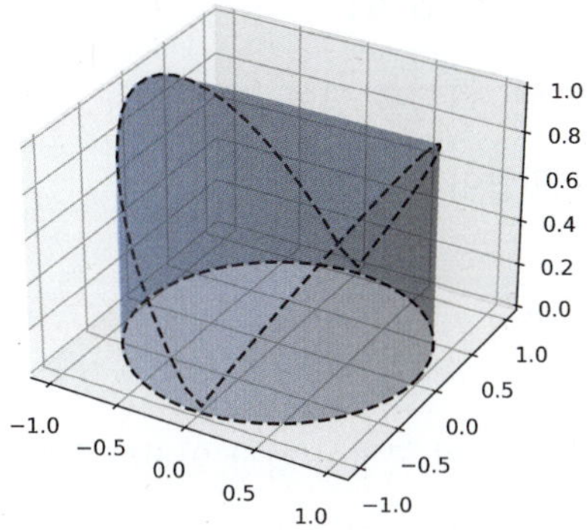

[그림 7-15] 원판 영역 위의 함수 $z=\sqrt{1-y^2}$ 의 그래프 아래 영역

이 영역의 부피를 리만합으로 근사해보자. 다음 파이썬 코드를 구현해 영역 $[-1, 1]\times[-1, 1]$을 균등격자분할하고, 각 부분영역의 중심에서의 함숫값을 높이로 갖는 직육면체의 부피의 합을 구하자.

```
# 리만합으로 그래프 아래 영역의 부피 근사
disc = lambda x, y: x**2 + y**2 <= 1
n = 100
xx, yy = np.meshgrid(np.linspace(0, 1, n+1), np.linspace(0,
1, n+1))
sum = 0
for i in range(n):
    for j in range(n):
        x = np.random.uniform(xx[i, j], xx[i, j+1])
        y = np.random.uniform(yy[i, j], yy[i+1, j])
        if disc(x, y):
            sum += np.sqrt(1-y**2)/n**2
print(sum)
```

코드 결과에 따라 부피는 대략 0.667임을 알 수 있다.

일변수함수와 이변수함수의 리만합을 확장하여 삼변수함수의 중적분을 정의해보자.

정의 7-9 삼변수함수의 리만합과 중적분

$P_1 = (x_0, \cdots, x_N)$, $P_2 = (y_0, \cdots, y_M)$, $P_3 = (z_0, \cdots, z_L)$을 각각 구간 $[a, b]$, $[c, d]$, $[e, f]$의 분할이라 하자. 3차원 직육면체 영역 $[a, b] \times [c, d] \times [e, f]$은 다음과 같이 3차원 부분영역 R_{ijk}로 분할된다($i = 1, \cdots, N$, $j = 1, \cdots, M$, $k = 1, \cdots, L$).

$$R_{ijk} = [x_{i-1}, x_i] \times [y_{j-1}, y_j] \times [z_{k-1}, z_k]$$

(x_i^*, y_j^*, z_k^*)를 각 영역 R_{ijk}의 임의의 한 점이라 할 때, 다음을 영역 $[a, b] \times [c, d] \times [e, f]$ 위에서의 삼변수 실숫값함수 $f(x, y, z)$의 **리만합**이라 한다.

$$\sum_{i=1}^{N} \sum_{j=1}^{M} \sum_{k=1}^{L} f(x_i^*, y_j^*, z_k^*)(x_i - x_{i-1})(y_j - y_{j-1})(z_k - z_{k-1}) \qquad (7.16)$$

분할의 개수 N, M, L이 무한이 증가할 때 리만합 (7.16)의 극한이 항상 일정하면 함수 $f(x, y, z)$는 3차원 영역 $[a, b] \times [c, d] \times [e, f]$에서 **적분가능하다**고 하고, 이 극한을 **중적분**이라 하며 다음과 같이 표기한다.

$$\iiint_{[a, b] \times [c, d] \times [e, f]} f(x, y, z)\, dx\, dy\, dz \qquad (7.17)$$

만약 삼변수함수 $f(x, y, z)$의 정의역이 직육면체 모양이 아니라면 정의역을 완전히 포함하는 충분히 큰 직육면체 모양의 영역으로 적분영역을 확장하면 된다. 예를 들어 정의역 R이 직육면체 영역 $[a, b] \times [c, d] \times [e, f]$에 완전히 포함된다고 가정하고 함수 $F(x, y, z)$를 다음과 같이 정의해보자.

$$F(x, y, z) = \begin{cases} f(x, y, z), & (x, y, z) \in R \\ 0, & (x, y, z) \notin R \end{cases}$$

이때 R 위에서의 삼변수함수 $f(x, y, z)$의 중적분은 다음과 같이 정의한다.

$$\iiint_R f(x, y, z)\, dx\, dy\, dz = \iiint_{[a, b] \times [c, d] \times [e, f]} F(x, y, z)\, dx\, dy\, dz \qquad (7.18)$$

예제 7-9 **삼변수함수의 중적분**

단위구 영역 $R=\{(x, y, z) \mid x^2+y^2+z^2 \leq 1\}$ 위에 정의된 함수 $f(x, y, z)=x^2+y^2+z^2$의 중적분 $\iiint_R f(x, y, z)\,dx\,dy\,dz$를 구하라.

풀이

3차원 영역 R은 3차원 직육면체 영역 $[-1, 1]\times[-1, 1]\times[-1, 1]$에 완전히 포함된다. 다음 파이썬 코드를 구현해 각 축의 구간을 20개의 구간으로 균등분할하고 분할된 각 영역의 중심이 단위구의 내부에 속할 때 리만합을 계산하자.

```
# 삼변수함수의 중적분 계산
n = 20
intv = np.linspace(-1, 1, n+1)
reg = np.array(np.meshgrid(intv, intv, intv)).reshape(3, -1)
for i in range(reg.shape[1]):
    if np.any(reg[:, i] == 1): continue
    if np.sum(reg[:, i]**2) <= 1:
        sum += np.sum(reg[:, i]**2) * (2/n)**3
print(sum)
```

코드 결과에 따라 중적분은 대략 3.146임을 알 수 있다.

이변수함수와 삼변수함수도 연속이면 적분가능하다.

정리 7-2 다변수함수의 연속성과 적분가능성

단힌영역 위에서 연속인 다변수함수는 적분가능하다.

일변수함수의 정적분과 마찬가지로, 유한개의 제거가능한 불연속점을 갖는 다변수함수도 적분가능하다. 계산의 편의를 위해 앞으로 모든 분할은 균등분할이라 가정하고, 각 축의 분할 개수는 동일하게 설정하자.

참고 **중적분 기호의 의미**

중적분 기호 (7.17)의 마지막 dx, dx, dy는 어떤 값을 가리키는 기호가 아니다. 따라서 영역 D 위에 정의된 함수 f의 중적분을 다음과 같이 간소화하여 표기하기도 한다.

$$\int_D f$$

미적분학의 기본정리

이 절에서는 일변수함수의 정적분에 대한 몇 가지 성질을 알아본다. 적분구간 $[a, b]$의 길이가 0이면, 즉 $a = b$이면 정적분은 항상 0이다.

$$\int_a^a f(x)\,dx = 0$$

분할 $x_0, \cdots, x_N$은 a에서 b까지의 단조증가수열로 생각하는 것이 일반적이지만, 리만합 (7.10)에 따르면 $x_0, \cdots, x_N$은 b에서 a까지의 단조감소수열이어도 무방하다. 이 경우 $x_k - x_{k-1}$은 k번째 구간의 길이에 음수를 취한 것과 같다. 즉 실수 a와 b의 역할이 바뀌면 리만합 (7.10)과 정적분 (7.11)의 부호가 바뀐다.

$$\int_b^a f(x)\,dx = -\int_a^b f(x)\,dx$$

다음으로 적분구간 $[a, b]$를 두 구간 $[a, c]$, $[c, b]$로 분할하면, 구간 $[a, b]$에서 함수 $f(x)$의 정적분은 각 구간 $[a, c]$, $[c, b]$에서의 정적분의 합과 같다.

$$\int_a^c f(x)\,dx + \int_c^b f(x)\,dx = \int_a^b f(x)\,dx$$

또한 함수 $f(x)$를 실수 k만큼 곱한 것의 정적분은 원함수의 정적분의 k배와 같다.

$$\int_a^b k \cdot f = k \cdot \int_a^b f$$

이러한 성질은 일반적인 다변수 실숫값함수의 정적분에 대한 성질로 다음과 같이 확장된다.

정리 7-3 정적분의 성질

(1) 같은 영역 D 위에 정의된 적분가능한 두 실숫값함수 f, g에 대해 다음이 성립한다.

$$\int_D f + \int_D g = \int_D (f+g)$$

(2) 두 영역 D_1, D_2가 경계점 외의 교점을 갖지 않으면, D_1, D_2 위에 정의된 적분가능한 실숫값함수 f에 대해 다음이 성립한다.

$$\int_{D_1 \cup D_2} f = \int_{D_1} f + \int_{D_2} f$$

(3) 영역 D 위에 정의된 적분가능한 실숫값함수 f와 임의의 실수 k에 대해 다음이 성립한다.

$$\int_D k \cdot f = k \cdot \int_D f$$

예제 7-10 정적분의 성질

다음 정적분을 구하라.

$$\int_0^1 \frac{\exp(x)+\exp(-x)}{2}\,dx$$

풀이

[정의 7-6]과 심프슨 공식에 따라 주어진 정적분을 직접 구할 수도 있으나, 이를 계산하기 전에 정적분의 성질을 이용해 주어진 정적분을 다음과 같이 나타내보자.

$$\frac{1}{2}\int_0^1 \exp(x)\,dx + \frac{1}{2}\int_0^1 \exp(-x)\,dx \tag{7.19}$$

식 (7.19)에서 두 번째 정적분은 구간 $[0, 1]$에서의 함수 $y=\exp(-x)$의 그래프 아래 영역의 넓이이므로, y축 대칭에 의해 구간 $[-1, 0]$에서의 함수 $y=\exp(x)$의 정적분과 같다. 따라서 식 (7.19)는 다음과 같다.

$$\frac{1}{2}\int_0^1 \exp(x)\,dx + \frac{1}{2}\int_{-1}^0 \exp(x)\,dx = \frac{1}{2}\int_{-1}^1 \exp(x)\,dx$$

지수함수 $\exp(x)$는 연속함수이므로 [정리 7-1]에 의해 정적분이 존재한다. 따라서 위 정적분을 오른쪽합의 극한으로 계산해보자.

$$\begin{aligned}
\lim_{N\to\infty}\frac{1}{2}\sum_{k=1}^{N}\exp\left(-1+\frac{2k}{N}\right)\frac{2}{N} &= \lim_{N\to\infty}\frac{\exp(-1)}{N}\sum_{k=1}^{N}\exp\left(\frac{2k}{N}\right) \\
&= \lim_{N\to\infty}\frac{\exp(-1)}{N}\,\frac{\exp(2/N)(1-\exp(2))}{1-\exp(2/N)} \\
&= (\exp(-1)-\exp(1))\lim_{\varepsilon\to 0}\frac{\varepsilon}{1-\exp(-2\varepsilon)} \qquad \left(\varepsilon=\frac{1}{N}\right) \\
&= (\exp(-1)-\exp(1))\lim_{\varepsilon\to 0}\frac{1}{-2\exp(2\varepsilon)} \\
&= \frac{\exp(1)-\exp(-1)}{2}
\end{aligned}$$

미분계수를 함숫값으로 갖는 함수를 도함수로 정의했듯이, 정적분을 함숫값으로 갖는 함수를 **역도함수**antiderivative라 한다. 구간 $[a, b]$에서 적분가능한 일변수함수 $f(x)$와 $a \le t \le b$인 실수 t에 대해 함수 $F(t)$의 함숫값을 부분구간 $[a, t]$에서의 함수 $f(x)$의 정적분으로 정의하자.

$$F(t)=\int_a^t f(x)\,dx \tag{7.20}$$

이제 함수 $F(t)$의 성질을 몇 가지 살펴보자. 첫째, $F(t)$는 구간 $[a, b]$에서 연속이다.

$$\lim_{t\to t_0} F(t)=\lim_{t\to t_0}\int_a^t f(x)\,dx=\int_a^{t_0} f(x)\,dx=F(t_0)$$

둘째, $f(x)$가 연속이면 $F(t)$는 미분가능하다. 예를 들어 점 $t_0\in[a, b]$에서 함수 $F(t)$의 변화율은 다음과 같다.

$$\frac{F(t)-F(t_0)}{t-t_0}=\frac{1}{t-t_0}\int_{t_0}^t f(x)\,dx=\frac{1}{\Delta t}\int_{t_0}^{t_0+\Delta t} f(x)\,dx \tag{7.21}$$

마지막 등식은 $\Delta t=t-t_0$로 치환한 것이다. 구간 $[t_0,\ t_0+\Delta t]$를 하나의 부분구간으로 분할하여 정적분을 계산했다고 가정하자. 이때 리만합은 한 점 $\xi\in[t_0, t_0+\Delta t]$에 대해 $f(\xi)\Delta t$이다. $\Delta t\to 0$이면 $\xi\to t_0$이고 함수 $f(x)$는 연속이라 가정했으므로 $f(\xi)\Delta t\to f(t_0)\Delta t$이다. 따라서 식 (7.21)의 극한은 다음과 같다.

$$\lim_{t\to t_0}\frac{1}{\Delta t}\int_{t_0}^{t_0+\Delta t} f(x)\,dx=\lim_{t\to t_0}\frac{f(\xi)\Delta t}{\Delta t}=f(t_0)$$

정리하면, 식 (7.20)과 같이 정적분으로 정의된 함수 $F(t)$의 도함수는 그것의 피적분함수 $f(x)$와 같다. 이를 **미적분학의 기본정리**fundamental theorem of calculus라 한다.

정리 7-4 미적분학의 기본정리

구간 $[a, b]$에서 연속인 일변수함수 $f(x)$에 대해 다음이 성립한다.

$$\frac{d}{dt}\int_a^t f(x)\,dx=f(t)$$

미적분학의 기본정리는 함수 $F(t)=\int_a^t f(x)\,dx$가 구간 (a, b)에서 미분가능하고 구간 $(a,\ b)$ 내의 모든 점 x에 대해 $F'(x)=f(x)$임을 의미한다. 이 경우 F를 f의 **역도함수**라

하고 다음과 같이 표기한다.[6]

$$F(x) = \int f(x)\,dx$$

여기서 기호 $\int$는 정적분의 기호로서, 함수 $F(x)$가 $f(x)$의 역도함수임을 가리키는 것 외의 특별한 의미는 없다.[7] 한편, 역도함수의 합에 대해 다음이 성립한다.

$$\int (f+g) = \int f + \int g$$

다음은 기본함수의 역도함수에 대한 몇 가지 예이다.

$$\begin{aligned} \frac{1}{n+1}x^{n+1} &= \int x^n\,dx, \quad n \ge 0 \\ \exp(x) &= \int \exp(x)\,dx \\ -\cos(x) &= \int \sin(x)\,dx \\ \sin(x) &= \int \cos(x)\,dx \end{aligned}$$

$F(x)$가 $f(x)$의 역도함수일 때, 미적분학의 기본정리는 다음과 같이 기술된다.[8]

$$\int_a^b f(x)\,dx = F(b) - F(a) \tag{7.22}$$

예를 들어 다음 정적분을 역도함수를 이용해 계산해보자.

$$\int_0^1 x^2\,dx \tag{7.23}$$

다음은 $y = x^2$의 역도함수의 한 예이다.

$$F(x) = \int_0^x t^2\,dt = \frac{x^3}{3}$$

식 (7.22)에 의해 정적분 (7.23)은 $\frac{1}{3}$이다.

---

6 역도함수 $\int f(x)\,dx$를 **부정적분**(indefinite integral)이라고도 한다. $\int f(x)\,dx$는 피적분함수 $f(x)$의 모든 역도함수의 모임을 의미하기도 하며, 이 경우에 임의의 상수를 의미하는 기호 C를 이용해 $\int f(x)\,dx = F(x) + C$로 표기하기도 한다. 단, 이 책에서는 이와 같은 표기를 사용하지 않는다.

7 심지어 기호 dx도 생략할 수 있다.

8 이를 $\int_a^b f(x)\,dx = F(x)\Big|_a^b$로 기술하기도 한다.

예제 7-11 미적분학의 기본정리를 이용한 정적분 계산

$\int \sec(x)dx = \log\left(\frac{1}{\cos(x)} + \tan(x)\right)$임을 이용해 다음 정적분을 구하라.

$$\int_0^{\pi/4} \sec(x)\,dx$$

풀이

$F(x) = \log\left(\frac{1}{\cos(x)} + \tan(x)\right)$라 하면 미적분학의 기본정리에 의해 $F(x)$는 $\sec(x)$의 역도함수이다. 참고로 이 결과는 다음과 같이 직접 확인할 수도 있다.

$$\frac{dF}{dx} = \frac{1}{\frac{1}{\cos(x)} + \tan(x)} \cdot \left(\frac{\sin(x)}{\cos^2(x)} + \frac{1}{\cos^2(x)}\right) = \frac{1}{\cos(x)} = \sec(x)$$

따라서 식 (7.22)에 의해 주어진 정적분은 다음과 같다.

$$\int_0^{\pi/4} \sec(x)\,dx = \log\left(\frac{1}{\cos(x)} + \tan(x)\right)\Bigg|_0^{\pi/4} = \log(\sqrt{2}+1)$$

미적분학의 기본정리를 이용해 정적분 계산에 유용한 몇 가지 법칙을 유도할 수 있다. 먼저 두 함수 f, g의 곱의 미분에 관한 법칙을 살펴보자.

$$(fg)' = f'g + fg'$$

이는 fg가 $f'g + fg'$의 역도함수임을 의미한다. 따라서 이를 다음과 같이 표현할 수 있다.

$$fg = \int (f'g + fg') = \int f'g + \int fg'$$

위 식을 다음과 같이 정리한 것을 **부분적분** integration by parts이라 한다.

$$\int fg' = fg - \int f'g \tag{7.24}$$

예제 7-12 부분적분의 활용

부분적분을 이용해 다음 등식을 유도하라.

$$\int \log(x)\,dx = x\log(x) - x \tag{7.25}$$

풀이

부분적분 (7.24)에 각각 $f(x) = \log(x)$, $g(x) = x$를 대입하면 다음과 같이 식 (7.25)가 유도된다.

$$\int \log(x) = x\log(x) - \int 1 = x\log(x) - x$$

연쇄법칙에 따라 합성함수 $(f \circ g)(x)$의 도함수는 다음과 같이 계산된다.

$$(f \circ g)'(x) = f'(g(x))g'(x)$$

즉 함수 $f \circ g$는 $(f \circ g)g'$의 역도함수이다.

$$f(g(x)) = \int f'(g(x))g'(x)\,dx \tag{7.26}$$

위 식에 $y = g(x)$와 $dy = g'(x)dx$를 대입하면 다음과 같다.

$$f(y) = \int f'(y)\,dy = \int f'(g(x))g'(x)\,dx \quad (dy = g'(x)dx)$$

이를 **치환적분** integration by substitution이라 한다. 식 (7.26)을 정적분에 대입해보자. 구간 $[a, b]$에서 함수 $y = g(x)$가 전단사함수이면 다음이 성립한다.

$$\int_a^b f(g(x))g'(x)\,dx = \int_{g(a)}^{g(b)} f(y)\,dy \tag{7.27}$$

예제 7-13 치환적분

치환적분을 이용해 다음 정적분을 구하라.

$$\int_0^1 x\exp(x^2)\,dx \tag{7.28}$$

풀이

미적분학의 기본정리의 식 (7.23)을 이용하기 위해 역도함수 $\int x\exp(x^2)\,dx$를 구해보자. 식 (7.26)의 f, g에 각각 $f(x) = \exp(x)$, $g(x) = x^2$을 대입하고 $y = x^2$이라 하면 다음 등식을 얻는다.

$$\int \frac{1}{2}x\exp(x^2)\,dx = \frac{1}{2}\int \exp(y)\,dy = \frac{1}{2}\exp(y)$$

따라서 다음이 성립한다.

$$\exp(x^2) = \frac{1}{2}\int x\exp(x^2)\,dx$$

그러므로 식 (7.28)은 다음과 같다.

$$\frac{1}{2}\int_0^1 x\exp(x^2)\,dx = \frac{\exp(1)-1}{2}$$

삼각함수와 치환적분을 이용하면 불가능해 보이는 적분 계산을 쉽게 할 수 있다.

예제 7-14 치환적분

치환적분을 이용해 다음 정적분을 구하라.

$$\int_{-1}^{1}\sqrt{1-x^2}\,dx \tag{7.29}$$

풀이

변수 x를 $x=\sin(\theta)$로 치환하자. 식 (7.29)는 식 (7.27)의 우변에 $f(x)=\sqrt{1-x^2}$, $g(\theta)=\sin(\theta)$를 대입한 것으로 볼 수 있다. 이때 적분구간 $-1 \le x \le 1$은 $-\frac{\pi}{2} \le \theta \le \frac{\pi}{2}$로 바뀐다.

$$\int_{-\frac{\pi}{2}}^{\frac{\pi}{2}}\cos(\theta)\cos(\theta)\,d\theta$$

이후의 계산은 자명하게 다음과 같이 진행된다.

$$\int_{-\frac{\pi}{2}}^{\frac{\pi}{2}}\cos^2(\theta)\,d\theta = \int_{-\frac{\pi}{2}}^{\frac{\pi}{2}}\frac{1+\cos(2\theta)}{2}\,d\theta = \frac{\theta}{2}+\frac{\sin(2\theta)}{4}\bigg|_{-\frac{\pi}{2}}^{\frac{\pi}{2}} = \frac{\pi}{2} \tag{7.30}$$

식 (7.29)는 반원의 넓이이므로 식 (7.30)의 결과와 일치한다.

지금까지는 미적분학의 기본정리를 이용해 일변수함수의 역도함수 또는 정적분을 구하는 여러 가지 방법을 살펴봤다. 다음 절에서는 다변수함수의 정적분을 구하는 데 유용한 몇 가지 적분 방법을 소개하고 그 응용을 살펴본다.

SECTION 7.2 정적분과 중적분의 계산

이 절에서는 이변수함수와 삼변수함수의 반복적분과 치환적분에 대해 살펴본다. 또한 무한영역에서 적분을 정의하는 이상적분에 대해서도 알아본다.

반복적분

직사각형 영역 $[a, b] \times [c, d]$에서의 이변수함수 $f(x, y)$의 중적분을 다시 생각해보자. 이는 이변수함수 $z = f(x, y)$의 그래프 아래 영역의 부피를 가리키는 값으로, 영역 $[a, b] \times [c, d]$를 격자분할하여 계산한 리만합으로 근사된다.

이변수함수의 그래프 아래 영역의 부피를 구하는 방법은 다양하다. 여기서는 x축 또는 y축의 수직방향으로 3차원 영역을 잘라 부피를 근사하는 방법을 살펴보자. 예를 들어 [그림 7-16]과 같이 영역 $[-1, 1] \times [-1, 1]$ 위에 정의된 함수 $f(x, y) = 2 - x^2 - y^2$의 그래프 아래 영역을 생각해보자.

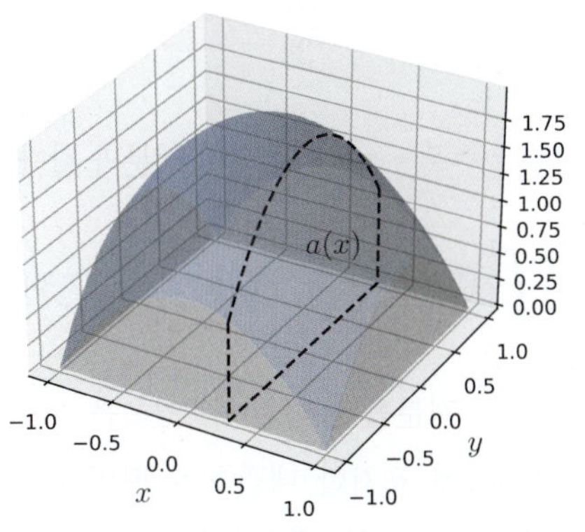

[그림 7-16] 그래프 아래 영역의 부피와 단면

그래프 아래 영역을 x축에 수직인 방향으로 잘라서 얻은 단면의 넓이를 $a(x)$라 하자. x축 구간 $[-1, 1]$을 $x_0, \cdots, x_N$으로 분할하고, 각 점 x_k에서 그래프 아래 영역을 자르면 점

x_{k-1}과 x_k에서의 단면 사이의 영역의 부피 A_k는 다음과 같이 근사된다.

$$A_k \approx a(x_k^*)(x_k - x_{k-1}), \quad x_k^* \in [x_{k-1}, x_k]$$

따라서 전체 부피 V는 다음과 같이 근사된다.

$$V \approx \sum_{k=1}^{N} A_k = \sum_{k=1}^{N} a(x_k^*)(x_k - x_{k-1})$$

분할의 개수 N이 무한히 증가하면 함수 $a(x)$의 정적분이 된다.

$$V = \int_{-1}^{1} a(x)dx \tag{7.31}$$

한편, 함수 $a(x)$의 값을 살펴보자. 이는 y축의 구간 $[-1, 1]$ 위에 정의된 일변수함수 $f(y) = 2 - x^2 - y^2$의 그래프 아래 영역의 넓이이다. 따라서 이 넓이를 다음과 같이 정적분으로 구할 수 있다.

$$a(x) = \int_{-1}^{1} (2 - x^2 - y^2)\, dy \tag{7.32}$$

또한 식 (7.31)과 (7.32)를 결합하면 그래프 아래 영역의 부피를 다음과 같이 구할 수 있다.

$$\begin{aligned}
\int_{-1}^{1}\left[\int_{-1}^{1}(2 - x^2 - y^2)dy\right]dx &= \int_{-1}^{1}(2 - x^2)y - \frac{y^3}{3}\Bigg|_{-1}^{1} dx \\
&= \int_{-1}^{1}\left(2(2 - x^2) - \frac{2}{3}\right)dx \\
&= \frac{10}{3}x - \frac{2}{3}x^3\Bigg|_{-1}^{1} = \frac{16}{3}
\end{aligned} \tag{7.33}$$

식 (7.33)은 직사각형 영역 $[-1, 1] \times [-1, 1]$에서의 함수 $z = 2 - x^2 - y^2$의 중적분과 같다.

$$\iint_{[-1,1]\times[-1,1]} (2 - x^2 - y^2)dx\,dy = \int_{-1}^{1}\left[\int_{-1}^{1}(2 - x^2 - y^2)dy\right]dx \tag{7.34}$$

식 (7.34)는 일변수함수의 정적분을 반복하여 이변수함수의 중적분을 계산할 수 있음을 보여준다. 이러한 적분을 **반복적분** iterated integral이라 한다. 식 (7.34)에 표기한 대괄호는 편의상 생략하기도 한다. 단, $dy\,dx$는 반복적분을 수행하는 순서[9]를 가리키므로 생략하거나 순서를 임의로 바꾸면 안 된다.

---

9 반복적분의 각 정적분은 하나의 변수를 제외한 나머지 변수를 상수로 생각하고, 일변수함수의 정적분과 같이 계산한다는 점에서 편미분과 비슷하다.

한편, x축에 수직인 방향으로 자른 단면이 아닌 y축에 수직인 방향으로 자른 단면의 넓이를 이용해 부피를 구할 수도 있다. 이 경우 다음과 같이 반복적분의 순서가 바뀐다.

$$\iint_{[-1,\,1]\times[-1,\,1]}(2-x^2-y^2)\,dx\,dy=\int_{-1}^{1}\left[\int_{-1}^{1}(2-x^2-y^2)\,dx\right]dy \qquad (7.35)$$

식 (7.35)의 결과는 식 (7.34)와 동일하다. 이를 **푸비니 정리**Fubini's theorem라 한다.

정리 7-5 푸비니 정리 I

영역 $[a,\,b]\times[c,\,d]$ 위에 정의된 이변수 연속함수 $f(x,\,y)$의 중적분은 다음을 만족한다.

$$\iint_{[a,\,b]\times[c,\,d]} f(x,\,y)\,dx\,dy=\int_a^b\int_c^d f(x,\,y)\,dy\,dx=\int_c^d\int_a^b f(x,\,y)\,dx\,dy \qquad (7.36)$$

푸비니 정리 I은 리만합을 사용하지 않고 이변수함수의 중적분을 구할 수 있는 방법이다.

예제 7-15 푸비니 정리 I

직사각형 영역 $[0,\,\pi]\times\left[-\frac{\pi}{2},\,\frac{\pi}{2}\right]$ 위에 정의된 다음 이변수함수 $f(x,\,y)$의 중적분을 서로 다른 두 반복적분으로 표현하고 계산하라.

$$f(x,\,y)=1-\cos(x)\sin(y) \qquad (7.37)$$

풀이

[그림 7-17]은 함수 (7.37)의 그래프 아래 영역을 나타낸 것이다.

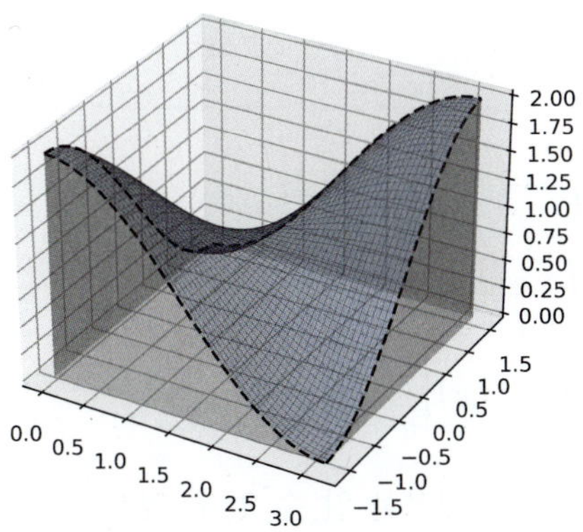

[그림 7-17] 함수 (7.37)의 그래프 아래 영역

푸비니 정리 I에 영역 $[0,\,\pi]\times\left[-\frac{\pi}{2},\,\frac{\pi}{2}\right]$와 함수 (7.37)을 대입해보자.

$$\iint_{[0,\,\pi]\times\left[-\frac{\pi}{2},\,\frac{\pi}{2}\right]}(1-\cos(x)\sin(y))\,dx\,dy$$

$$= \int_0^{\pi}\int_{-\frac{\pi}{2}}^{\frac{\pi}{2}}(1-\cos(x)\sin(y))\,dy\,dx = \int_0^{\pi}(y-\cos(x)(-\cos(y)))\Big|_{y=-\frac{\pi}{2}}^{\frac{\pi}{2}}\,dx = \pi^2$$

$$= \int_{-\frac{\pi}{2}}^{\frac{\pi}{2}}\int_0^{\pi}(1-\cos(x)\sin(y))\,dx\,dy = \int_{-\frac{\pi}{2}}^{\frac{\pi}{2}}(x-\sin(x)\sin(y))\Big|_{x=0}^{\pi}\,dx = \pi^2$$

따라서 주어진 영역의 부피는 π^2이다.

참고 푸비니 정리 I 의 반례

푸비니 정리 I 은 피적분함수가 적분영역에서 연속임을 전제로 한다. 만약 그렇지 않다면 식 (7.36)은 성립하지 않을 수도 있다. 예를 들어 영역 $[0,\,1]\times[0,\,1]$ 위에 다음과 같이 정의된 이변수함수를 살펴보자.

$$f(x,\,y) = \begin{cases} \dfrac{x^2-y^2}{(x^2+y^2)^2}, & (x,\,y)\neq(0,\,0) \\ 0, & (x,\,y)=(0,\,0) \end{cases} \tag{7.38}$$

두 가지의 반복적분으로 이 함수의 중적분을 구해보자. 첫 번째 반복적분은 다음과 같다.

$$\int_0^1\int_0^1\frac{x^2-y^2}{(x^2+y^2)^2}\,dx\,dy = \int_0^1\frac{-x}{x^2+y^2}\Big|_{x=0}^{1}\,dy$$
$$= \int_0^1\frac{-1}{1+y^2}\,dy$$
$$= -\tan^{-1}(y)\Big|_0^1 = -\frac{\pi}{4}$$

또한 두 번째 반복적분은 다음과 같다.

$$\int_0^1\int_0^1\frac{x^2-y^2}{(x^2+y^2)^2}\,dy\,dx = \int_0^1\frac{y}{x^2+y^2}\Big|_{x=0}^{1}\,dx$$
$$= \int_0^1\frac{1}{1+x^2}\,dx$$
$$= \tan^{-1}(x)\Big|_0^1 = \frac{\pi}{4}$$

두 반복적분은 서로 같지 않으므로 식 (7.36)이 성립하지 않음을 알 수 있다. 앞서 계산한 두 반복적분의 값 중 어느 것도 함수의 중적분이 아니다. 함수 (7.38)은 $[0,\,1]\times[0,\,1]$에서 적분불가능하다. 왜냐하면 함수 (7.38)은 점 $(0,\,0)$에서 발산하고, 따라서 점 $(0,\,0)$이 함수 (7.38)의 제거가능한 불연속점이 아니기 때문이다.

이번에는 직사각형이 아닌 영역에서의 중적분을 반복적분으로 계산해보자. 예를 들어 다음과 같이 정의된 영역 D를 생각해보자.

$$D = \{(x,\ y) | 0 \le y \le x,\ \ 0 \le x \le 1\} \tag{7.39}$$

[그림 7-18]은 영역 D 위에 정의된 함수 $f(x,\ y) = \sqrt{(1-x^2)y}$ 의 그래프 아래 영역을 나타낸 것이다. 이 영역의 부피를 x축에 수직인 단면의 넓이 $a(x)$를 이용해 구해보자.

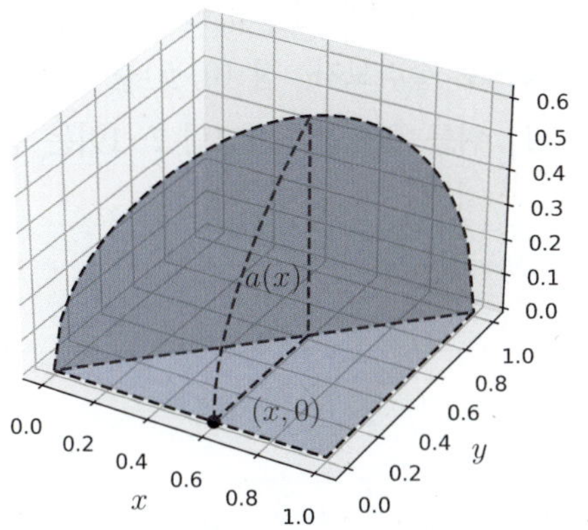

[그림 7-18] 영역을 x축 방향으로 자른 경우

[그림 7-18]과 같이 점 $(x,\ 0)$을 지나며 x축에 수직인 방향으로 함수 $z = f(x,\ y)$의 그래프 아래 영역을 자른 단면을 yz-평면에서 살펴보자. 변수 y는 구간 $[0,\ x]$ 위에서 움직이고, 이 구간 위에서의 단면은 y에 관한 일변수함수 $z = \sqrt{(1-x^2)y}$ 의 그래프 아래 영역과 같다. 이 단면의 넓이 $a(x)$는 정적분으로 다음과 같이 계산된다.

$$a(x) = \int_0^x \sqrt{(1-x^2)y}\, dy \tag{7.40}$$

따라서 함수 $f(x,\ y)$의 중적분, 즉 3차원 영역의 부피는 이 단면의 넓이를 x축 방향의 두께와 곱한 뒤 모두 더하여 근사할 수 있다. 이는 다음과 같은 반복적분으로 계산된다.

$$\begin{aligned}
\int_0^1 \int_0^x \sqrt{(1-x^2)y}\, dy\, dx &= \int_0^1 \int_0^x \sqrt{(1-x^2)y}\, dy\, dx \qquad (7.41) \\
&= \int_0^1 \sqrt{1-x^2}\, \frac{2}{3} y^{3/2} \Big|_0^x dx \\
&= \frac{2}{3} \int_0^1 x^{3/2} \sqrt{1-x^2}\, dx \\
&= \frac{2}{3} \int_0^{\pi/2} \sin^3(\theta) \cos(\theta) \cos(\theta)\, d\theta \qquad (x = \sin(\theta))
\end{aligned}$$

$$
\begin{aligned}
&= \frac{2}{3}\int_0^{\pi/2} \sin(\theta)(1-\cos^2(\theta))\cos^2(\theta)d\theta \\
&= \frac{2}{3}\int_1^{0} (1-t^2)t^2(-dt) \qquad (t=\cos(\theta)) \\
&= \frac{2}{3}\int_0^{1} t^2 - t^4 dt \\
&= \frac{2}{3}\left(\frac{t^3}{3} - \frac{t^5}{5}\right)\Bigg|_0^1 = \frac{4}{45}
\end{aligned}
$$

한편, 단면을 자르는 방향을 바꿔 부피를 계산할 수도 있다. 이때 반복적분의 순서와 적분 범위가 바뀐다. 식 (7.39)의 영역 D를 y축에 수직인 방향으로 잘라보자. 점 $(0, y)$를 지나는 영역 D의 단면에 속한 점 (x, y)의 x좌표는 구간 $[y, 1]$ 위를 움직인다. [그림 7-19]는 영역 D와 단면의 넓이 $a(y)$를 나타낸 것이다.

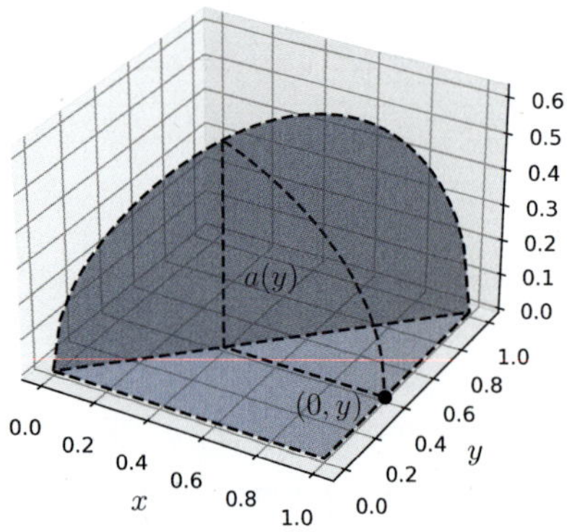

[그림 7-19] 영역을 y축 방향으로 자른 경우

[그림 7-19]와 같이 점 $(0, y)$를 지나며 y축에 수직인 방향으로 함수 $z = f(x, y)$의 그래프 아래 영역을 자른 단면을 xz-평면에서 살펴보자. 이는 구간 $[y, 1]$ 위에 정의된 일변수함수 $z = \sqrt{(1-x^2)y}$ 의 그래프 아래 영역과 같다. 따라서 영역의 부피, 즉 함수 $f(x, y)$의 중적분을 반복적분으로 다음과 같이 표현할 수도 있다.

$$
\iint_D \sqrt{(1-x^2)y}\, dx\, dy = \int_0^1 \int_y^1 \sqrt{(1-x^2)y}\, dx\, dy \tag{7.42}
$$

이와 같이 중적분을 반복적분으로 계산하는 것도 푸비니 정리라 한다.

정리 7-6 푸비니 정리 Ⅱ

2차원 영역 D가 다음과 같이 두 가지 방법으로 표현된다고 가정하자(여기서 각 함수 g_1, g_2, h_1, h_2는 주어진 구간에서 항상 $g_1(x) \le g_2(x)$, $h_1(y) \le h_2(y)$를 만족한다고 가정한다).

$$D = \{(x,\ y) \mid a \le x \le b,\ g_1(x) \le y \le g_2(x)\}$$
$$= \{(x,\ y) \mid c \le y \le d,\ h_1(y) \le x \le h_2(y)\}$$

이변수함수 $f(x,\ y)$가 영역 D 위에서 연속함수이면 다음이 성립한다.

$$\iint_D f(x,\ y)\,dx\,dy = \int_a^b \int_{g_1(x)}^{g_2(x)} f(x,\ y)\,dy\,dx = \int_c^d \int_{h_1(x)}^{h_2(x)} f(x,\ y)\,dx\,dy$$

참고 푸비니 정리 Ⅱ의 응용

식 (7.42)는 영역 D를 다음과 같이 기술한 것으로도 유도할 수 있다.

$$D = \{(x,\ y) \mid 0 \le y \le 1,\ y \le x \le 1\} \tag{7.43}$$

식 (7.39)와 (7.43)을 비교하면 단순히 x, y의 순서를 바꿔 반복적분을 계산하는 것이 아님을 알 수 있다. 다시 말해 식 (7.41)에 대해 다음과 같이 단순히 dx, dy의 순서를 바꾸고 적분구간을 옮기면 푸비니 정리를 만족하지 않을 뿐 아니라 의미가 통하지 않는다.

$$\int_0^1 \int_0^x \sqrt{(1-x^2)y}\,dy\,dx \ne \int_0^x \int_0^1 \sqrt{(1-x^2)y}\,dx\,dy$$

푸비니 정리 Ⅱ를 이용할 때는 특정 순서로 반복적분을 시행하는 것이 불리할 때가 있다. 예를 들어 식 (7.42)를 계산하려면 다음과 같이 조금 복잡한 과정이 필요하다.

$$\begin{aligned}
&\int_0^1 \int_y^1 \sqrt{(1-x^2)y}\,dx\,dy = \int_0^1 \int_{\sin^{-1}(y)}^{\pi/2} \sqrt{y}\cos^2(\theta)\,d\theta\,dy \qquad (x = \sin(\theta)) \\
&= \int_0^1 \int_{\sin^{-1}(y)}^{\pi/2} \sqrt{y}\,\frac{1+\cos(2\theta)}{2}\,d\theta\,dy = \int_0^1 \sqrt{y}\left(\frac{\theta}{2} + \frac{\sin(2\theta)}{4}\right)\Bigg|_{\sin^{-1}(y)}^{\pi/2} dy \\
&= \int_0^1 \sqrt{y}\left(\frac{\pi}{4} + \frac{\sin(\pi)}{4} - \frac{\sin^{-1}(y)}{2} - \frac{\sin(2\sin^{-1}(y))}{4}\right) dy \\
&= \frac{\pi}{4}\int_0^1 \sqrt{y}\,dy - \frac{1}{2}\int_0^1 \sqrt{y}\sin^{-1}(y)dy - \frac{1}{2}\int_0^1 y^{3/2}\sqrt{1-y^2}\,dy
\end{aligned}$$

예제 7-16 푸비니 정리 Ⅱ의 응용

구간 $[0,\ 1]$ 위의 함수 $y = x^2$의 그래프 아래 영역을 D라 할 때, 다음 중적분을 반복적분으로 구하라.

$$\iint_D \cos(x^3)\,dx\,dy \tag{7.44}$$

풀이

영역 D는 다음과 같이 두 가지 방법으로 표현된다.

$$\begin{aligned} D &= \{(x,\ y)\,|\,0 \le x \le 1,\ 0 \le y \le x^2\} \\ &= \{(x,\ y)\,|\,0 \le y \le 1,\ \sqrt{y} \le x \le 1\} \end{aligned}$$

이를 통해 식 (7.44)를 다음 두 가지 반복적분으로 계산할 수 있다.

$$\iint_D \cos(x^3)\,dx\,dy = \int_0^1 \int_0^{x^2} \cos(x^3)\,dy\,dx = \int_0^1 \int_{\sqrt{y}}^1 \cos(x^3)\,dx\,dy$$

두 번째 반복적분을 수행하려면 함수 $f(x) = \cos(x^3)$의 역도함수가 필요하다. 그러나 이 역도함수는 쉽게 표현되지 않으므로, 다음과 같이 첫 번째 반복적분으로 계산하자.

$$\int_0^1 \int_0^{x^2} \cos(x^3)\,dy\,dx = \int_0^1 x^2\cos(x^3)\,dx = \int_0^1 \frac{1}{3}\cos(t)\,dt = \frac{\sin(1)}{3}$$

앞서 살펴본 이변수함수에 관한 푸비니 정리 Ⅱ를 삼변수함수에 관한 푸비니 정리로 다음과 같이 확장할 수 있다.

정리 7-7 푸비니 정리 Ⅲ

다음과 같이 정의된 3차원 영역 R을 생각하자(여기서 각 함수 $g_1,\ g_2,\ h_1,\ h_2$는 각 영역에서 항상 $g_1(x) \le g_2(x),\ h_1(x,\ y) \le h_2(x,\ y)$를 만족한다고 가정한다).

$$R = \{(x,\ y,\ z)\,|\,a \le x \le b,\ g_1(x) \le y \le g_2(x),\ h_1(x,\ y) \le z \le h_2(x,\ y)\}$$

삼변수함수 $f(x,\ y,\ z)$가 영역 R에서 연속이면 다음이 성립한다.

$$\iiint_R f(x,\ y,\ z)\,dx\,dy\,dz = \int_a^b \int_{g_1(x)}^{g_2(x)} \int_{h_1(x,\ y)}^{h_2(x,\ y)} f(x,\ y,\ z)\,dz\,dy\,dx$$

예를 들어 다음 반복적분을 살펴보자.

$$\int_0^1 \int_0^1 \int_0^{x^2} xyz\,dz\,dy\,dx \tag{7.45}$$

푸비니 정리 Ⅲ에 의하면 식 (7.45)는 다음과 같이 정의된 영역 R 위의 함수 $f(x,\ y,\ z) = xyz$의 중적분과 같다.

$$R = \{(x,\ y,\ z)\,|\,0 \le x \le 1,\ 0 \le y \le 1,\ 0 \le z \le x^2\} \tag{7.46}$$

식 (7.46)은 $0 \le x \le 1$인 x축의 한 점 $(x, 0, 0)$에서 x축에 수직인 방향으로 영역 R을 자르고, 그 단면을 다시 $0 \le y \le 1$인 y축의 한 점 $(x, y, 0)$에서 y축에 수직인 방향으로 잘라 만든 수직선 위의 점을 (x, y, z)라 할 때, z좌표의 범위가 $0 \le z \le x^2$임을 의미한다.

이제 영역 R을 x, y, z축의 순서를 바꿔 표현해보자. [그림 7-20]은 이 과정을 나타낸 것이다. 먼저 영역 내의 점의 z좌표의 범위는 $0 \le z \le 1$이다. 점 $(0, 0, z)$를 지나고 z축에 수직인 평면으로 영역을 잘랐을 때 생성된 단면은 직사각형 영역 $[\sqrt{z}, 1] \times [0, 1]$이다([그림 7-20]의 파란색 실선으로 이 영역의 경계를 표현했다). 이 단면을 점 $(0, y, z)$를 지나며 y축에 수직인 방향으로 자르면 $\sqrt{z} \le x \le 1$인 선분이 만들어진다(이 선분은 [그림 7-20]의 검은색 실선에 해당한다). 따라서 식 (7.46)의 영역 R은 다음과 같이 표현된다.

$$R = \{(x, y, z) \mid 0 \le z \le 1,\ 0 \le y \le 1,\ \sqrt{z} \le x \le 1\}$$

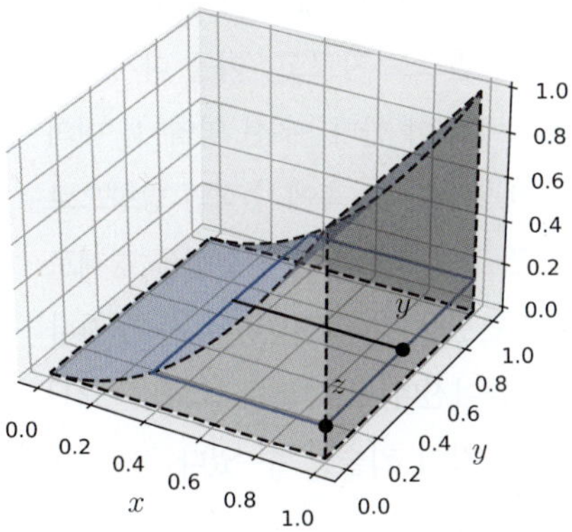

[그림 7-20] 식 (7.46)의 영역 R의 단면

따라서 반복적분 (7.45)는 다음과 같이 적분 순서를 바꿔 계산할 수도 있다.

$$\iiint_R xyz\,dx\,dy\,dz = \int_0^1 \int_0^1 \int_{\sqrt{z}}^1 xyz\,dx\,dy\,dz$$

예제 7-17 반복적분의 순서를 바꾸는 방법

다음과 같이 삼변수함수의 반복적분의 순서를 바꿀 때, 각 중적분의 범위를 결정하라.

$$\int_0^2 \int_0^x \int_0^y f(x, y, z)\,dz\,dy\,dx = \int_{\square}^{\square} \int_{\square}^{\square} \int_{\square}^{\square} f(x, y, z)\,dx\,dz\,dy \tag{7.47}$$

풀이

식 (7.47)의 좌변에 따라 적분영역 V는 다음과 같이 기술된다.

$$V = \{(x, y, z) \mid 0 \le x \le 2,\ 0 \le y \le x,\ 0 \le z \le y\} \tag{7.48}$$

식 (7.48)의 영역 V는 [그림 7-21]과 같이 나타낼 수 있다.

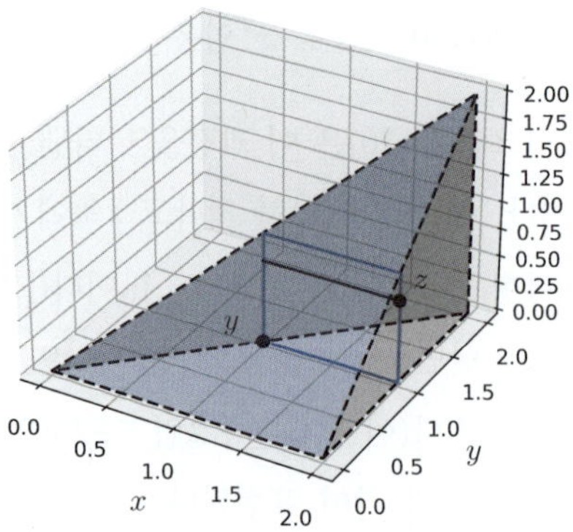

[그림 7-21] 식 (7.48)의 영역 V의 그래프

식 (7.47)은 3차원 영역 V 위에서의 함수 $f(x, y, z)$의 중적분이다. 식 (7.47)의 우변과 같이 기술하려면 [그림 7-21]의 영역 V를 y축에 수직인 단면으로 자르고, 이를 다시 z축에 수직인 방향으로 자른 뒤 x축의 범위를 따라 중적분을 수행해야 한다. 우선 영역 V 내의 점 (x, y, z)의 y좌표의 범위는 $0 \leq y \leq 2$이다. 점 $(0, y, 0)$을 지나 y축에 수직인 방향으로 자르면 직사각형 모양의 단면이 만들어진다(이 단면은 [그림 7-21]의 파란색 실선을 경계로 갖는 부분이다). 이때 z좌표의 범위는 $0 \leq z \leq y$이다. 이 단면을 다시 점 $(0, y, z)$를 지나며 z축에 수직인 방향으로 자르면 $y \leq x \leq 2$인 선분이 만들어진다(이 선분은 [그림 7-21]의 검은색 실선에 해당한다). 이를 통해 영역 V를 다음과 같이 기술할 수 있다.

$$V = \{(x, y, z) \mid 0 \leq y \leq 2,\ 0 \leq z \leq y,\ y \leq x \leq 2\}$$

따라서 영역 V 위의 중적분은 부분적분으로 다음과 같이 표현된다.

$$\iiint_V f(x, y, z)\,dx\,dy\,dz = \int_0^2 \int_0^y \int_y^2 f(x, y, z)\,dx\,dz\,dy$$

치환적분

이 절에서는 다변수함수의 치환적분에 대해 알아보자. 우선 일변수함수의 치환적분을 살펴보자.

$$\int_a^b f(g(x))g'(x)\,dx = \int_c^d f(y)\,dy \tag{7.49}$$

구간 $[a, b]$의 분할을 $x_0, \cdots, x_N$이라 하자. $y_k = g(x_k)$라 하면 이는 구간 $[c, d]$의 분할 $y_0, \cdots, y_N$을 결정한다.

각 k번째 구간 $[x_{k-1}, x_k]$에 평균값 정리(정리 4-9)를 적용하면 각 점 x_k^*를 다음 등식을 만족하는 값으로 간주할 수 있다.

$$g'(x_i^*)(x_i - x_{i-1}) = y_i - y_{i-1}$$

이때 $y_k^* = g(x_k^*)$라 하면 다음 등식이 성립한다.

$$\sum_{k=1}^{N} f(g(x_k^*))g'(x_k^*)(x_k - x_{k-1}) = \sum_{k=1}^{N} f(y_k^*)(y_k - y_{k-1}) \tag{7.50}$$

식 (7.50)의 각 변은 식 (7.49)의 각 변의 정적분의 리만합이다. 따라서 식 (7.49)가 성립한다. 여기서 핵심은 x축 구간의 길이 $\Delta x_k = x_k - x_{k-1}$과 이에 대응되는 y축 구간의 길이 $\Delta y_k = y_k - y_{k-1}$의 비율이 대략 $g'(x_k)$라는 점이다.

이변수함수의 치환적분에도 이와 같은 논리가 적용된다. 이를 위해 야코비안의 개념을 먼저 정의해보자.

정의 7-10 이변수함수의 야코비안

이변수함수 $\boldsymbol{T}(u, v) = (x, y)$에 대해 다음과 같이 정의된 함수를 **야코비안**Jacobian이라 한다.

$$\frac{\partial(x, y)}{\partial(u, v)} = \det\begin{bmatrix} x_u & x_v \\ y_u & y_v \end{bmatrix} \tag{7.51}$$

식 (7.51)에서 사용한 행렬 $\begin{bmatrix} u_x & v_x \\ u_y & v_y \end{bmatrix}$를 **야코비안 행렬**Jacobian matrix이라 한다. 이를 이용해 이변수함수의 치환적분을 다음과 같이 기술할 수 있다.

정리 7-8 이변수함수의 치환적분

uv-평면의 영역 U에서 xy-평면의 영역 D로의 전단사함수 $\boldsymbol{T}(u, v) = (x, y)$와 영역 D 위에 정의된 이변수 실숫값함수 $f(x, y)$에 대해 다음이 성립한다.

$$\iint_U (f \circ \boldsymbol{T})(u, v) \left| \frac{\partial(x, y)}{\partial(u, v)} \right| du\,dv = \iint_D f(x, y)\,dx\,dy \tag{7.52}$$

식 (7.52)의 좌변의 야코비안에 절댓값을 취한 것에 주의하자. 이를 쉽게 기억하기 위해 야코비안의 분모 $\partial(u, v)$가 적분기호 $du\,dv$와 상쇄되고 분자 $\partial(x, y)$가 우변의 $dx\,dy$로 바뀐다고 생각하면 된다.

$$\frac{\partial(x, y)}{\partial(u, v)}du\,dv = dx\,dy$$

예제 7-18 이변수함수의 치환적분

다음과 같이 정의된 2차원 영역 D를 생각하자.

$$D = \{(x, y) \mid 0 \le 2x - y \le 1,\ 1 \le x + y \le 2\}$$

이변수함수 $\boldsymbol{T}(u, v) = \left(\frac{u+v}{3},\ \frac{-u+2v}{3}\right)$와 식 (7.52)를 이용해 다음 중적분을 구하라.

$$\iint_D xy\,dx\,dy \tag{7.53}$$

풀이

$u = 2x - y$, $v = x + y$로 치환하면 x, y는 u, v에 관한 함수로 다음과 같이 표현된다.

$$x = \frac{u}{3} + \frac{v}{3},\quad y = -\frac{u}{3} + \frac{2v}{3}$$

이는 주어진 이변수함수 $\boldsymbol{T}$의 성분과 일치한다. 영역 D의 조건에 따라 u, v의 범위는 각각 $0 \le u \le 1$, $1 \le v \le 2$이므로 $\boldsymbol{T}$의 정의역 U는 다음과 같다.

$$U = \{(u, v) \mid 0 \le u \le 1,\ 1 \le v \le 2\}$$

식 (7.53)은 식 (7.52)의 우변이다. 이때 식 (7.53)의 좌변은 다음과 같이 계산된다.

$$\begin{aligned}\iint_{[0,\,1]\times[1,\,2]} \frac{(u+v)}{3} \cdot \frac{(-u+2v)}{3}\left|\frac{\partial(x, y)}{\partial(u, y)}\right| du\,dv &= \frac{1}{9}\int_0^1\int_1^2 (-u^2 + uv + 2v^2)\frac{1}{3}\,dv\,du \\ &= \frac{1}{27}\int_0^1 -u^2 + \frac{3}{2}u + \frac{14}{3}\,du \\ &= \frac{61}{324}\end{aligned}$$

야코비안 (7.51)과 치환적분의 식 (7.52)의 의미를 살펴보자. 우선 함수 $\boldsymbol{T} : U \to D$의 정의역 U가 직사각형 영역이라 가정하자. 이 영역을 균등격자분할하고 각 부분영역 R_{ij}의 사상 $\boldsymbol{T}(R_{ij})$를 생각하자. [그림 7-22]는 이 과정을 나타낸 것이다.

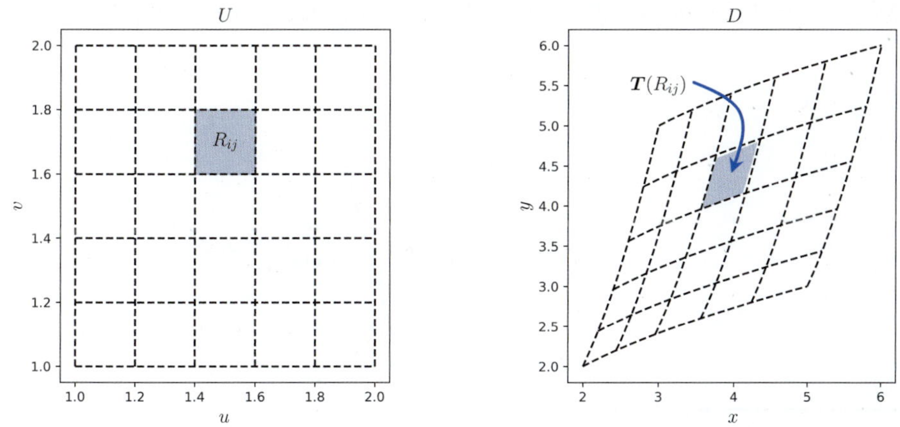

(a) 영역 U의 균등격자분할 (b) 정의역 U의 격자분할에 따른 치역의 분할

[그림 7-22] 두 2차원 영역 사이의 분할의 대응관계

각 인덱스 i, $j = 1, \cdots, N$에 대해 $\boldsymbol{T}(R_{ij})$는 영역 D의 부분영역이다. 단, 부분영역 R_{ij}와 같이 반듯한 직사각형 부분영역은 아니다. 이렇게 분할된 부분영역의 넓이를 살펴보자. 영역 U의 각 축의 부분구간의 길이를 각각 Δu, Δv라 하면, 부분영역 R_{ij}의 넓이는 $\Delta u \Delta v$이다. 이는 점 (u_{i-1}, v_{j-1})로부터 두 표준단위벡터 $\boldsymbol{e}_1 = \langle 1, 0 \rangle$, $\boldsymbol{e}_2 = \langle 0, 1 \rangle$의 방향으로 각각 Δu, Δv만큼 이동했을 때 만들어지는 평행사변형의 넓이이다. 이때 영역 D의 점 $\boldsymbol{T}(u_{i-1}, v_{j-1})$은 두 벡터 $\boldsymbol{v}_1 = \langle x_u, y_u \rangle$, $\boldsymbol{v}_2 = \langle x_v, y_v \rangle$를 따라 움직이고 각 성분은 다음과 같다.

$$\begin{bmatrix} x_u \\ y_u \end{bmatrix} = \begin{bmatrix} x_u & x_v \\ y_u & y_v \end{bmatrix} \begin{bmatrix} 1 \\ 0 \end{bmatrix}, \quad \begin{bmatrix} x_v \\ y_v \end{bmatrix} = \begin{bmatrix} x_u & x_v \\ y_u & y_v \end{bmatrix} \begin{bmatrix} 0 \\ 1 \end{bmatrix}$$

점 (u_{i-1}, v_{j-1})이 각각 Δu, Δv만큼 움직일 때, 점 $\boldsymbol{T}(u_{i-1}, v_{j-1})$이 움직인 길이는 벡터 $\Delta u \cdot \boldsymbol{v}_1$, $\Delta v \cdot \boldsymbol{v}_2$의 크기와 같다. 따라서 부분영역 $\boldsymbol{T}(R_{ij})$의 넓이 $\text{area}(\boldsymbol{T}(R_{ij}))$는 $\Delta u \cdot \boldsymbol{v}_1$, $\Delta v \cdot \boldsymbol{v}_2$로 둘러싸인 평행사변형의 넓이로 근사된다.

$$\begin{aligned} \text{area}(\boldsymbol{T}(R_{ij})) &\approx \left| \det \begin{bmatrix} \Delta u \cdot x_u & \Delta v \cdot x_v \\ \Delta u \cdot y_u & \Delta v \cdot y_v \end{bmatrix} \right| \\ &= \left| \det \begin{bmatrix} x_u & x_v \\ y_u & y_v \end{bmatrix} \right| \Delta u \Delta v \\ &= \left| \frac{\partial(x, y)}{\partial(u, v)} \right| \Delta u \Delta v \end{aligned} \tag{7.54}$$

[그림 7-23]은 두 부분영역 R_{ij}와 $\boldsymbol{T}(R_{ij})$의 넓이 사이의 관계를 나타낸 것이다.

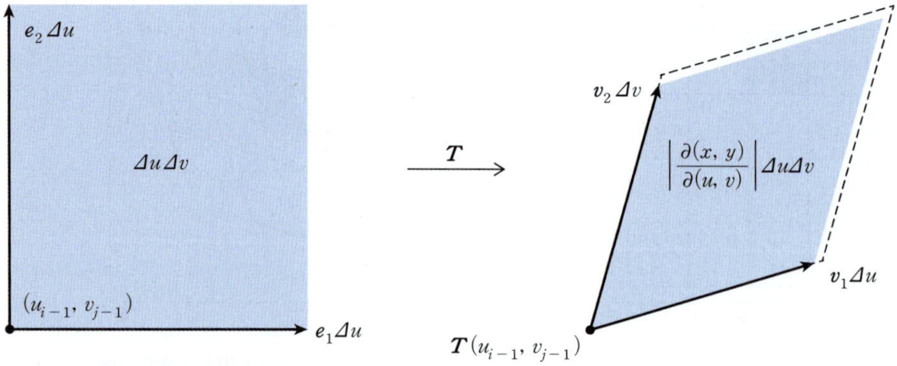

[그림 7-23] 두 영역 사이의 넓이 관계

이제 이변수함수의 치환적분을 다시 살펴보자. 식 (7.52)의 우변은 다음과 같은 리만합으로 근사된다.

$$\sum_{i, j=1}^{N} f(x_i^*, y_j^*) \cdot \text{area}(\boldsymbol{T}(R_{ij})) \tag{7.55}$$

식 (7.55)에 $(x_i^*, y_j^*) = \boldsymbol{T}(u_i^*, v_j^*)$와 식 (7.54)를 대입하면 다음과 같다.

$$\sum_{i, j=1}^{N} f \circ \boldsymbol{T}(u_i^*, v_j^*) \cdot \left|\frac{\partial(x, y)}{\partial(u, v)}\right| \Delta u \Delta v$$

이는 치환적분의 식 (7.52)의 좌변의 리만합이다. 이로써 치환적분이 성립함을 알 수 있다.

여기서 야코비안의 의미를 다시 생각해보자. 영역 R_{ij}의 넓이는 $\Delta u \cdot \Delta v$이므로 식 (7.52)는 다음과 같다.

$$\left|\frac{\partial(x, y)}{\partial(u, v)}\right| \approx \frac{\text{area}(\boldsymbol{T}(R_{ij}))}{\text{area}(R_{ij})}$$

즉 야코비안의 절댓값은 uv-평면의 한 점 (u, v)의 작은 근방 $U_{(u, v)}$의 넓이 area $U_{(u, v)}$와 그것의 사상인 점 (x, y)의 작은 근방 $D_{(x, y)} = \boldsymbol{T}(U_{(u, v)})$의 넓이 area $D_{(x, y)}$ 사이의 대략적인 비율이다.

$$\left|\frac{\partial(x, y)}{\partial(u, v)}\right| \approx \frac{\text{area}\, D_{(x, y)}}{\text{area}\, U_{(u, v)}}$$

극좌표변환 $T(r, \theta) = (r\cos(\theta), r\sin(\theta))$에 대한 야코비안을 계산하고 그 의미를 살펴보자.

$r\theta$-평면의 직사각형 영역 $[0, 1] \times \left[0, \frac{\pi}{2}\right]$의 각 축을 10개의 구간으로 균등분할하자. 격자점 중 $(4, 8)$-번째 격자점 $(r_4, \theta_8) = \left(\frac{3}{10}, \frac{7\pi}{20}\right)$를 선택하고, 이 점의 사상을 (x_3, y_7)이라 하자. [그림 7-24]는 $r\theta$-평면의 부분영역 $R_{4,8}$과 이 영역의 치역을 나타낸 것이다.

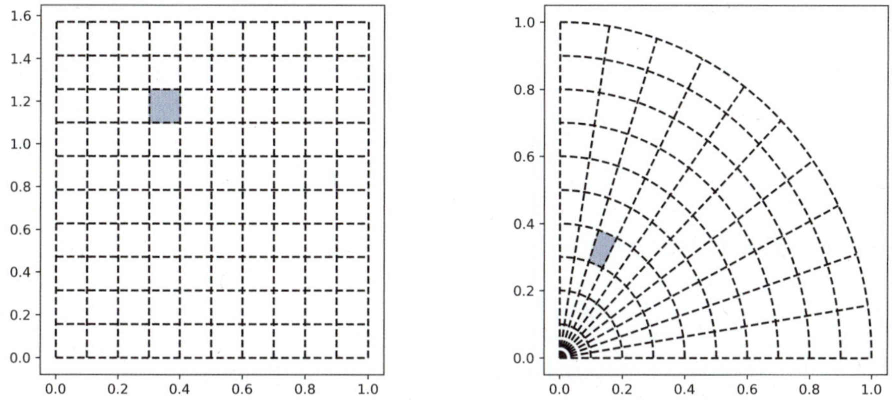

(a) $r\theta$-평면의 격자분할

(b) 극좌표변환에 의한 부분영역의 사상

[그림 7-24] 극좌표변환을 이용한 xy-평면의 영역의 분할

영역 $R_{4,8}$의 넓이는 $\frac{1}{10} \cdot \frac{\pi}{20} \approx 0.0314$이고, 이 영역에 대한 치역인 영역 $\boldsymbol{T}(R_{4,8})$은 $0.3 \le r \le 0.4$, $\frac{7\pi}{20} \le \theta \le \frac{8\pi}{20}$인 부채꼴 영역이므로 넓이는 다음과 같다.

$$\frac{1}{2}\left(\frac{4}{10}\right)^2 \frac{\pi}{20} - \frac{1}{2}\left(\frac{3}{10}\right)^2 \frac{\pi}{20} \approx 0.0055$$

이제 점 (r_4, θ_8)에서의 야코비안을 구해보자.

$$\frac{\partial(x, y)}{\partial(r, \theta)} = \det\begin{bmatrix} \cos(\theta_8) & -r_4\sin(\theta_8) \\ \sin(\theta_8) & r_4\cos(\theta_8) \end{bmatrix} = r_4 \approx \frac{3}{10}$$

이는 영역 $R_{4,8}$과 $\boldsymbol{T}(R_{4,8})$의 넓이의 비율 $\frac{0.0055}{0.0314} \approx 0.350$과 거의 일치한다.

예제 7-19 치환적분을 이용한 중적분 계산

다음과 같은 영역 D와 함수 $f(x, y) = \exp\left(\frac{y}{x+y}\right)$에 대해 중적분 $\iint_D f$를 구하라.

$$D = \{(x, y) \mid 0 \le x \le 1,\ 0 \le y \le 1-x\} \tag{7.56}$$

풀이

영역 D는 세 점 $(0, 0)$, $(1, 0)$, $(0, 1)$을 꼭짓점으로 갖는 삼각형이다. 푸비니 정리 Ⅱ에 의해 중적분 $\iint_D f$는 다음과 같이 계산된다.

$$\iint_D f = \int_0^1 \int_0^{1-x} \exp\left(\frac{y}{x+y}\right) dy\,dx = \int_0^1 \int_y^1 \exp\left(\frac{y}{x+y}\right) dx\,dy$$

여기서 문제는 두 반복적분 중 어느 것도 쉽게 계산되지 않는다는 점이다. 이를 해결하기 위해 $u = x+y$, $v = y$로 두고 x, y를 u, v에 대한 식으로 정리해보자.

$$x = u - v,\ \ y = v$$

이를 통해 함수 $\boldsymbol{T}(u, v) = (x, y)$를 다음과 같이 정의해보자.

$$T(u, v) = (u - v, v)$$

함수 $\boldsymbol{T}$의 치역이 식 (7.56)의 영역 D가 되게 하려면 uv-평면의 정의역 U는 다음과 같이 정의된다.

$$U = \{(u, v) \mid 0 \le u \le 1,\ 0 \le v \le u\}$$

[그림 7-25]는 영역 U와 D를 나타낸 것이다.

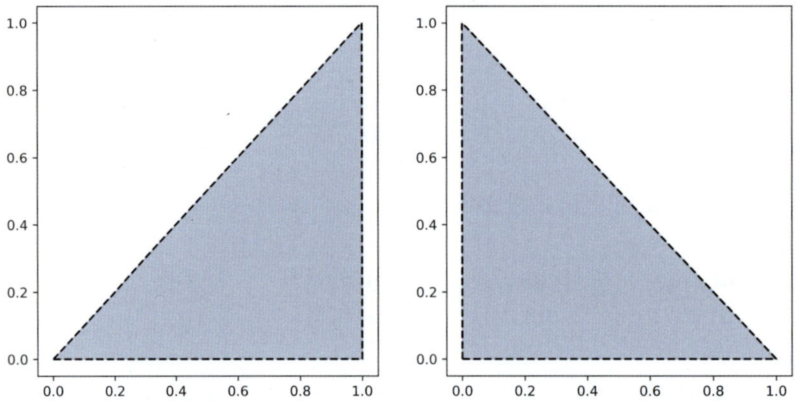

(a) 정의역 U (b) 치역 D

[그림 7-25] 이변수함수 $\boldsymbol{T}(u, v) = (u - v, v)$의 정의역과 치역

u, v와 x, y 사이에는 1차식 관계가 성립한다. 따라서 이변수함수 $\boldsymbol{T} : U \to D$는 전단사함수이다. 또한 야코비안은 다음과 같다.

$$\frac{\partial(x, y)}{\partial(u, v)} = \det\begin{bmatrix} 1 & -1 \\ 0 & 1 \end{bmatrix} = 1$$

이제 함수 $\boldsymbol{T}$를 식 (7.52)에 대입해보자.

$$\iint_U \exp\left(\frac{v}{u}\right) du\,dv = \iint_D \exp\left(\frac{y}{x+y}\right) dx\,dy$$

이때 위 식의 좌변은 다음과 같이 계산된다.

$$\begin{aligned}\iint_U \exp\left(\frac{v}{u}\right) du\,dv &= \int_0^1 \int_0^u \exp\left(\frac{v}{u}\right) dv\,du = \int_0^1 \exp\left(\frac{v}{u}\right)\Big|_{v=0}^{u} du \\ &= \int_0^1 (\exp(1)-1)\,du = \exp(1)-1\end{aligned}$$

한편, 치환적분은 함수 $\boldsymbol{T}(u, v) = (x, y)$가 전단사함수일 때만 가능하다. 이때 역함수 $\boldsymbol{T}^{-1}(x, y) = (u, v)$의 미분계수 $D(\boldsymbol{T}^{-1})$는 $D\boldsymbol{T}$의 역행렬이다. 따라서 $\boldsymbol{T}$와 $\boldsymbol{T}^{-1}$의 야코비안 사이에는 다음 관계가 성립한다.

$$\left(\frac{\partial(u, v)}{\partial(x, y)}\right)^{-1} = \frac{\partial(x, y)}{\partial(u, v)}$$

따라서 식 (7.52)는 다음과 같이 기술된다.

$$\iint_U (f \circ \boldsymbol{T})(u, v)\left|\frac{\partial(u, v)}{\partial(x, y)}\right|^{-1} du\,dv = \iint_D f(x, y)\,dx\,dy \tag{7.57}$$

예제 7-20 치환적분을 이용한 중적분 계산

제1사분면($x, y > 0$) 내의 네 쌍곡선 $x^2 - y^2 = 1$, $x^2 - y^2 = 9$, $xy = 2$, $xy = 4$로 둘러싸인 영역을 D라 할 때, 다음 중적분을 구하라.

$$\iint_D (x^2 + y^2)\,dx\,dy \tag{7.58}$$

풀이

영역 D의 경계는 두 변수 $u = x^2 - y^2$, $v = xy$의 값으로 결정된다. uv-평면의 정의역 U로부터 xy-평면의 치역 D로의 전단사함수 $\boldsymbol{T}(u, v) = (x, y)$를 생각하자. 이때 정의역 U는 직사각형 영역 $U = [1, 9] \times [2, 4]$이다. 이변수함수 $\boldsymbol{T}$의 역함수 $\boldsymbol{T}^{-1}(x, y) = (u, v)$는 다음과 같다.

$$\boldsymbol{T}^{-1}(x, y) = (x^2 - y^2, xy)$$

식 (7.57)을 이용해 중적분 (7.58)을 계산해보자. 먼저 역함수 $\boldsymbol{T}^{-1}$의 야코비안은 다음과 같다.

$$\frac{\partial(u, v)}{\partial(x, y)} = \det\begin{bmatrix} 2x & -2y \\ y & x \end{bmatrix} = 2(x^2 + y^2)$$

따라서 중적분 (7.58)은 다음과 같이 계산된다.

$$\iint_D (x^2+y^2)\,dx\,dy = \iint_U (x^2+y^2)\frac{1}{2(x^2+y^2)}\,du\,dv = \int_1^9\int_2^4 \frac{1}{2}\,du\,dv = 8$$

마지막으로 삼변수함수의 치환적분을 살펴보자. 이를 위해 3차원 영역 사이에 정의된 전단사 함수의 야코비안을 다음과 같이 정의하자.

정의 7-11 삼변수함수의 야코비안

삼변수함수 $\boldsymbol{T}(u, v, w) = (x, y, z)$의 **야코비안**은 다음과 같다.

$$\frac{\partial(x, y, z)}{\partial(u, v, w)} = \det\begin{bmatrix} x_u & x_v & x_w \\ y_u & y_v & y_w \\ z_u & z_v & z_w \end{bmatrix} \tag{7.59}$$

식 (7.59)의 크기는 세 3차원 벡터 $\langle x_u, x_v, x_w\rangle$, $\langle y_u, y_v, y_w\rangle$, $\langle z_u, z_v, z_w\rangle$로 둘러싸인 평행육면체의 부피이다. 삼변수함수의 야코비안 (7.59)의 절댓값은 uvw-공간의 한 점 (u, v, w)의 (작은) 근방 $V_{(u, v, w)}$의 부피 vol $V_{(u, v, w)}$와 그것의 치역인 $W_{(x, y, z)}$의 부피 vol $R_{(x, y, z)}$ 사이의 대략적인 비율을 가리킨다.

$$\left|\frac{\partial(x, y, z)}{\partial(u, v, w)}\right| \approx \frac{\operatorname{vol} R_{(x, y, z)}}{\operatorname{vol} V_{(u, v, w)}}$$

삼변수함수의 치환적분은 다음과 같이 기술된다.

정리 7-9 삼변수함수의 치환적분

uvw-공간에서 xyz-공간으로의 전단사함수 $\boldsymbol{T} : V \to W$와 영역 W 위에 정의된 연속함수 $f(x, y, z)$에 대해 다음이 성립한다.

$$\iiint_V (f \circ \boldsymbol{T})(u, v, w)\left|\frac{\partial(x, y, z)}{\partial(u, v, w)}\right| du\,dv\,dw = \iiint_W f(x, y, z)\,dx\,dy\,dz \tag{7.60}$$

예제 7-21 삼변수함수의 치환적분

다음과 같이 W를 3차원 xyz-공간의 단위구라 하자.

$$W=\{(x, y, z) \mid x^2+y^2+z^2 \le 1\} \tag{7.61}$$

치환적분을 이용해 다음 중적분을 구하라.

$$\iiint_W \sqrt{1-x^2-y^2-z^2}\, dx\, dy\, dz \tag{7.62}$$

풀이

함수 $\boldsymbol{T}: V \to W$를 다음과 같이 정의하자.

$$\boldsymbol{T}(r, \theta, \rho)=(r\sin(\theta)\cos(\rho),\ r\sin(\theta)\sin(\rho),\ r\cos(\theta))$$

식 (7.61)의 영역 W를 치역으로 갖기 위해 $r\theta\rho$-공간의 정의역 V는 다음과 같이 둔다.

$$V=[0, 1]\times[0, \pi]\times[0, 2\pi]$$

한편 함수 $\boldsymbol{T}$의 야코비안은 다음과 같다.

$$\frac{\partial(x, y, z)}{\partial(r, \theta, \rho)}=\det\begin{bmatrix} \sin(\theta)\cos(\rho) & r\cos(\theta)\cos(\rho) & -r\sin(\theta)\sin(\rho) \\ \sin(\theta)\sin(\rho) & r\cos(\theta)\sin(\rho) & r\sin(\theta)\cos(\rho) \\ \cos(\theta) & -r\sin(\theta) & 0 \end{bmatrix}=r^2\sin(\theta)$$

따라서 중적분 (7.62)는 식 (7.60)에 의해 다음과 같다.

$$\begin{aligned}
\iiint_V \sqrt{1-x^2-y^2-z^2}\, dx\, dy\, dz &= \iiint_W \sqrt{1-r^2}\, r^2\sin(\theta)\, dr\, d\theta\, d\rho \\
&= \int_0^1\int_0^\pi\int_0^{2\pi} r^2\sqrt{1-r^2}\,\sin(\theta)\, d\rho\, d\theta\, dr \\
&= 4\pi\int_0^1 r^2\sqrt{1-r^2}\, dr \\
&= 4\pi\int_0^{\pi/2} \sin^2(t)\cos^2(t)\, dt \quad (r=\sin(t)) \\
&= 4\pi\int_0^{\pi/2} \frac{1}{4}\sin^2(2t)\, dt \\
&= \pi\int_0^{\pi/2} \frac{1-\cos(4t)}{2}\, dt = \frac{\pi^2}{4}
\end{aligned}$$

예제 7-22 삼변수함수의 치환적분

치환적분을 이용해 다음과 같은 타원체 W의 부피를 구하라(단, a, b, $c>0$이라 가정한다).

$$W=\left\{(x, y, z)\ \middle|\ \frac{x^2}{a^2}+\frac{y^2}{b^2}+\frac{z^2}{c^2}\le 1\right\}$$

풀이

3차원 영역 W의 부피는 상수함수 $f=1$의 중적분과 같다.

$$\iiint_W dx\,dy\,dz \tag{7.63}$$

$V=[0,1]\times[0,\pi]\times[0,2\pi]$라 할 때, 구면좌표계를 이용해 전단사함수 $\boldsymbol{T}:V\to W$를 다음과 같이 정의하자.

$$\boldsymbol{T}(r,\theta,\rho)=(ar\sin(\theta)\cos(\rho),\ br\sin(\theta)\sin(\rho),\ cr\cos(\theta))$$

이 함수의 야코비안은 다음과 같다.

$$\frac{\partial(x,y,z)}{\partial(r,\theta,\rho)}=\det\begin{bmatrix} a\sin(\theta)\cos(\rho) & ra\cos(\theta)\cos(\rho) & -ra\sin(\theta)\sin(\rho) \\ b\sin(\theta)\sin(\rho) & rb\cos(\theta)\sin(\rho) & rb\sin(\theta)\cos(\rho) \\ c\cos(\theta) & -rc\sin(\theta) & 0 \end{bmatrix}=r^2abc\sin(\theta)$$

따라서 정적분 (7.63)은 다음과 같다.

$$\int_0^1\int_0^\pi\int_0^{2\pi} r^2abc\sin(\theta)\,d\rho d\theta dr=\frac{4\pi}{3}abc$$

이상적분

지금까지 살펴본 모든 정적분과 중적분은 유한한 영역에서만 정의했다. 그렇다면 무한한 영역에서도 정적분과 중적분을 정의할 수 있을까? 이 절에서는 무한한 영역 위에서 정적분과 중적분을 계산하는 방법인 이상적분에 대해 알아본다.

반열린구간 $(0,1]$ 위에 정의된 함수 $f(x)=\dfrac{1}{x^2}$을 생각해보자. 함숫값은 구간의 왼쪽 끝점 $x=0$에서 정의되지 않는다. 또한 x가 0에 가까울수록 함숫값 $f(x)$는 무한대로 발산하므로 $x=0$은 제거가능한 불연속점도 아니다. 정의역 구간 $(0,1]$은 유한하지만, [그림 7-26]과 같이 함수 $y=f(x)$의 그래프 아래 영역은 위로 무한히 뻗어있다.

이 영역의 넓이를 계산하기 위해 먼저 0에 가까운 양의 실수 a에 대해 닫힌구간 $[a,1]$ 위의 정적분 $\displaystyle\int_a^1 f(x)\,dx$를 구해보자.

$$\int_a^1\frac{1}{x^2}\,dx=\left.\frac{-1}{x}\right|_a^1=\frac{1}{a}-1$$

이는 [그림 7-26]에서 파란색 영역의 넓이에 해당한다. 구간 $[a,1]$의 왼쪽 끝점 $x=a$가 0에 한없이 가까워질 때 그 극한을 계산하면 다음과 같다.

$$\lim_{a\to 0^+}\int_a^1 \frac{1}{x^2}dx = \lim_{a\to 0^+}\frac{-1}{x}\Bigg|_{x=a}^{1} = \lim_{a\to 0^+}\left(\frac{1}{a}-1\right) = \infty$$

따라서 (0, 1] 위에서 함수의 그래프 아래 영역의 넓이는 무한함을 알 수 있다.

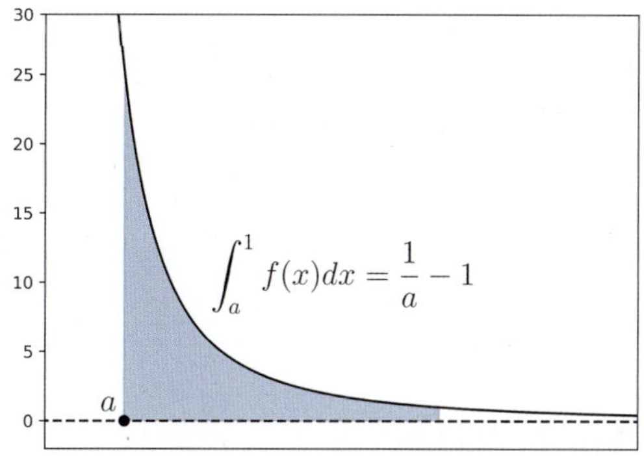

[그림 7-26] 구간 (0, 1]에서 함수 $y = \frac{1}{x}$의 그래프 아래 영역의 넓이를 구하는 방법

이번에는 같은 반열린구간 (0, 1] 위에 정의된 함수 $f(x) = \frac{1}{\sqrt{x}}$의 그래프 아래 영역의 넓이를 비슷한 방식으로 구해보자.

$$\lim_{a\to 0}\int_a^1 \frac{1}{\sqrt{x}}dx = \lim_{a\to 0}2\sqrt{x}\Bigg|_{x=a}^{1} = \lim_{a\to 0}2(1-\sqrt{a}) = 2$$

따라서 그래프 아래 영역의 넓이는 2임을 알 수 있다. 즉 함수 $f(x) = \frac{1}{\sqrt{x}}$의 그래프 아래 영역은 [그림 7-27]과 같이 무한히 뻗어있지만, 그 넓이가 무한하지는 않다.

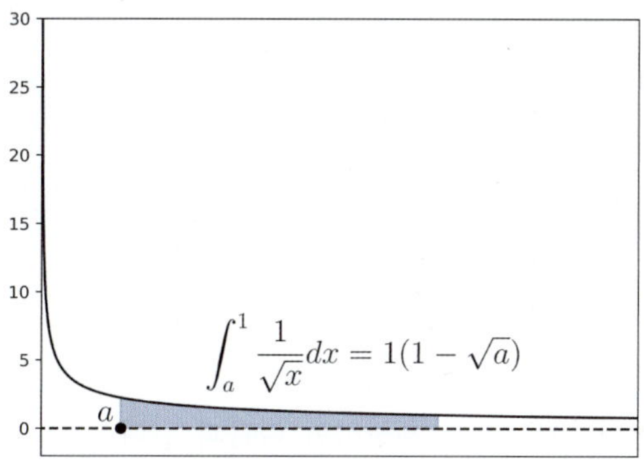

[그림 7-27] 구간 (0, 1]에서 함수 $y = \frac{1}{\sqrt{x}}$의 그래프 아래 영역의 넓이를 구하는 방법

이와 같은 방식으로 무한한 영역의 넓이를 구하는 방법을 이상적분이라 한다.

정의 7-12 일변수함수의 이상적분

주어진 구간과 함수에 대해 다음과 같이 정의된 값을 **이상적분**improper integral이라 한다.

(1) 함수 $f(x)$가 반열린구간 $(a, b]$(또는 $[a, b)$)에서 연속이고 $x=a$(또는 $x=b$)에서 발산하는 경우, $\int_a^b f(x)\,dx$를 다음과 같이 정의한다.

$$\int_a^b f(x)\,dx = \lim_{t\to a^+}\int_t^b f(x)\,dx \quad \left(\text{또는 } \lim_{t\to b^-}\int_a^t f(x)\,dx\right)$$

(2) 함수 $f(x)$가 반무한구간 $(-\infty, b]$(또는 $[a, \infty)$)에서 연속일 때, $\int_{-\infty}^b f(x)\,dx$ (또는 $\int_a^\infty f(x)\,dx$)를 다음과 같이 정의한다.

$$\begin{aligned}\int_{-\infty}^b f(x)\,dx &= \lim_{t\to\infty}\int_{-t}^b f(x)\,dx\\ \int_a^\infty f(x)\,dx &= \lim_{t\to\infty}\int_a^t f(x)\,dx\end{aligned} \tag{7.64}$$

(3) 함수 $f(x)$가 점 $x=c$를 제외한 닫힌구간 $[a, b]$ 내의 모든 점에서 연속일 때, $\int_a^b f(x)\,dx$를 다음과 같이 정의한다.

$$\int_a^b f(x)\,dx = \int_a^c f(x)\,dx + \int_c^b f(x)\,dx \tag{7.65}$$

식 (7.65)와 같이 이상적분을 계산하는 경우, 우변의 항이 모두 존재할 때만 이상적분이 존재한다. 예를 들어 다음 이상적분을 살펴보자.

$$\int_{-\infty}^\infty x\exp(-x^2)\,dx \tag{7.66}$$

점 $x=0$을 중심으로 적분구간을 분할하여 식 (7.66)을 두 이상적분의 합으로 나타내자.

$$\int_{-\infty}^\infty x\exp(-x^2)\,dx = \int_{-\infty}^0 x\exp(-x^2)\,dx + \int_0^\infty x\exp(-x^2)\,dx \tag{7.67}$$

이상적분의 식 (7.64)에 따라 식 (7.67)의 우변의 항을 각각 계산하면 다음과 같다.

$$\begin{aligned}\int_{-\infty}^0 x\exp(-x^2)\,dx &= \lim_{t\to\infty}\int_{-t}^0 x\exp(-x^2)\,dx\\ &= \lim_{t\to\infty}\frac{-1}{2}\exp(-x^2)\Big|_{x=0}^{t} = \lim_{t\to\infty}\frac{1}{2}\left(1-\exp(-t^2)\right) = \frac{1}{2}\end{aligned}$$

따라서 이상적분 (7.66)은 0이다. 한편, 식 (7.65)의 우변의 항 중 어느 하나라도 존재하지 않으면 이상적분은 존재하지 않는다. 예를 들어 다음 이상적분을 살펴보자.

$$\int_0^2 \frac{1}{(x-1)^2}\,dx \tag{7.68}$$

식 (7.68)의 피적분함수는 적분구간의 양 끝점에서 연속이므로 언뜻 정적분처럼 보이지만 그렇지 않다. [그림 7-28]과 같이 함수 $f(x)=\dfrac{1}{(x-1)^2}$은 점 $x=1$에서 발산한다. 따라서 이상적분 (7.68)은 다음과 같이 계산해야 한다.

$$\int_0^2 \frac{1}{(x-1)^2}\,dx = \int_0^1 \frac{1}{(x-1)^2}\,dx + \int_1^2 \frac{1}{(x-1)^2}\,dx \tag{7.69}$$

식 (7.69)의 우변의 첫 번째 이상적분은 $a<1$일 때 닫힌구간 $[0, a]$에서의 정적분을 구한 뒤 $a \to 1^-$를 취해 극한을 구한다. 이는 [그림 7-28]의 왼쪽 영역이다. 식 (7.69)의 우변의 두 번째 이상적분은 $b>1$일 때 닫힌구간 $[b, 2]$에서의 정적분을 구한 뒤 $b \to 1^+$를 취해 극한을 구한다. 각 이상적분은 다음과 같이 계산된다.

$$\int_0^1 \frac{1}{(x-1)^2}\,dx = \lim_{a\to 1^-}\int_a^1 \frac{1}{(x-1)^2}\,dx = \lim_{a\to 1^-}\frac{-1}{x-1}\bigg|_{x=0}^{a} = \lim_{a\to 1^-} -\frac{1}{a-1} - 1 = \infty$$
$$\int_1^2 \frac{1}{(x-1)^2}\,dx = \lim_{b\to 1^+}\int_b^2 \frac{1}{(x-1)^2}\,dx = \lim_{b\to 1^+}\frac{-1}{x-1}\bigg|_{x=b}^{2} = \lim_{b\to 1^+} \frac{1}{b-1} - 1 = \infty$$

따라서 식 (7.68)의 이상적분은 존재하지 않는다.

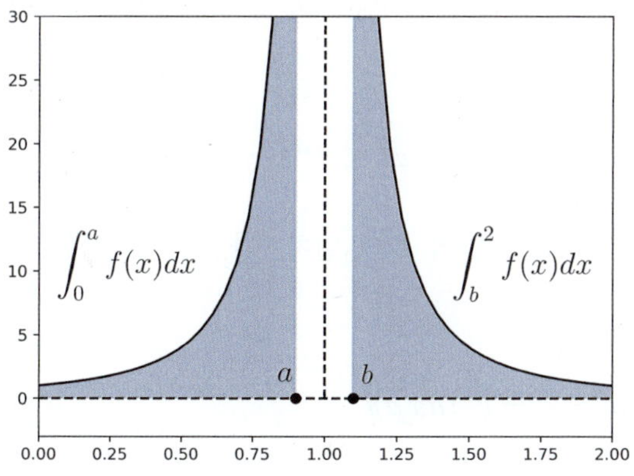

[그림 7-28] 이상적분 $\int_0^2 \frac{1}{(x-1)^2}\,dx$의 계산

예제 7-23 이상적분의 계산

다음 이상적분을 구하라.

$$\int_{0}^{\infty} x\exp(-x)\,dx$$

풀이

충분히 큰 수 $b>0$에 대해 정적분 $\int_{0}^{b} x\exp(-x)dx$를 계산하자.

$$\begin{aligned}\int_{0}^{b} x\exp(-x)\,dx &= -x\exp(-x)\Big|_{0}^{b} + \int_{0}^{b}\exp(-x)\,dx \\ &= -b\exp(-b) - \exp(-x)\Big|_{0}^{b} \\ &= 1-\exp(-b)-b\exp(-b)\end{aligned}$$

따라서 이상적분은 다음과 같다.

$$\int_{0}^{\infty} x\exp(-x)\,dx = \lim_{b\to\infty}(1-\exp(-b)-b\exp(-b)) = 1$$

이변수함수의 경우에도 이상적분을 정의할 수 있다. 예를 들어 제1사분면 영역 $D=[0,\ \infty)\times[0,\ \infty)$ 위에 다음과 같이 정의된 적분을 살펴보자.

$$\iint_{D}\exp(-x^2-y^2)\,dx\,dy \tag{7.70}$$

적분영역이 유한하지 않으므로 이는 이변수함수의 이상적분이다. D_R을 xy-평면의 부채꼴 영역이라 하자.

$$D_R = \{(x,\ y)\,|\,x\ge 0,\ \ y\ge 0,\ \ x^2+y^2\le R^2\}$$

반지름 R이 무한히 증가하면 영역 D_R은 제1사분면 영역 D와 일치한다. 따라서 이상적분 (7.70)은 다음과 같다.

$$\lim_{R\to\infty}\iint_{D_R}\exp(-x^2-y^2)\,dx\,dy \tag{7.71}$$

극좌표변환 $\boldsymbol{T}(r,\ \theta)=(r\cos(\theta),\ r\sin(\theta))$는 $r\theta$-평면의 영역 $U_R=[0,\ R]\times\left[0,\ \frac{\pi}{2}\right]$를 D_R로 변환한다. 치환적분 공식 (7.51)을 이용해 D_R 위에서의 중적분을 구하면 다음과 같다.

$$\begin{aligned}\iint_{D_R} \exp(-x^2-y^2)\,dx\,dy &= \iint_{U_R} \exp(-r^2)\,r\,dr\,d\theta \\ &= \int_0^R r\exp(-r^2)\,dr \int_0^{\pi/2} d\theta \\ &= -\frac{\pi}{2}\frac{\exp(-r^2)}{2}\bigg|_0^R \\ &= \frac{\pi}{4}(1-\exp(-R^2))\end{aligned}$$

따라서 이상적분 (7.71)은 다음과 같다.

$$\iint_D \exp(-x^2-y^2)\,dx\,dy = \lim_{R\to\infty} \frac{\pi}{4}(1-\exp(-R^2)) = \frac{\pi}{4}$$

참고 이변수함수의 이상적분의 활용

제1사분면 영역 D는 $[0, \infty)\times[0, \infty)$와 같다. 따라서 식 (7.71)은 다음과 같이 반복적분으로 나타낼 수 있다.

$$\begin{aligned}\int_0^\infty \int_0^\infty \exp(-x^2-y^2)\,dx\,dy &= \int_0^\infty \exp(-x^2)\,dx \int_0^\infty \exp(-y^2)\,dx\,dy \\ &= \left(\int_0^\infty \exp(-x^2)\,dx\right)^2 = \frac{\pi}{4}\end{aligned}$$

이로부터 일변수함수의 이상적분을 다음과 같이 도출할 수 있다.

$$\int_0^\infty \exp(-x^2)\,dx = \frac{\sqrt{\pi}}{2}$$

SECTION 7.3 적분의 활용

이 절에서는 지금까지 살펴본 적분 개념을 통해 정적분과 중적분으로 계산할 수 있는 기하적 개념인 길이, 넓이, 부피에 대해 더 자세히 살펴보고자 한다. 이러한 기하적 개념을 정의하고 계산하는 것은 기하적 대상에 대한 탐구로 자연스럽게 이어진다. 예를 들어 길이 개념은 곡선의 정의로부터 시작되며, 넓이 개념은 곡면의 정의로부터 시작된다. 이 절에서 살펴볼 곡선과 곡면의 개념은 이후 장에서 다룰 벡터장과 적분에 관한 정리를 이해하는 데 기초가 된다.

곡선의 길이

길이란 1차원 도형의 크기를 결정하는 값이다. 예를 들어 좌표평면의 두 점 $P=(x_1, y_1)$과 $Q=(x_2,\ y_2)$를 잇는 선분 PQ의 길이는 피타고라스 정리에 의해 [그림 7-29]와 같이 삼각형의 빗변의 길이로 정의된다.

$$PQ=\sqrt{(x_1-x_2)^2+(y_1-y_2)^2}$$

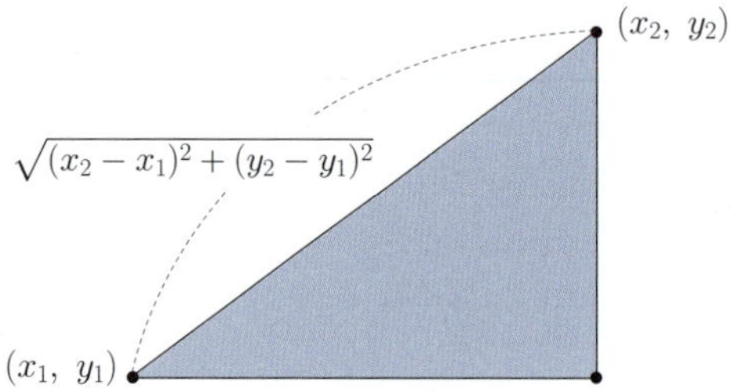

[그림 7-29] 삼각형의 빗변의 길이

일반적으로 길이는 곡선에 대해 정의되는 양이다. 이 값을 정의하려면 먼저 곡선이 무엇인지 정의해야 한다. 곡선은 좌표평면 및 좌표공간에 연속적으로 분포된 1차원 영역을 말한다. 이를 구체적으로 다음과 같이 정의하자.

정의 7-13 곡선

구간 $[a, b]$에서 n차원 공간 $\mathbb{R}^n$으로의 연속함수 $c : [a, b] \to \mathbb{R}^n$의 치역을 **곡선**curve이라 한다.

곡선은 문자 그대로 굽은 선이다. 굽은 선의 길이를 재는 방법은 크게 두 가지이다. 곡선을 잘게 나누어 선분으로 근사하는 방법과 곡선 위를 움직이는 점의 속력을 측정하는 방법이다. 먼저 속력을 측정하는 방법을 살펴보자. n차원 공간 $\mathbb{R}^n$의 점 P가 시간 $a \le t \le b$에서 곡선 C를 따라 매시간 $v(t)$의 속력으로 움직인다고 가정하자. 점 P가 왔던 길을 되돌아가지 않는다고 가정할 때, 곡선 C의 길이 $L(C)$는 다음과 같다.

$$L(C) = \int_a^b v(t)dt$$

이제 곡선 C가 2차원 좌표평면의 매개곡선 $c(t) = (x(t), y(t))$로 매개화되었다고 하자. 이때 각 시간 t에서 점 $c(t)$의 속도는 $c'(t) = \langle x'(t), y'(t) \rangle$이다. 마찬가지로 $c(t)$가 왔던 길을 되돌아가지 않는다고 가정하면 곡선 C의 길이 $L(C)$는 매시간 t에서의 속력 $v(t) = \|c'(t)\|$를 적분하여 구할 수 있다.

$$L(C) = \int_a^b \|c'(t)\| dt \tag{7.72}$$

이를 통해 구간 $[a, b]$ 위의 함수 $y = f(x)$의 그래프 곡선의 길이를 구할 수 있다. 함수의 그래프는 매개곡선 $c(t) = (t, f(t))$로 매개화된다. 이때 변수 t의 범위는 $a \le t \le b$이므로 식 (7.72)에 의해 곡선의 길이는 다음과 같다.

$$L(C) = \int_a^b \sqrt{1 + f'(t)^2}\, dt \tag{7.73}$$

예제 7-24 곡선의 길이

[그림 7-30]과 같이 반지름이 2이고 중심이 $(0, 2)$인 원이 시계방향으로 회전할 때, 원주 위의 점 P가 원점 $(0, 0)$으로부터 움직이는 자취를 **사이클로이드**cycloid라 한다. 이 사이클로이드 곡선을 매개함수로 표현하고, 원이 한 바퀴 굴렀을 때 만들어지는 사이클로이드 곡선의 길이를 구하라.

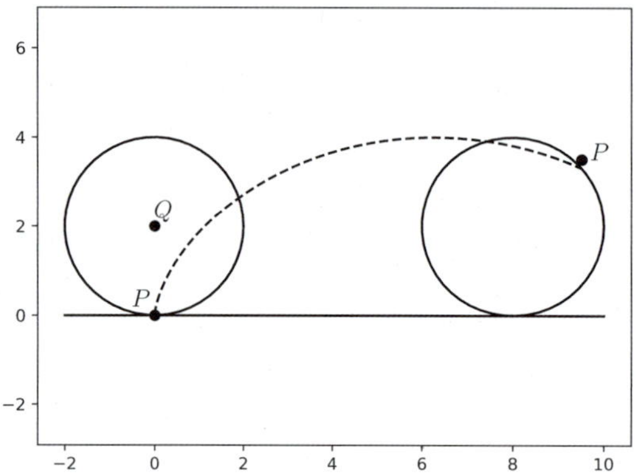

[그림 7-30] 사이클로이드 곡선

풀이

원의 각속도가 1(rad/sec)이며 원이 $t=0$일 때 움직이기 시작한다고 가정하자. [그림 7-30]과 같이 원의 중심을 Q라 할 때, 점 Q는 초당 2의 속도로 움직인다. 따라서 시간 t에서의 벡터 $\overrightarrow{OQ}$의 좌표는 다음과 같다.

$$\overrightarrow{OQ} = \langle 2t, 2 \rangle \tag{7.74}$$

한편 벡터 $\overrightarrow{QP}$는 $t=0$일 때 $\left\langle \cos\left(-\frac{\pi}{2}\right), \sin\left(-\frac{\pi}{2}\right) \right\rangle$이고, 원주 위를 시계방향으로 움직이는 화살표의 끝점의 좌표를 성분으로 갖는다.

$$\overrightarrow{QP} = \left\langle 2\cos\left(-t-\frac{\pi}{2}\right), 2\sin\left(-t-\frac{\pi}{2}\right) \right\rangle = \langle -2\sin(t), -2\cos(t) \rangle \tag{7.75}$$

식 (7.74)와 (7.75)를 결합하면 벡터 $\overrightarrow{OP}$의 성분을 얻는다. 이는 곧 사이클로이드 곡선의 매개함수이다.

$$\overrightarrow{OP} = \langle 2t-2\sin(t), 2-2\cos(t) \rangle$$

이제 $0 \le t \le 2\pi$일 때 사이클로이드 곡선의 길이를 구하자. 각 시간 t에서 점 $c(t)$의 속도는 다음과 같다.

$$c'(t) = \langle 2-2\cos(t), 2\sin(t) \rangle$$

따라서 곡선의 길이는 다음과 같다.

$$\begin{aligned}\int_0^{2\pi} 2\sqrt{(1-\cos(t))^2+\sin^2(t)}\, dt &= 2\int_0^{2\pi} \sqrt{2-2\cos(t)}\, dt \\ &= 2\int_0^{2\pi} \sqrt{4\sin^2\left(\frac{t}{2}\right)}\, dt \\ &= 4\int_0^{\pi} \sin(\tau)\, 2d\tau \qquad (\tau = t/2) \\ &= 16\end{aligned}$$

곡선의 길이는 곡선의 기하적 모양으로 결정되는 불변량이므로 매개함수의 매개화에 따라 달라지지 않는다. 단위원의 예를 통해 이를 확인해보자. 다음과 같이 두 가지 방법으로 단위원을 매개화했다고 해보자.

$$c(t) = (\cos(t),\ \sin(t)),\ \ 0 \le t \le 2\pi$$
$$d(t) = (\cos(2t),\ \sin(2t)),\ \ 0 \le t \le \pi$$

점 $c(t)$는 각속도 1 (rad/sec)로 단위원을 한 바퀴 움직이고, 점 $d(t)$는 각속도 2 (rad/sec)로 같은 단위원을 한 바퀴 움직인다. 이를 식 (7.72)에 대입하여 곡선의 길이를 구해보자.

$$\int_0^{2\pi} \|c'(t)\|\, dt = \int_0^{2\pi} \sqrt{\sin^2(t)+\cos^2(t)}\, dt = \int_0^{2\pi} dt = 2\pi$$
$$\int_0^{\pi} \|d'(t)\|\, dt = \int_0^{\pi} \sqrt{4\sin^2(2\tau)+4\cos^2(\tau)}\, d\tau = \int_0^{\pi} 2dt = 2\pi$$

즉 단위원의 길이는 매개화 방법에 관계없이 일정하다. 두 매개함수의 정의역 구간은 다르지만, 점 $d(t)$는 점 $c(t)$보다 두 배 빠른 속도로 원을 한 바퀴 감으므로 총길이는 변하지 않는다.

참고 곡선의 재매개화

일반적으로 어떤 곡선 C를 $c : [a,\ b] \to \mathbb{R}^n$으로 매개화했을 때, c와 전단사함수 $T : [\alpha,\ \beta] \to [a,\ b]$를 통해 동일한 곡선 C의 새로운 매개함수 $d(\tau) = (c \circ T)(\tau)$를 얻는 것을 **재매개화** reparametrization 라 한다. 만약 모든 $\alpha \le \tau \le \beta$에 대해 항상 $T'(\tau) \ge 0$이면 곡선의 길이가 재매개화와 관계없이 일정하다. 이를 다음과 같이 증명할 수 있다.

$$\begin{aligned}\int_\alpha^\beta \|d'(\tau)\|\, d\tau = \int_\alpha^\beta \|(c \circ T)'(\tau)\|\, d\tau &= \int_\alpha^\beta \|c'(t) \cdot T'(\tau)\|\, d\tau \\ &= \int_\alpha^\beta \|c'(T(\tau))\| \cdot T'(\tau)\, d\tau \\ &= \int_a^b \|c'(t)\|\, dt \qquad (t = T(\tau))\end{aligned}$$

곡선의 시작점과 끝점을 서로 바꾸어 재매개화하더라도 곡선의 길이에 대한 식 (7.72)는 바뀌지 않는다. 이 경우 $T'(\tau) \le 0$이므로 다음과 같이 증명할 수 있다.

$$\begin{aligned}\int_{\alpha}^{\beta} \|d'(\tau)\| d\tau &= \int_{\alpha}^{\beta} \|c'(t) \cdot T'(\tau)\| d\tau \\ &= -\int_{\alpha}^{\beta} \|c'(t)\| \cdot T'(\tau) d\tau \quad (T'(\tau) = -|T'(t)|) \\ &= -\int_{b}^{a} \|c'(t)\| dt = \int_{a}^{b} \|c'(t)\| dt\end{aligned}$$

예제 7-25 곡선의 길이 계산

식 (7.72)와 (7.73)을 이용해 반지름이 1인 반원의 길이를 구하라.

풀이

원점을 중심으로 하고 상반평면에 놓인 반원은 매개함수 $c(t) = (\cos(t), \sin(t))$, $0 \le t \le \pi$로 매개화하거나 구간 $[-1, 1]$ 위의 함수 $y = \sqrt{1-x^2}$의 그래프로 볼 수 있다. 식 (7.72)를 이용해 곡선의 길이를 구하면 다음과 같다.

$$\int_0^{\pi} \sqrt{\sin^2(t) + \cos^2(t)}\, dt = \pi$$

식 (7.73)을 이용해 곡선의 길이를 구해도 다음과 같이 결과는 동일하다.

$$\int_{-1}^{1} \sqrt{1 + \left(\frac{x}{\sqrt{1-x^2}}\right)^2}\, dx = \int_{-1}^{1} \frac{1}{\sqrt{1-x^2}}\, dx = \int_{-\pi/2}^{\pi/2} \frac{\cos(\theta)}{\cos(\theta)}\, d\theta = \pi$$

이제 곡선의 길이를 선분으로 근사하는 방법에 대해 알아보자. 닫힌구간 I 위에 정의된 연속함수 $c : I \to \mathbb{R}^n$으로 매개화된 곡선 C를 생각하자. $t_0, \cdots, t_N$을 구간 I의 분할이라 하고, $C_k = c(t_k)$라 하자. 이때 **곡선의 길이**length of curve $L(C)$는 다음과 같다.

$$L(C) = \lim_{N \to \infty} \sum_{k=1}^{N} \|\overrightarrow{C_{k-1}C_k}\| \tag{7.76}$$

예를 들어 다음 매개함수 $c(t)$로 정의된 곡선 C의 길이를 식 (7.76)으로 구해보자.

$$c(t) = (\sin(t), \cos(t)\sin(t)), \quad 0 \le t \le 2\pi \tag{7.77}$$

[그림 7-31]은 구간 $[0, 2\pi]$를 $N = 10$개의 구간으로 균등분할하고 곡선 위의 점 C_k를 순서대로 이은 선분이다.

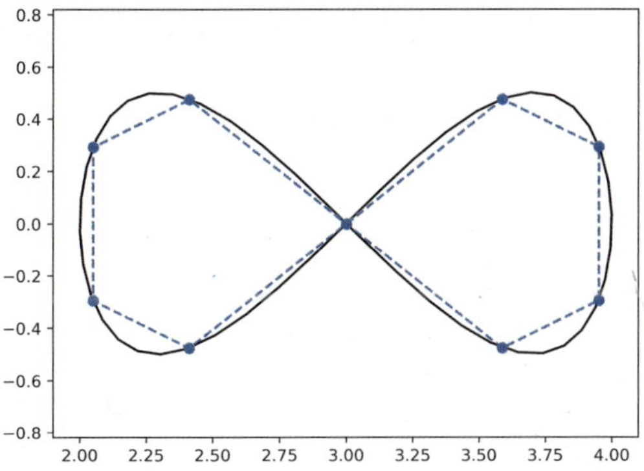

[그림 7-31] 매개곡선 (7.77)을 근사하는 10개의 선분

다음 파이썬 코드를 구현해 구간의 개수를 늘려가며 각 선분의 길이를 더하면 그 길이는 대략 6.097로 수렴함을 알 수 있다.

```
# 선분을 이용한 곡선의 길이 근사
t = np.linspace(0, 2*np.pi)
c = lambda t: np.array([np.sin(t), np.cos(t)*np.sin(t)])

n = 10**3
t = np.linspace(0, 2*np.pi, n+1)
length = 0
for j in range(n):
    length += np.sqrt(np.sum((c(t[j+1]) - c(t[j]))**2))
print(length)
```

이제 선분의 길이의 합을 적분으로 표현하는 방법을 알아보자. 점 t_k에서의 점 $c(t_k)$의 좌표를 (x_k, y_k)라 할 때, 식 (7.76)의 항 $\| C_{k-1}C_k \|$는 다음과 같다.

$$\| C_{k-1}C_k \| = \sqrt{(x_k - x_{k-1})^2 + (y_k - y_{k-1})^2} \tag{7.78}$$

여기서 $x_k - x_{k-1}$과 $y_k - y_{k-1}$은 k번째 부분구간 $[t_{i-1}, t_i]$에서의 각 함수 $x(t)$, $y(t)$의 변화량이다. 만약 $x(t)$와 $y(t)$가 미분가능하면 평균값 정리에 의해 다음을 만족하는 점 t_k^*와 t_k^{**}가 존재한다.

$$x'(t_k^*) = \frac{x_k - x_{k-1}}{t_k - t_{k-1}}, \quad y'(t_k^{**}) = \frac{y_k - y_{k-1}}{t_k - t_{k-1}}$$

따라서 식 (7.78)은 다음과 같다.

$$\| C_{k-1}C_k \| = \sqrt{x'(t_k^*)^2 + y'(t_k^{**})^2}\,(t_k - t_{k-1})$$

이를 식 (7.76)에 대입하자.

$$L(C) = \lim_{N\to\infty}\sum_{k=1}^{N}\sqrt{x'(t_k^*)^2 + y'(t_k^{**})^2}\,(t_k - t_{k-1}) \tag{7.79}$$

식 (7.79)는 매개함수 $c(t)$의 정의역 구간 $[a, b]$에서의 함수 $f(t) = \sqrt{x'(t)^2 + y'(t)^2}$의 정적분과 같다.[10]

$$L(C) = \int_a^b \sqrt{x'(t)^2 + y'(t)^2}\,dt$$

이제 곡선의 길이를 구하는 또 다른 방법인 **코시-크로프튼 공식**Cauchy-Crofton formula을 살펴보자. 이 공식은 이변수함수의 중적분을 통해 좌표평면의 곡선의 길이를 계산한다.

코시-크로프튼 공식을 설명하기 위해 좌표평면의 직선을 매개화하는 방법에 대해 알아보자. 좌표평면의 임의의 직선 l은 직선과 평행한 벡터 $\boldsymbol{u}$가 표준단위벡터 $\boldsymbol{e}_1$과 이루는 사잇각 θ와 원점으로부터 떨어진 거리 $\rho \geq 0$으로 결정된다. 이 직선을 $l(\theta, \rho)$로 표기하자. [그림 7-32]는 직선 $l(\theta, \rho)$를 나타낸 것이다. 사잇각 θ는 반시계방향으로 측정하며 범위는 $0 \leq \theta \leq 2\pi$이다. 만약 사잇각이 $\theta + \pi$이고 거리가 동일하면 [그림 7-32]와 같이 직선 $l(\theta, \rho)$를 원점을 중심으로 반시계방향으로 돌린 것과 같다.

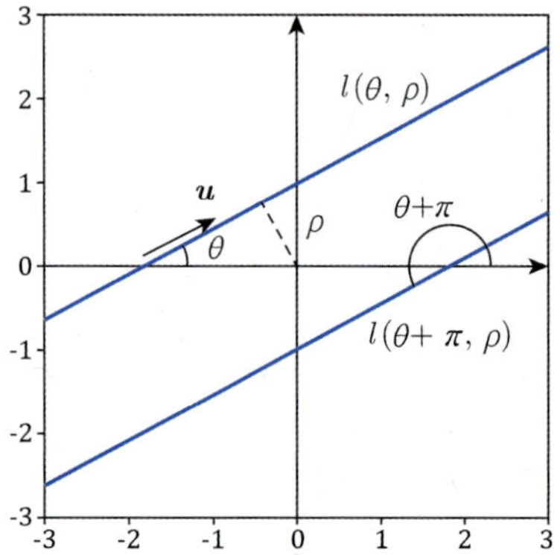

[그림 7-32] 좌표평면의 직선을 매개화하는 방법

10 분할의 개수 N이 증가하면 점 t_i^*와 t_i^{**}는 서로 같은 점으로 수렴한다.

정리 7-10 코시-크로프튼 공식

좌표평면 위의 곡선 C와 직선 $l(\theta, \rho)$가 만나는 점의 개수를 $n(\theta, \rho)$라 할 때, 곡선의 길이 $L(C)$는 다음과 같다.

$$L(C) = \frac{1}{2}\iint_{[0,\, 2\pi]\times[0,\, \infty)} n(\theta, \rho)\, d\theta\, d\rho \tag{7.80}$$

코시-크로프튼 공식 (7.80)은 이상적분처럼 보이지만 곡선 C가 무한하지 않으므로 중적분이다. 즉 곡선 C가 충분히 큰 반지름 R에 대한 원판 영역 $B_R(0, 0)$의 내부에 완전히 포함되면 코시-크로프튼 공식 (7.80)은 다음과 같다.

$$C(L) = \frac{1}{2}\int_0^R \int_0^{2\pi} n(\theta, \rho)\, d\theta\, d\rho \tag{7.81}$$

예제 7-26 코시-크로프튼 공식의 활용

코시-크로프튼 공식을 이용해 단위원의 원주 길이를 구하라.

풀이

직선 $l(\theta, \rho)$는 모든 사잇각 θ에 대해 $\rho \le 1$일 때 원주와 교차한다. 만약 $\rho = 1$이면 한 점에서 교차하고, 그 외의 경우에는 두 점에서 교차한다. 즉 함수 $n(\theta, \rho)$는 $\theta\rho$-평면의 직사각형 영역 $D = [0, 2\pi] \times [0, 1]$ 위에서 다음과 같이 정의된다.

$$n(\theta, \rho) = \begin{cases} 1, & \rho = 1 \\ 2, & \rho < 1 \end{cases}$$

참고로 $\rho = 1$은 영역 D의 경계의 일부이고, 경계의 넓이는 0이므로, 중적분 (7.81)의 피적분함수는 상수함수 $n(\theta, \rho) = 2$라 가정해도 무방하다. 따라서 곡선의 길이는 다음과 같이 계산된다.

$$\frac{1}{2}\int_0^{2\pi}\int_0^1 2\, d\rho\, d\theta = 2\pi$$

코시-크로프트 공식은 매개화하기 힘든 곡선의 길이를 근사할 때 유용한 정리이다. 식 (7.81)을 다음과 같이 리만합으로 근사해보자.

$$C(L) \approx \sum_{i=1}^{N}\sum_{j=1}^{M} n(\theta_i, \rho_j)\Delta\theta\Delta\rho \tag{7.82}$$

여기서 $\Delta\theta$와 $\Delta\rho$는 각 직선이 서로 떨어져 있는 회전각과 거리이다. 예를 들어 날실과 씨실[11]로 엮인 그물망을 상상해보자. 이때 $\Delta\theta$는 $\frac{\pi}{2}$이고 $\Delta\rho$는 그물의 폭이다. 식 (7.82)에 따라 곡선의 길이를 근사하기 위해서는 곡선이 그려진 종이 위에 촘촘한 그물망을 두고, 곡선과 그물망의 격자선이 서로 만나는 횟수를 세면 된다. 7.4절에서 이를 파이썬으로 구현해보자.

곡면의 넓이

곡면의 예로는 좌표평면의 직육면체 영역 $[a, b] \times [c, d]$ 또는 원판 영역 $B_r(P)$ 등이 있다. 그러나 [그림 7-33]과 같이 2차원 영역에 1차원 곡선이 붙어있는 형태를 곡면이라고 하지는 않는다.

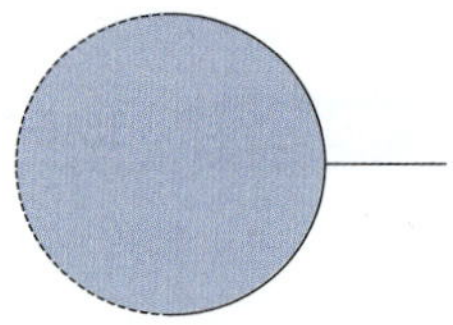

[그림 7-33] 곡면이 아닌 예

정의 7-14 곡면

좌표평면 $\mathbb{R}^2$의 열린영역 D를 정의역으로 갖는 연속인 전단사함수 $s : D \to \mathbb{R}^n$의 치역 S를 **곡면**surface이라 한다.

예를 들어 구면좌표계를 이용해 다음과 같이 정의된 매개함수를 보자.

$$s(\theta, \phi) = (\sin(\theta)\cos(\phi), \sin(\theta)\sin(\phi), \cos(\theta))$$

함수 s의 정의역을 2차원 (열린)영역 $D = (0.5, 1) \times (4, 5)$라 하자. 이때 치역은 3차원 구면의 일부이다. [그림 7-34]는 영역 D와 그 치역 $s(D)$를 나타낸 것이다. 영역 D는 [그림 7-34(a)]에 표시된 내부의 직사각형 영역이고, 영역 $s(D)$는 [그림 7-34(b)]에 표시된 구면의 일부이다.

11 날실은 직물의 세로 방향을 가리키고 씨실은 가로 방향을 가리킨다.

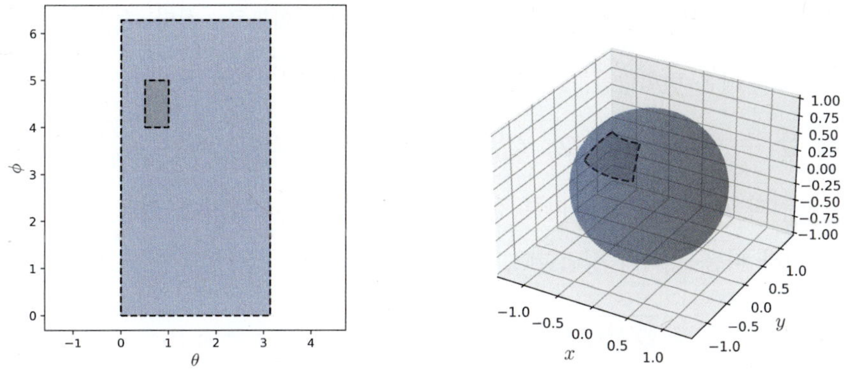

(a) 영역 $D=(0.5,\ 1)\times(4,\ 5)$　　(b) 구면의 일부 $s(D)$

[그림 7-34] 구면좌표계로 나타낸 곡면의 모양

곡면의 넓이를 근사하는 방법을 생각해보자. 곡면 S가 매개함수 $s:[a,\ b]\times[c,\ d]\to S$로 매개화되었다고 하고, 정의역 $[a,\ b]\times[c,\ d]$의 $(i,\ j)$-분할을 R_{ij}라 하자. [그림 7-35]와 같이 영역 R_{ij}의 네 꼭짓점을 $P_{ij}^{(1)}$, $P_{ij}^{(2)}$, $P_{ij}^{(3)}$, $P_{ij}^{(4)}$라 하고, 각 점의 치역을 $Q_{ij}^{(k)}=s(P_{ij}^{(k)})$라 하자($k=1,\ 2,\ 3,\ 4$). 이때 세 점 $Q_{ij}^{(1)}$, $Q_{ij}^{(2)}$, $Q_{ij}^{(4)}$를 꼭짓점으로 갖는 삼각형의 넓이를 $\varDelta_{ij}^{(1)}$이라 하고, 세 점 $Q_{ij}^{(2)}$, $Q_{ij}^{(3)}$, $Q_{ij}^{(4)}$를 꼭짓점으로 갖는 삼각형의 넓이를 $\varDelta_{ij}^{(2)}$라 하자. 그러면 곡면 S의 넓이는 다음과 같다.

$$\text{area}(S)=\lim_{N\to\infty}\sum_{i,\ j=1}^{N}\varDelta_{ij}^{(1)}+\varDelta_{ij}^{(2)} \tag{7.83}$$

예를 들어 [그림 7-35]와 같이 매개함수 s가 uv-평면에서 xyz-공간으로의 사상이라 하자([그림 7-35]에서 회색으로 표시된 부분이 실제 곡면의 일부이다). $\varDelta_{ij}^{(1)}$, $\varDelta_{ij}^{(2)}$는 각각 벡터 $\overrightarrow{Q_{ij}^{(1)}Q_{ij}^{(2)}}$와 $\overrightarrow{Q_{ij}^{(1)}Q_{ij}^{(4)}}$, 그리고 벡터 $\overrightarrow{Q_{ij}^{(3)}Q_{ij}^{(2)}}$와 $\overrightarrow{Q_{ij}^{(3)}Q_{ij}^{(4)}}$로 둘러싸인 평행사변형의 넓이의 절반이다.

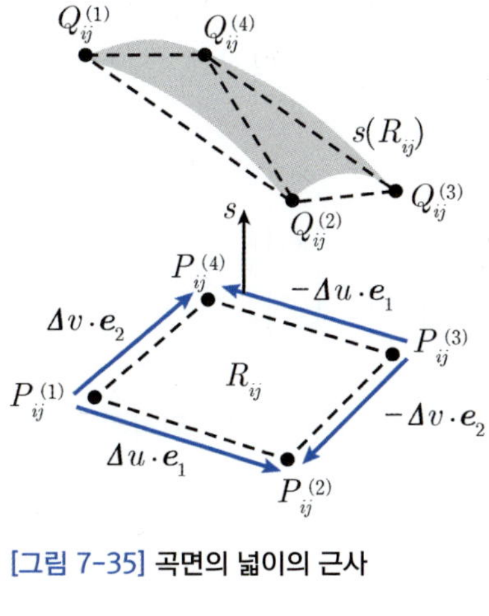

[그림 7-35] 곡면의 넓이의 근사

네 점 $P_{ij}^{(1)}$, $P_{ij}^{(2)}$, $P_{ij}^{(3)}$, $P_{ij}^{(4)}$는 작은 부분영역 R_{ij}의 꼭짓점이므로, 벡터 $\overrightarrow{P_{ij}^{(1)}P_{ij}^{(2)}}$와 $\overrightarrow{P_{ij}^{(1)}P_{ij}^{(4)}}$는 점 $P_{ij}^{(1)}$의 작은 변화량을, 벡터 $\overrightarrow{P_{ij}^{(3)}P_{ij}^{(2)}}$와 $\overrightarrow{P_{ij}^{(3)}P_{ij}^{(4)}}$는 점 $P_{ij}^{(3)}$의 작은 변화량을 가리킨다고 할 수 있다. 벡터 $\overrightarrow{Q_{ij}^{(1)}Q_{ij}^{(2)}}$와 $\overrightarrow{Q_{ij}^{(1)}Q_{ij}^{(4)}}$, 그리고 벡터 $\overrightarrow{Q_{ij}^{(3)}Q_{ij}^{(2)}}$와 $\overrightarrow{Q_{ij}^{(3)}Q_{ij}^{(4)}}$는 점 $P_{ij}^{(1)}$과 $P_{ij}^{(3)}$의 변화에 따른 점 $Q_{ij}^{(1)}$과 $Q_{ij}^{(3)}$의 변화량이다. 따라서 미분계수 Ds의 의미에 따라 다음 등식이 성립한다.

$$\begin{aligned}\overrightarrow{Q_{ij}^{(1)}Q_{ij}^{(2)}} &\approx Ds \cdot \overrightarrow{P_{ij}^{(1)}P_{ij}^{(2)}}\\ \overrightarrow{Q_{ij}^{(1)}Q_{ij}^{(4)}} &\approx Ds \cdot \overrightarrow{P_{ij}^{(1)}P_{ij}^{(4)}}\\ \overrightarrow{Q_{ij}^{(3)}Q_{ij}^{(2)}} &\approx Ds \cdot \overrightarrow{P_{ij}^{(3)}P_{ij}^{(2)}}\\ \overrightarrow{Q_{ij}^{(3)}Q_{ij}^{(4)}} &\approx Ds \cdot \overrightarrow{P_{ij}^{(3)}P_{ij}^{(4)}}\end{aligned} \tag{7.84}$$

이제 [그림 7-35]처럼 $\overrightarrow{P_{ij}^{(1)}P_{ij}^{(2)}} = \Delta u \cdot e_1$, $\overrightarrow{P_{ij}^{(1)}P_{ij}^{(4)}} = \Delta v \cdot e_2$, $\overrightarrow{P_{ij}^{(3)}P_{ij}^{(2)}} = -\Delta v \cdot e_2$, $\overrightarrow{P_{ij}^{(3)}P_{ij}^{(4)}} = -\Delta u \cdot e_1$이라 하자. 또한 미분계수 Ds를 다음과 같이 3×2 행렬로 나타내자.

$$Ds = \begin{bmatrix} x_u & x_v \\ y_u & y_v \\ z_u & z_v \end{bmatrix}$$

여기서 Ds의 각 성분은 부분영역 R_{ij}의 한 꼭짓점, 예를 들면 점 $P_{ij}^{(1)}$에서 계산한 것이라 가정한다. 이때 식 (7.84)는 다음과 같이 기술된다.

$$\begin{aligned}\overrightarrow{Q_{ij}^{(1)}Q_{ij}^{(2)}} &\approx \Delta u \cdot \begin{bmatrix} x_u \\ y_u \\ z_u \end{bmatrix}, \quad \overrightarrow{Q_{ij}^{(1)}Q_{ij}^{(4)}} \approx \Delta v \cdot \begin{bmatrix} x_v \\ y_v \\ z_v \end{bmatrix}\\ \overrightarrow{Q_{ij}^{(3)}Q_{ij}^{(2)}} &\approx -\Delta u \cdot \begin{bmatrix} x_u \\ y_u \\ z_u \end{bmatrix}, \quad \overrightarrow{Q_{ij}^{(3)}Q_{ij}^{(4)}} \approx -\Delta v \cdot \begin{bmatrix} x_v \\ y_v \\ z_v \end{bmatrix}\end{aligned}$$

따라서 $\Delta^{(1)}$, $\Delta^{(2)}$는 다음과 같이 근사된다.

$$\Delta^{(1)} \approx \frac{1}{2}\left\| \begin{bmatrix} x_u \\ y_u \\ z_u \end{bmatrix} \times \begin{bmatrix} x_v \\ y_v \\ z_v \end{bmatrix} \right\| \Delta u \Delta v, \quad \Delta^{(2)} \approx \frac{1}{2}\left\| \begin{bmatrix} x_u \\ y_u \\ z_u \end{bmatrix} \times \begin{bmatrix} x_v \\ y_v \\ z_v \end{bmatrix} \right\| \Delta u \Delta v \tag{7.85}$$

식 (7.85)는 두 3차원 벡터 $s_u = \langle x_u, y_u, z_u \rangle$와 $s_v = \langle x_v, y_v, z_v \rangle$의 외적의 크기 $\|s_u \times s_v\|$에 스칼라 Δu, Δv를 곱한 것이다.

$$\Delta^{(1)} \approx \frac{1}{2} \| (s_u \times s_v) \| \Delta u \Delta v, \quad \Delta^{(2)} \approx \frac{1}{2} \| (s_u \times s_v) \| \Delta u \Delta v$$

위 식을 곡면의 넓이의 식 (7.83)에 대입하자.

$$\text{area}(S) = \lim_{N \to \infty} \sum_{i,\, j=1}^{N} \| s_u \times s_v \| \Delta u \Delta v$$

이는 매개함수 s의 정의역 $[a, b] \times [c, d]$ 위에 정의된 이변수함수 $f(u, v) = \| s_u \times s_v \|$의 중적분이다. 따라서 곡면의 넓이를 다음과 같이 정의할 수 있다.

정리 7-11 곡면의 넓이

곡면 S의 매개함수 $s(u, v) = (x, y, z)$의 정의역이 R이고 미분가능할 때, 곡면 S의 넓이는 다음과 같다.

$$\text{area}(S) = \iint_R \| s_u \times s_v \| \, du \, dv \tag{7.86}$$

예제 7-27 곡면의 겉넓이

다음 매개함수를 이용해 단위구의 겉넓이를 구하라.

$$s(\theta, \phi) = (\sin(\theta)\cos(\phi),\ \sin(\theta)\sin(\phi),\ \cos(\theta)),\quad 0 \le \theta \le \pi,\ 0 \le \phi \le \pi$$

풀이

먼저 $s_u \times s_v$를 다음과 같이 구해보자.

$$\begin{aligned}
&\langle \cos(\theta)\cos(\phi),\ \cos(\theta)\sin(\phi),\ -\sin(\theta) \rangle \times \langle -\sin(\theta)\sin(\phi),\ \sin(\theta)\cos(\phi),\ 0 \rangle \\
&= \det \begin{bmatrix} \boldsymbol{e}_1 & \boldsymbol{e}_2 & \boldsymbol{e}_3 \\ \cos(\theta)\cos(\phi) & \cos(\theta)\sin(\phi) & -\sin(\theta) \\ -\sin(\theta)\sin(\phi) & \sin(\theta)\cos(\phi) & 0 \end{bmatrix} \\
&= \langle -\sin^2(\theta)\cos(\phi),\ -\sin^2(\theta)\sin(\phi),\ \cos(\theta)\sin(\theta) \rangle
\end{aligned}$$

이에 따라 $\| s_u \times s_v \|$는 다음과 같이 계산된다.

$$\| s_u \times s_v \| = \sqrt{\sin^4(\theta) + \cos^2(\theta)\sin^2(\theta)} = \sin(\theta)$$

따라서 단위구의 겉넓이는 다음과 같다.

$$\iint_{[0,\, \pi] \times [0,\, 2\pi]} \sin(\theta) \, d\theta \, d\phi = \int_0^{\pi} \int_0^{2\pi} \sin(\theta) \, d\phi \, d\theta = 4\pi$$

이번에는 회전체의 겉넓이를 구하는 방법에 대해 알아보자. 한 축을 중심으로 곡선을 회전하여 생성된 곡면을 **회전체** solid of revolution라 한다. 예를 들어 구간 $[a, b]$ 위의 함수 $y = f(x)$의 그래프를 x축을 중심으로 회전했을 때 얻는 회전체를 S라 하면, 곡면 S는 다음과 같이 매개화된다.

$$s(t, \theta) = (t, f(t)\cos(\theta), f(t)\sin(\theta)), \quad a \le t \le b, \ 0 \le \theta \le 2\pi$$

함수 f가 미분가능하다고 가정하면 $s_t \times s_\theta$는 다음과 같다.

$$\begin{aligned}
&\langle 1, f'(t)\cos(\theta), f'(t)\sin(\theta)\rangle \times \langle 0, -f(t)\sin(\theta), f(t)\cos(\theta)\rangle \\
&= \det\begin{bmatrix} e_1 & e_2 & e_3 \\ 1 & f'(t)\cos(\theta) & f'(t)\sin(\theta) \\ 0 & -f(t)\sin(\theta) & f(t)\cos(\theta) \end{bmatrix} \\
&= \langle f'(t)f(t), -f(t)\cos(\theta), -f(t)\sin(\theta)\rangle
\end{aligned}$$

따라서 $\|s_t \times s_\theta\|$는 다음과 같다.

$$\|s_t \times s_\theta\| = |f(t)| \cdot \sqrt{1 + f'(t)^2}$$

이를 식 (7.86)에 대입하면 다음과 같이 회전체 S의 겉넓이를 구할 수 있다.

$$\iint_{[a, b] \times [0, 2\pi]} |f(t)| \cdot \sqrt{1 + f'(t)^2}\, dt\, d\theta = 2\pi \int_a^b |f(t)| \sqrt{1 + f'(t)^2}\, dt \qquad (7.87)$$

예제 7-28 회전체의 겉넓이

zy-평면 위에 그려진 구간 $[-1, 1]$ 위의 함수 $y = \frac{1}{2}(\exp(z) + \exp(-z))$의 그래프를 z축을 중심으로 회전시켜 얻은 회전체의 겉넓이를 구하라.

풀이

먼저 다음 파이썬 코드로 회전체의 모양을 구현하면 [그림 7-36]과 같다. 참고로 이러한 형태의 곡면을 **일엽쌍곡면** one sheet hyperboloid이라 한다.

```
# 일엽쌍곡면 그리기
zz, tt = np.meshgrid(np.linspace(-1, 1), np.linspace(0,
2*np.pi))
ax = plt.figure().add_subplot(projection='3d')
f = lambda z: (np.exp(z) + np.exp(-z))/2
ax.plot_surface(f(zz)*np.cos(tt), f(zz)*np.sin(tt), zz,
alpha=.3, lw=.3, edgecolor='k')
```

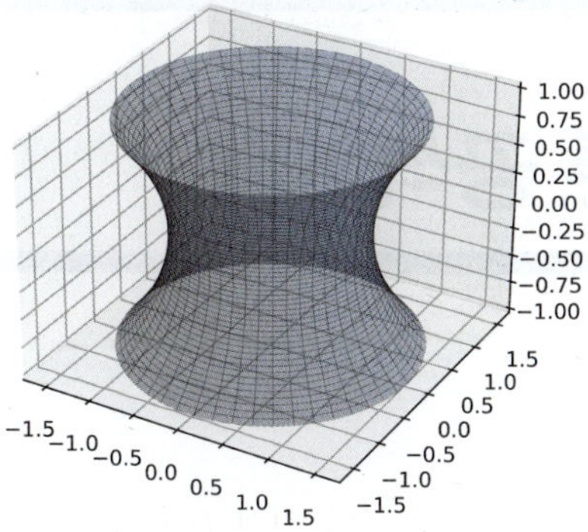

[그림 7-36] **일엽쌍곡면의 그래프**

식 (7.87)을 이용해 이 회전체의 겉넓이를 다음과 같이 계산할 수 있다.

$$\begin{aligned}
&2\pi\int_{-1}^{1}\frac{\exp(t)+\exp(-t)}{2}\sqrt{1+\left(\frac{\exp(t)-\exp(-t)}{2}\right)^2}\,dt\\
&=2\pi\int_{-1}^{1}\left(\frac{\exp(t)+\exp(-t)}{2}\right)^2 dt\\
&=\frac{\pi}{2}\int_{-1}^{1}\{\exp(2t)+2+\exp(-2t)\}\,dt\\
&=\frac{\pi}{2}(\exp(2)-\exp(-2)+4)
\end{aligned}$$

SECTION 7.4

프로젝트 : 코시-크로프튼 공식

7.3절에서 소개한 코시-크로프튼 공식을 다시 살펴보자. 곡선 C와 직선 $l(\theta,\ \rho)$의 교점의 개수를 $n(\theta,\ \rho)$라 할 때, 곡선의 길이 $L(C)$는 다음과 같다.

$$L(C) = \frac{1}{2}\iint n(\theta,\ \rho)\,d\theta\,d\rho \tag{7.88}$$

앞서 이변수함수의 리만합을 이용해 식 (7.88)을 다음과 같이 근사할 수 있음을 확인했다.

$$L(C) \approx \frac{1}{2}\sum n(\theta,\ \rho)\,\Delta\theta\,\Delta\rho \tag{7.89}$$

이 절에서는 마우스로 컴퓨터 화면 위에 임의의 곡선을 그리고, 코시-크로프튼 공식 (7.89)를 이용해 그 곡선의 길이를 나타내는 파이썬 프로그램을 만들어보자.

사용자가 마우스로 화면을 클릭함으로써 얻는 정보를 처리하는 프로그램을 만든다. 먼저 프로그램의 인터페이스[12]를 구성해보자. 이를 위해 pygame 라이브러리를 사용한다.[13] 코드를 구현하기에 앞서, 먼저 프로그램이 실행된 윈도우를 미리 보면 다음과 같다.

[그림 7-37] pygame으로 만든 프로그램 실행의 예

12 사용자가 프로그램을 조작하는 기능을 **인터페이스**(interface)라 한다.

13 pygame은 게임 제작에 필요한 함수와 객체를 모아둔 패키지이다. 이 패키지의 자세한 사용법은 https://www.pygame.org에서 확인할 수 있다.

[그림 7-37]에서 볼 수 있듯이, 프로그램이 실행된 윈도우는 검은색과 흰색으로만 이루어져 있다. 윈도우의 왼쪽 위 구석의 흰색 직사각형 영역은 텍스트 영역으로, 곡선의 길이를 숫자로 표시한다. 전체 윈도우의 크기는 800 × 600픽셀이며, 텍스트 영역의 크기는 100 × 50픽셀로 정하자. [그림 7-37]과 같은 윈도우를 출력하는 가장 간단한 파이썬 코드는 다음과 같다.

```
# pygame을 이용해 게임을 제작하는 기본 코드
import pygame

tbox_w, tbox_h = 100, 50

pygame.init()
screen = pygame.display.set_mode((800, 600))
pygame.draw.rect(screen, (255, 255, 255), (0, 0, tbox_w,
tbox_h))

play = True
while play:
    for event in pygame.event.get():
        # 프로그램이 정상적으로 종료되게 하기 위한 필수 코드
        if event.type == pygame.QUIT:
            play = False
    pygame.display.flip()  # 화면 갱신을 위한 필수 코드

pygame.quit()
```

위 코드를 실행하면 마우스를 클릭하거나 움직여도 아무 반응이 없다. 다음 코드를 추가로 작성하여 마우스를 클릭한 채로 움직였을 때 마우스의 커서를 따라 곡선이 그려지도록 하면 [그림 7-38]과 같은 결과를 얻는다.

```
# 마우스 입력을 처리하는 프로그램 제작
import pygame

tbox_w, tbox_h = 100, 50

pygame.init()
screen = pygame.display.set_mode((800, 600))
pygame.draw.rect(screen, (255, 255, 255), (0, 0, tbox_w,
tbox_h))

play = True
while play:
```

```
    for event in pygame.event.get():
        if event.type == pygame.QUIT:
            play = False
        # 마우스가 한 번 클릭되었는지 확인
        if event.type == pygame.MOUSEBUTTONDOWN:
            if pygame.mouse.get_pressed()[0]:  # 마우스 왼쪽 버튼
                x, y = pygame.mouse.get_pos()  # 커서 위치 반환
                # 반지름이 3(픽셀)인 흰색 원 그리기
                pygame.draw.circle(screen, (255, 255, 255), (x,
y), 3)
    # 0번째 마우스 버튼(마우스 왼쪽 버튼)이 눌려져 있는 경우
    if pygame.mouse.get_pressed()[0]:
        new_x, new_y = pygame.mouse.get_pos()  # 커서 위치 반환
        # 이전 마우스 커서 위치로부터 현재 마우스 커서 위치까지 흰색 선 그리기
        pygame.draw.line(screen, (255, 255, 255), (x, y),
(new_x, new_y), 5)
        x, y = new_x, new_y  # 이전 마우스 커서를 현재 위치로 치환
    pygame.display.flip()      # 화면 갱신

pygame.quit()
```

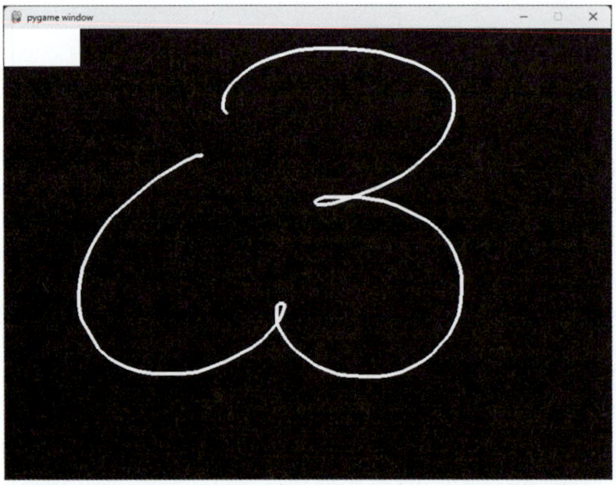

[그림 7-38] 프로그램 실행 후 마우스 커서를 클릭한 채로 움직인 결과

이제 마우스 왼쪽 버튼을 떼는 순간까지 그려진 곡선의 길이를 구하고, 그 값을 출력하는 파이썬 코드를 추가해보자. 이와 더불어 마우스 오른쪽 버튼을 클릭했을 때 지금까지 그린 곡선을 지우는 코드까지 추가하면 다음과 같다.

```
# 마우스로 그린 곡선의 길이를 출력하는 프로그램 제작
import pygame

pygame.init()
pygame.font.init()
font = pygame.font.SysFont('Comic Sans MS', 30)
screen = pygame.display.set_mode((800, 600))
pygame.draw.rect(screen, (255, 255, 255), (0, 0, tbox_w,
tbox_h))

play = True
while play:
    for event in pygame.event.get():
        if event.type == pygame.QUIT:
            play = False
        if event.type == pygame.MOUSEBUTTONDOWN:
            if pygame.mouse.get_pressed()[0]:
                x, y = pygame.mouse.get_pos()
                pygame.draw.circle(screen, (255, 255, 255), (x,
y), 3)
            if pygame.mouse.get_pressed()[2]:
                screen.fill((0, 0, 0))
        # 마우스 버튼을 떼면 길이를 출력
        if event.type == pygame.MOUSEBUTTONUP:
            length = crofton_length(screen)
            text = font.render(f'%.1f'%length, True, (0, 0, 0))
            screen.fill((255, 255, 255), (0, 0, tbox_w, tbox_h))
            screen.blit(text, (20, 5))
    if pygame.mouse.get_pressed()[0]:
        new_x, new_y = pygame.mouse.get_pos()
        pygame.draw.line(screen, (255, 255, 255), (x, y),
(new_x, new_y), 5)
        x, y = new_x, new_y
    pygame.display.flip()

pygame.quit()
```

위 코드에서 사용한 crofton_length는 윈도우 화면을 가리키는 screen 변수를 입력받아 그린 곡선의 길이를 출력하는 함수이다. 이 함수는 다음 원칙에 따라 코시-크로프튼 공식 (7.89)를 적용한다.

❶ 모든 직선은 수평선과 수직선 중 하나이다. 즉 직선의 사잇각은 0, $\frac{\pi}{2}$, π, $\frac{3\pi}{2}$로 총 4개이다. 이는 식 (7.82)에서 $\Delta\theta$가 $\Delta\theta=\frac{\pi}{2}$인 것과 같다.

❷ 각 수평선과 수직선은 서로 10픽셀 간격으로 떨어져 있다. 만약 단위길이가 100픽셀이라면 식 (7.82)의 $\Delta\rho$가 $\Delta\rho = 0.1$인 것과 같다. 함수 crofton_length는 각 수평선 및 수직선이 화면에 그려진 흰색 곡선과 만나는 교점의 개수를 센다. 이는 검은색과 흰색으로 이루어진 픽셀 배열에서 검은색이 흰색으로 바뀌는 경우를 세는 것과 같다.

다음은 함수 crofton_length를 구현하는 파이썬 코드이다.

```
# 함수 crofton_length의 구현
step = 10
def crofton_length(screen) -> float:
    num_intrs = 0
    img = pygame.surfarray.pixels3d(screen)
    height, width = screen.get_size()
    non = np.zeros((height, width))
    for i in range(height):
        for j in range(width):
            if 0 <= i <= tbox_w and 0 <= j <= tbox_h: continue
            non[i, j] = 1 if img[i, j][0] == 255 else 0
    for i in range(0, width, step):
        num_intrs += intersections(non[:, i])
    for j in range(0, height, step):
        num_intrs += intersections(non[j, :])
    return num_intrs * np.pi/2 * 0.1 /2
```

여기서 교점의 개수를 세는 함수 intersections는 다음과 같이 구현할 수 있다.

```
# 함수 intersections의 구현
def intersections(arry: np.array) -> int:
    num_intrs = 0
    is_black = True
    for i in range(len(arry)):
        if arry[i] == 1 and is_black:
            num_intrs += 1
            is_black = False
        elif arry[i] == 0:
            is_black = True
    return num_intrs
```

CHAPTER

07 핵심요약

■ 정적분과 중적분의 개념

• 분할과 균등분할

구간 $[a, b]$ 내의 점으로 이루어진 단조증가하는 유한수열 $a = x_0, \cdots, x_N = b$를 구간 $[a, b]$의 **분할**이라 한다. 특히 각 구간 $[x_{k-1}, x_k]$의 길이가 모두 동일한 경우 **균등분할**이라 한다.

• 그래프 아래 영역의 넓이를 근사하는 방법

구간 $[a, b]$ 위에 정의된 일변수함수 $y = f(x)$의 그래프 아래 영역의 넓이를 근사하는 방법은 다음 네 가지이다. $a = x_0, \cdots, x_N = b$를 구간 $[a, b]$의 분할이라 할 때, 각 방법은 다음과 같다(심프슨 공식의 경우 분할은 $a = x_0, \cdots, x_{2N} = b$이다).

❶ 왼쪽합 : $\sum_{k=1}^{N} f(x_{k-1})(x_k - x_{k-1})$

❷ 오른쪽합 : $\sum_{k=1}^{N} f(x_k)(x_k - x_{k-1})$

❸ 사다리꼴 공식 : $\sum_{k=1}^{N} \frac{f(x_{k-1}) + f(x_k)}{2}(x_k - x_{k-1})$

❹ 심프슨 공식 : $\frac{1}{6}\sum_{k=1}^{N} [f(x_{2k-2}) + 4f(x_{2k-1}) + f(x_{2k})] \frac{b-a}{N}$

• 일변수함수의 리만합과 정적분

구간 $[a, b]$ 위에 정의된 일변수함수 $f(x)$와 분할 $a = x_0, \cdots, x_N = b$에 대해 다음과 같이 정의된 값을 함수 $f(x)$의 **리만합**이라 한다. 이때 x_k^*는 구간 $[x_{k-1}, x_k]$ 내의 임의의 점이다.

$$\sum_{k=1}^{N} f(x_k^*)(x_k - x_{k-1})$$

분할 방법과 점 x_k^*의 선택에 관계없이 $N \to \infty$일 때 리만합이 항상 일정한 값으로 수렴하면, 그 극한을 구간 $[a, b]$에서의 함수 f의 **정적분**이라 한다.

• **이변수함수의 리만합과 중적분**

$x_0, \cdots, x_N, y_0, \cdots, y_M$을 각각 구간 $[a, b]$, $[c, d]$의 임의의 분할이라 할 때, 영역 $[a, b] \times [c, d]$ 위에 정의된 이변수함수 $f(x, y)$에 대해 다음과 같이 정의된 값을 함수 $f(x, y)$의 **리만합**이라 한다. 이때 x_i^*와 y_j^*는 각각 구간 $[x_{i-1}, x_i]$과 $[y_{j-1}, y_j]$의 임의의 점이다.

$$\sum_{j=1}^{M} f(x_i^*, y_j^*)(x_i - x_{i-1})(y_j - y_{j-1})$$

분할 방법과 점 x_i^*, y_j^*의 선택에 관계없이 $N, M \to \infty$일 때 리만합이 항상 일정한 값으로 수렴하면, 그 극한을 영역 $[a, b] \times [c, d]$에서의 함수 f의 **중적분**이라 한다.

• **미적분학의 기본정리**

구간 $[a, b]$에서 연속인 일변수함수 $f(x)$에 대해 다음이 성립한다.

$$\frac{d}{dt}\int_a^t f(x)\,dx = f(t)$$

■ 정적분과 중적분의 계산

• **푸비니 정리 I**

영역 $[a, b] \times [c, d]$ 위에 정의된 이변수 연속함수 $f(x, y)$의 중적분은 다음을 만족한다.

$$\iint_{[a, b] \times [c, d]} f(x, y)\,dx\,dy = \int_a^b \int_c^d f(x, y)\,dy\,dx$$

• **푸비니 정리 II**

영역 $D = \{(x, y) \mid a \le x \le b,\ g_1(x) \le y \le g_2(x)\}$ 위에 정의된 이변수 연속함수 $f(x, y)$의 중적분은 다음을 만족한다.

$$\iint_D f(x, y)\,dx\,dy = \int_a^b \int_{g_1(x)}^{g_2(x)} f(x, y)\,dy\,dx$$

• **푸비니 정리 III**

3차원 영역 $R = \{(x, y, z) \mid a \le x \le b,\ g_1(x) \le y \le g_2(x),\ h_1(x, y) \le z \le h_2(x, y)\}$ 위에 정의된 삼변수 연속함수 $f(x, y, z)$의 중적분은 다음을 만족한다.

$$\iiint_R f(x, y, z)\,dx\,dy\,dz = \int_a^b \int_{g_1(x)}^{g_2(x)} \int_{h_1(x, y)}^{h_2(x, y)} f(x, y, z)\,dz\,dy\,dx$$

- **야코비안**

이변수함수 $\boldsymbol{T}(u, v)=(x, y)$와 삼변수함수 $\boldsymbol{T}(u, v, w)=(x, y, z)$의 **야코비안**은 각각 다음과 같다.

$$\frac{\partial(x, y)}{\partial(u, v)}=\det\begin{bmatrix} x_u & x_v \\ y_u & y_v \end{bmatrix}, \qquad \frac{\partial(x, y, z)}{\partial(u, v, w)}=\det\begin{bmatrix} x_u & x_v & x_w \\ y_u & y_v & y_w \\ z_u & z_v & z_w \end{bmatrix}$$

- **치환적분**

U에서 D로의 전단사함수 $\boldsymbol{T}(u, v)=(x, y)$와 영역 D 위에 정의된 이변수 실숫값함수 $f(x, y)$에 대해 다음이 성립한다.

$$\iint_U (f \circ \boldsymbol{T})(u, v)\left|\frac{\partial(x, y)}{\partial(u, v)}\right| du\,dv=\iint_D f(x, y)\,dx\,dy$$

■ 적분의 활용

- **곡선의 길이**

구간 $[a, b]$에서 매개함수 $c(t)=(x(t), y(t))$로 매개화된 **곡선의 길이** $L(C)$는 다음과 같다.

$$L(C)=\int_a^b \sqrt{x'(t)^2+y'(t)^2}\,dt$$

- **코시-크로프트 공식**

x축과의 사잇각이 θ이고 원점으로부터 ρ만큼 떨어진 직선 $l(\theta, \rho)$와 곡선 C가 만나는 점의 개수를 $n(\theta, \rho)$라 할 때, 곡선 C의 길이 $L(C)$는 다음과 같다.

$$L(C)=\frac{1}{2}\int_0^R \int_0^{2\pi} n(\theta, \rho)\,d\theta\,d\rho$$

- **곡면의 넓이**

매개함수 $s(u, v)=(x, y, z)$로 매개화된 곡면 S의 넓이는 다음과 같다.

$$\text{area}(S)=\iint_R \| s_u \times s_v \|\,du\,dv$$

CHAPTER

07 연습문제

SECTION 7.1

1. 파이썬을 이용해 다음 일변수함수의 정적분이 가리키는 그래프 아래 영역을 그려라. 또한 정적분을 왼쪽합과 오른쪽합의 극한으로 기술한 뒤, 극한을 근사하여 정적분의 값을 구하라(정확한 값을 구하기 어려운 경우 소수점 아래 셋째 자리까지 근사하라).

(a) $\displaystyle\int_{-1}^{2} 2^x \, dx$

(b) $\displaystyle\int_{0}^{4} \sqrt{x} \, dx$

(c) $\displaystyle\int_{0}^{\pi} x \sin(x) \, dx$

(d) $\displaystyle\int_{e}^{2e} \log(x) \, dx$ (e는 자연상수)

(e) $\displaystyle\int_{0}^{1} \frac{1}{1+x} \, dx$

(f) $\displaystyle\int_{0}^{1} \sin(x^2) \, dx$

(g) $\displaystyle\int_{0}^{1} \exp(-x^2) \, dx$

(h) $\displaystyle\int_{-1}^{1} \frac{\sin(x)}{x} \, dx$

2. 파이썬을 이용해 다음 영역의 그래프를 그려라. 그리고 이 영역의 넓이를 구하라(정확한 값을 구하기 어려운 경우 소수점 아래 셋째 자리까지 근사하라).

(a) 구간 $[0, 1]$에서의 함수 $f(x) = x^2$과 $g(x) = x$ 사이의 영역

(b) 구간 $[0, 1]$에서의 함수 $f(x) = x^3 - 3x$와 $g(x) = x^2 - x + 2$ 사이의 영역

(c) 구간 $[0, 1]$에서의 함수 $f(x) = \exp(x^2)$과 $g(x) = \sin(x+1)$ 사이의 영역

(d) 구간 $[-1, 1]$에서의 함수 $f(x) = \log(1+x^2)$과 $g(x) = \exp(\cos(x))$ 사이의 영역

(e) 구간 $[0, 1]$에서의 함수 $f(x) = \sqrt{1+x^2}$과 $g(x) = \cos(\sqrt{x})$ 사이의 영역

(f) 구간 $[0, 1]$에서의 함수 $f(x) = x^x$과 $g(x) = \cos(x)$ 사이의 영역

힌트 (f) 두 그래프가 한 점에서 교차함에 주의한다.

3. 파이썬을 이용해 주어진 2차원 영역 D에서 함수 $z = f(x, y)$의 그래프를 그려라. 그리고 중적분 $\displaystyle\iint_D f(x, y) \, dx \, dy$를 구하라(정확한 값을 구하기 어려운 경우 소수점 아래 셋째 자리까지 근사하라).

(a) 영역 $D = [-1, 1] \times [-1, 1]$에서의 함수 $f(x, y) = x + 2y$

(b) 영역 $D = [-1, 1] \times [0, 2]$에서의 함수 $f(x, y) = \dfrac{x^2}{2} + \cos(xy)$

(c) 영역 $D = \left\{(x, y) | 0 \le x \le \frac{\pi}{2},\ 0 \le y \le \sin(x)\right\}$에서의 함수 $f(x, y) = \exp(x)$

(d) 영역 $D = \{(x, y) | 1 \le x \le 2,\ \log(x) \le y \le x^2\}$에서의 함수 $f(x, y) = \sqrt{x^2 + y^2}$

(e) 영역 $D = \left\{(x, y) | 0 \le x \le \frac{\pi}{4},\ \sin(x) \le y \le \cos(x)\right\}$에서의 함수 $f(x, y) = \frac{1}{x^2 + y^2 + 1}$

(f) 영역 $D = \left\{(x, y) | 0 \le x \le \frac{\pi}{4},\ \tan^{-1}(x) \le y \le x\right\}$에서의 함수 $f(x, y) = \cos(x^2)$

4. 파이썬을 이용해 주어진 3차원 영역의 그래프를 그려라. 그리고 이 영역의 부피를 구하라(정확한 값을 구하기 어려운 경우 소수점 아래 셋째 자리까지 근사하라).

(a) 두 함수 $z = x^2 + y^2$과 $z = 4$의 그래프로 둘러싸인 영역

(b) z축을 중심으로 하는 원통 $x^2 + y^2 = 4$와 평면 $z = 0$과 $z = x + 3$으로 둘러싸인 영역

(c) 두 원통 $x^2 + y^2 = 1$, $y^2 + z^2 = 1$로 둘러싸인 영역

(d) 세 원통 $x^2 + y^2 = 1$, $y^2 + z^2 = 1$, $x^2 + z^2 = 1$로 둘러싸인 영역

(e) 상반구면 $x^2 + y^2 + z^2 = 1$, $z \ge 0$과 쌍곡면 $z = x^2 - y^2$으로 둘러싸인 영역

(f) x축을 중심으로 하고 회전반지름(x축으로부터 토러스의 중심까지의 거리)이 $R = 2$이고 단면반지름(토러스의 단면의 반지름)이 $r = 2$인 토러스 영역

5. 주어진 3차원 영역 R과 삼변수함수 $f(x, y, z)$에 대한 중적분 $\iiint_R f(x, y, z)\, dx\, dy\, dz$를 구하라(정확한 값을 구하기 어려운 경우 소수점 아래 셋째 자리까지 근사하라).

(a) 영역 $R = [0, 1] \times [0, 1] \times [0, 1]$과 함수 $f(x, y, z) = \frac{\sin(xy)}{z^2 + 1}$

(b) 영역 $R = \{(x, y, z) | 0 \le x \le 2,\ 0 \le y \le 1 - x,\ 0 \le z \le xy\}$과
함수 $f(x, y, z) = \exp(x + y + z)$

(c) 영역 $R = \left\{(x, y, z) | x^2 + y^2 \le 1,\ 0 \le z \le \sqrt{1 - x^2 - y^2}\right\}$과
함수 $f(x, y, z) = \cos(xz)\sin(yz)$

(d) 극좌표방정식 $r = 1 + \cos(\theta)$를 만족하는 곡선과 단위원 사이의 영역 D 위에 정의된 함수 $f(x, y) = x^2 + y^2$의 그래프 아래 영역 R과 함수 $f(x, y, z) = 1$

(e) $0 \le x \le 1$ 위에 정의된 두 함수 $y = \sin(x)$와 $y = \cos(x^2)$의 그래프 사이 영역을 D라 할 때 D 위에 정의된 함수 $f(x, y) = y^2$의 그래프 아래 영역 R과 함수 $f(x, y, z) = z$

(f) $-1 \le y \le 1$, $x^2 + z^2 \le 1$, $z \ge \frac{1}{2}$을 모두 만족하는 점 (x, y, z)로 이루어진 영역 R과
함수 $f(x, y, z) = z^2$

6. 부분적분을 이용해 다음 역도함수를 구하라.

(a) $\int x\cos(5x)\,dx$

(b) $\int \exp(x)\cos(x)\,dx$

(c) $\int x^3\exp(x)\,dx$

(d) $\int (x^2+1)\exp(-x)\,dx$

(e) $\int x\log(x)\,dx$

(f) $\int \exp(2x)\sin(3x)\,dx$

(g) $\int \tan^{-1}(x)\,dx$

(h) $\int \log(x)\cos(x)\,dx$

7. 치환적분을 이용해 다음 역도함수를 구하라.

(a) $\int (2x+1)\exp(x^2+x)\,dx$

(b) $\int \sqrt{x^2+1}\,dx$

(c) $\int \frac{\log(x)^2}{x}\,dx$

(d) $\int x\sqrt{1-x^2}\,dx$

(e) $\int x^{3/2}\sqrt{1-x^2}\,dx$

(f) $\int \frac{1}{\sqrt{4-x^2}}\,dx$

(g) $\int \frac{\log(x)}{x}\,dx$

(h) $\int \frac{1}{(1+x^2)^2}\,dx$

SECTION 7.2

8. 주어진 반복적분을 구하고, 파이썬을 이용해 적분영역 위에서 피적분함수의 그래프를 그려라.

(a) $\int_0^1\int_0^{y^2}\cos(x^2)\,dx\,dy$

(b) $\int_0^1\int_0^1\frac{y}{1+xy}\,dx\,dy$

(c) $\int_{-1}^1\int_0^{\pi}xy\cos(y)\,dy\,dx$

(d) $\int_0^1\int_0^2\frac{xy^2}{x^2+1}\,dx\,dy$

(e) $\int_0^{\pi}\int_0^{\pi/2}\sin(x)\cos(y)\,dx\,dy$

(f) $\int_0^1\int_0^{x^2}\sin(x+y)\,dy\,dx$

9. 주어진 삼변수함수의 반복적분을 구하라.

(a) $\int_0^1\int_0^1\int_0^1\exp(x+y+z)\,dx\,dy\,dz$

(b) $\int_0^1\int_0^x\int_0^y(x+y+z)\,dz\,dy\,dx$

(c) $\int_0^2\int_0^y\int_0^{2-x}\sin(x+y)\,dz\,dx\,dy$

(d) $\int_0^1\int_0^y\int_x^1(x+2y+z)\,dz\,dx\,dy$

(e) $\int_0^2\int_{z^2}^4\int_z^2 y\cos(x)\,dy\,dx\,dz$

(f) $\int_0^1\int_{2y}^{1+y}\int_z^{y+z}y\,dx\,dz\,dy$

10. 다음 반복적분의 적분 순서를 바꿔서 다시 나타내라.

(a) $\int_0^1 \int_0^1 \int_0^{x^2} f(x, y, z)\, dx\, dy\, dz$

(b) $\int_0^2 \int_0^x \int_0^y f(x, y, z)\, dx\, dy\, dz$

(c) $\int_0^1 \int_x^2 \int_0^y f(x, y, z)\, dz\, dy\, dx$

(d) $\int_0^2 \int_y^1 \int_0^{x+y} f(x, y, z)\, dz\, dx\, dy$

11. 치환적분을 이용해 다음 중적분을 구하라.

(a) $\int_0^1 \int_0^{1-x} \exp\left(\frac{y}{x+y}\right) dy\, dx$

(b) $\int_0^2 \int_x^{x+1} (y-x)\exp((y-x)^2)\, dy\, dx$

(c) $\int_{-1}^1 \int_{-\sqrt{1-x^2}}^{\sqrt{1-x^2}} dy dx$

(d) $\int_{-1}^1 \int_0^{\sqrt{1-x^2}} \exp(x^2+y^2)\, dy\, dx$

(e) $\int_{-1}^1 \int_{-\sqrt{1-x^2}}^{\sqrt{1-x^2}} \int_{\sqrt{x^2+y^2}}^1 \exp(z)\, dz\, dy\, dx$

(f) $\int_{-1}^1 \int_{-\sqrt{1-y^2}}^{\sqrt{1-y^2}} \int_0^{1-x^2-y^2} \exp(x^2+y^2+z)\, dz\, dx\, dy$

(g) D가 $x^2-y^2=1$, $x^2-y^2=4$, $xy=1$, $xy=2$로 둘러싸인 곡면일 때,
$\iint_D (x^2+y^2)\, dx\, dy$

12. 다음 이상적분을 구하라.

(a) $\int_0^9 \frac{1}{\sqrt[3]{x-1}}\, dx$

(b) $\int_0^2 \frac{1}{(x-1)^2}\, dx$

(c) $\int_0^\infty \frac{1}{x^2}\, dx$

(d) $\int_0^\infty \frac{1}{\exp(x)}\, dx$

(e) $\int_{-1}^1 \frac{1}{x^3}\, dx$

(f) $\int_{-1}^0 \frac{1}{x^{1/3}}\, dx$

(g) $\int_1^4 \frac{-1}{\sqrt{x}}\, dx$

(h) $\int_{-\infty}^0 \frac{1}{x^2+1}\, dx$

13. 심화 **감마함수**gamma function $\Gamma(x)$와 **베타함수**beta function $B(x, y)$는 이상적분으로 다음과 같이 정의된 함수이다. 두 함수에 대해 다음 물음에 답하라.

$$\Gamma(x) = \int_0^\infty t^{x-1}\exp(-t)\,dx,\ \ x > 0$$
$$B(x, y) = \int_0^1 t^{x-1}(1-t)^{y-1}dx,\ \ x, y > 0$$

(a) $0 < x, y < 1$일 때 함수 $\Gamma(x)$와 $B(x, y)$ 모두 적분구간의 양 끝점에서 피적분함수가 발산한다. 이상적분의 정의에 따라 $\Gamma\left(\frac{1}{2}\right)$과 $B\left(\frac{1}{2}, \frac{1}{2}\right)$을 구하라.

(b) (a)에서 계산한 방법을 파이썬 코드로 작성하고 구간 $(0, 2]$에서의 감마함수 $y = \Gamma(x)$의 그래프와 영역 $(0, 2] \times (0, 2]$에서의 베타함수 $z = B(x, y)$의 그래프를 각각 그려라.

(c) $x = n$이 1보다 큰 자연수일 때, 감마함수에 대한 다음 등식이 성립함을 증명하라.

$$\Gamma(n) = (n-1)!$$

(d) 베타함수는 감마함수에 관한 다음 등식으로 계산할 수도 있다.

$$B(x, y) = \frac{\Gamma(x)\Gamma(y)}{\Gamma(x+y)}$$

이를 증명하기 위해 위 식을 다음과 같이 다시 나타내보자.

$$B(x, y)\Gamma(x+y) = \Gamma(x)\Gamma(y) \qquad (*)$$

식 (*)의 양변을 이상적분의 반복적분으로 다음과 같이 기술해보자.

$$\begin{aligned} B(x, y)\Gamma(x+y) &= \int_0^\infty s^{x+y-1}\exp(-s)\,ds \int_0^1 t^{x-1}(1-t)^{y-1}dt \\ &= \int_0^\infty \int_0^1 (st)^{x-1}(s(1-t))^{y-1}s\exp(-s)\,dt\,ds \end{aligned}$$

$$\begin{aligned} \Gamma(x)\Gamma(y) &= \int_0^\infty u^{x-1}\exp(-u)\,du \int_0^\infty v^{y-1}\exp(-v)\,dv \\ &= \int_0^\infty \int_0^\infty u^{x-1}v^{x-1}\exp(-u-v)\,du\,dv \end{aligned}$$

st-평면의 영역 $(0, \infty) \times (0, 1)$에서 uv-평면 전체 $(0, \infty) \times (0, \infty)$로의 변환함수를 찾고, 이 함수를 치환적분의 식에 대입하여 식 (*)가 성립함을 보여라.

힌트 (b) 반복적분을 이용한다.

14. 파이썬을 이용해 다음과 같이 정의된 곡선을 그려라. 그리고 이 곡선의 길이를 구하라(정확한 값을 구하기 어려운 경우 소수점 아래 셋째 자리까지 근사하라).

(a) 구간 $[0, 1]$ 위의 함수 $y = \exp(x)$의 그래프

(b) 구간 $[-1, 1]$ 위의 함수 $c(t) = (t^2, t^3)$으로 매개화된 곡선

(c) 구간 $[0, 2\pi]$ 위의 함수 $c(t) = (\cos(t), \sin(t), t)$로 매개화된 곡선

(d) 타원 $\dfrac{x^2}{2} + \dfrac{y^3}{3} = 1$의 둘레

(e) 포물면 $z = x^2 + y^2$을 평면 $x = 2$로 잘랐을 때 생기는 단면에서 $z \le 8$인 부분

(f) 구간 $[0, \pi]$ 위의 함수 $c(t) = (\sin(t)\cos(t), \sin(t)\sin(t), \cos(t))$로 매개화된 곡선

15. 다음과 같이 극좌표방정식으로 매개화된 폐곡선의 길이를 구하라.

(a) $0 \le \theta \le 2\pi$에서 $r = \exp(\theta)$로 정의된 곡선

(b) $0 \le \theta \le \pi^2$에서 $r = \sqrt{\theta}$로 정의된 곡선

(c) 다음 그림과 같이 반지름이 2인 원의 원주 위를 굴러가는 반지름 1인 원의 한 점의 자취 (단, 시작점은 $(2, 0)$)

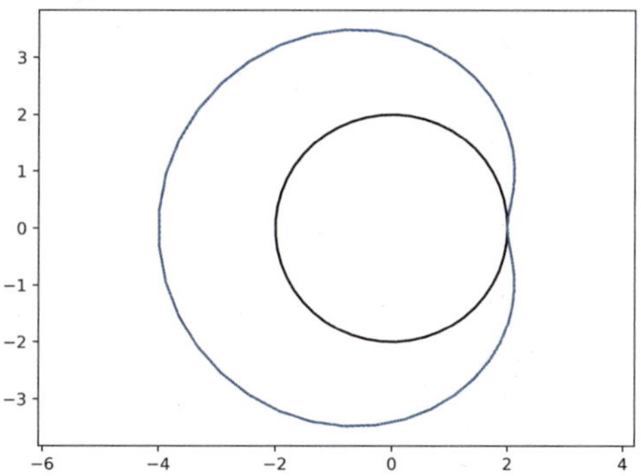

(d) 다음 그림과 같이 반지름 3인 원의 원주 내부를 굴러가는 반지름 1인 원의 한 점의 자취 (단, 시작점은 $(3, 0)$)

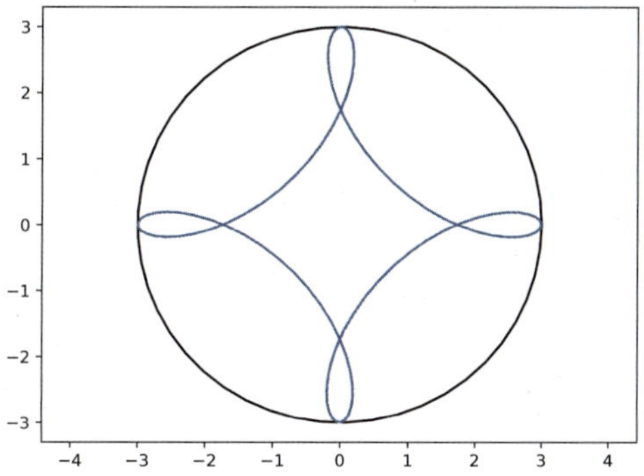

16. 다음과 같이 주어진 곡면의 그래프를 그리고, 각 곡면의 넓이를 중적분을 이용해 구하라.

(a) 밑면의 반지름이 5이고 높이가 3인 원뿔면(단, 밑넓이는 계산에서 제외한다).

(b) 높이가 3이고 함수 $z=x^2+y^2$의 그래프로 정의된 포물면

(c) uv-평면의 영역 $[0, 1]\times[0, 2\pi]$ 위에 정의된 다음 함수로 매개화된 곡면

$$s(u, v)=(u\cos(u), u\sin(v), v)$$

(d) uv-평면의 영역 $[0, \pi]\times[0, 2\pi]$ 위에 정의된 다음 함수로 매개화된 곡면

$$s(u, v)=(\sin(u)\cos(v), \sin(u)\sin(v), \cos(u))$$

(e) xy-평면의 원 $(x-3)^2+y^2=1$을 z축을 중심으로 회전시켜 만든 토러스

(f) 구간 $[1, 2]$ 위의 함수 $y=\sqrt{x}-1$의 그래프를 z축을 중심으로 회전시켜 만든 회전체의 표면

SECTION 7.4

17. 심화 코시-크로프트 공식에 대해 다음 물음에 답하라.

(a) x축의 구간 $[0, L]$에 놓인 선분에 대해 코시-크로프트 공식이 성립함을 증명하라. 즉 직선 $l(\theta, \rho)$가 구간 $[0, L]$을 지나는 경우 $n(\theta, \rho)=1$이고, 그 외의 경우 $n(\theta, \rho)=0$일 때 다음 등식이 성립함을 보여라.

$$\frac{1}{2}\int_0^{\infty}\int_0^{2\pi} n(\theta, \rho)d\theta d\rho=L$$

(b) 선분을 회전이동하거나 평행이동하더라도 코시-크로프트 공식이 성립함을 보여라.

(c) 곡선의 길이는 잘게 나눈 선분 길이의 합으로 근사된다. 이 사실을 이용해 코시-크로프트 공식이 임의의 곡선에 대해 성립함을 보여라.

힌트 (b) 선분의 회전이동 및 평행이동은 다음과 같이 직선의 매개변수 (θ, ρ)를 일정한 크기만큼 변화시키는 것과 같다.

$$(\theta, \rho)\to(\theta+\theta_0, \rho+\rho_0)$$

CHAPTER

08

선적분과 면적분

Contents

학습목표

- 곡선 위에 정의된 함수의 선적분을 구한다.
- 곡선 위에 정의된 벡터장의 선적분의 의미를 이해하고 그 값을 구한다.
- 곡면 위에 정의된 함수의 면적분을 구한다.
- 곡면 위에 정의된 벡터장의 면적분의 의미를 이해하고 그 값을 구한다.
- 그린 정리를 이해하고, 이를 통해 벡터장의 회전과 발산의 의미를 이해한다.
- 그린 정리를 이용해 폐곡선으로 둘러싸인 영역의 넓이를 구하는 원리를 이해한다.
- 그린 정리를 이용해 다각형의 넓이를 계산하는 프로그램을 제작한다.

이 장에서 배우는 내용은?

구간은 1차원 영역의 한 예이다. 또한 2차원 좌표평면 혹은 3차원 좌표공간의 곡선도 일종의 1차원 영역이라 할 수 있다. 그렇다면 일반적인 곡선 위에서의 정적분은 어떻게 계산할까?

이변수함수의 정적분은 2차원 공간 $\mathbb{R}^2$의 부분영역 위에서의 리만합으로 계산된다. 그렇다면 일반적인 곡면 위에서의 정적분은 어떻게 정의하고 계산할까?

이 장에서는 앞의 두 질문에 대한 답으로 함수와 벡터장의 선적분과 면적분에 대해 살펴본다. 또한 각 적분값의 의미를 물리적, 기하적 상황에 비유하여 해석한다. 마지막으로 그린 정리에 대해 살펴보고, 이를 활용하여 화면에 그린 다각형의 넓이를 계산하는 프로그램을 작성해본다.

SECTION
8.1 벡터장과 선적분

벡터장은 여러 가지 물리적 힘을 표현하는 다변수함수의 일종이다. 이 절에서는 함수의 선적분을 살펴보고 벡터장의 정의와 여러 가지 연산에 대해 알아본 뒤, 벡터장의 선적분을 계산하는 방법에 대해 살펴본다.

함수의 선적분

$a \leq t \leq b$일 때 매개함수 $c(t) = (x(t), y(t))$는 2차원 좌표평면의 한 곡선을 매개화한다. 이와 같이 매개화된 n차원 공간 $\mathbb{R}^n$의 곡선을 앞으로 **n차원 곡선**$^{n\text{-dimensional curve}}$이라 한다. 실숫값함수 f의 정의역이 n차원 곡선 C일 때, 곡선 위의 각 점 $c \in C$는 실숫값 $f(c)$로 대응된다. 선적분이란 이러한 n차원 곡선을 적분영역으로 하여, 이 곡선 위에 정의된 함수 f의 리만합의 극한을 구하는 것이다.

정의 8-1 함수의 선적분

$c : [a, b] \to \mathbb{R}^n$으로 매개화된 곡선 C와 이 곡선 위에 정의된 n변수 (실숫값)함수 $f(x_1, \cdots, x_n)$을 생각하자. 구간 $[a, b]$의 분할 $P = (t_0, \cdots, t_N)$과 각 분할점 $C_i = c(t_i)$에 대해 $\| C_{i-1}C_i \|$를 선분 $C_{i-1}C_i$의 길이라 하자. 이때 식 (8.1)의 극한이 존재하면 이를 **선적분**$^{\text{line integral}}$이라 하고 다음과 같이 표기한다.

$$\int_C f\, ds = \lim_{N \to \infty} \sum_{i=1}^{N} f(c(t_i^*)) \| C_{i-1}C_i \| \tag{8.1}$$

참고로 식 (8.1)의 선적분을 간단히 $\int_C f$로 표기하기도 한다. 또한 C가 폐곡선인 경우 선적분을 $\oint_C f$로 표기하기도 한다.

예제 8-1 **함수의 선적분**

좌표평면의 원점 $(0, 0)$과 점 $(1, 2)$를 잇는 선분 C 위에 정의된 함수 $f(x, y) = 2x + y$의 선적분을 구하라.

풀이

선분 C는 구간 $0 \le t \le 1$ 위에서 다음과 같이 정의된 $c(t)$로 매개화된다.

$$c(t) = (t, 2t)$$

구간 $[0, 1]$을 N개의 구간으로 균등분할하자. 이에 따라 선분 C는 총 $(N+1)$개의 점으로 분할되고, i번째 분할점의 좌표는 $C_i = \left(\frac{i}{N}, \frac{2i}{N}\right)$이다. 따라서 곡선을 근사하는 i번째 선분의 길이는 다음과 같다.

$$\| C_{i-1} C_i \| = \frac{\sqrt{5}}{N}$$

이제 각 i번째 구간 $[t_{i-1}, t_i]$의 한 점 t_i^*를 구간의 하한, 즉 $t_i^* = t_{i-1}$이라 하자. 이때 식 (8.1)은 다음과 같이 기술된다.

$$\lim_{N \to \infty} \sum_{i=1}^{N} f\left(\frac{i-1}{N}, \frac{2i-2}{N}\right) \frac{\sqrt{5}}{N}$$

위 식을 계산한 결과는 다음과 같다.

$$\lim_{N \to \infty} \sum_{i=0}^{N} \frac{4i}{N} \frac{\sqrt{5}}{N} = \lim_{N \to \infty} \frac{4\sqrt{5}}{N^2} \frac{N(N-1)}{2} = 2\sqrt{5}$$

이제 식 (8.1)의 각 성분의 의미를 살펴보자. 먼저 $\| C_{i-1} C_i \|$는 [그림 8-1]과 같이 두 점 C_{i-1}과 C_i를 잇는 선분 $C_{i-1} C_i$의 길이이다. $\| C_{i-1} C_i \|$는 이 구간의 실제 곡선의 길이를 근사한다.

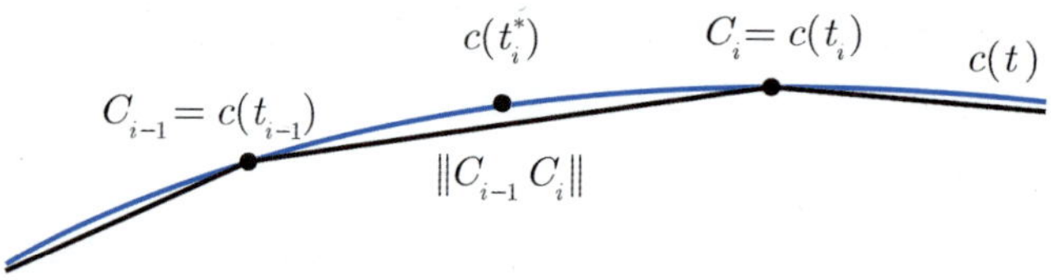

[그림 8-1] 선분을 이용한 곡선의 근사

한편 t_i^*는 구간 $[t_{i-1}, t_i]$ 내의 임의의 한 점이고 $f(c(t_i^*))$는 [그림 8-1]의 곡선 위에 놓인 한 점 $c(t_i^*)$에서의 함숫값이다. 함숫값 $f(x, y)$가 z축 방향으로의 높이를 가리킨다고 가정하면 $f(c(t_i^*))\|C_{i-1}C_i\|$는 폭이 $\|C_{i-1}C_i\|$이고 높이가 $f(c(t_i^*))$인 직사각형의 넓이이다. 이 직사각형은 [그림 8-2]와 같이 3차원 공간에서 xy-평면에 수직으로 놓여있다. 분할의 개수 N이 무한히 증가하면, 직사각형의 넓이의 합은 곡선 C 위의 함수 $z = f(c(t))$의 그래프 아래 영역의 넓이가 된다.

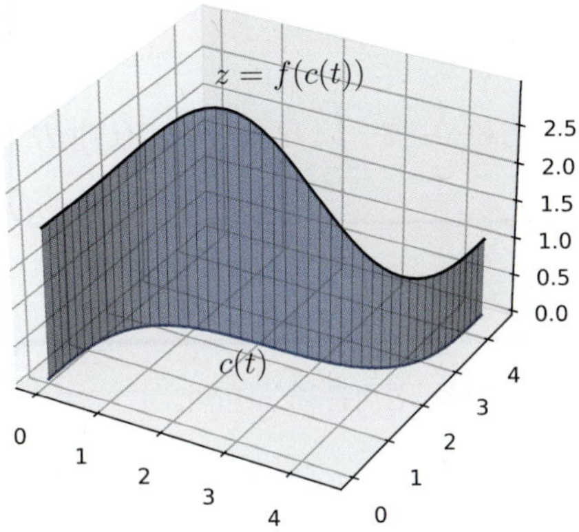

[그림 8-2] 영역의 넓이로서의 선적분의 의미

따라서 선적분 $\int_C f$는 [그림 8-2]와 같이 함수 $z = f(x, y)$의 그래프 아래 영역을 곡선 C를 따라 잘랐을 때 나타나는 단면의 넓이와 같다. 선분 $C_{i-1}C_i$의 길이, 즉 i번째 구간의 길이 Δu_i는 t가 i번째 구간 $[t_{i-1}, t_i]$를 Δt_i만큼 움직일 때 곡선 위의 점 $c(t)$가 움직인 대략적인 거리이다. 평균값 정리(정리 4-9)를 속력함수 $\|c'(t)\|$에 적용하면, 다음 등식을 만족하는 한 점 $t_i^* \in [t_{i-1}, t_i]$가 존재한다.

$$\Delta u_i = \|c'(t_i^*)\| \Delta t_i$$

따라서 선적분 $\int_C f$는 다음과 같다.

$$\begin{aligned}\int_C f &= \lim_{N\to\infty}\sum_{i=1}^{N} f(t_i^*)\Delta u_i = \lim_{N\to\infty}\sum_{i=1}^{N} f(t_i^*)\|c'(t_i^*)\|\nabla t_i \\ &= \int_a^b f(c(t))\|c'(t)\|dt\end{aligned} \tag{8.2}$$

참고 **매끄럽지 않은 곡선 위에서의 선적분**

선적분은 매끄러운 곡선 위에서만 정의할 수 있을까? 그렇지 않다. 정적분은 유한개의 불연속점이 존재해도 정의된다는 사실을 기억하자. 즉 구간 $[a, b]$의 유한개의 점 $\bar{t}_1$, $\cdots$, $\bar{t}_n$에서 $c'(t)$가 존재하지 않더라도 이 점에서 속도벡터 $c'(t)$가 발산하지 않으면 선적분은 존재한다. 점 $\bar{t}_1, \cdots, \bar{t}_n$에서 $c'(t)$가 존재하지 않는다는 것은 곡선 C가 점 $\overline{C_i} = c(\bar{t}_i)$에서 꺾여있음을 의미한다. 이 경우 선적분은 다음과 같이 여러 선적분의 합으로 계산할 수 있다.

$$\int_C f = \int_a^{\bar{t}_1} f(c(t))\|c'(t)\|\,dt + \int_{\bar{t}_1}^{\bar{t}_2} f(c(t))\|c'(t)\|\,dt + \cdots + \int_{\bar{t}_n}^{b} f(c(t))\|c'(t)\|\,dt$$

예제 8-2 **함수의 선적분**

좌표평면의 원점을 중심으로 한 단위원의 원주 C 위에서 다음 선적분을 구하라.

$$\int_C x^2y^2\,ds$$

풀이

곡선 C를 $c(t) = (\cos(t), \sin(t))$로 매개화하자$(0 \le t \le 2\pi)$. 각 t에서의 속도벡터는 $c'(t) = \langle -\sin(t), \cos(t)\rangle$이다. 식 (8.2)에 따라 선적분은 다음과 같이 계산된다.

$$\begin{aligned}\int_0^{2\pi} \sin^2(t)\cos^2(t)\sqrt{\sin^2(t)+\cos^2(t)}\,dt &= \int_0^{2\pi} \frac{1}{4}\sin^2(2t)\,dt \\ &= \frac{1}{4}\int_0^{2\pi} \frac{1-\cos(4t)}{2}\,dt = \frac{\pi}{4}\end{aligned}$$

선적분은 곡선의 매개화와 무관하다. 예를 들어 $d : [\alpha, \beta] \to C$가 $c : [a, b] \to C$를 재매개화한 함수라 가정하자. 즉 전단사함수 $T : [\alpha, \beta] \to [a, b]$에 대해 $d = c \circ T$이다. 이때 치환적분에 의해 다음 등식이 성립한다.

$$\begin{aligned}\int_\alpha^\beta f(d(\tau))\|d'(\tau)\|\,d\tau &= \int_\alpha^\beta (f \circ c \circ T)(\tau)\|(c \circ T)'(\tau)\|\,d\tau \\ &= \int_\alpha^\beta (f \circ c)(T(\tau))\|c'(T(\tau))\| \cdot |T'(\tau)|\,d\tau \\ &= \int_a^b (f \circ c)(t)\|c'(t)\|\,dt\end{aligned}$$

따라서 두 매개함수의 매개화 방향이 서로 다른 경우에도 실숫값함수의 선적분은 서로 같다.

3차원 곡선 위에 정의된 함수의 선적분도 이와 비슷하게 계산할 수 있다. 예를 들어 [그림 8-3]과 같이 세 표준단위벡터 $\boldsymbol{e}_1$, $\boldsymbol{e}_2$, $\boldsymbol{e}_3$로 둘러싸인 정육면체의 꼭짓점 중 네 점 $O=(0, 0, 0)$, $P=(1, 0, 0)$, $Q=(1, 0, 1)$, $R=(1, 1, 1)$을 순서대로 연결해 선분 OP, PQ, QR로 이루어진 다음의 3차원 곡선 C를 생각해보자.

$$C = OP \cup PQ \cup QR$$

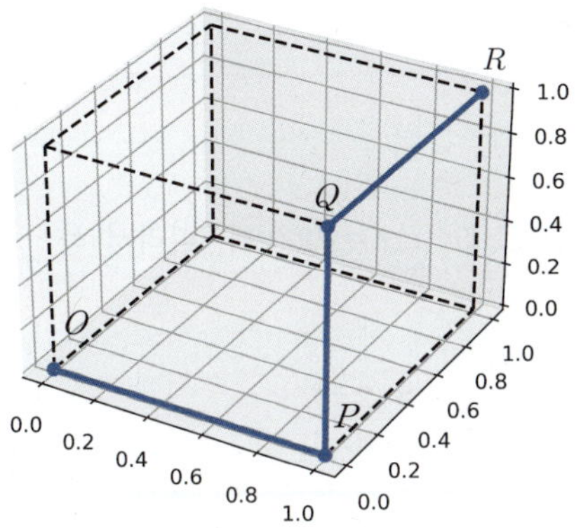

[그림 8-3] 3차원 곡선

이때 선적분 $\int_C (x+y+z)$는 다음과 같이 세 선적분의 합과 같다.

$$\int_{OP}(x+y+z)+\int_{PQ}(x+y+z)+\int_{QR}(x+y+z) \tag{8.3}$$

먼저 첫 번째 선적분 $\int_{OP}(x+y+z)$를 살펴보자. 이 경우 y, z가 $y=z=0$으로 고정되고, x만 구간 $[0, 1]$ 위를 (단위속도로) 움직이므로 다음과 같이 계산된다.

$$\int_{OP}(x+y+z) = \int_0^1 x\,dx = \frac{1}{2}$$

다음으로 두 번째 선적분 $\int_{PQ}(x+y+z)$를 살펴보자. 이 경우 x, y가 $x=1$, $y=0$으로 고정되고, z만 구간 $[0, 1]$ 위를 (단위속도로) 움직이므로 다음과 같이 계산된다.

$$\int_{PQ}(x+y+z) = \int_0^1 (1+z)\,dz = \frac{3}{2}$$

세 번째 선적분 $\int_{QR}(x+y+z)$는 x, z가 $x=z=1$로 고정되고, y만 구간 $[0, 1]$ 위를 (단위속도로) 움직이므로 다음과 같이 계산된다.

$$\int_{QR}(x+y+z) = \int_0^1 (2+y)\,dy = \frac{5}{2}$$

따라서 선적분 (8.3)은 $\frac{9}{2}$가 된다.

예제 8-3 **3차원 곡선 위의 선적분**

다음과 같은 함수 $c:[0,2\pi]\to\mathbb{R}^3$으로 매개화된 3차원 나선곡선 C를 생각하자.

$$c(t)=(\cos(t),\sin(t),t)$$

곡선 C 위에서 선적분 $\int_C (x^2+y^2+z^2)$을 구하라.

풀이

각 t에서의 속도벡터는 $c'(t)=\langle -\sin(t),\cos(t),1\rangle$이므로 $\|c'(t)\|=\sqrt{2}$이다. 따라서 선적분은 다음과 같다.

$$\int_C (x^2+y^2+z^2)=\int_0^{2\pi}\sqrt{2}(1+t^2)\,dt=2\pi\sqrt{2}+\frac{8\sqrt{2}\pi^3}{3}$$

벡터장과 미분연산자

지금까지 살펴본 다변수함수는 $f(x_1,\cdots,x_m)=(y_1,\cdots,y_n)$과 같이 m차원 점 $(x_1,\cdots,x_m)$을 n차원 점 $(y_1,\cdots,y_n)$으로 대응시키거나, $n\times m$ 행렬과 같이 m차원 벡터 $\langle x_1,\cdots,x_m\rangle$을 n차원 벡터 $\langle y_1,\cdots,y_n\rangle$으로 선형변환하는 것이었다. 벡터장은 이와 조금 다른 형태의 다변수함수이다.

정의 8-2 벡터장

m차원 영역에서 n차원 벡터공간으로의 함수 f를 **벡터장**vector field이라 하고 다음과 같이 표기한다.

$$f(x_1,\cdots,x_m)=\langle y_1,\cdots,y_n\rangle$$

벡터장이 m차원 영역 A와 n차원 영역 B 사이의 다변수함수 $f:A\to B$와 구별되는 가장 큰 차이점은 벡터장의 경우 스칼라곱과 두 벡터장의 합이 정의된다는 사실이다. 즉 동일한 m차원 영역 A 위에 정의된 두 벡터장 f, g와 임의의 실수 k에 대해 $k\cdot f$와 $f+g$는 다음과 같이 정의된 벡터장이다.

$$(k \cdot f)(x_1, \cdots, x_m) = k \cdot f(x_1, \cdots, x_m)$$
$$(f+g)(x_1, \cdots, x_m) = f(x_1, \cdots, x_m) + g(x_1, \cdots, x_m)$$

더 나아가 동일한 m차원 영역 A 위에 정의된 임의의 실숫값함수 f에 대해 $f \cdot f$도 다음과 같이 정의된 벡터장이다(이를 편의상 ff로 표기하자).

$$(f \cdot f)(x_1, \cdots, x_m) = f(x_1, \cdots, x_m) f(x_1, \cdots, x_m)$$

참고로 벡터장은 표준단위벡터 e_i를 이용해 다음과 같이 표현하기도 한다.

$$f = y_1 e_1 + \cdots + y_n e_n$$

여기서 각 y_i는 m개의 독립변수 $x_1, \cdots, x_m$에 대한 실숫값함수로 간주한다. 또한 편미분연산자를 표준단위벡터를 가리키는 벡터로 간주하여 벡터장을 다음과 같이 표기하기도 한다.

$$f = f_1(x_1, \cdots, x_m)\frac{\partial}{\partial x_1} + \cdots + f_n(x_1, \cdots, x_m)\frac{\partial}{\partial x_n}$$

벡터장은 화살표로 표현할 수 있다. 예를 들어 다음과 같이 2차원 직사각형 영역 $[-1, 1] \times [-1, 1]$ 위에 정의된 벡터장을 생각해보자.

$$f(x, y) = x\frac{\partial}{\partial x} + xy^2\frac{\partial}{\partial y}$$

다음 파이썬 코드는 영역을 격자분할한 후, 각 격자점 (x, y)에서 벡터 $\langle x, xy^2 \rangle$으로 결정된 화살표를 나타내는 코드이다. 이를 시각화하면 [그림 8-4]와 같다.

```
# 벡터장을 화살표로 그리기
intv = np.linspace(-1, 1, 6)
pt = np.array(np.meshgrid(intv, intv)).reshape(2, -1)
f = lambda x, y: np.array([x,x*y**2])
for i in range(pt.shape[1]):
    plt.quiver(*pt[:,i], *f(*pt[:,i]))
plt.xlim(-1.25, 1.25)
plt.ylim(-1.25, 1.25)
```

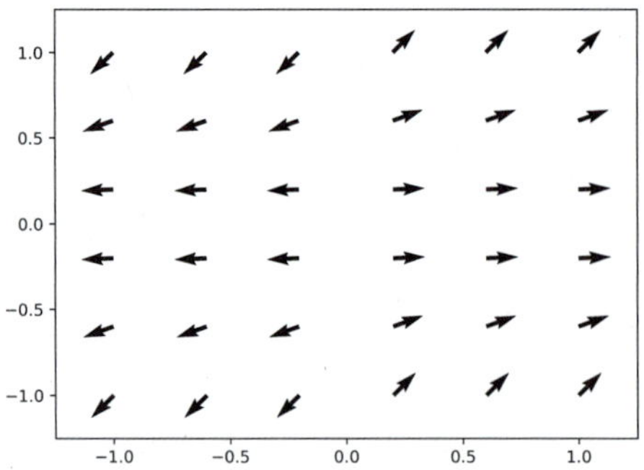

[그림 8-4] **벡터장의 표현**

[그림 8-4]의 각 화살표의 시작점은 벡터장 f의 정의역의 한 점을 가리킨다. 각 점 $P=(x,\ y)$에서 계산한 벡터 $f(x,\ y)$의 크기와 방향은 점 P에서 시작하는 화살표의 크기와 방향으로 표현된다. 앞으로 특별한 언급이 없는 한, 벡터장의 모든 성분함수는 항상 미분가능하다고 가정하자.

5장에서 소개한 그래디언트 ∇f에 사용된 기호 ∇를 다음과 같이 주어진 영역의 차원에 따라 편미분연산자로 이루어진 2차원 또는 3차원 벡터로 정의하자.

$$\nabla = \left\langle \frac{\partial}{\partial x},\ \frac{\partial}{\partial y} \right\rangle \quad \text{혹은} \quad \left\langle \frac{\partial}{\partial x},\ \frac{\partial}{\partial y},\ \frac{\partial}{\partial z} \right\rangle$$

연산자 ∇는 다음과 같이 벡터장의 발산과 회전을 정의한다.

정의 8-3 발산과 회전

(1) 2차원 벡터장 $f=\langle p(x,\ y),\ q(x,\ y)\rangle$ 또는 3차원 벡터장 $g=\langle p(x,\ y,\ z),\ q(x,\ y,\ z),\ r(x,\ y,\ z)\rangle$에 대해 **발산**divergence ∇f, ∇g는 다음과 같이 정의된 실숫값함수이다.

$$\nabla f = \frac{\partial p}{\partial x} + \frac{\partial q}{\partial y},\quad \nabla g = \frac{\partial p}{\partial x} + \frac{\partial q}{\partial y} + \frac{\partial r}{\partial z}$$

(2) 3차원 벡터장 $f=\langle p(x,\ y,\ z),\ q(x,\ y,\ z),\ r(x,\ y,\ z)\rangle$에 대해 **회전**curl $\nabla \times f$는 다음과 같이 정의된 3차원 벡터장이다.

$$\nabla \times f = \left\langle \frac{\partial r}{\partial y} - \frac{\partial q}{\partial x},\ \frac{\partial p}{\partial z} - \frac{\partial r}{\partial x},\ \frac{\partial q}{\partial x} - \frac{\partial p}{\partial y} \right\rangle$$

참고로 발산 ∇f는 미분연산자 ∇와 함수 f를 동일한 차원의 두 벡터로 간주하여 다음과 같이 순서대로 내적을 계산한 것과 같다.

$$\nabla f = \nabla \cdot f = \left\langle \frac{\partial}{\partial x}, \frac{\partial}{\partial y} \right\rangle \cdot \langle p, q \rangle = \frac{\partial p}{\partial x} + \frac{\partial q}{\partial y}$$

$$\nabla f = \nabla \cdot f = \left\langle \frac{\partial}{\partial x}, \frac{\partial}{\partial y}, \frac{\partial}{\partial z} \right\rangle \cdot \langle p, q, r \rangle = \frac{\partial p}{\partial x} + \frac{\partial q}{\partial y} + \frac{\partial r}{\partial z}$$

한편, 회전 $\nabla \times f$는 ∇와 f를 두 3차원 벡터로 간주하여 다음과 같이 외적을 계산한 것과 같다.

$$\begin{aligned}\nabla \times f &= \det\begin{bmatrix} e_1 & e_2 & e_3 \\ \dfrac{\partial}{\partial x} & \dfrac{\partial}{\partial y} & \dfrac{\partial}{\partial z} \\ p & q & r \end{bmatrix} \\ &= e_1 \cdot \det\begin{bmatrix} \dfrac{\partial}{\partial y} & \dfrac{\partial}{\partial z} \\ q & r \end{bmatrix} - e_2 \cdot \det\begin{bmatrix} \dfrac{\partial}{\partial x} & \dfrac{\partial}{\partial z} \\ p & r \end{bmatrix} + e_3 \cdot \det\begin{bmatrix} \dfrac{\partial}{\partial x} & \dfrac{\partial}{\partial y} \\ p & q \end{bmatrix}\end{aligned}$$

예제 8-4 벡터장의 발산과 회전

2차원 벡터장 $f = \langle x + \sin(y), \exp(xy) \rangle$와 3차원 벡터장 $g = \langle xy, \log(z^2), x+z \rangle$에 대해 발산 ∇f와 회전 $\nabla \times g$를 구하라.

풀이

먼저 발산 ∇f는 다음과 같다.

$$\nabla f = \frac{\partial}{\partial x}(x + \sin(y)) + \frac{\partial}{\partial y}(\exp(xy)) = 1 + x\exp(xy)$$

다음으로 회전 $\nabla \times g$는 다음과 같다.

$$\begin{aligned}\nabla \times g = \det\begin{bmatrix} e_1 & e_2 & e_3 \\ \dfrac{\partial}{\partial x} & \dfrac{\partial}{\partial y} & \dfrac{\partial}{\partial z} \\ xy & \log(z^2) & x+z \end{bmatrix} &= \left(\frac{\partial}{\partial y}(x+z) - \frac{\partial}{\partial z}(\log(z^2))\right) \cdot e_1 \\ &\quad - \left(\frac{\partial}{\partial x}(x+z) - \frac{\partial}{\partial z}(xy)\right) \cdot e_2 \\ &\quad + \left(\frac{\partial}{\partial x}(\log(z^2)) - \frac{\partial}{\partial y}(xy)\right) \cdot e_3 \\ &= \left\langle -\frac{2}{z}, -1, -x \right\rangle\end{aligned}$$

참고로 벡터장이 아닌 실숫값함수 f에 대해 ∇f는 그래디언트이다. 이는 함수의 정의역의 차원과 동일한 차원을 가지는 벡터장이다. 즉 이변수 실숫값함수 $f(x, y)$와 삼변수 실숫값함수 $g(x, y, z)$에 대해 ∇f와 ∇g는 다음과 같다.

$$\nabla f = \langle f_x, f_y \rangle, \quad \nabla g = \langle g_x, g_y, g_z \rangle$$

발산과 회전의 의미는 9장에서 다룰 스토크스 정리와 발산 정리를 통해 자세히 살펴보기로 하고, 여기서는 두 개념이 포함된 여러 가지 명제를 살펴보자.

정리 8-1 벡터장의 연산

동일한 영역 위에 정의된 벡터장 $\boldsymbol{f}$, $\boldsymbol{g}$와 실숫값함수 f, g에 대해 다음 등식이 성립한다(단, 회전 연산이 포함된 경우 $\boldsymbol{f}$, $\boldsymbol{g}$는 3차원 벡터장으로 간주한다).

(1) $\nabla \times (\nabla f) = \boldsymbol{0}$

(2) $\nabla (\nabla \times \boldsymbol{f}) = 0$

(3) $\nabla (\boldsymbol{f} + \boldsymbol{g}) = \nabla \boldsymbol{f} + \nabla \boldsymbol{g}$

(4) $\nabla \times (\boldsymbol{f} + \boldsymbol{g}) = \nabla \times \boldsymbol{f} + \nabla \times \boldsymbol{g}$

(5) $\nabla (f \cdot \boldsymbol{f}) = f \nabla \boldsymbol{f} + \boldsymbol{f} \bullet (\nabla f)$

(6) $\nabla \times (f \cdot \boldsymbol{f}) = f \cdot \nabla \times \boldsymbol{f} + \nabla f \times \boldsymbol{f}$

(7) $\nabla (\boldsymbol{f} \times \boldsymbol{g}) = \boldsymbol{g} \bullet (\nabla \times \boldsymbol{f}) - \boldsymbol{f} \bullet (\nabla \times \boldsymbol{g})$

(8) $\nabla \times (\nabla \times \boldsymbol{f}) = \nabla (\nabla \times \boldsymbol{f}) - \nabla \bullet \nabla \boldsymbol{f}$

[정리 8-1]의 모든 등식은 벡터장의 성분을 직접 대입하면 자명하게 보일 수 있다. 그중 식 (6)을 증명해보자. 벡터장 $\boldsymbol{f} = \langle f_1, f_2, f_3 \rangle$에 대해 식 (6)의 좌변은 다음과 같이 계산된다.

$$\begin{aligned}
&\det \begin{bmatrix} \boldsymbol{e}_1 & \boldsymbol{e}_2 & \boldsymbol{e}_3 \\ \dfrac{\partial}{\partial x} & \dfrac{\partial}{\partial y} & \dfrac{\partial}{\partial z} \\ ff_1 & ff_2 & ff_3 \end{bmatrix} \\
&= \left\langle \frac{\partial}{\partial y}(ff_3) - \frac{\partial}{\partial z}(ff_2), \frac{\partial}{\partial z}(ff_1) - \frac{\partial}{\partial x}(ff_3), \frac{\partial}{\partial x}(ff_2) - \frac{\partial}{\partial y}(ff_1) \right\rangle \\
&= \langle f((f_3)_y - (f_2)_z) + f_y f_3 - f_z f_2,\ f((f_1)_z - (f_3)_x) + f_z f_1 - f_x f_3, \\
&\quad f((f_2)_x - (f_1)_y) + f_x f_2 - f_y f_1 \rangle
\end{aligned}$$

또한 식 (6)의 우변은 다음과 같이 계산된다.

$$f\left\langle \frac{\partial f_3}{\partial y}-\frac{\partial f_2}{\partial z},\ \frac{\partial f_1}{\partial z}-\frac{\partial f_3}{\partial x},\ \frac{\partial f_2}{\partial x}-\frac{\partial f_1}{\partial y}\right\rangle+\det\begin{bmatrix} \boldsymbol{e}_1 & \boldsymbol{e}_2 & \boldsymbol{e}_3 \\ f_x & f_y & f_z \\ f_1 & f_2 & f_3 \end{bmatrix}$$

$$=f\langle (f_3)_y-(f_2)_z,\ (f_1)_z-(f_3)_x,\ (f_2)_x-(f_1)_y\rangle$$
$$+\langle f_y f_3-f_z f_2,\ f_z f_1-f_x f_3,\ f_x f_2-f_y f_1\rangle$$

따라서 식 (6)이 성립한다.

예제 8-5 벡터장의 연산

벡터장 $\boldsymbol{f}=\langle f_1, f_2, f_3\rangle$와 $\boldsymbol{g}=\langle g_1, g_2, g_3\rangle$에 대해 [정리 8-1]의 식 (7)이 성립함을 증명하라.

풀이

먼저 식 (7)의 좌변은 다음과 같다.

$$\frac{\partial}{\partial x}(f_2 g_3-f_3 g_2)+\frac{\partial}{\partial y}(f_3 g_1-f_1 g_3)+\frac{\partial}{\partial z}(f_1 g_2-f_2 g_1)$$
$$=(f_2)_x g_3+f_2(g_3)_x-(f_3)_x g_2-f_3(g_2)_x+(f_3)_y g_1+f_3(g_1)_y-(f_1)_y g_3-f_1(g_3)_y$$
$$+(f_1)_z g_2+f_1(g_2)_z-(f_2)_z g_1-f_2(g_1)_z$$

식 (7)의 우변의 $\boldsymbol{g}\cdot(\nabla\times\boldsymbol{f})$는 다음과 같다.

$$g_1\cdot((f_3)_y-(f_2)_z)+g_2\cdot((f_1)_z-(f_3)_x)+g_3\cdot((f_2)_x-(f_1)_y)$$

마지막으로 식 (7)의 우변의 $-\boldsymbol{f}\cdot(\nabla\times\boldsymbol{g})$는 다음과 같다.

$$-f_1\cdot((g_3)_y-(g_2)_z)-f_2\cdot((g_1)_z-(g_3)_x)-f_3\cdot((g_2)_x-(g_1)_y)$$

각 항별로 비교하면 식 (7)이 성립함을 알 수 있다.

▌벡터장의 선적분

실숫값함수의 선적분을 정의했듯이, 벡터장의 선적분도 정의할 수 있다.

정의 8-4 벡터장의 선적분

함수 $c:[a,b]\to\mathbb{R}^n$으로 매개화된 곡선 C 위에 정의된 벡터장 f의 **선적분**line integral을 $\int_C f\cdot ds$로 표기하고 다음과 같이 정의한다.

$$\int_C f\cdot ds=\int_a^b f(c(t))\cdot c'(t)\,dt \tag{8.4}$$

[정의 8-4]를 통해 벡터장의 선적분의 의미를 살펴보자. 식 (8.4)의 우변은 다음과 같다.

$$\int_a^b f(c(t))\cdot \frac{c'(t)}{\|c'(t)\|}\|c'(t)\|\,dt$$

여기서 $\frac{c'(t)}{\|c'(t)\|}$는 점 $c(t)$의 이동속도 $c'(t)$를 정규화한 것이다. 이때 $\|c'(t)\|$를 제외한 피적분함수의 성분 $f(c(t))\cdot\frac{c'(t)}{\|c'(t)\|}$의 크기는 $c'(t)$ 방향으로의 벡터 $f(c(t))$의 사영 $\text{proj}_{c'(t)}f(c(t))$와 같다.

$$\|\text{proj}_{c'(t)}f(c(t))\|=\left\|\frac{f(c(t))\cdot c'(t)}{c'(t)\cdot c'(t)}c'(t)\right\|=\frac{|f(c(t))\cdot c'(t)|}{\|c'(t)\|}$$

단, $f(c(t))$와 $c'(t)$가 서로 반대 방향을 가리킬 경우 $f(c(t))\cdot\frac{c'(t)}{\|c'(t)\|}$는 음수가 될 수 있다. 식 (8.4)는 다음 실숫값함수 $F(t)$의 정적분과 같다.

$$F(t)=\frac{f(c(t))\cdot c'(t)}{\|c'(t)\|}$$

예제 8-6 벡터장의 선적분

구간 $[0,2\pi]$ 위의 매개곡선 $c(t)=(\cos(t),\sin(t))$를 따라 정의된 벡터장 $f=\langle -y,x\rangle$의 선적분 $\int_C f\cdot ds$를 구하라.

풀이

식 (8.4)의 우변은 다음과 같이 계산된다.

$$\int_0^{2\pi}\langle -\sin(t),\cos(t)\rangle\cdot\langle -\sin(t),\cos(t)\rangle\,dt=\int_0^{2\pi}dt=2\pi$$

벡터장의 선적분은 동일한 방향의 곡선으로 재매개화할 경우 변화가 없으나, 반대 방향의 곡선으로 재매개화할 경우 부호가 반대가 된다. 예를 들어 $T(\alpha)=b$, $T(\beta)=a$인 전단사함수 $T:[\alpha,\beta]\to[a,b]$에 대해 두 매개함수 $d:[\alpha,\beta]\to C$와 $c:[a,b]\to C$ 사이에 $d=c\circ T$와 같은 재매개화 관계가 성립한다고 하자. 이때 다음 등식이 성립한다.

$$\begin{aligned}\int_\alpha^\beta f(d(\tau))\cdot d'(\tau)\,d\tau &= \int_\alpha^\beta (f\circ c\circ T)(\tau)\cdot(c\circ T)'(\tau)\,d\tau\\ &= \int_\alpha^\beta (f\circ c)(T(\tau))\cdot c'(T(\tau))\cdot T'(\tau)\,d\tau\\ &= \int_b^a (f\circ c)(t)\cdot c'(t)\,dt\\ &= -\int_a^b (f\circ c)(t)\cdot c'(t)\,dt\end{aligned}$$

이제 벡터장의 선적분을 이해하기 위해 물리학에서 정의하는 **일**work의 개념을 소개한다. 일정한 방향으로 F만큼의 힘을 가하여 어떤 물체를 동일한 방향으로 Δx만큼 움직였을 때, $F\Delta x$를 (물체가 받은) 일의 총량이라 하고 W로 표기한다. 예를 들어 (마찰력이 있는) 평평한 지면에 놓인 물체를 지면과 평행한 방향으로 미는 데 드는 힘을 F라 하고 이 힘을 계속 가했을 때 물체가 움직인 거리를 Δx라 하면, 물체를 움직이는 데 드는 일의 총량은 $F\Delta x$이다. 또 다른 예로 지면에 놓인 (질량이 있는) 물체를 Δx만큼 위로 들어올리는 데 드는 힘을 F라 하면 일의 총량은 $F\Delta x$이다.

이제 일의 개념으로 벡터장의 선적분의 의미를 생각해보자. 지면을 xy-평면에 대응할 때, 점 (x,y)에 작용하는 힘의 방향과 세기를 벡터장 $\boldsymbol{f}(x,y)$라 하자(이러한 힘 $\boldsymbol{f}(x,y)$는 바람의 방향과 세기와 같은 외부 요인에 의해 가해진 것으로 생각하자. 만약 지면이 아닌 수면이라 가정하면 물결의 방향과 세기로 $\boldsymbol{f}(x,y)$가 생성된다고 생각할 수 있다). 어떤 물체가 벡터장 $\boldsymbol{f}(x,y)$에 의해 일정한 시간 $a\le t\le b$ 동안 매개곡선 $c(t)$의 경로를 따라 점 $c(a)$에서 점 $c(b)$로 이동했다고 가정하고, 이 물체에 가해진 일의 총량을 계산해보자. 각 시간 t에서 물체는 $\boldsymbol{f}(c(t))$의 힘을 받아 대략 $c'(t)\Delta t$만큼 움직인다. 여기서 주목해야 할 사실은 각 시간 t마다 물체가 벡터 $\boldsymbol{f}(c(t))$의 방향과 세기의 힘을 받았지만, 실제로 나타난 물체의 움직임은 $c'(t)$라는 점이다. 즉 벡터 $\boldsymbol{v}(t)=\boldsymbol{f}(c(t))$는 다음과 같이 $c'(t)$에 수평인 방향 $\boldsymbol{v}^{\parallel}(t)$와 수직인 방향 $\boldsymbol{v}^{\perp}(t)$로 나누어 나타낼 수 있다.

$$\boldsymbol{v}(t)=\boldsymbol{v}^{\parallel}(t)+\boldsymbol{v}^{\perp}(t)$$

여기서 $\boldsymbol{v}^{\perp}(t)$ 방향으로 물체의 움직임이 없으므로 일의 양은 0이다. 따라서 $\boldsymbol{v}^{\parallel}(t)$에 의한 일의 양만 계산하면 된다. 시간 Δt 동안 물체가 받은 일의 양 ΔW는 물체의 이동 거리 $\|c'(t)\|\Delta t$와 이동 방향으로의 힘 $\boldsymbol{v}^{\parallel}(t)$의 크기의 곱과 같다. 만약 $\boldsymbol{v}^{\parallel}(t)$의 방향이 $c'(t)$

와 동일하면 $\varDelta W$는 다음과 같이 벡터장이 물체에 한 일이 된다.

$$\begin{aligned}\varDelta W &= \boldsymbol{v}^{\parallel}(t)\,\|c'(t)\|\,\varDelta t = \|\mathrm{proj}_{c'(t)}\boldsymbol{f}(c(t))\|\cdot\|c'(t)\|\,\varDelta t \\ &= \frac{|\boldsymbol{f}(c(t))\cdot c'(t)|}{\|c'(t)\|}\|c'(t)\|\,\varDelta t\end{aligned} \tag{8.5}$$

그러나 $\boldsymbol{v}^{\parallel}(t)$의 방향은 $c'(t)$와 반대일 수도 있다. 이 경우 식 (8.5)의 $\varDelta W$는 물체가 벡터장에 한 일로 간주한다. 그러나 여기서 계산하고자 하는 일의 총량은 벡터장이 물체에 한 일이므로 $\boldsymbol{v}^{\parallel}(t)$의 방향이 $c'(t)$와 반대인 경우에는 일의 양 $\varDelta W$를 음수로 계산한다. 일의 총량 W는 다음과 같이 근사된다(합의 인덱스는 편의상 생략했다).

$$W \approx \sum \varDelta W = \sum \boldsymbol{f}(c(t))\cdot c'(t)\,\varDelta t$$

이는 피적분함수 $F(t)=\boldsymbol{f}(c(t))\cdot c'(t)$의 정적분의 리만합과 같으므로 다음이 성립한다.

$$W = \int_a^b \boldsymbol{f}(c(t))\cdot c'(t)\,dt$$

위 식이 곡선 C 위에서의 벡터장 $\boldsymbol{f}$의 선적분이다. 즉 선적분 $\int_C \boldsymbol{f}\cdot d\boldsymbol{s}$는 곡선 C를 따라 벡터장이 (물체에) 한 일의 총량을 의미한다.

예제 8-7 벡터장의 선적분

파이썬을 이용해 다음과 같이 주어진 벡터장 $\boldsymbol{f}$를 영역 $[-1,1]\times[-1,1]$ 위에 화살표로 나타내라. 그리고 반지름이 2이고 중심이 원점인 원주 곡선 위의 점 $(0,2)$에서 점 $(0,-2)$까지 반시계방향으로 벡터장 $\boldsymbol{f}$의 선적분을 구하라.

$$\boldsymbol{f} = xy^2\frac{\partial}{\partial x} - xy\frac{\partial}{\partial y} \tag{8.6}$$

풀이

먼저 다음 파이썬 코드를 구현해 벡터장 (8.6)을 화살표로 나타내면 [그림 8-5]와 같다.

```
# 벡터장 (8.6)을 화살표로 그리기
intv = np.linspace(-1, 1, 6)
pt = np.array(np.meshgrid(intv, intv)).reshape(2, -1)
f = lambda x, y: np.array([x*y**2,-x*y])
for i in range(pt.shape[1]):
    plt.quiver(*pt[:,i], *f(*pt[:,i]))
plt.xlim(-1.25, 1.25)
plt.ylim(-1.25, 1.25)
```

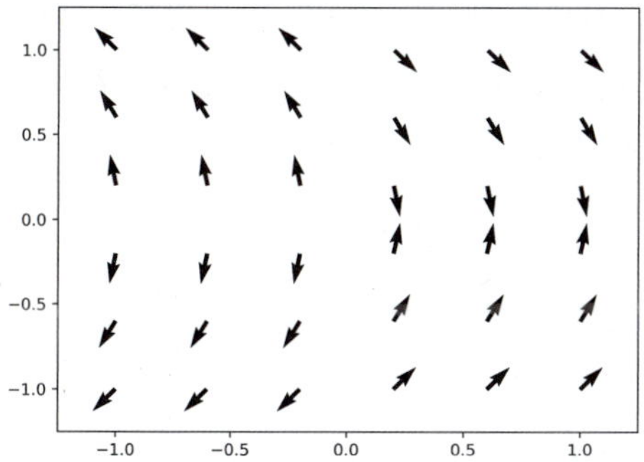

[그림 8-5] 벡터장 (8.6)의 표현

[그림 8-5]는 가로 6개, 세로 6개로 총 36개의 점에 할당된 벡터의 크기와 방향을 화살표로 표현한 것이다. 수평선 $y=0$ 위에서 벡터장의 값은 영벡터 $\langle 0, 0\rangle$이고, 이 수평선을 기준으로 벡터의 위아래 방향이 서로 바뀌는 것을 볼 수 있다. 마찬가지로 수직선 $x=0$을 기준으로 벡터의 좌우 방향이 서로 바뀌는 것을 볼 수 있다.

주어진 선적분을 구하기 위해 먼저 곡선 C를 다음과 같이 매개화하자.

$$c(t)=(2\cos(t), 2\sin(t)),\ \frac{\pi}{2}\le t\le\frac{3\pi}{2}$$

이때 선적분은 다음과 같이 계산된다.

$$\begin{aligned}\int_C f\cdot ds &= \int_{\pi/2}^{3\pi/2}\langle 8\cos(t)\sin^2(t), -4\cos(t)\sin(t)\rangle\cdot\langle -2\sin(t), 2\cos(t)\rangle\, dt\\ &= \int_{\pi/2}^{3\pi/2}(-16\cos(t)\sin^3(t)-8\cos^2(t)\sin(t))dt\\ &= -4\sin^4(t)\Big|_{\pi/2}^{3\pi/2}+\frac{8}{3}\cos^3(t)\Big|_{\pi/2}^{3\pi/2}=0\end{aligned}$$

벡터장의 선적분 기호 $\int_C f\cdot ds$에서 ds는 (실숫값)함수의 선적분과 구분하기 위한 표기이지만 조금 특별한 의미를 갖는다. 식 (8.4)에 따라 $ds=c'(t)dt$로 간주하면, ds는 극소 시간 Δt 동안 곡선 C 위의 점 $c(t)$의 위치변화를 가리키는 벡터이다. 2차원 벡터장 $f(x, y)=\langle p(x, y), q(x, y)\rangle$와 2차원 곡선의 매개함수 $c(t)=(x(t), y(t))$에 대해 식 (8.4)를 다음과 같이 나타내보자.

$$\begin{aligned}\int_a^b f(c(t))\cdot c'(t)\,dt &= \int_a^b\langle p(x(t), y(t)), q(x(t), y(t))\rangle\cdot\langle x'(t), y'(t)\rangle\, dt\\ &= \int_a^b p(x(t), y(t))x'(t)\,dt+\int_a^b q(x(t), y(t))y'(t)\,dt\end{aligned} \tag{8.7}$$

여기서 $x'(t)dt$는 각 시간 t에서 대략 Δt만큼 지났을 때 점 $c(t)$가 x축 방향으로 이동한 변위이다(만약 $x'(t) < 0$이면 음의 x축 방향으로의 이동을 가리킨다). 마찬가지로 $y'(t)dt$는 y축 방향으로의 변위이다. 이를 각각 다음과 같이 치환하자.

$$x'(t)dt = dx, \quad y'(t)dt = dy$$

이때 식 (8.7)을 다음과 같이 표기한다.

$$\int_C p\,dx + \int_C q\,dy = \int_C p\,dx + q\,dy \tag{8.8}$$

식 (8.8)은 곡선 C 위를 움직이는 점을 각각 x, y축 위로 사영시켜 얻은 변위 dx, dy에 벡터장의 x, y축 성분 p, q를 각각 곱하여 더한다는 뜻이다. 이러한 의미로 선적분에 사용되는 벡터장 $\boldsymbol{f}$를 $\boldsymbol{f} = p\,dx + q\,dy$로 표기하기도 한다. 3차원 벡터장 $\boldsymbol{g} = \langle p, q, r \rangle$의 경우에는 $\boldsymbol{g} = p\,dx + q\,dy + r\,dz$로 표기한다.

$$\int_C \boldsymbol{f} \cdot d\boldsymbol{s} = \int_C p\,dx + q\,dy, \quad \int_C \boldsymbol{g} \cdot d\boldsymbol{s} = \int_C p\,dx + q\,dy + r\,dz$$

이와 같은 표기는 실제 벡터장의 선적분을 계산하는 데 유용하게 사용된다. 예를 들어 다음과 같이 정의된 벡터장을 생각해보자.

$$\boldsymbol{f} = \left\langle \frac{-y}{x^2+y^2}, \frac{x}{x^2+y^2} \right\rangle$$

이제 [그림 8-6]에서와 같이, 다음 네 점을 지나는 사각형의 둘레를 따라 반시계방향으로 벡터장 $\boldsymbol{f}$의 선적분을 구해보자.

$$P = (1, 1), \quad Q = (1, -1), \quad R = (2, -1), \quad S = (2, 1)$$

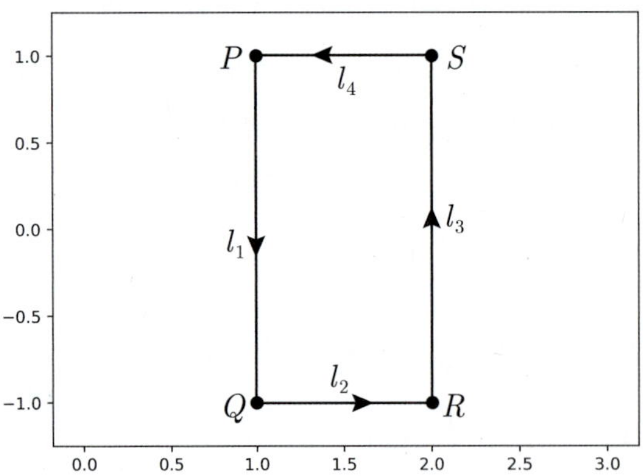

[그림 8-6] 벡터장 $\boldsymbol{f}$의 적분 경로

이때 사각형의 각 둘레를 $l_1 = PQ$, $l_2 = QR$, $l_3 = RS$, $l_4 = SP$라 하고, 각 선적분을 식 (8.8)과 같이 계산해보려 한다. 먼저 경로 l_1을 살펴보자. 경로 l_1을 따라 움직이는 점의 x좌표는 변하지 않으므로 $dx = 0$이라 할 수 있다. 이때 $x = 1$로 고정되므로 선적분 $\int_{l_1} f \cdot ds$는 다음과 같다.

$$\int_1^{-1} \frac{1}{1+y^2} dy = \tan^{-1}(y)\Big|_1^{-1} = -\frac{\pi}{2}$$

한편, 경로 l_2를 따라 움직이는 점의 y좌표는 변하지 않으므로 $dy = 0$이라 할 수 있다. 이때 $y = -1$로 고정되므로 선적분 $\int_{l_2} f \cdot ds$는 다음과 같다.

$$\int_1^2 \frac{1}{x^2+1} dx = \tan^{-1}(x)\Big|_1^2 = \tan^{-1}(2) - \frac{\pi}{4}$$

나머지 선적분도 비슷하게 계산하면 다음과 같다.

$$\int_{l_3} f \cdot ds = \int_{-1}^{1} \frac{2}{4+y^2} dy = \tan^{-1}\left(\frac{y}{2}\right)\Big|_{-1}^{1} = 2\tan^{-1}\left(\frac{1}{2}\right)$$

$$\int_{l_3} f \cdot ds = \int_2^1 \frac{-1}{x^2+1} dx = -\tan^{-1}(x)\Big|_2^1 = -\frac{\pi}{4} + \tan^{-1}(2)$$

따라서 선적분 $\int_C f \cdot ds$는 다음과 같다.

$$-\frac{\pi}{2} + \tan^{-1}(2) - \frac{\pi}{4} + 2\tan^{-1}\left(\frac{1}{2}\right) - \frac{\pi}{4} + \tan^{-1}(2) = -\pi + 2 \cdot \frac{\pi}{2} = 0$$

예제 8-8 선적분의 계산

점 (1, 1)을 중심으로 한 반지름 1인 원의 원주 C를 따라 반시계방향으로 다음 선적분을 구하라.

$$\int_C x^2 dx + y^2 dy \tag{8.9}$$

풀이

식 (8.9)를 다음과 같이 두 선적분으로 분리하자.

$$\int_C x^2 dx + \int_C y^2 dy \tag{8.10}$$

첫 번째 선적분을 계산하기 위해 곡선 C를 다음 두 곡선 C_1, C_2의 합으로 표현하자.

$$C_1 = \{x^2 + y^2 = 1,\ y < 1\}$$
$$C_2 = \{x^2 + y^2 = 1,\ y > 1\}$$

각 곡선의 방향은 [그림 8-7]과 같다.

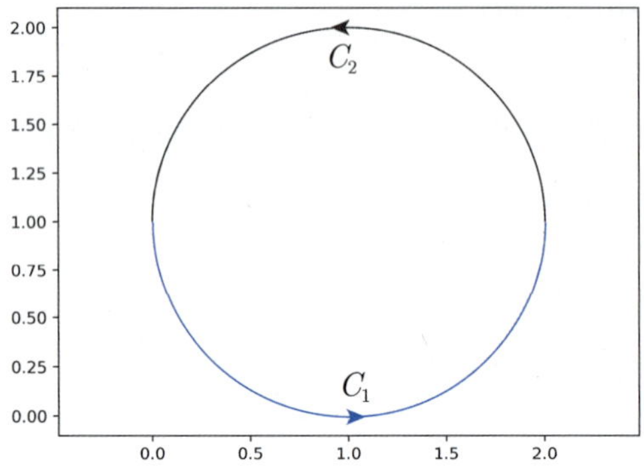

[그림 8-7] 선적분의 경로를 위아래로 나누는 경우

이에 따라 $\int_C x^2 dx$는 다음과 같이 계산된다.

$$\int_{C_1} x^2 dx + \int_{C_1} x^2 dx = \int_0^2 x^2 dx + \int_2^0 x^2 dx = 0$$

다음으로 식 (8.10)의 두 번째 선적분을 계산하기 위해 곡선 C를 다음 두 곡선 C_3, C_4의 합으로 표현하자.

$$C_3 = \{x^2 + y^2 = 1,\ x < 1\}$$
$$C_4 = \{x^2 + y^2 = 1,\ x > 1\}$$

각 곡선의 방향은 [그림 8-8]과 같다.

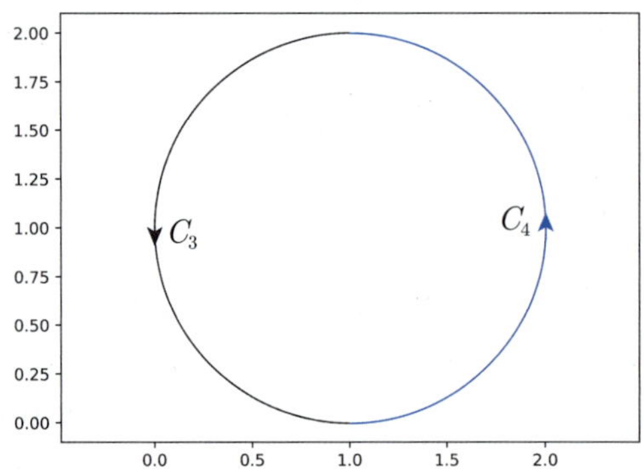

[그림 8-8] 선적분의 경로를 좌우로 나누는 경우

이에 따라 선적분 $\int_C y^2\,dy$는 다음과 같이 계산된다.

$$\int_C y^2\,dy = \int_{C_3} y^2\,dy + \int_{C_4} y^2\,dy = \int_2^0 y^2\,dy + \int_0^2 y^2\,dy = 0$$

따라서 식 (8.9)의 선적분은 0이다.

선적분에 관한 중요한 정리를 살펴보기 전에 먼저 퍼텐셜함수의 정의를 알아보자.

정의 8-5 퍼텐셜함수

n차원 벡터장 $\boldsymbol{f}$에 대해 다음 관계식을 만족하는 다변수함수 f를 $\boldsymbol{f}$의 **퍼텐셜함수**potential function라 한다.

$$\nabla f = \boldsymbol{f}$$

다음 정리는 미적분학의 기본정리의 핵심 원리를 선적분에 관한 내용으로 확장한 것이다.

정리 8-2 퍼텐셜함수와 선적분

영역 D 위에 정의된 함수 f가 같은 영역에서 정의된 벡터장 $\boldsymbol{f}$의 퍼텐셜함수라 하자. 이때 점 p에서 점 q까지의 곡선 $C \subset D$에 대해 다음이 성립한다.

$$\int_C \boldsymbol{f} \cdot d\boldsymbol{s} = f(q) - f(p) \tag{8.11}$$

[정리 8−2]로부터 벡터장 $\boldsymbol{f}$의 퍼텐셜함수가 존재하면 폐곡선 C를 따라 선적분을 계산한 결과는 항상 $\int_C \boldsymbol{f} \cdot d\boldsymbol{s} = 0$임을 알 수 있다. 참고로 식 (8.11)은 다음과 같이 증명된다.

$$\begin{aligned}\int_C \boldsymbol{f} \cdot d\boldsymbol{s} &= \int_a^b \nabla f(c(t)) \cdot c'(t)\,dt \\ &= \int_a^b (f \circ c)'(t)\,dt = f(c(b)) - f(c(a)) = f(q) - f(p)\end{aligned}$$

미적분학의 기본정리는 x축 위의 구간 $[a, b]$를 곡선 C로, 벡터장을 $\mathbf{f} = \langle f_x(x), 0, 0 \rangle$으로 하여 식 (8.11)을 기술한 것이다. 함수 $c(x) = (x, 0, 0)$을 구간 $[a, b]$에서의 매개화라 할 때, 선적분은 다음과 같다.

$$\begin{aligned}\int_C \mathbf{f} \cdot d\mathbf{s} &= \int_a^b \langle f_x(x), 0, 0 \rangle \cdot \langle 1, 0, 0 \rangle \, dx \\ &= \int_a^b f'(x)\,dx = f(b) - f(a)\end{aligned}$$

예제 8-9 퍼텐셜함수를 이용한 선적분의 계산

영역 $D = \{(x, y) \mid x > 0\}$ 위에 정의된 이변수함수 $f(x, y) = \tan^{-1}\left(\frac{y}{x}\right)$에 대해 구간 $-1 \le t \le 1$에서의 경로 $c(t) = (1, t)$를 따라 다음 선적분을 구하라.

$$\int_C \nabla f \cdot d\mathbf{s} \tag{8.12}$$

풀이

먼저 [정리 8-2]에 따라 선적분 (8.12)를 계산하면 다음과 같다.

$$\tan^{-1}\left(\frac{1}{1}\right) - \tan^{-1}\left(\frac{-1}{1}\right) = \frac{\pi}{4} - \left(-\frac{\pi}{4}\right) = \frac{\pi}{2} \tag{8.13}$$

이번에는 선적분의 정의에 따라 벡터장을 직접 구해보자. 우선 ∇f는 다음과 같다.

$$\nabla f = \left\langle \frac{-\frac{y}{x^2}}{1+\left(\frac{y}{x}\right)^2}, \frac{\frac{1}{x}}{1+\left(\frac{y}{x}\right)^2} \right\rangle = \left\langle \frac{-y}{x^2+y^2}, \frac{x}{x^2+y^2} \right\rangle$$

경로는 x축 방향으로의 변위가 0이므로 다음과 같이 계산되며, 이 결과는 식 (8.13)과 일치한다.

$$\int_C \frac{x}{x^2+y^2}\,dy = \int_{-1}^{1} \frac{1}{1+y^2}\,dy = \tan^{-1}(1) - \tan^{-1}(-1) = \frac{\pi}{2}$$

SECTION 8.2 면적분

이 절에서는 곡면 위에 정의된 함수의 적분, 즉 면적분의 개념을 정의하고 그 의미를 살펴본다. 특별한 언급이 없는 한, 이 절에서 다루는 모든 곡면은 3차원 공간의 매개곡면이라 가정한다.

함수의 면적분

실숫값함수의 면적분은 다음과 같이 정의된다.

정의 8-6 함수의 면적분

곡면 S의 매개함수 $s : D \to S$를 다음과 같이 정의하자.

$$s(u, v) = (x(u, v),\ y(u, v),\ z(u, v))$$

함수 s가 미분가능할 때(즉, 성분함수 x, y, z가 모두 미분가능할 때), 함수 $f : S \to \mathbb{R}$의 **면적분**surface integral은 다음과 같다.

$$\int_S f\, dS = \int_D f(s(u, v)) \| s_u \times s_v \| \, du\, dv \tag{8.14}$$

직관적으로 말하면, 면적분은 곡면의 극소 면적 dS에 함숫값 f를 곱하여 모두 더한 것이다. 이 과정을 구체적으로 기술해보자. 영역 D를 [그림 8-9(a)]와 같이 격자분할하고, 각 부분영역을 [그림 8-9(b)]와 같이 3차원 공간상의 곡면의 일부에 대응하자. D_{ij}를 영역 D의 (i, j)-번째 분할이라 하고, 각 분할점 (u_i, v_j)에서 다음과 같이 벡터 s_u, s_v를 계산하자. 이들은 점 $s(u_i, v_j)$에서 곡면 S에 접하는 3차원 벡터를 의미한다(편의상 좌푯값 (u_i, v_j)의 표기는 생략했다).

$$s_u = \langle x_u, y_u, z_u \rangle, \quad s_v = \langle x_v, y_v, z_v \rangle$$

D_{ij}의 한 점 (u_{i-1}, v_{j-1})이 u, v축 방향으로 각각 Δu_i, Δv_j만큼 움직이면 점 $s(u, v)$는 u, v축 방향으로 각각 대략 $s_u \Delta u_i$, $s_v \Delta v_j$만큼 움직인다. 따라서 치역 $s(D_{ij})$는 두 벡터 $s_u \Delta u_i$, $s_v \Delta v_j$로 둘러싸인 (3차원) 평행사변형 영역으로 근사된다(이는 [그림 8-9(b)]의 점선으로 둘러싸인 파란색 영역이다). 이때 각 평행사변형의 넓이 ΔS_{ij}는 다음과 같다.

$$\Delta S_{ij} = \| s_u \times s_v \| \Delta u_i \Delta v_j \tag{8.15}$$

이제 각 ΔS_{ij}에 D_{ij}의 임의의 한 점 (u_i^*, v_j^*)에서의 함숫값 $f(u_i^*, v_j^*)$를 곱하여 모두 더하자. 분할의 개수 N에 대한 극한을 취하면 다음이 성립하므로 식 (8.14)를 유도할 수 있다.

$$\lim_{N \to \infty} \sum_{i, j=1}^{N} f(s(u_i^*, v_j^*)) \Delta S_{ij} = \lim_{N \to \infty} \sum_{i, j=1}^{N} f(s(u_i^*, v_j^*)) \| s_u \times s_v \| \Delta u_i \Delta v_j$$

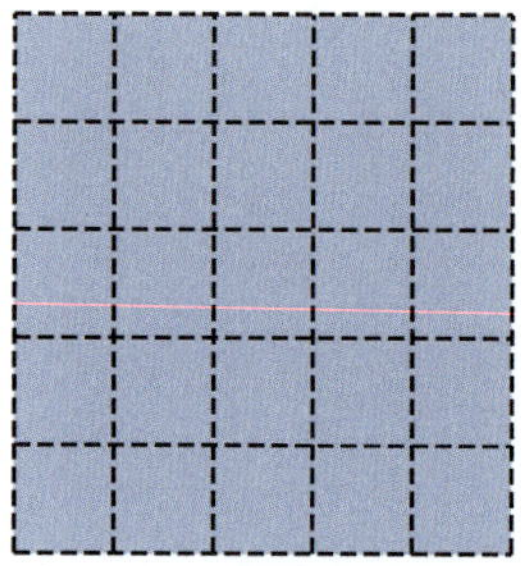

(a) 정의역의 격자분할

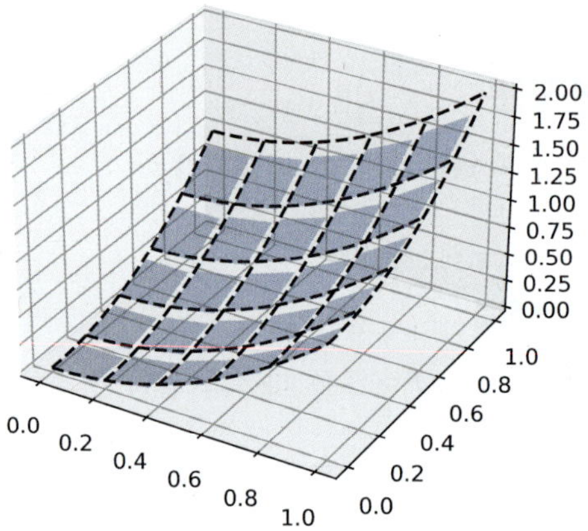

(b) 정의역의 격자분할에 따른 곡면의 분할

[그림 8-9] 매개함수로 매개화된 곡면의 분할 과정

예제 8-10 실숫값함수의 면적분

곡면 S를 원점 $(0, 0, 0)$을 중심으로 한 3차원 단위구 $x^2 + y^2 + z^2 < 1$의 상반구, 즉 $z \geq 0$이라 할 때, 다음 면적분을 구하라.

$$\iint_S z \, dS \tag{8.16}$$

풀이

구면좌표계를 이용해 곡면 S를 다음과 같이 매개화하자.

$$s(\theta, \phi) = (\sin(\theta)\cos(\phi), \sin(\theta)\sin(\phi), \cos(\theta)), \ 0 \leq \theta \leq \frac{\pi}{2}, \ 0 \leq \phi \leq 2\pi$$

이때 $s_\theta \times s_\phi$는 다음과 같다.

$$\det\begin{bmatrix} \boldsymbol{e}_1 & \boldsymbol{e}_2 & \boldsymbol{e}_3 \\ \cos(\theta)\cos(\phi) & \cos(\theta)\sin(\phi) & -\sin(\theta) \\ -\sin(\theta)\sin(\phi) & \sin(\theta)\cos(\phi) & 0 \end{bmatrix}$$
$$=\langle \sin^2(\theta)\cos(\phi),\ -\sin^2(\theta)\sin(\phi),\ \cos(\theta)\sin(\theta)\rangle$$

따라서 $\|s_\theta \times s_\phi\| = \sin(\theta)$이고, 식 (8.14)에 따라 식 (8.16)은 다음과 같이 계산된다.

$$\int_0^{\pi/2}\int_0^{2\pi} \cos^2(\theta)\sin(\theta)\,d\phi\,d\theta = -\frac{2\pi}{3}\cos^3(\theta)\Big]_0^{\pi/2} = \frac{2\pi}{3}$$

예제 8-11 실숫값함수의 면적분

곡면 S가 원점을 중심으로 한 반지름 2인 구면일 때, 다음 면적분을 구하라.

$$\iint_S \frac{dS}{\sqrt{(x-1)^2+(y-1)^2+(z-1)^2}} \tag{8.17}$$

풀이

면적분 (8.17)은 구면 위의 각 점 (x, y, z)에서 구면 내의 점 $(1, 1, 1)$까지의 거리를 더한 것이다. 구면의 대칭성에 따라 면적분 (8.17)은 점 (x, y, z)에서 점 $(0, 0, \sqrt{3})$까지의 거리를 더한 것으로 생각할 수도 있다. 따라서 식 (8.17)은 다음과 같다.

$$\iint_S \frac{dS}{\sqrt{x^2+y^2+(z-\sqrt{3})^2}} \tag{8.18}$$

이제 원통좌표계를 이용해 구면을 다음과 같이 매개화하자.

$$s(\theta, z) = (\sqrt{1-z^2}\cos(\theta),\ \sqrt{1-z^2}\sin(\theta),\ z)$$

이때 s_θ, s_z는 다음과 같다.

$$s_\theta = \langle -\sqrt{1-z^2}\sin(\theta),\ \sqrt{1-z^2}\cos(\theta),\ 0\rangle$$
$$s_z = \left\langle \frac{-z\cos(\theta)}{\sqrt{1-z^2}},\ \frac{-z\sin(\theta)}{\sqrt{1-z^2}},\ 1\right\rangle$$

$s_\theta \times s_z$를 계산하면 다음과 같다.

$$s_\theta \times s_z = \det\begin{bmatrix} \boldsymbol{e}_1 & \boldsymbol{e}_2 & \boldsymbol{e}_3 \\ -\sqrt{1-z^2}\sin(\theta) & \sqrt{1-z^2}\cos(\theta) & 0 \\ \frac{-z\cos(\theta)}{\sqrt{1-z^2}} & \frac{-z\sin(\theta)}{\sqrt{1-z^2}} & 1 \end{bmatrix} = \langle \sqrt{1-z^2}\cos(\theta),\ \sqrt{1-z^2}\sin(\theta),\ z\rangle$$

따라서 $\|s_\theta \times s_z\| = 1$이고, 식 (8.18)은 다음과 같이 계산된다.

$$\begin{aligned}\int_{-1}^{1}\int_{0}^{2\pi}\frac{1}{\sqrt{1-z^2+(z-\sqrt{3})^2}}\,d\theta\,dz &= 2\pi\int_{-1}^{1}\frac{dz}{\sqrt{4-2\sqrt{3}\,z}}\\ &= -\frac{2\pi}{\sqrt{3}}\sqrt{4-2\sqrt{3}\,z}\,\Big|_{-1}^{1}\\ &= \frac{2\pi}{\sqrt{3}}\left(\sqrt{4+2\sqrt{3}}-\sqrt{4-2\sqrt{3}}\right)=\frac{4\pi}{\sqrt{3}}\end{aligned}$$

곡면의 향

벡터장의 면적분을 정의하려면 곡면의 **향**orientation이라는 개념이 필요하다. 쉽게 말해 곡면의 향이란 곡면의 안과 바깥 또는 위와 아래를 구분하는 방향이다. 예를 들어 [그림 8-10(a)]와 같은 구면은 안과 바깥을 분명히 구분할 수 있고, [그림 8-10(b)]와 같은 함수 $z = x^2 + y^2$의 그래프인 포물면은 그래프의 위와 아래를 구분할 수 있다.

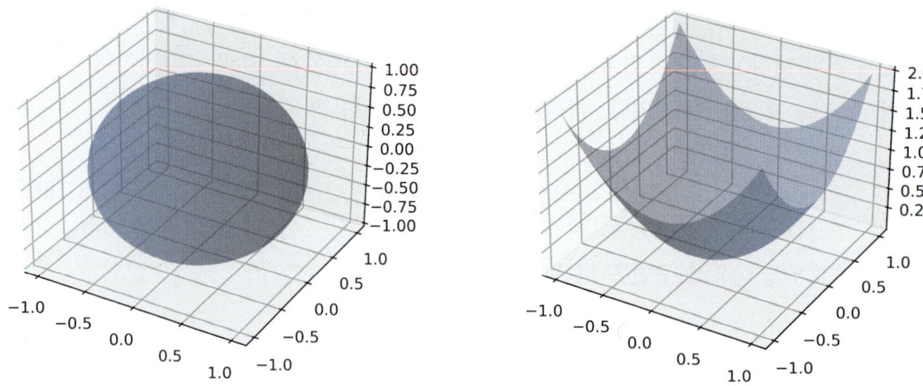

(a) 안과 바깥이 구분되는 곡면

(b) 위와 아래가 구분되는 곡면

[그림 8-10] 곡면의 향

참고 곡면의 향

앞의 예를 보면 곡면의 향은 자명하게 존재하는 개념인 것처럼 보인다. 그러나 향이 존재하지 않는 곡면도 존재한다. [그림 8-11]의 **뫼비우스의 띠**Mobius band와 **클라인 병**Klein bottle의 표면은 향이 존재하지 않는 대표적인 곡면이다.

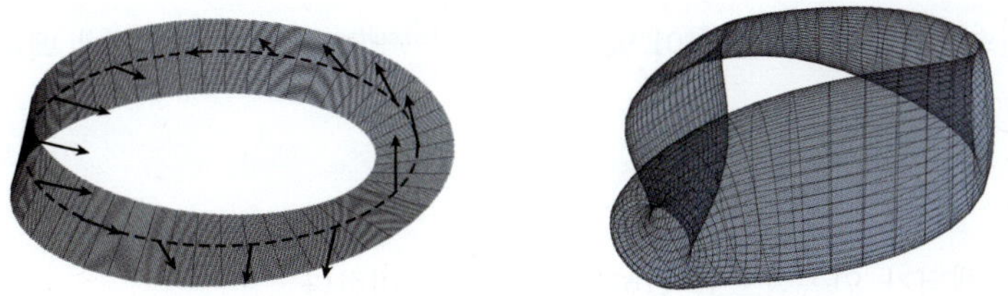

(a) 뫼비우스의 띠　　　　(b) 클라인 병

[그림 8-11] 향이 없는 곡면

먼저 뫼비우스의 띠는 직사각형 모양의 긴 띠를 180° 꼬아서 폭이 짧은 양 끝 모서리를 서로 붙인 곡면이다. 이제 뫼비우스의 띠의 향이 존재하지 않는 이유를 알아보자. [그림 8-11(a)]와 같이 뫼비우스의 띠의 한 면에 서서 중심선(점선)을 따라 한 바퀴 이동하면 동일한 점에 도달하되 위아래가 반대가 된다. 즉 처음 위치한 지점에서 머리가 향하는 방향을 바깥쪽이라 할 때, 한 바퀴 돌고 난 후 동일한 지점에서 머리가 향하는 방향은 안쪽이 되는 모순적인 상황이 발생한다. 따라서 이 경우에는 향이 존재하지 않는다.

한편, [그림 8-11(b)]와 같은 클라인 병의 표면은 사실 3차원 공간에 그릴 수 없는 곡면이다. 이 곡면의 제작 방법을 생각하면 곡면의 향이 왜 존재하지 않는지 쉽게 알 수 있다. 우선 얇고 긴 원통의 바닥면과 윗면의 경계를 서로 붙인다고 생각하자. 원통을 구부려서 두 경계를 그대로 붙이면 토러스 곡면이 된다. 그러나 이를 반대 방향에서 붙이면 클라인 병이 된다. 즉 바닥면 경계를 윗면 경계의 위에서 붙이는 것이 아니라 아래에서 붙이는 것이다. 이때 바닥면 경계의 안쪽은 붙여진 윗면 경계의 바깥쪽이 된다. 윗면 경계의 바깥쪽은 바닥면 경계의 바깥쪽으로 연결되고, 바닥면 경계의 바깥쪽은 다시 윗면 경계의 안쪽으로 연결된다. 즉 원통을 따라 한 바퀴 돌아서 제자리에 오면 바닥면의 안쪽은 바깥쪽이 되고, 바깥쪽은 안쪽이 된다. 따라서 이 경우에도 향이 존재하지 않는다.

이제 곡면의 향에 대한 형식적 정의를 알아보자.

정의 8-7 곡면의 향

함수 $s(u, v) = (x(u, v), y(u, v), z(u, v))$로 매개화된 곡면 S 위의 점 $p \in S$가 $p = s(u, v)$일 때, 벡터장 $\boldsymbol{n} : S \to \mathbb{R}^3$을 다음과 같이 정의하자.

$$\boldsymbol{n}(p) = \frac{s_u \times s_v}{\|s_u \times s_v\|} \tag{8.19}$$

만약 $\boldsymbol{n}$이 S 위에서 연속이면 곡면 S를 **향이 있는 곡면**oriented surface이라 하고, 이때 벡터장 $\boldsymbol{n}$을 S의 **향**orientation이라 한다.

즉 향이 있는 곡면은 법선벡터가 연속적으로 변하는 곡면을 의미한다.

예제 8-12 단위구면의 향

원점을 중심으로 한 단위구면이 향이 있는 곡면임을 증명하고, 향을 하나 구하라.

풀이

구면좌표계를 이용해 단위구면을 다음과 같이 매개화하자.

$$s(\theta, \phi) = (\sin(\theta)\cos(\phi),\ \sin(\theta)\sin(\phi),\ \cos(\theta))$$

식 (8.19)에 따라 벡터장 $\boldsymbol{n}$을 계산한 결과는 다음과 같다. [그림 8-12]는 이 벡터장을 구면 위에 화살표로 나타낸 것이다.

$$\boldsymbol{n}(\theta, \phi) = \langle \sin(\theta)\cos(\phi),\ \sin(\theta)\sin(\phi),\ \cos(\theta) \rangle \tag{8.20}$$

따라서 벡터장 $\boldsymbol{n}$과 매개함수 s의 성분함수는 완전히 동일하다. 매개함수 s는 연속이므로 벡터장 $\boldsymbol{n}$도 연속임을 알 수 있다. 식 (8.20)은 구면의 중심에서 멀어지는 방향으로의 법선벡터를 가리키며 이를 곡면의 향이라 할 수 있다.

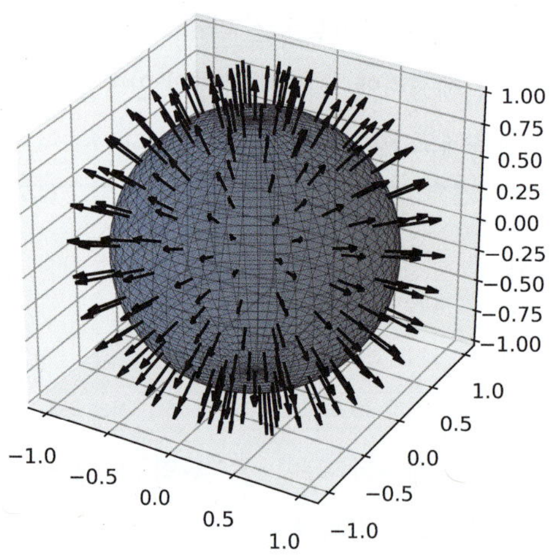

[그림 8-12] 단위구면의 향

▌벡터장의 면적분

벡터장의 면적분은 향이 있는 곡면에 대해 다음과 같이 정의된다.

정의 8-8 벡터장의 면적분

향이 있는 곡면 S의 향을 $\boldsymbol{n}$이라 할 때, S 위에 정의된 벡터장 $\boldsymbol{f}$의 **면적분** surface integral을 $\iint_S \boldsymbol{f} \cdot d\boldsymbol{S}$로 표기하고 다음과 같은 함수의 면적분으로 정의한다.

$$\iint_S \boldsymbol{f} \cdot d\boldsymbol{S} = \iint_S \boldsymbol{f} \cdot \boldsymbol{n}\, dS \tag{8.21}$$

곡면의 매개함수 $\boldsymbol{s}(u, v)$의 정의역을 D라 하고 향 $\boldsymbol{n}$을 다음과 같이 정의하자.

$$\boldsymbol{n}(u, v) = \frac{\boldsymbol{s}_u \times \boldsymbol{s}_v}{\|\boldsymbol{s}_u \times \boldsymbol{s}_v\|} \tag{8.22}$$

식 (8.22)를 식 (8.21)에 대입하면 면적분을 다음과 같이 기술할 수 있다.

$$\iint_S \boldsymbol{f} \cdot d\boldsymbol{S} = \iint_D \boldsymbol{f}(\boldsymbol{s}(u, v)) \cdot (\boldsymbol{s}_u \times \boldsymbol{s}_v)\, du\, dv \tag{8.23}$$

예제 8-13 단위구면 위에서의 면적분

단위구면 S의 향이 단위구면의 바깥쪽을 향한다고 할 때, 다음 면적분을 구하라.

$$\iint_S \frac{\langle x, y, z\rangle}{\sqrt{x^2+y^2+z^2}} \cdot d\boldsymbol{S} \tag{8.24}$$

풀이

단위구면 S 위의 점 (x, y, z)에서 구면의 바깥쪽을 향하는 단위벡터의 성분은 $\langle x, y, z\rangle$와 같다. 따라서 점 (x, y, z)에서의 향 $\boldsymbol{n}$은 $\boldsymbol{n} = \langle x, y, z\rangle$이다. 이를 식 (8.24)에 대입하여 계산하면 다음과 같다.

$$\iint_S \frac{\langle x, y, z\rangle \cdot \langle x, y, z\rangle}{\sqrt{x^2+y^2+z^2}}\, dS = \iint_S \sqrt{x^2+y^2+z^2}\, dS = \iint_S dS = 4\pi$$

앞서 벡터장의 선적분을 일의 개념으로 설명했듯이, 벡터장의 면적분도 물리학적으로 설명할 수 있다. 벡터장의 면적분은 시간당 곡면을 빠져나가는 유체의 양을 의미한다. 예를 들어 [그림 8-13]과 같이 긴 관의 내부에서 기울어진 망을 투과하는 유체를 생각해보자. 유체의 속도를 벡터 $\boldsymbol{v}$라 하고 그물망의 향인 법선벡터를 $\boldsymbol{n}$이라 할 때, 벡터 $\boldsymbol{v}$를 $\boldsymbol{n}$에 평행한 벡터 $\boldsymbol{v}^{\parallel}$과 $\boldsymbol{n}$에 수직인 벡터 $\boldsymbol{v}^{\perp}$의 합으로 표현하자.

$$\boldsymbol{v} = \boldsymbol{v}^{\parallel} + \boldsymbol{v}^{\perp}$$

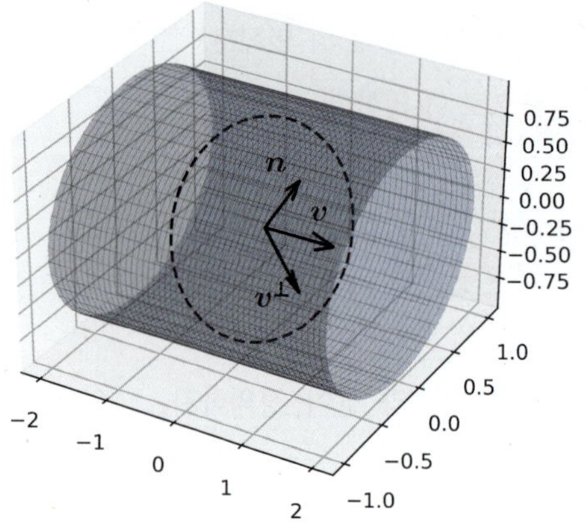

[그림 8-13] 면적분의 물리적 양

그물망의 넓이를 ΔS라 하면 시간당 그물망을 실제로 빠져나간 유체의 양은 $\boldsymbol{v}^{\parallel}\Delta S$이다. 왜냐하면 그물망의 향과 평행하게 움직이는 유체는 그물망을 빠져나가지 않기 때문이다. 여기서 $\boldsymbol{v}^{\parallel}$은 벡터 $\boldsymbol{v}$를 벡터 $\boldsymbol{n}$ 위로 사영한 것이고, $\boldsymbol{n}$은 단위벡터이므로 $\boldsymbol{v}^{\parallel} = \boldsymbol{v} \bullet \boldsymbol{n}$이다. 즉 시간당 곡면 ΔS를 투과한 유체의 양인 **유량**flux ΔF는 다음과 같다.

$$\Delta F = \boldsymbol{f} \bullet \boldsymbol{n}\,\Delta S$$

이제 곡면 S 전체를 빠져나가는 유량을 구해보자. 곡면의 향은 식 (8.22)와 같이 정의된다고 가정한다. 곡면의 각 부분영역 S_{ij}는 $s_u \Delta u_i$, $s_v \Delta v_j$로 둘러싸인 평행사변형으로 근사되고, 그 넓이는 $\Delta S_{ij} = \| s_u \times s_v \| \Delta u_i \Delta v_j$이다. 따라서 S_{ij}의 시간당 투과량 ΔF_{ij}는 다음과 같이 근사된다.

$$\begin{aligned}\Delta F_{ij} &= \boldsymbol{f}(s(u_i^*, v_j^*)) \bullet \frac{s_u \times s_v}{\| s_u \times s_v \|} \| s_u \times s_v \| \Delta u_i \Delta v_j \\ &= \boldsymbol{f}(s(u_i^*, v_j^*)) \bullet (s_u \times s_v) \Delta u_i \Delta v_j\end{aligned}$$

따라서 시간당 총투과량은 다음과 같다.

$$\sum_{i,\, j=1}^{N} \boldsymbol{f}(s(u_i^*, v_j^*)) \bullet (s_u \times s_v) \Delta u_i \Delta v_j$$

위 식은 이변수함수 $\boldsymbol{f} \bullet (s_u \times s_v)$의 정적분의 리만합이며 식 (8.23)과 일치한다.

예제 8-14 **벡터장의 면적분**

곡면 S가 함수 $z=1-x^2-y^2$의 그래프에서 $z \geq 0$인 부분이고 곡면의 향 $\boldsymbol{n}$이 위쪽을 향한다고 할 때, 다음 면적분을 구하라.

$$\iint_S \langle 0, 0, z \rangle \cdot d\boldsymbol{S} \tag{8.25}$$

풀이

다음과 같이 곡면 S를 매개화하자.

$$s(u, v) = (u, v, 1-u^2-v^2)$$

여기서 s의 정의역은 원판 영역 $D = \{(u, v) \mid u^2+v^2 \leq 1\}$이다. 참고로 여기서 (u, v)는 xy-평면의 좌표점 (x, y)와 일치한다. 곡면의 향 $\boldsymbol{n}$이 위쪽을 향하도록 정의하려면 다음과 같이 (외적의 오른손법칙에 따라) $s_u \times s_v$의 순서로 외적을 취해야 한다.

$$s_u \times s_v = \det \begin{bmatrix} \boldsymbol{e}_1 & \boldsymbol{e}_2 & \boldsymbol{e}_3 \\ 1 & 0 & -2u \\ 0 & 1 & -2v \end{bmatrix} = \langle 2u, 2v, 1 \rangle$$

따라서 면적분 (8.25)는 다음과 같이 계산된다.

$$\begin{aligned}\iint_D \langle 0, 0, 1-u^2-v^2 \rangle \cdot \langle 2u, 2v, 1 \rangle \, du\, dv &= \iint_D (1-u^2-v^2)\, du\, dv \\ &= \int_0^1 \int_0^{2\pi} (1-r^2)\, r\, d\theta\, dr \\ &= 2\pi \left(\frac{1}{2}r^2 - \frac{1}{4}r^4 \right) \Big|_0^1 = \frac{\pi}{2}\end{aligned}$$

3차원 벡터장 $\boldsymbol{f} = \langle p, q, r \rangle$에 대해 면적분 $\iint_S \boldsymbol{f} \cdot d\boldsymbol{S}$를 다음과 같이 표기하기도 한다.

$$\iint_S p\, dy\, dz + q\, dz\, dx + r\, dx\, dy \tag{8.26}$$

이렇게 면적분을 기술하면 계산을 직관적으로 할 수 있다. 먼저 식 (8.26)이 어떻게 유도되는지 살펴보자. 곡면 S의 향을 $\boldsymbol{n}$이라 하고 각 성분을 $\boldsymbol{n} = \langle n_x, n_y, n_z \rangle$라 하자. 이때 면적분 $\iint_S \boldsymbol{f} \cdot d\boldsymbol{S}$는 다음과 같이 세 함수의 면적분의 합으로 분해된다.

$$\iint_S p n_x\, dS + \iint_S q n_y\, dS + \iint_S r n_z\, dS \tag{8.27}$$

이제 식 (8.27)의 각 면적분의 의미를 살펴보자. 먼저 곡면 S의 매개함수를 $s : D \to S$, $s(u, v) = (x, y, z)$라 하자. 편의상 p, q, r도 u, v에 대한 함수로 간주한다. 이때 식 (8.27)의 첫 번째 면적분 $\iint_S p n_x\, dS$는 다음과 같다(편의상 리만합의 인덱스와 임의의 점

u_i^*, v_j^*의 표기는 생략했다).

$$\iint_D p(u,v)n_x(u,v)\|s_u\times s_v\|\,du\,dv=\lim_{N\to\infty}\sum p\cdot n_x\cdot\|s_u\times s_v\|\,\Delta u\Delta v \tag{8.28}$$

벡터 $\boldsymbol{n}$이 x축과 이루는 각을 θ_x라 하자. 점 $s(u,v)$로부터 시작하는 두 벡터 $s_u\Delta u$, $s_v\Delta v$로 만들어지는 평행사변형 $P_{u,v}$는 $\boldsymbol{n}$과 수직이고, $P_{u,v}$를 yz-평면 위에 정사영한 영역의 넓이는 $n_x\|s_u\times s_v\|\Delta u\Delta v$이다. 식 (8.28)은 이 넓이에 함수 p의 값을 곱하여 더한 것이다. 따라서 식 (8.27)의 첫 번째 면적분은 곡면 S를 yz-평면 위에 정사영한 영역 $\pi_x(S)$ 위에서의 함수 p의 정적분이다.

$$\iint_S pn_x\,dS=\iint_{\pi_x(S)}p\,dy\,dz \tag{8.29}$$

식 (8.29)의 우변을 간단히 다음과 같이 표기하자.

$$\iint_S p\,dy\,dz$$

이와 비슷하게 식 (8.27)의 나머지 두 면적분도 다음과 같이 나타낼 수 있다.

$$\iint_S qn_y\,dS=\iint_S q\,dz\,dx,\quad \iint_S rn_z\,dS=\iint_S r\,dx\,dy$$

예제 8-15 면적분의 계산

[그림 8-14]와 같이 정육면체의 한 귀퉁이를 잘라내어 만든 표면을 곡면 $S=S_1\cup S_2\cup S_3\cup S_4\cup S_5\cup S_6$라 하자. 곡면 S의 향이 [그림 8-14]의 도형의 바깥쪽을 향한다고 할 때, 다음 면적분을 구하라.

$$\iint_S z\,dx\,dy+x\,dy\,dz+y\,dz\,dx \tag{8.30}$$

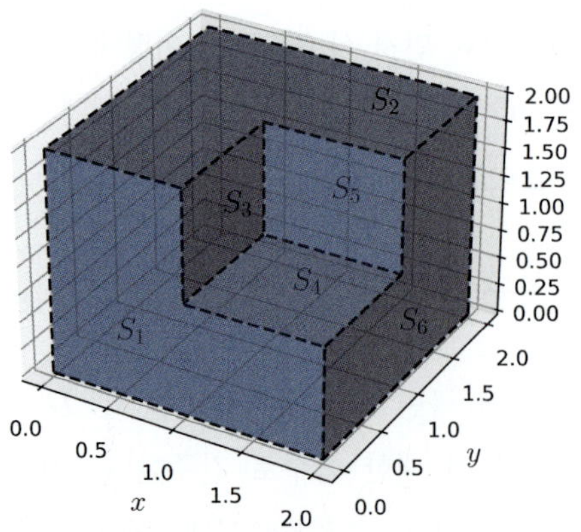

[그림 8-14] 면적분 (8.30)의 곡면 형태

풀이

각 곡면 $S_i\,(i=1, \cdots, 6)$는 하나의 축을 향하고 있다. 예를 들어 곡면 S_5의 모든 점의 y축 성분은 일정하므로 곡면 S_5 위에서의 면적분은 다음 등식을 만족한다.

$$\iint_{S_5} z\,dx\,dy + x\,dy\,dz + y\,dx\,dz = \iint_{S_5} y\,dx\,dz \tag{8.31}$$

여기서 한 가지 주의할 점은 곡면 S_5의 향이 $-\boldsymbol{e}_1$이라는 것이다. 즉 식 (8.31)의 우변은 곡면 S_5 위에서 벡터장 $\langle 0, 0, y\rangle$를 $\boldsymbol{n} = -\boldsymbol{e}_1$의 방향으로 면적분하는 것이다. 여기서 $y=1$이므로 면적분은 다음과 같이 계산된다.

$$\int_0^1\int_0^2 (-1)\,dz\,dx + \int_1^2\int_0^1 (-1)\,dz\,dx = -3$$

이와 같은 방식으로 계산하면 면적분은 다음과 같다.

$$\iint_{S_1} y\,dz\,dx + \iint_{S_2} z\,dx\,dy + \iint_{S_3} x\,dy\,dz + \iint_{S_4} z\,dx\,dy + \iint_{S_5} y\,dz\,dx + \iint_{S_6} x\,dy\,dz$$
$$= 0+6+1+1-1+6 = 13$$

참고 미분형식

식 (8.26)과 같은 면적분의 표기는 곡면의 향을 명시한다. 곡면 S의 향 $\boldsymbol{n}$의 방향이 $\boldsymbol{n}\cdot\boldsymbol{e}_1 \ge 0$을 만족할 때 벡터장 $\langle p, 0, 0\rangle$의 면적분을 $\iint_S p\,dy\,dz$로 표기하고, $\boldsymbol{n}\cdot\boldsymbol{e}_1 \le 0$을 만족할 때 $\iint_S p\,dz\,dy$로 표기한다. 여기서 dy와 dz의 순서를 바꾸는 것은 반복적분의 순서를 바꾸는 것과는 다른 의미이다. $dy\,dz$는 $\boldsymbol{e}_2\times\boldsymbol{e}_3 = \boldsymbol{e}_1$의 방향을, $dz\,dy$는 $\boldsymbol{e}_3\times\boldsymbol{e}_2 = -\boldsymbol{e}_1$의 방향을 가리킨다. 이와 비슷한 의미로 $dz\,dx$, $dx\,dy$는 각각 $\boldsymbol{e}_2$, $\boldsymbol{e}_3$의 방향을 가리킨다.

한편, 동일한 벡터장 $\boldsymbol{f} = \langle p, q, r\rangle$에 대해 다음과 같이 선적분과 면적분의 표기법은 서로 다르다.

- 곡선 C에 대한 선적분 : $\int_C \boldsymbol{f}\cdot d\boldsymbol{s} = \int_C p\,dx + q\,dy + r\,dz$
- 곡면 S에 대한 면적분 : $\iint_S \boldsymbol{f}\cdot d\boldsymbol{S} = \iint_S p\,dy\,dz + q\,dz\,dx + r\,dx\,dy$

사실 곡선 C 위에 정의된 벡터장 $\boldsymbol{f} = \langle p, q, r\rangle$과 곡면 S 위에 정의된 벡터장 $\boldsymbol{f} = \langle p, q, r\rangle$은 서로 다른 벡터장이다. $p\,dx + q\,dy + r\,dz$ 또는 $p\,dy\,dz + q\,dz\,dx + r\,dx\,dy$와 같이 벡터장을 표기한 것을 **미분형식**differential form이라 한다.

SECTION 8.3

선적분과 면적분의 활용

이 절에서는 앞서 살펴본 선적분과 면적분의 의미를 이해하고 활용한다.

그린 정리

그린 정리 Green's theorem는 좌표평면에 정의된 벡터장의 선적분과 이변수함수의 정적분에 관한 정리이다. 이를 기술하기 위해 영역과 곡선에 관한 몇 가지 개념을 소개한다.

정의 8-9 연결된 영역

영역 D의 임의의 두 점 P, Q를 영역 D에 완전히 포함된 경로로 연결할 수 있을 때, D를 **연결된 영역**connected region이라 한다.

예를 들어 원판 영역 $B_r(X)$는 반지름 r과 중심 X에 관계없이 항상 연결된 영역이다. 왜냐하면 $B_r(X)$에 속한 임의의 두 점 P, Q를 잇는 선분 PQ는 항상 $B_r(X)$에 포함되기 때문이다.[1] 한편, 원판 영역에서 중심 X를 제외한 영역 $B_r(X)-\{X\}$도 연결된 영역이다. 왜냐하면 두 점을 잇는 선분이 중심 X를 지나는 경우, 중심 X를 우회하는 경로를 잡을 수 있기 때문이다. 반면에 서로 겹치지 않는 두 영역의 합집합은 연결된 영역이 아니다. 예를 들어 $B_1(0,\ 0)\cup B_1(2,\ 2)$의 두 점 $(0,\ 0)$과 $(2,\ 2)$를 연결하는 경로는 어느 순간 반드시 영역을 벗어나게 된다. 따라서 이는 연결된 영역이 아니다.

참고 경로로 연결된 영역

앞서 소개한 연결된 영역의 정의는 정확히 말하면 **경로로 연결된 영역**path-connected region의 정의이다. 연결된 영역의 엄밀한 정의는 주어진 영역을 서로 겹치지 않는 두 열린영역의

1 원판 영역과 같이 영역에 속한 임의의 두 점을 선분으로 연결할 수 있을 때, 이 영역을 **볼록한 영역**(convex region)이라 한다.

합집합으로 표현할 수 없는 것이다. 그리고 이와 반대인 경우를 **연결되지 않은 영역**disconnected region이라 한다. 연결되지 않은 영역 D는 서로 겹치지 않는 두 열린영역 D_1, D_2의 합집합으로 표현되며 이를 다음과 같이 표기한다.

$$D = D_1 \,\dot\cup\, D_2$$

영역에 관한 또 다른 개념을 살펴보자.

정의 8-10 단순 연결된 영역

영역 D에 포함된 임의의 폐곡선을 연속적으로 줄여서 한 점에 모이게 할 수 있을 때, 영역 D를 **단순 연결된 영역**simply connected region이라 한다.

쉽게 말해 단순 연결된 영역은 '구멍'이 없는 2차원 영역이다. 연결된 영역과 단순 연결된 영역의 개념은 서로 다르다. 예를 들어 원판 영역 $B_r(X)$는 연결된 영역이면서 단순 연결된 영역이다. 반면에 중심 X를 제외한 원판 영역 $B_r(X) - \{X\}$는 연결된 영역이지만 단순 연결된 영역이 아니다. 왜냐하면 중심 X를 감싸는 폐곡선 C는 연속적으로 한 점에 모이게 할 수 없기 때문이다. 예를 들어 원점 $(0, 0)$을 감싸는 단위원의 경계 C를 생각해보자. 이 곡선 C는 점 $(1, 0)$을 지난다. 곡선 C의 모양을 연속적으로 변화시켜 곡선의 모든 점이 점 $(1, 0)$으로 모이게 하려면 곡선이 원점 $(0, 0)$을 지나는 순간이 반드시 존재해야 한다. 만약 원점 $(0, 0)$이 영역 D에 속하지 않으면, 이 경우 곡선 C는 영역을 벗어나게 된다.

한편 $B_1(0, 0) \cup B_1(2, 2)$는 연결되지 않은 영역이지만 단순 연결된 영역이다. 왜냐하면 모든 폐곡선은 $B_1(0, 0)$ 또는 $B_1(2, 2)$에 완전히 포함되고, 이들은 각각 단순 연결된 영역이기 때문이다.

마지막으로 영역의 경계의 방향에 대해 알아보자. 연결된 2차원 영역 D의 경계곡선을 C라 하고, 이들을 각각 xyz-공간의 xy-평면에 놓인 영역과 곡선으로 간주하자. 머리가 양의 z축 방향을 향한 상태에서 곡선 C를 따라 움직인다고 상상해보자. 영역 D가 몸의 왼쪽에 있을 때의 이동 방향을 곡선 C의 **정방향**positive orientation이라 한다. 만약 영역 D가 단순 연결된 영역이면 경계의 정방향은 반시계방향이다. 예를 들어 원판 영역 $B_r(X)$의 경계를 따라 반시계방향으로 움직이면 영역은 항상 왼쪽에 놓인다. 한편, 모든 반시계방향이 정방향은 아니다. 예를 들어 두 반지름 $0 < r < R$에 대해 다음과 같이 정의된 원환 영역을 생각해보자([그림 8-15] 참고).

$$D = \{(x, y) \mid r^2 < x^2 + y^2 < R^2\}$$

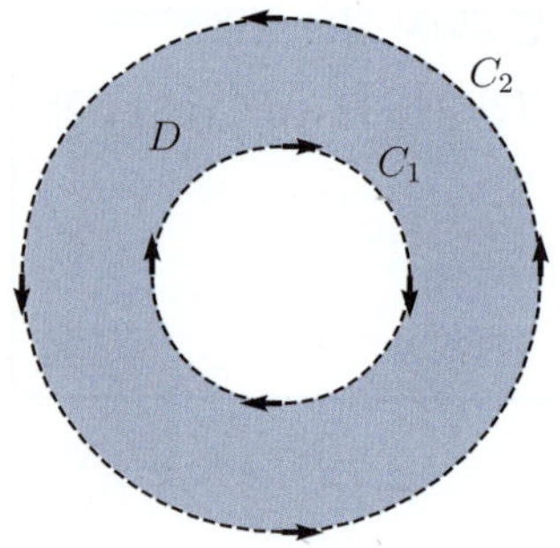

[그림 8-15] 원환 영역의 경계의 정방향

영역 D의 경계는 다음과 같이 정의된 두 곡선 C_1, C_2의 합집합 $C_1 \cup C_2$이다.

$$C_1 = \{(x, y) \mid x^2 + y^2 = R^2\}$$
$$C_2 = \{(x, y) \mid x^2 + y^2 = r^2\}$$

이때 경계 C_2의 정방향은 반시계방향이지만, 경계 C_1의 정방향은 시계방향이다.

정리 8-3 그린 정리

연결된 2차원 영역 D와 그 경계곡선 C 위에 정의된 2차원 벡터장 $f(x, y) = \langle p(x, y), q(x, y)\rangle$에 대해 다음 등식이 성립한다. 이때 선적분은 C의 정방향으로 계산한다.

$$\oint_C f \cdot ds = \iint_D (q_x - p_y)\, dx\, dy \tag{8.32}$$

그린 정리는 일변수함수의 정적분과 이변수함수의 중적분 사이의 등식이 성립하는 조건에 관한 명제이다. 그린 정리의 예를 살펴보자. [그림 8-16]과 같이 네 점 (0, 0), (1, 0), (1, 1), (0, 1)을 꼭짓점으로 갖는 정사각형 영역 D와 그 경계 C에 대한 다음 선적분을 계산해보자.

$$\oint_C y^2\, dx + x^2\, dy$$

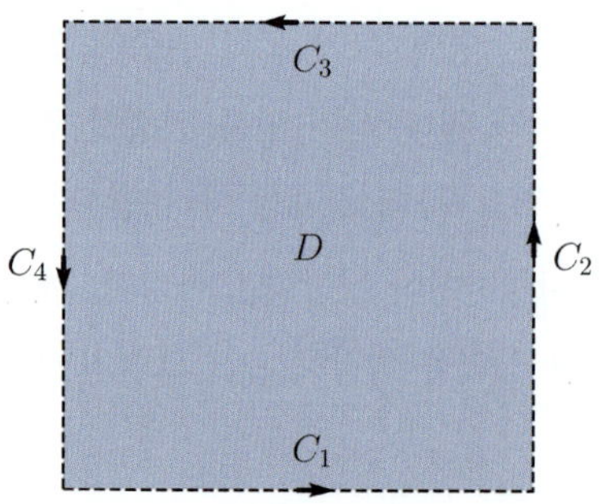

[그림 8-16] 그린 정리의 선적분을 위한 영역의 경계

경계 C를 네 직선 경로 C_1, C_2, C_3, C_4로 나누어서 계산하면 다음과 같다.

$$\int_{C_1} y^2\,dx + \int_{C_2} x^2\,dy + \int_{C_3} y^2\,dx + \int_{C_4} x^2\,dy = \int_0^1 0\,dx + \int_0^1 1\,dy + \int_1^0 1\,dx + \int_1^0 0\,dy = 0$$

한편 식 (8.32)의 중적분을 계산한 결과는 다음과 같다.

$$\begin{aligned}\iint_D (2x-2y)\,dx\,dy &= \int_0^1\int_0^1 (2x-2y)\,dx\,dy = \int_0^1 (x^2-2xy)\Big|_{x=0}^{1}\,dy \\ &= \int_0^1 (1-2y)\,dy = (y-y^2)\Big|_0^1 = 0\end{aligned}$$

따라서 식 (8.32)가 성립함을 알 수 있다.

이제 그린 정리의 원리에 대해 알아보자. 모든 영역은 적절한 분할을 통해 다음 두 가지 중 하나의 방식으로 각 부분영역을 표현할 수 있다.

$$\begin{aligned} D_i &= \{(x,\ y)\,|\,a \le x \le b,\ g_1(x) \le y \le g_2(x)\} \\ D^j &= \{(x,\ y)\,|\,c \le y \le d,\ h_1(y) \le x \le h_2(y)\} \end{aligned} \tag{8.33}$$

식 (8.33)의 기호 D_i와 D^j의 아래첨자 i와 위첨자 j는 [그림 8-17]과 같이 영역을 분할하는 방향을 구분하기 위해 붙인 것이다. [그림 8-17]은 $-\frac{3\pi}{4} \le \theta \le \frac{3\pi}{4}$, $1 \le r \le 2$인 원판 영역을 수직 방향과 수평 방향으로 분할한 것으로서, [그림 8-17(a)]는 D_i의 형태로, [그림 8-17(b)]는 D^j의 형태로 영역을 분할한 것이다. [그림 8-17(a)]는 x축 구간을 총 3개의 구간으로 분할한다. 식 (8.33)의 $g_1(x)$와 $g_2(x)$는 각 분할구간에서의 y의 최솟값과 최댓값을 의미한다. [그림 8-17(b)]는 y축 구간을 총 4개의 구간으로 분할한 것이다. 식 (8.33)의 $h_1(y)$와 $h_2(y)$는 각 분할구간에서의 x의 최솟값과 최댓값을 의미한다.

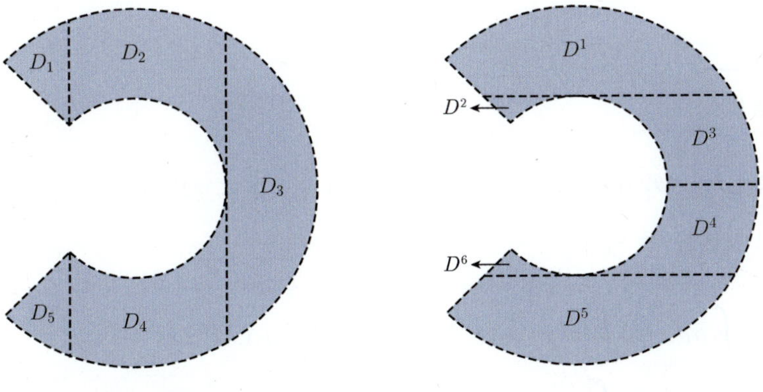

(a) y축 범위에 따른 영역 구분 (b) x축 범위에 따른 영역 구분

[그림 8-17] 영역의 경계를 나누는 방법

어떤 방식으로 영역을 분할하더라도 각 영역에서 이변수함수의 중적분의 합은 동일하다. 또한 각 영역의 경계를 정방향으로 하여 선적분을 계산하면 영역 D의 내부를 지나는 경로는 원래 방향과 반대 방향의 경로에 대해 각각 한 번씩 선적분이 계산되므로, 서로 반대 방향인 선적분의 값이 상쇄되어 영역 D의 경계에서의 선적분만 남는다. 따라서 그린 정리는 [그림 8-17(a)] 또는 [그림 8-17(b)] 중 어떤 방법으로 영역을 나누더라도 성립해야 한다. 예를 들어 영역 D가 다음과 같이 주어진다고 가정하자.

$$D = \{(x, y) | a \le x \le b, \ g_1(x) \le y \le g_2(x)\}$$

이때 중적분 $\iint_D (-p_y)\,dx\,dy$는 다음과 같다.

$$\begin{aligned}\int_a^b \int_{g_1(x)}^{g_2(x)} \left(-\frac{\partial p}{\partial y}\right) dy\,dx &= -\int_a^b (p(x, g_2(x)) - p(x, g_1(x)))\,dx \\ &= \int_a^b p(x, g_1(x))\,dx - \int_a^b p(x, g_2(x))\,dx\end{aligned} \tag{8.34}$$

이제 영역 D의 경계 C를 [그림 8-18]과 같이 총 4개의 경로로 나누고, 벡터장 $\langle p, 0 \rangle$의 선적분을 각 경로에서 정방향으로 계산해보자.

$$\oint_C p\,dx = \int_{C_1} p\,dx + \int_{C_2} p\,dx + \int_{C_3} p\,dx + \int_{C_4} p\,dx \tag{8.35}$$

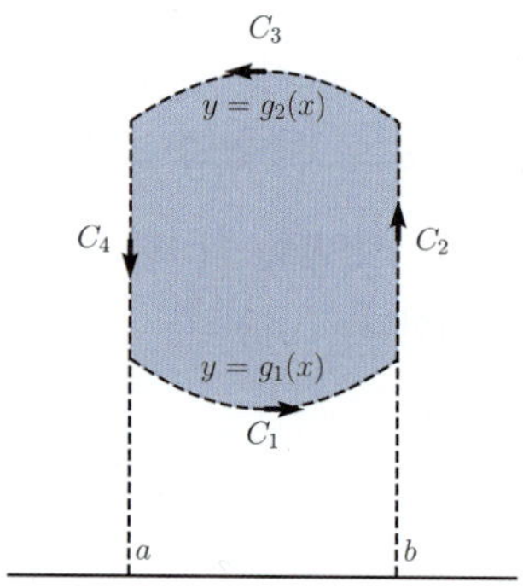

[그림 8-18] 그린 정리의 증명 (1)

곡선 C_2, C_4에서는 x축의 변위가 0이므로, 이 두 곡선에 대한 선적분은 모두 0이다. 따라서 식 (8.35)는 다음과 같이 표현할 수 있다.

$$\begin{aligned}\int_{C_1} p\,dx + \int_{C_3} p\,dx &= \int_a^b p(x, g_1(x))\,dx + \int_b^a p(x, g_2(x))\,dx \\ &= \int_a^b p(x, g_1(x))\,dx - \int_a^b p(x, g_2(x))\,dx\end{aligned}$$

위 식은 식 (8.34)와 일치하므로 다음이 성립한다.

$$\iint_D (-p_y)\,dx\,dy = \oint_C p\,dx \tag{8.36}$$

한편, 동일한 영역 D를 다음과 같이 표현한다고 가정해보자.

$$D = \{(x,\ y) \mid c \le y \le d,\ h_1(y) \le x \le h_2(y)\}$$

이때 중적분 $\iint_D q_x\,dx\,dy$는 다음과 같다.

$$\begin{aligned}\int_c^d \int_{h_1(y)}^{h_2(y)} \frac{\partial q}{\partial x}\,dx\,dy &= \int_c^d \{q(h_2(y),\ y) - q(h_1(y),\ y)\}\,dy \\ &= \int_c^d q(h_2(y),\ y)\,dy - \int_c^d q(h_1(y),\ y)\,dy\end{aligned} \tag{8.37}$$

이번에는 영역 D의 경계 C를 [그림 8-19]와 같이 총 4개의 경로로 나누고, 벡터장 $\langle 0,\ q\rangle$의 선적분을 각 경로에서 정방향으로 계산해보자.

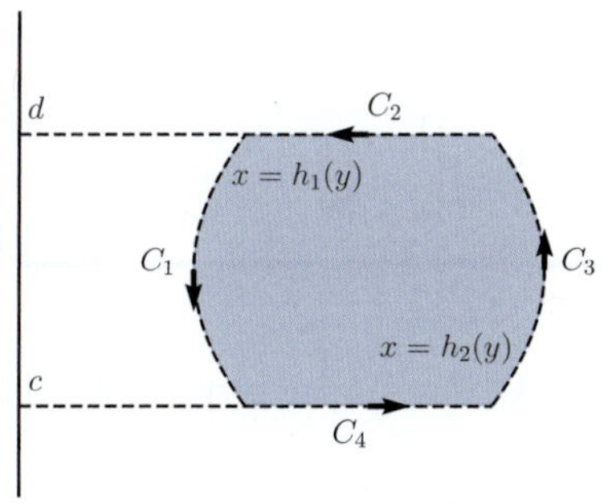

[그림 8-19] 그린 정리의 증명 (2)

이때 C_2, C_4에서 y축의 변위가 0이므로 선적분은 다음과 같다.

$$\begin{aligned}\oint_C q\,dy &= \int_{C_1} q\,dy + \int_{C_3} q\,dy \\ &= \int_d^c q(h_1(y),\ y)\,dy + \int_c^d q(h_2(y),\ y)\,dy \\ &= \int_c^d q(h_2(y),\ y)\,dy - \int_c^d q(h_1(y),\ y)\,dy\end{aligned}$$

위 식은 식 (8.37)과 일치하므로 다음 등식이 성립한다.

$$\iint_D q_x\,dx\,dy = \oint_C q\,dy \tag{8.38}$$

식 (8.36)과 (8.38)을 결합하면 그린 정리를 얻는다.

예제 8-16 그린 정리를 이용한 선적분의 계산

두 곡선 $y=x^2$과 $x=y^2$으로 둘러싸인 영역 D의 경계를 C라 할 때, 다음 선적분을 정방향으로 구하라.

$$\oint_C (y^2+\exp(\sqrt{x})\,dx+(2x+\cos(y))\,dy \tag{8.39}$$

풀이

식 $\oint_C p\,dx+q\,dy$에서 선적분 (8.39)는 $p=y^2+\exp(\sqrt{x})$, $q=2x+\cos(y)$에 해당한다. 두 함수 p, q는 좌표평면 전체에서 미분가능하므로 다음과 같이 그린 정리를 적용할 수 있다.

$$\begin{aligned}\iint_D (q_x-p_y)\,dx\,dy &= \iint_D (2-2y)\,dx\,dy \\ &= \int_0^1\int_{x^2}^{\sqrt{x}} (2-2y)\,dy\,dx \\ &= \int_0^1 (2y-y^2)\Big|_{y=x^2}^{\sqrt{x}}\,dx \\ &= \int_0^1 (2(\sqrt{x}-x^2)-(x-x^4))\,dx \\ &= \left(\frac{4}{3}x^{\frac{3}{2}}-\frac{2}{3}x^3-\frac{1}{2}x^2+\frac{1}{5}x^5\right)\Big|_0^1=\frac{11}{30}\end{aligned}$$

그린 정리에서 눈여겨봐야 할 사실은 영역 D와 그 경계 C에서 벡터장이 미분가능해야 한다는 점이다. 예를 들어 다음 벡터장을 살펴보자.

$$f(x, y)=\begin{cases}\dfrac{\langle -y, x\rangle}{x^2+y^2}, & (x, y)\neq(0, 0)\\ 0, & (x, y)=(0, 0)\end{cases} \tag{8.40}$$

벡터장 (8.40)은 원판 영역 $D=B_1(0, 0)$과 그 경계 C에서 잘 정의되지만, 중심 $(0, 0)$에서 미분가능하지 않다(심지어 연속도 아니다). 이를 그린 정리의 식 (8.32)에 대입하면 양변이 서로 다름을 확인할 수 있다. 먼저 식 (8.32)의 우변인 면적분은 다음과 같다.

$$\iint_D\left\{\frac{\partial}{\partial x}\left(\frac{x}{x^2+y^2}\right)-\frac{\partial}{\partial y}\left(\frac{-y}{x^2+y^2}\right)\right\}dx\,dy=\iint_D\left\{\frac{-x^2+y^2}{(x^2+y^2)^2}-\frac{-x^2+y^2}{(x^2+y^2)^2}\right\}dx\,dy=0$$

한편, 벡터장 (8.40)에 대해 곡선 C(단위원의 원주) 위에서 반시계방향으로 선적분을 계산하면 식 (8.32)의 좌변인 선적분은 다음과 같다.

$$\begin{aligned}\oint_C \left(-\frac{y}{x^2+y^2}\right)dx + \frac{x}{x^2+y^2}dy &= \int_0^{2\pi}\{-\sin(\theta)(-\sin(\theta))+\cos(\theta)\cos(\theta)\}d\theta \\ &= \int_0^{2\pi} d\theta = 2\pi\end{aligned}$$

따라서 그린 정리는 성립하지 않는다. 이는 벡터장 (8.40)이 애초에 그린 정리의 조건을 만족하지 않기 때문이다. 벡터장 (8.40)은 원점을 제외한 좌표평면 $\mathbb{R}^2 - \{(0, 0)\}$ 위에서 정의된다.

회전과 발산

연결된 영역이면서 단순 연결된 영역인 2차원 영역 D가 폐곡선 C로 둘러싸여 있다고 가정하자. 영역 D와 경계 C 위에 잘 정의된 두 이변수함수 $p(x, y)$, $q(x, y)$를 성분으로 가지는 벡터장 $f = \langle p, q\rangle$에 대해 다음과 같이 그린 정리를 적용해보자.

$$\oint_C p\,dx + q\,dy = \iint_D (q_x - p_y)\,dx\,dy \tag{8.41}$$

$$\oint_C (-q)\,dx + p\,dy = \iint_D (q_x + p_y)\,dx\,dy \tag{8.42}$$

식 (8.41)의 우변의 이변수함수 $q_x - p_y$를 벡터장 f의 **회전**curl이라 한다. 참고로 식 (8.42)의 우변의 이변수함수 $p_x + q_y$는 8.1절에서 정의한 **발산**divergence $\nabla\langle q, -p\rangle$와 같다. 식 (8.41), (8.42)를 이용해 2차원 벡터장의 회전과 발산의 의미를 살펴보자.

영역 D를 원판 영역 $B_\varepsilon(x_0, y_0)$, 영역 D의 경계 C를 $C_\varepsilon(x_0, y_0)$라 하자. 반지름 ε이 충분히 작을 때 회전과 발산은 각각 일정한 값으로 수렴하므로, 식 (8.41), (8.42)는 각각 다음과 같이 근사된다.

$$\begin{aligned}\oint_C p\,dx + q\,dy &\approx (q_x(x_0, y_0) - p_y(x_0, y_0))\pi\varepsilon^2 \\ \oint_C (-q)\,dx + p\,dy &\approx (p_x(x_0, y_0) + q_y(x_0, y_0))\pi\varepsilon^2\end{aligned}$$

따라서 점 (x_0, y_0)에서의 회전과 발산은 다음과 같다.

$$q_x(x_0, y_0) - p_y(x_0, y_0) = \lim_{\varepsilon \to 0} \frac{\oint_{C_\varepsilon(x_0, y_0)} p\,dx + q\,dy}{\pi\varepsilon^2}$$

$$p_x(x_0, y_0) + q_y(x_0, y_0) = \lim_{\varepsilon \to 0} \frac{\oint_{C_\varepsilon(x_0, y_0)} (-q)\,dx + p\,dy}{\pi\varepsilon^2}$$

여기서 선적분 $\oint_{C_\varepsilon(x_0, y_0)} p\,dx + q\,dy$의 의미는 벡터장이 경로 C_ε을 따라 한 일이다. 그렇다면 선적분 $\oint_{C_\varepsilon(x_0, y_0)} (-q)\,dx + p\,dy$의 의미는 무엇일까? 곡선의 매개함수가 $c(t) = (x(t), y(t))$일 때, 이 선적분은 다음과 같이 계산된다.

$$\begin{aligned}\oint_{C_\varepsilon(x_0, y_0)} (-q)\,dx + p\,dy &= \int_a^b \{-q(x(t), y(t))x'(t) + p(x(t), y(t))y'(t)\}\,dt \\ &= \int_a^b \langle p, q\rangle \cdot \langle y'(t), -x'(t)\rangle\,dt\end{aligned} \tag{8.43}$$

여기서 벡터 $\langle y'(t), -x'(t)\rangle$는 접벡터 $c'(t) = \langle x'(t), y'(t)\rangle$와 직교한다. 또한 $c(t)$가 곡선 C_ε을 정방향으로 매개화할 때, $\langle y'(t), -x'(t)\rangle$는 영역 B_ε의 바깥쪽을 향하는 벡터이다. 이와 같이 곡선의 각 점에서 수직인 방향으로 놓인 단위벡터장을 $\boldsymbol{n}$이라 하면 식 (8.43)의 정적분은 다음과 같이 기술된다.

$$\int_a^b \langle p, q\rangle \cdot \frac{\langle y', -x'\rangle}{\|\langle y', -x'\rangle\|}\|\langle x', y'\rangle\|\,dt = \int_{C_\varepsilon} \boldsymbol{f} \cdot \boldsymbol{n}\,ds$$

여기서 $\boldsymbol{f} \cdot \boldsymbol{n}$은 벡터 $\boldsymbol{f}$의 $\boldsymbol{n}$ 방향으로의 정사영이다. 벡터장 $\boldsymbol{f}$를 (2차원 평면에서의) 유체의 속도라 가정하면 $\boldsymbol{f} \cdot \boldsymbol{n}$은 각 점에서 곡선을 투과하는 유체의 속도이다. 즉 $\boldsymbol{f} \cdot \boldsymbol{n}\,ds$는 길이가 ds인 곡선의 일부를 단위시간당 유체가 통과하는 양이다. 따라서 $\int_{C_\varepsilon} \boldsymbol{f} \cdot \boldsymbol{n}\,ds$는 곡선 전체를 유체가 시간당 통과하는 양을 의미한다.

정리하면 점 (x_0, y_0)에서 2차원 벡터장의 회전은 점 (x_0, y_0)가 단위넓이를 가진 영역의 경계를 한 바퀴 도는 데 필요한 일의 양을 의미하고, 발산은 점 (x_0, y_0)가 단위넓이를 가진 영역의 경계를 단위시간 동안 통과하는 양을 의미한다.

예제 8-17 그린 정리의 응용

다음 매개곡선으로 둘러싸인 영역의 넓이를 구하라.

$$c(t) = (\cos^3(t), \sin^3(t)),\ 0 \le t \le 2\pi$$

풀이

곡선 $c(t)$로 둘러싸인 영역의 모양은 [그림 8-20]과 같다.

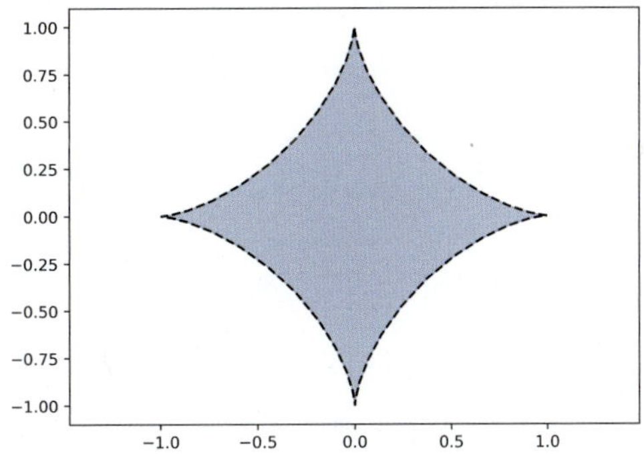

[그림 8-20] **매개곡선으로 둘러싸인 영역의 모양**

이 영역의 넓이를 구하기 위해 다음과 같이 그린 정리를 적용해보자.

$$\frac{1}{2}\int_C (-y)\,dx + x\,dy = \iint_D dx\,dy$$

즉 영역의 넓이는 주어진 경로를 따라 벡터장 $\frac{1}{2}\langle -y, x\rangle$의 선적분을 계산하면 구할 수 있다. 주어진 매개곡선의 점 $c(t)$는 곡선 위를 반시계방향으로 이동하므로 다음과 같이 그린 정리가 성립한다.

$$\begin{aligned}
&\frac{1}{2}\int_0^{2\pi}\{-\sin^3(t)3\cos^2(t)(-\sin(t)) + \cos^3(t)3\sin^2(t)\cos(t)\}\,dt \\
&= \frac{3}{2}\int_0^{2\pi}\sin^2(t)\cos^2(t)\,dt \\
&= \frac{3}{8}\int_0^{2\pi}\sin^2(2t)\,dt \\
&= \frac{3}{8}\int_0^{2\pi}\frac{1-\cos(4t)}{2}\,dt = \frac{3\pi}{8}
\end{aligned}$$

연결된 2차원 영역 D와 그 경계 C 위에 정의된 이변수함수 f에 대해, 그래디언트 벡터장 $\boldsymbol{f} = \nabla f = \langle f_x, f_y\rangle$에 다음과 같이 그린 정리를 적용해보자.

$$\oint_C f_x\,dx + f_y\,dy = \iint_D (f_{yx} - f_{xy})\,dx\,dy = 0$$

위 식은 퍼텐셜함수가 존재하는 벡터장을 (단순)폐곡선 위에서 선적분하면 항상 0임을 보여준다. 일반적으로 2차원 벡터장 $\boldsymbol{f}$의 정의역에 포함된 임의의 폐곡선 위에서의 선적분이 항상 0이면 $\boldsymbol{f}$를 **보존장** conservative vector field이라 한다. 즉 퍼텐셜함수를 갖는 벡터장은 항상 보존장이다.

반대로 보존장은 항상 퍼텐셜함수를 갖는다. 벡터장 $\mathbf{f}$가 보존장일 때, 영역 내의 기준점 P_0를 하나 정하고, 이 기준점으로부터 영역의 각 점 P를 잇는 경로 C_P를 생각하자(벡터장의 정의역이 연결된 영역이므로 이러한 경로는 항상 존재한다). 이때 함숫값 $f(P)$가 다음과 같이 정의된 이변수함수 f를 생각하자.

$$f(P) = \int_{C_P} \mathbf{f} \cdot d\mathbf{s} \tag{8.44}$$

이렇게 정의된 함수 f는 잘 정의된 함수이다. 즉 함숫값이 경로 C_P에 관계없이 일정하다. 이 결과는 $\mathbf{f}$가 보존장이라는 사실로부터 유도된다. 만약 C_P'이 기준점 P_0에서 점 P로의 또 다른 경로라 하면, C_P의 정방향과 C_P'의 역방향을 결합하여 폐곡선 C를 정의할 수 있다. 보존장의 정의에 따라 $\oint_C \mathbf{f} \cdot d\mathbf{s} = 0$이고, 이를 두 경로 C_P와 C_P'에 대한 선적분으로 분해하면 다음 등식이 성립한다.

$$\int_{C_P} \mathbf{f} \cdot d\mathbf{s} - \int_{C_P'} \mathbf{f} \cdot d\mathbf{s} = 0$$

즉 두 선적분 $\int_{C_P} \mathbf{f} \cdot d\mathbf{s}$와 $\int_{C_P'} \mathbf{f} \cdot d\mathbf{s}$는 동일하다. 따라서 식 (8.44)의 함수 f는 잘 정의된 함수이다. 더 나아가 f는 벡터장 $\mathbf{f}$의 퍼텐셜함수이다. 즉 $\mathbf{f} = \langle p, q \rangle$라 할 때, 점 $P = (x, y)$에서의 편미분계수 f_x, f_y는 각각 p, q이다. 그 이유를 생각해보자. 편미분계수는 함숫값의 변화량 $f(x + \Delta x, y) - f(x, y)$와 Δx의 비율의 극한이다. 여기서 함숫값 $f(x, y)$를 구하기 위한 식 (8.44)의 경로 C_P를 고정하고, $f(x + \Delta x)$를 위한 경로를 경로 C_P에 점 $P_{\Delta x} = (x + \Delta x, y)$와 점 P를 잇는 (수평 방향의) 선분 $PP_{\Delta x}$를 결합한 것이라 가정하자. 이때 다음 등식이 성립한다(마지막 등식에서는 정적분의 평균값 정리를 만족하는 $x \le \xi_x \le x + \Delta x$인 실수 ξ_x를 사용했다).

$$\begin{aligned}\frac{f(x + \Delta x, y) - f(x, y)}{\Delta x} &= \frac{1}{\Delta x}\left(\int_{C_P \cup PP_{\Delta x}} \mathbf{f} \cdot d\mathbf{s} - \int_{C_P} \mathbf{f} \cdot d\mathbf{s}\right) \\ &= \frac{1}{\Delta x}\int_x^{x + \Delta x} p\,dx = p(\xi_x, y)\end{aligned}$$

이제 $\Delta x \to 0$이면 위 식의 좌변은 편미분계수 $f_x(x, y)$가 되고 우변은 $p(x, y)$가 된다. 이와 같은 방법으로 $f_y = q$도 보일 수 있다(이 경우에는 $P_{\Delta y} = (x, y + \Delta y)$에 대해 직선 경로인 선분 $PP_{\Delta y}$를 사용한다). 정리하면 벡터장이 보존장일 필요충분조건은 벡터장이 퍼텐셜함수를 갖는 것이다.

회전이 항상 0인 2차원 벡터장 $f = \langle p, q \rangle$를 **닫힌 벡터장** closed vector field이라 한다. 만약 벡터장 f가 보존장이면 이는 항상 닫힌 벡터장이다. 영역 내의 한 점 (x, y)를 중심으로 한 원판 영역 B_ε과 그 경계 C_ε을 생각해보자. 반지름 ε이 충분히 작으면 영역 B_ε에서 벡터장이 잘 정의되므로 그린 정리를 사용할 수 있다. 이때 보존장의 정의에 의해 다음 등식이 성립한다.

$$0 = \oint_{C_\varepsilon} f \cdot ds = \iint_{B_\varepsilon} (q_x - p_y)\, dx\, dy \tag{8.45}$$

만약 점 (x, y)에서 $q_x - p_y$의 값이 0이 아니라면 충분히 작은 ε에 대해 회전 $q_x - p_y$의 값은 항상 양수이거나 음수여야 한다. 따라서 식 (8.45)의 우변은 항상 0보다 크거나 작다. 이는 모순이므로 $q_x = p_y$가 성립해야 한다.

한편, 닫힌 벡터장이 항상 보존장인 것은 아니다. 예를 들어 다음 벡터장은 닫힌 벡터장이지만 보존장은 아니다. 왜냐하면 단위원의 원주를 따라 선적분을 계산하면 0이 아니기 때문이다.

$$f = \left\langle \frac{-y}{x^2 + y^2}, \frac{x}{x^2 + y^2} \right\rangle$$

다음의 **푸앵카레 정리** Poincaré theorem는 닫힌 벡터장이 보존장이 되는 조건에 관한 명제이다.

정리 8-4 푸앵카레 정리

단순 연결된 영역 위에 정의된 닫힌 벡터장은 보존장이다.

$f = \langle p, q \rangle$를 단순 연결된 영역 D 위에 정의된 닫힌 벡터장이라 하자. 영역 D에 포함된 임의의 폐곡선 C는 연속적으로 한 점으로 줄일 수 있다(이는 단순 연결된 영역의 정의이다). 따라서 벡터장 f는 곡선 C로 둘러싸인 부분영역 D' 위에서 잘 정의되며 닫힌 벡터장의 정의에 따라 다음 등식이 성립한다.

$$\oint_C f \cdot ds = \iint_{D'} (q_x - p_y)\, dx\, dy = 0$$

SECTION

8.4 프로젝트 : 다각형의 넓이 계산

앞서 8.3절에서 살펴본 [예제 8-17]에서 그린 정리를 이용해 영역의 넓이를 구하는 방법을 살펴봤다. 이 결과를 구체적으로 기술해보자. 단순폐곡선 C로 둘러싸인 영역 D의 넓이는 다음과 같다.

$$\text{area}(D) = \iint_D dx\,dy = \frac{1}{2}\oint_C (-y)\,dx + x\,dy \tag{8.46}$$

식 (8.46)을 통해 다각형의 넓이를 구해보자. 다음과 같이 n개의 좌표점을 꼭짓점으로 갖는 볼록다각형을 생각해보자.

$$P_1 = (x_1, y_1),\ P_2 = (x_2, y_2),\ \cdots,\ P_n = (x_n, y_n)$$

다각형의 경계는 선분 P_1P_2부터 선분 P_nP_1까지의 n개의 선분으로 이루어져 있다. 각 선분 P_iP_{i+1}은 다음과 같이 매개화된다(단, $i=n$인 경우 $i+1$은 1로 간주한다).

$$c_i(t) = (x_i + t(x_{i+1} - x_i),\ y_i + t(y_{i+1} - y_i)),\ 0 \le t \le 1$$

따라서 식 (8.46)의 선적분을 구하면 볼록다각형의 넓이는 다음과 같다.

$$\begin{aligned}
&\frac{1}{2}\sum_{i=1}^{n}\int_0^1 \{-(y_i + t(y_{i+1} - y_i))(x_{i+1} - x_i) + (x_i + t(x_{i+1} - x_i))(y_{i+1} - y_i)\}\,dt \\
&= \frac{1}{2}\sum_{i=1}^{n}\int_0^1 (x_i y_{i+1} - x_{i+1} y_i)\,dt \\
&= \frac{1}{2}\sum_{i=1}^{n}\det\begin{bmatrix} x_i & y_i \\ x_{i+1} & y_{i+1}\end{bmatrix}
\end{aligned} \tag{8.47}$$

즉 다각형의 넓이는 인접한 두 꼭짓점의 좌표를 행으로 갖는 2×2 행렬의 행렬식의 합으로 구할 수 있다. 이 결과를 바탕으로 다음 파이썬 코드를 구현해 다각형의 넓이를 구하는 게임을 만들어보자. 게임 방식은 다음과 같다.

❶ 매 게임마다 다각형의 꼭짓점의 개수와 넓이가 주어진다.

❷ 플레이어는 마우스 왼쪽 버튼을 클릭하여 화면에 다각형의 꼭짓점을 생성한다. 이때 다각

형은 볼록다각형[2]이고 꼭짓점은 반시계방향으로 생성되어야 한다.

③ 지정된 개수만큼 꼭짓점의 위치를 클릭한 뒤 이를 꼭짓점으로 갖는 다각형을 표시하고 넓이를 계산한다. 그리고 이 넓이를 표시하여 구하고자 하는 다각형의 넓이에 얼마나 근접했는지를 확인한다.

④ 마우스 왼쪽 버튼을 한 번 더 클릭하여 새로운 게임을 생성하고, ①~③의 과정을 무한 반복한다.

다음은 이 과정을 구현한 파이썬 코드이다.

```
# 다각형의 넓이를 예측하는 게임 제작
import pygame
import numpy as np

# 게임 프로그램 창의 크기 설정
Width, Height = 800, 600

# 게임 목표 재설정
# 꼭짓점의 개수는 4에서 10 사이로, 넓이는 500에서 4500 사이의 무작위로 지정
def init_goal():
    min_vert, max_vert = 4, 10
    min_area, max_area = 500, 4500
    target_vertices = np.random.randint(min_vert, max_vert)
    target_area = int(min_area + (max_area - 
min_area)*np.random.rand())
    return target_vertices, target_area

# 게임 목표를 화면에 표시
def display_goal(screen, target_vertices, target_area):
    text = font.render(f'꼭짓점: %d'%target_vertices, True, (255, 
255, 255))
    screen.blit(text, (Width-150 , Height-100))
    text = font.render(f'넓이: %d'%target_area, True, (255, 255, 
255))
    screen.blit(text, (Width-150 , Height-50))

# 다각형의 넓이를 화면에 표시
def display_area(screen, xy):
    text = font.render(f'%.1f'%area(xy), True, (255, 255, 255))
    screen.blit(text, (20, 5))
```

2 모든 내각이 180°보다 작은 다각형을 **볼록다각형**(convex polygon)이라 한다.

```
# 다각형의 넓이 계산
def area(xy):
    xy = np.array(xy)/10
    xy -= np.array([40, 30])
    sum = 0
    for i in range(len(xy)):
        sum += xy[i][0]*xy[(i+1)%len(xy)][1] -
xy[i][1]*xy[(i+1)%len(xy)][0]
    return abs(sum)/2

pygame.init()
pygame.font.init()
font = pygame.font.SysFont('malgungothic', 30)  # 맑은고딕 폰트 사용
screen = pygame.display.set_mode((Width, Height))

# 초기 변수 설정
# num_vertices는 현재 클릭한 꼭짓점의 개수이고, xy는 클릭한 픽셀 좌표를 저장
play, num_vertices, xy = True, 0, []
target_vertices, target_area = init_goal()
display_goal(screen, target_vertices, target_area)

while play:
    for event in pygame.event.get():
        if event.type == pygame.QUIT:
            play = False
        # 마우스 왼쪽 버튼 클릭 시
        if event.type == pygame.MOUSEBUTTONDOWN:
            if pygame.mouse.get_pressed()[0]:  # 왼쪽 버튼 클릭 확인
                # 지정된 꼭짓점의 개수에 미달인 경우
                if num_vertices < target_vertices:
                    num_vertices += 1
                    # 꼭짓점의 픽셀 위치 확인
                    x, y = pygame.mouse.get_pos()
                    xy.append((x, y))
                    # 꼭짓점 위치에 흰색 점 생성
                    pygame.draw.circle(screen, (255, 255, 255),
(x, y), 3)
                    # 생성한 꼭짓점의 개수가 목표 개수에 도달한 경우
                    if num_vertices == target_vertices:
                        # 꼭짓점을 연결하는 흰색 다각형 그리기
                        pygame.draw.polygon(screen, (255, 255,
255), xy)
                        # 다각형의 넓이 표시
                        display_area(screen, xy)
                else:  # 다각형이 완성된 후 마우스 왼쪽 버튼을 클릭한 경우
```

```
                    screen.fill((0, 0, 0))      # 화면 지우기
                    num_vertices, xy = 0, []   # 변수 초기화
                    target_vertices, target_area = init_goal()
                    # 목표를 화면에 출력
                    display_goal(screen, target_vertices, targ
et_area)
    pygame.display.flip()

pygame.quit()
```

[그림 8-21]은 위 코드의 실행 결과이다. [그림 8-21(a)]는 게임 실행 직후 혹은 매 게임의 초기 화면이다. 화면 오른쪽 하단에는 목표 꼭짓점의 개수와 넓이가 표시되어 있다. [그림 8-21(b)]는 마우스 왼쪽 버튼으로 몇 개의 꼭짓점을 클릭한 모습이다. 화면에 표시된 꼭짓점의 개수(4개)가 목표 개수(5개)에 도달하지 않았으므로 꼭짓점만 흰색 점으로 표시되어 있다. [그림 8-21(c)]는 목표한 개수만큼 꼭짓점을 클릭하여 이 꼭짓점으로 생성되는 다각형의 내부를 흰색으로 색칠하여 표시한 것이다. 화면 왼쪽 상단에는 다각형의 넓이가 표시되어 있다. 위 코드에서는 1픽셀을 1단위길이로 하여 넓이를 계산했다. 그려진 다각형의 넓이는 1679.9이므로, 목표 넓이인 2419에 도달하려면 이보다 더 큰 9각형을 그렸어야 함을 알 수 있다.

(a) 게임 시작 화면

(b) 게임 진행 화면

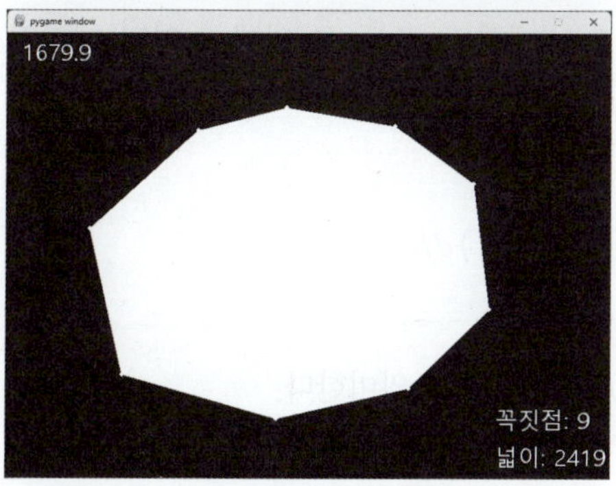

(c) 첫 단계 완료 후 화면

[그림 8-21] 단계별 게임 화면

CHAPTER

08 핵심요약

■ 벡터장과 선적분

• 함수의 선적분

$n=2$, 3에 대해 n변수 실숫값함수 f와 매개함수 $c:[a, b]\to\mathbb{R}^n$으로 매개화된 n차원 곡선 C에 대해 함수 f의 **선적분** $\int_C f$를 다음과 같이 정의한다.

$$\int_C f = \int_a^b f(c(t))\|c'(t)\|dt$$

• 벡터장의 회전과 발산

영역의 각 점에 벡터를 대응하는 함수를 **벡터장**이라 한다. 2차원 벡터장 $\boldsymbol{f}=\langle p(x, y), q(x, y)\rangle$와 3차원 벡터장 $\boldsymbol{g}=\langle p(x, y, z), q(x, y, z), r(x, y, z)\rangle$에 대해 벡터장의 **회전**과 **발산**을 다음과 같이 정의한다.

❶ **2차원 벡터장의 회전**[3] : $\dfrac{\partial q}{\partial x}-\dfrac{\partial p}{\partial y}$

❷ **2차원 벡터장의 발산** : $\nabla \boldsymbol{f}=\dfrac{\partial p}{\partial x}+\dfrac{\partial q}{\partial y}$

❸ **3차원 벡터장의 회전** : $\nabla\times\boldsymbol{f}=\left\langle \dfrac{\partial r}{\partial y}-\dfrac{\partial q}{\partial x}, \dfrac{\partial p}{\partial z}-\dfrac{\partial r}{\partial x}, \dfrac{\partial q}{\partial x}-\dfrac{\partial p}{\partial y}\right\rangle$

❹ **3차원 벡터장의 발산** : $\nabla \boldsymbol{g}=\dfrac{\partial p}{\partial x}+\dfrac{\partial q}{\partial y}+\dfrac{\partial r}{\partial z}$

• 벡터장의 선적분

$n=2$, 3에 대해 매개함수 $c:[a, b]\to\mathbb{R}^n$으로 매개화된 곡선 C 위에 정의된 벡터장 $\boldsymbol{f}$의 **선적분** $\int_C \boldsymbol{f}\cdot d\boldsymbol{s}$를 다음과 같이 정의한다.

$$\int_C \boldsymbol{f}\cdot d\boldsymbol{s}=\int_a^b \boldsymbol{f}(c(t))\cdot c'(t)\,dt$$

선적분 $\int_C \boldsymbol{f}\cdot d\boldsymbol{s}$는 곡선 C를 따라 벡터장 $\boldsymbol{f}$가 한 일을 의미한다.

3 2차원 벡터장의 회전은 $\nabla\times\boldsymbol{f}$로 표기하지 않는다.

• **퍼텐셜함수**

$\nabla f = \boldsymbol{f}$를 만족하는 실숫값함수 f를 벡터장 $\boldsymbol{f}$의 **퍼텐셜함수**라 한다. 함수 f와 벡터장 $\boldsymbol{f}$의 정의역을 D라 할 때, 점 p에서 점 q를 잇는 임의의 곡선 $C \subset D$에 대해 다음이 성립한다.

$$\int_C \boldsymbol{f} \cdot d\boldsymbol{s} = f(q) - f(p)$$

■ 면적분

• **함수의 면적분**

3차원 공간의 곡면 S가 2차원 영역 D 위에 정의된 매개함수 $s : D \to \mathbb{R}^3$으로 매개화되었다고 하자.

$$s(u, v) = (x(u, v), \ y(u, v), \ z(u, v))$$

곡면 S 위에 정의된 삼변수 실숫값함수 $f : S \to \mathbb{R}$의 **면적분**은 다음과 같다.

$$\int_S f\,dS = \int_D f(s(u, v)) \| s_u \times s_v \| \,du\,dv$$

• **곡면의 향**

위와 같은 매개함수 $s : D \to \mathbb{R}^3$으로 매개화된 곡면 S와 점 $p \in S$에 대해 다음과 같이 정의된 벡터장 $\boldsymbol{n} : S \to \mathbb{R}^3$을 곡면 S의 **향**이라 한다.

$$\boldsymbol{n}(p) = \frac{s_u \times s_v}{\| s_u \times s_v \|}$$

• **벡터장의 면적분**

곡면 S 위에 정의된 벡터장 $\boldsymbol{f}$의 **면적분** $\iint_S \boldsymbol{f} \cdot d\boldsymbol{S}$는 다음과 같이 정의된다.

$$\begin{aligned} \iint_S \boldsymbol{f} \cdot d\boldsymbol{S} &= \iint_S \boldsymbol{f} \cdot \boldsymbol{n}\,dS \\ &= \iint_D \boldsymbol{f}(s(u, v)) \cdot (s_u \times s_v)\,du\,dv \end{aligned}$$

■ 선적분과 면적분의 활용

• 연결된 영역과 단순 연결된 영역

2차원 영역 D의 임의의 두 점을 영역 D에 완전히 포함된 경로로 연결할 수 있을 때, D를 **연결된 영역**이라 한다. 영역 D에 포함된 임의의 폐곡선을 연속적으로 줄여서 한 점에 모이게 할 수 있을 때, 영역 D를 **단순 연결된 영역**이라 한다.

• 그린 정리

연결된 영역 D와 그 경계곡선 C 위에 정의된 2차원 벡터장 $f(x, y) = \langle p(x, y), q(x, y) \rangle$에 대해 다음이 성립한다. 이때 좌변의 선적분은 경계곡선의 **정방향**이다.

$$\oint_C f \cdot ds = \iint_D (q_x - p_y)\, dx\, dy$$

• 보존장과 닫힌 벡터장

임의의 폐곡선 C 위의 선적분이 항상 0이면($\oint_C f = 0$), 이 벡터장을 **보존장**이라 한다. 또한 (2차원 혹은 3차원) 벡터장 f의 회전이 영벡터장이면($\nabla f = 0$), 이를 **닫힌 벡터장**이라 한다.

• 푸앵카레 정리

단순 연결된 영역 위에 정의된 닫힌 벡터장은 항상 보존장이다.

CHAPTER

08 연습문제

SECTION 8.1

1. 2차원 곡선 위에 정의된 다음 함수의 선적분을 구하라(적분식의 참값을 구하기 어려운 경우 근삿값을 구하라).

(a) 점 $(0, 0)$부터 점 $(1, 1)$까지의 직선 경로 C 위에서의 선적분 $\int_C (x+y)\,ds$

(b) 원점을 중심으로 한 단위원의 원주 C 위에서의 선적분 $\int_C \frac{x^2+y^2}{x^2+y^2+1}\,ds$

(c) 음함수 방정식 $x^2+4y^2=1$로 정의된 곡선 C 위에서의 선적분 $\int_C \frac{1}{x^2+y^2+1}\,ds$

(d) $x,\ y>0$에서 두 곡선 $x^2-y^2=1$과 $x^2+y^2=9$로 둘러싸인 영역의 경계 C 위에서의 선적분 $\int_C \frac{\sqrt{x^2+y^2}}{1+x-y}\,ds$

(e) 곡선 $C=\{(x,\ y)\,|\,x^2+y^2=4\}$ 위에서의 선적분 $\int_C \frac{\cos(x+y)}{x^2+y^2}\,ds$

(f) 극좌표 방정식 $r=2+\cos(\theta)$의 경로 C 위에서의 선적분 $\int_C \log(x^2+y^2)\,ds$

(g) $x^2+4y^2=16$을 만족하는 곡선 C 위에서의 선적분 $\int_C \exp(x^2+y^2)\,ds$

(h) 원점을 중심으로 하며 반지름이 4인 원주 곡선 C 위에서의 선적분 $\int_C \sin(x^2-y^2)\,ds$

2. 3차원 곡선 위에 정의된 다음 함수의 선적분을 구하라(적분식의 참값을 구하기 어려운 경우 근삿값을 구하라).

(a) $c(t)=(t,\ 2t,\ 3t)$, $0\le t\le 1$로 매개화된 곡선 C 위에서의 선적분 $\int_C xyz\,ds$

(b) $c(t)=(t,\ t^2,\ t^3)$, $0\le t\le 1$로 매개화된 곡선 C 위에서의 선적분 $\int_C (x^2+y^2+z^2)\,ds$

(c) 구면 $x^2+y^2+z^2=4$와 평면 $z=1$의 교선 C 위에서의 선적분 $\int_C z\,ds$

(d) 구면 $x^2+y^2+z^2=9$와 평면 $z=3-x$의 교선 C 위에서의 선적분 $\int_C \frac{1}{\sqrt{x^2+y^2+z^2}}\,ds$

(e) 포물면 $z=x^2+y^2$과 $z=4$의 교선 C 위에서의 선적분 $\int_C \exp(x+y+z)\,ds$

(f) $c(t)=(\sin(t), \cos(t), t)$, $0 \le t \le 2\pi$로 매개화된 곡선 C 위에서의 선적분
$\int_C \frac{x+y+z}{1+x^2+y^2+z^2}\,ds$

3. 주어진 경로 위에서 2차원 벡터장의 선적분을 구하라.

(a) 점 $(0, 0)$에서 점 $(1, 1)$까지의 함수 $y=x^2$의 그래프 경로 C 위에서의 선적분
$\int_C \langle x^2, y^2 \rangle \cdot ds$

(b) $x^2+y^2=1$, $y>0$인 상반원의 경로 C 위에서 반시계방향으로의 선적분
$\int_C \langle x+y, y-x \rangle \cdot ds$

(c) 세 점 $(0, 0)$, $(1, 0)$, $(1, 1)$을 꼭짓점으로 갖는 삼각형의 경로 C 위에서 반시계방향으로의 선적분 $\int_C \cos(x)\,dx+\sin(y)\,dy$

(d) $c(t)=(\cos(t), \sin(2t))$, $0 \le t \le 2\pi$로 매개화된 경로 C 위에서의 선적분
$\int_C \sin(x)\,dx+\cos(y)\,dy$

(e) $c(t)=(\cos^3(t), \sin^3(t))$, $0 \le t \le 2\pi$로 매개화된 경로 C 위에서의 선적분
$\int_C x^3\,dx+y^3\,dy$

(f) 극좌표 방정식 $r=1+\cos(\theta)$로 정의된 곡선 C 위에서 반시계방향으로의 선적분
$\int_C \langle x^2-y^2, 2xy \rangle \cdot ds$

(g) 극좌표 방정식 $r=\sin(4\theta)$로 정의된 곡선 C 위에서 반시계방향으로의 선적분
$\int_C x\,dx-y\,dy$

(h) $c(t)=(\cos(t), \sin(t)+\cos(t))$, $0 \le t \le 2\pi$로 매개화된 경로 C 위에서의 선적분
$\int_C \langle xy, x^2-y^2 \rangle \cdot ds$

4. 주어진 경로 위에서 3차원 벡터장의 선적분을 구하라.

(a) $c(t)=(\cos(t), \sin(t), t)$, $0 \le t \le 2\pi$로 매개화된 경로 C 위에서의 선적분
$\int_C y\,dx+z\,dy+x\,dz$

(b) $c(t)=(t, t^2, t^3)$, $0 \le t \le 1$로 매개화된 경로 C 위에서의 선적분
$\int_C (-y)\,dx+z\,dy+x\,dz$

(c) $c(t)=(t, \log(t), \sqrt{t})$, $1 \le t \le \pi$로 매개화된 경로 C 위에서의 선적분

$$\int_C \langle x^2, y^2, z^2 \rangle \cdot ds$$

(d) $c(t)=(\cos(t), \sin(t), \log(1+t))$, $0 \le t \le 2\pi$로 매개화된 경로 C 위에서의 선적분

$$\int_C \langle \sin(x), \cos(y), \sin(z) \rangle \cdot ds$$

(e) $c(t)=(2t+1, t, 3t)$, $0 \le t \le 1$로 매개화된 경로 C 위에서의 선적분

$$\int_C \langle x, y, z \rangle \cdot ds$$

(f) $c(t)=(t, t^2, t^3)$, $0 \le t \le 1$로 매개화된 경로 C 위에서의 선적분

$$\int_C \langle y\cos(z), x\sin(z), xy\sin(z^2) \rangle \cdot ds$$

(g) 점 $(1, 1, 1)$에서 점 $(2, -3, 3)$까지의 직선 경로 C 위에서의 선적분

$$\int_C \langle x^2 y, z, 2x-y \rangle \cdot ds$$

(h) 극좌표계 $r=\exp(t)$, $z=t$, $0 \le t \le 2\pi$로 매개화된 곡선 경로 C 위에서의 선적분

$$\int_C \langle x^2, y^2, z^2 \rangle \cdot ds$$

5. 벡터장에 관한 다음 물음에 답하라.

(a) $f(x, y, z)=x^2+y^2+z^2$에 대해 그래디언트 벡터장 $\boldsymbol{f}=\nabla f$를 구하라.

(b) 벡터장 $\boldsymbol{r}=\langle x, y, z \rangle$에 대해 $\boldsymbol{f}=\dfrac{\boldsymbol{r}}{\|\boldsymbol{r}\|^3}$의 발산과 회전을 구하라.

(c) $f=\dfrac{1}{\sqrt{x^2+y^2+z^2}}$일 때, 그래디언트 벡터장 $\boldsymbol{f}=\nabla f$의 회전과 발산을 구하라.

(d) 임의의 벡터장 $\boldsymbol{f}$에 대해 $\nabla \cdot (\nabla \times \boldsymbol{f})=0$임을 보여라.

(e) 임의의 벡터장 $\boldsymbol{f}=\langle p, q, r \rangle$과 실숫값함수 f에 대해 $\nabla(f \cdot \boldsymbol{f})=\boldsymbol{f} \cdot \nabla f+f \cdot (\nabla \boldsymbol{f})$가 성립함을 보여라.

(f) 임의의 벡터장 $\boldsymbol{f}=\langle p, q, r \rangle$에 대해 $\nabla \times (\nabla \times \boldsymbol{f})=\nabla(\nabla \times \boldsymbol{f})-\nabla \cdot \nabla \boldsymbol{f}$가 성립함을 보여라.

6. 다음 벡터장 $\boldsymbol{f}$의 퍼텐셜함수를 하나 구하라.

(a) $\boldsymbol{f}=\langle 2xy, x^2+\exp(y) \rangle$

(b) $\boldsymbol{f}=\langle 2x+\sin(x), \exp(y)-\cos(x) \rangle$

(c) $\boldsymbol{f}=\langle 3x^2-2y, 4y-2x \rangle$

(d) $\boldsymbol{f}=\langle x+yz, y+xz, z+xy \rangle$

7. 퍼텐셜함수를 이용해 다음 선적분을 구하라.

(a) 점 $(0, 0)$에서 점 $(1, 2)$까지의 직선 경로 C 위에서의 선적분

$$\int_C 2xy\,dx + (x^2 + \exp(y))\,dy$$

(b) 점 $(0, 0)$에서 점 $(1, 1)$까지의 함수 $y = x^2$의 그래프 경로 C 위에서의 선적분

$$\int_C y\cos(xy)\,dx + x\sin(xy)\,dy$$

(c) 점 $(0, 1)$에서 점 $(1, 2)$까지의 임의의 경로 C 위에서의 선적분

$$\int_C \exp(y)\,dx + x\exp(y)\,dy$$

(d) 점 $(1, 1, 1)$에서 점 $(2, 3, 4)$까지의 임의의 경로 C 위에서의 선적분

$$\int_C (x + yz)\,dx + (y + xz)\,dy + (z + xy)\,dz$$

(e) 단위구 $x^2 + y^2 + z^2 = 1$과 평면 $z = \frac{1}{2} - x - y$의 교선 C 위에서의 선적분

$$\int_C 2x\,dx + 2y\,dy + 2z\,dz$$

8. 심화 8.3절에서 살펴본 다음 벡터장을 다시 생각해보자.[4]

$$f = \left\langle \frac{-y}{x^2 + y^2}, \frac{x}{x^2 + y^2} \right\rangle$$

$x > 0$인 2차원 영역에서 $f_1 = \tan^{-1}\left(\frac{y}{x}\right)$는 벡터장 f의 퍼텐셜함수이다. 또한 $y > 0$인 2차원 영역에서 $f_2 = \cos^{-1}\left(\frac{x}{\sqrt{x^2 + y^2}}\right)$는 벡터장 f의 퍼텐셜함수이다. 두 함수 f_1, f_2는 점 (x, y)가 양의 x축으로부터 반시계방향으로 이루는 각 θ를 가리킨다. 이와 같은 방법으로 벡터장 f의 퍼텐셜함수를 원점 $(0, 0)$을 포함하지 않는 2차원 평면의 일부 영역에서 정의할 수 있다. 한편, 8.3절에서 단위원을 따라 벡터장 f의 선적분을 계산하면 그 값이 2π임을 살펴봤다. 이를 통해 원점을 제외한 2차원 영역 $\mathbb{R}^2 - \{(0, 0)\}$ 위에 정의된 벡터장 f의 퍼텐셜함수가 존재할 수 없음을 증명하라.

SECTION 8.2

9. 주어진 곡면 위에 정의된 함수의 면적분을 구하라.

(a) 영역 $z \le 4$ 내의 포물면 $z = x^2 + y^2$으로 정의된 곡면 S 위에서의 면적분 $\iint_S z\,dS$

(b) $0 \le z \le 2$, $x^2 + y^2 = 1$인 원통면 S 위에서의 면적분 $\iint_S \sin(x^2 + y^2)\,dS$

4 식 (8.40)을 참고한다.

(c) 영역 $[-1,1]\times[-1,1]$에서 $x^2-y^2=z$로 정의된 쌍곡면 S 위에서의 면적분 $\iint_S (x^2+y^2)\,dS$

(d) $x^2+y^2+(z-1)^2=4$, $z\ge 1$인 반구면 S 위에서의 면적분 $\iint_S \frac{1}{\sqrt{x^2+y^2+z^2}}\,dS$

(e) $s(u,v)=((2+v\cos(u))\cos(u),\ (2+v\cos(u))\sin(u),\ v\sin(u))$, $0<u<2\pi$, $-1<v<1$로 매개화된 곡면 S 위에서의 면적분 $\iint_S \sin(x^2+y^2+z^2)\,dS$

(f) $x^2+y^2-z^2=1$, $0\le z\le 2$로 정의된 쌍곡포물면 S 위에서의 면적분 $\iint_S (x^2+y^2+z^2)\,dS$

10. 주어진 곡면 위에 정의된 벡터장의 면적분을 구하라.

(a) $0\le z\le 5$, $x^2+y^2=9$인 원통면 S의 바깥쪽 방향으로의 면적분 $\iint_S \langle -y, x, z\rangle\cdot d\mathbf{S}$

(b) $0\le z\le 2$, $z^2=x^2+y^2$인 원뿔면 S의 바깥쪽 방향으로의 면적분 $\iint_S \langle x^2+y^2, z^2, z\rangle\cdot d\mathbf{S}$

(c) $0\le z\le 2$, $x^2+y^2-z^2=1$인 쌍곡면 S의 바깥쪽 방향으로의 면적분 $\iint_S \langle xy, yz, zx\rangle\cdot d\mathbf{S}$

(d) 정육면체 $[0,1]\times[0,1]\times[0,1]$의 경계면 S에서 바깥쪽 방향으로의 면적분 $\iint_S \langle x^2, y^2, z^2\rangle\cdot d\mathbf{S}$

11. 벡터장 f가 유체의 속도를 가리킨다고 할 때, 다음 물음에 답하라.

(a) $f=\langle x^2, y^2, z^2\rangle$일 때 xy-평면의 직사각형 영역 $[-1,1]\times[-1,1]$ 위에 정의된 쌍곡면 $z=x^2-y^2$의 윗면을 빠져나가는 양

(b) $f=\langle x^2, y^2, z\rangle$일 때 $z\ge\frac{1}{2}$인 구면 $x^2+y^2+z^2=1$의 일부를 위쪽으로 빠져나가는 양

SECTION 8.3

12. 주어진 3차원 벡터장의 발산 및 회전을 구하라.

(a) $f=\langle \exp(x)\cos(y), -\sin(xy), z^2\log(x+1)\rangle$일 때, ∇f

(b) $f=\langle \sin(xy), xz\cos(y), -z^2y\sin(x)\rangle$일 때, $\nabla\times f$

(c) $f=\langle \sin(x^2+y), z\cos(yz), x\log(1+z^2)\rangle$일 때, ∇f와 $\nabla\times f$

(d) $f=\langle \tan(x+yz), \sinh(x+y), x\cosh(z^2)\rangle$일 때, ∇f와 $\nabla\times f$

13. 그린 정리를 이용해 다음 선적분을 구하라(적분식의 참값을 구하기 어려운 경우 근삿값을 구하라). 이때 모든 경로의 향은 반시계방향으로 가정한다.

(a) 원점을 중심으로 한 단위원의 원주 C 위에서의 선적분 $\oint_C (x^2-y)\,dx+(y^2-x)\,dy$

(b) 타원 $\frac{x^2}{4}+\frac{y^2}{9}=1$의 경계 C 위에서의 선적분 $\oint_C (x^3y-2y^2)\,dx+(3xy^2+x^2)\,dy$

(c) 직사각형 영역 $[0,\,2]\times[0,\,1]$의 경계 C 위에서의 선적분

$\oint_C (\sin(xy)+y)\,dx+(\cos(x)-x)\,dy$

(d) 두 함수 $y=x^2$과 $y=x+2$의 그래프로 둘러싸인 영역의 경계 C 위에서의 선적분

$\oint_C (y^3-x^2)\,dx+(x^3-y^2)\,dy$

(e) 세 점 $(0,0)$, $(1,0)$, $(1,1)$을 꼭짓점으로 갖는 삼각형의 둘레 C 위에서의 선적분

$\oint_C (x^3y-2x)\,dx+(y^3x-y)\,dy$

SECTION 8.4

14. 심화 다각형의 넓이에 대한 다음 물음에 답하라.

(a) 식 (8.47)은 다각형의 꼭짓점 좌표 $(x_i,\,y_i)$ $(i=1,\,\cdots,\,n)$가 반시계방향의 순서로 나열되어 있을 때, 다각형의 넓이를 구하는 공식이다. 만약 좌표점이 시계방향의 순서로 나열되어 있다면 계산 결과가 어떻게 바뀌는지 논의하라.

(b) 다음 그림과 같이 다각형의 꼭짓점을 서로 꼬인 위치에 배치한다면 식 (8.47)의 결과가 어떻게 바뀌는지 논의하라. 그림에서 화면 왼쪽 상단에 표시된 값은 무엇을 의미하는가?

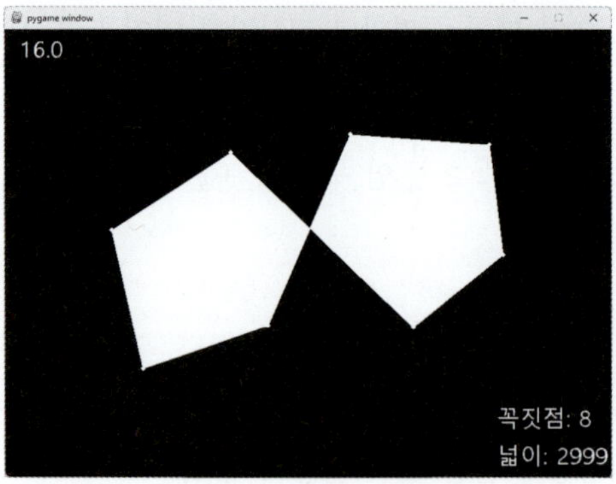

CHAPTER

09

회전과 발산

Contents

학습목표

- 곡면의 향을 이해한다.
- 스토크스 정리와 회전의 의미를 이해한다.
- 발산 정리와 발산의 의미를 이해한다.
- 퍼텐셜함수, 보존장, 닫힌 벡터장의 의미를 이해하고 이들의 상관관계를 이해한다.
- 미분형식에 관한 푸앵카레 정리를 이해한다.
- 전기장과 자기장을 계산하고 그 성질을 이해한다.
- 가우스 법칙, 암페어 법칙, 패러데이 법칙과 그 유도 과정을 이해한다.
- 자기쌍극자 모멘트에 의한 자기장을 계산하고 흐름선을 그린다.

이 장에서 배우는 내용은?

이 장에서는 8장에서 살펴본 선적분과 면적분에 관한 정리를 살펴보고, 각 개념의 수학적, 물리적 배경에 대해 더 자세히 살펴본다. 또한 벡터장의 선적분과 면적분에 관한 수학 명제와 전자기학 분야에서의 응용에 대해 살펴본다. 여기서 다룰 주요한 수학 명제는 스토크스 정리, 발산 정리, 푸앵카레 정리로, 8장에서 살펴본 그린 정리와 2차원 벡터장의 푸앵카레 정리를 확장한 것이다. 더 나아가 각 정리는 벡터장의 회전과 발산의 의미를 기술하고 미분형식에 관한 벡터장의 선적분과 면적분의 관계를 일반적으로 기술하는 데 필요한 정리이다.

이와 더불어 벡터장의 선적분과 면적분이 가우스 법칙, 암페어 법칙, 패러데이 법칙을 기술하는 데 어떻게 사용되고 유도되는지를 살펴본다. 참고로 이 세 법칙과 자기 단극자에 관한 법칙을 통칭하여 **맥스웰 방정식**Maxwell's equation이라 한다. 마지막으로 자기쌍극자 모멘트로 발생하는 자기장의 흐름선을 그리고, 이를 시뮬레이션하는 프로그램을 만들어 본다.

SECTION 9.1 스토크스 정리와 발산 정리

이 절에서는 8장에서 이미 소개한 그린 정리를 제외한 스토크스 정리와 발산 정리를 소개한 뒤, 각 정리들의 상관관계에 대해 자세히 살펴본다.

스토크스 정리

좌표평면의 2차원 영역의 경계는 경계점의 집합이다. 예를 들어 원판 영역 $B_1(0, 0)$의 경계는 원주 곡선으로서, 음함수 방정식 $x^2 + y^2 = 1$의 해집합과 같다.

그렇다면 3차원 곡면 S의 경계는 무엇일까? 직관적으로 경계는 곡면의 끝에 놓인 점의 집합이라 할 수 있다. 예를 들어 원판 영역 $B_1(0, 0)$ 위에 정의된 함수 $z = f(x, y) = x^2 - y^2$의 그래프를 곡면 S라 하자. 이 곡면의 매개함수는 다음과 같다.

$$s(x, y) = (x, y, x^2 - y^2), \quad (x, y) \in B_1(0, 0) \tag{9.1}$$

다음 파이썬 코드를 구현하면 [그림 9-1]과 같이 매개함수 (9.1)의 그래프를 나타낼 수 있다.

```
# 매개함수 (9.1)의 정의역과 치역 그리기
fig, ax = plt.subplots(1, 2)
fig.set_size_inches(10, 5)

t = np.linspace(0, 2*np.pi)
ax[0].plot(np.cos(t), np.sin(t), 'k')
ax[0].fill_between(np.cos(t), np.sin(t), alpha=.3)
ax[0].set_box_aspect(1)

s = lambda x, y: x**2 - y**2
ax[1].axis('off')
ax[1] = fig.add_subplot(122, projection='3d')
r, t = np.linspace(0, 1), np.linspace(0, 2*np.pi)
rr, tt = np.meshgrid(r, t)
xx = rr*np.cos(tt)
```

```
yy = rr*np.sin(tt)
ax[1].plot_surface(xx, yy, s(xx, yy), alpha=.3)
x, y = np.cos(t), np.sin(t)
ax[1].plot(x, y, s(x, y), 'k')
ax[1].set_box_aspect([1, 1, 1])
```

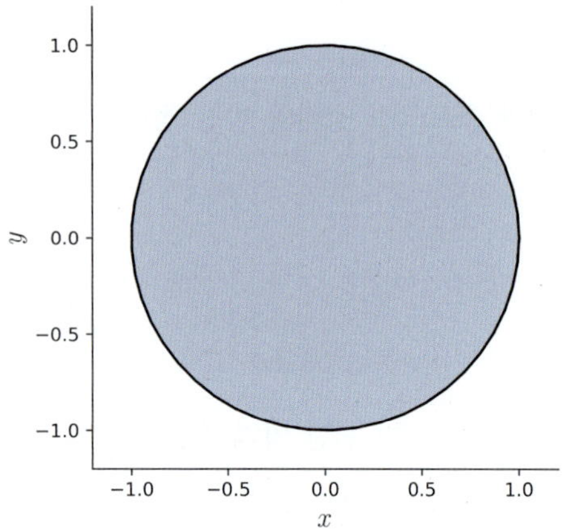

(a) 매개함수 (9.1)의 정의역

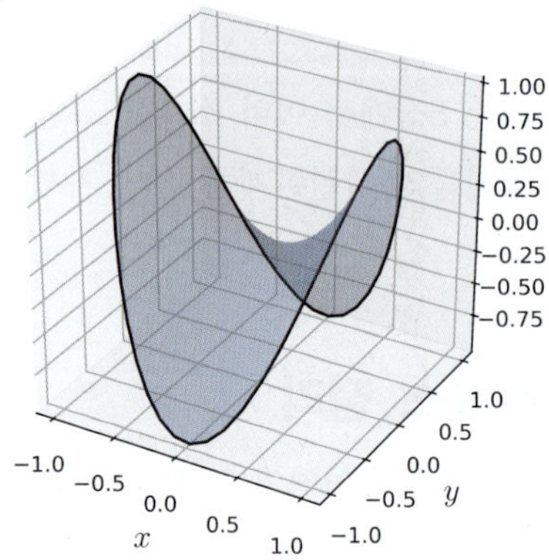

(b) 매개함수 (9.1)의 치역

[그림 9-1] 매개함수로 매개화된 곡면 S

이때 [그림 9-1(a)]의 원판 영역 $B_1(0, 0)$의 경계인 단위원 $x^2 + y^2 = 1$은 [그림 9-1(b)]의 곡면 S의 경계로 사상되며, 이는 다음과 같이 매개화된다.

$$c(t) = (\cos(t), \sin(t), \cos(2t)), \ \ 0 \le t \le 2\pi$$

이 경우 곡면 S의 경계는 식 (9.1)의 정의역의 경계의 사상이라 할 수 있다. 그러나 모든 매개곡면의 경계가 이와 같이 정의되는 것은 아니다. 예를 들어 식 (9.1)의 곡면 S를 극좌표로 다음과 같이 재매개화해보자.

$$s(r, \theta) = (r\cos(\theta), r\sin(\theta), r^2\cos(2\theta)) \tag{9.2}$$

다음 파이썬 코드를 구현하면 [그림 9-2]와 같이 매개함수 (9.2)의 정의역과 치역을 나타낼 수 있다.

```
# 매개함수 (9.2)의 정의역과 치역 그리기
fig, ax = plt.subplots(1, 2)
fig.set_size_inches(10, 5)

ax[0].plot([0, 1], [0, 0], 'k--')
```

```
ax[0].plot([0, 0], [0, 2*np.pi], color='C0')
ax[0].plot([0, 1], [2*np.pi, 2*np.pi], 'k--')
ax[0].plot([1, 1], [0, 2*np.pi], 'k')
ax[0].axis('equal')
ax[0].set_box_aspect(1)
ax[0].fill_between([0, 1], 0, 2*np.pi, alpha=.3)

ax[1].axis('off')
ax[1] = fig.add_subplot(122, projection='3d')
s = lambda x, y: x**2 - y**2
r, t = np.linspace(0, 1), np.linspace(0, 2*np.pi)
rr, tt = np.meshgrid(r, t)
xx = rr*np.cos(tt)
yy = rr*np.sin(tt)
ax[1].plot_surface(xx, yy, s(xx, yy), alpha=.3)
x, y = np.cos(t), np.sin(t)
ax[1].plot(x, y, s(x, y), 'k')
x, y = r*np.cos(2*np.pi), r*np.sin(2*np.pi)
ax[1].plot(x, y, s(x, y), 'k--')
ax[1].plot(0, 0, 0, 'o', color='C0')
```

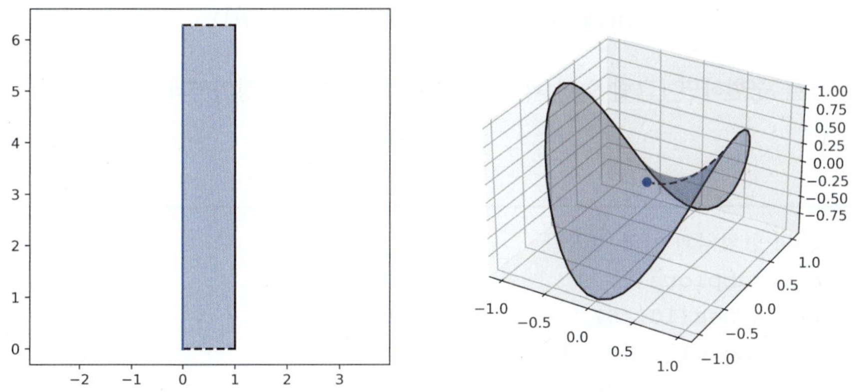

(a) 매개함수 (9.2)의 정의역　　(b) 매개함수 (9.2)의 치역

[그림 9-2] 극좌표로 매개화된 곡면

극좌표 변환에 의해 xy-평면의 영역 $B_1(0, 0)$은 $r\theta$-평면의 직사각형 영역 $[0, 1] \times [0, 2\pi]$의 내부와 일대일대응된다. [그림 9-2]는 매개함수 (9.2)의 정의역 $[0, 1] \times [0, 2\pi]$와 치역을 나타낸 것이다. [그림 9-2(a)]의 정의역에서 $\theta = 0,\ 2\pi$인 위아래 경계(검은색 점선)의 모든 점과 $r = 0$인 왼쪽 경계(파란색 실선)는 모두 [그림 9-2(b)]의 곡면의 내부로 대응된다. 이를 통해 매개함수의 정의역의 경계가 항상 곡면의 경계로 사상되는 것은 아님을 알 수 있다.

이와 같은 이유로 곡면의 내부점, 외부점, 경계점을 다음과 같이 정의한다.

정의 9-1 곡면의 내부점, 외부점, 경계점

3차원 곡면 S에 대해 임의의 3차원 점 Q는 다음과 같이 분류된다.

(1) 2차원 닫힌영역 D 위에 정의된 매개함수 $s: D \to S$와 $s(P) = Q$인 영역 D의 내부점[1] P가 존재할 때, 점 Q를 곡면 S의 **내부점** interior point이라 한다.
(2) 충분히 작은 반지름 r에 대해 곡면 S와 구 영역 $B_r(Q)$의 교집합이 존재하지 않을 때, 점 Q를 곡면 S의 **외부점** exterior point이라 한다.
(3) 임의의 반지름 ε에 대한 구 영역 $B_\varepsilon(Q)$와 곡면 S의 교집합이 항상 존재하고, 모든 매개함수 $s: D \to S$에 대해 $s(P) = Q$인 점 P가 영역 D의 경계점일 때, 점 Q를 곡면 S의 **경계점** boundary point이라 한다.

참고로 경계가 없는 곡면을 **폐곡면** closed surface이라 한다. 예를 들어 단위구면은 폐곡면이다. 단위구면의 경계점이 존재하지 않는다는 사실을 [정의 9-1]로 확인해보자. 예를 들어 구면좌표계로 매개화된 구면의 매개함수를 살펴보자.

$$s(\theta, \phi) = (\sin(\theta)\cos(\phi), \sin(\theta)\sin(\phi), \cos(\theta)) \tag{9.3}$$

다음 파이썬 코드를 구현하면 [그림 9-3]과 같이 매개함수 (9.3)의 정의역과 치역을 나타낼 수 있다.

```
# 매개함수 (9.3)의 정의역과 치역 그리기
fig, ax = plt.subplots(1, 2)
fig.set_size_inches(10, 5)
ax[0].plot([0, np.pi], [0, 0], 'k--')
ax[0].plot([0, 0], [0, 2*np.pi], 'C0')
ax[0].plot([0, np.pi], [2*np.pi, 2*np.pi], 'k--')
ax[0].plot([np.pi, np.pi], [0, 2*np.pi], 'C0')
ax[0].fill_between([0, np.pi], 0, 2*np.pi, alpha=.3)
ax[0].axis('equal')
ax[0].set_box_aspect(1)

ax[1].axis('off')
ax[1] = fig.add_subplot(122, projection='3d')
s = lambda t, p: np.array([np.cos(t)*np.sin(p),
```

1 3장의 [정의 3-4]에서 다룬 영역의 내부점, 외부점, 경계점의 정의를 참고한다.

```
np.sin(t)*np.sin(p), np.cos(p)])
t, p = np.linspace(0, np.pi), np.linspace(0, 2*np.pi)
tt, pp = np.meshgrid(t, p)
ax[1].plot_surface(*s(tt, pp), alpha=.3)
ax[1].plot(np.sin(t[:50]), np.zeros(50), np.cos(t[:50]), 'k--')
ax[1].plot([0, 0], [0, 0], [-1, 1], 'o', color='C0')
```

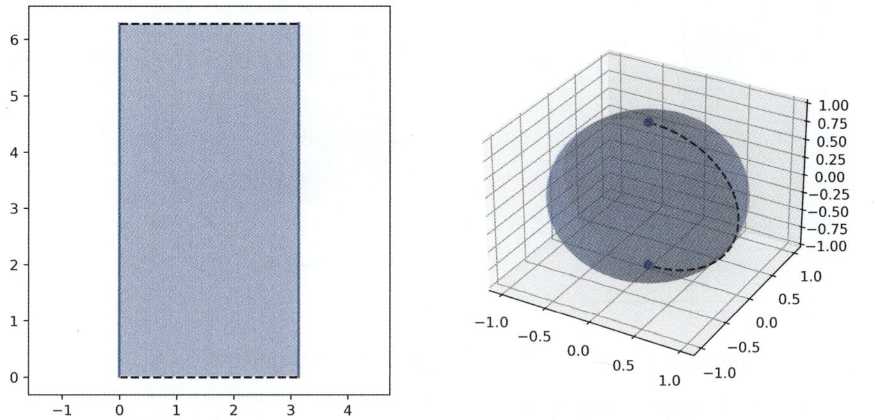

(a) 매개함수 (9.3)의 정의역　　(b) 매개함수 (9.3)의 치역

[그림 9-3] 단위구면의 매개함수 (9.3)에 대한 정의역과 치역의 경계

매개함수 (9.3)의 정의역은 직사각형 영역 $[0, \pi] \times [0, 2\pi]$이다. 이 영역의 네 경계의 각 점은 구면 위의 점에 다음과 같이 대응된다.

$$
\begin{aligned}
s(0, \phi) &= (0, 0, 1) \\
s(\pi, \phi) &= (0, 0, -1) \\
s(\theta, 0) &= (\sin(\theta), 0, \cos(\theta)) \\
s(\theta, 2\pi) &= (\sin(\theta), 0, \cos(\theta))
\end{aligned}
$$

[그림 9-3]은 단위구면의 매개함수 (9.3)의 정의역인 $[0, \pi] \times [0, 2\pi]$와 치역을 나타낸 것이다 [그림 9-3(a)]의 정의역에서 $\theta = 0$인 왼쪽 경계(파란색 실선)의 모든 경계점은 [그림 9-3(b)]의 단위구면의 점 $(0, 0, 1)$로 대응된다. 또한 $\theta = \pi$인 오른쪽 경계(파란색 실선)의 모든 경계점은 단위구면의 점 $(0, 0, -1)$로 대응된다. 또한 $\phi = 2\pi$, 0인 위아래 경계(검은색 점선)는 두 점 $(0, 0, 1)$과 $(0, 0, -1)$을 잇는 경선(구면 위의 검은색 점선)으로 대응된다. 따라서 구면 위에 경계점이 존재한다면 이 경계점은 두 점 $(0, 0, 1)$, $(0, 0, -1)$ 또는 이 두 점을 잇는 경선 위에 존재해야 한다.

이번에는 다음과 같이 단위구면을 매개화해보자.

$$s(\theta,\ \phi) = (-\sin(\theta)\cos(\phi),\ \cos(\theta),\ \sin(\theta)\sin(\phi)) \tag{9.4}$$

[그림 9-4]는 매개함수 (9.4)의 정의역과 치역을 나타낸 것이다.

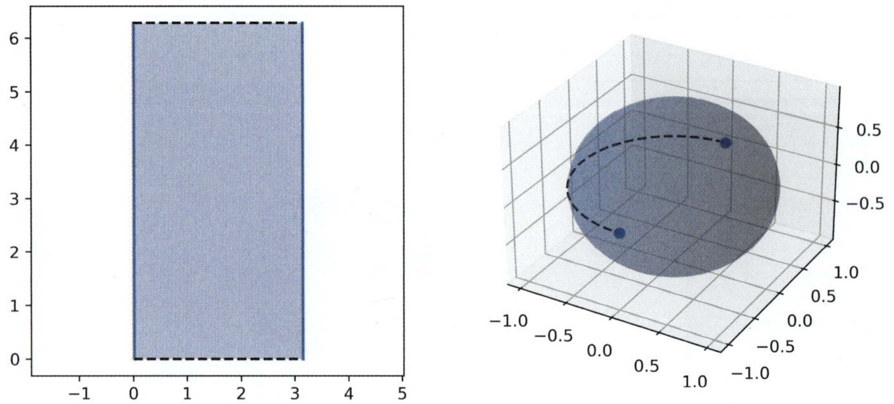

(a) 매개함수 (9.4)의 정의역 (b) 매개함수 (9.4)의 치역

[그림 9-4] 단위구면의 매개함수 (9.4)에 대한 정의역과 치역의 경계

[그림 9-4(a)]의 각 경계점에 대응되는 구면 위의 점은 다음과 같다.

$$\begin{aligned} s(0,\ \phi) &= (0,\ 1,\ 0) \\ s(\pi,\ \phi) &= (0,\ -1,\ 0) \\ s(\theta,\ 0) &= (-\sin(\theta),\ \cos(\theta),\ 0) \\ s(\theta,\ 2\pi) &= (-\sin(\theta),\ \cos(\theta),\ 0) \end{aligned}$$

[그림 9-4(b)]에서 볼 수 있듯이, $\theta = 0$인 정의역의 왼쪽 경계(파란색 실선)의 모든 점은 구면 위의 점 $(0,\ -1,\ 0)$으로 대응되고, $\theta = \pi$인 정의역의 오른쪽 경계(파란색 실선)의 모든 점은 구면 위의 점 $(0,\ 1,\ 0)$으로 대응된다. 또한 $\phi = 2\pi,\ 0$인 정의역의 위아래 경계(검은색 점선)는 두 점 $(0,\ -1,\ 0)$과 $(0,\ 1,\ 0)$을 잇는 적도선의 일부(구면 위의 검은색 점선)로 대응된다. [그림 9-3(b)]에서 살펴본 경선 위의 모든 점은 [그림 9-4(b)]의 적도선의 일부와 교차하지 않는다. 이로부터 단위구면 위에는 경계점이 존재하지 않음을 알 수 있다.

정의 9-2 곡면의 경계의 정방향

곡면 S의 경계를 ∂S, 향을 $\boldsymbol{n}$이라 하자. 곡선 ∂S의 매개함수를 $c(t)$라 하면 각 점 $c(t)$에서의 두 벡터 $\boldsymbol{n}$과 $c'(t)$의 외적 $\boldsymbol{n} \times c'(t)$가 항상 곡면 S의 내부를 향할 때, 곡선 ∂S는 **정방향** positive orientation 으로 매개화되었다고 한다.

쉽게 말해 곡면의 경계의 정방향이란 머리를 곡면의 향을 향한 채 경계의 방향으로 움직일 때, 곡면이 왼쪽에 놓이는 방향을 말한다. 예를 들어 [그림 9-2]에서 살펴본 매개곡면의 경계를 살펴보자. 다음 코드를 구현하여 경계 위의 두 벡터 $\boldsymbol{n}$과 $c'(t)$를 나타내면 [그림 9-5]와 같다. 이 그림에서 볼 수 있듯이 곡면의 향이 양의 z축을 향한다고 할 때, 경계를 (xy-평면을 위에서 바라보며) 반시계방향으로 매개화하면 정방향임을 알 수 있다.

```
# 곡면의 향과 경계의 정방향 그리기
ax = plt.figure().add_subplot(projection='3d')
r, t = np.linspace(0, 1), np.linspace(0, 2*np.pi)
rr, tt = np.meshgrid(r, t)
c = lambda r, t: np.array([r*np.cos(t), r*np.sin(t),
r**2*np.cos(2*t)])
ax.plot_surface(*c(rr, tt), alpha=.3)
ax.plot(*c(np.ones_like(t), t), 'k')
t0 = t[42]
ax.plot(*c(1, t0), 'ko')
ax.quiver(*c(1, t0), -np.sin(t0), np.cos(t0), -2*np.sin(2*t0),
length=.2, color='C0')
v1 = np.array([np.cos(t0), np.sin(t0), np.cos(2*t0)])
v2 = np.array([-np.sin(t0), np.cos(t0), -2*np.sin(2*t0)])
ax.quiver(*c(1, t0),*np.cross(v1, v2), length=.2, color='C0')
```

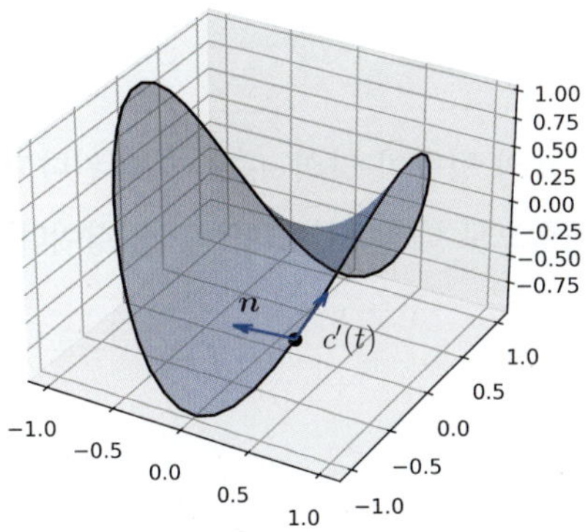

[그림 9-5] 정방향으로 매개화된 곡면의 경계

곡면의 경계를 정방향으로 매개화하기 위해서는 곡면의 향이 미리 주어져야 함을 기억하자. **스토크스 정리** Stokes' theorem는 곡면과 곡면의 향이 주어질 때, 곡면 위의 면적분과 곡면의 경계를 정방향으로 매개화한 선적분에 관한 정리이다.

정리 9-1 스토크스 정리

3차원 곡면 S의 경계 ∂S가 정방향으로 매개화된다고 할 때, 곡면 S 위에 정의된 벡터장 f에 대해 다음이 성립한다.

$$\iint_S (\nabla \times f) \cdot d\boldsymbol{S} = \oint_{\partial S} f \cdot ds \tag{9.5}$$

벡터장 f의 각 성분함수를 $f = \langle p, q, r \rangle$이라 하면 스토크스 정리의 식 (9.5)를 다음과 같이 기술할 수도 있다.

$$\iint_S (r_y - q_z)\,dy\,dz + (p_z - r_x)\,dz\,dx + (q_x - p_y)\,dx\,dy = \oint_{\partial S} p\,dx + q\,dy + r\,dz \tag{9.6}$$

이제 식 (9.6)을 통해 스토크스 정리가 왜 타당한지 생각해보고자 한다. 우선 곡면 S의 일부가 xy-평면의 단순 연결된 2차원 영역 D 위에 정의된 함수 $z = z(x, y)$의 그래프라 하고, 곡면 S를 다음과 같이 매개화하자.

$$s(x, y) = (x, y, z(x, y)), \quad (x, y) \in D \tag{9.7}$$

이때 $s_x = \langle 1, 0, z_x \rangle$, $s_y = \langle 0, 1, z_y \rangle$이다. 따라서 곡면의 향 $\boldsymbol{n}$을 다음과 같이 정의할 수 있다.

$$\boldsymbol{n} = \frac{s_x \times s_y}{\| s_x \times s_y \|} = \frac{\langle -z_x, -z_y, 1 \rangle}{\sqrt{z_x^2 + z_y^2 + 1}}$$

한편 [그림 9-6]과 같이 곡면 S와 경계 ∂S가 주어지고 $\boldsymbol{n}$의 방향이 양의 z축을 가리킨다고 할 때, 경계 ∂S를 (xy-평면을 위에서 바라보며) 반시계방향으로 매개화한 방향이 정방향이다.

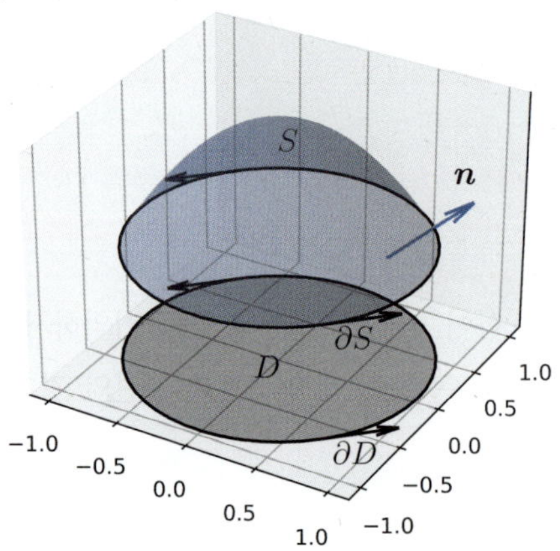

[그림 9-6] 곡면의 향과 경계의 정방향

참고로 식 (9.5)의 좌변의 면적분은 다음과 같다.

$$\int_S \{(\nabla \times f) \cdot \boldsymbol{n}\} dS = \int_S (\nabla \times f) \cdot \frac{s_x \times s_y}{\|s_x \times s_y\|} dS$$
$$= \int_D (\nabla \times f) \cdot \frac{s_x \times s_y}{\|s_x \times s_y\|} \cdot \|s_x \times s_y\| \, dxdy = \int_D (\nabla \times f) \cdot (s_x \times s_y) dxdy$$

따라서 식 (9.6)의 좌변의 면적분은 다음과 같이 계산된다.

$$\begin{aligned}&\iint_D (r_y - q_z)(-z_x) + (p_z - r_x)(-z_y) + (q_x - p_y)\, dx\, dy \\ &= \iint_D (q_x + q_z z_x + r_x z_y - (p_y + p_z z_y + r_y z_x))\, dx\, dy\end{aligned} \tag{9.8}$$

이제 경계 ∂S를 따라 선적분을 계산해보자. 경계 ∂S는 영역 D의 경계 ∂D의 치역이다. [그림 9-6]과 같이 경계의 정방향은 반시계방향이라 하자. 경계 ∂D의 매개함수를 $(x(t), y(t))$라 하면 점 $(x(t), y(t))$가 $\langle x'(t), y'(t) \rangle$의 속도로 움직일 때, 곡면 S의 경계 ∂S 위의 점이 z축 방향으로 움직이는 속도 $z'(t)$는 다음과 같다.

$$z'(t) = \frac{d}{dt} z(x(t), y(t)) = z_x \cdot x'(t) + z_y \cdot y'(t)$$

이 식을 다음과 같이 표기해보자.

$$\frac{dz}{dt} = z_x \frac{dx}{dt} + z_y \frac{dy}{dt} \quad \Rightarrow \quad dz = z_x dx + z_y dy$$ [2]

따라서 식 (9.6)의 우변의 선적분을 다음과 같이 기술할 수 있다.

$$\oint_{\partial D} p\,dx + q\,dy + r(z_x dx + z_y dy) = \oint_{\partial D} (p + r z_x) dx + (q + r z_y) dy \tag{9.9}$$

식 (9.9)에 그린 정리를 적용해보자. 함수 p, q는 x, y, z에 대한 삼변수함수에 $z = z(x, y)$를 대입한 것이므로 q_x, p_y, z_x, z_y는 각각 다음과 같다.

$$\begin{aligned}
q_x &= \frac{\partial}{\partial x} q(x, y, z(x, y)) = q_x \frac{\partial x}{\partial x} + q_y \frac{\partial y}{\partial x} + q_z \frac{\partial z}{\partial x} = q_x + q_z z_x \\
p_y &= \frac{\partial}{\partial y} p(x, y, z(x, y)) = p_y \frac{\partial x}{\partial y} + p_y \frac{\partial y}{\partial y} + p_z \frac{\partial z}{\partial y} = p_y + p_z z_y \\
z_x &= \frac{\partial}{\partial x} r(x, y, z(x, y)) = r_x \frac{\partial x}{\partial x} + r_y \frac{\partial y}{\partial x} + r_z \frac{\partial z}{\partial x} = r_x + r_z z_x \\
z_y &= \frac{\partial}{\partial y} r(x, y, z(x, y)) = r_x \frac{\partial x}{\partial y} + r_y \frac{\partial y}{\partial y} + r_z \frac{\partial z}{\partial y} = r_y + r_z z_y
\end{aligned}$$

2 이와 같은 식을 **전미분**(total differential)이라 한다.

따라서 식 (9.9)의 우변의 그린 정리를 적용한 결과는 다음과 같다.

$$\begin{aligned}&\iint_D \frac{\partial}{\partial x}(q + rz_y) - \frac{\partial}{\partial y}(p + rz_x)\,dx\,dy\\ &= \iint_D q_x + q_z z_x + r_x z_y + r z_{yx} - (p_y + p_z z_y + r_y z_x + r z_{xy})\,dx\,dy\end{aligned}$$

이 결과는 식 (9.8)에서 유도한 결과와 일치한다. 따라서 스토크스 정리는 식 (9.7)과 같이 매개화된 곡면에 대해 성립함을 알 수 있다. 이러한 유도 과정에서 x, y, z축의 역할을 바꾸어 생각하면 yz-평면의 영역 위에 정의된 함수 $x = x(y, z)$의 그래프 곡면 혹은 zx-평면의 영역 위에 정의된 함수 $y = y(z, x)$의 그래프 곡면에 대해서도 스토크스 정리가 성립함을 보일 수 있다.

일반적인 곡면 S에 대해 스토크스 정리가 성립함을 보이려면 곡면 S를 분할한 뒤, 각 분할된 곡면에서 스토크스 정리가 성립함을 보이면 된다. 예를 들어 [그림 9-7]과 같이 주어진 곡면 S를 생각해보자. 곡면 S는 점 $(1, 0)$을 중심으로 한 반원 영역 D 위에 정의되며, y축과 평행한 원통면의 일부이다.

$$S = \{(x, y, z) \mid x^2 + z^2 = 1,\ (x, y) \in D\}, \quad D = \{(x, y) \mid (x-1)^2 + y^2 \le 1,\ x \le 1\}$$

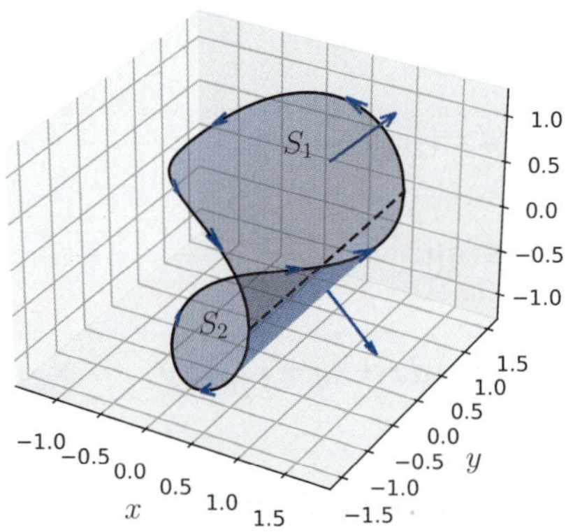

[그림 9-7] 경계의 일부를 공유하는 곡면 S의 분할

곡면 S가 xy-평면과 만나는 부분([그림 9-7]의 검은색 점선)을 제외하면 영역 D의 각 점 (x, y)마다 곡면에 대응되는 점이 항상 2개씩 존재한다. 따라서 이 곡면을 하나의 함수 $z = f(x, y)$의 그래프로 기술하는 것은 불가능하다. 곡면 S를 xy-평면을 기준으로 위와 아래 영역으로 분할한 것을 각각 S_1, S_2라 하자. [그림 9-7]과 같이 곡면 S_1의 향이 양의 z축을 향한다고 가정하면, 곡면 S_2의 향은 음의 z축을 향한다.

각 곡면 S_1, S_2는 이변수함수의 그래프로 매개화된다. 예를 들어 곡면 S_1이 $z=f_1(x, y)$의 그래프이고, 곡면 S_2가 $z=f_2(x, y)$의 그래프라 할 때, 함수 f_1, f_2는 다음과 같다.

$$f_1(x, y)=\sqrt{1-x^2}, \quad f_2(x, y)= -\sqrt{1-x^2}, \ (x, y)\in D$$

앞서 살펴본 바와 같이 각 곡면 S_1, S_2에 대해서는 스토크스 정리가 성립한다. 따라서 곡면 S_1, S_2의 경계를 각각 ∂S_1, ∂S_2라 할 때, 다음 등식이 성립한다.

$$\begin{aligned}\iint_S (\nabla \times f) \cdot d\boldsymbol{S} &= \iint_{S_1} (\nabla \times f) \cdot d\boldsymbol{S} + \iint_{S_2} (\nabla \times f) \cdot d\boldsymbol{S} \\ &= \oint_{\partial S_1} f \cdot ds + \oint_{\partial S_2} f \cdot ds\end{aligned} \tag{9.10}$$

이제 남은 문제는 식 (9.10)의 우변의 선적분이 원곡면 S의 경계 ∂S 위에서의 선적분과 같음을 보이는 것이다. 다시 [그림 9-7]을 살펴보면, 곡면 S_1의 경계 ∂S_1은 원곡면 S의 위쪽 경계와 두 점 $(1, -1.5, 0)$과 $(1, 1.5, 0)$을 잇는 직선 경계([그림 9-7]의 검은색 점선)로 이루어져 있다. 이와 비슷하게, 곡면 S_2의 경계 ∂S_2는 원곡면 S의 위쪽 경계와 두 점 $(1, 1.5, 0)$과 $(1, -1.5, 0)$을 잇는 직선 경계로 이루어져 있다. 여기서 주목할 점은 직선 경계에서 ∂S_1의 정방향과 ∂S_2의 정방향이 서로 반대라는 것이다. 다시 말해 ∂S_1의 일부로서의 직선 경계의 정방향은 $y=-1.5$에서 $y=1.5$까지인데 반해, ∂S_2의 일부로서의 직선 경계는 $y=1.5$에서 $y=-1.5$까지이다. 따라서 식 (9.10)의 우변의 선적분에서 이 직선 경계에서의 선적분은 서로 상쇄된다. 남은 경계 곡선을 모두 합하면 원곡면의 경계 ∂S가 되므로 다음이 성립한다.

$$\iint_S (\nabla \times f) \cdot d\boldsymbol{S} = \oint_{\partial S_1} f \cdot ds + \oint_{\partial S_2} f \cdot ds = \oint_{\partial S} f \cdot ds$$

이와 같은 논리를 확장하면, 모든 곡면은 적절한 분할을 통해 항상 xy-평면, yz-평면, zx-평면 위에 놓인 함수의 그래프 일부로 매개화할 수 있고, 분할된 곡면이 서로 맞닿아 있는 경계에서는 선적분의 값이 서로 상쇄되므로 다음과 같이 스토크스 정리가 성립함을 보일 수 있다.

$$\iint_S (\nabla \times f) \cdot d\boldsymbol{S} = \sum_{i=1}^{n} \iint_{S_i} (\nabla \times f) \cdot d\boldsymbol{S} = \sum_{i=1}^{n} \oint_{\partial S_i} f \cdot ds = \oint_{\partial S} f \cdot ds$$

예제 9-1 스토크스 정리의 검증

곡면 S를 [그림 9-8]과 같이 2차원 영역 $D=\{(x, y) | x^2+y^2<1\}$ 위에 정의된 함수 $z=\sqrt{x^2+y^2}$의 그래프라 하자. 곡면의 향이 음의 z축을 향한다고 할 때, 벡터장 $f=\langle -y, x, x^2+y^2 \rangle$에 대해 스토크스 정리의 식 (9.5)가 성립함을 보여라.

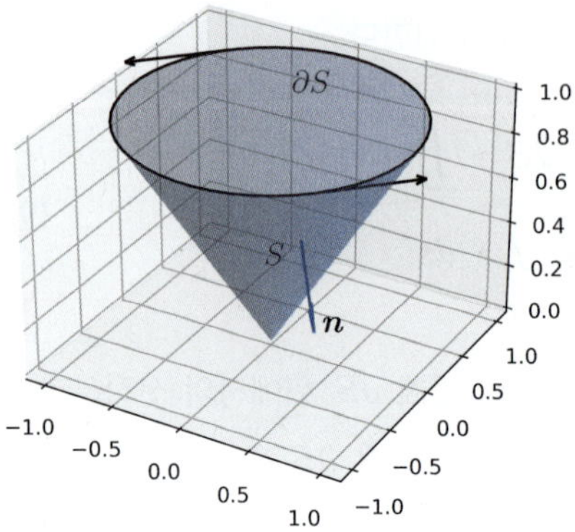

[그림 9-8] 스토크스 정리와 곡면과 경계의 향

풀이

먼저 식 (9.5)의 면적분 $\iint_S (\nabla \times f) \cdot d\boldsymbol{S}$를 계산하자. 이를 위해 곡면 S를 다음과 같이 매개화한다.

$$s(x, y)=(x, y, \sqrt{x^2+y^2}), \ (x, y) \in D$$

이때 곡면의 향 $\boldsymbol{n}$은 음의 z축을 향하므로 $s_x \times s_y$가 아닌 $s_y \times s_x$의 방향과 같으며, 다음과 같이 계산된다.

$$\begin{aligned}\boldsymbol{n} = \frac{s_y \times s_x}{\| s_y \times s_x \|} &= \frac{\left\langle 0, 1, \frac{y}{\sqrt{x^2+y^2}} \right\rangle \times \left\langle 1, 0, \frac{x}{\sqrt{x^2+y^2}} \right\rangle}{\| s_y \times s_x \|} \\ &= \frac{\left\langle \frac{x}{\sqrt{x^2+y^2}}, \frac{y}{\sqrt{x^2+y^2}}, -1 \right\rangle}{\| s_y \times s_x \|}\end{aligned}$$

또한 회전 $\nabla \times f$는 다음과 같다.

$$\nabla \times f = \left\langle \frac{y}{\sqrt{x^2+y^2}}, \frac{-x}{\sqrt{x^2+y^2}}, 2 \right\rangle$$

따라서 면적분은 다음과 같이 계산된다.

$$\iint_S (\nabla \times f) \cdot \boldsymbol{n}\, dS$$

$$= \iint_D \left\langle \frac{y}{\sqrt{x^2+y^2}}, \frac{-x}{\sqrt{x^2+y^2}}, 2 \right\rangle \frac{\left\langle \frac{x}{\sqrt{x^2+y^2}}, \frac{y}{\sqrt{x^2+y^2}}, -1 \right\rangle}{\|s_y \times s_x\|} \|s_y \times s_x\| dx dy$$

$$= \iint_D \left(\frac{xy}{x^2+y^2} - \frac{xy}{x^2+y^2} - 2 \right) dx\, dy = -2\pi$$

이제 스토크스 정리의 식 (9.5)의 우변을 계산하자. [그림 9-8]과 같이 곡면의 경계 ∂S의 정방향은 (xy-평면을 위에서 바라보았을 때) 반시계방향이고, 다음과 같이 매개화된다.

$$c(t) = (\cos(t), -\sin(t), 1), \ t \in [0, 2\pi]$$

따라서 선적분 $\oint_{\partial S} f \cdot ds$는 다음과 같이 계산된다.

$$\int_0^{2\pi} (\sin(t)(-\sin(t)) + \cos(t)(-\cos(t)))\, dt = -2\pi$$

따라서 주어진 벡터장 f에 대해 스토크스 정리의 식 (9.5)가 성립함을 알 수 있다.

스토크스 정리를 이용하면 회전의 의미를 설명할 수 있다. 예를 들어 점 (x, y, z)를 중심으로 하고 반지름이 ε인 원판면 S_ε을 생각하자. 이 곡면의 향을 $\boldsymbol{n}$이라 하고 반지름 ε의 크기가 아주 작다고 가정하자. 회전 $\nabla \times f$가 원판면 위에서 거의 일정하다고 가정하면 스토크스 정리의 식 (9.5)의 면적분은 다음과 같이 근사된다.

$$\iint_{S_\varepsilon} (\nabla \times f) \cdot d\boldsymbol{S} \approx \pi\varepsilon^2 \cdot (\nabla \times f)$$

한편 스토크스 정리의 식 (9.5)의 우변은 원판면 S_ε의 경계 ∂S_ε을 따라 정방향으로 선적분한 것과 같다. 따라서 회전 $\nabla \times f$는 다음과 같이 근사된다.

$$\pi\varepsilon^2 \cdot (\nabla \times f) \approx \oint_{\partial S_\varepsilon} f \cdot ds \quad \Rightarrow \quad \nabla \times f \approx \frac{1}{\pi\varepsilon^2} \oint_{\partial S_\varepsilon} f \cdot ds$$

따라서 점 (x, y, z)에서의 회전 $\nabla \times f$는 '단위넓이당 벡터장이 점 (x, y, z)의 주변을 한 바퀴 이동하는 데 드는 일의 양'을 의미한다. 이 사실을 이용해 회전 $\nabla \times f$의 물리적 의미를 알아보자. 벡터장 f가 3차원 공간의 각 점에서 부는 바람의 방향과 세기를 가리킨다고 하자. 그리고 공간의 한 점 (x, y, z) 위에 바람개비의 정면이 벡터장 f를 향하도록 두었다고 하자. 바람개비의 날개가 회전하는 속도는 바람이 바람개비의 날개를 돌리는 데 드는 일의 양에 비례한다.[3] 만약 바람개비의 방향이 $\boldsymbol{e}_1$이라면 바람개비의 회전속도는 회전 $\nabla \times \boldsymbol{f}$의 x축 성분에 비례한다. 이 성분값이 양수라면 양의 x축에서 바라보았을 때 바람개비의 날개는 반시계방향으로 돌고 있을 것이고, 음수라면 시계방향으로 돌고 있을 것이다. 회전 $\nabla \times \boldsymbol{f}$의 y, z축 성분의 의미도 이와 비슷하게 해석할 수 있다.

스토크스 정리를 이용하면 복잡한 선적분을 면적분으로 변환하여 비교적 쉽게 계산할 수 있다.

예제 9-2 스토크스 정리를 이용한 선적분의 계산

매개변수 $t \in [0, 2\pi]$로 다음과 같이 매개화된 곡선 C를 생각하자.

$$c(t) = (\cos(t), \sin(t), \sin(2t)) \tag{9.11}$$

다음 선적분을 구하라.

$$\oint_C (y^2 + \sin(x))\,dx + (\cos(y) + \exp(z))\,dy + x^2\,dz \tag{9.12}$$

풀이

식 (9.11)의 매개함수는 xy-평면 위를 움직이는 점 $(\cos(t), \sin(t))$ 위에서 함수 $z = 2xy$의 그래프 위의 경로를 매개화한 것이다. 이때 $(\cos(t), \sin(t))$는 xy-평면의 원판 영역 $D = \{(x, y) \mid x^2 + y^2 < 1\}$의 경계이다. 따라서 식 (9.11)은 다음과 같이 정의된 매개곡면 S의 경계를 매개화한 것이다.

$$s(x, y) = (x, y, 2xy), \quad (x, y) \in D$$

xy-평면을 위에서 바라보았을 때, 식 (9.11)은 경계 ∂S를 반시계방향으로 매개화한다. 따라서 곡면 S의 향 $\boldsymbol{n}$은 다음과 같다.

$$\boldsymbol{n} = \frac{s_x \times s_y}{\|s_x \times s_y\|} = \frac{\langle -2y, -2x, 1 \rangle}{\sqrt{1 + 4x^2 + 4y^2}}$$

한편, 벡터장 $\boldsymbol{f} = \langle y^2 + \sin(x), \cos(y) + \exp(z), x^2 \rangle$의 회전은 다음과 같다.

$$\nabla \times \boldsymbol{f} = \langle \exp(z), -2x, -2y \rangle$$

따라서 스토크스 정리에 의해 선적분 (9.12)는 다음과 같다.

3 마찰에 의한 에너지 손실을 무시할 때, 벡터장이 바람개비를 돌리는 데 드는 일의 양은 바람개비의 날개의 속도에너지로 전환된다.

$$\iint_S \langle \exp(z),\ -2x,\ -2y\rangle \cdot d\mathbf{S} = \iint_S \langle \exp(z),\ -2x,\ -2y\rangle \cdot \frac{\langle -2y,\ -2x,\ 1\rangle}{\sqrt{1+4x^2+4y^2}}dS$$
$$= \iint_D (-2y\exp(2xy)+4x^2-2y)\,dx\,dy$$
$$= \iint_D 4x^2\,dx\,dy$$
$$= \int_0^1 \int_0^{2\pi} 4r^2\cos^2(\theta)\,dr\,d\theta = \frac{4\pi}{3}$$

발산 정리

발산 정리divergence theorem는 폐곡면 위의 면적분과 폐곡면으로 둘러싸인 3차원 영역 위에서의 중적분에 관한 정리이다.

정리 9-2 발산 정리

폐곡면 S의 향 $\mathbf{n}$이 곡면의 바깥쪽을 향한다고 가정하고 이 폐곡면으로 둘러싸인 3차원 영역을 V라 할 때, 영역 V와 경계면 S 위에 정의된 벡터장 $\mathbf{f}$에 대해 다음이 성립한다.

$$\iiint_V \nabla \mathbf{f}\,dx\,dy\,dz = \oint\!\!\oint_S \mathbf{f} \cdot d\mathbf{S} \tag{9.13}$$

식 (9.13)을 면적분의 다른 표기법으로 기술하면 다음과 같다.

$$\iiint_V (p_x+q_y+r_z)\,dx\,dy\,dz = \oint\!\!\oint_S p\,dy\,dz + q\,dz\,dx + r\,dx\,dy$$

위 식은 다음의 세 등식을 변끼리 합한 결과이다.

$$\begin{aligned} \iiint_V p_x\,dx\,dy\,dz &= \oint\!\!\oint_S p\,dy\,dz \\ \iiint_V q_y\,dx\,dy\,dz &= \oint\!\!\oint_S q\,dz\,dx \\ \iiint_V r_z\,dx\,dy\,dz &= \oint\!\!\oint_S r\,dx\,dy \end{aligned} \tag{9.14}$$

먼저 식 (9.14)의 첫 번째 등식을 살펴보자. 3차원 영역 V를 yz-평면 위에 사영했을 때 만들어지는 2차원 영역을 D라 하자. 이때 D는 단순 연결된 영역이라 가정하고, 영역 V는 다음과 같이 정의된다고 가정한다.

$$V = \{(y,\ y) \mid (y,\ y) \in D,\ h_1(y,\ z) \le x \le h_2(y,\ z)\}$$

즉 폐곡면 S는 함수 $x=h_1(y, z)$의 그래프 S_1과 함수 $x=h_2(y, z)$의 그래프 S_2의 합집합이다. 곡면 S_1의 향 $\boldsymbol{n}_1$은 음의 z축을, S_2의 향 $\boldsymbol{n}_2$는 양의 z축을 가리킨다. 따라서 중적분 $\iiint_V p_x\,dx\,dy\,dz$는 다음과 같이 계산된다.

$$\begin{aligned}\iint_D\left[\int_{h_1(y,\,z)}^{h_2(y,\,z)} p_x\,dx\right]dy\,dz &= \iint_D \{p(h_2(y, z), y, z)-p(h_1(y, z), y, z)\}\,dy\,dz \\ &= \iint_D p(h_2(y, z), y, z)\,dy\,dz - \iint_D p(h_1(y, z), y, z)\,dy\,dz \\ &= \iint_{S_2} p\,dy\,dz + \iint_{S_1} p\,dy\,dz \\ &= \oiint_S p\,dy\,dz\end{aligned}$$

식 (9.14)의 나머지 등식도 이와 비슷한 방법으로 보일 수 있다.

예제 9-3 발산 정리의 검증

벡터장 $f=\langle x, y, z\rangle$와 3차원 구 영역 $B_1(0, 0, 0)$에 대해 발산 정리의 식 (9.13)이 성립함을 보여라.

풀이

벡터장 f의 발산은 $\nabla f=3$이다. 따라서 단위구의 부피에 관한 공식을 사용하면 식 (9.13)의 좌변의 중적분은 다음과 같다.

$$\iiint_V \nabla f\,dx\,dy\,dz = 3\iiint_V dx\,dy\,dz = 3\cdot\frac{4\pi}{3} = 4\pi$$

한편 식 (9.13)의 우변의 면적분은 다음과 같이 계산된다.

$$\oiint_S \langle x, y, z\rangle \bullet \langle x, y, z\rangle\,dS = \int_0^{2\pi}\int_0^{\pi}\sin(\theta)\,d\theta\,d\phi = 4\pi$$

따라서 발산 정리의 식 (9.13)이 성립한다.

발산 정리를 사용할 때 주의할 점은 벡터장 f가 3차원 영역 V의 내부와 그 경계 $\partial V=S$에서 잘 정의되어야 한다는 것이다.

예를 들어 함수 $z=4-x^2-y^2$, $z\geq 0$의 그래프로 이루어진 곡면 S 위에서 식 (9.15)와 같이 정의된 벡터장 f의 면적분을 계산해보자.

$$f = \frac{\langle x, y, z \rangle}{(x^2 + y^2 + z^2)^{3/2}} \tag{9.15}$$

곡면 S의 향 $\boldsymbol{n}$이 양의 z축을 향할 때, 벡터의 성분은 다음과 같이 계산된다.

$$\boldsymbol{n} = \frac{\langle 1, 0, -2x \rangle \times \langle 0, 1, -2y \rangle}{\| \langle 1, 0, -2x \rangle \times \langle 0, 1, -2y \rangle \|} = \frac{\langle 2x, 2y, 1 \rangle}{\sqrt{1 + 4x^2 + 4y^2}}$$

다음 파이썬 코드를 구현하면 [그림 9-9]와 같이 곡면 S와 향 $\boldsymbol{n}$(파란색 화살표), 그리고 벡터장 f(검은색 화살표)를 함께 나타낼 수 있다.

```
# 곡면의 향과 벡터장 그리기
ax = plt.figure().add_subplot(projection='3d')
r, t = np.linspace(0, 2), np.linspace(0, 2*np.pi)
rr, tt = np.meshgrid(r, t)
xx, yy = rr*np.cos(tt), rr*np.sin(tt)
ax.plot_surface(xx, yy, 4 - rr**2, alpha=.3)
ax.set_aspect('equal')

r, t = np.linspace(0.2, 1.8, 7), np.linspace(0, 2*np.pi, 11)
rr, tt = np.meshgrid(r, t)
xx, yy = rr*np.cos(tt), rr*np.sin(tt)
zz = 4 - rr**2

n = lambda x, y: np.array([2*x, 2*y, np.ones_like(x)])/np.sqrt(1
+ 4*x**2 + 4*y**2)
f = lambda x, y, z: np.array([x, y, z])/(x**2 + y**2 +
z**2)**(3/2)
ax.quiver(xx, yy, 4 - rr**2, *n(xx, yy), color='C0', length=.3)
ax.quiver(xx, yy, zz, *f(xx, yy, zz), color='k', length=1.5)
```

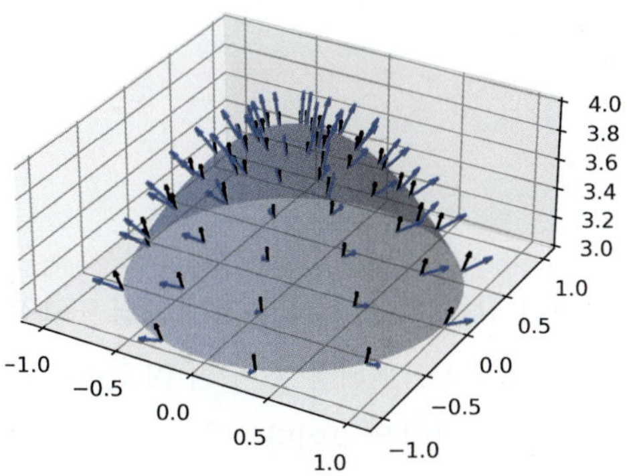

[그림 9-9] 곡면의 향과 벡터장

곡면 S는 다음과 같은 2차원 영역 D 위에 정의되어 있다.

$$D = \{(u,\ v) \mid u^2 + v^2 < 4\}$$

따라서 영역 D를 정의역으로 한 매개함수 $s(u,\ v) = (u,\ v,\ 4 - u^2 - v^2)$으로 곡면 S를 매개화할 수 있고, 이에 따라 벡터장 f의 면적분을 다음과 같이 기술할 수 있다.

$$\iint_S \frac{\langle x,\ y,\ z \rangle}{(x^2 + y^2 + z^2)^{3/2}} \cdot \frac{\langle 2x,\ 2y,\ 1 \rangle}{\sqrt{1 + 4x^2 + 4y^2}}\, dS = \iint_D \frac{u^2 + v^2 + 4}{(u^2 + v^2 + (4 - u^2 - v^2)^2)^{3/2}}\, du\, dv$$

이 중적분을 발산 정리를 이용해 계산해보자. 이를 위해 새로운 두 곡면 S_1과 S_2를 다음과 같이 정의하자.

$$S_1 = \{(x,\ y,\ z) \mid z = \sqrt{1 - x^2 - y^2},\ \ x^2 + y^2 < 1\}$$
$$S_2 = \{(x,\ y,\ 0) \mid 1 \le x^2 + y^2 \le 4\}$$

이제 곡면 S, S_1, S_2로 둘러싸인 3차원 영역 V를 생각해보자. 곡면 S의 향이 위쪽을 향한다고 가정했으므로, 영역 V의 바깥쪽으로 빠져나가는 방향으로 나머지 곡면 S_1, S_2의 향이 결정된다. [그림 9-10]은 영역 V와 경계 $\partial V = S \cup S_1 \cup S_2$, 그리고 곡면의 향을 화살표로 나타낸 것이다. 곡면 S_1의 향은 항상 원점을 향하고, 곡면 S_2의 향은 정확히 아래쪽을 향한다.

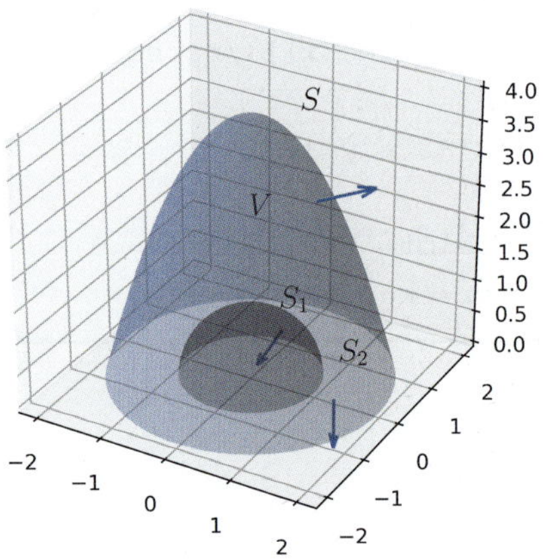

[그림 9-10] 3차원 영역 V를 감싸는 폐곡면의 향

이제 발산 정리를 대입하기 위해 먼저 식 (9.13)의 좌변의 삼중적분을 계산하자. [그림 9-10]과 같이 주어진 영역 V는 원점 $(0,\ 0,\ 0)$을 포함하지 않으므로, 벡터장 f의 식 (9.15)는 영역 V의 모든 점에서 잘 정의된다. 더 나아가 벡터장 f의 발산은 0이다.

$$\nabla f = \frac{\partial}{\partial x}\left(\frac{x}{(x^2+y^2+z^2)^{3/2}}\right) + \frac{\partial}{\partial y}\left(\frac{y}{(x^2+y^2+z^2)^{3/2}}\right) + \frac{\partial}{\partial z}\left(\frac{z}{(x^2+y^2+z^2)^{3/2}}\right)$$
$$= \frac{3(x^2+y^2+z^2) - 3x^2 - 3y^2 - 3z^2}{(x^2+y^2+z^2)^{5/2}} = 0$$

이번에는 식 (9.13)의 우변의 면적분을 계산하자. 3차원 영역 V의 경계면 ∂V는 세 곡면 S, S_1, S_2의 합집합이므로 다음과 같이 기술된다.

$$\oiint_{\partial V} \boldsymbol{f} \cdot d\boldsymbol{S} = \iint_S \boldsymbol{f} \cdot d\boldsymbol{S} + \iint_{S_1} \boldsymbol{f} \cdot d\boldsymbol{S} + \iint_{S_2} \boldsymbol{f} \cdot d\boldsymbol{S}$$

위 식의 우변의 각 면적분을 계산하자. 곡면 S 위에서의 면적분은 문제에서 구하고자 하는 값이므로 넘어간다. 곡면 S_1은 단위구면의 일부이므로 점 (x, y, z)가 곡면 S_1 위에 있다고 하면 항상 $x^2+y^2+z^2=1$이고, 곡면의 향은 $\boldsymbol{n} = \langle -x, -y, -z \rangle$이다. 따라서 곡면 S_1 위에서의 면적분은 다음과 같다.

$$\iint_{S_1} \langle x, y, z \rangle \cdot \langle -x, -y, -z \rangle \, dS = -\iint_{S_1} dS = -2\pi$$

곡면 S_2 위에서의 면적분을 계산하자. 점 (x, y, z)가 곡면 S_2 위에 있다고 하면 항상 $z=0$이고, 곡면의 향은 $\boldsymbol{n} = \langle 0, 0, -1 \rangle$이다. 따라서 곡면 S_2 위에서의 면적분은 다음과 같다.

$$\iint_{S_2} \frac{\langle x, y, 0 \rangle}{(x^2+y^2)^{3/2}} \cdot \langle 0, 0, -1 \rangle \, dS = 0$$

이제 발산 정리의 식 (9.13)의 양변을 취합하면 다음과 같다.

$$0 = \iiint_V \nabla f \, dx\,dy\,dz = \oiint_{\partial V} \boldsymbol{f} \cdot d\boldsymbol{S} = \iint_S \boldsymbol{f} \cdot d\boldsymbol{S} - 2\pi$$

따라서 곡면 S 위에서의 벡터장의 면적분은 2π이다.

예제 9-4 발산 정리를 이용한 면적분의 계산

함수 $z = \exp(1-x^2-y^2)$의 그래프에서 $z \geq 1$인 영역을 곡면 S라 하자. 곡면 S의 향이 양의 z축을 향한다고 할 때, 다음 면적분을 구하라.

$$\iint_S \langle x, y, 2-2z \rangle \cdot d\boldsymbol{S} \tag{9.16}$$

풀이

발산 정리로 면적분 (9.16)을 계산해보자. 먼저 새로운 곡면 S'을 다음과 같이 정의하자.

$$S' = \{(x, y, 1) \mid x^2+y^2 < 1\}$$

다음 파이썬 코드를 구현하여 곡면 S와 S'을 함께 나타내면 [그림 9-11]과 같다.

```
# 두 곡면으로 둘러싸인 3차원 영역 그리기
ax = plt.figure().add_subplot(projection='3d')
r, t = np.linspace(0, 1), np.linspace(0, 2*np.pi)
rr, tt = np.meshgrid(r, t)
xx, yy = rr*np.cos(tt), rr*np.sin(tt)
ax.plot_surface(xx, yy, np.exp(1 - rr**2), alpha=.3)
ax.plot_surface(xx, yy, np.ones_like(xx), alpha=.3,
color='k')
ax.set_box_aspect([2, 2, 3])
ax.set_zlim(0, 3)
```

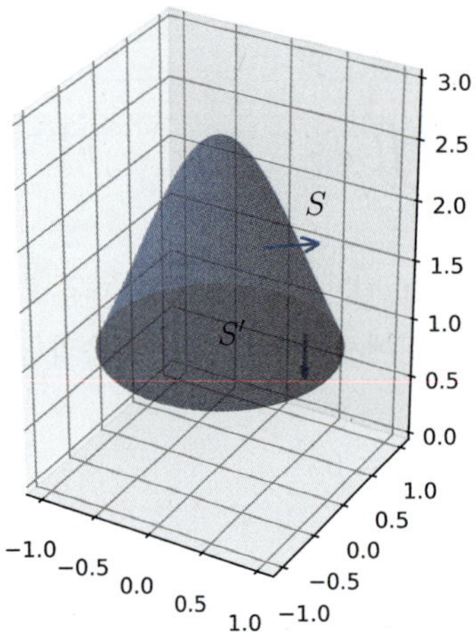

[그림 9-11] 두 곡면 S, S'으로 둘러싸인 영역

두 곡면 S와 S'의 합집합은 3차원 영역 V의 경계면 ∂V이다. [그림 9-11]과 같이 곡면 S의 향이 위쪽을 향한다고 가정했으므로, 경계면 ∂V의 향은 영역을 빠져나가는 방향이다. 따라서 곡면 S'의 향은 $\langle 0, 0, -1 \rangle$이다.

한편 면적분 (9.16)에 사용된 벡터장 $\boldsymbol{f} = \langle x, y, 2-2z \rangle$의 발산은 0이다. 곡면 S'은 원판 영역 $D = \{(x, y) \mid x^2 + y^2 \leq 1\}$ 위에 정의된 함수 $z = 1$의 그래프이므로 발산 정리에 의해 다음이 성립한다.

$$
\begin{aligned}
0 &= \iiint_V \nabla \boldsymbol{f} \, dx\,dy\,dz = \oiint_{\partial V} \boldsymbol{f} \cdot d\boldsymbol{S} = \iint_S \boldsymbol{f} \cdot d\boldsymbol{S} + \iint_{S'} \boldsymbol{f} \cdot d\boldsymbol{S} \\
&= \iint_S \boldsymbol{f} \cdot d\boldsymbol{S} + \iint_D \langle x, y, 0 \rangle \cdot \langle 0, 0, -1 \rangle \, dx\,dy = \iint_S \boldsymbol{f} \cdot d\boldsymbol{S}
\end{aligned}
$$

따라서 면적분 (9.16)은 0이다.

확장된 스토크스 정리

지금까지 살펴본 적분에 관한 주요 정리를 하나씩 살펴보자. 먼저 미적분학의 기본정리는 다음과 같이 닫힌구간 $[a, b]$ 위에 정의된 일변수함수 f와 도함수 f'의 적분에 관한 정리이다.

$$\int_a^b f'(x)\,dx = f(b) - f(a) \tag{9.17}$$

이때 좌변의 정적분은 구간 $[a, b]$의 경계점 $x = a$에서 $x = b$까지 계산한 것이다. 이 순서를 바꾸면 다음과 같이 적분의 부호가 바뀐다.

$$\int_b^a f'(x)\,dx = f(a) - f(b)$$

즉 일변수함수의 적분은 구간을 매개화한 방향에 따라 달라진다. 식 (9.17)의 우변은 구간을 매개화한 방향에 따라 시작점과 끝점에서의 함숫값의 차를 계산한 것이다. 이를 형식상 다음과 같이 표기하자(즉 한 점에서의 적분은 함숫값을 계산한 것과 같은 것으로 간주한다).

$$\int_a^b f'\,dx = \int_{\{b\}} f - \int_{\{a\}} f$$

여기서 점 a, b는 구간 $[a, b]$의 경계이다. 구간을 매개화한 방향이 반영되도록 구간의 경계 $\partial[a, b]$를 두 점집합[4]의 형식합[5]으로 다음과 같이 표기하자.

$$\partial[a, b] = \{b\} - \{a\}$$

만약 구간을 $x = b$에서 $x = a$로 매개화했다면 구간의 경계는 다음과 같이 형식합으로 나타낼 수 있다.

$$\partial[b, a] = \{a\} - \{b\}$$

이 식을 이용해 식 (9.17)을 다음과 같이 다시 기술해보자.[6]

$$\int_{[a,\,b]} f'\,dx = \int_a^b f'\,dx = f(b) - f(a) = \int_{\{b\}} f - \int_{\{a\}} f = \int_{\{b\} - \{a\}} f = \int_{\partial[a,\,b]} f \tag{9.18}$$

4 한 점으로만 이루어진 집합을 **점집합**(one-point set)이라 한다.

5 대수적 성질이 없는 대상을 덧셈과 뺄셈 기호를 이용해 형식적으로 더한 것을 **형식합**(formal sum)이라 한다. 조금 뒤에 언급할 형식곱도 이와 비슷하다.

6 $\{b\} - \{a\}$는 차집합을 의미하는 것이 아니라, 두 집합 $\{b\}$, $\{a\}$를 각각 형식적인 대수 관계로 표현한 것이다.

이제 구간 $[a, b]$를 $I=[a, b]$로 표기하고, 식 (9.18)의 가장 왼쪽 항과 오른쪽 항을 이용해 다음과 같이 나타내자.

$$\int_I f'\,dx = \int_{\partial I} f \tag{9.19}$$

식 (9.19)에 $f' = \dfrac{df}{dx}$를 대입하면 다음과 같다.

$$\int_I df = \int_{\partial I} f \tag{9.20}$$

따라서 식 (9.20)은 미적분학의 기본정리의 또 다른 표현이다. 이 결과를 더 확장해보자. 8장에서 소개한 2차원 벡터장의 퍼텐셜함수의 선적분에 관한 정리는 다음과 같다. 단순 연결된 영역 D와 영역 내의 두 점 P, Q를 잇는 D 내부의 경로 C, 그리고 D 위에 정의된 이변수 함수 f에 대해 다음 등식이 성립한다.

$$\int_C \nabla f \cdot d\mathbf{s} = f(Q) - f(P) \tag{9.21}$$

경로 C의 경계는 두 점 P, Q로 이루어져 있다. 형식합을 이용해 경로 C가 매개화된 방향에 따라 경계 ∂C를 다음과 같이 형식합으로 표현하자.

$$\partial C = \{Q\} - \{P\}$$

이때 식 (9.21)의 우변을 다음과 같이 기술할 수 있다.

$$f(Q) - f(P) = \int_{\{Q\}} f - \int_{\{P\}} f = \int_{\partial C} f$$

한편, 식 (9.21)의 좌변의 피적분함수 $\nabla f \cdot d\mathbf{s}$는 8.1절에서 소개한 선적분의 표기법에 따라 다음과 같이 표현할 수 있다.

$$\langle f_x, f_y \rangle \cdot d\mathbf{s} = f_x dx + f_y dy \tag{9.22}$$

한편 연쇄법칙[7]에 의해 $f(t) = f(x(t), y(t))$의 도함수는 다음과 같다.

$$\frac{df}{dt} = f_x \frac{dx}{dt} + f_y \frac{dy}{dt}$$

---

7 6.2절의 [정리 6-5]를 참고한다.

앞의 식에서 dt를 소거하면 식 (9.22)는 다음과 같이 표현된다.

$$f_x dx + f_y dy = df$$

위 식을 식 (9.21)에 대입하면 다음과 같다.

$$\int_C df = \int_C f_x dx + f_y dy = \int_Q f - \int_P f = \int_{\{Q\}-\{P\}} f = \int_{\partial C} f$$

위 식의 가장 왼쪽 항과 오른쪽 항을 이용하면 퍼텐셜함수에 관한 정리를 다음과 같이 기술할 수 있다.

$$\int_C df = \int_{\partial C} f \tag{9.23}$$

식 (9.23)은 미적분학의 기본정리의 식 (9.20)과 거의 동일하다. 사실 x축은 xy-평면의 일부이므로 x축 위의 구간 I는 xy-평면의 곡선의 일종이라 할 수 있다. 즉 식 (9.23)은 식 (9.20)을 포함한다.

식 (9.23)을 이해하는 또 다른 방법은 df를 (매우 가까운) 두 점에서의 함수의 변화량이라 생각하는 것이다. 즉 식 (9.23)의 좌변은 곡선 C 위를 움직이는 점을 따라 함수의 변화량을 모두 더한 것이다. 식 (9.23)은 이 값이 곡선의 양 끝점에서의 함숫값의 차와 같음을 말한다.

이번에는 그린 정리의 또 다른 표현법을 살펴보자. 그린 정리는 2차원 영역 D와 그 경계 ∂D에서의 적분에 관한 정리로서 다음과 같이 기술된다(앞으로 편의상 적분과 중적분의 기호를 따로 구분하지 않고 표기한다).

$$\int_D (q_x - p_y)\, dx\, dy = \int_{\partial D} p\, dx + q\, dy \tag{9.24}$$

이제 그린 정리를 다음과 같이 정의된 미분형식의 관점에서 생각해보자. 먼저 1계 미분형식의 정의는 다음과 같다.

정의 9-3 1계 미분형식

두 이변수함수 $p(x, y)$, $q(x, y)$에 대해 다음과 같은 형식합을 **1계 미분형식**first order differential form이라 한다.

$$\omega = p\, dx + q\, dy \tag{9.25}$$

간단히 말해 미분형식은 x, y에 관한 함수와 미분기호 dx, dy의 형식합이다. 미분형식은 벡터의 성질을 만족한다. 즉 $\omega_1 = p_1 dx + q_1 dy$를 또 다른 미분형식이라 하고 k를 임의의 실수라 할 때, 다음과 같은 벡터합과 스칼라곱 연산이 가능하다.

$$\omega+\omega_1=(p+p_1)\,dx+(q+q_1)\,dy$$
$$k\cdot\omega=(kp)\,dx+(kq)\,dy$$

한편, 다음과 같은 두 1계 미분형식의 **형식곱** formal product [8]을 **2계 미분형식** second order differential form이라 한다.

$$\omega=f\,dx\,dy$$

2계 미분형식도 벡터의 일종으로서 스칼라곱과 벡터합이 가능하다. 즉 일반적인 2계 미분형식의 형태는 다음과 같다.

$$\omega=p\,dy\,dz+q\,dz\,dx+r\,dx\,dy$$

2계 미분형식은 다음과 같은 성질을 만족한다.

정리 9-3 2계 미분형식의 성질

(1) 동일한 1계 미분형식의 곱은 0이다 ($dxdx=dydy=0$).

(2) 형식곱의 순서를 바꾸면 부호가 바뀐다 ($dxdy=-dydx$).

한편 미분형식은 미분연산자라는 특별한 연산이 가능하다. **미분연산자** differential operator d는 다음과 같이 1계 미분형식을 2계 미분형식으로 변환한다.

$$d(p\,dx)=(p_x\,dx+p_y\,dy)dx=p_x\,dx\,dx+p_y\,dy\,dx=-p_y\,dy\,dx$$
$$d(q\,dy)=(q_x\,dx+q_y\,dy)dy=q_x\,dx\,dy+q_y\,dy\,dy=q_x\,dx\,dy$$

참고로 미분연산자는 덧셈 연산에 대해 분배법칙이 성립한다. 즉 식 (9.25)의 1계 미분형식 ω에 미분연산자를 취하면 다음과 같은 2계 미분형식 $d\omega$를 얻는다.

$$\begin{aligned}d\omega&=d(p\,dx)+d(q\,dy)=(p_x\,dx+p_y\,dy)\,dx+(q_x\,dx+q_y\,dy)\,dy\\&=(q_x-p_y)\,dx\,dy\end{aligned}\tag{9.26}$$

이제 식 (9.25)와 (9.26)을 그린 정리의 식 (9.24)에 다음과 같이 대입해보자.

$$\int_D d\omega=\int_D(q_x-p_y)\,dx\,dy=\int_{\partial D}p\,dx+q\,dy=\int_{\partial D}\omega\tag{9.27}$$

8 엄밀히는 $dx\,dy$를 $dx\wedge dy$로 표기하고, 이를 **쐐기곱**(wedge product)이라 한다.

식 (9.27)의 가장 왼쪽 항과 오른쪽 항을 이용해 그린 정리를 다음과 같이 기술할 수 있다.

$$\int_D d\omega = \int_{\partial D} \omega \tag{9.28}$$

즉 그린 정리는 1계 미분형식과 2계 미분형식의 적분에 관한 정리이다. 여기서 벡터장의 선적분은 미분형식의 적분으로 해석했다. 이와 같은 관점은 미적분학의 기본정리 (9.20)과 퍼텐셜 함수에 관한 정리의 식 (9.23)과도 잘 연결된다. 함수 f를 0계 미분형식이라 간주하고 미분연산자 d를 취하면 df는 다음과 같이 정의된 1계 미분형식이다.

$$df = f_x dx + f_y dy$$

따라서 식 (9.23)은 1계 미분형식 df의 적분과 0계 미분형식 f의 적분에 관한 정리로서, 그린 정리의 식 (9.28)과 동일한 형태이다.

이번에는 미분형식의 적분을 이용해 스토크스 정리를 기술해보자. 스토크스 정리는 다음과 같다.

$$\int_S \nabla \langle p, q, r \rangle \cdot d\boldsymbol{S} = \int_{\partial S} p\,dx + q\,dy + r\,dz \tag{9.29}$$

1계 미분형식 ω를 $\omega = p\,dx + q\,dy + r\,dz$라 하면 식 (9.29)의 우변은 곡선의 경계 ∂S를 따라 ω를 적분한 것이다. 이제 ω에 미분연산자 d를 취하면 다음과 같다(미분기호 dz가 추가되었지만 연산 과정은 식 (9.26)과 동일하다).

$$\begin{aligned} d\omega &= (p_x dx + p_y dy + p_z dz)\,dx + (q_x dx + q_y dy + q_z dz)\,dy \\ &\quad + (r_x dx + r_y dy + r_z dz)\,dz \\ &= p_y dy\,dx + p_z dz\,dx + q_x dx\,dy + q_z dz\,dy + r_x dx\,dz + r_y dy\,dz \\ &= (r_y - q_z)\,dy\,dz + (p_z - r_x)\,dz\,dx + (q_x - p_y)\,dx\,dy \end{aligned} \tag{9.30}$$

8.2절에서 살펴본 면적분의 표기법[9]에 따르면 스토크스 정리의 식 (9.29)의 좌변은 다음과 같다.

$$\begin{aligned} &\int_S \langle r_y - q_z, p_z - r_x, q_x - p_y \rangle \cdot d\boldsymbol{S} \\ &= \int_S (r_y - q_z)\,dy\,dz + (p_z - r_x)\,dz\,dx + (q_x - p_y)\,dx\,dy \end{aligned}$$

이 식의 피적분함수는 식 (9.30)에서 계산한 2계 미분형식 $d\omega$와 일치한다. 따라서 스토크스 정리의 식 (9.29)는 미분형식의 적분에 관한 정리로서 다음과 같이 기술된다.

$$\int_S d\omega = \int_{\partial S} \omega \tag{9.31}$$

9 8장의 식 (8.26)을 참고한다.

식 (9.31)을 앞서 살펴본 그린 정리의 식 (9.28)과 비교하면, 두 식은 서로 같은 형태임을 알 수 있다(물론 적분 영역 D와 S의 의미는 다르다.

마지막으로 미분형식을 이용해 발산 정리를 기술해보자. 발산 정리는 다음과 같이 3차원 영역 V와 그 경계 ∂V 위에 정의된 3차원 벡터장 $f = \langle p, q, r \rangle$의 면적분에 관한 정리이다.

$$\int_V (p_x + q_y + r_z)\, dx\, dy\, dz = \int_{\partial V} p\, dy\, dz + q\, dz\, dx + r\, dx\, dy \tag{9.32}$$

식 (9.32)의 좌변은 3계 미분계수의 적분이라 할 수 있다. 한편 식 (9.32)의 우변은 2계 미분형식 $\omega = p\, dy\, dz + q\, dz\, dx + r\, dx\, dy$의 적분이다. ω의 각 성분에 미분연산자 d를 취하면 다음과 같이 3계 미분형식을 얻는다(값이 0이 되는 부분을 네모로 표시했다).

$$\begin{aligned}
d(p\, dy\, dz) &= (p_x dx + p_y dy + p_z dz)\, dy\, dz \\
&= p_x dx\, dy\, dz + p_y \boxed{dy\, dy}\, dz - p_z dy \boxed{dz\, dz} = p_x dx\, dy\, dz \\
d(q\, dz\, dx) &= (q_x dx + q_y dy + q_z dz)\, dz\, dx \\
&= -q_x dz \boxed{dx\, dx} - q_y dy\, dx\, dz + q_z \boxed{dz\, dz}\, dx = q_y dx\, dy\, dz \\
d(r\, dx\, dy) &= (r_x dx + r_y dy + r_z dz)\, dx\, dy \\
&= r_x \boxed{dx\, dx}\, dy - r_y dx \boxed{dy\, dy} - r_z dx\, dz\, dy = r_z dx\, dy\, dz
\end{aligned}$$

위 식을 모두 더해 3계 미분형식 $d\omega$를 다음과 같이 계산할 수 있다.

$$d\omega = d(p\, dy\, dz + q\, dz\, dx + r\, dx\, dy) = p_x dx\, dy\, dz + q_y dx\, dy\, dz + r_z dx\, dy\, dz$$

이에 따라 발산 정리의 식 (9.32)를 다음과 같이 표기할 수 있다.

$$\int_V d\omega = \int_{\partial V} \omega$$

이 또한 앞서 살펴본 식 (9.20), (9.23), (9.28), (9.31)과 동일한 형태이다. 다시 말해 미적분학의 기본정리부터 발산 정리까지의 모든 정리는 하나의 명제로 요약되며, 이렇게 요약된 정리를 **확장된 스토크스 정리** generalized Stokes's Theorem 라 한다.[10]

10 9.1절에서 소개한 스토크스 정리는 미분적분학의 수준을 고려하여 명제를 축소한 것이다.

정리 9-4 확장된 스토크스 정리

m차원 영역 S의 $(m-1)$차원 경계 영역을 ∂S라 하자. 영역 ∂S 위에 정의된 $(m-1)$계 미분형식 ω가 주어질 때, ω의 미분 $d\omega$가 영역 S 위에서 잘 정의되면 다음이 성립한다.

$$\int_S d\omega = \int_{\partial S} \omega \tag{9.33}$$

그린 정리, 스토크스 정리, 발산 정리를 기술할 때는 적분 영역, 즉 곡선 또는 곡면에서의 향을 염두에 두어야 한다. 확장된 스토크스 정리의 식 (9.33)에서도 영역 S와 경계 ∂S의 향을 고려해야 한다. 경계 ∂S의 향은 영역 S에 주어진 향에 대해 정방향이어야 한다. 여기서는 일반적인 2차원 및 3차원 영역과 경계의 향을 기술하는 방법에 대해 알아보자.

먼저 2차원 영역과 이 영역의 경계인 1차원 곡선의 향을 기술하는 방법에 대해 알아보자. 예를 들어 [그림 9-12]와 같이 하나의 모서리를 공유하는 두 삼각형 영역을 살펴보자. 각 꼭짓점은 1부터 4까지의 숫자로 지정하고, 각 삼각형 영역의 경계는 반시계방향으로 매개화되어 있다고 하자.

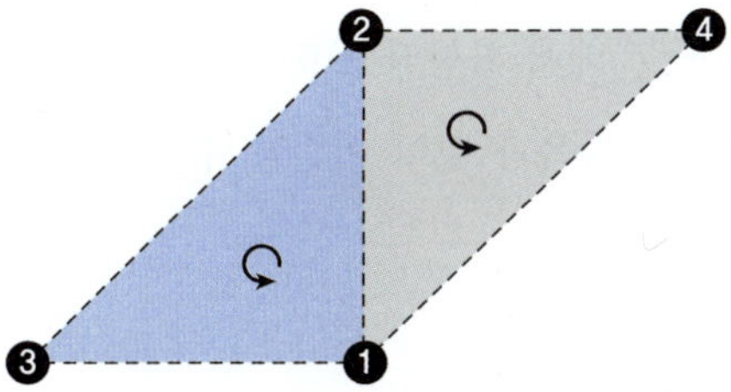

[그림 9-12] 삼각형 영역과 경계의 향

이제 두 삼각형을 T_1, T_2라 하고, 다음과 같이 각 삼각형이 공유하는 꼭짓점 숫자의 순서쌍으로 표현하자.

$$T_1 = (1,\ 2,\ 3),\quad T_2 = (1,\ 4,\ 2) \tag{9.34}$$

두 꼭짓점 i, j를 잇는 모서리를 $(i,\ j)$라 하자. 삼각형 T_1의 경계는 모서리 $(1,\ 2)$, $(2,\ 3)$, $(1,\ 3)$의 합집합이고, 삼각형 T_2의 경계는 모서리 $(1,\ 2)$, $(2,\ 4)$, $(1,\ 4)$의 합집합이다. 참고로 식 (9.34)의 각 순서쌍의 숫자가 나열된 순서는 삼각형의 경계를 반시계방향으로 매개화한 순서와 같다. 이제 각 삼각형 영역의 경계 ∂T_1, ∂T_2를 모서리의 형식합으로 표기하면 다음과 같다.

$$\begin{aligned} \partial T_1 &= (1,\ 2) + (2,\ 3) + (3,\ 1) \\ \partial T_2 &= (1,\ 4) + (4,\ 2) + (2,\ 1) \end{aligned} \tag{9.35}$$

식 (9.35)의 각 모서리의 순서쌍에 나열된 숫자의 순서는 각 모서리가 향하는 방향을 의미한다. 예를 들어 (1, 2)는 모서리가 꼭짓점 1에서 꼭짓점 2를 향하는 것을 의미한다. 이와 같은 모서리의 형식합은 삼각형의 순서쌍에서 숫자를 하나씩 제거하여 얻을 수 있다. 이때 제거한 숫자의 위치에 따라 다음과 같이 양과 음의 부호가 바뀐다(기호 ^는 순서쌍에서 제거한 숫자를 가리킨다).

$$
\begin{aligned}
(\hat{1},\ 2,\ 3) &= (2,\ 3), \quad (1,\ \hat{2},\ 3) = -(1,\ 3), \quad (1,\ 2,\ \hat{3}) = (1,\ 2) \\
(\hat{1},\ 4,\ 2) &= (4,\ 2), \quad (1,\ \hat{4},\ 2) = -(1,\ 2), \quad (1,\ 4,\ \hat{2}) = (1,\ 4)
\end{aligned}
$$

이 규칙을 적용하면 식 (9.35)를 다음과 같이 기술할 수 있다.

$$
\begin{aligned}
\partial T_1 &= (\hat{1},\ 2,\ 3) + (1,\ \hat{2},\ 3) + (1,\ 2,\ \hat{3}) = (2,\ 3) - (1,\ 3) + (1,\ 2) \\
\partial T_2 &= (\hat{1},\ 4,\ 2) + (1,\ \hat{4},\ 2) + (1,\ 4,\ \hat{2}) = (4,\ 2) - (1,\ 2) + (1,\ 4)
\end{aligned}
\tag{9.36}
$$

음의 부호는 주어진 모서리의 향의 반대 방향을 가리킨다. 예를 들어 $-(1,\ 3)$은 (3, 1)과 같고 $-(1,\ 2)$는 (2, 1)과 같다. 식 (9.36)은 [그림 9-12]에 표현한 경계의 향을 잘 나타낸다. 이러한 경계의 향은 식 (9.34)에서 최초로 정한 T_1, T_2의 순서쌍에 의해 결정된 것이다. 이처럼 삼각형 영역의 향은 그것의 꼭짓점을 순서대로 나열하여 결정할 수 있다.

이제 두 삼각형 영역 T_1, T_2의 합집합 영역 $S = T_1 + T_2$에서 확장된 스토크스 정리를 살펴보자. 먼저 영역 S의 경계 ∂S를 모서리의 형식합으로 다음과 같이 기술할 수 있다.

$$
\partial S = (2,\ 3) + (3,\ 1) + (1,\ 4) + (4,\ 2)
$$

이는 두 경계 ∂T_1, ∂T_2의 형식합을 서로 더한 것과 같다.

$$
\begin{aligned}
\partial T_1 + \partial T_2 &= (2,\ 3) - (1,\ 3) + (1,\ 2) + (4,\ 2) - (1,\ 2) + (1,\ 4) \\
&= (2,\ 3) - (1,\ 3) + (4,\ 2) + (1,\ 4)
\end{aligned}
$$

위 결과를 확장된 스토크스 정리에 대입해보자(미분 형식 ω는 임의로 주어진다고 가정한다).

$$
\begin{aligned}
\int_S d\omega = \int_{T_1 + T_2} d\omega &= \int_{(1,\ 2,\ 3)} d\omega + \int_{(1,\ 4,\ 2)} d\omega \\
&= \int_{(2,\ 3)} \omega - \int_{(1,\ 3)} \omega + \int_{(4,\ 2)} \omega + \int_{(1,\ 4)} \omega = \int_{\partial S} \omega
\end{aligned}
$$

따라서 영역 S에서의 2계 미분계수 $d\omega$의 적분은 네 모서리에서의 선적분과 같으며, 선적분의 방향은 그린 정리에서 정한 경계의 정방향과 일치한다.

이와 같은 논의를 3차원 영역으로 확장해보자. 삼각형은 2차원 영역을 정의하는 최소 개수의 꼭짓점으로 이루어진 다각형이고, 사면체는 3차원 영역을 정의하는 최소 개수의 꼭짓점으로 이루어진 다면체이다. [그림 9-13]은 xyz-공간의 네 점 ❶, ❷, ❸, ❹를 꼭짓점으로 갖는 사면체 T를 나타낸 것이다. 편의상 이제부터 각 꼭짓점의 원 번호는 1, 2, 3, 4와 같이 숫자로 표기한다.

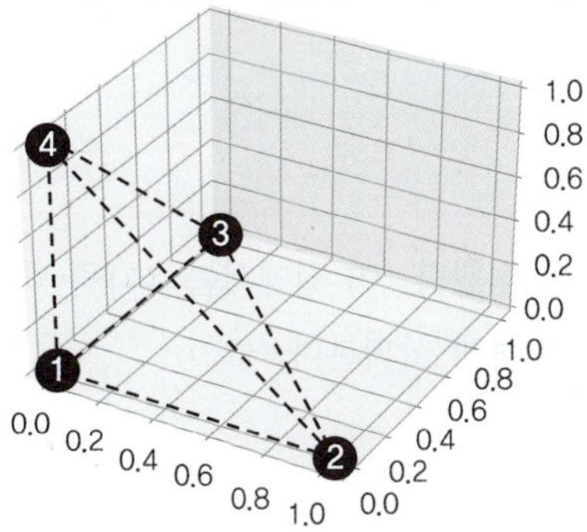

[그림 9-13] **사면체와 경계의 향**

삼각형의 향을 기술하는 것과 마찬가지로, 사면체 T의 향은 꼭짓점의 순서쌍으로 기술된다. 예를 들어 사면체 T의 향을 $(1, 2, 3, 4)$라 하자. 이때 사면체의 경계는 네 꼭짓점 중 3개로 이루어진 삼각형으로 이루어져 있다. 식 (9.36)에서 정한 것과 비슷한 방식으로 사면체의 경계 ∂T를 다음과 같이 형식합으로 기술해보자.

$$\begin{aligned}\partial T &= (\hat{1}, 2, 3, 4) + (1, \hat{2}, 3, 4) + (1, 2, \hat{3}, 4) + (1, 2, 3, \hat{4}) \\ &= (2, 3, 4) - (1, 3, 4) + (1, 2, 4) - (1, 2, 3)\end{aligned} \tag{9.37}$$

각 순서쌍은 사면체 T의 삼각형 경계면과 향을 가리킨다. 예를 들어 식 (9.37)의 첫 번째 순서쌍 $(2, 3, 4)$는 세 꼭짓점 2, 3, 4로 이루어진 면을 가리키고, 그 향은 모서리가 $(2, 3)$, $(3, 4)$, $(4, 2)$의 방향임을 의미한다. 오른손법칙[11]에 의해 이 방향은 사면체의 바깥쪽을 가리키는 것으로도 이해할 수 있다.

식 (9.37)을 확장된 스토크스 정리에 대입하면 다음과 같다.

$$\int_{(1, 2, 3, 4)} d\omega = \int_{(2, 3, 4)} \omega - \int_{(1, 3, 4)} \omega + \int_{(1, 2, 4)} \omega - \int_{(1, 2, 3)} \omega$$

위 식의 좌변은 사면체 내부에서의 중적분이다. 한편 위 식의 우변은 각 면의 향을 따라 계산한 면적분이다. 경계면 $(1, 3, 4)$와 $(1, 2, 3)$은 사면체의 안쪽을 가리키는 방향이지만 적분값에 음의 부호가 있으므로, 결국 바깥쪽 방향으로의 면적분을 의미한다. 즉 사면체의 바깥쪽 방향으로의 면적분에 관한 발산 정리의 의미와 일치한다.

11 오른손의 네 손가락으로 꼭짓점 2, 3, 4를 순서대로 지날 때, 엄지손가락은 사면체의 바깥쪽을 향한다.

SECTION 9.2

퍼텐셜함수

앞서 8장에서 2차원 벡터장의 퍼텐셜함수와 보존장에 대해 살펴봤다. 이 절에서는 3차원 벡터장의 퍼텐셜함수와 이와 관련한 벡터장의 몇 가지 성질에 대해 살펴본다.

비압축장과 비회전장

바람 부는 날 바람개비를 들고 있다고 상상해보자. 바람개비가 특정한 방향을 향하도록 들었을 때, 바람개비의 날개가 전혀 움직이지 않는 상황을 가정해보자. 바람개비의 날개는 공기의 흐름에 따라 날개에 전달되는 운동에너지에 의해 움직인다. 바람개비의 날개가 전혀 움직이지 않는다는 것은 공기의 흐름이 바람개비의 날개를 돌리는 일의 양이 0임을 의미한다. 즉 공기의 흐름을 벡터장 f라 하면 바람개비의 날개가 움직이는 경로 C를 따라 벡터장 f가 한 일의 양은 0이다. 이 결과를 스토크스 정리로 다음과 같이 표현해보자.

$$0 = \oint_C f \cdot ds = \iint_S (\nabla \times f) \cdot dS \tag{9.38}$$

바람개비의 크기가 매우 작다고 가정하면 식 (9.38)의 회전이 $\nabla \times f = \mathbf{0}$임을 의미한다. 이와 같이 회전이 $\mathbf{0}$인 벡터장을 **비회전장**irrotational field이라 한다.

예제 9-5 비회전장의 예

벡터장 $\boldsymbol{r} = \langle x, y, z \rangle$에 대해 다음 벡터장이 비회전장임을 보여라.

$$\frac{\boldsymbol{r}}{\|\boldsymbol{r}\|^3} = \frac{\langle x, y, z \rangle}{(x^2+y^2+z^2)^{3/2}} \tag{9.39}$$

풀이

식 (9.39)에 대한 회전의 x축 성분은 다음과 같다.

$$\frac{\partial}{\partial y}\left(\frac{z}{(x^2+y^2+z^2)^{3/2}}\right) - \frac{\partial}{\partial z}\left(\frac{y}{(x^2+y^2+z^2)^{3/2}}\right) = \frac{-3yz}{(x^2+y^2+z^2)^{5/2}} - \frac{-3yz}{(x^2+y^2+z^2)^{3}} = 0$$

식 (9.39)의 대칭성에 따라 회전의 나머지 축의 성분도 모두 0임을 알 수 있다. 따라서 주어진 벡터장은 비회전장이다.

이번에는 [그림 9-14]와 같이 관을 따라 흐르는 물을 상상해보자. 관을 가로지르는 그물 S를 설치하고 그물의 몇몇 지점에서 물의 유속을 측정한 뒤, 각 지점에서 그물의 넓이를 곱하여 모두 더하면 관을 따라 흐르는 물의 **유량**flux을 구할 수 있다. 벡터장 $\boldsymbol{f}$가 각 점에서의 물의 유속을 가리킨다고 하면, 물의 유량은 다음과 같다.

$$\iint_S \boldsymbol{f} \cdot d\boldsymbol{S}$$

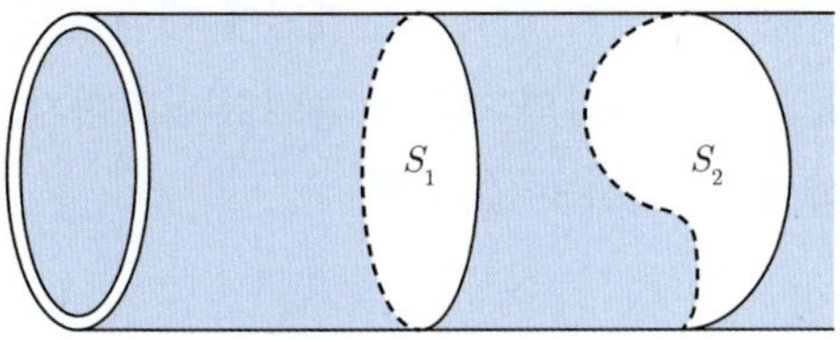

[그림 9-14] 관을 따라 흐르는 물

이렇게 측정한 물의 유량은 그물의 형태와 위치에 영향을 받지 않는다. [그림 9-14]와 같이 관을 가로지르는 두 그물을 S_1과 S_2라 하고, 두 그물 사이에 물이 새지 않는다고 가정하자. 즉 관의 벽면을 통과하는 물의 유량은 0이다. 이때 그물 S_1에서 계산한 유량과 그물 S_2에서 계산한 유량은 서로 동일해야 한다. 두 그물 S_1, S_2로 둘러싸인 관의 영역을 V라 하고 S_1과 S_2의 향이 모두 [그림 9-14]에서 오른쪽을 향한다고 가정할 때, 발산 정리에 의해 다음이 성립한다.

$$0 = \iint_{S_1} \boldsymbol{f} \cdot d\boldsymbol{S} - \iint_{S_2} \boldsymbol{f} \cdot d\boldsymbol{S} = \iint_V \nabla \boldsymbol{f}\, dx\, dy\, dz$$

위 식은 모든 그물의 모양과 위치에 대해 성립해야 한다. 즉 모든 점에서 발산은 항상 $\nabla \boldsymbol{f} = 0$이다. 이와 같이 발산이 0인 벡터장을 **비압축장** incompressible field이라 한다.

예제 9-6 **비압축장의 예**

원점을 제외한 모든 점 $\boldsymbol{r}$에서 다음 벡터장의 발산이 0임을 보여라.

$$\frac{\boldsymbol{r}}{\|\boldsymbol{r}^3\|} = \frac{\langle x, y, z \rangle}{(x^2 + y^2 + z^2)^{3/2}}$$

풀이

주어진 벡터장에 대한 발산의 x축 성분은 다음과 같다.

$$\frac{\partial}{\partial x}\left(\frac{x}{(x^2+y^2+z^2)^{3/2}}\right)=\frac{(x^2+y^2+z^2)^{3/2}-3x^2(x^2+y^2+z^2)^{1/2}}{(x^2+y^2+z^2)^3}$$

발산의 나머지 축의 성분도 이와 비슷하게 계산할 수 있다. 따라서 주어진 벡터장의 발산은 다음과 같다.

$$\nabla\left(\frac{\boldsymbol{r}}{\|\boldsymbol{r}\|^3}\right)=\frac{3(x^2+y^2+z^2)-3x^2-3y^2-3z^2}{(x^2+y^2+z^2)^{5/2}}=0$$

전기장 electric field은 비압축장과 비회전장의 대표적인 예이다. 먼저 전기장의 개념에 대해 알아보자. 원점에 q[C][12]의 전하가 놓여있고, 점 $(x,\ y,\ z)$에 Q[C]의 전하가 놓여있다고 하자. **쿨롱의 법칙**Coulomb's law에 의하면 각 전하가 받는 힘 $\boldsymbol{F}$는 다음과 같다.[13]

$$\boldsymbol{F}=\frac{qQ}{4\pi\varepsilon_0}\frac{\boldsymbol{r}}{\|\boldsymbol{r}\|^3}$$

전하 q에 의해 전하 Q가 받는 힘 $\boldsymbol{F}$는 다음과 같은 벡터장 $\boldsymbol{E}$에 비례한다.

$$\boldsymbol{E}=\frac{q}{4\pi\varepsilon_0}\frac{\boldsymbol{r}}{\|\boldsymbol{r}\|^3} \tag{9.40}$$

즉 전하 q는 3차원 공간에 벡터장 $\boldsymbol{E}$를 생성한다고 할 수 있다. 점 $\boldsymbol{r}$에 전하 Q가 놓이면 벡터장 $\boldsymbol{E}$에 의해 전하 Q는 $\boldsymbol{F}=Q\boldsymbol{E}$만큼의 힘을 받는다. 이러한 벡터장 $\boldsymbol{E}$를 전하 q에 의한 전기장이라 한다.

이제 전하 q를 감싸는 폐곡면 S를 생각해보자. 이 곡면을 빠져나가는 전기장 $\boldsymbol{E}$의 양을 **전기 선속**electric flux이라 하고 다음과 같이 계산한다.

$$\iint_S \boldsymbol{E}\cdot d\boldsymbol{S} \tag{9.41}$$

면적분의 정의에 따라 식 (9.41)을 계산해보자. 전기장 $\boldsymbol{E}$의 식 (9.40)은 변수 x, y, z에 대해 대칭이다. 따라서 식 (9.41)을 간단히 계산하는 방법은 폐곡면 S를 원점을 중심으로 한

12 **쿨롬**(coulomb)은 전하량을 가리키는 단위로서 C로 표기하고, **암페어**(ampere)는 전류의 세기를 나타내는 단위로서 A로 표기한다. 1[C]은 1[A]의 전류가 1초 동안 흐를 때의 전하량을, 1[A]는 1초 동안 1[C]의 전하가 흐르는 전류의 세기를 나타낸다.

13 비례상수 ε_0를 **진공 유전율**(permittivity of vacuum)이라 한다.

반지름이 1인 구면 ∂B_1으로 잡는 것이다. 이때 식 (9.41)은 다음과 같이 계산된다.

$$\begin{aligned}\iint_{B_1} \boldsymbol{E} \cdot d\boldsymbol{S} &= \frac{q}{4\pi\varepsilon_0} \iint_{\partial B_1} \frac{x^2+y^2+z^2}{(x^2+y^2+z^2)^{3/2}} dS \\ &= \frac{q}{4\pi\varepsilon_0} \int_0^{\pi} \int_0^{2\pi} \sin(\theta)\, d\phi\, d\theta \\ &= \frac{q}{4\pi\varepsilon_0} 2 \cdot 2\pi \\ &= \frac{q}{\varepsilon_0}\end{aligned}$$

한편, 앞서 [예제 9-6]에서 살펴봤듯이, 벡터장 (9.40)은 비압축장이다. 즉 원점을 포함하지 않는 임의의 폐곡면에 대해 $\nabla \boldsymbol{E} = 0$이다. 이때 발산 정리에 의해 다음이 성립한다.

$$\oiint_S \boldsymbol{E} \cdot d\boldsymbol{S} = \iiint_V \nabla \boldsymbol{E}\, dx\, dy dz = 0$$

S_1과 S_2가 서로 교차하지 않고 원점을 감싸는 두 폐곡면이라 하고, 두 곡면으로 둘러싸인 영역을 V라 할 때, 발산 정리에 의해 다음이 성립한다.

$$0 = \iiint_V \nabla \boldsymbol{E}\, dxdydz = \iint_{\partial V} \boldsymbol{E} \cdot d\boldsymbol{S} \tag{9.42}$$

영역 V의 경계는 두 폐곡면 S_1, S_2의 합집합이다. 발산 정리의 면적분은 3차원 영역을 빠져나가는 방향으로 계산해야 한다. 곡면 S_1이 곡면 S_2의 내부에 있다고 가정하면 곡면 S_1에서 영역 V를 빠져나가는 방향은 원점을 향하는 방향이고, 곡면 S_2에서 영역 V를 빠져나가는 방향을 원점으로부터 멀어지는 방향이다. 만약 두 곡면 S_1, S_2에서의 벡터장 $\boldsymbol{E}$의 면적분으로 식 (9.41)과 같이 전기선속을 정의하면, 식 (9.42)에 의해 다음 등식이 성립한다.

$$\oiint_{S_1} \boldsymbol{E} \cdot d\boldsymbol{S} - \oiint_{S_2} \boldsymbol{E} \cdot d = 0$$

위 식은 전기장 $\boldsymbol{E}$의 전기선속이 곡면의 모양과 무관함을 의미한다. 이를 **가우스 법칙**Gauss's law이라 한다.

정리 9-5 가우스 법칙

전하 q에 의한 전기장을 $\boldsymbol{E}$라 할 때, 전하 q를 감싸는 폐곡면 S에서의 전기선속은 곡면의 모양과 관계없이 일정하다.

$$\oiint_S \boldsymbol{E} \cdot d\boldsymbol{S} = \frac{q}{\varepsilon_0}$$

퍼텐셜함수와 닫힌 벡터장

벡터장 $\boldsymbol{r}$에 관한 다음 등식을 살펴보자.

$$\frac{\boldsymbol{r}}{\|\boldsymbol{r}\|^3} = \nabla\left(-\frac{1}{\|\boldsymbol{r}\|}\right) \tag{9.43}$$

이 식은 원점을 제외한 모든 점에서 성립한다. 이제 실숫값함수 $V(\boldsymbol{r})$을 다음과 같이 정의하자.

$$V(\boldsymbol{r}) = \frac{q}{\varepsilon_0}\frac{1}{\|\boldsymbol{r}\|} \tag{9.44}$$

이때 전하 q에 의한 전기장은 다음과 같다.

$$\boldsymbol{E} = -\nabla V$$

즉 함수 V는 벡터장 $\boldsymbol{E}$의 퍼텐셜함수이다.[14] 이때 식 (9.44)의 함수 $V(\boldsymbol{r})$을 전하 q에 의한 **전기 퍼텐셜함수** electric potential function라 한다. 이에 관한 몇 가지 성질을 알아보기 위해 8장에서 살펴본 벡터장에 관한 항등식을 다시 살펴보자.

$$\nabla \times \nabla f = \mathbf{0} \tag{9.45}$$

이 식에 $f = V(\boldsymbol{r})$을 대입하면 다음이 성립하므로, 전기장 $\boldsymbol{E}$는 비회전장임을 알 수 있다.[15]

$$\nabla \times \boldsymbol{E} = \nabla \times \nabla V = \mathbf{0}$$

이제 원점이 아닌 임의의 두 점 A, B와 두 점을 잇는 서로 다른 두 경로 C_1, C_2를 생각하자. 이때 경로 C_1을 따라 점 A에서 B까지 이동한 뒤, 다시 경로 C_2를 따라 점 B에서 점 A까지 이동하는 폐곡선을 C라 하자. 이제 경로 C를 경계로 갖고, 원점을 지나지 않는 곡면 S에 대해 스토크스 정리를 적용하면 다음과 같다.

$$0 = \iint_S (\nabla \times \boldsymbol{E}) \cdot d\boldsymbol{S} = \oint_C \boldsymbol{E} \cdot d\boldsymbol{s} = \int_{C_1} \boldsymbol{E} \cdot d\boldsymbol{s} - \int_{C_2} \boldsymbol{E} \cdot d\boldsymbol{s}$$

따라서 전기장의 선적분은 경로와 무관하다.

이와 같은 전기장의 성질을 다음과 같이 일반화해보자. 8장에서 살펴봤듯이, 일반적으로 $\boldsymbol{f} = \nabla f$를 만족하는 함수 f를 벡터장 $\boldsymbol{f}$의 퍼텐셜함수라 한다. 또한 (3차원) 영역 V 위에 정의된 벡터장 $\boldsymbol{f}$의 선적분의 값이 시작점과 끝점에만 영향을 받고 두 점을 잇는 경로와 무관

14 음수는 벡터장이 한 일(work)이 에너지로 변환되는 과정을 설명한다. 즉 벡터장 $\boldsymbol{E}$가 W만큼 일을 했다면 퍼텐셜 에너지는 W만큼 낮아지므로 이를 설명하기 위해 $-V$를 사용한다.

15 단, 시간에 따른 자기장의 변화는 없다고 가정한다.

할 때, 벡터장 $\boldsymbol{f}$를 **보존장** conservative vector field이라 한다. 마지막으로 벡터장 $\boldsymbol{f}$가 비회전장일 때, 이 $\boldsymbol{f}$를 **닫힌 벡터장** closed vector field이라 한다. 퍼텐셜함수, 보존장, 닫힌 벡터장에 관한 다음 정리를 살펴보자.

정리 9-6 전기장의 성질

3차원 벡터장 $\boldsymbol{f}$가 전기장일 때, 다음이 성립한다.

(1) 퍼텐셜함수를 갖는 벡터장 $\boldsymbol{f}$는 보존장이다.
(2) $\boldsymbol{f}$가 보존장이면 항상 퍼텐셜함수를 갖는다.
(3) 퍼텐셜함수를 갖는 벡터장 $\boldsymbol{f}$는 닫힌 벡터장이다.
(4) 벡터장 $\boldsymbol{f}$의 정의역이 단순 연결된 영역이고 $\boldsymbol{f}$가 닫힌 벡터장이면 $\boldsymbol{f}$는 보존장이다.

[정리 9-6]의 (1)을 다음과 같이 기술해보자. 점 P에서 점 Q까지의 경로를 C라 할 때, 벡터장 $\boldsymbol{f} = \nabla f$의 선적분은 다음과 같다.

$$\int_C \boldsymbol{f} \cdot d\boldsymbol{s} = f(Q) - f(P) \tag{9.46}$$

8장에서 $\boldsymbol{f}$가 2차원 벡터장일 때 식 (9.46)이 성립함을 살펴봤다. 같은 원리에 따라 식 (9.46)은 3차원 벡터장에 대해서도 성립한다. 매개함수 $c(t) = (x(t), y(t), z(t))$, $a \le t \le b$를 경로 C의 매개화라 할 때, 식 (9.46)의 선적분은 다음과 같이 계산된다.

$$\begin{aligned}\int_C f_x dx + f_y dy + f_z dz &= \int_a^b f_x(c(t))x'(t) + f_y(c(t))y'(t) + f_z(c(t))z'(t)dt \\ &= \int_a^b \frac{d}{dt} f(c(t))dt \\ &= f(c(b)) - f(c(a)) = f(Q) - f(P)\end{aligned}$$

[정리 9-6]의 (2)도 2차원 벡터장의 경우와 비슷하게 보일 수 있다. 벡터장 $\boldsymbol{f}$의 정의역 내의 한 점 P를 고정하고, 임의의 점 Q에 대해 두 점 P, Q를 잇는 경로 C를 선택하자. 이때 $\boldsymbol{f} = \nabla f$를 만족하는 퍼텐셜함수 f를 다음과 같이 정의할 수 있다.

$$f(Q) = \int_C \boldsymbol{f} \cdot d\boldsymbol{s}$$

이렇게 함수 f를 정의하는 것이 타당한 이유는 선적분의 값이 경로 C와 무관하기 때문이다. [정리 9-6]의 (1)과 (2)는 벡터장의 조건과 관계없이 보존장과 퍼텐셜함수의 존재가 서로 동치임을 의미한다. [정리 9-6]의 (3)은 앞서 살펴본 식 (9.45)에 의해 자명하게 유도되므로 넘어간다.

여기서 가장 주목해야 할 것은 [정리 9-6]의 (4)이다. 이 명제는 벡터장 f가 닫힌 벡터장이라고 해서 항상 보존장이거나 퍼텐셜함수가 존재하는 것은 아님을 의미한다. 예를 들어 구면좌표계 (r, θ, ϕ)로 z축을 제외한 모든 점에서 다음과 같이 정의된 벡터장을 살펴보자.

$$f = \frac{\langle -y, x, 0 \rangle}{x^2 + y^2} \tag{9.47}$$

이 벡터장의 회전 $\nabla \times f$는 다음과 같다.

$$\begin{aligned} \nabla \times f &= \left\langle \frac{\partial}{\partial z}\left(\frac{x}{x^2+y^2}\right), \frac{\partial}{\partial z}\left(\frac{y}{x^2+y^2}\right), \frac{\partial}{\partial y}\left(\frac{-y}{x^2+y^2}\right) - \frac{\partial}{\partial x}\left(\frac{x}{x^2+y^2}\right) \right\rangle \\ &= \left\langle 0, 0, \frac{-(x^2+y^2)+2y^2}{(x^2+y^2)^2} - \frac{(x^2+y^2)-2x^2}{(x^2+y^2)^2} \right\rangle \\ &= \langle 0, 0, 0 \rangle \end{aligned} \tag{9.48}$$

즉 f는 닫힌 벡터장이다. 그러나 f는 보존장이 아니다. 만약 f가 보존장이라면 임의의 폐곡선 C를 따라 선적분을 계산한 결과가 항상 0일 것이다. 그러나 xy-평면의 단위원의 원주의 경로 $c(t) = (\cos(t), \sin(t), 0)$, $0 \le t \le 2\pi$를 따라 선적분을 계산한 결과를 보면 다음과 같다.

$$\int_0^{2\pi} \langle -\sin(t), \cos(t), 0 \rangle \cdot \langle -\sin(t), \cos(t), 0 \rangle \, dt = 2\pi \tag{9.49}$$

따라서 벡터장 f는 보존장이 아니며, 이에 따라 이 벡터장의 퍼텐셜함수도 존재하지 않는다.

자기장magnetic field은 닫힌 벡터장이면서 보존장이 아닌 대표적인 예이다. 자기장은 전하의 움직임에 의해 생성되는 벡터장이다. 예를 들어 [그림 9-15]와 같이 일직선으로 무한히 뻗은[16] (얇은) 도선을 생각해보자. I[A]의 전류가 흐르는 도선에서 생성되는 자기장을 $\boldsymbol{B}$라 하자. 곡선 C가 도선을 감싸는 (작은) 폐곡선이라 할 때, **암페어 법칙**Ampere's law은 자기장 $\boldsymbol{B}$의 선적분이 도선에 흐르는 전류의 세기에 비례함을 말하며 다음과 같이 나타낸다.

$$\oint_C \boldsymbol{B} \cdot d\boldsymbol{s} = \mu_0 I \tag{9.50}$$

식 (9.50)에서 자기장의 방향은 오른손법칙을 따른다. [그림 9-15]와 같이 전류의 방향을 오른손 엄지손가락이 가리키는 방향이라 할 때, 도선 주변의 자기장의 방향은 오른손의 나머지 네 손가락이 가리키는 방향으로 작용한다.

---

16 실제로 무한히 뻗은 도선은 존재하지 않지만 도선과의 거리가 가까운 지점일수록 그 지점에서 바라본 도선의 끝은 점점 무한히 뻗어있는 것과 같다. 따라서 도선이 얇고 자기장을 계산한 점이 도선과 아주 가깝다고 가정하면 도선이 무한히 뻗어있다고 생각해도 무방하다.

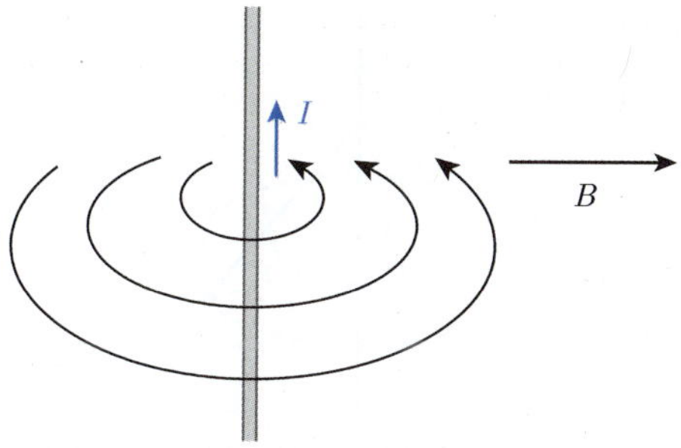

[그림 9-15] 도선 주변의 자기장

자기장은 전하의 움직임에 의해 생성되는 벡터장이므로 특정 방향으로 흐르는 전류 $\boldsymbol{I}$에 의해 그 모양이 결정된다. **비오-사바르 법칙**Biot-Savart law은 짧은 도선의 일부에 흐르는 전류 $d\boldsymbol{I}$와 이를 시작점으로 한 위치벡터 $\boldsymbol{r}$의 끝점에서 생성되는 자기장 $d\boldsymbol{B}$ 사이의 관계를 설명한다. 여기서 전류 $\boldsymbol{I}$는 세기와 방향을 가리키는 벡터로 가정한다.

$$d\boldsymbol{B}(\boldsymbol{r}) = \frac{\mu_0}{4\pi}\frac{d\boldsymbol{I}\times\boldsymbol{r}}{\|\boldsymbol{r}\|^3} \tag{9.51}$$

이를 통해 암페어 법칙의 식 (9.50)을 유도해보자. z축이 전류가 흐르는 도선이라 가정하고 전류 $\boldsymbol{I}$가 양의 z축 방향으로 흐른다고 가정하자. 이때 자기장은 [그림 9-15]와 같이 z축을 중심으로 하여 대칭으로 생성된다. 즉 자기장 $\boldsymbol{B}$의 방향은 구면좌표계의 좌표 ϕ로 다음과 같이 표현된다.

$$\boldsymbol{B} = B\cdot\langle -\sin(\phi),\, \cos(\phi),\, 0\rangle \tag{9.52}$$

여기서 B는 도선으로부터 수직으로 l만큼 떨어진 지점 $(l, 0, 0)$에서의 자기장의 세기이다. 전류의 세기 I가 일정하다고 가정하면 점 $(0, 0, z)$를 지나는 전류의 벡터는 다음과 같다.

$$d\boldsymbol{I} = I\cdot\langle 0,\, 0,\, dz\rangle$$

점 $(0, 0, z)$에서 점 $(l, 0, 0)$을 가리키는 위치벡터를 $\boldsymbol{r}$이라 하자.

$$\boldsymbol{r} = \langle l,\, 0,\, -z\rangle$$

벡터 $\boldsymbol{r}$과 양의 x축이 이루는 각을 θ라 하면 $\|\boldsymbol{r}\|$과 $\|d\boldsymbol{I}\times\boldsymbol{r}\|$은 θ에 관한 식으로 다음과 같이 표현된다.

$$\|\boldsymbol{r}\| = \frac{l}{\cos(\theta)},\qquad \|d\boldsymbol{I}\times\boldsymbol{r}\| = I\cdot\|\boldsymbol{r}\|\cdot|\sin(\theta)|\,dz \tag{9.53}$$

[그림 9-16]은 도선과 두 점 $(0, 0, z)$, $(l, 0, 0)$과 벡터 $\boldsymbol{r}$, $d\boldsymbol{I}$, $\boldsymbol{B}$, 그리고 변수 l, θ, ϕ의 의미를 나타낸 것이다.

식 (9.50)에 따라 점 $(l, 0, 0)$에서 점 $(0, 0, z)$를 지나는 극소 전류 $d\boldsymbol{I}$에 의해 생기는 자기장의 세기 dB는 다음과 같다.

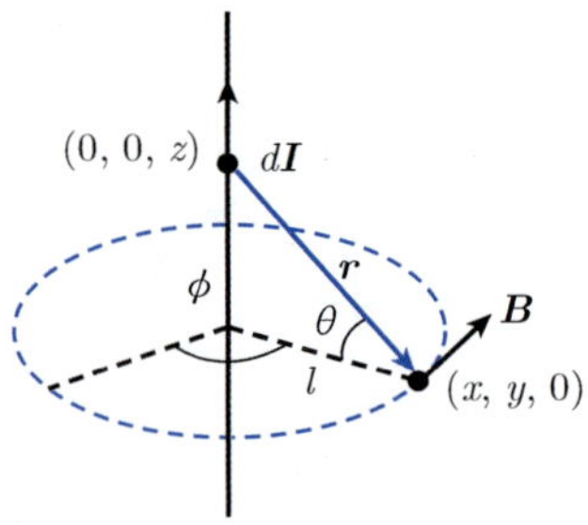

[그림 9-16] 도선 주위에 생기는 자기장

$$dB = \frac{\mu_0}{4\pi}\frac{\|d\boldsymbol{I} \times d\boldsymbol{r}\|}{\|\boldsymbol{r}\|^3} = \frac{\mu_0 I}{4\pi}\frac{|\sin(\theta)|}{(l/\cos(\theta))^2}dz$$

따라서 B는 다음과 같다.

$$\begin{aligned} B = \int_{-\infty}^{\infty} dB &= \frac{\mu_0 I}{4\pi}\int_{-\infty}^{\infty}\frac{|\sin(t)|}{(l/\cos(t))^2}dz \\ &= \frac{\mu_0 I}{4\pi}\int_{-\pi/2}^{\pi/2}\frac{l\sec^2(t)|\sin(t)|}{l^2\sec^2(t)}dt \\ &= \frac{\mu_0 I}{4\pi l}\cdot 2 = \frac{\mu_0 I}{2\pi l} \end{aligned}$$

이를 식 (9.52)에 대입하여 자기장 $\boldsymbol{B}$를 l, θ, ϕ에 관한 식으로 다음과 같이 기술할 수 있다.

$$\boldsymbol{B} = \frac{\mu_0 I}{2\pi l}\langle -\sin(\phi), \cos(\phi), 0\rangle \tag{9.54}$$

이제 도선을 감싸는 매개곡선 $c(t) = (l\cos(t), l\sin(t), 0)$을 따라 식 (9.54)의 자기장 $\boldsymbol{B}$의 선적분을 계산하자.

$$\int_0^{2\pi}\frac{\mu_0 I}{2\pi l}\langle -\sin(t), \cos(t), 0\rangle \bullet \langle -l\sin(t), l\cos(t), 0\rangle\, dt = \mu_0 I$$

이는 식 (9.50)의 암페어 법칙과 일치한다.

푸앵카레 정리

8장에서는 단순 연결된 2차원 영역 D 위에 정의된 2차원 벡터장 $\boldsymbol{f} = \langle p, q\rangle$의 회전 $q_x - p_y$가 항상 $q_x - p_y = 0$이면 $\boldsymbol{f} = \nabla f$인 이변수함수 f, 즉 퍼텐셜함수가 존재함을 보였다. 또한 앞 절에서는 단순 연결된 3차원 영역 V 위에 정의된 3차원 벡터장 $\boldsymbol{f} = \langle p, q, r\rangle$의 회전이 $\nabla \times \boldsymbol{f} = 0$일 때 $\boldsymbol{f} = \nabla f$인 삼변수함수 f, 즉 퍼텐셜함수가 존재함을 보였다. 이 결과를 9.1절에서 소개한 미분형식의 관점에서 다시 살펴보자.

먼저 2차원 벡터장 $f = \langle p, q \rangle$을 1계 미분형식 $\omega = p\,dx + q\,dy$라 간주하고 미분하면 다음과 같다.

$$d\omega = (q_x - p_y)\,dx\,dy$$

따라서 벡터장 $f = \langle p, q \rangle$의 회전이 0이라는 것은 f의 미분형식을 미분한 것이 0이라는 것과 동치이다. 한편, 3차원 벡터장 $f = \langle p, q, r \rangle$을 1계 미분형식 $\omega = p\,dx + q\,dy + r\,dz$로 두고 미분하면 다음과 같다.

$$d\omega = (r_y - q_z)\,dy\,dz + (p_z - r_x)\,dz\,dx + (q_x - p_y)\,dx\,dy$$

따라서 $f = \langle p, q, r \rangle$의 회전이 0이라는 것은 f의 미분형식을 미분한 것이 0이라는 것과 동치이다. 이처럼 미분형식 ω에 미분연산자를 취해 만든 새로운 미분형식 $d\omega$가 $d\omega = 0$을 만족할 때, ω를 **닫힌 미분형식** closed differential form이라 한다.

한편 실숫값함수 f를 0계 미분형식이라 할 때, $\omega = df$와 같은 형태로 표현되는 1계 미분형식 ω를 **완전 미분형식** exact differential form이라 한다. 다음 계산을 통해 완전 미분형식은 항상 닫힌 벡터장임을 알 수 있다.

$$\begin{aligned} d(d\omega) &= d(f_x\,dx + f_y\,dy) = (f_{xx}\,dx + f_{xy}\,dy)\,dx + (f_{yx}\,dx + f_{yy}\,dy)\,dy \\ &= f_{xy}\,dy\,dx + f_{yx}\,dx\,dy = 0 \end{aligned}$$

[그림 9-17]과 같이 영역 내의 한 점 P_0로부터 영역 내의 임의의 점 P를 잇는 선분이 항상 영역에 완전히 포함되는 영역을 **별모양** star-shaped 영역이라 한다. 이때 점 P_0를 별모양 영역의 **중심** center이라 한다.

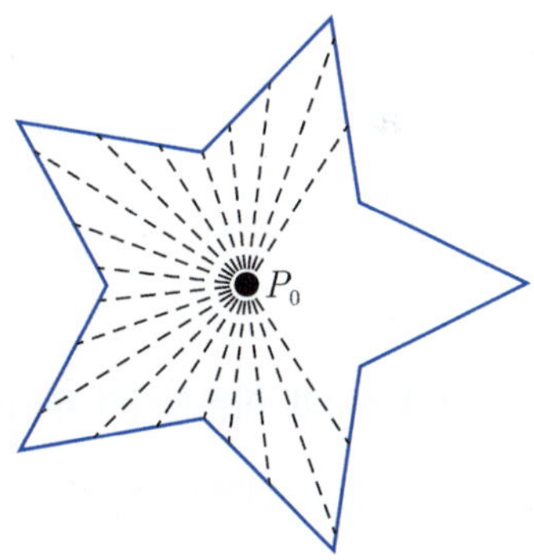

[그림 9-17] 2차원 별모양 영역의 예

8장에서 살펴본 푸앵카레 정리는 단순 연결된 영역 위에 정의된 닫힌 벡터장 f에 관한 명제이다. 이 명제는 다음과 같이 별모양 영역 위에 정의된 닫힌 미분형식에 관한 명제로 확장된다.

정리 9-7 1계 미분형식의 푸앵카레 정리

별모양 영역 위에 정의된 1계 닫힌 미분형식 ω는 완전 미분형식이다.

예를 들어 미분형식 $\omega = p\,dx + q\,dy + r\,dz$가 3차원 별모양 영역 V 위에 정의된다고 가정하자. 또한 ω가 다음과 같이 닫힌 미분형식이라 가정하자.

$$d\omega = (r_y - q_z)\,dy\,dz + (p_z - r_x)\,dz\,dx + (q_x - p_y)\,dx\,dy = 0$$

따라서 각 성분함수는 모두 0이다.

$$r_y - q_z = p_z - r_x = q_x - p_y = 0 \tag{9.55}$$

이를 통해 ω가 완전 미분형식임을 증명해보자. 편의상 별모양 영역 V의 중심을 원점 $(0, 0, 0)$이라 가정하자.[17] 영역 V의 임의의 한 점 (x, y, z)에 대해 $\boldsymbol{r} = \langle x, y, z \rangle$라 하고 다음과 같이 실숫값함수 f를 정의해보자.

$$f(\boldsymbol{r}) = x\int_0^1 p(t\boldsymbol{r})\,dt - y\int_0^1 q(t\boldsymbol{r})\,dt + z\int_0^1 r(t\boldsymbol{r})\,dt$$

식 (9.55)를 이용해 f의 편미분계수 f_x를 계산하면 다음과 같다.

$$\begin{aligned} f_x(\boldsymbol{r}) &= \int_0^1 p(t\boldsymbol{r})\,dt + x\int_0^1 p_x(t\boldsymbol{r})\,dt + y\int_0^1 q_x(t\boldsymbol{r})\,dt + z\int_0^1 r_x(t\boldsymbol{r})\,dt \\ &= \int_0^1 p(t\boldsymbol{r})\,dt + x\int_0^1 p_x(t\boldsymbol{r})\,dt + y\int_0^1 p_y(t\boldsymbol{r})\,dt + z\int_0^1 p_z(t\boldsymbol{r})\,dt \\ &= \int_0^1 \frac{d}{dt}[p(t\boldsymbol{r})]\,dt = p(\boldsymbol{r}) \end{aligned}$$

이와 비슷한 방법으로 $f_y = q(\boldsymbol{r})$, $f_z = r(\boldsymbol{r})$임을 보일 수 있다. 즉 $\omega = df$이다.

한편, 2계 미분형식에 대한 푸앵카레 정리는 다음과 같다.

정리 9-8 2계 미분형식의 푸앵카레 정리

별모양 영역 위에서 정의된 2계 닫힌 미분형식은 완전 미분형식이다.

[정리 9-8]은 별모양 영역 위에서 정의된 2계 미분형식 $\omega = p\,dy\,dz + q\,dz\,dx + r\,dx\,dy$가 닫힌 미분형식이면 $\omega = d\mu$인 1계 미분형식 μ가 존재함을 의미한다. 이를 증명해보자. 미분형식 ω를 미분하면 $d\omega = (f_x + q_y + r_z)\,dx\,dy\,dz$이므로, ω가 완전 미분형식이라는 것은 다음 등식이 성립함을 의미한다.

$$f_x + q_y + r_z = 0 \tag{9.56}$$

17 영역을 평행이동하면 항상 중심이 원점이 되게 할 수 있다. 이 경우 각 성분함수 p, q, r도 함께 평행이동해야 한다.

이제 별모양 영역의 중심을 편의상 원점이라 하고 중심에서 영역 내의 각 점 (x, y, z)까지의 위치벡터를 $\boldsymbol{r} = \langle x, y, z \rangle$라 하자. 이를 통해 다음과 같이 1계 미분형식 η를 정의하자.

$$\begin{aligned}\eta = &\left(z\int_0^1 tq(t\boldsymbol{r})\,dt - y\int_0^1 tr(t\boldsymbol{r})\,dt\right)dx \\ &+\left(-z\int_0^1 tp(t\boldsymbol{r})\,dt + x\int_0^1 tr(t\boldsymbol{r})\,dt\right)dy \\ &+\left(y\int_0^1 tp(t\boldsymbol{r})\,dt - x\int_0^1 tq(t\boldsymbol{r})\,dt\right)dz\end{aligned} \tag{9.57}$$

식 (9.57)을 미분하여 ω가 됨을 확인해보자. $d\mu = Pdydz + Qdzdx + Rdxdy$라 할 때, $Pdydz$는 다음과 같다.

$$\begin{aligned}&\frac{\partial}{\partial z}\left(-z\int_0^1 tp(t\boldsymbol{r})\,dt + x\int_0^1 tr(t\boldsymbol{r})\,dt\right)dzdy + \frac{\partial}{\partial y}\left(y\int_0^1 tp(t\boldsymbol{r})\,dt - x\int_0^1 tq(t\boldsymbol{r})\,dt\right)dydz \\ &= \left(2\int_0^1 tp(t\boldsymbol{r})\,dt + z\int_0^1 t^2p_z(t\boldsymbol{r})\,dt + y\int_0^1 t^2p_y(t\boldsymbol{r})\,dt - x\int_0^1 t^2r_z(t\boldsymbol{r})\,dt\right. \\ &\qquad \left. - x\int_0^1 t^2q_y(t\boldsymbol{r})\,dt\right)dydz \\ &= \left(2\int_0^1 tp(t\boldsymbol{r})\,dt + z\int_0^1 t^2p_z(t\boldsymbol{r})\,dt + y\int_0^1 t^2p_y(t\boldsymbol{r})\,dt + x\int_0^1 t^2p_x(t\boldsymbol{r})\,dt\right)dydz \\ &= \left(\int_0^1 \frac{d}{dt}\left[t^2p(t\boldsymbol{r})\right]dt\right)dydz = p(\boldsymbol{r})\,dydz\}\end{aligned}$$

이와 비슷한 방법으로 $Qdzdx$, $Rdxdy$도 각각 $q(\boldsymbol{r})dzdx$, $r(\boldsymbol{r})dxdy$임을 보일 수 있다.

2계 미분형식에 관한 [정리 9-8]을 3차원 벡터장 $\boldsymbol{f} = \langle p, q, r \rangle$의 발산과 회전의 관점에서 다시 살펴보자. 식 (9.56)으로부터 2계 미분형식 $\omega = pdydx + qdzdx + rdxdy$가 닫힌 미분형식이면 벡터장 $\boldsymbol{f}$의 발산이 $\nabla \boldsymbol{f} = 0$이다. 한편, ω가 완전 미분형식이라는 것은 $\omega = d\eta$를 만족하는 1계 미분형식 $\eta = Pdx + Qdy + Rdz$가 존재한다는 의미이고, 이는 벡터장 $\boldsymbol{g} = \langle P, Q, R \rangle$이 다음 등식을 만족하는 것과 동치이다.

$$\boldsymbol{f} = \nabla \times \boldsymbol{g}$$

즉 2계 미분형식의 푸앵카레 정리는 별모양 영역 위에 정의된 벡터장 $\boldsymbol{f}$의 발산이 $\nabla \boldsymbol{f} = 0$이면 또 다른 벡터장 $\boldsymbol{g}$가 존재하여 $\boldsymbol{f}$가 $\boldsymbol{g}$의 회전 $\boldsymbol{f} = \nabla \times \boldsymbol{g}$가 됨을 의미한다.

예제 9-7 **완전 미분형식으로 표현되는 벡터장**

실수 v_1, v_2, v_3에 대한 3차원 벡터 $\boldsymbol{v}=\langle v_1, v_2, v_3\rangle$와 위치벡터장 $\boldsymbol{r}=\langle x, y, z\rangle$에 대해 다음과 같이 정의된 벡터장 $\boldsymbol{f}$가 비압축장임을 보이고, $\boldsymbol{f}=\nabla\times\boldsymbol{g}$를 만족하는 벡터장 $\boldsymbol{g}$를 구하라.

$$\boldsymbol{f}=\frac{\boldsymbol{v}\times\boldsymbol{r}}{\|\boldsymbol{r}\|^3}=\frac{\langle v_1, v_2, v_3\rangle\times\langle x, y, z\rangle}{(x^2+y^2+z^2)^{3/2}} \tag{9.58}$$

풀이

8장에서 살펴본 벡터장에 관한 다음 항등식을 상기하자.

$$\nabla(\boldsymbol{f}\times\boldsymbol{g})=(\nabla\times\boldsymbol{f})\cdot\boldsymbol{g}-\boldsymbol{f}\cdot(\nabla\times\boldsymbol{g})$$

위 식에 $\boldsymbol{f}=\boldsymbol{v}$, $\boldsymbol{g}=\dfrac{\boldsymbol{r}}{\|\boldsymbol{r}\|^3}$을 대입하면 다음과 같다.

$$\begin{aligned}\nabla\left(\boldsymbol{v}\times\frac{\boldsymbol{r}}{\|\boldsymbol{r}\|^3}\right)&=(\nabla\times\boldsymbol{v})\cdot\frac{\boldsymbol{r}}{\|\boldsymbol{r}\|^3}-\boldsymbol{v}\cdot\left(\nabla\times\frac{\boldsymbol{r}}{\|\boldsymbol{r}\|^3}\right)\\&=\boldsymbol{0}\cdot\frac{\boldsymbol{r}}{\|\boldsymbol{r}\|^3}-\boldsymbol{v}\cdot\boldsymbol{0}=0\end{aligned}$$

따라서 식 (9.58)의 벡터장 $\boldsymbol{f}$는 비압축장이다. 즉 $\boldsymbol{f}$를 미분형식으로 표현한 것을 ω라 하면 ω는 닫힌 미분형식이다. 이제 원점을 포함하지 않는 단순 연결된 3차원 영역 V를 생각하자. [정리 9-8]에 의해 ω는 완전 미분형식이다. 이는 벡터장 $\boldsymbol{f}$를 $\nabla\times\boldsymbol{g}$의 형태로 나타낼 수 있음을 의미한다. 이를 만족하는 벡터장 $\boldsymbol{g}$를 구하기 위해 다음 등식을 다시 살펴보자.

$$\frac{\boldsymbol{r}}{\|\boldsymbol{r}\|^3}=-\nabla\left(\frac{1}{\|\boldsymbol{r}\|}\right)$$

이제 8장에서 살펴본 벡터장에 관한 또 다른 항등식을 살펴보자.

$$\boldsymbol{f}\times(\nabla f)=(\nabla\times\boldsymbol{f})f-\nabla\times(f\boldsymbol{f})$$

위 식에 $\boldsymbol{f}=\boldsymbol{v}$, $f=-\dfrac{1}{\|\boldsymbol{r}\|}$을 대입하면 식 (9.58)을 다음과 같이 나타낼 수 있다.

$$\frac{\boldsymbol{v}\times\boldsymbol{r}}{\|\boldsymbol{r}\|^3}=\nabla\times\left(\frac{-\boldsymbol{v}}{\|\boldsymbol{r}\|}\right)$$

따라서 $\boldsymbol{f}=\nabla\times\boldsymbol{g}$를 만족하는 벡터장 $\boldsymbol{g}$는 $\boldsymbol{g}=-\dfrac{\boldsymbol{v}}{\|\boldsymbol{r}\|}$이다.

SECTION 9.3

전자기학으로의 활용

이 절에서는 지금까지 살펴본 전자기장의 법칙을 스토크스 정리와 발산 정리를 이용해 다시 기술한다.

전자기장의 발산

9.2절에서 살펴본 가우스 법칙(정리 9-4)을 다시 살펴보자. 전하 q에 의해 생성된 전기장 $\boldsymbol{E}$가 전하를 감싸는 폐곡면 S를 빠져나가는 양, 즉 전기선속은 폐곡면의 모양과 관계없이 일정하다.

$$\oiint_S \boldsymbol{E} \cdot d\boldsymbol{S} = \frac{q}{\varepsilon_0} \tag{9.59}$$

점 (x_0, y_0, z_0)에 전하 q가 놓여있을 때, 점 (x, y, z)에 생성되는 전기장을 위치벡터 $\boldsymbol{r}_0 = \langle x_0, y_0, z_0 \rangle$와 $\boldsymbol{r} = \langle x, y, z \rangle$에 관한 식으로 다음과 같이 기술할 수 있다.

$$\boldsymbol{E}(\boldsymbol{r}) = \frac{q}{4\pi\varepsilon_0} \frac{\boldsymbol{r} - \boldsymbol{r}_0}{\|\boldsymbol{r} - \boldsymbol{r}_0\|^3} \tag{9.60}$$

여기서 $\boldsymbol{r}$은 $\boldsymbol{r}_0$와 같을 수 없으므로, 전기장의 식 (9.60)을 다음과 같이 발산 정리에 대입할 수 없다.

$$\iiint_V \nabla \boldsymbol{E}\, dx\, dy\, dz = \oiint_S \boldsymbol{E} \cdot d\boldsymbol{S} = \frac{q}{\varepsilon_0} \tag{9.61}$$

따라서 식 (9.61)의 좌변의 중적분을 영역 V 위에 정의된 **전하밀도** charge density ρ의 적분이라 간주하자.

$$\iiint_V \nabla \boldsymbol{E} dx\, dy\, dz = \frac{1}{\varepsilon_0} \iiint_V \rho\, dx\, dy\, dz = \frac{q}{\varepsilon_0}$$

따라서 전기장의 발산 $\nabla \boldsymbol{E}$는 다음과 같다.

$$\nabla \boldsymbol{E} = \frac{\rho}{\varepsilon_0}$$

이 식을 **가우스 법칙의 미분형**differential form of Gauss's law이라 한다. 이 식은 폐곡선을 빠져나가는 벡터장의 유량을 폐곡선으로 둘러싸인 영역의 밀도를 중적분하여 계산할 수 있음을 의미한다.

비슷한 방법으로 식 (9.50)에서 살펴본 암페어 법칙을 다시 보자. I [A]의 전류가 흐르는 도선의 주변에 생기는 자기장을 $\boldsymbol{B}$라 할 때, 도선을 감는 폐곡선 C를 따라 자기장 $\boldsymbol{B}$의 선적분을 계산하면 다음과 같다.

$$\oint_C \boldsymbol{B} \cdot ds = \mu_0 I \tag{9.62}$$

앞서 도선의 두께는 무시할 정도로 작다고 가정했지만, 여전히 도선이 놓인 위치에서는 자기장 $\boldsymbol{B}$를 정의할 수 없다는 문제가 있다. 이를 해결하기 위해 **전류밀도**current density의 개념을 사용하자. 폐곡선 C를 경계로 가지고 도선을 통과하는 한 곡면을 S라 하자. 전하가 곡면 S를 균등하게 일정한 방향으로 흐른다고 가정하면, 곡면 S를 통과하는 전류의 총량은 다음과 같이 곡면 S 위에 정의된 전류밀도 $\boldsymbol{J}$의 면적분과 같다고 할 수 있다.

$$I = \iint_S \boldsymbol{J} \cdot d\boldsymbol{S} \tag{9.63}$$

식 (9.62)를 스토크스 정리에 대입하고, 식 (9.63)과 비교해보자.

$$\iint_S \nabla \times \boldsymbol{B} \cdot d\boldsymbol{S} = \oint_C \boldsymbol{B} \cdot ds = \mu_0 \iint_S \boldsymbol{J} \cdot d\boldsymbol{S} \tag{9.64}$$

식 (9.64)는 폐곡선 C와 곡면 S의 모양과 위치에 관계없이 항상 성립한다. 이를 통해 전류밀도 $\boldsymbol{J}$를 다음과 같이 정의할 수 있다.

$$\nabla \times \boldsymbol{B} = \mu_0 \boldsymbol{J} \tag{9.65}$$

식 (9.65)를 정전기장에서의 **암페어 법칙의 미분형**differential form of Ampere's law이라 한다. 여기서 정전기장이란 같은 영역 내에 정의된 전기장 $\boldsymbol{E}$가 시간에 따라 변하지 않음을 의미한다. 이때 식 (9.65)는 자기장이 도선에 흐르는 전류에 의해서만 생성됨을 의미한다.

전류밀도 $\boldsymbol{J}$는 전류의 세기와 방향을 가리키는 벡터이다. 이를 이용해 자기장 $\boldsymbol{B}$를 계산해보자. 앞으로 전류가 흐르는 도선의 위치를 벡터 $\boldsymbol{r}_0$로, 자기장을 계산하고자 하는 위치를 벡터 $\boldsymbol{r}$로 표기하자. 도선 위의 한 점 $\boldsymbol{r}_0$에서 I [A]만큼 전류가 흐른다고 할 때, 도선에 흐르는 극소 전류 $d\boldsymbol{r}_0$에 의해 점 $\boldsymbol{r}$에 생성되는 자기장을 $d\boldsymbol{B}(\boldsymbol{r})$이라 하자. 비오-사바르 법칙 (9.51)에 의해 $d\boldsymbol{B}(\boldsymbol{r})$은 다음과 같이 계산된다.

$$d\boldsymbol{B}(\boldsymbol{r}) = \frac{\mu_0 I}{4\pi} \frac{d\boldsymbol{r}_0 \times (\boldsymbol{r} - \boldsymbol{r}_0)}{\|\boldsymbol{r} - \boldsymbol{r}_0\|^3} \tag{9.66}$$

이제 도선이 폐곡선 C의 형태라 가정하자. 이때 자기장 $\boldsymbol{B}(\boldsymbol{r})$은 다음과 같이 계산된다.

$$\boldsymbol{B}(\boldsymbol{r}) = \frac{\mu_0 I}{4\pi} \oint_C \frac{d\boldsymbol{r}_0 \times (\boldsymbol{r} - \boldsymbol{r}_0)}{\|\boldsymbol{r} - \boldsymbol{r}_0\|^3} \cdot ds_0 \tag{9.67}$$

여기서 선적분 기호 ds_0는 점 $\boldsymbol{r}_0$를 곡선 C를 따라 선적분함을 의미한다. 한편 식 (9.66)과 (9.67)의 $I \cdot d\boldsymbol{r}_0$는 도선의 길이 $d\boldsymbol{r}_0$에 전류의 세기 I를 곱한 것이고, 이를 선적분하면 식 (9.63)에 따라 전류밀도 $\boldsymbol{J}$를 면적분한 것과 같다. 즉 식 (9.67)은 도선을 가로지르는 곡면 위에서의 면적분을 다시 곡선 C를 따라 선적분한 것이다. 따라서 식 (9.67)을 다음과 같이 3차원 영역 V에서의 중적분으로 표기할 수 있다(이때 벡터 $\boldsymbol{r}_0$의 성분을 $\boldsymbol{r}_0 = \langle x_0, y_0, z_0 \rangle$라 한다).

$$\boldsymbol{B}(\boldsymbol{r}) = \frac{\mu_0}{4\pi} \iiint_V \frac{\boldsymbol{J}(\boldsymbol{r}_0) \times (\boldsymbol{r} - \boldsymbol{r}_0)}{\|\boldsymbol{r} - \boldsymbol{r}_0\|^3} dx_0 dy_0 dz_0 \tag{9.68}$$

이제 식 (9.43)을 이용해 식 (9.68)을 다음과 같이 표현해보자(여기서 $\nabla_{\boldsymbol{r}}$은 변수 x, y, z에 관한 미분연산자이다).

$$\boldsymbol{B}(\boldsymbol{r}) = \frac{\mu_0}{4\pi} \iiint_V \nabla_{\boldsymbol{r}} \left(\frac{1}{\|\boldsymbol{r} - \boldsymbol{r}_0\|} \right) \times \boldsymbol{J}(\boldsymbol{r}_0) \, dx_0 dy_0 dz_0 \tag{9.69}$$

이제 벡터장에 관한 다음 항등식에 $f = \dfrac{1}{\|\boldsymbol{r} - \boldsymbol{r}_0\|}$과 $\boldsymbol{f} = \boldsymbol{J}(\boldsymbol{r}_0)$를 대입하자.

$$\nabla \times (f\boldsymbol{f}) = f(\nabla \times \boldsymbol{f}) + \nabla f \times \boldsymbol{f}$$

전류밀도 $\boldsymbol{J}$는 $\boldsymbol{r}_0$에 관한 함수이고 $\boldsymbol{r}$과 무관하므로 $\nabla_{\boldsymbol{r}} \times \boldsymbol{J}(\boldsymbol{r}_0) = 0$이다. 이에 따라 식 (9.69)를 다음과 같이 기술할 수 있다.

$$\begin{aligned} \boldsymbol{B}(\boldsymbol{r}) &= \frac{\mu_0}{4\pi} \iiint_V \nabla_{\boldsymbol{r}} \times \left(\frac{\boldsymbol{J}(\boldsymbol{r}_0)}{\|\boldsymbol{r} - \boldsymbol{r}_0\|} \right) dx_0 y_0 z_0 \\ &= \nabla_{\boldsymbol{r}} \times \left(\frac{\mu_0}{4\pi} \iiint_V \frac{\boldsymbol{J}(\boldsymbol{r}_0)}{\|\boldsymbol{r} - \boldsymbol{r}_0\|} dx_0 y_0 z_0 \right) \end{aligned} \tag{9.70}$$

다음과 같이 벡터장 $\boldsymbol{A}(\boldsymbol{r})$을 정의하자.

$$\boldsymbol{A}(\boldsymbol{r}) = \frac{\mu_0}{4\pi}\iiint_V \frac{\boldsymbol{J}(\boldsymbol{r}_0)}{\|\boldsymbol{r}_0 - \boldsymbol{r}\|}dV_0$$

이 벡터장 $\boldsymbol{A}(\boldsymbol{r})$을 **자기 벡터 퍼텐셜** magnetic vector potential이라 한다. 즉 자기장 $\boldsymbol{B}(\boldsymbol{r})$은 자기 벡터 퍼텐셜의 회전이다.

$$\boldsymbol{B} = \nabla \boldsymbol{A}$$

벡터장에 관한 명제에 의해 자기장은 비압축장임을 알 수 있다.

$$\nabla \boldsymbol{B} = \nabla(\nabla \times \boldsymbol{A}(\boldsymbol{r})) = 0 \tag{9.71}$$

식 (9.71)은 자기장과 전기장이 근본적으로 서로 다른 성질을 가진 벡터장임을 보여준다. 앞서 살펴본 가우스 법칙의 미분형에 따르면 전기장의 발산 $\nabla \boldsymbol{E}$는 전하 q의 부호에 따라 값이 결정된다. 즉 양전하가 놓여있는지 또는 음전하가 놓여있는지에 따라 전기장의 세기와 방향이 바뀌고, 이는 전기선속의 크기에 영향을 미친다. 한편 식 (9.71)은 임의의 폐곡선을 따라 자기장의 면적분을 계산하면 항상 0임을 의미한다. 이는 자기장을 생성하는 단극자[18]가 존재할 수 없음을 의미한다.

전자기장의 회전

폐곡선 C로 둘러싸인 곡면 S를 빠져나가는 자기장의 양을 **자기선속** magnetic flux이라 하고 다음과 같이 정의한다.

$$\Phi = \iint_S \boldsymbol{B} \cdot d\boldsymbol{S}$$

폐곡선 C를 따라 전기장 $\boldsymbol{E}$의 선적분을 계산해보자. 식 (9.40)에 의해 전기장 $\boldsymbol{E}$의 회전은 0이므로 다음이 성립한다.

$$\oint_C \boldsymbol{E} \cdot ds = \iint_S \nabla \times \boldsymbol{E} \cdot d\boldsymbol{S} = 0$$

18 전하와 달리 자기장을 생성하는 **단극자**(monopole)는 독립적으로 존재할 수 없다. 이는 자석을 아무리 쪼개더라도 N극과 S극이 항상 맞은편에 존재하는 것과 같은 이치이다.

한편 시간에 따른 자기장의 변화는 전기장을 생성하는데, 이를 **패러데이 법칙** Faraday's law 이라 한다. 이 법칙은 시간에 따른 자기선속의 변화율과 전기장의 선적분에 관한 식으로 다음과 같이 기술된다.

$$\frac{d\Phi}{dt} = \frac{d}{dt}\iint_S \boldsymbol{B} \cdot d\boldsymbol{S} = -\oint_C \boldsymbol{E} \cdot ds \tag{9.72}$$

참고로 식 (9.72)의 벡터장 $\boldsymbol{E}$는 전하에 의한 전기장이 아니라, 자기장의 변화에 의해 생성되는 전기장이다. 식 (9.72)에 스토크스 정리를 적용하면 이 식을 다음과 같이 표현할 수 있다.

$$\iint_S \left(-\frac{d\boldsymbol{B}}{dt}\right) \cdot d\boldsymbol{S} = \oint_C \boldsymbol{E} \cdot ds = \iint_S \nabla \times \boldsymbol{E} \cdot d\boldsymbol{S} \tag{9.73}$$

식 (9.73)은 곡면 S와 경계 C의 모양, 크기와 관계없이 성립하므로 다음과 같이 표현할 수 있다.

$$\nabla \times \boldsymbol{E} = -\frac{\partial \boldsymbol{B}}{\partial t} \tag{9.74}$$

식 (9.74)를 **패러데이 법칙의 미분형** differential form of Faraday's law 이라 한다.

반대로 시간에 따른 전기장의 변화는 자기장을 유도한다. 앞서 식 (9.65)에서 살펴본 정전기장에서의 암페어 법칙은 전기장이 시간이 지남에 따라 변하지 않을 때만 유효하다. 전기장이 시간에 따라 변할 때의 자기장을 계산해보자.

점 $\boldsymbol{r}$에서의 전하밀도를 $\rho(\boldsymbol{r})$이라 하고 전하의 이동속도, 즉 전류의 방향을 $\boldsymbol{v}(\boldsymbol{r})$이라 하자. 이때 전류밀도 $\boldsymbol{J}(\boldsymbol{r})$은 다음과 같다.

$$\boldsymbol{J}(\boldsymbol{r}) = \rho(\boldsymbol{r})\boldsymbol{v}(\boldsymbol{r})$$

발산 정리를 이용해 폐곡면 S를 따라 전류밀도의 면적분을 계산하자.

$$\oiint_S \boldsymbol{J} \cdot d\boldsymbol{S} = \iiint_V \nabla \boldsymbol{J} \cdot d\boldsymbol{S}$$

폐곡면 S의 바깥쪽 방향으로 빠져나가는 전류량은 내부의 영역 V에서 감소하는 전하량과 같으므로 다음이 성립한다.

$$\iiint_V \nabla \boldsymbol{J}\, dx\, dy\, dz = \iiint_V \left(-\frac{\partial \rho}{\partial t}\right) dx\, dy\, dz$$

앞의 식은 폐곡면의 모양, 크기와 관계없이 성립한다. 따라서 다음이 성립한다.

$$\nabla \boldsymbol{J} = -\frac{\partial \rho}{\partial t}$$

한편, 가우스 법칙의 미분형에 의해 다음이 성립한다.

$$\frac{1}{\varepsilon_0}\frac{\partial \rho}{\partial t} = \frac{\partial}{\partial t}\nabla \boldsymbol{E} = \nabla \frac{\partial \boldsymbol{E}}{\partial t}$$

위 식을 정전기장의 암페어 법칙의 식 $\nabla \times \boldsymbol{B} = \mu_0 \boldsymbol{J}$에 다시 대입하자.

$$\nabla(\nabla \times \boldsymbol{B}) = \nabla(\mu_0 \boldsymbol{J}) = \mu_0 \nabla \boldsymbol{J} = -\mu_0 \varepsilon_0 \nabla \frac{\partial \boldsymbol{E}}{\partial t}$$

따라서 자기장 $\boldsymbol{B}$의 회전은 다음과 같다.

$$\nabla \times \boldsymbol{B} = -\mu_0 \varepsilon_0 \frac{\partial \boldsymbol{E}}{\partial t}$$

다음과 같이 정전기장의 암페어 법칙을 일반화하여 위 식을 기술한 것을 **암페어 법칙의 미분형** differential form of Ampere's law이라 한다.

$$\nabla \times \boldsymbol{B} = \mu_0 \boldsymbol{J} + \mu_0 \varepsilon_0 \frac{\partial \boldsymbol{E}}{\partial t}$$

SECTION 9.4

프로젝트 : 자기쌍극자의 시각화

자기쌍극자 magnetic dipole는 서로 다른 자기극성을 가진 두 단극자가 매우 가까이 붙어 있는 상태를 말한다. 이 절에서는 자기쌍극자에 의한 자기장의 형태를 시각화하는 프로그램을 제작한다.

먼저 자기장을 생성하는 전류의 흐름을 생각해보자. 아주 작은 고리 모양의 도선을 따라 전류 I가 흐르면, 도선이 놓인 면에 수직인 방향 $\boldsymbol{n}$으로의 **자기쌍극자 모멘트** magnetic dipole moment $\boldsymbol{m}$이 다음과 같이 생성된다.

$$\boldsymbol{m} = \pi\varepsilon^2 I\boldsymbol{n}$$

자기쌍극자 모멘트 $\boldsymbol{m}$은 점 $\boldsymbol{r}$에 다음과 같이 자기 벡터 퍼텐셜 $\boldsymbol{A}(\boldsymbol{r})$을 생성한다.

$$\boldsymbol{A}(\boldsymbol{r}) = \frac{\mu_0}{4\pi}\frac{\boldsymbol{m}\times\boldsymbol{r}}{\|\boldsymbol{r}\|^3}$$

따라서 자기쌍극자 모멘트를 $\boldsymbol{m} = \langle m_1, m_2, m_3\rangle$라 하면, 자기장 $\boldsymbol{B}(\boldsymbol{r})$은 다음과 같다.

$$\begin{aligned}
\boldsymbol{B}(\boldsymbol{r}) &= \nabla_{\boldsymbol{r}} \times \boldsymbol{A}(\boldsymbol{r}) \\
&= \frac{\mu_0}{4\pi}\nabla_{\boldsymbol{r}} \times \frac{\langle m_2 z - m_3 y,\ m_3 x - m_1 z,\ m_1 y - m_2 x\rangle}{(x^2+y^2+z^2)^{3/2}} \\
&= \frac{\mu_0}{4\pi}\left\langle \frac{\partial}{\partial y}\left(\frac{m_1 y - m_2 x}{(x^2+y^2+z^2)^{3/2}}\right) - \frac{\partial}{\partial z}\left(\frac{m_3 x - m_1 z}{(x^2+y^2+z^2)^{3/2}}\right),\ \cdots\right\rangle \\
&= \frac{\mu_0}{4\pi}\left\langle \frac{2m_1(x^2+y^2+z^2) - 3(m_1 y - m_2 x)y + 3(m_3 x - m_1 z)z}{(x^2+y^2+z^2)^{5/2}},\ \cdots\right\rangle \qquad (9.75) \\
&= \frac{\mu_0}{4\pi}\left\langle \frac{-m_x(x^2+y^2+z^2) + 3x(m_1 x + m_2 y + m_3 z)}{(x^2+y^2+z^2)^{5/2}},\ \cdots\right\rangle \\
&= \frac{\mu_0}{4\pi}\left(-\frac{\boldsymbol{m}}{\|\boldsymbol{r}\|^3} + \frac{(\boldsymbol{m}\cdot\boldsymbol{r})\boldsymbol{r}}{\|\boldsymbol{r}\|^5}\right)
\end{aligned}$$

편의상 자기쌍극자 모멘트 $\boldsymbol{m}$의 향을 $\boldsymbol{n} = \langle 0, 0, 1\rangle$이라 하면 $\boldsymbol{m} = \langle 0, 0, m\rangle$이고, 이때 식 (9.75)는 다음과 같이 표현된다.

$$\boldsymbol{B}(x, y, z) = \frac{\mu_0 m}{4\pi}\frac{\langle xz,\ yz,\ -x^2-y^2\rangle}{(x^2+y^2+z^2)^{3/2}} \qquad (9.76)$$

이 자기장을 평면 위에 시각화해보자. 식 (9.76)은 z축을 중심으로 대칭이므로 $x=0$이라 하면 x축 성분을 무시하고, 자기장 $\boldsymbol{B}$를 yz-평면의 2차원 벡터장으로 나타낼 수 있다.

$$\boldsymbol{B}(y,\ z)=\frac{\langle yz,\ 2z^2-y^2\rangle}{(y^2+z^2)^{3/2}} \tag{9.77}$$

다음 파이썬 코드를 구현해 직사각형 영역 $[-2,\ 2]\times[-2,\ 2]$에 자기장 (9.77)의 흐름선을 표현하면 [그림 9-18]과 같다. 참고로 점 $(y,\ z)$가 원점에 가까울수록 식 (9.77)은 발산하므로, 원점으로부터 일정 거리(10^{-5}) 미만에 있는 벡터를 모두 영벡터로 설정했다.

```
# 자기쌍극자에 의한 자기장의 흐름선 그리기
yy, zz = np.meshgrid(np.linspace(-2, 2), np.linspace(-2, 2))
r = np.sqrt(np.sum(yy**2 + zz**2))
bb = np.array([3*yy*zz, 2*zz**2 - yy**2])/r**5
bb[r < 1e-5] = 0
plt.streamplot(yy, zz, bb[0], bb[1])
```

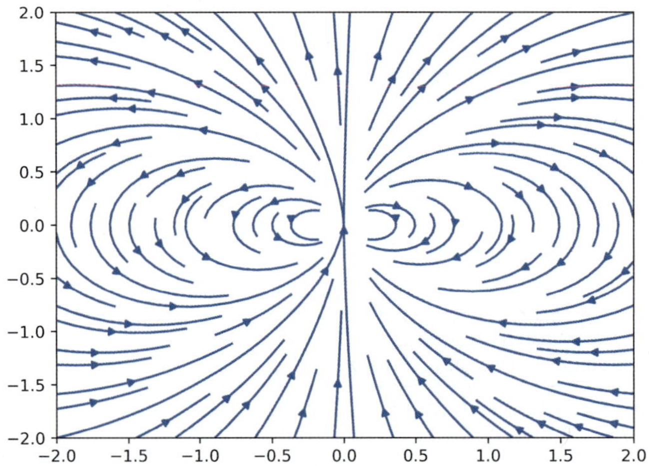

[그림 9-18] 자기쌍극자에 의한 자기선의 흐름선

이제 [그림 9-18]과 같이 자기쌍극자의 자기장의 흐름선을 원하는 위치에 시각화하는 프로그램을 만들어 보자. 식 (9.77)의 자기장은 각 점에서의 속도의 방향을 가리킨다. 따라서 자기장의 흐름선은 다음 미분방정식의 해이다.

$$x'=\frac{xy}{(x^2+y^2)^{3/2}},\quad y'=\frac{2y^2-x^2}{(x^2+y^2)^{3/2}}$$

이 미분방정식의 수치적 해를 4장에서 소개한 오일러 방법으로 구해보자. 다음은 오일러 방법에 대입할 미분방정식의 해의 기울기 함수와 오일러 방법을 구현한 파이썬 코드이다(해의 매개변수 t의 범위는 0부터 MAX_TIME까지이며 MAX_ITER는 이 범위를 분할한 개수이다).

```
# 흐름선을 구하기 위해 오일러 방법을 구현
MAX_TIME, MAX_ITER = 300, 100
df = lambda t, y: np.array([3*y[0]*y[1], 2*y[1]**2 -
y[0]**2])/np.sum(y**2)**(5/2)
def euler(f, x, y0):
    y = np.empty((len(y0), len(x)))
    y[:, 0] = y0
    for i in range(1, len(x)):
        y[:, i] = y[:, i-1] + f(x[i-1], y[:, i-1])*(x[i]-x[i-1])
    return y
```

이제 자기쌍극자를 시각화하기 위해 프로그램에서 다음 기능을 구현해보자.

❶ 원형의 자기쌍극자의 +극과 −극을 구분하여 화면 중앙에 표시한다.
❷ 자기장의 흐름선이 시작되는 위치를 점으로 표시한다. 마우스 왼쪽 버튼을 클릭하면 이 점의 위치를 변경할 수 있다.
❸ 스페이스 바를 눌러 흐름선을 애니메이션으로 구현한다.
❹ 마우스 휠을 움직여서 영역의 크기를 늘리거나 줄일 수 있다.

먼저 다음 파이썬 코드로 자기쌍극자를 그리는 함수를 정의하자.

```
# 자기쌍극자 흐름선을 그리는 프로그램
import pygame

pygame.init()
width, height, scale = 800, 600, 30
screen = pygame.display.set_mode((width, height))

t = np.linspace(0, np.pi)
half_circle = np.array([np.cos(t), np.sin(t)])
def draw_dipole():
    verts = [pixel(half_circle[0, i], half_circle[1, i]) for i
in range(len(t))]
    # 위 반원을 회색으로 표시
    pygame.draw.polygon(screen, (105, 105, 105), verts)
    verts = []
    for i in range(len(t)):
```

```
        i, j = pixel(half_circle[0, i], -half_circle[1, i])
        verts.append((i, j+1))
    # 아래 반원을 파란색으로 표시
    pygame.draw.polygon(screen, (0, 0, 255), verts)
```

그리고 다음과 같이 흐름선의 시작점을 가리키는 변수와 이 점을 화면에 나타내는 함수를 정의하자.

```
# 흐름선의 시작점을 그리는 함수
obj_pos = np.array([2, 2])
def draw_obj(color):
    pygame.draw.circle(screen, color, pixel(*obj_pos), scale/5)
```

흐름선을 가리키는 곡선, 즉 점의 리스트와 이 점을 구현하는 파이썬 코드는 다음과 같다.

```
# 흐름선을 순서대로 그리는 함수
obj_path = np.empty((2, MAX_ITER))
def draw_magnetic_field_lines(counter: int):
    for i in range(1, counter):
        if np.sum(obj_path[:, i]**2) < 1.5**2:
            return
        pygame.draw.line(screen, (0, 0, 0),
                         pixel(*obj_path[:, i-1]), pixel(*obj_pa
th[:, i]), width=2)
```

마우스로 화면에 클릭한 점의 위치는 픽셀의 인덱스로 주어진다. 다음 파이썬 코드로 픽셀의 인덱스와 xy-평면의 좌표를 상호변환하기 위한 함수를 정의하자. pixel은 x, y좌표를 해당 픽셀의 인덱스로 변환하고, xy는 픽셀의 인덱스를 x, y좌표로 변환한다.

```
# 좌표평면의 좌표를 스크린의 픽셀 좌표로 변환하는 함수
def pixel(x, y: float) -> tuple[int, int]:
    xmax, ymax = width/2/scale, height/2/scale
    i = int((x+xmax)/(2*xmax)*width)
    j = int((ymax-y)/(2*ymax)*height)
    return (i, j)

# 스크린의 픽셀 좌표를 좌표평면의 좌표로 변환하는 함수
def xy(i, j: int) -> np.array:
```

```
    xmax, ymax = width/2/scale, height/2/scale
    x = -xmax + float(i)/width*2*xmax
    y = ymax - float(j)/height*2*ymax
    return np.array([x, y])
```

최종적인 프로그램의 실행은 다음과 같이 구현된다.

```
# 게임 실행
play, move, counter = True, False, 0

screen.fill((255, 255, 255))
draw_dipole()               # 쌍극자 표시
draw_obj((211, 211, 211))   # 시작 위치를 연한 회색으로 표시

while play:
    for event in pygame.event.get():
        if event.type == pygame.QUIT:
            play = False
        # 마우스 휠을 움직여 축척(scale) 조절
        if pygame.key.get_mods() and event.type ==
pygame.MOUSEWHEEL:
            if event.y == 1:
                scale += 1
            else:
                scale -= 1
            # 축척이 바뀌면 화면을 지움
            screen.fill((255, 255, 255))
            draw_dipole()
        if event.type == pygame.KEYDOWN and event.key ==
pygame.K_SPACE:
                move = True  # 스페이스 바를 누르면 흐름선을 시각화
                counter = 0  # 흐름선이 점진적으로 그려짐
                obj_path=euler(df, np.linspace(0, MAX_TIME,
MAX_ITER), obj_pos)
    if pygame.mouse.get_pressed()[0]:
        draw_obj((255, 255, 255))
        obj_pos = xy(*pygame.mouse.get_pos())
        draw_obj((211, 211, 211)) # 마우스를 클릭한 위치를 회색으로 표시
    if move:
        counter += 1
        if counter == MAX_ITER:    # 인덱스가 최대이면 그리는 것을 중지
            move = False
        draw_magnetic_field_lines(counter)  # 흐름선 그리기
```

```
    pygame.display.flip()
pygame.quit()
```

[그림 9-19]는 위 프로그램의 실행 결과이다. 화면 중앙의 원은 자기쌍극자를 가리킨다. 자기쌍극자 주변의 작은 회색 점은 마우스 왼쪽 버튼을 클릭한 위치를 가리키고, 스페이스 바를 누르면 이 점으로부터 자기쌍극자에 의한 자기장의 흐름선이 점진적으로 그려진다. 마우스 휠을 움직여 화면의 축척을 조절할 수 있으며, 이 경우 이전에 그려진 흐름선은 초기화된다.

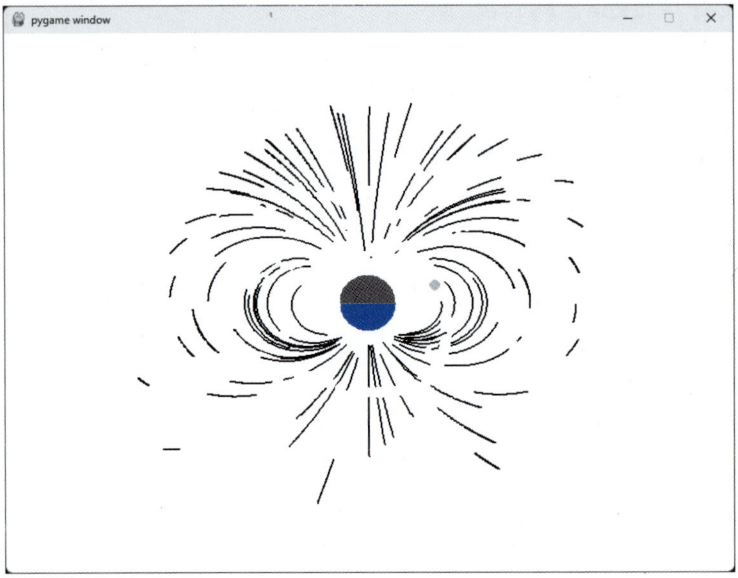

[그림 9-19] 자기쌍극자에 의한 자기장의 흐름선을 나타내는 프로그램 화면

CHAPTER

09 핵심요약

■ 스토크스 정리와 발산 정리

• 곡면의 경계의 정방향

곡면 S의 향이 $\boldsymbol{n}$일 때, 경계곡선 ∂S의 **정방향**은 외적 $\boldsymbol{n}\times c'(t)$가 항상 곡면 S의 내부를 향하도록 하는 매개함수 $c(t)$의 매개화 방향을 말한다.

• 스토크스 정리

3차원 곡면 S의 경계 ∂S가 정방향으로 매개화되었다고 할 때, 곡면 S 위에 정의된 벡터장 f에 대해 다음이 성립한다.

$$\iint_S (\nabla \times f) \cdot d\boldsymbol{S} = \oint_{\partial S} f \cdot ds$$

• 발산 정리

폐곡면 S로 둘러싸인 3차원 영역을 V라 할 때, V와 S 위에 정의된 벡터장 f에 대해 다음이 성립한다. 이때 곡면 S의 향은 영역 V를 빠져나가는 방향이다.

$$\iiint_V \nabla f \, dx\,dy\,dz = \oiint_S f \cdot d\boldsymbol{S}$$

• 미분형식

실숫값함수 p, q, r에 대해 다음과 같이 정의된 벡터를 **미분형식**이라 한다.

❶ 0계 미분형식 : $\omega = p$

❷ 1계 미분형식 : $\omega = p\,dx + q\,dy + r\,dz$

❸ 2계 미분형식 : $\omega = p\,dy\,dz + q\,dz\,dx + r\,dx\,dy$

❹ 3계 미분형식 : $\omega = p\,dx\,dy\,dz$

• 미분형식의 규칙

❶ 동일한 1계 미분형식의 곱은 0이다.

$$dxdx = dydy = 0$$

❷ 곱의 순서를 바꾸면 부호가 바뀐다.

$$dxdy = -dydx$$

❸ 미분연산자 d를 이용해 $(n-1)$계 미분계수를 n계 미분계수로 바꿀 수 있다.

$$d(p) = p_x dx + p_y dy + p_z dz$$
$$d(p\,dx) = p_y dy dx + p_z dz dx$$
$$d(p\,dydz) = p_x dx dy dz$$

• **확장된 스토크스 정리**

m차원 영역 S의 $(m-1)$차원 경계 영역을 ∂S라 하자. 영역 ∂S 위에 정의된 $(m-1)$계 미분형식 ω가 주어질 때, ω의 미분 $d\omega$가 영역 S 위에 잘 정의되면 다음이 성립한다.

$$\int_S d\omega = \int_{\partial S} \omega$$

■ 퍼텐셜함수

• **비회전장과 비압축장**

❶ **비회전장** : $\nabla \times \boldsymbol{f} = \mathbf{0}$

❷ **비압축장** : $\nabla \boldsymbol{f} = 0$

❸ 전하 q에 의해 만들어진 전기장 $\boldsymbol{E} = \dfrac{q}{4\pi\varepsilon_0}\dfrac{\boldsymbol{r}}{\|\boldsymbol{r}\|^3}$은 비압축장이다.

• **가우스 법칙**

전하 q에 의한 전기장을 $\boldsymbol{E}$라 할 때, 전하를 감싸는 폐곡면 S를 따라 빠져나가는 전기선속은 곡면의 모양과 관계없이 항상 일정하다.

$$\oiint_S \boldsymbol{E} \cdot d\boldsymbol{S} = \frac{q}{\varepsilon_0}$$

• **보존장과 닫힌 벡터장**

벡터장 $\boldsymbol{f}$의 선적분의 값이 경로의 모양과 무관하고 시작점과 끝점으로만 결정되면 $\boldsymbol{f}$를 **보존장**이라 한다. 또한 비회전장인 벡터장을 **닫힌 벡터장**이라 한다.

❶ 퍼텐셜함수를 갖는 벡터장 $\boldsymbol{f}$는 보존장이다.

❷ $\boldsymbol{f}$가 보존장이면 항상 퍼텐셜함수를 갖는다.

❸ 퍼텐셜함수를 갖는 벡터장 $\boldsymbol{f}$는 닫힌 벡터장이다.

❹ 벡터장 $\boldsymbol{f}$의 정의역이 단순 연결된 영역이고 $\boldsymbol{f}$가 닫힌 벡터장이면 $\boldsymbol{f}$는 보존장이다.

• **전자기학의 법칙**

전기장을 $\boldsymbol{E}$, 자기장을 $\boldsymbol{B}$라 할 때, 다음 법칙이 성립한다.

❶ **정전기장에서의 암페어 법칙의 미분형** : $\nabla \times \boldsymbol{B} = \mu_0 \boldsymbol{J}$

❷ **가우스 법칙의 미분형** : $\nabla \boldsymbol{E} = \dfrac{\rho}{\varepsilon_0}$

❸ **패러데이 법칙의 미분형** : $\nabla \times \boldsymbol{E} = -\dfrac{\partial \boldsymbol{B}}{\partial t}$

❹ **암페어 법칙의 미분형** : $\nabla \times \boldsymbol{B} = \mu_0 \boldsymbol{J} + \mu_0 \varepsilon_0 \dfrac{\partial \boldsymbol{E}}{\partial t}$

■ 전자기학으로의 활용

• **자기쌍극자 모멘트에 의해 생성되는 자기장**

자기쌍극자 모멘트 $\boldsymbol{m}$에 의해 점 $\boldsymbol{r}$에서 생성된 자기장 $\boldsymbol{B}(\boldsymbol{r})$은 다음과 같다.

$$\boldsymbol{B}(\boldsymbol{r}) = \frac{\mu_0}{4\pi}\left(-\frac{\boldsymbol{m}}{\|\boldsymbol{r}\|^3} + \frac{(\boldsymbol{m} \cdot \boldsymbol{r})\boldsymbol{r}}{\|\boldsymbol{r}\|^5}\right)$$

CHAPTER

09 연습문제

SECTION 9.1

1. 스토크스 정리를 이용해 다음 선적분을 구하라(xy-평면의 반시계방향은 이 평면을 양의 z축 방향에서 바라보았을 때를 기준으로 한다. 예를 들어 $c(t)=(\cos(t), \sin(t), 0)$은 반시계방향으로 움직이는 단위원의 매개함수이다).

(a) xy-평면 위의 단위원 $x^2+y^2=1$의 원주 C 위에서 반시계방향으로의 선적분 $\oint_C y\,dx+z\,dy+x\,dz$

(b) xy-평면 위의 원점을 중심으로 반지름이 r인 원의 원주 C 위에서 반시계방향으로의 선적분 $\oint_C \exp(x)\,dx+\cos(y)\,dy+z^2\,dz$

(c) xy-평면 위의 직사각형 영역 $[0, 1]\times[0, 1]$의 경계 C 위에서 반시계방향으로의 선적분 $\oint_C z\,dx+x\,dy+y\,dz$

2. 발산 정리를 이용해 다음 면적분을 구하라.

(a) 벡터장 $f=\langle x^3y, y^2z, z^3+xy\rangle$와 폐곡면인 단위구면 $S=\{(x, y, z)\,|\,x^2+y^2+z^2=1\}$에 대해 단위구면 S의 내부에서 바깥쪽 방향으로의 면적분 $\iint_S f\cdot d\boldsymbol{S}$

(b) 벡터장 $f=\langle x^2+yz, y^3+xz^2, z^2+y\rangle$와 원뿔면 $S=\{(x, y, z)\,|\,z^2=x^2+y^2,\ 0\le z\le 1\}$에 대해 원뿔면 S의 내부에서 바깥쪽 방향으로의 면적분 $\iint_S f\cdot d\boldsymbol{S}$
(단, 원뿔의 윗면은 곡면 S에 해당하지 않는다.)

(c) 직육면체 $V=[0, 1]\times[0, 1]\times[0, 1]$의 경계면 ∂V에서 바깥쪽 방향으로의 면적분 $\oiint_{\partial V}\exp(xy)\,dy\,dz+\sin(zx)\,dz\,dx+yz^2\,dx\,dy$

(d) 원통면 $S=\{(x, y, z)\,|\,x^2+y^2=10,\ 0\le z\le 3\}$의 바깥쪽 방향으로의 면적분 $\iint_S (x^4+yz^2)\,dy\,dz+(y^4+zx^2)\,dy\,dz+xy\,dx\,dy$

3. 주어진 미분형식 ω를 미분하여 $d\omega$를 구하라.

(a) $\omega = \exp(x^2+y)\,dx + \sin(xy)\,dy + z^3\log(1+x^2)\,dz$

(b) $\omega = (x^3y^2+yz)\,dx + (\cos(x)+y^{2z})\,dy + \exp(xyz)\,dz$

(c) $\omega = \left(\dfrac{\sin(x)}{\cos(y)}+z^2\right)dx + \left(\dfrac{\cos(y)}{\sin(z)}+x^2\right)dy + \dfrac{\tan(z)}{x+y^2}\,dz$

(d) $\omega = x^3y\,dx\,dy + yz^2\,dy\,dz + z\log(x)\,dz\,dx$

(e) $\omega = \log(x^2+y^2)\,dx\,dy + \dfrac{1}{1+z^2}\,dy\,dz + \exp(xz)\,dz\,dx$

4. 원점을 중심으로 한 2차원 단위원을 $\mathbf{B}^2$, 3차원 단위구를 $\mathbf{B}^3$으로 표기하자. 주어진 미분형식의 적분 $\int_{\partial \mathbf{B}^n}\omega$와 $\int_{\mathbf{B}^n} d\omega$를 각각 계산하여 이들이 서로 같음을 확인하라.

(a) $\displaystyle\int_{\partial \mathbf{B}^2} x\,dx + y\,dy + z\,dz$

(b) $\displaystyle\int_{\partial \mathbf{B}^2} xy\,dx + z^2\,dy + y\,dz$

(c) $\displaystyle\int_{\partial \mathbf{B}^3} x^2\,dy\,dz + (x+y)\,dy\,dz + z\,dx\,dy$

(d) $\displaystyle\int_{\partial \mathbf{B}^3} (x+y^2)\,dy\,dz + y\,dz\,dx + x\,dx\,dy$

5. 심화 yz-평면의 영역 D 위에 정의된 함수 $x=f(y,\,z)$의 그래프로 정의된 곡면 S를 생각하자. 이 곡면의 경계를 ∂S라 할 때, 스토크스 정리의 식 (9.5)가 성립함을 증명하라.

6. 높이가 h이고 밑면의 반지름이 r인 원뿔면 S를 잘라 펼치면 부채꼴 모양의 영역 D가 만들어진다. 이와 관련한 다음 물음에 답하라.

(a) 부채꼴 모양의 영역 D로부터 3차원 공간의 원뿔면 S로의 매개함수 s를 정의하라.

(b) (a)에서 구한 매개함수 s를 통해 원뿔면의 경계를 정의하라.

7. 주어진 벡터장 f가 비압축장인지, 비회전장인지 판별하라.

(a) $f = \langle 2x, z, y + \exp(x) \rangle$

(b) $f = \langle 0, -\exp(x+z), -1 \rangle$

(c) $f = \langle x+y, \exp(z), 1 \rangle$

(d) $f = \langle 1, 2, 1 \rangle$

(e) $f = \left\langle 0, \exp(x+z), \dfrac{x}{x^2+y^2} \right\rangle$

(f) $f = \left\langle \dfrac{1}{x^2+1}, \sin(y), \cos(z) \right\rangle$

8. 주어진 벡터장의 퍼텐셜함수가 존재하는지 판별하고 존재한다면 하나 구하라.

(a) $f = \langle 1, 2, 3 \rangle$

(b) $f = \langle \cos(x), -\sin(y), 1 \rangle$

(c) $f = \langle x+y, \sin(z), \exp(z) \rangle$

(d) $f = \langle \exp(x) + 2xyz, z^2x + z\cos(yz), yx^2 + y\cos(yz) \rangle$

9. 주어진 벡터장 f를 $f = \nabla \times g$의 형태로 나타낼 수 있는지 판별하고, 가능하다면 이러한 벡터장 g를 구하라.

(a) $f = \left\langle 0, \exp(x+z), \dfrac{x}{x^2+y^2} \right\rangle$

(b) $f = \left\langle 0, \dfrac{x}{x^2+z^2}, 0 \right\rangle$

(c) $f = \langle x, 2y+z, 2 \rangle$

(d) $f = \langle y\sin(yz), x\cos(xz), 0 \rangle$

10. 심화 질량이 M인 물체가 원점에 놓여있을 때, 위치 $\boldsymbol{r} = \langle x, y, z \rangle$에 미치는 중력장[19] $\boldsymbol{G}$는 다음과 같다(여기서 G는 중력상수 $G = 6.674 \times 10^{-11}$이고 G의 단위는 $\mathrm{N} \cdot \mathrm{m}^2 \cdot \mathrm{kg}^{-2}$이다). 주어진 물음에 답하라.

$$\boldsymbol{G}(\boldsymbol{r}) = -GM\frac{\boldsymbol{r}}{\|\boldsymbol{r}\|^3}$$

(a) 중력장 $\boldsymbol{G}$의 퍼텐셜함수를 구하라.

19 질량을 가진 두 물체 사이에 작용하는 힘을 **중력**(gravity)이라 하고, 질량을 가진 한 물체가 그 주변에 만들어 내는 벡터장을 **중력장**(gravitational field)이라 한다.

(b) 위치 $\boldsymbol{r}_0$, $\boldsymbol{r}_1$에 각각 질량이 M_0, M_1인 물체가 놓일 때, 위치 $\boldsymbol{r}$에 미치는 중력장을 수식으로 표현하라.

(c) 위치 $\boldsymbol{r}_0 = \langle 0, 0 \rangle$, $\boldsymbol{r}_1 = \langle 1, 0 \rangle$에 놓인 질량이 $M_0 = 2$, $M_1 = 1$인 물체로 만들어지는 벡터장을 `matplotlib` 패키지의 `streamplot` 함수를 이용해 표현하라(단, 중력상수 G는 편의상 $G = 1$로 두어도 무방하다).

SECTION 9.3

11. 심화 벡터 $\boldsymbol{r} = \langle x, y, z \rangle$와 $\boldsymbol{r}_0 = \langle x_0, y_0, z_0 \rangle$에 대한 다음 등식이 성립함을 증명하라.

$$\nabla_{\boldsymbol{r}}\left(\frac{1}{\|\boldsymbol{r} - \boldsymbol{r}_0\|}\right) = \frac{(\boldsymbol{r}_0 - \boldsymbol{r})}{\|\boldsymbol{r}_0 - \boldsymbol{r}\|^3}$$

SECTION 9.4

12. 심화 자기쌍극자 모멘트 $\boldsymbol{m}$에 의해 만들어지는 자기장 $\boldsymbol{B}$의 식을 다시 살펴보자.

$$\boldsymbol{B} = \frac{\mu_0}{4\pi} \nabla_{\boldsymbol{r}} \times \left(\frac{\boldsymbol{m} \times \boldsymbol{r}}{\|\boldsymbol{r}\|^3}\right)$$

만약 같은 공간에 또 다른 자기쌍극자 모멘트 $\boldsymbol{m}'$이 존재한다면 이로 인해 만들어지는 자기장을 $\boldsymbol{B}'$이라 하자. 벡터 $\boldsymbol{r}'$을 두 번째 자기쌍극자로부터의 위치벡터라 할 때, 전체 공간에 생성되는 자기장은 다음과 같다. 주어진 물음에 답하라.

$$\boldsymbol{B} + \boldsymbol{B}' = \frac{\mu_0}{4\pi} \nabla_{\boldsymbol{r}} \times \left(\frac{\boldsymbol{m} \times \boldsymbol{r}}{\|\boldsymbol{r}\|^3}\right) + \frac{\mu_0}{4\pi} \nabla_{\boldsymbol{r}'} \times \left(\frac{\boldsymbol{m}' \times \boldsymbol{r}'}{\|\boldsymbol{r}'\|^3}\right)$$

(a) 첫 번째 자기쌍극자의 위치가 원점 $(0, 0, 0)$이고 자기쌍극자 모멘트가 $\boldsymbol{m} = \langle 0, 0, 1 \rangle$이라 하자. 두 번째 자기쌍극자가 점 $(1, 0, 0)$에 놓여있고 자기쌍극자 모멘트가 $\boldsymbol{m}' = \langle 0, 0, -1 \rangle$일 때, 이 두 자기쌍극자에 의해 만들어지는 자기장의 식을 기술하라.

(b) (a)에서 설정한 두 자기쌍극자에 의해 만들어진 자기장의 흐름선을 yz-평면 위로 사영하여 그 모양을 [그림 9-19]와 같이 그리는 파이썬 프로그램을 작성하라.

찾아보기

기타

ㄱ

ㄴ

ㄷ

ㅇ

ㅈ

ㅊ

ㅋ

ㅌ

ㅍ

ㅎ